Böhlau

wien und seine wienerInnen

Martin Scheutz · Vlasta Valeš (Hg.)

Ein historischer Streifzug durch Wien über die Jahrhunderte

Festschrift für Karl Vocelka zum 60. Geburtstag

Böhlau Verlag Wien · Köln · Weimar

Gedruckt mit der Unterstützung durch:
Bundesministerium für Wissenschaft und Forschung
MA 7 – Kultur, Wissenschafts- und Forschungsförderung
Institut für Österreichische Geschichtsforschung
Historisch-Kulturwissenschaftliche Fakultät der Universität Wien

Bibliografische Information Der Deutschen Bibliothek:

Die Deutsche Bibliothek verzeichnet diese Publikation in der Deutschen Nationalbibliografie; detaillierte bibliografische Daten sind im Internet über http://dnb.ddb.de abrufbar.

ISBN 978-3-205-77707-6

http://www.boehlau.at
http://www.boehlau.de

Umschlagabbildung:
Bildcollage – der dreizehnjährige Karl Vocelka (ca. 1960) und der Karlsplatz (ca. 1995)
Fotos: Privatarchiv der Herausgeber

Gedruckt auf umweltfreundlichem, chlor- und säurefrei gebleichtem Papier

Druck: Prime Rate kft., 1047 Budapest

Hubert Christian Ehalt

Vorwort

Karl Vocelka hat jenen runden Geburtstag absolviert, der bei Wissenschafterinnen und Wissenschaftern im Mittelpunkt einer besonders fruchtbaren Schaffensphase liegt. Allerdings hat der Chronist und Biograph Vocelkas den Eindruck, dass sein Leben eine einzige kontinuierliche und ununterbrochen fruchtbare Schaffensphase ist.

Geburtstagsfeste geben den Anlass, über den Lauf der Dinge, das *curriculum vitae* und das *curriculum societatis,* nachzudenken. Wohin bewegen sich die Welt und die einzelnen Menschen in ihr? Curriculum ist auch der Lauf durch das eigene Leben, bei dem man sich immer, wenn man sich anschickt, darüber nachzudenken, am Stand der Gegenwart befindet. Geschichte und Gesellschaft brauchen, so wie die einzelnen Individuen, eine genaue Supervision; ein Bewusstsein über Richtung, Motor und Ziel dieser Fortbewegung durch die Zeit, an dessen Gestaltung Historiker wie Karl Vocelka wesentlich Anteil haben.

Die Menschen leben und handeln in gesellschaftlichen Räumen, die die Rahmenbedingungen bieten, die durch die einzelnen Individuen stets mit gestaltet, aber nie neu entworfen werden können. Rahmenbedingungen und Regeln, Normen und Werte, Rituale und Symbole sind in den unterschiedlichen gesellschaftlichen Segmenten und Sphären recht unterschiedlich. Das akademisch universitäre Leben gehörte und gehört zu jenen Bereichen, in denen die vielleicht größten Spielräume für das genuin Menschliche – für die Reflexion der gesellschaftlichen Bedingungen und Möglichkeiten – gegeben sind. Man konnte und kann die akademisch universitären Räume als kleines begrenztes Paradies erleben – Bereiche, in denen Lehrende, Studentinnen und Studenten die Möglichkeit haben, sich unabhängig von unmittelbaren Notwendigkeiten und Zwängen mit Problemen und Fragen mit dem dafür notwendigen Zeitaufwand auseinanderzusetzen.

Um diesen paradiesischen Freiraum des Nachdenkens über Geschichte und Gesellschaft und des Erforschens der Welt – synchron und diachron – zu eröffnen und optimal zu gestalten, bedarf es kreativer, inspirierter und inspirierender

»Scouts« und »Guides«; Historiker können – wie das der britische Historiker Eric Hobsbawm (geb. 1917), der seine Kindheit in Wien verbracht hat, über seine Arbeit gesagt hat – Reiseführer in die Geschichte sein. In der Arbeit mit Studentinnen, Studenten und jungen AkademikerInnen kann ein Klima für Forschung hergestellt werden, das den Teilnehmerinnen und Teilnehmern an dem wissenschaftlichen Geschehen den Eindruck vermittelt, an einer gleichermaßen freien, kollegialen und solidarischen »Wahrheitssuche« teilzunehmen. Karl Vocelka gehört zu jenen Persönlichkeiten, die dieses akademische Klima zu gestalten wissen.

Die kritische Auseinandersetzung mit Geschichte, Gesellschaft und Kultur ist eine Schlüsselqualifikation demokratischer Gesellschaften. Der niederländische Kulturhistoriker Jan Huizinga (1872–1945) hat Geschichte als die geistige Form beschrieben, in der sich eine Kultur über ihre Vergangenheit Rechenschaft gibt. Die Tatsache, dass diese Auseinandersetzung geleistet und gelehrt sowie im Alltag von Institutionen und Organisationen in die Tat gesetzt wird, verhindert Barbarei. In einer gesellschaftlichen Situation, in der wichtige Akteure nach dem Leitspruch »don't look back« handeln (müssen), gilt mehr denn je Marguerite Duras' Postulat: »Wir müssen uns erinnern, sonst wird sich alles wiederholen.«

Um es mit einer Metapher zu formulieren: Die Akteurinnen und Akteure, die die intellektuellen Netzwerke bilden, in denen der kritische, differenzierende, Mythen und Dogmen zurückdrängende Umgang mit Geschichte und Gesellschaft eine wichtige Rolle spielt, rollen täglich von Neuem einen schweren Stein vor den Eingang jener Höhle, aus der Barbarei kriechen will. Das ist eine Sisyphos-Arbeit, die kein Ende und keinen definitiven Erfolg hat. Das, was es zu gewinnen gilt, ist ein wachsendes gesellschaftliches Bewusstsein für die Aufgabenstellung, den Stein vor den Eingang der Höhle zu bewegen. Diese Sisyphos-Arbeit ist ebenso wichtig wie die Verbesserung von Herzklappen, Hüft- und Zahnprothesen, von Therapien und Medikamenten, von vielfältigen Technologien, die den Menschen das Leben erleichtern.

Es gibt derzeit eine immer krasser werdende Disproportionalität zwischen dem rasanten Fortschritt in der Entwicklung anwendungsorientierter Technologien und der Konstanz in den Erfolgsaussichten all jener Bemühungen, die der Aufrechterhaltung und der Entwicklung demokratischer und zivilgesellschaftlicher Standards und damit der Verhinderung eines Einreißens »der Zivilisationskruste« dienen. Die Kardinaltugenden exzellenter Historikerinnen und Historiker – unbedingtes Wahrheitsbewusstsein, Objektivität, Klarheit bei der Würdigung und Offenheit bei der Bewertung des Materials und der Beweise – decken sich fast nahtlos mit jenen anderer wichtiger Funktionäre des sozialen Lebens, denen die Gestaltung gesellschaftlicher Verhältnisse übertragen ist. Ich habe Hauptaufgaben und Grundtugenden geschichtswissenschaftlicher Arbeit hier so ausführlich dargestellt, weil Karl Vocelka, dem die vorliegende Festschrift gewidmet ist, sie in vorbildlicher Weise realisiert; er ist in hohem Maß mit der Fähigkeit ausgestattet, Analyse-, Lehr- und Lernprozesse der skizzierten Zielsetzung und Qualität zu gestalten.

Karl Vocelka ist ein expeditiver und erfolgreicher Forscher mit einer umfangreichen Publikationsliste, die gleichermaßen durch originelle Fallstudien wie durch luzide Überblicksdarstellungen glänzt. Für die von Herwig Wolfram herausgegebene Buchreihe »Geschichte Österreichs« hat Karl Vocelka den Band »Glanz und Untergang der höfischen Welt«, über »Repräsentation, Reform und Reaktion im habsburgischen Vielvölkerstaat [1699–1815]« verfasst. Weitere Bücher Vocelkas behandeln »Die politische Propaganda Kaiser Rudolfs II.«, »Habsburgische Hochzeiten«, »Die Lebenswelt der Habsburger. Kultur- und Mentalitätsgeschichte einer Familie«; gemeinsam mit Anita Traninger hat Karl Vocelka den zweiten Band »Die frühneuzeitliche Residenz (16. bis 18. Jahrhundert)« der von Peter Csendes und Ferdinand Opll betreuten Reihe »Wien. Geschichte einer Stadt« herausgegeben.

Als authentischer Mensch macht Karl Vocelka Ereignisse und Themen der Geschichte, die er erlebt hat, zu seinen Forschungsthemen. Vocelka, der Feste und Feiern erforscht, ist auch ein genialer Gestalter von Festen, bei denen er nicht nur kreativ Speisefolgen komponiert, sondern auch als begabter Koch die Gegenstände des Verzehrs in die schmackhafte Form bringt; die große wissenschaftliche und publizistische Produktivität ist ein Indiz dafür, dass das »Rossini-Syndrom« bei ihm bis jetzt jedenfalls noch nicht wirksam wurde.

Karl Vocelka beschäftigt sich mit den historischen Wurzeln seiner Familie in »Kakanien« und hat mit der Mitherausgeberin dieses Bandes, Vlasta Valeš, dieses Thema betreffende wichtige Projekte initiiert. Seine Forschungsarbeit beschäftigt sich gleichsam lebensbegleitend auch mit Fragen der jüngsten Vergangenheit. Er hat Bücher über die »Trümmerjahre«, die Zeit unmittelbar nach dem Zweiten Weltkrieg, und mit Paulus Ebner über »Die zahme Revolution. '68 und was davon blieb« gestaltet.

Überall, wo Karl Vocelka tätig ist, kristallisieren um ihn Foren der Auseinandersetzung, der wissenschaftlichen und der kollegialen Zusammenarbeit. Die

Zeit, in der er als Institutsvorstand das Institut für Geschichte geleitet hat, war für dieses Institut besonders lebendig und fruchtbar; nicht zuletzt, weil Vocelka auch viele wissenschaftliche Anlässe gefunden hat, um die Kolleginnen und Kollegen zum Fachgespräch und zum Feiern – sympotein – zusammen zu bringen.

Karl Vocelka ist ein engagierter Lehrer, für den die Vermittlung im universitären und außeruniversitären Raum ein integraler Bestandteil seiner wissenschaftlichen Tätigkeit ist. Aus seiner ambitionierten und motivierenden Lehre, seinen Publikations-, Vereins-, Ausstellungsprojekten ist ein großer Kreis von Schülerinnen und Schülern erwachsen. Die in diesem Band versammelten Kolleginnen und Kollegen – eine kleine, feine und repräsentative Gruppe aus dieser eindrucksvollen Population – haben mit Vergnügen das traditionsreiche akademische Ritual der Festschrift zum Zwecke der Demonstration der komplexen Transferprozesse vom symbolischen Kapital der Ehre aufgenommen. Die versammelten Autorinnen und Autoren wünschen Karl Vocelka als »produktive Made im Speck« noch nicht beforschter Quellen (so der Jubilar) weiterhin unstillbaren Appetit, dem produktiven Autor und universitären Lehrer gilt der akademische Wunsch »ad multos annos«, seinem Anliegen, Geschichte und Gesellschaft einer differenzierten, genauen und kreativen Analyse zu unterziehen, wünschen wir weiterhin viel Erfolg.

Inhaltsverzeichnis

Martin Scheutz · Vlasta Valeš

Von der Residenzstadt zur übergroßen Hauptstadt der Republik

Stadtimages im Wandel – ein Streifzug

Das Zedlersche Universallexikon aus dem 18. Jahrhundert beschreibt nach den Maßgaben der Zeit die Stadt an der Donau als »eine der vornehmsten Städte in Deutschland, und seit einer geraumen Zeit die Kayserliche Residentz; liegt in Unter-Oesterreich an einem Arme der Donau, in welchen daselbst der k[l] eine Fluß Wien […] hinein fällt. Es verdienet diese prächtige und wohlbefestigte Stadt eine ausführliche Abhandlung.«[1] Rund 250 Jahre später klingt eine einleitende Beschreibung der »verdienten« Stadt dann schon ganz anders, wenn auch das Grundprinzip einer Skizzierung von Bedeutung und Lage einer Stadt gleich geblieben ist – lediglich der Festungscharakter der Stadt ist nach 1857 sanft entschlafen: »Wien, Hauptstadt Österreichs, (1992) 1,612 Millionen Einwohner […], 414,95 km², bildet das kleinste Bundesland Österreichs. Wien liegt 171 Meter über dem Meer zwischen Leopoldsberg und Bisamberg, südlich der Wiener Pforte, […] an der Mündung der Wien in die Donau. […].«[2] Während in Zedlers Beschreibung noch Residenz und Bollwerk gegen die osmanische Bedrohung nebeneinander stehen, opponieren bei seinem 250 Jahre später verfassten, lexigraphischen Ururenkel die Berge und die Donau (sowie deren verschwundene Praterauen); die Residenzstadt war 1918 untergegangen.

Versucht man einen alternativen Zugang, weg von den Enzyklopädien, zur Bewertung Wiens in der Gegenwart, so bietet sich die in den letzten Jahrzehnten mächtig aufgekommene Erinnerungsforschung, im Gefolge von Pierre Noras

---

1 Zedler, Johann Heinrich: Grosses vollständiges Universal-Lexikon. Leipzig/Halle 1748, Nachdruck Graz 1982, Sp. 31f.

2 Brockhaus: Enzyklopädie, Bd. 24. Mannheim [19]1994, S. 164. Die im Beitrag verwendeten Abkürzungen wurden stillschweigend aufgelöst.

(geb. 1931) »Erinnerungsorten«, an. Nicht mehr um die einstige »wirkliche« Bedeutung eines Ortes geht es dem »kulturellen Gedächtnis« dabei, sondern um die sich von Zeitschicht zu Zeitschicht wandelnde Bewertung der Orte in den Köpfen der Menschen, abhängig von unterschiedlichen sozialen, intellektuellen oder beispielsweise wirtschaftlichen Kontexten. Neuere Publikationen befassen sich – nicht nur vor dem Hintergrund der mächtig boomenden Tourismusindustrie der Stadt – eingehend mit dem Eigen- und Fremdbild der Stadt Wien, wie es sich verstärkt seit dem 19. Jahrhundert entwickelt hat. Die prinzipielle Schwierigkeit bei der »Erhebung« eines Stadtimages liegt dabei in der Spannung zwischen einer imageproduzierenden städtischen Elite und der Stadtbevölkerung selbst, zwischen einem Blick von außen und von innen, zwischen den Perspektiven von Einheimischen, Zweiheimischen und denjenigen von Fremden. Drei Hauptimages konnten sich seit dem 19. Jahrhundert etablieren:[3] Die Welthauptstadt der Musik, das Rote Wien und das Fin-de-siècle-Wien. Um diese Meistererzählungen gruppierten sich weitere, weniger akzeptierte Imagekonstruktionen: das vor Gemütlichkeit und Phäakentum strahlende, soziale Ungleichheiten mühelos applanierende »Alt-Wien« der Gast- und Wirtshäuser, das morbide Wien (die Welthauptstadt der Toten), das habsburgische Wien, das jüdische Wien, das fremdenfeindliche Wien, das »grantig-raunzerte Wien«, das depressive Wien und das Wien der »Schmähführer« – damit ist die Aufzählung keineswegs erschöpft.[4]

Der vorliegende Band spiegelt die Bedeutung der Haupt- und Residenzstadt Wien und der WienerInnen in den sich wandelnden historischen Kontexten wider, wobei hier Stadtimages wie das kaiserliche Wien und das barocke Wien stärker Betonung finden. Beginnend mit dem 16. Jahrhundert wird ein auch methodisch vielfältiger Bogen bis ins 21. Jahrhundert geschlagen. Zwanzig Autoren aus verschiedenen Wissenschaftssparten und Ländern – Historiker und Kunsthistoriker – stellen aus unterschiedlichen thematischen Blickwinkeln Fragen nach der Relevanz des Themas Stadt in Vergangenheit und Gegenwart: Der Wiener Hof und seine Kultur, die Adelswelt des 16. und 17. Jahrhunderts, Wien als Zentrale von

3 Sommer, Monika/Gräser, Marcus/Prutsch, Ursula (Hg.): Imaging Vienna. Innensichten, Außensichten, Stadterzählungen. Wien 2006; Nussbaumer, Martina: Musikstadt Wien. Die Konstruktion eines Images. Freiburg im Breisgau 2007; Kos, Wolfgang/Rapp, Christian (Hg.): Alt-Wien: Die Stadt, die niemals war. Wien [2]2005.

4 Bockhorn, Petra: »Wien ist keine Stadt wie jede andere«. Zum aktuellen Wien-Bild in deutschsprachigen Reiseführern. Frankfurt/Main u. a. 1997.

Deportationen und als anonymer »Ausweichort« für Gebärende aus der näheren Umgebung werden in prägnanten Beiträgen ebenso wie die barocke Gartenhauskultur der Wiener vorgestellt. Besonders deutlich wird im vorliegenden Band die Beziehung Wiens zu den Migranten und deren Integration bzw. Desintegration in Wien beschrieben. Das Wien der Juden – im Band durch den fast vergessenen Schöpfer der jüdischen Volkskunde Max Grunwald (1871–1953) verkörpert – und deren Vertreibung finden Eingang in dieses Buch wie auch das Wien der »Kommunistischen Internationale« zwischen 1919 und 1927 oder der sich wandelnde, kulturhistorische Blick auf das Belvedere ... Das Buch wird durch eine autobiographische Schilderung der Kinder- und Jugendjahre von Karl Vocelka abgerundet, die den Erinnerungsort Wien in persönlicher Sicht wie auch den Autor vorstellt.

Der vorliegende Band versteht sich als eine von Freunden und Schülern dargebrachte Festschrift für Karl Vocelka (geb. 1947), der seit vielen Jahren an der Universität Wien »Österreichische Geschichte« unterrichtet und mit seiner vielschichtigen Lehr- und Publikationstätigkeit entscheidend zur Ausbildung einer neuen, kulturwissenschaftlich geschulten HistorikerInnengeneration in Österreich beigetragen hat. Der in Wien geborene Karl Vocelka, der sich um die Wiener Stadtgeschichte, die Adelskultur, den Wiener Hof oder das Jahr 1968 in Österreich immer besonders angenommen hat,[5] brachte das Fach »Österreichische Geschichte« zudem durch die von ihm kuratierten Ausstellungen[6] und durch zahlreiche Publikationen[7] und Vorträge einer breiteren Öffentlichkeit im In- und Ausland näher.

---

5 Vocelka, Karl/Traninger, Anita (Hg.): Wien. Geschichte einer Stadt. Die frühneuzeitliche Residenz (16. bis 18. Jahrhundert). Wien 2003.

6 Landesausstellungen und andere Ausstellungen: »Die Ritter« (Güssing, 1994); »Die Donau« (Engelhartszell, 2001); »Zu Hause in der Fremde. Tschechen in Wien im 20. Jahrhundert« (Prag/Praha, Brünn/Brno, 2001); »Feste feiern« (Waldhausen, 2002).

7 Nur in Auswahl: Vocelka, Karl: Habsburgische Hochzeiten 1550–1600: Kulturgeschichtliche Studien zum manieristischen Repräsentationsfest. Wien u. a. 1976; Ders.: Verfassung oder Konkordat? Der publizistische und politische Kampf der österreichischen Liberalen um die Religionsgesetze des Jahres 1868. Wien 1978; ders.: Die politische Propaganda Kaiser Rudolfs II. (1576–1612). Wien 1981; ders.: Rudolf II. und seine Zeit. Wien, Graz u. a. 1985; ders.: Trümmerjahre. Wien 1945–1949. Wien, München 1985; ders.: K.u.K. Karikaturen und Karikaturen zum Zeitalter Kaiser Franz Josephs. Wien, München 1986; Gutdeutsch, Rolf/Hammerl, Christa/Mayer, Ingeborg/ders.: Erdbeben als historisches Ereignis. Die Rekonstruktion des Bebens von 1590 in Niederösterreich. Berlin u. a. 1987; Edelmayer, Friedrich/Kammerhofer, Leopold/Mandlmayr Martin C./Prenner, Walter/ders.: Die Krönungen Maximilians II. zum König von Böhmen, Römischen König und König von Ungarn (1562/63) nach der Beschreibung des Hans Habersack, ediert nach cvp 7890.

Der vorliegende Band ist nicht nur ein Geschenk an den Leser, dem wir eine kurzweilige Lektüre wünschen, sondern auch unser Tribut an einen der beliebtesten Universitätslehrer im Fachbereich Geschichte an der Universität Wien.

Wien 1990; DERS./HELLER, Lynne: Die Lebenswelt der Habsburger: Kultur- und Mentalitätsgeschichte einer Familie. Graz, Wien 1997; DERS./HELLER, Lynne: Die private Welt der Habsburger: Leben und Alltag einer Familie. Wien 1999; EBNER, Paulus/DERS.: Die zahme Revolution: '68 und was davon blieb. Wien 1998; DERS.: Geschichte Österreichs: Kultur – Gesellschaft – Politik. Graz 2000 [seither mehrere Auflagen]; DERS.: Glanz und Untergang der höfischen Welt: Repräsentation, Reform und Reaktion im Habsburgischen Vielvölkerstaat. Wien 2001; DERS.: Österreichische Geschichte. München ^{2}2007.

Jaroslav Pánek

Rudolf II. – ein Kaiser zwischen Wien und Prag – im Werk Karl Vocelkas und in der tschechischen Historiographie

»Das zweite Leben« Rudolfs II. in den böhmischen Ländern bildet einen bemerkenswerten Entwicklungsbogen, der von der Schändung des kaiserlichen Leichnams[1] bis zu seiner Verklärung zum »Vater des Vaterlandes«,[2] von der Kritik eines Protestantenhassers bis zum Symbol der Religionsfreiheit reicht. Die tschechische Geschichtsschreibung und insbesondere die historisierende Mythologie haben den Kaiser bereits kurz nach seinem Tode allgemein positiv rezipiert. Sein größter Fehler, der für das Land und für den Kaiser selbst unglückliche Einfall des »Passauer Kriegsvolkes«, war vergessen – die Reformierten wollten in Rudolf einen hervorragenden Patron der Gewissensfreiheit sehen. Der Majestätsbrief über die Religionsfreiheit vom 9. Juli 1609 und die spätere Vernichtung des Majestätsbriefes durch Ferdinand II. haben ein Kontrast zwischen dem guten und gerechten Habsburger einerseits und den anderen – bösen und Tschechen vergewaltigenden – Mitgliedern der Habsburgerdynastie andererseits geschaffen.[3] Bald nach der Schlacht am Weißen Berg ist Rudolf II. zu dem unter den Tschechen am beliebtesten oder besser gesagt zum einzig wirklich geliebten Habsburger aufgestiegen, und diese Situation hat sich im Wesentlichen unverändert bis heute erhalten. Während des 19. und 20. Jahrhunderts ist die diffizile Persönlichkeit Rudolfs II. mit seiner Residenzstadt Prag zusammengewachsen und in diesem Mi-

---

1 Tieftrunk, Karel (Hg.): Pavla Skály ze Zhoře Historie česká od r. 1602 do r. 1623. Bd. 1 (1602–1616) [Böhmische Geschichte von 1602 bis 1623 von Pavel Skála von Zhoř]. Prag 1865, S. 330–331.

2 Lomnický z Budče, Šimon: Píseň o smrti a pohřbu Jeho Milosti císaře římského Rudolfa Druhého [Das Lied vom Tod und Begräbnis Seiner Majestät Kaiser Rudolf II.]. Prag 1612; moderne Edition: Pánek, Jaroslav: Když císař odchází (Lidská tragédie a posmrtná sláva Rudolfa II. očima současníků) [Wenn der Kaiser weggeht (Menschliche Tragödie und posthumer Ruhm Rudolfs II. in den Augen der Zeitgenossen)]. Prag 1997, S. 32–37, hier S. 33.

3 Quellendokumentation dazu Pánek, Jaroslav: Když císař odchází S. 13–30.

lieu geriet er zum Symbol der Hochkultur, der nationalen wie politischen Ideen und zugleich zum Thema der Literatur, des Theaters und des Films.[4] Im Kontrast zur stets sich wandelnden Erinnerungskultur, die zur Eingliederung Rudolfs II. in den tschechischen Pantheon geführt hat (die Büste des Kaisers ist an der Fassade des Nationalmuseums in Prag zu finden), versucht die moderne Historiographie seit der Zeit Anton Gindelys verstärkt realistische Interpretationen der Vergangenheit vorzulegen.[5]

Einen wichtigen Impuls zur Neuerforschung der Persönlichkeit und der Zeit Rudolfs II. hat Robert John Weston Evans, Professor in Oxford, gegeben. Seine bahnbrechende Monographie »Rudolf II. und seine Welt« aus dem Jahr 1973 hat die humanistische Kultur und Kunst sowie das Problem des magischen Universums im rudolfinischen Kreis des Prager Manierismus betont.[6] Die neuen Themen und Fragestellungen bedeuteten wichtige Anregungen für die mitteleuropäische Frühneuzeitforschung. Kurz danach hat Karl Vocelka zwei Monographien über die rudolfinische Zeit vorgelegt – 1976 seine »Kulturgeschichtlichen Studien zum manieristischen Repräsentationsfest«[7] und 1981 das große Werk »Die politische Propaganda Kaiser Rudolfs II.«[8] Das letztgenannte Buch fand ein breites Echo bei den tschechischen Historikern. Jiří Pešek, schon damals einer der besten Kenner der böhmischen Kulturgeschichte des 16. Jahrhunderts, hat seine Besprechung von Vocelkas Buch unter den Titel »Politische Propaganda oder persönliche Repräsentation?« gestellt, in der er eine gründliche Analyse des Buches von Karl Vocelka durchführte.[9] Pešek erkannte die große Breite der Forschung von Vocelka an, die in die Politik-, Kultur- und Kunstgeschichte, aber auch andere Disziplinen ein-

4 Čornejová, Ivana/Rak, Jiří/Vlnas, Vít: Ve stínu tvých křídel … Habsburkové v českých dějinách [Im Schatten deiner Fittiche … Habsburger in der böhmischen Geschichte]. Prag 1995, S. 76–85.

5 Gindely, Anton: Rudolf II. und seine Zeit. 1600–1612. 2 Bde. Prag ^{2}1868.

6 Evans, Robert J. W.: Rudolf II and His World. A Study in Intellectual History 1576–1612. Oxford 1973; die gekürzte deutsche Übersetzung: Rudolf II. Ohnmacht und Einsamkeit. Graz u. a. 1980.

7 Vocelka, Karl: Habsburgische Hochzeiten 1550–1600. Kulturgeschichtliche Studien zum manieristischen Repräsentationsfest. Wien u. a. 1976.

8 Vocelka, Karl: Die politische Propaganda Kaiser Rudolfs II. (1576–1612). Wien 1981.

9 Pešek, Jiří: Politická propaganda nebo osobní reprezentace? České úvahy nad knihou Karla Vocelky Die politische Propaganda Kaiser Rudolfs II. (1576–1612) [Die politische Propaganda oder die persönliche Repräsentation? Tschechische Überlegungen über das Buch von Karl Vocelka: »Die politische Propaganda Kaiser Rudolfs II. (1576–1612)«]. In: Studia Comeniana et historica 14/Nr. 28 (1984) S. 129–134.

gebettet ist. Besonders die von Vocelka vorgenommene Erweiterung der Quellenbasis strich Pešek heraus. Seine kritischen Bemerkungen bezogen sich vor allem auf die Terminologie der »politischen Propaganda« und die Wechselwirkung des Heiligen Römischen Reiches und der Habsburgermonarchie mit der Böhmischen Krone. Nach Pešeks Meinung wäre aber eine eingehendere Rezeption der tschechischen – von Karl Vocelka weniger reflektierten – Historiographie auch für die österreichische Darlegung der rudolfinischen Zeit wichtig gewesen. Obwohl der strenge Rezensent Jiří Pešek insgesamt vielleicht zu kritisch war, fand er doch in der Monographie Karl Vocelkas »viel Inspiratives und Nutzbringendes«.[10]

Unter anderem durch Pešeks Rezension ist Karl Vocelka als hervorragender Kenner der rudolfinischen Problematik auch im Kreis der tschechischen Frühneuzeitforscher weitum bekannt geworden. In derselben Zeit bereitete Josef Janáček (1925–1994), der damals führende Repräsentant der sich auf das erste Jahrhundert der Habsburgerherrschaft in den böhmischen Ländern konzentrierenden tschechischen Historiker, seine umfangreiche Biographie über Rudolf II. vor. Er hatte schon früher ein populärwissenschaftliches Buch »Pád Rudolfa II.« – »Der Fall Rudolfs II.« – geschrieben,[11] das zwar im selben Jahr 1973 wie die Monographie von Robert Evans veröffentlicht wurde, sich jedoch stark an der älteren Sekundärliteratur orientierte, nämlich an der Monographie von Jan Bedřich Novák aus dem Jahr 1935.[12] Der literarisch äußerst begabte Josef Janáček, der seit den 1950er-Jahren die Politik-, Sozial- und Wirtschaftsgeschichte der ersten Periode der Habsburgermonarchie in den böhmischen Ländern gründlich aufarbeitete,[13] erzählte schon damals seinen Mitarbeitern am Historischen Institut der Tschechoslowakischen Akademie der Wissenschaften, dass es ihm als viel lohnendere Aufgabe erschiene, eine Biographie Ferdinands I. zu schreiben. Er sah jedoch keine Möglichkeit, ein derartiges Buch in der damaligen Tschechoslowakei zu veröffentlichen. Deshalb beschloss er, sich auf die Persönlichkeit Rudolfs II. zu konzentrieren. Er wusste aber nicht, dass parallel zu seinem Vorhaben gerade ein anderes Buch zum

10 Ebd. S. 134.

11 Janáček, Josef: Pád Rudolfa II. [Der Fall Rudolfs II.]. Prag 1973.

12 Novák, Jan Bedřich: Rudolf II. a jeho pád [Rudolf II. und sein Fall]. Prag 1935.

13 Sein wichtigstes Werk zu dieser Periode der Geschichte der böhmischen Länder und der Habsburgermonarchie ist Janáček, Josef: České dějiny. Doba předbělohorská. Bd. I/1–2 (1526–1547) [Die böhmische Geschichte. Die Zeit vor der Schlacht am Weißen Berg. Bd. I/1-2 (1526–1547)]. Prag 1968 (^{2}1971) und 1984.

selben Thema, nämlich das Werk Karl Vocelkas, entstand. In der Endphase seiner Arbeit hat Janáček davon Kenntnis erhalten und wurde – verständlich – von Unruhe erfasst, nachdem er lediglich die bibliographische Angabe des neu erschienenen Buches von Karl Vocelka erhalten hatte. Nur eines war klar – sowohl der österreichische als der tschechische Verfasser gaben ihren Büchern denselben Titel »Rudolf II. und seine Zeit« bzw. »Rudolf II. a jeho doba«. Ein Zusammentreffen von glücklichen Umständen hat es mir damals ermöglicht, Wien kurz zu besuchen und das Werk Karl Vocelkas direkt nach Prag zu »importieren«. Josef Janáček, damals schon ernstlich krank, konnte nach der Lektüre beruhigt sein. Er stellte fest, dass sein Werk über Rudolf II. ganz anders konzipiert war, deshalb drohte auch keinerlei wissenschaftliche Konkurrenz der beiden Autoren. Nichtsdestoweniger ist damals aber eine einmalige Situation entstanden: Das österreichische Werk aus dem Jahre 1985[14] und die tschechische, schließlich zwei Jahre später erschienene Biographie[15] versuchen beide unter demselben Titel das gleiche Thema – die Persönlichkeit und die Zeit eines Kaisers zwischen Wien und Prag – parallel zu behandeln, aber jeder Verfasser strebte auf anderen Wegen dem Ziel zu.

Die beiden Autoren konnten die vorliegenden Resultate der partiellen Erforschung der rudolfinischen Zeit auswerten, die insbesondere auf dem Gebiet der Kunst-, Musik- und Literaturgeschichte interessante Forschungsergebnisse gebracht hatten[16] und die u. a. an der vom damaligen Institut für Kunsttheorie und -geschichte der Tschechoslowakischen Akademie der Wissenschaften veranstalteten Prager internationalen Konferenz 1987 sowie an der Essener und Wiener Ausstellung »Prag um 1600« im Jahre 1988 international repräsentiert wurden.[17] Die beiden versuchten eine längst erkannte Forschungslücke zu schließen und eine

14 Vocelka, Karl: Rudolf II. und seine Zeit. Wien u. a. 1985.

15 Janáček, Josef: Rudolf II. a jeho doba [Rudolf II. und seine Zeit]. Prag 1987. Parallel zu dieser Biographie ist ein schön ausgestattetes Buch von drei tschechischen Kunsthistorikern entstanden, in dem sich eine kurze Lebensbeschreibung Rudolfs II. von Eliška Fučíková (S. 9–28) befindet: Fučíková, Eliška/Bukovinská, Beket/Muchka, Ivan: Die Kunst am Hofe Rudolfs II. Hanau 1988.

16 Zusammenfassend zu den Ergebnissen und Desiderata der damaligen rudolfinischen Forschung Pešek, Jiří: Rudolf II., jeho dvůr a kulturní okruh v literatuře posledních let [Rudolf II., sein Hof und der Kulturkreis in der Literatur der letzten Jahre]. In: Československý časopis historický 33 (1986) S. 236–245.

17 Katalog: Prag um 1600. Kunst und Kultur am Hofe Rudolfs II. (Ausstellung Kulturstiftung Ruhr, Villa Hügel, Essen). Freren 1988; Sammelband: Fučíková, Eliška (Hg.): Prag um 1600. Beiträge zur Kunst und Kultur am Hofe Rudolfs II. Ausstellung Kulturstiftung Ruhr, Villa Hügel/Essen. Freren 1988.

Synthese über die Persönlichkeit Rudolfs II. wie über die Geschichte der Habsburgermonarchie an der Wende vom 16. zum 17. Jahrhundert zu schaffen. Die alten Monographien (unter denen das klassische, die politische Geschichte der Jahre 1600–1612 behandelnde Werk von Anton Gindely immer noch einen wichtigen Platz behauptete[18]) waren forschungsgeschichtlich nicht mehr in der Lage, die neu entstandenen Fragen zu beantworten, welche die Historiographie des 20. Jahrhunderts aufgeworfen hatte. Karl Vocelka sowie der rund eine Generation ältere Josef Janáček hatten vor allem die Monographie von Robert Evans, die zum ersten Mal den intellektuellen Hintergrund des rudolfinischen Hofes darstellte und weitere Fragen bezüglich einer gerechteren, unvoreingenommenen Würdigung der kaiserlichen Tätigkeit sowie des Prager Kulturzentrums eröffnete, im Kopf, als sie ihre Bücher schrieben. Die beiden Autoren verblieben auf den ersten Blick im Banne der gemeinsamen historiographischen Tradition und des Vorbildes Anton Gindelys, von dem sie auch den Titel ihres Werkes übernahmen. In Wirklichkeit ging aber die Rücksichtnahme auf diesen Klassiker nicht allzu tief, denn jeder Verfasser setzte sich mit dem Thema in seiner spezifischen Art und Weise, in Anlehnung an die eigene Forschung und die bisherige Publikationstätigkeit auseinander.

Der achtunddreißigjährige Karl Vocelka gehörte damals der mittleren Generation an, hatte aber bereits eine reiche Forschungstätigkeit hinter sich, die vor allem auf die kulturellen und international-politischen Aspekte der Geschichte der Habsburgermonarchie im 16. und 17. Jahrhundert Bezug nahm. Daraus ergab sich bei der Bearbeitung der rudolfinischen Thematik seine dominierende kulturgeschichtliche Orientierung. Demgegenüber war für den mehr als sechzigjährigen Josef Janáček stets die Konzentration auf die im europäischen Kontext gesehene Wirtschafts- und Politikgeschichte der böhmischen Länder charakteristisch, während er die kulturelle Entwicklung nur am Rande berücksichtigte. Während Vocelkas Hauptdomäne die zweite Hälfte des 16. Jahrhunderts war, erwies sich umgekehrt Janáček als bester Kenner der Zeit vor Rudolfs Geburt und seiner letzten Lebensjahre.[19] Zwischen beiden Historikern bestand auch ein beträchtlicher Unterschied im Zugang zur Quellenbasis. Karl Vocelka bearbeitete die noch

18 Vgl. Anm. 5.

19 Neben der Synthese der böhmischen Geschichte 1526–1547 gehörte zu den wichtigsten Werken Janáčeks seine große Biographie Wallensteins: Janáček, Josef: Valdštejn a jeho doba [Waldstein und seine Zeit]. Prag 1978.

unedierten schriftlichen, ikonographischen sowie materiellen Quellen und baute auf diese seine historiographische Darstellung auf, während Josef Janáček die Reinterpretation der älteren Literatur meisterhaft beherrschte. Er rang der Sekundärliteratur und den Quelleneditionen neue Fragestellungen ab, arbeitete dagegen nur relativ wenig mit nichtpublizierten Quellen. Während Vocelkas Buch (hauptsächlich im Bildteil) eine Unmenge von Quellen (insbesondere aus den Wiener Archiven, Bibliotheken und Museen) neu erschloss, bestand für Janáček der archivalische Ausgangspunkt eigentlich nur in der reichen Dokumentensammlung zur mitteleuropäischen Geschichte, den so genannten »Historica«, im Staatlichen Regionalarchiv in Třeboň/Wittingau, die damals in Fotokopien im Historischen Institut der Akademie zugänglich war. Ein wesentlicher Unterschied bestand auch im Typus der beiden Historiker – Karl Vocelka stand der Analyse näher, Josef Janáček neigte seit jeher auf Grund seiner außerordentlichen literarischen Fähigkeiten zur Synthese. Unter diesen Voraussetzungen darf es nicht verwundern, wenn sich die österreichische und die tschechische Version von »Rudolf II. und seiner Zeit« brüderlich deutlich voneinander unterscheiden.

Eine auffallende Differenz lässt sich in der Konzeption des Stoffes bemerken. Beiden Autoren ging es begreiflicherweise um eine komplexe Betrachtung der Persönlichkeit sowie der gesellschaftlichen, politischen, kulturellen und religiösen Rahmenbedingungen, unter denen diese gelebt und gewirkt hatten, und zwar auch in jenen Bereichen, mit denen sich die Verfasser bei ihrer eigenen Forschung nicht so sehr befassten. Josef Janáček umriss die Hauptmerkmale der kulturellen Umwelt und Aktivität des habsburgischen Hofes, Karl Vocelka beachtete wiederum weitgehend die ökonomischen und sozialen Voraussetzungen der Regierung Rudolfs. Seine Darstellung der wirtschaftlichen Dynamik, der sozialen Schichtung und Konflikte, insbesondere des Bauernkrieges in Ober- und Niederösterreich, stand nicht weit von Janáčeks Auffassung dieser Problematik.

Trotzdem wurde die Zielrichtung der Betrachtungsweise bei beiden Historikern sehr unterschiedlich: Josef Janáčeks Zielsetzung war eine synthetische, narrative Biographie, Karl Vocelka schuf eher mit vereinheitlichender Absicht ein geordnetes Mosaik der Phänomene. Der tschechische Autor verfasste sein Werk chronologisch, schlüsselte es in drei Teile und detaillierter in 33 Kapitel auf, von denen jedes einen bestimmten Abschnitt im Leben Rudolfs II. oder eine breitere, damit zusammenhängende Problematik verfolgt. Der österreichische Forscher bevorzugte eine thematische Gliederung. In der einleitenden Studie würdigte er

Rudolf II. als Mensch, Herrscher wie Mäzen und fasste die wichtigsten zeitgenössischen Probleme der Gesellschaft und der europäischen Politik zusammen. Die einzelnen Fragen zergliederte er dann im Text- und Bildteil, der aus etwa hundert kleinen Abhandlungen und entsprechenden Reproduktionen ikonographischer Quellen bestand. In den Kurzabhandlungen und Glossen auf je einer Seite kam Karl Vocelka auf Teiletappen im Leben des Kaisers, auf wichtige politische und militärische Ereignisse, auf Hoffeste, auf das Milieu der kaiserlichen Residenz und insbesondere auf die kulturellen Interessen Rudolfs II. zurück. Damit weitete sich der Text- und Bildteil zu einem anschaulichen Lexikon der den Herrscher umgebenden Personen und der materiellen Dinge aus. Zweifellos entsprach dieser Zugang zu einem vielgestaltigen Stoff der wissenschaftlich popularisierenden Intention des Autors und erhöhte die Attraktivität des Buches für den Leser, bewirkte aber gleichzeitig eine gewisse Aufsplitterung des Gesamtbildes und eine Schwächung der biographischen Zusammenhänge. Zum Unterschied vom großen Erzähler Josef Janáček, welcher der alten Tradition treu blieb, stand der Analytiker Karl Vocelka der postmodernen Orientierung und der historisch-anthropologischen Richtung der Geschichtsschreibung deutlich näher.

Unterschiede sind auch in der chronologischen Gliederung der Thematik erkennbar, was sich bei der Periodisierung der Regierungstätigkeit Rudolfs II. zeigte. Karl Vocelka sah (abgesehen vom Datum der Thronbesteigung und des Ablebens des Kaisers) den Beginn und das Ende des langen Türkenkrieges, also die Jahre 1592 und 1606, als grundlegende Meilensteine für Rudolf II. an. Gegenüber diesem Aspekt der internationalen Politik und des Kriegswesens ging Josef Janáček von den internen Verhältnissen in der Habsburgermonarchie aus und machte in seiner Periodisierung das allmähliche Anwachsen der Ständeopposition stark. Unter diesem Aspekt erschienen ihm das Jahr 1608, also die Entstehung der ungarisch-österreichisch-mährischen Konföderation, und der Beginn der offenen Rebellion gegen den Herrscher, als wichtigste Wegmarken. Ab diesem Zeitpunkt stellte er den plötzlichen Machtverfall Rudolfs II. bis zu dessen endgültiger Niederlage ausführlich dar. Janáčeks Periodisierung garantierte aber keine gleichmäßige Sortierung des Materials: Der Autor gliederte sein Buch in den vorbereitenden Zeitraum 1552–1576, die Ära von »Macht und Ruhm« 1576–1608, und die Zeit des Niedergangs 1608–1612. Janáček arbeitete jedoch eine grundlegende langfristige Tendenz im Leben des Kaisers heraus und verschaffte so seiner Darstellung eine unbestreitbare Spannung.

Für das komplexe Porträt des Kaisers, der aus extremen Positionen heraus entweder als Wahnsinniger auf dem Thron oder umgekehrt als außerordentlich fähiger Mann bewertet wurde, hat die Betonung der Zusammenhänge zwischen der inneren Entwicklung der Persönlichkeit und ihrer Wahrnehmung von außen ganz besondere Bedeutung. Diesbezüglich legten beide Autoren ähnliche Zielstrebigkeit an den Tag. Sie waren sich darüber einig, dass man Rudolf II. weder als Sonderling noch als einen zur Ausübung der Regierung grundsätzlich unfähigen Menschen abqualifizieren könne. Beide Autoren gehen aber von einer erblichen Belastung Rudolfs und einer allmählichen Verschlimmerung dieser angeborenen Disposition aus. Karl Vocelka machte auf Grund schriftlicher Quellen sowie in realistischer Einschätzung ihrer Unvollständigkeit und ihrer tendenziösen Ausrichtung drei Phasen in der Entwicklung der geistigen Befindlichkeit des Kaisers aus: (1.) den verhältnismäßig guten Gesundheitszustand im Zeitraum von der Thronbesteigung bis zum Beginn der 1590er-Jahre; (2.) die allmähliche Verschlechterung im Laufe des Türkenkrieges, als der Herrscher wenigstens noch teilweise seinen Pflichten nachkommen konnte; es kam bereits zu zeitweiligen Krisen, als melancholische und euphorische Anfällen wechselten; und schließlich (3.) die Zeit der Unfähigkeit, die Regierungsgeschäfte im Kampf mit Erzherzog Matthias selbst verfolgen zu können, da die fortschreitende Schizophrenie des Kaisers offen ausbrach. In diesem so formulierten Spannungsfeld zwischen dem jungen, das große Erbe der mitteleuropäischen Habsburger antretenden Monarchen und dem machtlosen kranken Greis legt Karl Vocelka sein Bild des Herrschers Rudolf II. an. Er sah in Rudolf nie einen katholischen Dogmatiker, zudem kümmerte sich Rudolf selbst wenig um konfessionelle Fragen. Die von Toleranz zeugende, heterogene Zusammensetzung des kaiserlichen Hofes ließ ihn zur Schlussfolgerung kommen, der Kaiser wäre weder für die gewaltsame Rekatholisierung noch für die Zuspitzung des Konfliktes mit den protestantischen Ständen verantwortlich gewesen. Auch zu Zeiten relativer Gesundheit hätte er sich nicht allzu sehr den Regierungsangelegenheiten gewidmet und sich stärker auf Kunst, Wissenschaft, Mäzenatentum und systematisches Sammlertum konzentriert. Diesen kaiserlichen Tätigkeitsfeldern räumte Karl Vocelka in seinem Werk breiten Raum ein; er würdigte das Mäzenatentum Rudolfs II. und dessen Bedeutung gebührend.

Die Interpretation Josef Janáčeks ist dagegen weitaus breiter und in einigen Aspekten deutlich anders als die von Karl Vocelka. Aus seiner Sicht war der junge Rudolf nach seiner Rückkehr aus Spanien ein typisch katholischer Fürst mit Verantwortungsbewusstsein für die Religion seiner Untertanen, jedoch kein sturer Fanatiker. Überdies erschien ihm Rudolf als ein überdurchschnittlich gebildeter Mann mit intellektuellen Interessen und kulturellem Weitblick – also ausgezeichnete Voraussetzungen für kaiserliches Mäzenatentum. Als Herrscher verfügte Rudolf weder über die Konsequenz Ferdinands I. noch über die diplomatische Flexibilität Maximilians II. Er trat als launenhafter und inkonsequenter Herrscher auf, dessen Bequemlichkeit, Unverlässlichkeit und übermäßiger Beziehungswahn zwar keine unmittelbare Gefahr für die Regierungstätigkeit schufen, umgekehrt aber auch keinen Optimismus für die Zukunft erwarten ließen. Die wahre Deformation seines Charakters trat erst infolge seiner Krankheit zu Beginn der 1580er Jahre ein, als sich bereits die Tendenz des Kaisers zur Flucht ins Privatleben zeigte und seine politischen Entscheidungen immer unberechenbarer wurden. Der deutliche Widerwille zum Auftreten in der Öffentlichkeit schloss aber das kulturelle Interesse Rudolfs II. im Sinne eines anspruchsvollen und qualifiziert ausgerichteten Mäzenatentums nicht aus. Erst der fortschreitende psychische Zerfall seiner Persönlichkeit zu Beginn des 17. Jahrhunderts ließ alles Negative im kaiserlichen Charakter hervorbrechen und dies belastete seine Regierungstätigkeit durch einen gefährlichen Subjektivismus. In seinen letzten Lebensjahren führte dieser Persönlichkeitszerfall zu einer schleichenden Degeneration seiner intellektuellen Aktivität. Dies äußerte sich u. a. im Übergang von seiner zweckorientierten Sammlerleidenschaft zu einer unkontrollierten, gierigen Anhäufung von Gegenständen; Rudolf II. flüchtete vor seinen nichterfüllten Herrscherpflichten und zog sich von seinen gefürchteten und verhassten Verwandten zurück.

Josef Janáček verheimlichte dabei die charakterliche Widersprüchlichkeit in der Handlungsweise Rudolfs II. nicht, sondern setzte sie im Gegenteil in seiner Biographie geschickt als wichtiges Mittel zur Interpretation und zur literarischen Darstellung ein. Sein Ansatz basiert auf der fortschreitenden persönlichen Tragödie dieses schwerkranken Mannes, den das Schicksal für dreieinhalb Jahrzehnte an die Spitze der wichtigsten mitteleuropäischen Macht gestellt hatte. Zugleich zeichnet Janáček die zunehmenden Spannungen innerhalb der Habsburgerfamilie, deren Mitglieder nicht mehr bereit waren, sich dem kranken Herrscher unterzuordnen, sowie die Folgen dieser langandauernden dynastischen Krise für die internen Verhältnissen der Habsburgermonarchie und für die politische Entwicklung in Europa nach. Die Herausarbeitung der Beziehungen zwischen dem von seiner Umgebung isolierten Individuum und seiner Umwelt, die Wechselbeziehung zwischen dem kaiserlichen Hof, den Prager Städten und dem Königreich Böhmen, die Zusammenhänge zwischen den Verhältnissen in den böhmischen Ländern und dem Geschehen in der Habsburgermonarchie wie im übrigen Europa bildeten einen Schwerpunkt der Darstellung Janáčeks. Aus seiner Sicht lässt sich die Tätigkeit des Herrschers und Mäzens Rudolf II. als Äußerung einer einzigen, allerdings höchst wandelbaren Persönlichkeit lesen.

Während Josef Janáček seine gesamte Darstellung auf die Persönlichkeit Rudolfs II. ausrichtete, schlug Karl Vocelka nach einer Gesamtcharakteristik den umgekehrten Weg ein und erläuterte manche Teilaspekte der Zeit Rudolfs II. und seines Mäzenatentums. Der Hof als Zentrum des kulturellen Geschehens trat bei ihm klar hervor und dank dieses Vorganges blieben auch die führenden Repräsentanten und Schöpfer des rudolfinischen Kulturkreises nicht im Schatten des kaiserlichen Mäzens. Karl Vocelka vertiefte nicht nur das literarische, sondern auch das visuelle Bild des Kaisers dadurch, dass er sorgfältig die verschiedenen zeitgenössischen Porträts untersucht bzw. ihre Authentizität und die Beziehung ihrer Schöpfer zum Kaiser festlegte. In der Aufzählung anregender Aspekten des Werkes von Vocelka könnte man noch fortfahren, man muss aber hinzufügen, dass auch in der konzentrierten Darstellung Josef Janáčeks vieles enthalten ist, was wesentlich zur Erkenntnis des weitgefassten Hintergrundes des Kaisers (insbesondere des Regierungssystems und der Personalzusammensetzung der Hofbeamten) beiträgt.

In den letzten Jahren der Existenz des Eisernen Vorhanges zwischen der damaligen Tschechoslowakei und Österreich sind – dank Karl Vocelka und Josef Janáček – zwei prachtvoll ausgestattete und fachkundig verfasste Publikationen entstanden, die ein- und demselben Thema der gemeinsamen tschechisch-österreichischen Vergangenheit gewidmet sind. Nicht im Wettstreit zueinander sind diese beiden Bücher entstanden, sondern die beiden Werke lesen sich umgekehrt sogar ergänzend. Während Janáčeks großzügige Synthese einen Höhepunkt der damaligen tschechischen Forschung darstellt, wurde das thematisch weitgespannte – und für den Autor selbst sowie für seine zusammenfassenden Werke über die Habsburgerfamilie[20] und über die Geschichte Österreichs[21] anregende –

20 Vocelka, Karl/Heller, Lynne: Die Lebenswelt der Habsburger. Kultur- und Mentalitätsgeschichte einer Familie. Graz u. a. 1997; dies.: Die private Welt der Habsburger. Leben und Alltag einer Familie. Graz u. a. 1998.

21 Vocelka, Karl: Geschichte Österreichs. Kultur, Gesellschaft, Politik. Graz u. a. 2000/München ^{2}2003; Ders.: Österreichische Geschichte. München 2005/^{2}2007.

Buch Karl Vocelkas zum Ausgangspunkt für weitere Forschungen zum Manierismus am kaiserlichen Prager Hof. An die Aufarbeitung der damals aufgeworfenen Problematik knüpften später Historiker des 20. und 21. Jahrhunderts an, die über den Hofstaat, das Hofleben, die manieristische Kunst und über die höfische Kultur arbeiteten.[22] Die systematische Forschung über Rudolf II., die seit 1989 keine Staatsgrenze kennt und sich erfolgreich im breiten euro-amerikanischen Raum entwickelt, ist zu einem klaren Beweis geworden, dass Kaiser Rudolf II. und die manieristische Kultur ein geeignetes Thema für die Zusammenarbeit der tschechischen und österreichischen Historiker darstellt. Es ist daher symptomatisch, dass sowohl Josef Janáček in Prag als auch Karl Vocelka in Wien gerade in der nicht unproblematischen Zeit vor dem Zusammenbruch des totalitären Regimes in Ostmitteleuropa eine gute Wahl getroffen haben.

22 Die internationale Forschung über die Geschichte der rudolfinischen Zeit und der manieristischen Kultur konzentrierte sich um die riesige Ausstellung »Rudolf II. und Prag« im Jahre 1997; vgl. Fučíková, Eliška (Hg.): Rudolf II. und Prag. Kaiserlicher Hof und Residenzstadt als kulturelles und geistiges Zentrum Mitteleuropas. Prag u. a. 1997; erweiterte englische Ausgabe: Fučíková, Eliška (Hg.): Rudolf II and Prague. The Court and the City. Prag u. a. 1997; Konečný, Lubomír/Bukovinská, Beket/Muchka, Ivan (Hg.): Rudolf II, Prague and the World. Papers from the International Conference (Prague, 2–4 September, 1997). Prag 1998; Hausenblasová, Jaroslava/Šroněk, Michal (Hg.): Praha císaře Rudolfa II. [Das Prag von Kaiser Rudolf II.]. Prag 1997.

Géza Pálffy

Ungarn in der Habsburgermonarchie

Ungarische Herrschaftszeichen an der Wiener Begräbniszeremonie Kaiser Ferdinands I. 1565

»Habent sua fata libelli«.[1] Dieses alte lateinische Sprichwort trifft nicht nur auf Bücher, sondern auch auf Historiker zu, im Falle der Beziehung zwischen Karl Vocelka und dem Autor dieser Studie trifft sogar beides zu. Ich lernte Karl Vocelka erstmals als nahezu abgeschlossener Geschichtsstudent im Sommer 1995 in Wien kennen, als ich das dritte Mal im Österreichischen Staatsarchiv geforscht habe. Professor Vocelka hatte damals auch bei den aus dem damaligen Ostblock stammenden Studenten ein hohes Ansehen. Er publizierte mehrere Monografien über die Habsburgerdynastie, gründete das »Institut für die Erforschung der Frühen Neuzeit« und war bei den Studierenden äußerst beliebt. So meldete ich mich etwas befangen in seiner Sprechstunde an, er empfing mich mit außerordentlicher Ungezwungenheit in seinem Büro an der Universität Wien. Zu meinem größten Erstaunen schenkte er mir sogar ein umfangreiches Werk, das sich mit der politischen Propaganda Kaiser Rudolfs II. beschäftigt.[2] Dieses Buch wurde der Grundstock meiner deutschsprachigen, historischen Handbibliothek. Selbstverständlich steht das Buch auch heute noch auf einem Ehrenplatz unter den österreichischen, tschechischen und deutschen Standardwerken zur Geschichte des 16. und 17. Jahrhunderts auf meinem Bücherregal.

Das voluminöse Buch schlug ich jedoch lange Zeit nur »vage« interessiert auf und sah nur selten hinein. Obwohl ich in der Zwischenzeit mit dem Verfasser und etlichen seiner Studenten engere Freundschaft schließen durfte, interessierte mich die Kultur-, Mentalitäts- und Propagandageschichte längere Zeit nur am Rande. Wie alle ungarischen Historiker, die sich mit der Epoche der osmanischen

---

1 Das Thema wurde mit Unterstützung des ungarischen Forschungsfonds »OTKA«, Nr. K 60618, bearbeitet.

2 Vocelka, Karl: Die politische Propaganda Kaiser Rudolfs II. (1576–1612). Wien 1981.

Eroberung beschäftigen, konzentrierte ich mich damals vor allem auf die fundamentalen Fragen der Osmanenabwehr. Aus diesem Grunde forschte ich in den Wiener Archiven vor allem nach militärischem Quellenmaterial. Aber wie klein ist die Welt! Über meine erste größere Publikation betreffend die Grenzfestungsverzeichnisse der Reichstagsjahre 1576 und 1582 und der ungarisch-kroatischen Osmanenabwehr[3] berichtete für die internationale Forschungsgemeinde als Erster niemand anderer als Karl Vocelka in der Zeitschrift »frühneuzeit-info«[4] – so nebenbei gesagt, nicht auf meinen Wunsch. Als ich dann Vocelkas Forschungsthemen sowie seine jüngeren Kollegen (in erster Linie Thomas Winkelbauer) näher kennen lernte, wuchs mein Interesse ständig. Das Werk über Kaiser Rudolfs Propaganda kam immer öfter auf meinen Schreibtisch, und ich begann mich je länger je mehr mit »Vocelka«-Themen zu beschäftigen. Daneben machte ich in Wien mit immer mehr Historikerkollegen Bekanntschaft, und diese, vor allem die über den Habsburgerhof forschenden Historiker, haben mich liebevoll aufgenommen; dazu leistete Karl Vocelka einen wesentlichen Beitrag. Daher möchte ich Karl Vocelka anlässlich seines 60. Geburtstags mit einem speziellen Beitrag zur Zeremonie- und Kulturgeschichte, seinem Lieblingsforschungsgebiet,[5] bedenken – mit einer Fallstudie über die Wiener Begräbniszeremonie von Kaiser Ferdinand I. 1565, die verdeutlicht, wie rasch das Königreich Ungarn im 16. Jahrhundert ins zeremoniellen Leben der Habsburgermonarchie integriert wurde.

Der humanistische Geschichtsschreiber Franz Forgách (ca. 1535–1577) berichtet in seiner lateinischen Geschichte von Ungarn im 16. Jahrhundert (»De statu reipublicae Hungaricae commentarii«) über die Wiener Begräbniszeremonie von Kaiser Ferdinand I. im August 1565 mit folgenden Worten: »Viele Gesandte und viel Prominenz kam zusammen aus verschiedenen Ländern. Die Totenmesse wurde am 6. August nachmittags um drei Uhr gelesen. Vor der Messe wurden die

3 Pálffy, Géza: A magyarországi és délvidéki végvárrendszer 1576. és 1582. évi jegyzékei [Verzeichnisse der ungarischen und kroatisch-slawonischen Grenzfestungen aus dem Jahre 1576 und 1582]. In: Hadtörténelmi Közlemények [Militärgeschichtliche Mitteilungen, Budapest] 108/1 (1995) S. 114–185.

4 In: Frühneuzeit-Info 7/1 (1996) S. 40.

5 Vgl. Vocelka, Karl: Habsburgische Hochzeiten 1550–1600. Kulturgeschichtliche Studien zum manieristischen Repräsentationsfest. Wien u. a. 1976; Ders.: Rudolf II. und seine Zeit. Wien u. a. 1985; Vocelka, Karl/Heller, Lynne: Die Lebenswelt der Habsburger. Kultur- und Mentalitätsgeschichte einer Familie. Graz u. a. 1997; Dies.: Die private Welt der Habsburger. Leben und Alltag einer Familie. Graz u. a. 1998.

Reichsadler und die auf Fahnen gestickten Landeswappen mitgebracht. Daneben führte man genau so viele Pferde mit, bedeckt mit schwarzen, seidenen Schabracken, die auch die Köpfe und Augen der Pferde bedeckten und die bis zu ihren Hufen reichten. An den Seiten der Decken sah man dieselben Wappen wie auf den Fahnen. Danach folgte der Klerus, der aufgebahrte Leichnam des verstorbenen Kaisers, und schließlich kamen [Kaiser] Maximilian und seine Geschwister mit den Magnaten und den verschiedenen Gesandten.«[6] Die nachstehende Studie sucht anhand der Begräbnisfeierlichkeit Kaiser Ferdinands eine Antwort darauf zu finden, welche Rolle die Herrschaftssymbole und die Herrschaftszeichen des Ungarischen Königreiches in der Machtrepräsentation und Herrschaftssymbolik[7] der sich nach 1526 neu formierenden, zusammengesetzten mitteleuropäischen Großmacht spielten.[8] Diese Fragestellung wurde vor allem aus sprachlichen

6 Majer, Fidél (Hg.): Ghymesi Forgách Ferencz nagyváradi püspök magyar históriája 1540–1572 [Ungarische Geschichte des Bischofs von Grosswardein Franz Forgách von Ghymes 1540–1572]. Pest 1866, S. 289.

7 Aus den reichen Zeremoniell- und Repräsentationsforschungen beschäftigen sich verhältnismäßig wenige Arbeiten mit der Macht- und Herrschaftssymbolik der Habsburgerdynastie im 16. Jahrhundert. In Bezug auf den spanischen Zweig der Dynastie kann man als grundlegendes Werk betrachten: Jorzick, Regine: Herrschaftssymbolik und Staat. Die Vermittlung königlicher Herrschaft im Spanien der frühen Neuzeit (1556–1598). Wien u. a. 1998; zur politischen Propaganda der österreichischen Habsburger im 16. Jahrhundert sind sehr gut brauchbar: Altfahrt, Margit: Die politische Propaganda für Maximilian II. In: MIÖG 88 (1980) S. 283–312, 89 (1981) S. 53–92; Vocelka: Propaganda; unter kunstgeschichtlichem Aspekt sind interessant: Kaufmann, Thomas DaCosta: Variations on the Imperial Theme in the Age of Maximilian II and Rudolf II. New York u. a. 1978; Galavics, Géza: Die Künstlerische Repräsentation der Habsburger-Könige in Ungarn bis 1848. In: Fazekas, István/Ujváry, Gábor (Hg.): Kaiser und König. Eine historische Reise. Österreich und Ungarn 1526–1918. Ausstellung im Prunksaal der Österreichischen Nationalbibliothek. 8. März – 1. Mai 2001. Katalog. Budapest u. a. 2001, S. 9–18; aus der älteren, aber immer noch brauchbaren Grundliteratur siehe Schramm, Percy Ernst: Herrschaftszeichen und Staatssymbolik. Beiträge zu ihrer Geschichte vom dritten bis zum sechzehnten Jahrhundert. Bde. 1–3. Stuttgart 1954–1956 bzw. neuerdings Ragotzky, Hedda/Wenzel, Horst (Hg.): Höfische Repräsentation. Das Zeremoniell und die Zeichen. Tübingen 1990; Stollberg-Rilinger, Barbara: Zeremoniell, Ritual, Symbol. Neue Forschungen zur symbolischen Kommunikation in Spätmittelalter und Früher Neuzeit. In: ZHF 27 (2000) S. 389–405; zu der französischen Analogie Giesey, Ralph E.: The Royal Funeral Ceremony in Renaissance France. Genf 1960.

8 Zur zusammengesetzten Habsburgermonarchie der »Casa Austriaca« mit weiterer Literatur Winkelbauer, Thomas: Ständefreiheit und Fürstenmacht. Länder und Untertanen des Hauses Habsburg im konfessionellen Zeitalter. Bde. 1–2. Wien 2003, insbesondere S. 13–201; Maťa, Petr/Winkelbauer, Thomas (Hg.): Die Habsburgermonarchie 1620 bis 1740. Leistungen und Grenzen des Absolutismusparadigmas. Stuttgart 2006, passim.

Gründen weder von der deutschen, der österreichischen noch der tschechischen Geschichtsschreibung behandelt.

Wien und Prag: Die Bestattungsfeierlichkeiten Kaiser Ferdinands I.

Der Schöpfer der mitteleuropäischen Habsburgermonarchie[9] Ferdinand I. schloss seine Augen am 25. Juli 1564 in Wien. Seine Bestattungszeremonie wurde jedoch erst nach gut einem Jahr abgehalten: zuerst am 6. und 7. August 1565 in einem festlichen Akt in der Kaiserstadt bzw. im Stephansdom zu Wien, dann in einfacherem Rahmen am 21. August im Prager Sankt-Veits-Dom. Wie testamentarisch festgelegt, wurde der Kaiser und König von Ungarn und Böhmen neben seiner Frau, Anna Jagello, in der Prager Hauptkirche zur letzten Ruhe gebettet, die pompöse Trauerzeremonie hielt man jedoch in der Kaiser- und Residenzstadt Wien ab. Kaiser Maximilian II. hatte inmitten der langen Vorbereitungen der komplizierten Begräbniszeremonie und der Vorbereitungen des Grabsteines Ende Jänner 1565 als Ort und Datum der Trauerfeierlichkeiten noch Prag und den 10. März bestimmt, doch dieser Plan konnte gegen Ende Februar nicht mehr verwirklicht werden.[10] Mehrere Umstände spielten dabei eine Rolle.

Die Verschiebung der Bestattung wurde neben der Erkrankung von Kaiser Maximilian in erster Linie wegen der Ereignisse auf dem ungarischen Kriegsschauplatz notwendig. Hier begannen nach den Erfolgen des berühmten Feldherrn Lazarus Freiherr von Schwendi (1522–1583) an der nordostungarischen Front wichtige diplomatische Verhandlungen mit dem Vasall der Osmanen, Fürst von Siebenbürgen Johann Siegmund (1540–1571). Der Fürst hatte sich im Frieden von Szatmár Mitte März damit einverstanden erklärt, auf den ungarischen Königstitel (lat. »rex Hungariae«) zu verzichten und sich und seine Nachkommen auf Siebenbürgen zu beschränken. Ende April jedoch brach er auf Anweisung der Hohen Pforte sein Wort und ging mit Unterstützung osmanischer Truppen zum

9 Pánek, Jaroslav: Ferdinand I. – der Schöpfer des politischen Programms der österreichischen Habsburger? In: ebda. S. 63–72.

10 Kohler, Alfred: Ferdinand I. 1503–1564. Fürst, König und Kaiser. München 2003, S. 308f.

Gegenangriff über.[11] Am Kriegsschauplatz in Ungarn war die Lage während des ganzen Frühling 1565 äußerst gespannt. Kaiser Maximilian konnte deshalb nicht riskieren, mit seinem ganzen Hof und mit allen vornehmen Herren seiner Länder in das entfernte Prag zu ziehen.

Spät im Frühling beschloss man, die ständig aufgeschobene Trauerzeremonie unwiderruflich in Wien abzuhalten. Die auf den 25. Juli verschobenen Festlichkeiten mussten jedoch wegen der gerade begonnenen Landtage in Böhmen und Mähren noch einmal neu festgelegt werden. An der Zeremonie durften die Abgesandten von Böhmen und Mähren nämlich nicht fehlen. Maximilian verschob daher die Zeremonie bereits am 8. Juni endgültig auf den 5. August.[12] Die Einladungen zu den Begräbnisfeierlichkeiten wurden tatsächlich für dieses Datum verschickt, für die ungarischen Mitglieder des kaiserlichen Hofstaates zum Beispiel am 26. Juni aus Wien.[13] Die Begräbniszeremonie hielt man jedoch erst am 6. und 7. August in der Kaiserstadt ab. Somit verschob sich aber auch der Termin der Prager Zeremonie weiter: Anstelle des endgültig auf den 20. August vereinbarten Termins wurde Kaiser Ferdinand – wegen der Verspätung des Trauerzuges – erst einen Tag später, von deutlich mehr Repräsentanten der böhmischen Stände als in Wien begleitet, in den Sankt-Veits-Dom am Hradschin zu Grabe getragen.[14]

---

11 Gooss, Roderich: Österreichische Staatsverträge. Fürstentum Siebenbürgen (1526–1690). Wien 1911, S. 176–181, Nr. 30; bzw. HHStA, Ungarische Akten/Hungarica [UA], Allgemeine Akten [AA], Fasz. 90, Konv. A–B und Fasz. 91, Konv. A, fol. passim, und ebda. Comitialia Fasz. 380, Konv. B, fol. 1–6; zum ungarischen Feldzug von Schwendi aus der älterer Literatur siehe Janko, Wilhelm: Lazarus Freiherr von Schwendi oberster Feldhauptmann und Rath Kaiser Maximilian's II. Wien 1871, S. 35–68.

12 Die böhmischen Landtagsverhandlungen und Landtagsbeschlusse vom Jahre 1526 an bis auf die Neuzeit. Bd. III, 1558–1573, hg. v. Königlich Böhmisches Landesarchiv. Prag 1884, S. 210, Nr. 123; bzw. »eae exequiarum solemniores pompae non quidem, ut antea statutum fuerat, Pragae, sed in hac nostra civitate Vienna et ad quintum Augusti diem suscipiendae sint.« HHStA, UA, AA, Fasz. 90, Konv. C, fol. 7f. (Wien, 7. Juli 1565).

13 Deutschsprachige Einladung aus der Reichshofkanzlei an Mundschenk Balthasar Batthyány: Magyar Országos Levéltár [Ungarisches Staatsarchiv], Budapest [im Weiteren MOL]; P 1313, A herceg Batthyány család levéltára [Familienarchiv Batthyány – Fürstlicher Zweig], A Batthyány család törzslevéltára [Hauptarchiv Batthyány], Memorabilia Nr. 347.

14 Wien, 6–7. August: Hannewald, Bartholomaeus: Parentalia Divo Ferdinando Caesari Avgvsto patri patriae etc. a Maximiliano imperatore etc., Ferdinando et Carolo serenissimis Archiducibus Austriae Fratribus singulari pietate persoluta Viennae, Anno Domini M.D.LXV. VIII. Idus Augusti. Augusta Vindelicorum 1566, ÖNB *48.B.26; ein koloriertes Exemplar: Museen der Stadt Wien, Inv.-Nr. 116.845; Prag, 21. Aug.: Kohler: Ferdinand S. 309–311.

Die Kaiserbegräbniszeremonie in der Herrschaftsrepräsentation der Habsburger

In der Herrschaftsrepräsentation der Habsburgerdynastie im 16. Jahrhundert spielen die Kaiserbegräbnisse eine sehr wichtige Rolle.[15] Nach einer Untersuchung der Bestattungen von Kaiser Ferdinand I. und Maximilian II. können wir festhalten, dass diese Zeremonien in der zweiten Jahrhunderthälfte die größten zeremoniellen Ereignisse nicht nur des Heiligen Römischen Reiches Deutscher Nation, sondern auch des nach 1526 in Mitteleuropa entstandenen, zusammengesetzten Staates des Hauses Österreich waren. Davon zeugen vorzüglich der Aufbau des Leichenzuges (Tabelle 1)[16] sowie die auf dem Trauergerüst platzierten Hoheitszeichen. Größe und Macht der Dynastie zeigen in erster Linie die im Kondukt vorgeführten mit Wappen bestickten Landesfahnen sowie die Herrschaftsinsignien (wie dies auch die zitierte Beschreibung von Franz Forgách belegt). Die Fahnen und Insignien des Alten Reiches, der Ungarischen und der Böhmischen Krone bzw. der Erblande symbolisierten deutlich, dass die während der Regierung von Ferdinand I. und Maximilian II. neu entstandene Habsburgermonarchie nichts anderes als »eine monarchische Union monarchischer Unionen von Ständestaaten und ein aus zusammengesetzten Staaten zusammengesetzter Staat«[17] war. Die auf dem »castrum doloris« platzierten deutschen, ungarischen und böhmischen Hoheitszeichen zeigen ebenfalls deutlich (Abb. 1), dass die Monarchie

15 Brix, Michael: Trauergerüste für die Habsburger in Wien. In: Wiener Jb. für Kunstgeschichte 26 (1973) S. 208–265, hier insbesondere S. 217–225; Vocelka, Rosemarie: Die Begräbnisfeierlichkeiten für Kaiser Maximilian II. 1576/77. In: MIÖG 84 (1976) S. 105–136, hier S. 123–126; zur späteren Entwicklung vgl. Hawlik van der Water, Magdalena: Der schöne Tod. Zeremonialstrukturen des Wiener Hofes bei Tod und Begräbnis zwischen 1640 und 1740. Wien u. a. 1989 und Vocelka/Heller: Die private Welt, passim.

16 1565: HHStA, Familienakten, Kt. 60, Konv. 5, Tod Kaisers Ferdinand I., 5.8.1565, fol. 8^v und ebda. sine dato »Khay. exequien 1565« fol. 1–3; 1577: HHStA, Familienakten, Kt. 61, Konv. 1, Tod des Kaisers Maximilians fol. 291, fol. 425–427, fol. 438–441, fol. 456f.; HKA, Reichsakten (RA), Fasz. 202/A, fol. 202–205, fol. 250–252, fol. 270f., fol. 355–357 bzw. Pálffy, Géza: Die Repräsentation des Königreichs Ungarn am Begräbnis Kaiser Maximilians II. in Prag 1577. In: Mikulec, Jiří/Polívka, Miloslav (Hg.): Per saecula ad tempora nostra. Sborník prací k šedesátým narozeninám prof. Jaroslava Pánka [Sammelband der Arbeiten zum sechzigsten Geburtstag von Prof. Jaroslav Pánek] Bd. 1. Prag 2007. S. 276–283.

17 Winkelbauer: Ständefreiheit S. 25.

der »Casa Austriaca« aus drei durch Personalunion verbundenen Ländergruppen besteht.[18]

Tabelle 1:
Provinzen- und Landesfahnen im Leichenzug am Begräbnis von Kaiser Ferdinand I. und Maximilian II.

Ferdinand I. (1565, Wien)	**Maximilian II. (1577, Prag)**
Görz	Görz
gemeinsame Fahne von Pfirt, Schwaben, Elsass, Tirol, Habsburg	gemeinsame Fahne von Pfirt, Schwaben, Elsass, Tirol, Habsburg
Ober- und Niederlausitz	Ober- und Niederlausitz
Krain	Krain
Kärnten	Kärnten
Steiermark	Steiermark
Schlesien	Schlesien
Mähren	Mähren
Burgund	Burgund
Österreich ob der Enns	Österreich ob der Enns
Österreich unter der Enns	Österreich unter der Enns
gemeinsame Fahne von Bosnien, Serbien, Bulgarien, Kumanien	gemeinsame Fahne von Bosnien, Serbien, Bulgarien, Kumanien
Slawonien	Slawonien
Kroatien	Kroatien
Dalmatien	Dalmatien
Spanien = Kastilien, Aragonien, Sizilien	–
Böhmen	Böhmen
Ungarn	Ungarn
1. kleine Reichsfahne = Rennfahne 2. große Reichsfahne	1. kleine Reichsfahne = Rennfahne 2. große Reichsfahne

18 »Super pheretrum pulvinari in serico impositum aureum vellus et proxime huic regni Bohemiae et versus Caesareae Maiestatis regni Hungariae clenodia. In pheretri medio imperialis corona, et paulo supra pomum imperiale, ab huius dextra sceptrum, ensis autem a sinistra.« HANNEWALD: Parentalia (ÖNB), fol. 5r (Beschreibung), fol. 7r (Abbildung); dieselbe Insignienlokation beim Prager Begräbnis Kaiser Maximilians II.: HKA RA Fasz. 202/A, fol. 274r.

Abbildung 1: Trauergerüst Ferdinands I., Wien August 1565 (© Wien Museum).

Rückkehr der ungarischen Symbole in die habsburgische Herrschaftsrepräsentation

Gleichzeitig muss aber betont werden, dass die Herrschaftszeichen des Ungarischen Königreiches anlässlich des Begräbnisses von Kaiser Ferdinand lediglich in die Herrschaftsrepräsentation der Habsburger zurückkehrten. Sie waren bereits im Spätmittelalter präsent (Tabelle 2), nämlich bei der Trauerzeremonie von Albrecht II., deutscher König (1438–1439) bzw. König von Ungarn und Böhmen (1437–1439), Ende Oktober 1439 in Stuhlweißenburg (ung. Székesfehérvár) sowie bei der Begräbniszeremonie von Kaiser Friedrich III. (1440–1493) im Dezember 1493 im Wiener Stephansdom,[19] der den Anspruchstitel des ungarischen Königs auch führte – ebenso trugen ungarische Herrscher den Anspruchstitel verschiedener südslawischen Königreiche (Bulgarien, Serbien, Bosnien usw.).[20] Als ein bemerkenswertes Zeichen kann jedoch angesehen werden, dass beim Begräbnis von Kaiser Friedrich – der tatsächlich nicht ungarischer König war – nicht die ungarischen Insignien, sondern nur die Fahne, der Helm und das Wappenschild Ungarns mitgeführt wurden.

Tabelle 2: Provinz- und Landesfahnen im Leichenzug am Begräbnis von König Albrecht II., Kaiser Friedrich III. und Ferdinand I.

<table>
<tr><th>Albrecht II.
(1439, Stuhlweißenburg)</th><th>Friedrich III.
(1493, Wien)</th><th>Ferdinand I.
(1565, Wien)</th></tr>
<tr><td>–</td><td>–</td><td>Görz</td></tr>
<tr><td>Österreich ob der Enns</td><td>Österreich ob der Enns</td><td>–</td></tr>
<tr><td>Burgau</td><td>Windische Mark</td><td rowspan="3">gemeinsame Fahne von Pfirt, Schwaben, Elsass, Tirol, Habsburg</td></tr>
<tr><td>Kiburg</td><td>Pfirt</td></tr>
<tr><td>Portenau</td><td>Portenau</td></tr>
</table>

19 1439: Hauser, Wilhelm: Der Trauerzug beim Begräbnis des deutschen Königs Albrechts II. (†1439). In: Adler. Zeitschrift für Genealogie und Heraldik 85 (1967) S. 191–195; 1493: Zelfel, Hans Peter: Ableben und Begräbnis Friedrichs III. Wien 1974, S. 111–113; Ders.: Wappenschilde und Helme vom Begräbnis Kaiser Friedrichs III. Ein Beitrag zum Begräbniszeremoniell. In: UH 45 (1974) S. 201–209.

20 Vgl. Nehring, Karl: Matthias Corvinus, Kaiser Friedrich III. und das Reich. Zum hunyadisch-habsburgischen Gegensatz im Donauraum. München ^{2}1989.

Albrecht II. (1439, Stuhlweißenburg)	**Friedrich III. (1493, Wien)**	**Ferdinand I. (1565, Wien)**
Pfirt	Kiburg	
Habsburg	Burgau	
Elsass	Elsass	
Windische Mark	Tirol	
Tirol	Habsburg	
–	–	Ober- und Niederlausitz
–	–	Krain
–	–	Kärnten
–	–	Steiermark
–	–	Schlesien
Mähren	–	Mähren
–	–	Burgund
–	–	Österreich ob der Enns
Krain	Krain	–
Kärnten	Kärnten	–
Steiermark	Steiermark	–
Österreich unter der Enns	Österreich unter der Enns	Österreich unter der Enns
–	–	gemeinsame Fahne von Bosnien, Serbien, Bulgarien, Kumanien
–	–	Slawonien
–	–	Kroatien
–	–	Dalmatien
–	–	Spanien = Kastilien, Aragonien, Sizilien
Böhmen	–	Böhmen
Ungarn	Ungarn	Ungarn
Heiliges Römisches Reich	Heiliges Römisches Reich	1. kleine Reichsfahne = Rennfahne 2. große Reichsfahne

Trotz der spätmittelalterlichen Vorbilder waren im Sommer 1565 die für die Organisation des Wiener Trauerzuges verantwortlichen drei »principal directores«,[21]

21 HHStA, Familienakten, Kt. 60, Konv. 5, Tod Kaisers Ferdinand I., 5. August 1565, fol. 3v.

nämlich Jiří Pruskovský z Pruskova (deutsch Georg Proskowsky), Rudolf Khuen von Belasy, Kämmerer, sowie der berühmte Jurist Johann Ulrich Zasius, Geheimer Rat und späterer Reichsvizekanzler (1566–1570), in einer schwierigen Lage. Wie aus ähnlichen Beispielen der deutschen oder ungarischen Krönungsfeierlichkeiten bekannt, reichte das kulturelle Gedächtnis im Allgemeinen nicht weiter als fünfzig Jahre.[22] Aber nach 1526 wurde in Wien, in der neuen Residenzstadt der Habsburgermonarchie, im Sommer 1565 das erste Mal eine derartige Zeremonie abgehalten. Die Wahl von Zasius war trotzdem alles andere als Zufall. Wie wir dies aus der Feder von Bartholomäus Hannewald, der vom Wiener Begräbnis 1566 ein schön illustriertes Buch in Augsburg herausgab,[23] wissen, war Zasius bereits bei den von Ferdinand I. organisierten großen symbolischen Trauerfeierlichkeiten für Kaiser Karl Ende Februar 1559 in Augsburg einer der Direktoren.[24]

Als Muster für die Augsburger Trauerfeierlichkeiten hielt die Geschichtsforschung lange die von König Philip II. (1556–1598) in Spanien und dann Ende

---

22 RUDOLPH, Harriet: Kontinuität und Dynamik – Ritual und Zeremoniell bei Krönungsakten im Alten Reich. Maximilian II., Rudolf II. und Matthias in vergleichender Perspektive. In: STEINECKE, Marion/WEINFURTER, Stefan (Hg.): Investitur- und Krönungsrituale. Herrschaftseinsetzungen im kulturellen Vergleich. Köln u. a. 2005, S. 383–396 bzw. PÁLFFY, Géza: Návrh uhorských radcov na bratislavský korunovačný ceremoniál z roku 1561: Doteraz neznámy zásadný prameň k uhorským kráľovským korunováciám [Das Gutachten der ungarischen Räte über das ungarische Krönungszeremoniell in Pressburg aus dem Jahre 1561. Eine unbekannte wichtige Quelle zur Geschichte der ungarischen Königskrönungen]. In: Historický časopis [Historische Zeitschrift, Bratislava] 54/2 (2006) S. 201–216; DERS.: Krönungsmähler in Ungarn im Spätmittelalter und in der Frühen Neuzeit. Weiterleben des Tafelzeremoniells des selbständigen ungarischen Königshofes und Machtrepräsentation der ungarischen politischen Elite. Teil I. In: MIÖG 115 (2007) S. 85–111.

23 HANNEWALD: Parentalia; zum Werk (mit der älterer Literatur) siehe ALTFAHRT: Propaganda S. 310f.; neuerdings SEIPEL, Wilfried (Hg.): Kaiser Ferdinand I. 1503–1564. Das Werden der Habsburgermonarchie. Eine Ausstellung des Kunsthistorischen Museums Wien. 15. April bis 31. August 2003. Wien u. a. 2003, S. 567–569, Nr. XI. 26.

24 »pompae totius rectores erant dominus Georgius Proskousky, Baro in Proskaw etc., dominus Rudolphus Kuen a Belasi, uterque a cubiculis Caesareae Maiestatis et eiusdem a secretis consiliis dominus Ioannes Vdalricus Zasius iuris utriusque doctor, cui in exequiis Caroli V. idem onus demandatum fuerat.« HANNEWALD: Parentalia (ÖNB), fol. 4^{v}; zum Lebenslauf von Zasius siehe seine neue Biographie: MEUSSER, Anja: Für Kaiser und Reich. Politische Kommunikation in der frühen Neuzeit: Johann Ulrich Zasius (1521–1570) als Rat und Gesandter der Kaiser Ferdinand I. und Maximilian II. Husum 2004; zum Augsburger symbolischen Begräbnis vgl. THOMAS, Bruno: Die Augsburger Funeralwaffen Kaiser Karls V. Ein Beitrag zur 400. Wiederkehr des Tages seiner Totenfeier. In: Waffen und Kostümkunde 3/Folge 1 (1959) S. 28–47.

Dezember in Brüssel 1558 abgehaltene »pompa funebris«.[25] Es scheint aber ziemlich sicher zu ein, dass der gebildete Zasius auch den alten kaiserlichen Begräbnissitten des Alten Reiches Beachtung schenkte. Umso mehr, als von der Bestattung Friedrichs III. im Stephansdom mehrere gedruckte Berichte in deutscher und lateinischer Sprache zur Verfügung standen.[26] Diese haben bei den Vorbereitungen der Wiener Zeremonie für Ferdinand 1565 eine bestimmende Rolle gespielt, da sich der in beiden Fällen von der Hofburg in den Stephansdom geführte Leichenzug vorzüglich eignete, alte Traditionen weiter zu tradieren.

Zu den deutschen, österreichischen und habsburgischen Herrschaftsinsignien und Fahnen kamen beim Begräbnis Ferdinands auch die Herrschaftszeichen des Ungarischen bzw. des Böhmischen Königreiches hinzu. Für die Organisatoren der Funeralien bedeutete deren Integration in das Begräbniszeremoniell jedoch eine ebenso schwierige Aufgabe wie der militärische und finanzielle Verwaltungsausbau der ungarischen Gebiete und die Osmanenabwehr in den 1530 bis 1560er Jahren.[27] Bei dieser wichtigen zeremoniellen Frage arbeiteten deshalb die ungarische politische Elite bzw. die Wiener obersten Hofämter und die erwähnten Direktoren eng zusammen. Nach vorherigen Abstimmungen auf die Bitte der Direktoren machten im Juli 1565 die ungarischen Ratgeber unter der Führung von Nikolaus Oláh, Erzbischof von Gran (1553–1568, sowie Ungarischer Statthalter 1562–1568), einen ausführlichen abschließenden Vorschlag, welche Fahnen und Insignien bei der Trauerzeremonie mitzutragen waren bzw. welche Personen die Pferde mit Wappen führen sollten (Tabelle 3).[28] Die Organisatoren akzeptierten den Vorschlag der

25 Brix: Trauergerüste S. 209–211; Altfahrt: Propaganda S. 309f.; Seipel, Wilfried (Hg.): Kaiser Karl V. (1500–1558). Macht und Ohnmacht Europas. Eine Ausstellung des Kunsthistorischen Museums Wien. 16. Juni bis 10. September 2000. Wien u. a. 2000, S. 351f., Nr. 416.

26 Zu diesen Quellen ausführlich: Zelfel: Ableben S. 6–49, 103; Meyer, Rudolf J.: Königs- und Kaiserbegräbnisse im Spätmittelalter. Von Rudolf von Habsburg bis zu Friedrich III. Köln u. a. 2000, S. 180, Anm. 39.

27 Pálffy, Géza: Der Wiener Hof und die ungarischen Stände im 16. Jahrhundert. In: MIÖG 109 (2001) S. 346–381; Ders.: Zentralisierung und Lokalverwaltung. Die Schwierigkeiten des Absolutismus in Ungarn von 1526 bis zur Mitte des 17. Jahrhunderts. In: Maťa/Winkelbauer (Hg.): Habsburgermonarchie S. 279–299, hier S. 279–282; Kenyeres, István: Die Finanzen des Königreichs Ungarn in der zweiten Hälfte des 16. Jahrhunderts. In: Edelmayer, Friedrich/Lanzinner, Maximilian/Rauscher, Peter (Hg.): Finanzen und Herrschaft. Materielle Grundlagen fürstlicher Politik in den habsburgischen Ländern und im Heiligen Römischen Reich im 16. Jahrhundert. Wien u. a. 2003, S. 84–122.

28 HHStA, Familienakten, Kt. 60, Konv. 5, Tod Kaisers Ferdinand I., sine dato »Khay. exequien 1565«

ungarischen Räte ohne Widerspruch. Die erwähnten Pferde – ähnlich wie bei den Augsburger Funeralien für Kaiser Karl V.[29] – folgten den Fahnen der einzelnen Länder; auf ihren Schabracken wurden die Wappen der Fahnen wiederholt: So wurde beispielsweise die schwalbenschwanzförmigen Fahne Ungarns mit dem so genannten ungarischen Kleinwappen (die zwei traditionellen Wappen des Ungarischen Königreichs auf einem Schild, namentlich das siebenmal rot-weiß geteilte Wappenschild und das auf einem grünen Dreierhügel stehendes Doppelkreuz, anders Patriarchenkreuz[30], Abb. 2) auf den Schabracken (links und rechts zwei Mal, sowie auf der Brust der Pferde noch einmal, also insgesamt fünf Mal) wiederholt.

Tabelle 3: Ungarische Herrschaftssymbole und ihre Träger am Begräbnis Kaiser Ferdinands I. in der Reihenfolge des Leichenzuges (Wien, 6. August 1565)

Fahnen und Insignien	**Zum Tragen aufgetauchte bzw. schließlich *vorgeschlagene* Personen**	**Wirkliche Fahnen- oder Insignienträger**
gemeinsame Fahne von 5. Bosnien, 6. Serbien, 7. Bulgarien, 8. Kumanien	*Balthasar Balassi*	Balthasar Balassi
Pferdeführer der gemeinsamen Fahne von Bosnien, Serbien, Bulgarien, Kumanien	rechts *Michael Várday* oder Balthasar Tahy, links *Zdeněk z Valdštejna*	rechts Michael Várday, links Zdeněk z Valdštejna
4. Fahne von Slawonien	*Christoph Kerecsényi*	Christoph Kerecsényi
Pferdeführer der Fahne von Slawonien	rechts *Emerich Forgách*, links *Albrecht Smiřický ze Smiřic*	rechts Emerich Forgách, links Albrecht Smiřický ze Smiřic
3. Fahne von Kroatien	*Nikolaus Oláhcsászár*	Nikolaus Oláhcsászár
Pferdeführer der Fahne von Kroatien	rechts *Nikolaus Bánffy*, links *Jiří z Valdštejna*	rechts Nikolaus Bánffy, links Jiří z Valdštejna
2. Fahne von Dalmatien	*Nikolaus Frangepán Graf von Tržac* (kroat. Nikola Fankopan tržački)	Nikolaus Frangepán

fol. 1–3; »Ordo funebris pompae per Hungaros servandus.« MOL, P 184, Esterházy család hercegi ágának levéltára [Familienarchiv Esterházy – Fürstlicher Zweig], Oláh család iratai [Akten der Familie Oláh], Tétel IV/2, fol. 13f. (sine dato); Hannewald: Parentalia.

29 Thomas: Die Augsburger.

30 Kumorovitz, Bernát L.: Die Entwicklung des ungarischen Mittel- und Großwappens. In: Csatári, Dániel/Katus, László/Rozsnyói, Ágnes (Hg.): Nouvelles études historiques publiées à l'occasion du XIIe Congrès International des Sciences Historiques par la Commission Nationale des Historiens Hongrois. Bd. II. Budapest 1965, S. 319–356.

Fahnen und Insignien	Zum Tragen aufgetauchte bzw. schließlich *vorgeschlagene* Personen	Wirkliche Fahnen- oder Insignienträger
Pferdeführer der Fahne von Dalmatien	rechts *Christoph Ungnad von Sonnegg*, links *Kryštof z Lobkovic*	rechts Christoph Ungnad von Sonnegg, links Kryštof z Lobkovic
1. Fahne von Ungarn	*Georg Zrínyi* (kroat. Juraj Zrinski)	Georg Zrínyi
Pferdeführer der Fahne von Ungarn	rechts *Balthasar Batthyány*, links *Stephan von Freudenthal*, Hauptmann von Troppau	rechts Balthasar Batthyány, links Stephan von Freudenthal, Hauptmann von Troppau
Schwert	*Johannes Dessewffy*, ungarischer königlicher Hofmeister, oder Eck Graf zu Salm und Neuburg	Johannes Dessewffy *(Ioannes de Seuffi)*
Zepter	*Michael Mérey* Palatin-Stellvertreter oder Johann Pethő ungarischer königlicher Oberstkämmerer	Michael Mérey
Apfel	*Ladislaus Bánffy*, ungarischer königlicher Obersttürhüter	Ladislaus Bánffy
Ungarische Krone	*Nikolaus Zrínyi* (kroat. Nikola Zrinski)	Nikolaus Zrínyi, ehemaliger Banus in Kroatien und Slawonien, Oberschatzmeister
Sargträger	*Balthasar Tahy*, Johannes Dessewffy d. J. und Michael Mérey	Balthasar Tahy

Es ist bemerkenswert, dass junge ungarische Aristokraten die Fahnenträger und Pferdeführer waren, welche zu jener Zeit am Wiener Habsburgerhof tatsächlich dienten: Die Fahne des Ungarischen Königreiches wurde z. B. vom Truchsess Georg Zrínyi, dem Sohn vom berühmten Nikolaus Zrínyi (dem späteren Helden von Szigetvár 1566), getragen. Ihm folgte als einer der beiden Führer des mit den ungarischen Wappen geschmückten Pferdes der Mundschenk Balthasar Batthyány.[31] Die beiden wie die anderen ungarischen Aristokraten konnten gleichzei-

31 Zrínyi: MAMERANUS, Nikolaus: Kurtze und eigentliche Verzeychnus der Teilnemer am Reichstag zu Augsburg 1566, Faksimileausgabe, eingeleit. Hans Jäger-Sunstenau. Neustadt an der Aisch 1985, unpaginiert; Batthyány: HKA, Hofzahlamtsbücher Bd. 20, fol. 278f. und KOLTAI, András: Adam Batthyány in Wien. Die Hofkarriere eines ungarischen Hochadeligen in der Mitte des 17. Jahrhunderts. In: BŮŽEK, Václav/KRÁL, Pavel (Hg.): Šlechta v habsburské monarchii a císařský dvůr (1526–1740) [Der Adel in der Habsburgermonarchie und der Kaiserhof (1526–1740)]. České Budějovice 2003, S. 275–304, hier S. 279f.

Abbildung 2: Fahne des Königreichs Ungarn im Leichenzug Ferdinands I., Wien August 1565 (© Wien Museum).

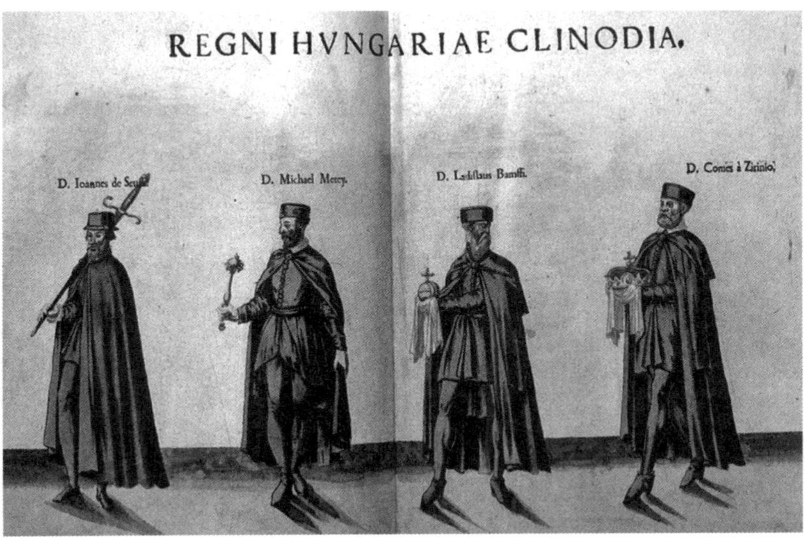

Abbildung 3: Ungarische Insignien im Leichenzug Ferdinands I., Wien August 1565 (© Wien Museum).

tig die Dynastie (mit ihren Hofämtern) und das Ungarische Königreich (mit den ungarischen Fahnen und Wappen) repräsentieren; und nebenbei belasteten sie ihr Familienbudget nicht mit großen Ausgaben, da sie in Wien ein Hofquartier bzw. eine Hofbesoldung erhielten. Die ungarischen Insignien (Schwert, Szepter, Apfel und Krone) wurden aber von ungarischen Obersten Landeswürdenträgern getragen (Abb. 3): die Kopie der ungarischen Krone vom Oberstschatzmeister (lat. »tavernicorum regalium magister«, 1561–1566) Nikolaus Zrínyi oder der Apfel vom königlichen Obersttürhüter (1556–1573) Ladislaus Bánffy.

Das Reich der Stephanskrone in der Habsburgermonarchie: die ungarischen Herrschaftszeichen an der Begräbniszeremonie Ferdinands I.

Der bereits gezeigte Aufbau des Leichenzuges Kaiser Ferdinands (siehe Tabelle 1) beweist eindrücklich, dass das Ungarische Königreich entgegen der weit verbreiteten allgemeinen Meinung einen bedeutenden Platz innerhalb der Habsburgermonarchie einnahm. Obwohl es tatsächlich nur am Rande des österreichisch-böhmischen »Kerngebietes« des zusammengesetzten Staates lag, belegte es den zweiten Platz nach dem Alten Reich und stand noch vor den Ländern der Böhmischen Krone. Im Trauermarsch trug man die Fahne Ungarns nach der böhmischen Fahne, aber vor den beiden Fahnen des Alten Reiches, während die Insignien des Ungarischen Königreiches unmittelbar vor den deutschen Insignien getragen wurden. Auf dem Trauergerüst (siehe Abb. 1) platzierte man die ungarischen Herrschaftssymbole vor den kaiserlichen Insignien, das heißt auf einem »vornehmeren« Platz, während die böhmischen hinter den kaiserlichen Herrschaftszeichen gereiht waren.

Schließlich zeigen die im Trauerzug mitgeführten ungarischen Fahnen und Wappen gleichzeitig deutlich, dass die Habsburgermonarchie nach der Schlacht bei Mohács 1526 nicht einfach um ein Land größer, sondern um ein »kleines Reich«, bestehend aus mehreren Ländern, also ein spezielles kleines Länderkonglomerat, nämlich um das Reich der Stephanskrone,[32] reicher geworden

32 Vgl. Kubinyi, András: Matthias Corvinus. Die Regierung eines Königreichs in Ostmitteleuropa 1458–1490. Herne 1999; Fata, Márta: Ungarn, das Reich der Stephanskrone, im Zeitalter der Re-

war.[33] Ein Viertel der defilierenden zwanzig Fahnen waren Fahnen von Neben- bzw. Titular-Ländern des Ungarischen Königreiches, während Ungarn und seine inkorporierten Nebenländer (Dalmatien, Kroatien und Slawonien) eigene, insgesamt vier Fahnen hatten. Die im Mittelalter teilweise tatsächlich besessenen, zu dieser Zeit aber nur als Titular-Länder aufgelisteten Territorien (Bosnien, Serbien, Kumanien[34] und Bulgarien) wurden nur auf einer gemeinsamen Fahne dargestellt (Abb. 4). Die Wappen dieser vier Titular-Länder wurden auf einem geviertelten Renaissance-Wappen gezeigt (1. Feld: Bosnien, 2: Bulgarien, 3: Serbien, 4: Kumanien).[35] Es ist noch zu erwähnen, dass die Fahnen der Neben- und der Titular-Königreiche Ungarns gemäß der damaligen Rangordnung im diplomatischen Protokoll zwischen den Fahnen des Erzherzogtums Österreich unter der Enns und des Spanischen Königreiches platziert wurden (siehe auch Tabelle 1).

Den noblen Platz des wegen des osmanischen Vormarsches immer kleineren[36] ungarischen zusammengesetzten Staates (eng. »composite state«)[37] zeigten aber nicht nur die ungarische Fahnen beim Trauerzug Kaiser und König Ferdinands I., sondern auch die lange ungarische königliche Titulatur der Habsburger, die Umschrift im ungarischen Doppelsiegel sowie die einzelnen Wappen auf dem Sie-

formation und Konfessionalisierung. Multiethnizität, Land und Konfession 1500 bis 1700. Münster 2000; Engel, Pál: The Realm of St. Stephen. A History of Medieval Hungary, 895–1526. London u. a. 2001.

33 Pálffy, Géza: Szent István birodalma a Német-római Birodalom határvidékén: A Magyar Királyság és a Német-római Császárság a 16–17. században [Das Reich der Stephanskrone an der Peripherie des Heiligen Römischen Reiches. Das Ungarische Königreich und das Heilige Römische Reich im 16. und 17. Jahrhundert]. In: Történelmi Szemle [Historische Rundschau, Budapest] 49 (2007) S. 327–349.

34 Über das mittelalterliche Kumanien, das in den Quellen des 16. Jahrhunderts manchmal als Walachei erwähnt wurde, neuerdings siehe Vásáry, István: Cumans and Tatars. Oriental Military in the Pre-Ottoman Balkans, 1185–1365. Cambridge 2005.

35 Zu den Wappen der Titular-Länder Ungarns: Ivánfi, Ede (Jancsik): A magyar birodalom vagy Magyarország s részeinek címerei [Wappen des Ungarischen Reiches oder Ungarns und seiner Teile]. Pest 1869, ND mit Nachwort von Iván Bertényi. Budapest 1989, S. 43–82; bzw. neuerdings Bertényi, Iván: Magyar címertan [Ungarische Wappenkunde]. Budapest 2003, insbesondere S. 71–74.

36 Szakály, Ferenc: Die Bilanz der Türkenherrschaft in Ungarn. In: Acta Historica Academiae Scientiarum Hungaricae 34 (1988) S. 63–77; Pálffy, Géza: The Impact of the Ottoman Rule on Hungary. In: Hungarian Studies Review (Toronto) 28 (2001) S. 109–132.

37 Vgl. Elliott, J[ohn] H[uxtable]: A Europe of Composite Monarchies. In: Past and Present 117 (1992) S. 48–71.

Abbildung 4: Gemeinsame Fahne der Titular-Länder Ungarns (Serbien, Bosnien, Kumanien und Bulgarien) im Leichenzug Ferdinands I., Wien August 1565 (© Wien Museum).

gel. Insgesamt symbolisierten diese also die ehemalige Größe, Bedeutung sowie die wichtige mitteleuropäische Rolle des Ungarischen Königreiches, die auch die Habsburger für wichtig hielten bzw. die sie im Rahmen ihrer neuen Monarchie in Mitteleuropa für lange Zeit weiter vererben konnten.[38]

38 Dazu ausführlicher siehe Pálffy, Géza: Kaiserbegräbnisse in der Habsburgermonarchie – Königskrönungen in Ungarn. Ungarische Herrschaftssymbole in der Herrschaftsrepräsentation der Habsburger im 16. Jahrhundert. In: Frühneuzeit-Info 19/1 (2008) (im Druck).

Václav Bůžek

Wien aus der Sicht der böhmischen Adeligen um die Mitte des 16. Jahrhunderts

Seit der Entstehung der Habsburgermonarchie 1526 gehörten zum Wiener Alltagsleben neben Adeligen aus den österreichischen Ländern, aus den verschiedenen Teilen Reiches, aus Spanien, den Niederlanden und Ungarn auch Herren und Ritter aus Böhmen und Mähren.[1] Wien wurde unter der Regierung Ferdinands I. und Maximilians II. von ausländischen Besuchern unter zweierlei Gesichtspunkten gesehen: Die Donaumetropole war in ihren Augen eine gut befestigte Stadt, welche die christliche Bevölkerung Mitteleuropas vor den Angriffen der Türken schützte.[2] Diese Facette Wiens spiegelte sich in den Briefen der böhmischen Adeligen nach der Niederlage des Heeres des türkischen Sultans Süleyman I. im Herbst 1529 wider.[3] Die strategische Bedeutung Wiens in der Abwehr der osmanischen Herrschaftsansprüche wurde vom böhmischen Ritter Pavel Korka von Korkyně, der in den 1540er bis 1560er-Jahren häufiger über die Donaumetropole nach Ungarn reiste, in seinen Memoiren gewürdigt.[4] Zugleich zog Wien die Aufmerksamkeit adeliger Ausländer als Residenz des Königs- und seit 1558 des Kaiserhofes auf sich, wo Ämter und Institutionen mit Wirkungsbereichen nicht nur für die habsburgische Monarchie, sondern auch für das Reich ihren Sitz hatten.[5]

1 Thomas, Christiane: Wien als Residenz unter Ferdinand I. In: JbVGStW 49 (1993) S. 101–117.

2 Vocelka, Karl: »Du bist di port und zir alzeit, befestigung der christenheit«. Wien zwischen Grenzfestung und Residenzstadt im späten Mittelalter und in der frühen Neuzeit. In: Engel, Evamaria/Lambrecht, Karen/Nogossek, Hanna (Hg.): Metropolen im Wandel. Zentralität in Ostmitteleuropa an der Wende vom Mittelalter zur Neuzeit. Berlin 1995, S. 263–276; Vocelka, Karl/Traninger, Anita (Hg.): Wien. Geschichte einer Stadt. Band II: Die frühneuzeitliche Residenz (16. bis 18. Jahrhundert). Wien u. a. 2003, S. 18–20, S. 34–36.

3 Roubík, František (Hg.): Regesta fondu Militare Archivu Ministerstva vnitra Republiky československé v Praze I [Die Regesten des Fonds Militare des Archivs des Innenministeriums der Tschechoslowakischen Republik in Prag I]. Prag 1937, S. 3–6.

4 Roudnická lobkowiczká knihovna [RLK] v Nelahozevsi [Raudnitzer Lobkowitzer Bibliothek Nelahozeves/Mühlhausen], Paměti Pavla Korky z Korkyně [Die Memoiren Pavels Korka von Korkyně], Sign. VI Fg 54, fol. 55–159.

5 Vocelka/Traninger: Wien. Geschichte einer Stadt S. 13–23.

Wenn der Herrscher mit seinem Hofstaat in Wien weilte, nahm der böhmische Adel die Hofburg als Ort des Erwerbs höfischer Erziehung, der höfischen Karrieren und der Anbahnung neuer gesellschaftlicher Kontakte wahr.[6] Wenn die böhmischen Herren und Ritter um die Mitte des 16. Jahrhunderts zu diesem Zweck nach Wien reisten, so verwendeten sie in der Regel in ihren Briefen die Wendung, dass sie *an den Hof* fahren. Pavel Korka von Korkyně beeilte sich im Herbst 1560 *an den Hof* nach Wien zu fahren, um mit Ferdinand I. in der Hofburg *über seine Anliegen sprechen zu können*.[7] Sobald der König Wien verließ, verlor die Donaumetropole ihre Anziehungskraft für den böhmischen Adel. Dies kommt in den Briefen Jaroslavs von Pernstein vom Frühling 1550 zum Ausdruck. Der Leibkämmerer Ferdinands I. beschwerte sich, dass nach der Abfahrt des Königs von Wien nach Innsbruck fast alle Adeligen die Donaumetropole verlassen hatten, und deshalb wollte er nicht, dass die Hochzeit seiner Schwester Katharina mit Eck von Salm in Wien stattfände.[8] Jaroslav von Pernstein bemerkte zu Beginn des Jahres 1550, dass nicht einmal die Söhne Ferdinands I. in Wien anwesend waren. Erzherzog Maximilian II. hielt sich damals als Statthalter in Valladolid auf, Erzherzog Ferdinand weilte als Statthalter in Prag.[9]

Die Rolle Wiens als internationale Handelsstadt hatte für den Adel aus den böhmischen Ländern in der Mitte des 16. Jahrhunderts keine größere Bedeutung. Der mährische Adel nutzte die Wiener Märkte zum Einkauf von Luxuswaren

---

6 Bůžek, Václav: Integrationsmöglichkeiten böhmischer Adeliger am Hof Ferdinands I. In: Fuchs, Martina/Oborni, Teréz/Ujváry, Gábor (Hg.): Kaiser Ferdinand I. Ein mitteleuropäischer Herrscher. Münster 2005, S. 339–357; Bůžek, Václav/Pálffy, Géza: Integrating the Nobility from the Bohemian and Hungarian Lands at the Court of Ferdinand I. In: Historica – series nova 10 (2003) S. 53–92.

7 RLK v Nelahozevsi, Paměti Pavla Korky z Korkyně, Sign. VI Fg 54, fol. 167.

8 Vgl. den Brief Jaroslavs von Pernstein an Jan von Kounice (23. 3. 1550) bei Vorel, Petr (Hg.): Česká a moravská aristokracie v polovině 16. století. Edice register listů bratří z Pernštejna z let 1550–1551 [Die böhmische und mährische Aristokratie in der Mitte des 16. Jahrhunderts. Die Edition der Briefregister der Brüder von Pernstein aus den Jahren 1550–1551]. Pardubice 1997, S. 82f.

9 Bůžek, Václav: Ferdinand Tyrolský mezi Prahou a Innsbruckem. Šlechta z českých zemí na cestě ke dvorům prvních Habsburků [Ferdinand von Tirol zwischen Prag und Innsbruck. Der Adel aus den Böhmischen Ländern auf dem Weg an die Höfe der ersten Habsburger]. České Budějovice 2006; Edelmayer, Friedrich/Kammerhofer, Leopold/Mandlmayr, Martin C./Prenner, Walter/Vocelka, Karl G. (Hg.): Die Krönungen Maximilians II. zum König von Böhmen, Römischen König und König von Ungarn (1562/63) nach der Beschreibung des Hans Habersack, ediert nach CVP 7890. Wien 1990, S. 30–38.

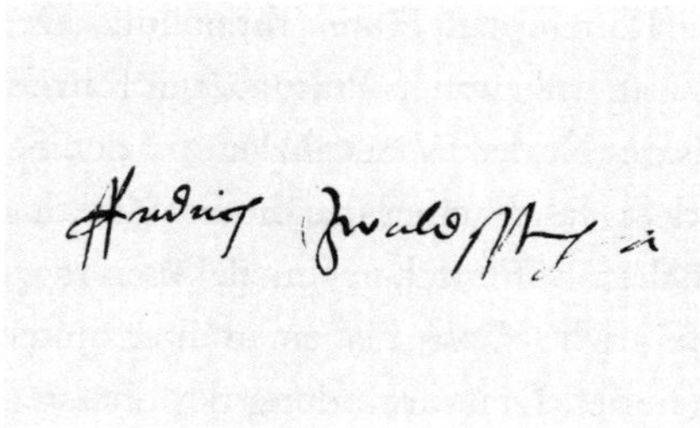

Friedrich von Waldstein

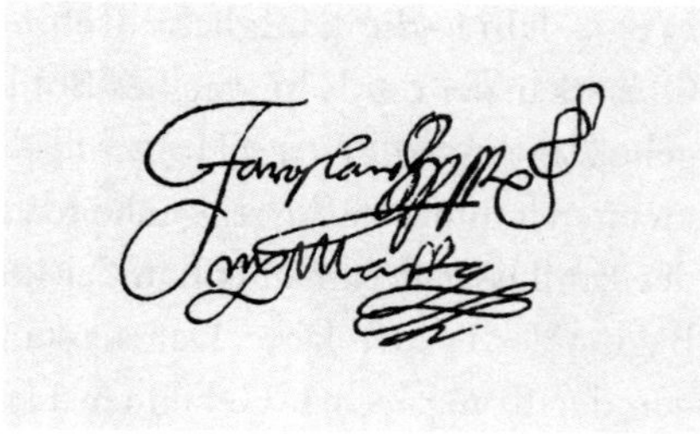

Jaroslav von Pernstein

Joachim von Neuhaus

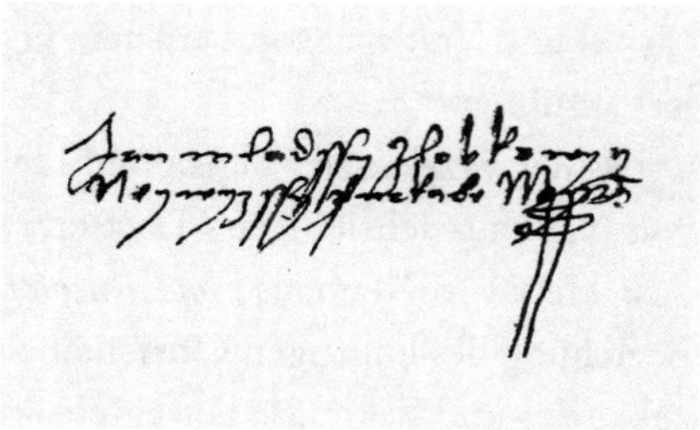

Johann der Jüngere Popel von Lobkowitz

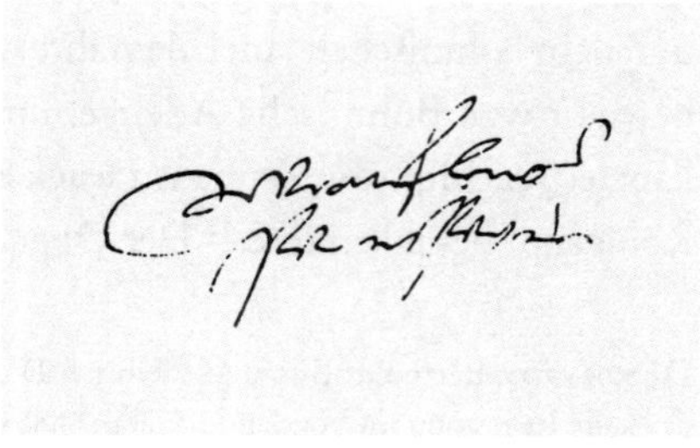

Vratislav von Pernstein

und zum Abschließen von Kreditgeschäften. Der böhmische Adel bevorzugte dagegen jedoch die Linzer Märkte.[10]

Adelige aus den böhmischen Ländern kamen vor allem infolge der Ausübung von Hofämter an den Wiener Herrscherhof. In Wien hatte seit dem Ende der

10 Bůžek, Václav: Die Linzer Märkte und die Kultur am Hofe der letzten Rosenberger. In: HJbLinz (1989) S. 11–44; ders.: Zahraniční trhy a kultura šlechtických dvorů v předbělohorských českých zemích [Die ausländischen Märkte und die Kultur der Adelshöfe in den Böhmischen Ländern in der Zeit vor der Schlacht am Weißen Berg]. In: Český časopis historický 89 (1991) S. 692–713.

1520er-Jahre »die königliche Böhmische Kanzlei bei Hofe« ihren Sitz. Der Oberstkanzler des Königreiches Böhmen amtierte zwar in Prag, aber er fuhr regelmäßig an den Wiener Hof, um gemeinsam mit dem Vizekanzler und den Sekretären böhmische Angelegenheiten zu erledigen. Zu einer markanten Stärkung des Einflusses Ferdinands I. in der königlichen Böhmischen Kanzlei kam es zu Beginn der 1540er-Jahre. Damals stand Heinrich IV. von Plauen an ihrer Spitze, den der König in den Geheimen Hofrat berief. Die Verbindung der obersten Würde in der böhmischen Hofkanzlei mit der Mitgliedschaft im Geheimen Hofrat ist auch in den nachfolgenden Jahren zu beobachten, als Joachim von Neuhaus (1554) und Vratislav von Pernstein (1566) das Amt des böhmischen Oberstkanzlers ausübten.[11]

Als der Vizekanzler Sigismund Helt von Kement im Herbst 1553 an Joachim von Neuhaus schrieb, dass Letzterer nach Wien kommen solle, weil er wusste, dass Herr von Neuhaus *ohne den Hof nicht sein kann*, drückte er unbewusst die Beziehung des künftigen Oberstkanzlers zur Wiener Hofburg aus.[12] Kanzler, Vizekanzler und Sekretäre bewegten sich in der Nähe des Königs, weshalb sie Zutritt zu wichtigen politischen Informationen hatten. Ihren persönlichen Einfluss nutzten sie bei der Knüpfung von Netzwerken zwischen dem österreichischen und dem böhmischen Adel, dem ihre außerordentliche Stellung am Herrscherhof bewusst war. Böhmische Adelige übten in den 1550er-Jahren auf den Oberstkanzler Joachim von Neuhaus Druck aus, damit er die Erledigung *ihrer Sache* am Königshof beschleunigte.[13] Der Oberstkanzler wurde nach seiner Rückkehr vom

---

11 Schmidt, Berthold: Burggraf Heinrich IV. zu Meissen. Oberstkanzler der Krone Böhmen und seine Regierung im Vogtlande. Gera 1888; Goetz, Helmut: Die geheimen Ratgeber Ferdinands I. (1503–1564). Ihre Persönlichkeit im Urteil der Nuntien und Gesandten. In: QFIAB 42/43 (1963) S. 453–494, hier S. 479–481; Lanzinner, Maximilian: Geheime Räte und Berater Kaiser Maximilians II. (1564–1576). In: MIÖG 102 (1994) S. 296–315, hier S. 297–299, S. 303; Bůžek: Integrationsmöglichkeiten S. 341–343.

12 Tischer, František (Hg.): Dopisy Zikmunda Helta z Kementu p. Jáchymovi z Hradce od r. 1553–1558 [Die Briefe Sigismunds Helt von Kement an Herrn Joachim von Neuhaus seit dem Jahr 1553–1558]. In: Časopis Matice moravské 25 (1901) S. 61–66, S. 185–190, S. 295–303, S. 405–409, hier S. 62f. (Brief vom 30. Oktober 1553).

13 Státní oblastní archiv [SOA] Třeboň [Staatliches Regionalarchiv Wittingau], Cizí rody – registratura [Fremde Familien – Registratur], von Rosenberg, Sign. 21, Fasz. II [Brief Joachim von Neuhaus an Heinrich den Älteren von Schwanberg (5. Oktober 1555)]; SOA Třeboň, pracoviště Jindřichův Hradec [Zweigstelle Neuhaus], Rodinný archiv pánů z Hradce [Familienarchiv der Herren von Neuhaus], Inv. Nr. 368, Sign. II C 3, Kt. 12 [Johann der Jüngere Popel von Lobkowitz

Herrscherhof auf seinem Residenzschloss in Neuhaus von Seiten seiner adeligen Landsleuten, die sich nach Neuheiten aus der Donaumetropole sehnten, mit einer Flut von Ansuchen um ein Treffen konfrontiert, denen er nicht allen entsprechen konnte.[14] Das Hauptinteresse der adeligen Gesprächspartner Joachim von Neuhaus' galt der Anwesenheit vornehmer Personen am Königshof. Die Adeligen wollten wissen, wann Ferdinand I. Wien verlassen und sich zum Landtag nach Prag begeben werde. Insbesondere die nichtkatholisch gesinnten Adeligen tauschten mit dem Oberstkanzler Nachrichten über Religionskonflikte in Wien aus. Wolf Kraiger von Kraig, der sich zur Böhmischen Brüdergemeinde bekannte, teilte 1554 Joachim von Neuhaus ausführlich mit, dass die Nichtkatholiken in Wien die königlichen Mandate, mit denen Ferdinand I. die Kommunion in einerlei Gestalt anordnete, von den Toren des Stephansdoms herabgerissen hatten.[15]

Der Adel aus den böhmischen Ländern nahm die Inhaber des Oberstkanzleramtes als einflussreiche Personen wahr, die jungen Adeligen höfische Ehrenämter am Königshof vermitteln konnten. Junge Höflinge fanden in den Oberstkanzlern ihre Beschützer bei Hof, die sie in ihren persönlichen Briefen als Patrone bezeichneten. Die Beschützer verlangten natürlich auch Gegenleistungen für ihre Dienste. Hielten sich die Oberstkanzler nicht in Wien auf, so wurden sie vom gut informierten Vizekanzler oder anderen Adeligen, denen sie zu einem Amt bei Hofe verholfen hatten, mit Nachrichten über das Alltagsleben in der Hofburg versorgt. Ähnliche Nachrichten schickten junge Höflinge ihren Familien und *Herren und Freunden* daheim in den böhmischen Ländern. Sie trugen dadurch bei einem Teil des böhmischen und mährischen Adels zu einer Vertiefung des Bewusstseins über das Geschehen am Wiener Königshof bei.[16] Verweilten die

an Joachim von Neuhaus vom 28. Dezember 1555]; SOA Třeboň, Cizí rody – registratura, von Lobkowitz, unsign. [Johann der Jüngere Popel von Lobkowitz an Peter Wok von Rosenberg vom 27. März 1559].

14 SOA Třeboň, pracoviště Jindřichův Hradec, Rodinný archiv pánů z Hradce, Inv. Nr. 368, Sign. II C 3, Kt. 10 [Brief Ladislaus Popel von Lobkowitz vom 16. November 1559 und Brief Heinrichs des Älteren von Schwanberg vom 17. November 1559 an Joachim von Neuhaus].

15 SOA Třeboň, pracoviště Jindřichův Hradec, Rodinný archiv pánů z Hradce, Inv. Nr. 368, Sign. II C 3, Kt. 8 [Brief Wolf Kraiger von Kraig an Joachim von Neuhaus vom 6. April 1554].

16 SOA Třeboň, pracoviště Jindřichův Hradec, Rodinný archiv pánů z Hradce, Inv. Nr. 368, Sign. II C 3, Kt. 8 [Briefe Arnošt Vitanovský von Vlčkovice an Joachim von Neuhaus vom 11. April 1555 und 13. Mai 1555]; Kt. 9 [Brief Franz von Thurn an Joachim von Neuhaus vom 9. März 1559]; Kt. 11 [Brief Vratislav von Pernstein an Joachim von Neuhaus vom 26. Dezember 1554].

Höflinge eine längere Zeit in der Hofburg, so entfremdeten sie sich vorübergehend ihren eigenen Familien. Nur selten erhielten sie nämlich die Zustimmung des Königs zu einer vorzeitigen Abreise von Wien auf ihre Familiensitze in den böhmischen Ländern. Obwohl der Aufenthalt am Herrscherhof das gesellschaftliche Prestige der jungen Adeligen erhöhte, war in ihrem Denken um die Mitte des 16. Jahrhunderts die Anwesenheit bei Taufen, Hochzeiten, Beerdigungen und anderen Familienfesten viel wichtiger als der Hofdienst in Wien.[17]

Die politische Karriere des Oberstkanzlers Joachim von Neuhaus, in den 1550 und 1560er Jahren von ständiger Reisetätigkeit getrieben, hatte auch ihre Schattenseiten. Sie zerstörte die Rituale des Familienlebens auf seinem, im Renaissancestil umgebauten Landsitz in Neuhaus. Die Mutter des Oberstkanzlers sah nach ihren eigenen Worten in Ferdinand I. die Hauptursache für ihre emotionalen Nöte, da der König Joachim von Neuhaus zu ständigen Reisen nach Wien, Augsburg und Regensburg beorderte.[18] Die Gemahlin des Oberstkanzlers bedachte Ferdinand I. in ihren emotional gehaltenen Briefen mit dem Schmähwort *der lausige König*.[19] Mit dem Prädikat *lausig* bezeichneten einige böhmische Adelige in dieser Zeit auch Prag, wenn sie ihre Landsitze verlassen und sich auf den Weg in die Hauptstadt machen mussten, um ihren Verpflichtungen beim Landtag und am Landgericht nachzukommen.[20] Joachims unverheiratete Schwester Mandelína,

17 Bůžek, Václav: Šlechta ze zemí Koruny české na habsburských dvorech v předbělohorském století [Der Adel aus den Ländern der Böhmischen Krone an den habsburgischen Höfen im Jahrhundert vor der Schlacht am Weißen Berg]. In: Bůžek, Václav/Král, Pavel (Hg.): Šlechta v habsburské monarchii a císařský dvůr (1526–1740) [Der Adel in der Habsburgermonarchie und der Kaiserhof (1526–1740)]. České Budějovice 2003, S. 153–189, hier S. 156–157; ders.: Vratislav z Pernštejna mezi Prahou, Litomyšlí a Vídní (Ke zpravodajskému přínosu listů české a moravské šlechty) [Vratislav von Pernstein zwischen Prag, Leitomischl und Wien (Zum Aussagewert der Briefe von böhmischen und mährischen Adeligen)]. In: Sborník prací východočeských archivů 8 (2000) S. 24–36.

18 Vgl. Briefe der Anna von Neuhaus (geb. von Rosenthal) an ihren Sohn Joachim von Neuhaus vom 1. Februar 1555, 11. Mai 1555 und 8. Jänner 1557, die sie nach Augsburg und Regensburg schickte. Dazu Bůžek, Václav/Hrdlička, Josef: Rodinný život posledních pánů z Hradce ve světle jejich korespondence [Das Familienleben der letzten Herren von Neuhaus im Lichte ihrer Korrespondenz]. In: Opera historica 6 (1998) S. 145–271, hier S. 184f., S. 187, S. 210–211.

19 Briefe der Anna von Neuhaus (geb. von Rosenberg) an ihren Gemahl Joachim von Neuhaus vom 12. 5. 1556, 3. August 1556 und 14. Februar 1558; Bůžek/Hrdlička: Rodinný život pánů z Hradce S. 197–200, S. 202–203, S. 232–235.

20 Bůžek, Václav: »A tak jsem tam dlouho zdržován byl …«. Čas v životě předbělohorských rytířů [»Und so lange wurde ich dort aufgehalten …«. Die Zeit im Leben der Ritter in der Zeit vor der Schlacht am Weißen Berg]. In: Dějiny a současnost 15/Nr. 3 (1993) S. 26–30.

die auch in Schloss Neuhaus lebte, traktierte den König in ihren persönlichen Briefen mit dem Vorwurf *šklebna (Fratzenschneider)*.[21]

Ende der 1550er Jahre mietete Joachim von Neuhaus ein Haus in Wien, in dem er fast ununterbrochen mit seiner Gemahlin, seinen Kindern und einem dreißigköpfigen Hofstaat an der Wende der Jahre 1559/1560 lebte. Um den Betrieb des Hauses in Wien kümmerten sich, den erhaltenen Rechnungen nach zu schließen, die Beamten seiner Neuhauser Grundherrschaft. Die Fuhrleute aus Neuhaus brachten Vorräte, Lebensmittel und Pferdefutter in das Wiener Haus. Von Wien nach Neuhaus retour beförderten sie kostbare Stoffe, Schnittmuster, Tapisserien und Schmuck. Im Haus des Joachim von Neuhaus fanden vorübergehend böhmische und mährische Adelige, die nach Wien kamen, um sich für den Hofdienst in der Hofburg zu bewerben, Unterkunft.[22] Starthilfe im fremden Milieu der Donaumetropole fanden sie auch in den gemieteten Häusern der Brüder Jaroslav und Vratislav von Pernstein.[23]

Vom Ende der 1540er bis zur Mitte der 1570er-Jahre übten alljährlich 15 bis 20 Herren und Ritter aus den böhmischen Ländern Ehrendienste als Mundschenke, Fürschneider, Truchsesse und Diener an der Tafel Ferdinands I. und Maximilians II. Seit den 1550er Jahren sammelte der böhmische und mährische Adel als Kämmerer und Kammerdiener in der königlichen Leibkammer Erfahrungen im Hofdienst. Die Herren und Ritter aus den böhmischen Ländern übernahmen in vereinzelten Fällen die Pflichten des Silberkämmerers, waren auch unter den Edelknaben und Hartschieren stark vertreten und fehlten auch nicht unter den Höflingen an den Höfen der Erzherzoge und Erzherzoginnen.[24]

Adelige aus den böhmischen Ländern absolvierten die Strecke von Böhmen in die Donaumetropole in einer etwa vier- bis fünftägige Reise zu Pferd oder in der Kutsche. Die Reise von Mähren dauerte nicht länger als zwei Tage. Jede Reise nach Wien wurde in den Gemütern der böhmischen und mährischen Adeligen von widersprüchlichen Gefühlen begleitetet, die von Unsicherheit bis zu Angst vor dem

21 Brief der Mandelína von Neuhaus an Anna von Neuhaus, geb. von Rosenberg, vom 29. September 1559 bei Bůžek/Hrdlička: Rodinný život pánů z Hradce S. 244f..

22 Hrdlička, Josef: Provoz vídeňského domu Jáchyma z Hradce [Der Betrieb des Wiener Hauses von Joachim von Neuhaus]. In: Opera historica 6 (1998) S. 103–126.

23 Vorel, Petr: Vídeňský deník rytíře Dvoreckého z roku 1559 [Das Wiener Tagebuch des Ritters Dvorecký]. In: FHB 19 (1998) S. 7–36, hier S. 13.

24 Mit weiteren Quellenbelegen Bůžek: Šlechta ze zemí Koruny české na habsburských dvorech S. 164–173; ders.: Integrationsmöglichkeiten S. 349–352.

fremden Umfeld reichten. Die Reisen nach Wien wurden in den Augen der Herren und Ritter als Abwechslung des Alltagslebens interpretiert. In ihren persönlichen Briefen beschwerten sie sich über Zeit- wie Geldmangel und über die Teuerung in den Wiener Gasthäusern. Böhmische und mährische Adelige stellten hohe Ansprüche an ihre Wiener Unterkünfte. Sie wollten nur in denjenigen Wiener Gasthäusern absteigen, mit deren Dienstleistungen bereits andere böhmische und mährische Besucher zufrieden gewesen waren. Die Qualität der Unterkunft nahm in ihren Augen mit der steigenden Entfernung des Gasthauses von der Hofburg markant ab.[25] Schon im Vorhinein beklagten sie sich über die beschränkten Möglichkeiten zur Einstellung der Pferde in den Wiener Gasthäusern. Adelige aus den böhmischen Ländern, die zu Beginn der 1520er Jahre an den Hof Ludwig Jagiellos nach Buda reisten, widmeten gerade der Einstellung der Pferde in den Stallungen *nach böhmischem Brauch* die größte Aufmerksamkeit. Die Einstellung der Pferde *auf ungarische Art*, das heißt nur auf Koppeln, erweckte bei den böhmischen Herren in Buda Widerwillen. Sie wollten sich nicht damit abfinden, dass ihre Pferde ohne ein Obdach draußen im Freien stehen sollten.[26] Übernachteten die böhmischen Herren und Ritter als Gäste in den Häusern österreichischer Adeliger, die sie persönlich nicht kannten, erkundigten sie sich schon vorher nach deren gesellschaftlicher Stellung, damit ihr Prestige in den Augen der anderen vornehmen Personen durch eine unpassende Unterkunft keinen Schaden erlitt. Böhmische und mährische Adelige wollten bei einer Reise nach Wien nicht allein wohnen. Sie interessierten sich für die Namen ihrer nächsten Nachbarn sowie für die Wohnverhältnisse der übrigen böhmischen Herren und Ritter, die am Herrscherhof verweilten.

Das älteste erhaltene Hofquartierbuch Wiens aus dem Jahr 1563 belegt, dass sich böhmische Adelige, die sich eine längere Zeit am Hofe aufhielten oder die auch nur für kurze Zeit nach Wien kamen, in gemieteten Häusern, in Häusern österreichischer Adeliger oder in Gasthäusern einquartierten. Während der Regierungszeit Ferdinands I. und Maximilians II. besaß kein einziger böhmischer

25 SOA Litoměřice [Staatliches Regionalarchiv Leitmeritz], pobočka Žitenice [Zweigstelle Schüttenitz], Lobkovicové roudničtí – rodinný archiv [Die Raudnitzer Linie der Lobkowitz – Familienarchiv], Sign. D 126 [Brief Johanns des Jüngeren Popel von Lobkowitz an Vratislav von Pernstein vom 2. März 1569]; Bůžek: Ferdinand Tyrolský mezi Prahou a Innsbruckem S. 64f.

26 Bůžek, Václav: Strangers in Their Own Country. King Louis II (Jagiello) and Mary of Hungary's Stay in Bohemia at the Turn of 1522–1523. In: Mary of Hungary. The Queen and Her Court 1521–1531. Budapest 2005, S. 63–67.

Adeliger ein eigenes Haus in Wien. Ein nicht näher bestimmter Angehöriger der Familie Lobkowitz, der bei Hofe diente, mietete sich beispielsweise ein Zimmer im Haus von Wolf Sachs. Im »Haus zum Jordan« (am Judenplatz) fanden wahrscheinlich die Damen des Frauenzimmers der Gemahlin Vratislavs von Pernstein vorübergehend Unterkunft. Im Haugwitzschen Haus kam zeitweilig Wilhelm von Rosenberg, der 1563 auf dem Weg zur Krönung Maximilians II. nach Pressburg in Wien Station machte, mit seinem Gefolge unter. Unterkunft und Stellplätze für die Pferde bot das *Behaimb Wirtshaus* an.[27]

Viele Adelige aus den böhmischen Ländern äußerten unverhohlen ihre Bedenken und Befürchtungen, wenn sie sich aufmachten, Verhandlungen mit den obersten Würdenträgern des Königshofes zu führen. Ihre offensichtliche Unsicherheit wurde verstärkt durch die Tatsache, dass ihnen die implizite Symbolik des höfischen Zeremoniells vielfach unverständlich blieb. Sie weigerten sich zu individuellen Verhandlungen in der Hofburg zu erscheinen und verlangten die Anwesenheit von vertrauten Personen. Zu derartigen Vertrauenspersonen wurden um die Mitte des 16. Jahrhunderts insbesondere die jeweiligen Inhaber des Oberstkanzleramtes gezählt, die sich bereits über einen längeren Zeitraum in Wien aufhielten.[28] Im Gegensatz zum ungarischen Adel, der bei den Verhandlungen am Herrscherhof Latein zu sprechen wünschte, wie er es daheim in Ungarn gewohnt war, hatten die meisten böhmischen Herren und Ritter in Wien keine größeren Probleme bei der Verwendung der deutschen Sprache.[29] Dazu trug nicht nur die Sprachenunterricht der adeligen Jugend bei, sondern auch übernationale Heiratskreise spielten dabei eine Rolle und halfen die Sprachbarrieren zwischen den Adeligen aus den einzelnen Ländern des mitteleuropäischen Vielvölkerstaates zu durchbrechen.[30]

Unsicherheit und eine gewisse Angst vor dem fremden Umfeld waren jedoch auch das bestimmende Gefühl in den Gemütern der österreichischen Adeligen

---

27 HKA, Hofquartierbücher Nr. 1 (1563), fol. 24v–25^{r}, fol. 31^{v}, fol. 35^{v}, fol. 41^{r} und fol. 65^{r}.

28 SOA Třeboň, pracoviště Jindřichův Hradec, Rodinný archiv pánů z Hradce, Inv. Nr. 368, Sign. II C 3, Kt. 11 [Brief Johann von Waldstein an Joachim von Neuhaus vom 5. Mai 1559]; SOA Litoměřice, pobočka Žitenice, Lobkovicové roudničtí – rodinný archiv, Sign. D 126 [Briefe Johann des Älteren von Lobkowitz an Vratislav von Pernstein vom 17. Februar 1569, 2. März 1569, 30. Juli 1569].

29 Im breiteren Kontext Pálffy, Géza: Der Wiener Hof und die ungarischen Stände im 16. Jahrhundert. In: MIÖG 109 (2001) S. 346–381; Bůžek, Václav: Zum tschechisch-deutschen Bilinguismus in den böhmischen und österreichischen Ländern in der frühen Neuzeit. In: Österreichische Osthefte 35 (1993) S. 577–592.

30 Bůžek: Integrationsmöglichkeiten S. 347f..

aus dem Hofstaat Ferdinands I., wenn sie von Wien nach Prag reisten, um dort mit den obersten Beamten des Königreichs Böhmen zu verhandeln. Meistens gab es im kaiserlichen Gefolge einen Adeligen aus Nieder- oder Oberösterreich, der die Aufgabe hatte, sich mit der Landschaft, den Leuten und der Sprache des Landes vertraut zu machen. Diese Edelmänner profitierten nach der Rückkehr von ihren Erfahrungen, die sie dem Gros der österreichischen Adeligen voraushatten. Andreas von Attems begann zum Beispiel seine Karriere an der Seite des Hofmarschalls Hans Trautson. Nach einem mehrmonatigen Aufenthalt in Böhmen, Mähren, Schlesien und in der Lausitz – der Obersthofmeister des Königreichs Böhmen Zdislav Berka von Dubá begleitete ihn – kehrte er 1547 nach Wien zurück. Einige Zeit später trat er in die Dienste des Grafen Franz von Thurn, der später zu den engsten Vertrauten des Erzherzog Ferdinand von Tirol am Innsbrucker Hof gehören sollte.[31] Sigismund Hager von Allentsteig trat nach einem vierjährigen Aufenthalt bei den Schwanbergern in Westböhmen, wo er die Gelegenheit hatte, Tschechisch zu lernen, im Jahr 1560 in die Dienste Sigismunds von Hardegg, der eine hohe Stellung am Wiener Hof innehatte.[32] Ähnliche Aufenthalte von österreichischen Adeligen in Böhmen und ihre daraus resultierenden Karrierechancen an den habsburgischen Höfen trugen um die Mitte des 16. Jahrhunderts zur Bildung einer tieferen Kenntnis über die Verhältnisse in den böhmischen Ländern unter den Höflingen des Königs und der Erzherzoge bei.

In den 1550er und zu Beginn der 1560er Jahren war Vratislav von Pernstein, Leibkämmerer und ein großer Günstling Maximilians II., ständiger Begleiter des Kaisers.[33] Vom persönlichen Naheverhältnis zwischen König Maximilian II. und seinem Höfling wusste man im böhmischen adeligen Umfeld gut Bescheid. Pavel Korka von Korkyně beschrieb im Jahre 1560 Vratislav von Pernstein in seinen Memoiren als *Liebling* des Königs.[34] Vratislav von Pernstein mietete bei seinem Wiener Aufenthalt ein Haus in der Nähe von St. Michael, wo er mit seiner Familie lebte. Vratislav von Pernstein wurde bei seinen Reisen nach Wien von einem Hofstaat begleitet, der etwa 40 Perso-

31 Pallavicino, Maria Viktoria: Aus der Selbstbiographie des Andreas von Attems. In: Adler – Zeitschrift für Genealogie und Heraldik 8 (1968–1970) S. 83f.

32 Blittersdorff, Philipp: Ritter Sigismund's Hager von Allentsteig Leichenpredigt. In: Monatsblatt der heraldischen Gesellschaft Adler 9 (1921–1925) S. 39–49.

33 HHStA, Obersthofmeisteramt, Sonderreihe, Sch. 183, Nr. 39 [Hofstaatsliste Maximilians II. vom 1560].

34 RLK v Nelahozevsi, Paměti Pavla Korky z Korkyně, Sign. VI Fg 54, fol. 173^{r}.

nen zählte. Die meisten seiner Höflinge fanden Unterkunft in Gasthäusern nahe der Hofburg – insbesondere in der Kärntnerstraße. Im Gefolge Vratislavs von Pernstein befand sich am Ende der 1550er Jahre auch ein Ritter von Dvorecký, der zur Gruppe der adeligen Edelknaben gehörte. Er führte ein persönliches Tagebuch, in dem er das Alltagsleben Wiens vom 6. Mai bis 30. September 1559 notierte.[35] In Wien wurde am 1. Juni 1559 auch die dritte Tochter Vratislavs von Pernstein – Hedwiga – geboren, die vier Tage später unter Teilnahme des böhmischen, österreichischen, spanischen und ungarischen Adels in St. Michael getauft wurde.[36]

Vratislav von Pernstein traf Anfang Mai 1559, von Augsburg kommend, in der Donaumetropole ein, wo er im Gefolge Ferdinands I. an der Eröffnung des Reichstags teilnahm.[37] In Wien erwartete Maximilian II. bereits seinen Leibkämmerer, der Wien in den Sommermonaten 1559 nur für kurze Zeit verließ, um nach Prag und Pressburg zu reisen. Obwohl Ritter Dvorecký in seinem Tagebuch den Unterhaltungen und Feierlichkeiten in der Hofburg einige Aufmerksamkeit widmete, interessierte er sich am meisten für die Ankunft böhmischer und mährischer Adeliger, die im Sommer 1559 mit verschiedenen Gesandtschaften nach Wien reisten. Einige Adelige aus den böhmischen Ländern kamen zum Gasthof in der Kärntnerstraße, in dem auch bereits die Höflinge Vratislavs von Pernstein wohnten, die sie für Kenner der Wiener Verhältnisse hielten. Die böhmischen Adeligen baten die Gefolgsleute Vratislavs Pernstein um Hilfe bei der Suche nach interessanten Personen, mit denen man sich in der Donaumetropole treffen könnte. Der Ritter Dvorecký begleitete die Herren und Ritter aus den böhmischen Ländern in die Hofburg, wo er ihnen diskret – und wahrscheinlich gegen Entgelt – die Höflinge Maximilians II. zeigte und diese auch näher charakterisierte. Dvorecký widmete in seinem Tagebuch zudem den Unterhaltungen und Spielen, an denen böhmische und mährische Adelige gemeinsam mit den Höflingen Maximilians II. in den hofburgnahen Gasthäusern teilnahmen, einige Aufmerksamkeit. Derartige ungestüme und laute Unterhaltungen endeten in den späten Nachtstunden oft mit Handgreiflichkeiten in den Gassen Wiens.[38]

35 Vorel: Vídeňský deník rytíře Dvoreckého S. 7–36.

36 Ebd. S. 18.

37 Näher Bůžek, Václav/Smíšek, Rostislav: Říšský sněm v Augšpurku roku 1559 pohledem Jáchyma z Hradce [Der Reichstag in Augsburg im Jahre 1559 in den Augen Joachims von Neuhaus] (im Druck).

38 Vorel: Vídeňský deník rytíře Dvoreckého S. 14–29.

In den Briefen der böhmischen Höflinge, die zum Hofstaat Ferdinands I. gehörten, spiegelt sich das Bild des Alltagslebens in der Hofburg wider. Wenn der böhmische Oberstkanzler Joachim von Neuhaus in den 1550er Jahren nicht in der Nähe des Königs weilte, wartete er in Neuhaus ungeduldig auf die Briefe von Friedrich von Waldstein, der als Truchsess und Mundschenk zu den Höflingen Ferdinands I. gehörte.[39] Die Briefe Friedrichs von Waldstein enthalten eine beachtenswerte Selbstdarstellung eines königlichen Höflings. Der königliche Truchsess und Mundschenk identifizierte sich im Alltagsbetrieb des Königshofes mit den Verhaltensnormen, die von den Höflingen verlangt wurden. Von ihnen wurde erwartet, dass sie in Übereinstimmung mit dem höfischen Zeremoniell ständig in der Nähe des Herrschers anwesend sein sollten. Die Gestalt des Königs stand ihnen immer vor Augen: Höflinge konnten somit anhand von ansonsten kaum wahrnehmbaren Veränderungen im Antlitz Ferdinands I. die geistige Unausgeglichenheit des Herrschers und physiologische Merkmale seiner immer wieder kehrenden Krankheiten erkennen.[40] Auch wenn sich Friedrich von Waldstein nicht in der Nähe des Königs aufhalten konnte, hatte er doch stets zuverlässige Nachrichten darüber, wo sich Ferdinand I. gerade aufhielt. Gemäß seinen eigenen Angaben erwarb er derartige Informationen vor allem von den Kämmerern und Kammerdienern des Königs.[41] Die Verhaltens- und Handlungsweisen der königlichen Höflinge wurden bis ins kleinste Detail in den Hofordnungen geregelt. Deren konsequente Einhaltung schloss alle Ausdrücke von Spontaneität und Individualität aus. Friedrich von Waldstein wusste aus eigener Erfahrung, dass das Alltagsleben in der Hofburg sowie auf Reisen eigenen Regeln unterlag, die immer wieder durchbrochen wurden: Sei es die Verletzung des häufig wiederholten Alkoholverbots oder die unerlaubten Verzierungen von Kleidern der Höflinge mit kostbaren Schnallen und aufwändigen Stickereien.[42]

39 SOA Třeboň, pracoviště Jindřichův Hradec, Rodinný archiv pánů z Hradce, Inv. Nr. 368, Sign. II C 3, Kt. 17; Bůžek, Václav: Pasov 1552–Augšpurk 1555. Římsko-německá říše ve zprávách královského dvořana [Passau 1552 – Augsburg 1555. Das Römisch-Deutsche Reich in den Berichten des königlichen Hofmanns]. In: Semotanová, Eva (Hg.): Cestou dějin. K poctě prof. PhDr. Svatavy Rakové, CSc. [Aus dem Weg der Geschichte. Zu Ehren von Prof. PhDr. Svatava Raková, CSc.]. Prag 2007, S. 43–67.

40 SOA Třeboň, pracoviště Jindřichův Hradec, Rodinný archiv pánů z Hradce, Inv. Nr. 368, Sign. II C 3, Kt. 17 [Brief Friedrich von Waldstein an Joachim von Neuhaus vom 1. Mai 1554].

41 Ebd.

42 SOA Třeboň, pracoviště Jindřichův Hradec, Rodinný archiv pánů z Hradce, Inv. Nr. 368, Sign. II C 3, Kt. 17 [Brief Friedrich von Waldstein an Joachim von Neuhaus vom 5. Mai 1554].

Diese Hofordnungen stellten auch für das Verhalten vornehmer Personen, die nur gelegentlich im Dienste der Landespolitik an den Wiener Königshof kamen, eine wichtige Norm dar. Friedrich von Waldstein sandte gedruckte Hofordnungen samt einem eigenen erklärenden Kommentar an Joachim von Neuhaus und Wilhelm von Rosenberg. Auf diesem Weg wurde in der Mitte des 16. Jahrhunderts die Hierarchie des Wiener Königshofes in der böhmisch-adelige Lebenswelt verbreitet.[43]

Obwohl sich Friedrich von Waldstein als Angehöriger des kaiserlichen Hofstaates in der Nähe Ferdinands I. aufhielt, hatte er keinen direkten Zutritt zu den politischen Verhandlungen, die am Herrscherhof geführt wurden. Jedoch war er stets gut darüber informiert, welche Höflinge sich gerade bei Hof aufhielten. Er wusste genau, wem der König gerade Audienz erteilt hatte. Friedrich von Waldstein hatte Informationen über geheime Treffen der Höflinge und anderer Personen, die im Rahmen unterschiedlicher Gesandtschaften an den Hof kamen. Obwohl die Höflinge das Eintreffen vornehmer Personen bei Ferdinand I. mit großem Interesse verfolgten, entging ihnen in der Regel der eigentliche Inhalt der Treffen. Deren Ergebnisse wurden Friedrich von Waldstein durch Hofleute vermittelt, die an den politischen Verhandlungen teilgenommen oder direkte Teilnehmer davon erzählen gehört hatten.[44] Weilte der Königshof nicht in Wien, informierte sich Joachim von Neuhaus per Eilbrief bei Friedrich von Waldstein, wann sich Ferdinand I. in die Donaumetropole zurück begeben werde. Falls Friedrich von Waldstein dies aber nicht genau wusste, verließ er sich auf die symbolische Sprache des Königshofes. Den Zeitpunkt der Abreise schätzte er anhand des Kommens und Gehens der Furiere ein, die sich mehrere Tage im Voraus auf den Weg machten, um dem König und seinem Hofstaat zur Unterkunft und zur Einstellung der Pferde möglichst geeignete Räume zu sichern.[45]

---

43 Ebd., vgl. Fellner, Thomas/Kretschmayr, Heinrich: Die österreichische Zentralverwaltung. I. Abteilung: von Maximilian I. bis zur Vereinigung der österreichischen und böhmischen Hofkanzlei (1749). II. Band: Aktenstücke 1491–1681. Wien 1907, S. 100–138.

44 SOA Třeboň, pracoviště Jindřichův Hradec, Rodinný archiv pánů z Hradce, Inv. Nr. 368, Sign. II C 3, Kt. 17 [Briefe Friedrich von Waldstein an Joachim von Neuhaus vom 27. März 1553, 2. Oktober 1553, 20. Oktober 1553, 26. Oktober 1553, 1. Mai 1554, 20. Februar 1556].

45 SOA Třeboň, pracoviště Jindřichův Hradec, Rodinný archiv pánů z Hradce, Inv. Nr. 368, Sign. II C 3, Kt. 17 [Brief Friedrich von Waldstein an Joachim von Neuhaus vom 27. März 1553].

Adelige aus den böhmischen Ländern nahmen unter der Regierung Ferdinands I. und Maximilians II. an den höfischen Feierlichkeiten *(Ritterkurzweil)* in der Hofburg sowie an anderen Orten in Wien teil. Pavel Korka von Korkyně reiste zu diesen Ritterspielen, um dort in einem *vorzüglichen Turnier* zu kämpfen und im *großen Schießen* sein Glück zu versuchen.[46] Im Mai und Juni 1560 veranstaltete Maximilian II. in Wien Ritterspiele zu Ehren seines Vaters Ferdinand I. und seines Schwagers Albrecht V. von Bayern. Laut der Beschreibung Hanns Francolins bildeten vier Turniere den Höhepunkt dieser Hoffeste.[47] Das zentrale Thema der Ritterturniere stellte der Kampf zwischen Gut und Böse dar. Das Gute wurde auf dem Turnierplatz durch die Liebesgöttin Venus verkörpert, das Böse durch den Kriegsgott Mars. Zu diesen Ritterspielen kamen etwa 20 böhmische und mährische Adelige im Gefolge von Erzherzog Ferdinand, der als böhmischer Statthalter wirkte, nach Wien. Zu den Wiener Teilnehmern der ritterlichen Unterhaltungen gehörten weitere 30 bis 40 Herren und Ritter aus den böhmischen Ländern, die zu den Höflingen Ferdinands I. und Maximilians II. zählten.[48] Die Zuschauer honorierten die Tapferkeit der Kämpfer mit Beifall und Geschrei. Den Kampfeseifer seiner Höflinge verfolgte auch Maximilian II., in dessen Briefwechsel das Verhalten seiner Höflinge auf dem Turnierplatz einen großen Stellenwert einnahm. Einen symbolischen Dank erhielt auch sein einundzwanzigjähriger Kämmerer Peter Wok von Rosenberg.[49]

Adelige aus den Ländern der Böhmischen Krone nahmen in der Donaumetropole um die Mitte des 16. Jahrhunderts auch an den Festen teil, die mit der Feier der Übergangsriten im Leben einzelner Mitglieder der Habsburgerdynastie zusammenhingen. Fast 40 Herren und Ritter aus Böhmen, Mähren, Schlesien, der Ober- und Niederlausitz begleiteten den Sarg beim Leichenbegängnis für Fer-

46 RLK v Nelahozevsi, Paměti Pavla Korky z Korkyně, Sign. VI Fg 54, fol. 163–165.

47 Francolin, Hanns: Thurnier Buech warhafftiger ritterlicher Thatten [...]. Wien 1560, das im KHM, Inv. Nr. 13.955 aufbewahrt wird. Weiter Winkler, Gerhard: Das Turnierbuch Hans Francolins. In: Wissenschaftliche Mitteilungen aus dem Niederösterreichischen Landesmuseum 1 (1979) S. 105–120; Pfaffenbichler, Matthias: Das Turnier zur Zeit Kaiser Ferdinands in Mitteleuropa. In: Seipel, Wilfried (Hg.): Kaiser Ferdinand I. 1503–1564. Das Werden der Habsburgermonarchie. Wien u. a. 2003, S. 277–281, hier S. 279–281.

48 Bůžek: Ferdinand Tyrolský mezi Prahou a Innsbruckem S. 184–187.

49 Pánek, Jaroslav (Hg.): Březan, Václav: Životy posledních Rožmberků I–II [Die Lebensläufe der letzten Rosenberger I–II]. Prag 1985, S. 179–180.

dinand I., das Maximilian II. am 6. August 1565 in Wien abhalten ließ.[50] Der Trauerzug reichte von der Hofburg zum Stephansdom, wo Franz Forgách, Bischof von Großwardein, die Predigt hielt. Unter die Adeligen aus den Ländern der böhmischen Krone mischten sich im Trauerzug auch junge Höflinge, die an den Höfen von Ferdinand I., Maximilian II., Erzherzog Ernst und Erzherzog Rudolf tätig waren und zwar am häufigsten als Truchsess, Kämmerer oder Diener. Einige böhmische, mährische und schlesische Höflinge in schwarzen Anzügen trugen im Trauerzug farbige Fahnen mit den Wappen der Länder, die unter habsburgischer Regierung standen. Die höchsten Landesbeamten trugen im Trauerzug die Krönungskleinodien des Königreichs Böhmen. Die Wenzelskrone wurde vom Oberstkämmerer Wilhelm von Rosenberg getragen, den Oberstburggraf Johann Popel der Jüngere von Lobkowitz und Oberstkanzler Joachim von Neuhaus begleiteten. Mit den Reichskleinodien und anderen Symbolen der kaiserlichen Majestät schritten der kaiserliche Stallmeister Vratislav von Pernstein und Heinrich von Dohna einher. Ein Teil der böhmischen Adeligen begleitete den Sarg Kaiser Ferdinands I. gemeinsam mit den Reichsfürsten und mit anderen adeligen Personen auf beiden Seiten.

Als am 26. August 1571 die Ehe von Erzherzog Karl mit Maria von Bayern in der Wiener Augustinerkirche geschlossen wurde, begab sich die vornehme Gesellschaft anschließend in die Hofburg, wo die Hochzeitsfeier mit einem Bankett und Hofballett fortgesetzt wurde. An der Hochzeit nahm auch Erzherzog Ferdinand von Tirol als Gast teil. Von Innsbruck nach Wien reiste er in Begleitung von 20 adeligen Höflingen, die aus den böhmischen Ländern stammten.[51] Die Rezeption der Ritterspiele am Königshof in den Augen des böhmischen und mährischen Adels bedarf jedoch noch tiefergehender Forschung.

50 Dazu besonders Hannewald, Bartholomaeus: Parentalia Divo Ferdinando Caesari Augusto patri patriae etc. a Maximiliano imperatore etc., Ferdinando et Carolo serenissimis Archiducibus Austriae Fratribus singulari pietate persoluta Viennae Anno Domini MDLXV, VIII. Idus Augusti, cum Gratia et Privilegio Imperiali ad Annos octo, Augusta Vindelicorum 1566 [Museum der Stadt Wien, Inv. Nr. 116.845]; OÖLA, Landschaftsakten, Sign. A IV 1, Sch. 14; Seipel: Kaiser Ferdinand I. S. 567–570. Siehe den Beitrag von Géza Pálffy in diesem Band.

51 Vocelka, Karl: Habsburgische Hochzeiten 1550–1600. Kulturgeschichtliche Studien zum manieristischen Repräsentationsfest. Wien u. a. 1976, S. 47–98; von Zwiedineck, Hans: Die Hochzeitsfeier Erzherzog Karls II. mit Maria von Baiern. In: Mittheilungen des historischen Vereines für Steiermark 47 (1899) S. 193–213; Vocelka/Traninger: Wien. Geschichte einer Stadt S. 23; TLA, Ferdinandea, Kt. 19.

Adelige aus den böhmischen Ländern kamen um die Mitte des 16. Jahrhunderts auch nach Wien, um ein Studium zu absolvieren. Während sie für das Studium an der Schule der niederösterreichischen Landstände kein Interesse zeigten, trugen sich die Herren und Ritter in die Matrikeln der Wiener Universität ein. Obwohl in Wien auch Adelige studierten, die sich später bei Hof nicht durchsetzen konnten, war doch die Verbindung von Universitätsstudium mit nachfolgender oder sogar gleichzeitiger höfischer Karriere am Habsburgerhof ein übliches Erziehungsmodell junger Adelssöhne. An der Wiener Universität konnten sie sich mit adeligen Altersgenossen aus den österreichischen Ländern, die ebenfalls später eine höfische Karriere planten, Bekanntschaft schließen.[52]

Die Antwort auf die Frage, ob vornehme böhmische Adelige Wien als letzte Ruhestätte ihrer sterblichen Überreste wählten, kann als Maßstab für den symbolischen Wert der Donaumetropole in der Gedankenwelt des böhmischen und mährischen Adels zu Beginn der habsburgischen Regierung dienen. Kein böhmischer Adeliger, der an den Höfen Ferdinands I. und Maximilians II. wirkte, schuf sich nach bisherigem Erkenntnisstand eine Grablege in einer der zahlreichen Wiener Kirchen. Die böhmischen Herren und Ritter bevorzugten dagegen eine Bestattung in der Familiengruft des Landes, wo sie auch Besitzungen und ihren Familiensitz hatten.[53]

Der Oberstburggraf Johann der Jüngere Popel von Lobkowitz schrieb im Frühling 1564 an Joachim von Neuhaus, dass dieser nicht an den Wiener Hof fahren solle, obwohl er wusste, dass der Herr von Neuhaus die Reise im Interesse des Königreichs Böhmen unternahm. Hätte sich der Oberstkanzler nämlich in die Donaumetropole begeben, wäre die reguläre Tagung des Prager Landgerichts infolge der Abwesenheit der obersten Landesbeamten bedroht gewesen.[54] Der Oberstburggraf bezeichnete die altertümliche Institution des Landgerichts als *das*

---

52 Bůžek: Integrationsmöglichkeiten S. 352f.

53 Ebd. S. 354; im breiteren Kontext Hengerer, Mark: Zur symbolischen Dimension eines sozialen Phänomens. Adelsgräber in der Residenz (Wien im 17. Jahrhundert). In: Weigl, Andreas (Hg.): Wien im Dreißigjährigen Krieg. Bevölkerung – Gesellschaft – Kultur – Konfession. Wien u. a. 2001, S. 282–334.

54 SOA Třeboň, pracoviště Jindřichův Hradec, Rodinný archiv pánů z Hradce, Inv. Nr. 368, Sign. II C 3, Kt. 8 [Brief Johann des Jüngeren Popel von Lobkowitz an Joachim von Neuhaus vom 29. Februar 1564].

höchste Kleinod des Königreichs Böhmen.[55] Johann der Jüngere Popel von Lobkowitz beschrieb damit sehr genau die konservativen Werte in der Vorstellungswelt der Vornehmen des Königreichs Böhmen. In der Mitte des 16. Jahrhunderts zogen die böhmischen Herren und Ritter noch eine politische Tätigkeit in den obersten Landesämtern den Zentralisierungsinteressen der Habsburger vor. Den Dienst am Hofe Ferdinands I. und Maximilians II. in Wien nahmen sie als einen möglichen Ausgangspunkt einer persönlichen Karriere und vor allem als ein politisches Mittel zur Bestätigung der gesellschaftlichen Stellung der eigenen Person und Familie wahr. Bisher lässt sich auch die Vermutung nicht bestätigen, dass die weniger vermögenden Adeligen aus Böhmen bis um die Mitte des 16. Jahrhunderts den Dienst am Kaiserhof als billige Variante bzw. Substitut einer Kavalierstour auffassten, die reicheren böhmischen Herren und Ritter aber viel stärker an die Höfe Italiens als an den Hof des Römisch-Deutschen Königs bzw. des Kaisers strebten.

55 Ebd.

Josef Pauser

»Weil nun der Reichthum so Zuckersüß …«

Glückshäfen in der frühneuzeitlichen Jahrmarkts- und Festkultur Österreichs

> Der Reichthum wird füglich mit dem Zucker verglichen / er ist süß / schicket sich wol zu allen Sachen / und verderbet keine Suppen / welche aber deß guten zu viel thun / übermässig Zucker essen und Wucher treiben / dem wird es zu Gall und Gifft / daß sie erkrancken oder gar dahin sterben. Weil nun der Reichthum so Zuckersüß / ist kein Wunder / daß ihrer viel darnach gelüstet / und daß man auf alle Mittel und Wege gedencket / solchen zu erlangen. Unter solchen Mitteln ist auch eines der Glückstopf / oder Wuchertopf / welche die Töpffer herum führen / und sich darmit bereichern.
> Harsdörffer, Georg Philipp: Der grosse Schau-Platz Lust- und Lehrreicher Geschichte, 2. Bd./8. Teil. Frankfurt/Main, Hamburg 1664, S. 361.

Wirft man einen Blick auf die spätmittelalterliche und frühneuzeitliche Festkultur, so gewahrt man ein buntes, vielschichtiges und lebhaftes Treiben. Karl Vocelka hat sich diesem Themenbereich immer wieder gerne in seinen Arbeiten genähert. Sein primärer Bezugpunkt waren allerdings die höfischen Feste, deren Propaganda- und Repräsentationsfunktion er aufzeigte und als »Phänomene sozialer Integration und internationaler Kommunikation« zu charakterisieren wusste.[1] Dort wo die höfischen Feste sich nicht nur an die höfische Gesellschaft wandten, sondern auch dem gemeinen Volk Attraktionen bieten wollten, taucht

1 Vocelka, Karl: Die politische Propaganda Kaiser Rudolfs II. (1576–1612). Wien 1981; ders.: Die Wiener Feste der frühen Neuzeit in waffenkundlicher Sicht. In: JbVGStW 34 (1978) S. 133–148; ders.: Höfische Feste als Phänomen sozialer Integration und internationaler Kommunikation. Studien zur Transferfunktion habsburgischer Feste im 16. und 17. Jahrhundert. In: Langer, Andrea/Michels, Georg (Hg.): Metropolen und Kulturtransfer im 15./16. Jahrhundert. Stuttgart 2001, S. 141–150; man beachte auch den Ausstellungskatalog: Kreissl, Eva/Scheichl, Andrea/Vocelka, Karl (Hg.): Feste feiern. Katalog zur Oberösterreichischen Landesausstellung, Stift Waldhausen. Linz 2002.

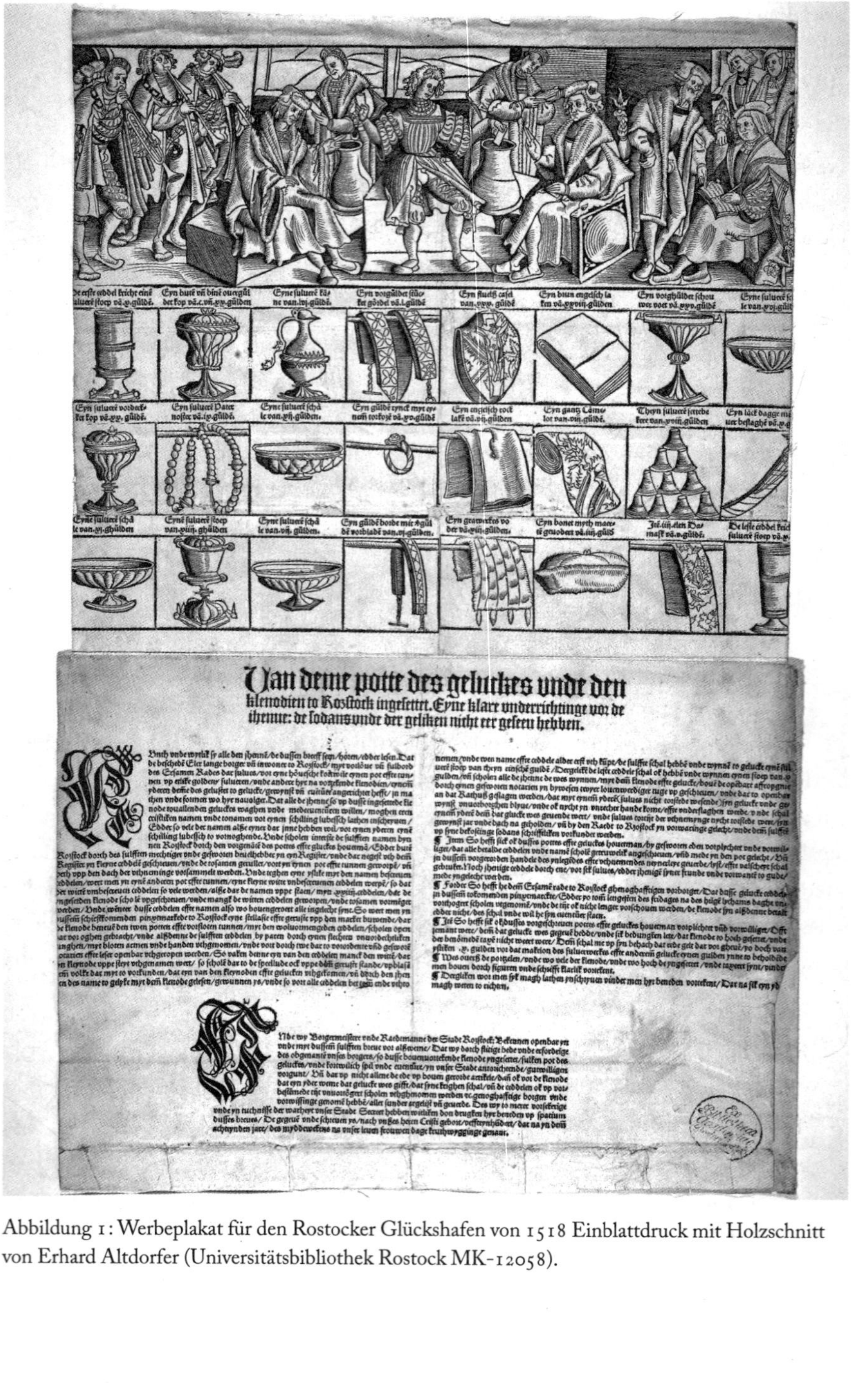

Abbildung 1: Werbeplakat für den Rostocker Glückshafen von 1518 Einblattdruck mit Holzschnitt von Erhard Altdorfer (Universitätsbibliothek Rostock MK-12058).

immer wieder eine »Glückshafen«, »Glückstopf« oder »olla fortunae« betitelte Glücksspielform auf. Man findet sie in Wien etwa anlässlich der festlichen Spektakel rund um die Einzüge der Herrscher. Doch auch außerhalb des Hofes waren die Glückshäfen besonders beliebt, hier hatten sie ihren Ausgang genommen.[2] Kaum ein überregionales Ereignis von Rang – sei es ein Schützenfest, ein Kirchweihfest, eine Wirtschaftsmesse oder ein größerer Jahrmarkt – kam in jener Zeit ohne einen Glückshafen aus.

Der Glückshafen oder Glückstopf

Unter Glückshäfen versteht man öffentliche Warenausspielungen. Diese sind reine Glücksspiele, weil allein der Zufall über Gewinn oder Verlust entscheidet, und stehen in einer direkten Entwicklungslinie zu heutigen öffentlichen Glücksspielen, wie etwa zu Tombola und Lotterie, ja man kann sie geradezu als direkte Vorform heutiger Lotterien charakterisieren. Einsatz wie Gewinn sind bei diesen Spielen von vornherein festgelegt. Sie konnten von Städten, Vereinen oder Privaten veranstaltet werden. Die so genannten »Glückshafner« waren Privatpersonen, die dieses Glücksspiel gewerblich betrieben und von Markt zu Markt zogen. Die Gewinne bestanden meist in teilweise luxuriösen Waren wie Schmuck, Porzellan, Silbergeschirr, Stoffe, Waffen, Gürtel, Pelze usw. und fielen bisweilen auch mit Geldpreisen zusammen. Die Qualität dieser Waren war aber auf den Jahrmärkten nicht immer gesichert. In Parzonis »La piazza universale« heißt es 1626 in deutscher Übersetzung desillusionierend: »Da siehet man einen gantzen hauffen Silbergeschirr, welches aber nur meistentheils chymisch und falsch ist oder so leicht und dünne, dass man nicht viel mehr als den Gesicht davon hat«.[3]

---

2 Allgemein siehe vor allem die umfassende alltagsgeschichtliche Studie von Kühnel, Harry: Der Glückshafen. Zur kollektiven Festkultur des Spätmittelalters und der frühen Neuzeit. In: JbLkNÖ NF 62 (1996) S. 319–343; Zollinger, Manfred: Geschichte des Glücksspiels vom 17. Jahrhundert bis zum Zweiten Weltkrieg. Wien u. a. 1997, S. 187ff., S. 198ff.; ders.: Fest – Spiel – Zeit. Spielkultur in Zeiten festlicher Anlässe vom 16.–19. Jahrhundert. In: Homo ludens. Der spielende Mensch V (1995) S. 231–263; ein kurzer Überblick bei Endrei, Walter: Spiele und Unterhaltung im alten Europa. Hanau 1988, S. 42ff.; für Wien: Müller-Guttenbrunn, Adam: Der Glückshafen. In: Alt-Wiener Kalender für das Jahr 1918. Wien 1918, S. 47–52 (feuilletonartig und ohne Angabe von Quellen); Art. Glückshafen. In: Czeike, Felix: Historisches Lexikon Wien II. Wien 2004, S. 559f.

3 Jontes, Günther: Der Glückshafen, eine alte Jahrmarktsattraktion. In: Alt-Leoben 6 (1980).

Der genaue Spielvorgang bei den historischen Glückshäfen entsprach dem einer planmäßigen Auslosung und war allerorts annähernd gleich geregelt: Zuerst verkaufte man eine große, vorher festgelegte Anzahl von Losen zu festen Preisen. Die Zahl der Lose konnte dabei in die Tausende gehen. Der Glückshafen selbst bestand nun anfangs aus zwei größeren »Hafen« oder »Topf« genannten Behältnissen.[4] In einem Topf lagen die verkauften Lose, die von den Käufern mit ihrem Namen und meist auch charakteristischen Sprüchen und Wünschen beschrieben waren, in dem anderen die komplementären Gewinnlose, auf denen die vorher bereits weithin angekündigten Sachpreise vermerkt waren. Wer für einen anderen in Vertretung ein Los kaufte, war angehalten, sowohl den eigenen Namen wie den des Dritten auf den Zettel zu schreiben, damit er auch empfangsberechtigt war. In diesen zweiten Topf waren zusätzlich eine bestimmte, vorher festgesetzte Menge von »Nieten« unter die Gewinnlose gemischt worden. Nach dem Verkaufsschluss wurden durch gleichzeitige Ziehung von Losen aus den beiden Töpfen die Gewinne ausgespielt. Einem Namenlos stand dabei ein Gewinnlos oder eine Niete gegenüber. Ein Gewinn wurde meist durch Trompetensignale verkündet. Die Ziehung selbst wurde oft von Waisenkindern durchgeführt. Im Jahr 1517 hatte etwa in Breslau »ain Junge person der boßweit vnuerdechtigk, mit ungedackhten armen vnd henden der auf ain mall in yedes gefeß greiffen, vnd mit yeder Handt ainen zedel aus den gefessen« zu nehmen.[5] Dieses gleichzeitige Ziehen der Lose aus beiden Töpfen ist durch einige Abbildungen gesichert. Da man jedes einzelne Los zog, konnten derartige Ziehungen sehr lange Zeit in Anspruch nehmen. Zudem erhielten meist das erste und das letzte Nieten-Los Sonderpreise. Nicht zuletzt deshalb erfreuten sich die Ziehungen großen Zuspruchs. Diese Gesamtziehung hatte den Vorteil, dass jeder Käufer eines Loses einmal aufgerufen werden musste, was gleichzeitig eine Kontrolle darstellte. Überwacht wurden die Glückshäfen von

---

4 Adelung, Johann Christoph: Grammatisch-kritisches Wörterbuch der Hochdeutschen Mundart II. Leipzig 1796, S. 734: »Der Glückstopf, des -es, plur. die -töpfe, dasjenige Gefäß, aus welchem in den Glücksbuden die Loose gezogen werden; im Oberdeutschen und der edlern Schreibart der Hochdeutschen der Glückshafen. Daher die Glücksbüdner an einigen Orten auch Glückstöpfer und Glückshafner genannt werden.« Siehe auch Friedel, E.: Vom Glückstopf oder Glückshafen. In: Zs. des Vereins für Volkskunde 1 (1891) S. 446–449 (Abbildung eines Glückstopfes).

5 Popelka, Fritz: Ein Lotterieunternehmen zur Zeit Maximilians I. In: Bl. zur Geschichte und Heimatkunde der Alpenländer 3, Nr. 65 (Beilage zur Nr. 164 des Grazer Tagblattes vom 16. Juni 1912) S. 269–272, hier S. 271; Jontes: Glückshafen.

Ratsmitgliedern, eine Niederschrift der Gewinner erfolgte durch einen Schreiber. Eine zweite Glückshafenvariante bestand in späterer Zeit darin, dass man bei den Glückshafenbuden auf dem Markt direkt nach dem Bezahlen eines Loses selbst in den – dann nur einen – »Hafen« griff und sich direkt Gewinn oder Niete zog.

»Und gedaht vor kein mensch kains hafen hie«. Das Aufkommen der Glückshäfen

Die Glückshäfen dürften im Italien des frühen 15. Jahrhunderts ihren Ausgang genommen haben. Auch aus Flandern sind frühe Belege von Warenausspielungen überliefert (ab 1444: Sluis, Utrecht, Oudenaarde, Brügge). Begünstigt wurde die Verbreitung der Glückshäfen mit Sicherheit einerseits durch die kanonistische Rechtslehre, die den Spielvertrag im Gegensatz zum Römischen Recht als erlaubt ansah.[6] Andererseits indizieren Aufkommen und Verbreitung von Glückshäfen gerade in den wirtschaftlich prosperierenden Gebieten Norditaliens, Flanderns und dann Süddeutschlands einen Mentalitätswandel. Robert Muchembled hat dies eindrücklich beschrieben: »There was a complete change of mentality which gave lotteries the opportunity of becoming involved with the new possibilities and to become an accepted part of public life. This is how the merchants' and financiers' vision of the new world became popular and brought about a different perception of religion, society and power«.[7]

Im deutschsprachigen Bereich tauchten die Glückshäfen erstmals 1465 in Zürich auf und verbreiteten sich hierauf recht schnell in den größeren Städten. 1467 ist bereits ein Glückshafen am Schützenfest in München überliefert.[8] Weitere Glückshäfen wurden meist bei Schützenfesten abgehalten, wo sie zur Finanzierung dieser Feste beitragen sollten: 1470 in Augsburg, 1471 in Pforzheim, 1473 in Straßburg,[9] 1476 in Augsburg, 1477 in Erfurt, 1478 in Nördlingen und Her-

6 Sieghart, Rudolf: Die öffentlichen Glücksspiele. Wien 1899, S. 7.

7 Muchembled, Robert: The wheel of fortune. Lotteries and modernism in fifteenth to seventeenth century Europe. In: Lotteries in Europe. Five centuries of history. Brüssel 1994, S. 17–53, hier S. 27f.

8 Kühnel: Glückshafen S. 321.

9 Ebd. S. 321; Hagedorn, Anton: Das Straßburger Schützenfest von 1473. In: Jb. für Geschichte, Sprache und Literatur Elsaß-Lothringens 19 (1903) S. 26–29.

renberg, 1479 in Ulm, Bamberg und Lenzkirch, 1480 in Schwäbisch Gmünd,[10] Mainz und Speyer, 1483 in Köln, 1484 in Passau, 1485 in St. Gallen, 1485/1486 in Neustadt/Weinstraße, 1486 in München, 1487 in Speyer, 1489 in Zwickau und Nürnberg – wo ein Chronist die »Neuheit« bemerkt: »und gedaht vor kein mensch kains hafen hie«[11] –, 1490 in Heidelberg, 1491 in Freiburg im Breisgau, 1493 in Landshut und Worms, 1497 in Rottweil, 1498 in Leipzig[12], 1502 in Köln, 1504 in Zürich und Schweidnitz, 1506 in Frankfurt am Main, 1509 in Augsburg, 1517–1519 in Breslau, 1518 in Rostock und 1521 in Osnabrück.[13] Diese Liste ließe sich beliebig vermehren. Bekannt sind etwa noch die großen Glückshäfen anlässlich der Schützenfeste von Worms 1575, Straßburg 1576, Nürnberg 1579 und Regensburg 1587.[14]

Als Preise wurden in München 1467 23 Kleinodien (silberne Becher und Schalen, goldene Ringe) im Wert von 106 Gulden Rheinisch genannt.[15] Die Reichsstadt Augsburg gab im Jahr 1470 angeblich 36.464 Lose zu 8 Pfennig für ihren Glückshafen aus.[16] 22 Gewinne wurden ausgespielt, der höchste war 40 Gulden wert. 1486 erzielte München mit seinem Glückshafen Einnahmen von ca. 2.000 Gulden und konnte damit die Kosten des Schützenfestes decken.[17] Der Glückshafen in Leipzig 1498 war mit Gesamtpreisen von 2.660 Gulden der höchstdo-

10 Dürr, Christiane: Der Glückshafen auf dem Gmündner Büchsenschießen von 1480. In: Der Museumsfreund. Aus Heimatmuseen und Sammlungen in Baden-Württemberg 1 (1962) S. 27–29; Graf, Klaus: Gmünd im Spätmittelalter. In: Geschichte der Stadt Schwäbisch Gmünd. Stuttgart 1984, S. 168–172; Kühnel: Glückshafen S. 321.

11 Nach Kühnel: Glückshafen S. 319.

12 Verzeichnis der Gewinne der beiden Glückshäfen des Leipziger Schützenfestes von 1498. In: Erben, Johannes (Hg.): Ostmitteldeutsche Chrestomathie. Proben der frühen Schreib- und Druckersprache des mitteldeutschen Ostens. Berlin 1961, S. 39.

13 Ostermann, Marcus: Vmb kurtzweil vnd schiessens willen. Zu den gedruckten Schützenbriefen des 15. Jahrhunderts. In: Honemann, Volker/Griese, Sabine/Eisermann Falk/Ostermann Marcus (Hg.): Einblattdrucke des 15. und frühen 16. Jahrhunderts. Probleme, Perspektiven, Fallstudien. Tübingen 2000, S. 397–445, vor allem die Aufzählung S. 434–439.

14 Leonhart Flechsel's gereimte Beschreibung des Frey- und Herren-Schiessens mit der Armbrust und einem ›Glückshafen‹, gehalten zu Worms im Jahr 1575 (Festgabe zum ersten deutschen Bundes-Schiessen im Juli 1862 in Frankfurt/M.). Worms 1862, S. 1–48; Hampe, Th.: Ueber den großen Nürnberger Glückshafen vom Jahre 1579 und einige andere Veranstaltungen solcher Art (= Sonderabdruck aus den Mitteilungen aus dem germanischen Nationalmuseum 1901). Nürnberg 1901.

15 Kühnel: Glückshafen S. 321; Ostermann: Vmb kurtzweil S. 406.

16 Kühnel: Glückshafen S. 320, S. 329.

17 Ostermann: Vmb kurtzweil S. 405.

tierte Glückshafen seiner Zeit. 24.500 Lose waren zu verkaufen, damit die Ausschüttungen eingespielt werden konnten.[18] In Köln wurden 1502 gar 60.000 Lose verkauft.[19] Bestens dokumentiert ist der Glückshafen anlässlich des Züricher Schützenfestes von 1504.[20] Hier sind sogar rund 24.000 Losbesitzer des Glückshafens namentlich bekannt. Man rechnet allerdings mit knapp über 40.000 Teilnehmern aus einem weiten Einzugsbereich. Ausgespielt wurden 28 Preise, die zwischen einem und 28 Gulden wert waren. Vom Rostocker Glückshafen von 1518 ist sogar ein Werbeplakat mit Holzschnitten von Erhard Altdorfer, 24 Preise und die Ziehung darstellend, überliefert.[21]

Die Hauptstadt Wien als höfischer Kristallisationspunkt: Glückshäfen bei Schützenfesten und Herrschereinzügen

Im Gebiet des heutigen Österreich ist schon für 1475 ein Glückshafen in Wien nachweisbar, welcher der Stadt 226 Pfund 2 Pfennig einbrachte.[22] Ab 1532 unternahm die Stadt Wien wieder einige organisatorische Anstrengungen für einen großen Glückshafen. Sie ließ vom Maler Leopold Sighart für 13 Schilling das Glückshafentuch malen, auf welchem wohl die Preise farbenfroh präsentiert wur-

18 Ebd. S. 399, S. 418.

19 Kühnel: Glückshafen S. 331.

20 Keller-Escher, Carl: Der Glückshafen am großen Schießen im Jahre 1504 zu Zürich. In: Zürcher Taschenbuch auf das Jahr 1882 NF 5 (1882) S. 219–235; Hegi, Friedrich (Hg.): Der Glückshafenrodel des Freischiessens zu Zürich 1504. 2 Bde. Zürich 1942; Bilgeri, Benedikt: Vorarlberger beim großen Schützenfest in Zürich 1504. In: Alemannia. Zs. für Geschichte, Heimat- und Volkskunde Vorarlbergs NF 3/1/2 (1937) S. 1–15; Kühnel: Glückshafen S. 327; Isacson, Kristina/Koch, Bruno: Losziehen und Los ziehen. Ein Vergleich zwischen Migration und Mobilität im spätmittelalterlichen Zürich anhand von Bürgerbuch und Glückshafenrodel. In: Hesse, Christian/Immenhauser, Beat/Landolt, Oliver/Studer, Barbara (Hg.): Personen der Geschichte – Geschichte der Personen. Studien zur Kreuzzugs-, Sozial- und Bildungsgeschichte. Festschrift für Rainer Christoph Schwinges zum 60. Geburtstag. Basel 2003, S. 127–164.

21 Abb. bei Endrei: Spiele S. 43; Kühnel: Glückshafen S. 324, S. 338. – Der Glückshafen zu Rostock im J. 1518. In: Anzeiger für Kunde der deutschen Vorzeit NF 4 (1856), Sp. 233f, 276f.; Lembke, Gertrud: Die ersten Rostocker Lotterien 1519 und 1524. In: Beiträge zur Geschichte der Stadt Rostock 21 (1938/39), S. 77–84.

22 Brunner, Otto: Die Finanzen der Stadt Wien von den Anfängen bis ins 16. Jahrhundert. Wien 1929, S. 168f.; Art. »Glückshafen« in: Czeike, Felix: Historisches Lexikon Wien II. Wien 1993, S. 559f.

den.[23] Der Buchdrucker Hans Singriener, der Ältere, erstellte 300 »gedruckt zedl, den gewinhafen betreffenndt«. Diese mussten allerdings erneut gedruckt oder verbessert werden. Singriener verrechnete insgesamt 44 Schilling dafür, was einem Preis von 2,2 Pfennig/Einblattdruck entspricht.[24] Der Losverkauf zog sich nachweislich über mehr als ein Jahr – vom 25. November 1532 bis 2. Februar 1534 – hin.[25] 1534 wurde Leopold Sighart erneut herangezogen. Er erhielt von der Stadt Wien für die Herstellung einer Tafel, auf der die Glückshafenpreise aufgemalt waren, und für die Herstellung eines bemalten Tuches zum Glückshafen 7 Pfund.[26] Acht Steuerdiener, welche die »hafen zedeln ausgeschrien«, bekamen 16 Pfund ausbezahlt. Der Glückshafen brachte Bruttoeinnahmen von 1.050 Pfund 1 Schilling 8 Pfennig. Nach Abzug der Ausgaben verblieb ein beachtlicher Gewinn von 905 Pfund 4 Schilling 20 Pfennig.

1561 und 1562 bezahlte die Stadt Meister Gregor, einem Buchbinder, je 1 Schilling für das Einbinden von zwei Glückshafenregistern.[27] Die Oberkammeramtsrechnungen erwähnen dabei mit »Sebastian Heydegkher« auch den Betreiber des Glückshafens.

Besonders prunkvoll wollte die Stadt Wien den festlichen Einzug des neu gewählten deutschen Königs Maximilian II. im Jahr 1563 veranstalten. Auf dessen eigenen Wunsch hin errichtete die Stadt einen Glückshafen, in den an die 60.000 Lose eingelegt worden waren und Silbergeschirr im Wert von mehreren tausend Gulden verlost wurde.[28] Der Maler Heinrich Vogtherr wurde beauftragt, zwei

23 WStLA, OKAR 1/67, fol. 73^{v}; Jb. der kunsthistorischen Sammlungen des allerhöchsten Kaiserhauses 18 (1897) Nr. 15655; Perger, Richard: Wiener Künstler des Mittelalters und der beginnenden Neuzeit. Regesten. Wien 2005, S. 205f.

24 WStLA, OKAR 1532 1/67, fol. 71^{r}, 73^{v}.

25 WStLA, OKAR 1534 1/69, Einnahmen, fol. 23^{v}–24^{v}: Glückshafengeld. Brunner: Finanzen S. 169; Kühnel: Glückshafen S. 331.

26 WStLA, OKAR 1/69, fol. 24^{r}; Jb. der kunsthistorischen Sammlungen des allerhöchsten Kaiserhauses 18 (1897) Nr. 15664; Perger: Wiener Künstler S. 206.

27 WStLA, OKAR 1561 1/94, fol. 215^{r}; OKAR 1562 1/95, fol. 176^{v}.

28 Dazu Kühnel: Glückshafen S. 331, S. 339f. Vgl. auch die Angaben bei Wünsch, Josef: Der Einzug Kaiser Maximilians II. in Wien 1563. In: Berichte und Mittheilungen des Alterthums-Vereins zu Wien 46/47 (1914) S. 9–34; Jäger-Sunstenau, Hanns: Über das Wiener Schützenfest 1563. In: WGBll 15 (1960) S. 138–143; ders.: 600 Jahre Wiener Gold- und Silberschmiede. in: Uhren – Juwelen 35/Heft 5 (1967) S.17–42, hier S. 32; Vocelka: Wiener Feste S. 142, S. 144–146; Pils, Susanne Cl.: Die Stadt als Lebensraum. Wien im Spiegel der Oberkammeramtsrechnungen 1556–1576. In: JbVGStW 49 (1993) S. 147.

Tücher »zum glückhafen zu malen, daran alle gewinnente Clainoter« dargestellt wären.[29] Insgesamt betrugen die Ausgaben Wiens für diesen Glückshafen über 5.600 Pfund Pfennig.[30] Die Stadt hatte dabei beträchtliche Probleme, genügend Sachpreise aufzubringen. Da die Bestände der Wiener Gold- und Silberschmiede erschöpft waren, musste sogar ein ehemaliger Bürgermeister mit seinem Vermögen einspringen und der Stadt seine privaten Silberwaren zur Verfügung zu stellen. Zudem verzögerte sich auch die Verlosung, so dass die Ausspielung auf 1564 verschoben werden musste. Die Ziehung dauerte ganze sechs Wochen.[31] Auch manche Preisübergabe sollte sich über einen längeren Zeitraum erstrecken. Der Gewinn Nr. 88 – ein Goldring mit einem Rubin – konnte dem Gewinner Hans Gamperl, einem Augsburger Bürger, erst 1568 zugestellt werden.[32] Ebenso ist eine größere und der Stadt peinliche Unregelmäßigkeit aufgrund einer Namensgleichheit aktenkundig geworden.[33] Zwei Personen namens Christoph Portner, der eine ein Diener des Hofzahlmeisters Fuchs, der andere ein Einkäufer von Erzherzog Karl, hatten Lose erworben. Es war üblich, die Lose durch einen persönlichen Reim oder Spruch noch weiter zu kennzeichnen und dann in einen der Töpfe einzulegen. Eindeutiger Gewinner eines eingefassten Kleinods im Wert von 57 Gulden war der Hofzahlmeistersdiener, was durch den Spruch auch bewiesen werden konnte. Das Geschmeide brachte aber der Einkäufer Erzherzog Karls an sich. Er musste mit seinem Herrn dringend nach Graz abreisen und legte die Zustimmung eines der vier städtischen Verordneten zum Glückshafen und »Kundschaften« anderer hochgestellter Personen vor, welche die Überreichung tatsächlich beschleunigte. Als nun der echte Gewinner auftrat, war guter Rat tatsächlich teuer. Christoph Portner supplizierte bei der niederösterreichischen Regierung, die der Stadt auftrug, ihm zu seinem Recht zu verhelfen. Die Stadt verhandelte nun mehrmals mit dem innerösterreichischen Portner, der sich aber anfänglich weigerte, den Gewinn herauszurücken. Erst nachdem Erzherzog Karl massiv die Stadt zu einem Vergleich drängte – immerhin war diese ja nicht ganz schuldlos an der Situation – konnte das gute Stück, gegen eine Ersatzzahlung von 22 Gulden, wieder gewonnen und dem wahren Gewinner ausgehändigt werden.

---

29 WStLA, OKAR 1563 1/96, fol. 382v; Kühnel: Glückshafen S. 325.
30 WStLA, OKAR 1563 1/96, fol. 395v.
31 Kühnel: Glückshafen S. 336.
32 WStLA, OKAR 1568 1/101, fol. 152v.
33 WStLA, OKAR 1565 1/98/2, fol. 196v–198r.

Auch der Einzug Rudolfs II. in Wien 1575 nach seiner Wahl zum römischen König wurde mit einem Glückshafen begangen.[34] Daniel Meldemann hatte dafür »40 claineter des hafens auf schwarze leinwat« zu malen. Als Preise waren hauptsächlich Silberpretiosen wie Becher, Löffel, Ketten, Kämme und ein mit Silber beschlagener Dolch. Doch nicht nur zu höfischen Festen und städtischen Jahrmärkten waren Glückshäfen geeignet. Der kaiserliche Antiquar Jacopo Strada versuchte 1578 die Erlaubnis zu erlangen, sein Wiener Haus mitsamt Inventar mit Hilfe eines Glückshafens zu verkaufen. Dieses rein privaten Zwecken dienende Projekt wurde aber letztendlich abgelehnt.[35]

Glückshäfen auf dem Land: Schützenfeste und Jahrmärkte

Ab dem 16. Jahrhundert werden die Nachrichten zu Glückshäfenveranstaltungen im österreichischen Raum dichter. 1517 beförderte sogar ein Patent Maximilians I. den vorhin genannten Breslauer Glückshafen, als er erlaubte, »die berurt Kurztweil in den bestimbten vnsern Fursthumben vnd Landen« (gemeint waren Österreich unter und ob der Enns, Steiermark, Kärnten und Krain) »aufslahen vnd vorkunden« zu lassen.[36] Das Patent enthält – und ist gerade auch deshalb von besonderem Interesse – den genauen Spielplan und benennt die 32 aufgestellten Preise. Zusätzlich kündigte man noch 14 »Geschenke« für Nieten an, die nach einem bestimmten Schlüssel verteilt werden sollten. Die Lose durften von Abgesandten der Stadt Breslau in der niederösterreichschen Ländergruppe verkauft werden. Wenn nun schon Glückshafenveranstaltungen aus »fremden« Ländern, wiewohl Schlesien zum habsburgischen Länderkomplex gehörte, vom Landesfürsten unterstützt wurden, umso mehr war damit das Tor auch für gleichartige Veranstaltungen im Land aufgestoßen.

---

34 WStLA, OKAR 1575 1/106, fol. 495^{v}ff.; Vocelka: Wiener Feste S. 138; Kühnel: Glückshafen S. 325.

35 Dazu: Pauser, Josef: Glückshäfen und »Gute Policey«. Zur Rechtsgeschichte der Warenausspielungen in Niederösterreich gegen Ende des 16. Jahrhunderts. In: Strejcek, Gerhard (Hg.): Lotto und andere Glücksspiele. Rechtlich, ökonomisch, historisch und im Spiegel der Weltliteratur betrachtet. Wien 2003, S. 99–125, hier S. 104f.

36 Popelka: Lotterieunternehmen.

Immer mehr bedienten sich in der Folge die kleineren Städte und Märkte, aber auch Grundherrschaften des Glückshafens als Attraktion und gleichzeitig als »Finanzierungshilfe der Festkultur«.[37] Es waren hier anfangs vor allem die Schützenfeste, wo regelmäßig Glückshäfen abgehalten wurden. Aus vereinzelten Hinweisen in der Literatur sind etwa Glückshäfen bei den Schützenfesten von Krems 1513, 1528, 1550 und 1561,[38] von Steyr 1531[39] und von Linz 1584[40] nachgewiesen.

Besonders aber findet man sie dann auf den Jahrmärkten.[41] Eine Durchsicht der jeweiligen Standbudenabrechungen dürfte dazu viel Material bieten. In Krems sind derart zwei Glückshäfen auf dem Jahrmarkt zu Simoni 1580 nachweisbar.[42] 1581 erlaubte der Leobener Rat Hans Schaur aus Troifach die Aufrichtung eines Glückshafens in Leoben, »doch das er hierunter khainen betrug gebrauche unnd das er die stuckh oder gewünn von herr dem herrn richter zu sehen fürbring«.[43] Vielerorts dürften städtische Märkte von Glückshafenveranstaltungen in benachbarten Grundherrschaften konkurrenziert worden sein. 1592 und 1593 fanden etwa in Eselstein, einem zur Grundherrschaft Grafenegg gehörenden, gleich neben Krems liegenden Flecken, Glückshäfen zur Zeit der Jahrmärkte statt.[44]

Die Herrschaften, Städte und Märkte bewilligten durchwegs in eigener Machtvollkommenheit Glücksspiele auf ihren Jahrmärkten, Kirchtagen und Festen, meist gegen Entrichtung eines gewissen Pachtschillings. Die Bewilligungskompetenz wurde wohl als Annex zum Recht, einen Jahrmarkt abhalten zu dürfen (Marktprivileg), gesehen. So bestimmte das Stadtrecht und die Polizeiordnung

37 Kühnel: Glückshafen S. 339ff.

38 Pauser, Josef: »leichtfertige spill sein gar abgestelt«. Norm und Praxis der Bekämpfung eines Lasters in der landesfürstlichen Stadt Krems im 15. und 16. Jahrhundert. In: Pro Civitate Austriae. Informationen zur Stadtgeschichtsforschung in Österreich NF 4 (1999) S. 19–40, besonders S. 27–29; Pauser: Glückshäfen und »gute Policey« S. 111f.

39 Ofner, Josef: Der Glückshafen. Zur Geschichte der Steyrer Jahrmärkte. In: Amtsblatt der Stadt Steyr 15/Nr. 2 (1972) S. 12–14, hier S. 12.

40 Commenda, Hans: Volkskunde der Stadt Linz an der Donau I. Linz 1958, S. 111.

41 Vgl. dazu instruktiv Fenske, Michaela: Marktkultur in der Frühen Neuzeit. Wirtschaft, Macht und Unterhaltung auf einem städtischen Jahr- und Viemarkt. Köln u. a. 2006, S. 115–124; Zollinger: Fest; Ders.: *Nundinae ludentes.* Bemerkungen zum Zusammenhang zwischen Ökonomie, Emotion und Glücksspiel auf Messen, Jahrmärkten und Kirchweihfesten vom 15. bis zum 18. Jahrhundert. In: Ludica 11 (2005) S. 132–150.

42 Pauser: Glückshäfen und »gute Policey« S. 113.

43 Jontes: Glückshafen.

44 Pauser: Glückshäfen und »gute Policey« S. 113f.

von 1623 für die Mediatstadt Grieskirchen, dass sich »Comedianten, sailfahrer, glückshafner, spiller, gaukler [...] umb verwilligung bei der herrschaft« anzumelden hätten.[45] Die Stadt- und Marktrichter sowie die ihnen unterstellten Gerichtsdiener oder andere kommunale Amtsleute übten dann Kontroll- und Aufsichtsrechte im Bereich der Marktpolicey aus. Von alters her dürften darüber hinaus die Gerichtsdiener entweder selbst von ihren Obrigkeiten geduldete Glücksspielbetreiber auf den Jahrmärkten und anderen Festen zur Aufbesserung ihres geringen Einkommens gewesen sein oder aber zusätzlich Standgelder und andere Taxen auf den Märkten eingehoben haben.[46]

Gegen Ende des 16. Jahrhunderts verdichteten sich vielerorts die Beschwerden gegen die Glückshäfen. Besonders die Landstände traten gegen diese Veranstaltungen auf, weil sie ihrer Meinung nach »wider gute policey und ordnung« wären, den armen Leuten nur das Geld aus der Tasche zögen und die Jugend verderbten.[47] Die Glückshafner galten »maistes thaills [als] falsche spiller und betriegliche leut«.[48] Tatsächlich sind auch massive Betrügereien bekannt geworden, wie etwa beim Glückshafenskandal von Krems im Jahre 1598.[49] Der ausgespielte Preis, ein schwerer und damit wertvoll scheinender Silbertopf, war erst durch Eisenschrauben zu seinem Gewicht gekommen. Der Glückshafenunternehmer Hans Schaidenpacher, ein Nürnberger, der auch anderswo in Österreich schon seine Glückshäfen betreiben durfte (Wien, Linz, abgelehnt allerdings in Freistadt), beteuerte seine Unschuld. Er legte sogar eine »kundtschafft« der Stadt Wien vor, nachdem der dortige Glückshafen ohne Betrug stattgefunden hätte.

Aus den bekannten Gründen und zur Eindämmung vagierender Bevölkerungsgruppen (gartende Knechte, herrenloses Gesinde) verbot der Landesfürst überhaupt mittels Patenten von 1581 für Österreich unter der Enns und von 1599 für Österreich unter und ob der Enns sogar die Abhaltung von Glückshäfen.[50] Durch

45 Oberösterreichische Weistümer III. Graz u. a. 1958, S. 94.

46 Pauser, Josef: Der Zwettler Gerichtsdiener in der Frühen Neuzeit. Zur Rechts- und Sozialgeschichte eines subalternen Exekutiv- und Justizorgans. Zwettl 2002, S. 30f. mit weiteren Verweisen.

47 Das Zitat nach NÖLA StäA, B–I–22, fol. 22v. Dazu Pauser: Glückshäfen und »gute Policey« S. 104–108.

48 Art. »Vom Spillen«, Policeyordnungsentwurf 1592, abgedruckt in: Pauser, Josef: »lust on nutz vnd eer / hat kainen bstand« – Studien zu Spiel und Recht am Beginn der Neuzeit. Diss. Wien 2000, S. 422.

49 Ausführlich dazu: Pauser: Glückshäfen und »gute Policey« S. 116–120.

50 Generalia vom 1. Juli 1581 und vom 1. Juli 1599; Pauser: Glückshäfen und »gute Policey« S. 108–111, S. 123–125 (Edition der Patente).

Konsens der Niederösterreichischen Regierung und Kammer konnte dieses Verbot allerdings umgangen werden, was in der Folge auch oftmals geschah. Ebenso konnte der Landesfürst selbst durch Privilegierungen vom Verbot dispensieren. Damit wohnte den Verboten neben dem policeylichen auch ein stark fiskalischer Charakter inne. Die Landstände sahen diese Privilegierungspraxis nur sehr ungern und protestierten bisweilen sehr heftig. Krems reagierte nach dem Skandal von 1598 umgehend. 1601 erließ die Stadt ein umfassendes städtisches Glückshafenverbot, welches allein durch landesfürstlich genehmigte Glückshäfen durchbrochen werden konnte und vollzog damit die landesfürstliche Gesetzgebung.[51]

Die Bewilligungen dürften aber später relativ problemlos ausgestellt worden sein. Bekannt geworden sind auch derartige Glückshäfen im 17. und frühen 18. Jahrhundert auf den Jahrmärkten zu Krems,[52] Wiener Neustadt,[53] Scheibbs, Steyr und Linz. Auch außerhalb der Länder Österreich unter und ob der Enns waren sie steter Begleiter der Jahrmärkte, so etwa in Hall,[54] in Bozen und Brixen,[55] in Brünn/Brno,[56] in Graz sowie in Kindberg.[57] Das Standgeld für eine Glückshafenhütte am Markt dürfte regelmäßig bei 1–2 fl. gelegen sein. In Steyr wird für das Jahr 1629 von einem Glückshafen berichtet, dessen Gewinne 60.000 Gulden wert gewesen sein soll.[58] Der Hauptpreis bestand in einer zweispännigen Kutsche samt Pferden.

---

51 Pauser: Glückshäfen und »gute Policey« S. 120f.

52 Schönfellner-Lechner, Helga: Krems und St. Pölten zwischen 1700 und 1740 – ein sozial- und wirtschaftsgeschichtlicher Vergleich. Diss. Wien 1985, S. 89.

53 Mayer, Josef: Geschichte von Wiener Neustadt. Wiener Neustadt 1928, S. 337.

54 Noflatscher-Posch, Helga: Die Jahrmärkte von Hall in Tirol. Ein Handelszentrum Tirols in der frühen Neuzeit. Hall 1992, S. 134–138.

55 Zani, Karl Franz: Der Glückstopf von Bozen und Brixen 1699. Ein Beitrag zur Dynamik des Glücksspiels in Tirol. In: Der Schlern 53 (1979) S. 577–580.

56 Leisching, Julius: Glückshafen und Bilderlotterie. In: Mitteilungen des Mährischen Gewerbemuseums 18 (1900) S. 57ff., 65ff.

57 Bidermann, Hermann Ignaz: Achtzig Jahre (1665–1745) aus dem Gemeindeleben des Marktes Kindberg. In: Mitteilungen des Historischen Vereins der Steiermark 29 (1881) S. 153–232, hier S. 229.

58 Ofner: Glückshafen S. 12, nach dem Bericht des Steyrer Chronisten Jakob Zetl: »In diesem Monat Mai war im Steyrer Markt ein Glückshafner allhier, welcher um 60.000 Gulden in der Schätzung war, das beste darinnen war ein Gutschy Wagen mit 2 stattlich ausgezierten Gutschy Pferden samt aller Zugehör. Waren 2 Ratskommissäre dabei. Die Pferd samt dem Koblwagen waren auf 500 Gulden geschätzt, welche nachmals den 24. Mai als am heiligen Auffahrtstag 2 Kellner herausgehebt und im selbigem Koblwagen in der Stadt herumgefahren und haben ihnen die Trompeten dazu blasen lassen.«

Die beiden Gewinner waren dann damit sogar unter Trompetenklang durch die Stadt gefahren. 1643 beantragte ein Glückshafner namens Castulus Kloß aus Wels bei Richter und Rat von Aussee die Erlaubnis zur Abhaltung eines Glückshafens.[59] Als Unterlagen seines Glückshafens legt er ein »Inventarium seiner Wahren neben denen Trefzedeln« vor. Richter und Rat bestimmten »in gueter Ordnung« die Anzahl der Nieten (»Fällzedel«) sowie zwei Kommissare zur Beaufsichtigung des Glückshafens. Aus dem Jahre 1651 gibt es Hinweise aus Steyr, dass die Glückshafner den städtischen Honoratioren »nach alt Herkommen« eine nicht unwesentliche Anzahl von Freilosen zukommen ließen. In Linz waren dies insgesamt 190 Stück gewesen; in Steyr beschloss der Stadtrat eine Zuteilung von je 50 Freilosen für Bürgermeister und Stadtrichter, je 30 für die sechs Mitglieder des Alten Rates und den Stadtschreiber sowie je 20 für die sechs Mitglieder des Jungen Rates.[60]

Diebstahl und Betrug scheinen normale Begleiterscheinungen gewesen zu sein. 1717 wurde eine Person namens Adam Flagenhueter vier Wochen eingesperrt, weil er bei einem Glückshafen in Schärding einen Gulden gestohlen hatte.[61] Bisweilen war das Gewinnangebot ländlicher Glückshafen relativ bescheiden: Der Lienzer Kramer und Glückshafenbesitzer Georg Prindler berichtete 1730, dass er in seinem Glückshafen am Scheibbser Jahrmarkt ungefähr je acht Strümpfe und Hauben aus Zwirn, drei Stück kölnische Bänder, ein paar normale und ein paar versilberte Schalen gehabt hätte.[62] Vergleicht man dies mit dem Angebot am Mittfastenmarkt in Graz, wo im selben Jahr am Glückshafen Waschbecken, Schalen, Kaffee- und Teekannen, Becher, Leuchter und Löffel aus Silber, handgestickte Waren (Samthauben, Halstücher, Beutel), Seidenstrümpfe und Spiegel ausgespielt und fast 20.000 Lose verkauft wurden, dann gewahrt man ein deutliches Gefälle.[63]

Plastisch wird das Geschehen am Jahrmarkt und die geringe Gewinnwahrscheinlichkeit beim Glückshafen durch folgendes Predigtzitat von Adalbertus Monacensius vorgeführt: »[...] dann gleichwie in einem Glücks-Hafen / so etwann auf einem Jahrmarkt auf offentlichem wird auffgerichtet / den herumbste-

---

59 Jontes: Glückshafen.

60 Ofner: Glückshafen S. 12.

61 Scheutz, Martin: Alltag und Kriminalität. Disziplinierungsversuche im steirisch-österreichischen Grenzgebiet im 18. Jahrhundert. Wien u. a. 2001, S. 272f.

62 Scheutz: Alltag S. 273.

63 Hammer-Luza, Elke: Alltagsleben in Graz. In: Brunner, Walter (Hg.): Geschichte der Stadt Graz II. Graz 2003, S. 487; Popelka, Fritz: Geschichte der Grazer Messen. Graz 1921, S. 46.

henden und zulauffenden Volck allerhand schöne Sachen und Raritäten werden vor Augen gestellet / nach denen man nit allein mit den Augen fürwitzig umsihet / sonder auch in dem Herzen ein grosses Verlangen traget / und der dises / der ein anderes heraußzuheben begirig verlanget: zu solchem End dann leget man das Geld dar / greiffet hinein / und ziehet herauß die erkauffte Zettel / aber der meiste Theil / ja bißweilen alle miteinader erwischen lauter läre Zettlein / darinnen nichts geschriben / ist also das Geld hin / und wird man zu seinen schaden noch darzu von Anderen nur außgelachet […]«.[64]

Das Oberste Spielgrafenamt bringt sich ins Spiel

Das Spielgrafenamt war eine bereits aus dem Mittelalter bekannte Aufsichtsbehörde und Personalinstanz über die meist fahrende Gruppe der Spielleute (Musiker, Gaukler, Schauspieler und -steller etc.).[65] Es übte somit die niedere Gerichtsbarkeit über diese Gruppe aus. »Graf« bezeichnet hierbei keinen Adelstitel, sondern allein die hoheitlichen Befugnisse des Amtes, vergleichbar dem Hansgrafen, welcher für den Außenhandel zuständig war. Eine erste Erwähnung eines Spielgrafen findet sich bereits im Wiener Stadtrechtsbuch aus dem ausgehenden 13. Jahrhundert.[66] 1354 – die Urkunde ist heute leider verloren – wurde das Amt des Obersten Spielgrafen für Österreich unter und ob der Enns geschaffen und dem Erbamt des Obersten Kämmerers in Österreich zugeschlagen. Dieser war nun Vogt über »alle, so vor den leiten Spill und kurtzweill vmb Geld machen«.[67]

---

64 Zitat nach Moser-Rath, Elfriede: Dem Kirchenvolk die Leviten gelesen … Stuttgart 1991, S. 251.

65 Schalk, Karl: Urkundliche Beiträge zur Geschichte des Spielgrafenamts in Niederösterreich im XV. Jahrhundert. In: Bl. des Vereins für Landeskunde von Niederösterreich 14 (1880) S. 312ff.; Marek, Hans Georg: Geschichte und Wesen des Spielgrafenamts in Österreich. Wien 1927; Amon, Hans: Das Spielgrafenamt im Lande Österreich unter und ob der Enns. In: Simmeringer Museumsbl. 4 (1979) S. 3–9; Ders.: Das Spielgrafenamt in Österreich unter und ob der Enns. In: JbVGStW 42 (1986) S. 7–33; Hadamowsky, Franz: Wien. Theatergeschichte. Von den Anfängen bis zum Ende des Ersten Weltkrieges. Wien 1988, S. 22–44; Perger, Richard: Organisation und Stellung der Wiener Musiker. In: Musik im mittelalterlichen Wien. Wien 1986, S. 120–122; Ders.: Art. Spielgrafenamt. In: Czeike: Historisches Lexikon Wien V. Wien 2004, S. 266.

66 Schuster, Heinrich Maria: Das Wiener Stadtrechts- und Weichbildbuch. Wien 1873, Art. 26 (über den Gerichtsstand fahrender Leute).

67 Hadamowsky: Wien. Theatergeschichte S. 25.

Das Erbamt wurde in Folge von Vertretern dreier hochadeliger Familien verwaltet, nämlich den Ebersdorf (1354–1556), den Eitzing (1557–1619) und den Breuner (1620–1781). 1782 löste Joseph II. das Amt endgültig auf. Ab diesem Zeitpunkt war die Unterhaltungsbranche ein freies Gewerbe, die Spielleute unterstanden forthin den allgemeinen Gerichts- und Verwaltungsbehörden.

Dem Obersten Spielgrafen waren im Mittelalter acht, nach Sprengeln aufgeteilte Spielgrafen zugeordnet.[68] Der Wiener Spielgraf hatte über die normale Tätigkeit hinaus zusammen mit dem Zechmeister die bei der Michaelerkirche bestehende St. Nikolai-Bruderschaft zu leiten. Jeder der als Spielmann arbeiten wollte, hatte dieser Bruderschaft beizutreten und eine Gebühr an den Spielgrafen und jährliche Mitgliedsbeträge bei der Bruderschaft zu erlegen. Im Laufe des 17. Jahrhunderts lässt sich aus den überlieferten Normen eine Reform der Organisation erweisen.[69] Es kam zu einer Reduktion der Sprengel auf fünf. Neben dem Wiener Spielgrafen gab es nun vier Viertelsmeister für jedes der unterderennsischen Landesviertel. Aufnahmegebühr und Mitgliedsbeiträge wurden weiter ausdifferenziert.

Glückshafner tauchen in den spielgrafenamtlichen Quellen anscheinend erstmals Mitte des 16. Jahrhunderts auf. In einer Urkunde des Obersten Spielgrafen Sigmund von Ebersdorf vom 31. März 1545, in dem er den kaiserlichen Dolmetscher Peter Hättel zu seinem Obersten Spielgrafenamtsverwalter ernannte, wurden neben den Musikern und unterschiedlichen Schaustellern auch die »Hafenschupfer« (Glückshafner) erwähnt, die verpflichtet waren, den Jahresbetrag zu leisten.[70] Ähnlich wurden in dem im Codex Austriacus überlieferten Patent vom 12. Juni 1665 nicht nur die Musiker, sondern auch alle auf den Jahr- und Wochenmärkten auftretenden fahrenden Unterhaltungskünstler als dem Bereich des Spielgrafenamts zugeordnete Personen genannt: »Ingleichen habt ihr Freyfechter / Hafen-Schupfer / oder andere Glückshaffner / und Comoedianten / Gauckler / Seilfahrer / Hollhüper / Trummelschlager / Leyrer / Bärn-Affen- und Hunds-Tanzmacher / Schwerdfanger / Frey-Singer / und Singerin / Jauffer / Buchstecher / Trachter-Würffel-Taschen- und dergleichen Spiller Schalcksnarren / und Schalcksnärrin / und in Summa alle andere / so vor den Leuthen Spill und Kurtzweil (dabey aber bey Leib- und Guts-Straff / das Gottslästern / Fluchen und

68 Die sieben Sprengel außerhalb der Stadt Wien bei Amon: Spielgrafenamt S. 32f. (Anhang 3).

69 Vgl. dazu die Instruktion und Ordnung von 1638 bei Amon: Spielgrafenamt S. 19–28.

70 Hadamowsky: Wien. Theatergeschichte S. 25f., der »Hafenschupfer« mit Glückshafner gleichsetzt.

Schwören / wie auch einige unzüchtige Gebärden und Verstellungen nicht zugestatten) auff den Jahr-Wochen-Märckht- und anderen Fest- und Freuden-Tägen umb das Geld machen / euch gleichfalls bey erst-angeregten Spill-Grafen-Ambts-Verwaltern / oder denen nachgesetzten Gevollmächtigten Viertel-Meistern / umb die Bewilligung ordentlich anzumelden / sodann euer Gebühr zuerlegen / und dessentwegen schrifftliche / gefertigte Schein unfehlbahrlich zuerheben.«[71] Das Patent von 1665 bezog sich dabei auch auf eine Kette älterer Verordnungen. Es wurde selbst am 12. Juni 1671 wiederholt.[72] Ein Glückshafner durfte somit im Land ohne vorherige Anmeldung beim Spielgrafenamt nicht tätig werden. Zum Beweis wurde eine schriftliche Bestätigung, der Erlaubnisschein, ausgestellt. Der Berufsstand ressortierte damit personalrechtlich beim Spielgrafenamt, das diesen auch rechtlich zu schützen hatte.

Die Kompetenz zur Genehmigung eines Glückshafens sowie die Veranstaltungspolicey scheinen anfangs allerdings nicht vom Spielgrafenamt ausgeübt worden zu sein, zumindest schweigen die Quellen dazu. In der Diskussion gegen Ende des 16. Jahrhunderts spielt das Oberste Spielgrafenamt überhaupt keine Rolle. Es wurde nicht berücksichtigt und ist in den genannten Verbotspatenten von 1581 und 1599 nicht einmal erwähnt.

Vielleicht liegt genau darin der Grund, dass Freiherr Seyfried Christoph Breuner (1569–1651), der 1620 das Oberstkämmereramt übernommen hatte, 1627 eine »Ordnung und instruction wie die glückshaaffen aufgericht werden söllen« erließ.[73] Denn einerseits wurde damit nach innen und außen die Kompetenz des Obersten Spielgrafenamts über den Ablauf dieser Veranstaltungen dokumentiert und die Glückshafner dem Spielgrafenamt fester zugeordnet, andererseits normierte man genaue Aufsichts- und Kontrollrechte durch das Spielgrafenamt, womit Betrügereien unterbunden werden sollten.

---

71 Codicis austriaci pars secunda. Wien 1704 [= CA II], S. 304, mit Verweisen auf Patente vom 12. Dezember 1606, 19. September 1609, 14. Mai 1614, 8. Mai 1627, 19. Jänner 1638, 12. Februar 1639 und 5. September 1640; Quellen zur Geschichte der Stadt Wien. Abt. I/Bd. V. Wien 1906, S. 322–324, Nr. 6123; von Weilen, Alexander: Das Theater 1520–1740. In: Altertumsvereine zu Wien (Hg.): Geschichte der Stadt Wien VI. Wien 1918, S. 343–456, hier S. 407; Sieghart: Glücksspiele S. 25, sieht hier erst den Beginn der Unterstellung unter das Oberste Spielgrafenamt.

72 CA II S. 305.

73 Amon: Spielgrafenamt S. 14, spricht davon, dass nach 1620 »Ansätze zur Lockerung der Ordnung und Disziplin bemerkbar« war, die Breuner »mittels Instruktionen, Ordnungen und Statuten das ihnen unterstellte Musikantenvolk zur Ordnung zu rufen« hatten.

Freiherr Seyfried Christoph Breuner war damals einer der mächtigsten Adeligen des Landes. Er hatte in Italien studiert, war 1600 bereits zum Präsidenten der Hofkammer, 1620 zum Landmarschall und Generallandobrist von Österreich unter der Enns und 1626 schließlich sogar zum Statthalter der niederösterreichischen Lande aufgestiegen.[74]

Exkurs: der idealtypische Ablauf eines Glückshafens nach der Ordnung von 1627

Wie kann man sich nun den verwaltungsmäßigen Ablauf eines Glückshafens auf den Wiener und niederösterreichischen Jahrmärkten des 17. Jahrhunderts vorstellen? Werfen wir dazu nun genauer einen Blick auf die Bestimmungen der bislang in der Literatur noch nicht beachteten Glückshafenordnung und -instruktion des Obersten Spielgrafenamts von 1627, die zumindest geeignet sind, ein wenig das Dunkel der frühneuzeitlichen Glücksspielgeschichte und der populären Jahrmarktskultur zu erhellen.[75] Natürlich entspricht die Ordnung idealtypisch der normativen Sicht des Spielgrafenamts. Ob in der Praxis tatsächlich alle Bestimmungen genaueste Befolgung fanden, lässt sich nicht erweisen und ist auch zweifelhaft. Immerhin wurde die uns vorliegende Ordnung noch Anfang des 18. Jahrhunderts mehrmals vervielfältigt, was zumindest das administrative Interesse daran dokumentiert.

Anzeige- und Bewilligungspflicht

Eine primäre Anzeige- und Bewilligungspflicht beim Obersten Spielgrafenamt ist in der Ordnung nicht deutlich ausgesprochen. Sie ist aber aus den Umständen her zu ersehen. Die Vorlage des Warenverzeichnisses, die Bestimmung der Anzahl der Lose, die tatsächliche Aufrichtung und Ausspielung sind ohne die Kontrolle des

74 Starzer, Albert: Beiträge zur Geschichte der niederösterreichischen Statthalterei die Landeschefs und Räthe der Behörde von 1501 bis 1896. Wien 1897, S. 226–241; Matschinegg, Ingrid: Österreicher als Universitätsbesucher in Italien (1500–1630). Regionale und soziale Herkunft – Karrieren – Prosopographie. Diss. Graz 1999, S. 217; zur Familie: Walter, Ulrike: Die Breuner. Genealogie und Besitzgeschichte einer steirischen Adelsfamilie. Diss. Graz 1985.

75 WStLA, Hauptarchiv-Akten 2/1627. Edition siehe Anhang.

Spielgrafenamts in der Ordnung nicht denkbar, so dass eine reale Anzeigepflicht bestand.

Warenverzeichnis und Wert der Waren

Der Glückshafner war verpflichtet, ein verlässliches Verzeichnis der Gewinne zu erstellen, wobei die einzelnen Gewinne genau spezifiziert werden sollten. Dieses Gewinnverzeichnis war unterschrieben für Wien dem Obersten Spielgrafenamt oder außerhalb Wiens den jeweiligen Ortsobrigkeiten zu übergeben (§ 1). Der Wert der Waren, die es zu gewinnen gab, war von externer Seite durch »hierzue verständige und unpartheyische leüth« zu ermitteln (§ 2). Kam der Glückshafner diesem Gebot nicht nach, so drohte ihm die Abnahme der unverzeichneten Waren, die dem Obersten Spielgrafen zufielen. Die Gesamtgewinnsumme war nun wichtig für die Anzahl und den Verkaufspreis der pro Glückshafen erlaubten Lose.

Anzahl und Preis der Lose

Die Ordnung bestimmte, dass Lospreis und -anzahl direkt proportional zum Wert eines Guldens zu sein hatten. Legte man beispielsweise pro Gulden Gewinnwert fünf Lose auf, dann durfte ein Los nur zwölf Kreuzer kosten. Gab man zehn Lose/Gulden aus, dann lag der Preis eben bei nur sechs Kreuzer. Interessanterweise kam man mit einem in der Ordnung genannten Beispiel sogar etwas über den Wert eines Gulden hinaus: Sieben Lose durften zum Preis von je neun Kreuzern ausgegeben werden. Dieser drei Kreuzer den einen Gulden übersteigende Betrag war allerdings dann bei der Zuteilung von leeren Losen zu berücksichtigen und abzuziehen (§ 4). Entsprach nämlich der Wert der Gewinne dem aller Lose, machte der Glückshafner kein Geschäft mit diesem Glücksspiel. Deshalb konnte der Glückshafner seine Unkosten (unausgesprochen ist der »Gewinn« des Glückshafners hier ebenfalls mitzudenken) mittels der Zugabe »lehrer zetln«, also von nicht durch Warengewinne gedeckten Losen, einpreisen (§ 4). Die Anzahl der leeren Lose war durch das Oberste Spielgrafenamt der Billigkeit nach zu genehmigen. Der Glückshafenbetreiber konnte sich also nicht vollkommen selbstständig den größten Teil der Einnahmen durch eine beliebige Erhöhung der Anzahl der Lose sichern. Die Gesamtzahl der Lose bestimmte letztendlich das Spielgrafenamt.

Errichtung des Glückshafens an der Veranstaltungsstätte

Die tatsächliche Eröffnung des Glückshafens durfte nur im Beisein eines Vertreters des Spielgrafenamts erfolgen, wobei die genaue Anzahl der Lose abgezählt werden sollte, damit auch nur die bewilligte Anzahl in den Glückshafen gelangte (§ 5). In Wien konnte diese Anfangskontrolle der Oberste Spielgraf selbst oder dessen Spielgrafenamtsverwalter erledigen, außerhalb der Hauptstadt waren Vertreter der Ortsobrigkeiten sowie die Spielgrafenamtsviertelmeister zuzuziehen.

Gewinn

Die Glückshafenordnung gab hinsichtlich der Gewinne keine bestimmten Anordnungen, allein ein Mindestwert wurde festgelegt. Der geringste Gewinn sollte dem Wert des »lang-geldts« – so nannte man die geringwertigen Münzen der Kipper- und Wipperzeit, die zu einer massiven Inflation geführt hatten[76] – entsprechen (§ 9). Eine Obergrenze wurde nicht eingezogen.

Ausspielung – Kontrolle

Während der Ausspielung, die durchaus einen längeren Zeitraum einnehmen konnte, war es notwendig, den Glückshafen so zu sichern, dass der Glückshafner an den eingelegten Losen nicht manipulieren konnte (§ 6). Zu diesem Zweck wurden die Veranstaltungen von verordneten Kommissaren ständig beaufsichtigt. Die Glückstöpfe wurden am Abend verschlossen und mit den Petschaften des Glückshafners versehen. Danach brachte man die Töpfe in Wien in die Räumlichkeiten des Obersten Spielgrafenamtsverwalters, auf dem Land sollten die Ortsobrigkeiten diese über Nacht verwahren. Am nächsten Tag waren diese Töpfe wieder auf den Jahrmarkt oder in Wien zu den Glückshafenhütten zu bringen und wurden nach Kontrolle der Petschafte wieder eröffnet. In der Regel war pro Stand ein Glückshafen vorgesehen. Sollte aber die Anzahl der Lose die Kapazität eines Topfes überstiegen, so war die Aufstellung eines zweiten Glückshafens erlaubt (§ 10). Der Gewinnwert der sich in den beiden Glückstöpfen be-

76 Dazu vgl. Sandgruber, Roman: Ökonomie und Politik. Österreichische Wirtschaftsgeschichte vom Mittelalter bis zur Gegenwart. Wien 1995, S. 137.

findenden Lose sollte allerdings ungefähr gleich sein. Über die Ziehung selbst, die Zuteilung und Ausgabe der Gewinne findet man leider keine Anweisungen in der Ordnung.

Kommissare

Die Kommissare, die nun nach der Glückshafenordnung von 1627 ständig beim Glückshafen anwesend zu sein hatten (§ 8), mussten ehrbar und angesessen sein und entstammten in Wien der St. Nikolai-Bruderschaft (§ 6). Damit war den Musikern und Schauspielern eine Nebentätigkeit eröffnet. Auf dem Land hatten die Spielgrafenamtsviertelmeister diese Funktion inne. Ihnen war dann ein Vertreter des jeweiligen Markt- oder Stadtrats zuzuordnen. Zur Hintanhaltung von betrügerischen Verabredungen zwischen den Kommissaren und den Glückshafnern waren die Kommissare zu vereidigen (§ 7). Sie erhielten aber für ihre doch zeitlich sehr beanspruchende Tätigkeit ein »deputat« von einem Reichstaler täglich. Zu dieser Aufwandsentschädigung kam noch die kostenlose Versorgung mit Essen und Trinken. Beides war vom Glückshafenbetreiber zu erlegen.

Strafkompetenz

Eine oberste Kontrollfunktion über Glückshafner wie Kommissare übernahm in Wien der Oberste Spielgrafenamtsverwalter, außerhalb der Stadt die bevollmächtigten Spielgrafenamtsviertelmeister (§ 11). Letztere überwachten sich also partiell selbst, was aus heutiger Sicht inkonsequent erscheint. Verstöße waren anzuzeigen und wurden in Wien vom Obersten Spielgrafen geahndet, am Land von den Ortsobrigkeiten abgestraft. Das Strafgeld sollte aber in die Hand des Obersten Spielgrafen gelangen. Eine nähere Ausgestaltung von Strafnormen (Höhe, Art der Verstöße) ist nicht festgelegt.

Gebühren

Der Glückshafner hatte bei Errichtung des Glückshafens 2 % des Glückshafenwerts an den zuständigen Viertelmeister als Spielgrafenamtsgebühr auszuhändigen. Hatte er nicht so viel Geld flüssig, konnte dieser für eine kurze Übergangszeit auch Pfänder annehmen. In Wien wird die Gebühr wohl direkt an den Obersten

Spielgrafen oder seinen Spielgrafenamtsverwalter entrichtet worden sein. Die Ordnung vermeldet nichts darüber.

Pech im Spiel – die schwindende Macht des Obersten Spielgrafenamts

Fast vierzig Jahre später dürfte die Oberhoheit des Spielgrafenamts über das Glücksspielgeschehen auf den kommunalen Festen noch immer nicht friktionsfrei befolgt worden sein. Das vorhin bereits erwähnte Patent von 1665 beauftragte nämlich die Obrigkeiten in Österreich unter und ob der Enns und speziell die Amtsträger der Städte, Märkte und Dörfer, dass sie »diejenigen Personen auff den Märckten und Kirchtägen / so ihre von dem Obristen Spill-Graffen-Ambt ertheilte Bewilligung / und der dahin erlegten Gebühr halber fürzuzeigen haben / nicht / wie bißhero mit Schätzungen durch eure Gerichts-Diener und Beambte gewaltthätig beschehen / hinführo bey Vermeidung der in vorigen Mandaten außgezeigten Poen-Falls der zehen Marck löthiges Golds / auch unaußbleiblicher Straff und Ungnad / nicht mehr beschwärdt / weder der eurigen das geringste von ihnen / umb Willen sie sonst niemands andern / wer der seye / wegen Ubung ihrer Kunst zugeben nichts schuldig seyn / abzufordern nicht allein gestattet«.[77] Die Gerichtsdiener wollten weiter am Glücksspielkuchen mitnaschen und das Spielgrafenamt war weit. Dieses Interesse tangierte natürlich die Kompetenz des Spielgrafenamts, das normativ dagegen vorging.

Gleichzeitig wurden die Glückshafner aber als vaganter Personenkreis verfolgt. Am 19. Juni 1722 bestimmte ein Patent zur »Ausrottung der Zigeuner und Räuber« an alle Landgerichte in Österreich unter der Enns die Abhaltung monatlicher Streifen im Land.[78] Daneben standen alle herumziehenden Krämer, Hausierer und

77 CA II S. 305.

78 Verordnung vom 29. Juni 1722. In: Supplementum codicis Austriaci. Pars II. Sammlung Oesterreichischer Gesetze und Ordnungen, wie solche von Zeit zu Zeit ergangen und publiciert worden, so viel deren vom Jahr 1721. Bis auf Höchst-traurigen Tod-Fall Der Römisch-Kayserlichen Majestät Caroli VI. aufzubringen waren. Gesammlet, und in diese Ordnung gebracht, von Sebastian Gottlieb Herrenleben. Wien 1752 [= CA IV], S. 93–95. Vgl. auch Schubert, Ernst: Arme Leute. Bettler und Gauner im Franken des 18. Jahrhunderts. Neustadt an der Aisch 1990, S. 238; Scheutz, Martin: Ausgesperrt und gejagt, geduldet und versteckt: Bettlervisitationen im Niederösterreich des

Spieler, die etwa »Riemen-Stechen, Glücks-Hafen, Brennten, Würfeln und dergleichen« betrieben, unter Generalverdacht verbrecherischer Umtriebe wie Diebstahl und Hehlerei. Mautbeamte sollten verdächtige herumstreichende »Spieler und kleine Glücks-Hafner« verhaften und den Landgerichten übergeben. Diese hatten bei ihren General- und Spezialvisitationen auch diese Personengruppen speziell zu beobachten. Auch Abraham a Sancta Clara bediente sich ihrer ausgiebig. »Brenthner, Marx-Brüder, Wurmschneider, Lotter- und Luder-Gesind mit falschen Würfflen, Karten und Glücks-Hafereyen« standen bei ihm wortreich für Betrug und Falschspiel.[79] Die pauschalen Vorwürfe entsprachen denen des ausgehenden 16. Jahrhunderts. Ob ein sich aus dem Glücksspiel ergebender Streit dem fünfzigjährigen Glückshafner Martin Prolitz, der 1681 in Wien erstochen wird, das Leben gekostet hat, lässt sich nicht mehr nachweisen.[80]

Vom Spielgrafenamt war weithin nichts zu hören. »Die Machtbefugnis des Spielgrafenamts war überhaupt nicht groß, wo die Spielkonzessionen von der Regierung und der Stadt erteilt wurden«, urteilt von Weilen.[81] Tatsächlich wurde das Spielgrafenamt immer weiter zurückgedrängt. In den überlieferten Quellen ist im Bereich der fahrenden Künstler und Jahrmarktsspektakel für Wien ein reges Zusammenspiel von Bürgermeister und Rat sowie dem Landesfürsten/der NÖ. Regierung zu erkennen. Die Wandertruppen der Schauspieler erhielten ihre Genehmigung von Letzteren, die Jahrmarktsunterhalter von der Stadt Wien.[82] In Wien waren nach einer wohl unvollständigen Liste, die ebenfalls dank Schlager auf uns gekommen ist, um 1700 immer wieder Glückshäfen auf dem Graben, dem Petersfreithof – die 1702 wegen des Baus der barocken Peterskirche endgültig auf den Graben verlagert wurden[83] – oder am Judenplatz erlaubt:[84]

---

18. Jahrhunderts. St. Pölten 2003; Ammerer, Gerhard: Heimat Straße. Vaganten im Österreich des Ancien Régime. Wien u. a. 2001, S. 398–410.

79 Loidl, Franz: Menschen im Barock: Wien 1938, S. 313.

80 Gugitz, Gustav: Mord und Totschlag in Alt-Wien. Ein Beitrag zur Geschichte der öffentlichen Sicherheit und Kriminalität in Wien im 17. und 18. Jahrhundert. In: JbVGStW 14 (1958) S. 141–155, hier S. 144.

81 von Weilen: Theater S. 408.

82 Sommer-Mathis, Andrea: Theater in Wien vom 16. zum 18. Jahrhundert. In: Vocelka, Karl/Traninger, Anita (Hg.): Die frühneuzeitliche Residenz (16.–18. Jahrhundert). Wien u. a. 2003, S. 510.

83 Art. Graben. In: Czeike: Historisches Lexikon S. 580.

84 Glückshafner in Wien, aus: Verzeichnis der Seiltänzer-, Komödien-, Marionetten-, Pollicinell- und anderer Wiener Spektakelhütten vom Jahre 1667 an. In: Schlager, J[ohann] E[vangelist]: Wiener Skizzen aus dem Mittelalter NF 1839. Wien 1839, S. 359–364.

»1671	Glükshafen des Jacob Schalendegen am Graben
1678	Albert Schimano, Glückshaffner, Glückshaffen auf S. Peter Freydthof
1685	Johann Savioli Glückshafen am Petersfreythof 16 Tag
1686	Johann Savioli Glückshafen am Petersfreythof, 17 Tag
1699	Andreas Edl, Glückshaffen am Petersfreydhoff 21 Tage
	Anton Lezeni Glükshaffen 21 Tag
1701	Johann Bagni Glükshafen, und Andre Endl Glükshafen am Graben
1702	Franz Gemani Glückshafen 32 Tag am Graben
1717	Maximilian Kaisser Principal Glükshafen auf dem Graben 14 Tag
1718	Glückshafen des Maximilian Kaiser auf dem Graben 30 Tag
1721	Hieronimus Khaiser Glükshafen auf dem Graben
1727	Kayser, am Graben, Glükshafen.«

Glück in der Liebe – zum Vaterland

Die Glückshäfen gerieten in weiterer Folge immer mehr unter staatlichen Normierungsdruck und dienten insbesondere den wachsenden Finanzbedürfnissen. Man begann Luxus und Vergnügungen zu besteuern, wie es bereits anderswo gang und gäbe war, teilweise wurde der Ertrag speziell sozialen Zwecken gewidmet.[85] Das linderte ein wenig das Gewissen um die sündigen Spiele und dokumentiert die Ambivalenz der Obrigkeiten. Ab 1671 mussten in Österreich »bei denen Comoedien / als Glückshäffen / und anderen dergleichen Occasionen« je ein Groschen (3 Kreuzer) pro Person eingehoben werden, welche dem neuen Wiener

85 In Flandern und den Niederlanden wurden Lotterien zur Finanzierung öffentlicher Bauten oder für Spitäler verwendet. Muchembled: Lotteries S. 35ff. In Bremen wird 1645 ein Glückshafen zu Gunsten fremder Bettler durchgeführt, 1649 eine Lotterie zum Bau eines Armen-/Zuchthauses. Dünzelmann, Anne E.: Vom Gaste, den Joden und den Fremden. Zur Ethnographie von Immigration, Rezeption und Exkludierung Fremder am Beispiel der Stadt Bremen vom Mittelalter bis 1848. Münster u. a. 2001, S. 178; Lührs, Wilhelm: Geschichte des Glücksspiels in Bremen. Bremen 1971, S. 12ff.; in Stralsund zur Dotierung des Waisenhauses: Lammel, Hans-Uwe/Schmiedebach, Heinz-Peter: Das kranke Kind in pommerschen Fürsorgeeinrichtungen (17.–19. Jahrhundert). Das Beispiel des Stralsunder Waisenhauses. In: Buchholz, Werner (Hg.): Kindheit und Jugend in der Neuzeit 1500–1900. Stuttgart 2000, S. 159–176, hier S. 161; in Hamburg 1614 zur Errichtung des Zuchthauses: Sieghart: Glücksspiele S. 22.

Zucht- und Arbeitshaus zweckgewidmet war.[86] Legt man die von Schlager für 1699 überlieferten Werte dreier Wiener Glückhäfen zu Grunde, die miteinander 81 Gulden 30 Kreuzer dem Superintendenten des Zuchthauses überwiesen hatten, dann müssten 1630 Personen sich bei diesen Glückshäfen durch einen Loskauf beteiligt haben![87] 1763 haben Glückshäfen in der Steiermark eine Abgabe an den Zuchthausfonds zu leisten.[88]

Mit Patent vom 2. April 1696 schrieb man sogar einen eigenen Glückshafen mit 3.300 Geldgewinnen von 25 bis 30.000 Gulden zur Finanzierung eines Feld- oder Soldatenspitals aus, welcher durch das Wiener Wechselhaus der Carl Bartholottischen Erben mit Filialen in Prag, Brünn, Breslau, Graz, Linz und Innsbruck verantwortet wurde.[89] Man legitimierte damit, »daß einige die Christenheit, und das Vatterland liebende Gemüther« ein Mittel ersonnen hätten, die gegen

86 Resolution vom 24. Juli 1671. In: CA II S. 545–547, hier S. 546; von Weilen: Theater S. 408; Tanzer, Gerhard: Spectacle müssen seyn. Die Freizeit der Wiener im 18. Jahrhundert. Wien u. a. 1992, S. 248; Scheutz, Martin: »Hoc disciplinum ... erexit«. Das Wiener Zucht-, Arbeits- und Strafhaus um 1800 – eine Spurensuche. In: Ammerer, Gerhard/Weiss, Alfred Stefan (Hg.): Strafe, Disziplin und Besserung. Österreichische Zucht- und Arbeitshäuser von 1750 bis 1850. Frankfurt/Main u. a. 2006, S. 63–96, hier S. 64; Stekl, Hannes: Österreichs Zucht- und Arbeitshäuser 1671–1971. Institutionen zwischen Fürsorge und Strafvollzug. München 1978, S. 108f.

87 »Von Glückshaffnern: Den 4. marti erlegt Herr Andreas Endl, Bürger in Wienn für einen Glückshafen auf den Peters Freythoff pr. 40 fl.; Dem 31 Xber widerumben Herr Hierssnachk von einen Glückshafen auf dem Peters Freythoff pr. 31 fl 30 kr.; Dergleichen ein anderer Glukchshaffner auf den Judenplatz in den Catharina marckht accordirter massen pr. 10 fl.« aus einer »Specification Der von den commedianten, Pollucinellen, Sail Tanzern, Glükchshafnern, und andern spillen eingangen Gfohlen von 1. Jenner bis Lezten Dezember 1699«. In: Schlager: Wiener Skizzen NF 1839, S. 359–346, hier S. 345.

88 Verordnung vom 11. Juli 1763. In: Sammlung aller k. k. Verordnungen und Gesetze vom Jahre 1740 bis 1780, die unter der Regierung der Regierung des Kaisers Joseph des II. theils noch ganz bestehen, theils zum Theile abgeändert sind, als eine Hilfs- und Ergänzungsbuch zu dem Handbuche aller unter der Regierung des Kaisers Josephs des II. für die k. k. Erbländer ergangenen Verordnungen und Gesetze in einer chronologischen Ordnung [= MTGS] IV, Wien 1786, Nr. 704, S. 169.

89 Codicis austriaci ordine alphabetico compilati pars prima. Das ist: Eigentlicher Begriff und Innhalt / Aller Unter deß Durchleuchtigisten Ertz-Hauses zu Oesterreich: Fürnemblich aber der Allerglorwürdigisten Regierung Ihro Röm. Kayserl. auch zu Hungarn / und Böheimb Königl. Majestät Leopoldi I., Ertz-Hertzogens zu Oesterreich / etc. etc. Außgangenen und publicierten / In das Justiz- und Politzey Wesen / und was einem oder andern anhängig ist / Einlauffenden Generalien / Patenten / Ordnungen / Rescripten / Resolutionen / Edicten / Decreten / und Mandaten: Wie auch in Publicis, Politicis, Civilibus & Criminalibus emanirten Statuten / und Satzungen; So viel solche insonderheit beede Erz-Herzogthumb Oesterreich unter und ob der Enns betreffen [= CA I]. Wien 1704, S. 442–446; Sieghart: Glücksspiele S. 26.

den christlichen Erbfeind kämpfenden Soldaten »ohne Zwang oder Beschwärde unserer ErbKönigreichen und Länder, durch einen freyen, willfährigen, und solchen Beytrag, der nicht nur unter unsere Unterthanen und LandsInwohner eingeschrenckt: sondern zu welchen auch allen und jeden Außländern und Frembden der Weeg offen seyn möge«, zu unterstützen. Die »Liebe zum Vaterland« war also durchaus geeignet, einem Glückshafen den Weg zu ebnen. Bekämpfte die »gute Policey« im ausgehenden 16. Jahrhundert noch Glücksspiele, weil sie den Zorn Gottes schürten, der strafend sich der Osmanen als göttlicher Zuchtrute bediente, so war man nun geneigt, dem Feind mittels der Finanzkraft eines Glückhafens widerstehen zu wollen …

Am 3. April 1704 errichtete Kaiser Leopold I. mit einem Patent für Österreich unter und ob der Enns einen Glückshafen in Wien, der mit einer Hütte auf dem Hof oder auf dem Graben stehen sollte.[90] Eines der 100.000 Lose, die binnen dreier Monate verkauft werden sollten, kostete 4 fl. Auch wurden Lose in die übrigen Erbkönigreiche und Länder verschickt. Von den einzunehmenden 400.000 fl. mussten 100.000 fl. an die Hofkammer abgeführt werden, 266.000 fl. sollten über 593 Gewinne (von 200 bis 250.000 fl.) ausgespielt werden. 1718 wurde schließlich der Stadt Wien eine Stadtlotterie genehmigt, dessen Gewinn armen und kranken Kindern zukommen sollte.[91]

Das Oberste Spielgrafenamt hat ausgespielt

1720 bestimmte ein Hofdekret der NÖ. Regierung und Kammer, welches an die Stadt Wien gerichtet war, dass zur Aufrichtung eines Glückshafens unbedingt bei Hof angesucht werden müsste.[92] Sieghart vermutet in dieser Kompetenzarrondierung eine Maßnahme des Hofes gegen Übelstände im Glückshafenbereich.[93] Dies

90 Supplementum codicis Austriaci. Sammlung Oesterreichischer Gesetze und Ordnungen, Wie solche von Zeit zu Zeit ergangen und publiciret worden, So viele deren über die PARTE I & II CODICIS AUSTRIACI eingedruckten bis auf das Jahr 1720. weiter aufzubringen waren [= CA III]. Leipzig 1748, S. 461–463; Sieghart: Glücksspiele S. 26; von Mensi, Franz: Die Finanzen Österreichs von 1701–1740. Wien 1890, S. 424.

91 Sieghart: Glücksspiele S. 28; von Mensi: Finanzen Österreichs S. 425.

92 Hofdekret vom 27. November 1720. In: CA IV S. 513, erwähnt in einer Verordnung von 1727.

93 Sieghart: Glücksspiele S. 25.

lässt sich unmittelbar aus den Quellen nicht belegen, vielmehr ist an eine konsequente Umsetzung des schon im ausgehenden 16. Jahrhundert eingeschlagenen Weges der Monopolisierung des Glücksspielsbereichs in der Hand des Landesfürsten zu denken. Die Kompetenz des Hofes wurde 1729 inhaltlich voll bestätigt und der NÖ. Regierung zudem aufgetragen, die genehmigten Glückshäfen genau zu überwachen, insbesondere sollten die Bewertung der Preise, die Anzahl der Nieten pro Treffer, weiters ob Zettel in den Topf nachgelegt werden, untersucht werden.[94]

Zur Förderung des Warenabsatzes der inländischen Manufakturen und Regiebetriebe beschloss man, Warenausspielungen von Staats wegen zu veranstalten. Im Jahr 1729 durfte die kaiserliche Porzellanfabrik in Wien ganz im Sinne merkantilistischer Grundsätze einen Glückshafen veranstalten und 2.000 Porzellangewinne ausspielen.[95] Ein zweiter Porzellanglückshafen fand 1735 statt,[96] viele weitere folgten. Damit konnte man unverkäufliche Ware absetzen, wie die Hofkammer positiv vermerkte. Diese Tendenz sollte sich noch verstärken. Um Silber in der Habsburgermonarchie zu halten, wurde in Wien 1749 ein »Commerzial-Silberglückshafen« gegründet.[97] Da dieser gut florierte, wurde das Konzept in der Folge auf die Provinzen ausgedehnt, wo in Prag, Karlsbad, Brünn, Graz, Linz, Bozen, Konstanz, Freiburg im Breisgau, Günzburg und in Ungarn derartige Glückshäfen eingerichtet wurden. Daneben existierten aber noch private Unternehmer, die weiterhin auf den Märkten ihre Glückshäfen betrieben.

Im glücksspielrechtlichen Kräftedreieck Spielgrafenamt – lokale Obrigkeit – Landesfürst/Staat hatte sich Mitte des 18. Jahrhunderts schließlich der Staat durchgesetzt. Mit Reskript wurde der NÖ. Repräsentation und Kammer 1750 nämlich deutlich aufgetragen, dem Obersten Spielgrafenamt mitzuteilen, dass Glückshafen ohne »Specialbewilligung« der Landesfürstin verboten seien und das Spielgrafenamt damit keine Glückshafenkonzessionen erteilen dürfe.[98]

---

94 Verordnung vom 14. Jänner 1729. In: CA IV S. 513.

95 Hofmann, Friedrich Hermann: Das Porzellan der europäischen Manufakturen im XVIII. Jahrhundert. Eine Kunst- und Kulturgeschichte. Berlin 1932, S. 288.

96 Wienerisches Diarium Nr. 3 und Nr. 21 aus 1735; Sieghart: Glücksspiele S. 86.

97 Sieghart: Glücksspiele S. 84ff, S. 327 (Anlage 1: Plan des Silberglückshafens), S. 328f. (Anlage 2: Bericht über einen Grazer Silberglückshafen, 1764).

98 Reskript vom 25. Juli 1750. In: Supplementum codicis Autriaci, Chronologische Sammlung, aller vom 20ten Oktober 1740. vom Anbeginne der angetretenen glorreichen Regierung der Allerdurch-

Nach Erteilung des Zahlenlottomonopols an Graf Ottavio Cataldi im Jahre 1751 wurden konsequenterweise alle anderen Lotterien und Glückshäfen für die Dauer von zehn Jahren verboten.[99] Ausgenommen davon blieben allerdings die staatlichen Silberglückshäfen, die in den größeren Städten mit Bewilligung der Landesfürstin betrieben wurden. 1758 und 1759 ergingen beispielsweise noch gegen das Spielgrafenamt gerichtete Zirkulare an die Kreisämter von Österreich unter der Enns.[100] Glückshäfen sollten »nirgends, auch unangesehen deren von den Spillgrafen-Amt etwo noch beybringenden Erlaubnus-Zettuln, verstattet, sondern vielmehr die derley Amts-Bewilligung beybringende Glückshäfner an der Stelle angehalten, die beyhabende Glückshäfen samt denen Licenzen, ihnen abgenommen, und anhero [NÖ. Regierung] eingesendet werden«. Graf Cataldi klagte dennoch 1762, dass Glückshäfen in Graz, Laibach, Linz, Klagenfurt dem Zahlenlotto Konkurrenz machten und forderte wenig später, dass »all- und jeden so privilegiert- als imprivilegierten Glücks-Häfnern auf denen Jahr-Märkten, und zu all-anderen Zeiten die GlücksHäfen und Looszichungen gänzlich eingestellet werden möchten«.[101] 1765 nannte daraufhin ein Zirkular die Namen von sechs Glückshafnern, die Porzellan- und Spiegelwaren ausspielten und deren »Conces-

lauchtigst-Großmächstigsten Römischen Kaiserinn zu Hungarn und Böheim Königinn, Erzherzoginn zu Oesterreich Mar. Theresiae, bis zum letzten Dezember 1758. In Publicis, Politicis, & Commercialibus, und zum Theile auch Justitialibus, dann Kameral- und Militärwesen erlassenen Generalien, Patenten, Satz-Ordnungen, Rescripten, Resolutionen, dann Landesobrigkeitlichen Edikten, Mandaten und Dekreten, Soviel solche das Erzherzogtum Oesterreich unter, und ob der Enns betreffen, zur allgemeinen Wissenschaft und Nutzen mit besonderm Fleiße auf allerhöchsten Befehl zusammengetragen unter beständiger Leitung Ihrer Kaiserl. Königl. Apostol. Majestät wirklichen Hofraths u. N. Oe. Regierungskanzlers, dann des Heiligen Stephansordens Ritters Thomas Ignaz Freyherrn von Pöck. Fünfter Theil [= CA V]. Wien 1777, S. 518; MTGS 1, Nr. 102.

99 Zollinger, Manfred: Verkauf der Hoffnung. Das Zahlenlotto in Österreich bis zu seiner Verstaatlichung 1787: finanz- und wirtschaftspolitische Aspekte. In: Strejcek: Lotto und andere Glücksspiele S. 127–150, hier S. 138.

100 Zirkular der NÖ. Repräsentation und Kammer vom 31. Mai 1758 (Regest). In: Extractus Chronologicus 1758-I, Nr. 36; Normativum der NÖ. Regierung vom 9. Oktober 1759. In: Extractus Chronologicus 1759-II, Nr. 2. – Zu den bei Trattner erschienenen Chronologischen Extrakten für Österreich unter der Enns 1740–1780 siehe: Pauser, Josef: Landesfürstliche Gesetzgebung (Policey-, Malefiz und Landesordnungen. In: ders./Scheutz, Martin/Winkelbauer, Thomas (Hg.): Quellenkunde der Habsburgermonarchie (16. 18. Jahrhundert). Ein exemplarisches Handbuch. Wien u. a. 2004, S. 216–256, hier S. 236f., S. 245f.

101 Zollinger: Geschichte S. 199.

siones« sofort abgenommen werden sollten.[102] Allein der freie Verkauf ihrer Waren blieb ihnen weiters erlaubt, nicht jedoch das Ausspielen mittels der Glückshäfen. 1770 wurden von Privaten geführte Glückshäfen überhaupt verboten.[103] Drei Jahre später erfolgte ein Verbot für Galizien und Lodomerien.[104] Hinter diesen Verboten standen meist umtriebige Lottopächter, sie betrafen daher nicht die staatlichen Glückshäfen. 1787 und erneut 1804 fanden sich wieder Glückshafenverbote, nun allerdings zum Schutz des staatlichen Lottos.[105]

»Nun gute Nacht! Das Spiel zu enden, Begrüßt uns mit gewognen Händen!«[106]

Von 1749 bis 1776 hatte der Wiener staatliche Silberglückshafen immerhin etwa 127.000 Gulden erwirtschaftet. Der Reinertrag der Silberglückshäfen ging aber kontinuierlich zurück, so dass sie 1777 Privaten zur Pacht angeboten wurden.[107] So fand man dann am Graben in Wien einen privaten Glückshafen vor, wo »Silberwaren, goldene Uhren, Porzellan, ja Roß und Wagen« zur Ausspielung kamen.[108] 1788 bis 1790 betrieb diesen Glückshafen Johann Hackel, der 1794 aufgrund seiner Teilnahme an der »Jakobinerverschwörung« verhaftet und zu 30 Jahren schwerer Festungshaft verurteilt wurde.[109] Hackl begründete in einem Verhör seine Gegnerschaft zur herrschenden Verfassung u. a. damit, dass ihm kein

102 Zirkular der NÖ. Regierung vom 26. Oktober 1765. In: Extractus Chronologicus 1765-II, Nr. 36: Peter le Clair, Franz Kloißner, Anton Stieber, Johann Trauner, Johann Kober, Franz Pemsel.

103 Verordnung vom 18. Mai 1770. In: MTGS VI, Nr. 1193, S. 236f.

104 Reskript vom 30. September 1773. In: MTGS VI, Nr. 1533, S. 624.

105 Dekret vom 29. Jänner 1804 (kundgemacht in den Ländern im Laufe des Februar). In: Politische Gesetzessammlung 21, Nr. 15, S. 17f. Darin wird das Verbot vom 21. Oktober 1787 erwähnt.

106 Shakespeare, William: Ein Sommernachtstraum, 5. Aufzug, 1. Szene.

107 Sieghart: Glücksspiel S. 88f.

108 Pammer, Hans: Der Graben und seine Bewohner. In: JbVGStW 14 (1958) S. 114–132, hier S. 114f.

109 Wangermann, Ernst: Von Joseph II. zu den Jakobinderprozessen. Wien 1966, S. 155, S. 177, S. 189; Bodi, Leslie: Tauwetter in Wien. Zur Prosa der österreichischen Aufklärung 1781–1795. Wien u.a. [2]1995, S. 419f.; Rosenstrauch-Königsberg, Edith: Freimaurerei im josephinischen Wien. Aloys Blumauers Weg vom Jesuiten zum Jakobiner. Wien 1975, S. 216f., S. 299. Hackl hatte mit Katharina Moshammer die Tochter eines reichen Linzer Glückshafenbesitzers geheiratet, dessen Glückshafen er ab 1795 übernommen hatte.

weiterer Hofkontrakt für die Weiterführung des Glückshafens am Graben gewährt worden war.

Das Ende der Glückshafen war nahe, als der zuständige Beamte, Hofrat von Rother, 1789 in einem Gutachten dem fiskalischen Nutzen der Glückshäfen (18.450 Gulden/Jahr Pacht) deren fiskalischen Nachteil (Beeinträchtigung des Lotto um 50.000 Gulden/Jahr) gegenüberstellte.[110] 1791 wurden sie in Tirol abgeschafft.[111] Eines der letzten größeren Glückshafenereignisse fand 1807 am Jubilate-, Leopoldstädter-, Margarethen- und Allerheiligenmarkt in Wien für Zwecke des Armenfonds statt, geriet aber durchaus in Kritik.[112] Schließlich wurden 1808 und 1813 alle Glückshäfen und ähnliche Unternehmungen zum Schutz des Lotto-Gefälles verboten.[113] Am Graben wurden die Glückshäfen 1809 eingestellt.[114] Doch zu diesem Zeitpunkt existierte das Spielgrafenamt schon längst nicht mehr.

Anhang: Glückshafenordnung von 1627

Archiv: WStLA, Hauptarchiv-Akten 2/1627

Ordnung und instruction wie die glückshaaffen aufgericht werden söllen

[1. Waren- und Gewinnverzeichnis] Erstlichen sollen die glücks-haaffner ain verläßliche und specicficirte verzeichnus aller und jeder ihrer waaren und gewineter libell-weiß zu dem obrist spill-graffenambt in Wien, oder aber ausserhalb der Wien statt zu jedes orths obrigkeiten handen unterschribener und gefertiger einraichen.

[2. Schätzung des Gewinnwertes] Andertens sollen alle obbemelte waaren oder gewinetern durch gewissene hierzue verständige und unpartheyische leüth träuen

110 Sieghart: Glücksspiel S. 90f.

111 Reskript vom 4. März 1791. In: Politische Gesetzessammlung 4, S. 97 (II. Abt. Pkt. XXI: »Die Glückshäfen, welche die ärmsten Volksklassen zur Zersplitterung des Geldes veranlassen, sollen für die Zukunft in Tyrol ganz abgestellet, und das ohnehin bestehende Verboth, in auswärthige Lottospiele zu setzen, soll erneuert werden.«).

112 Dazu umfänglich Zollinger: Geschichte, S 199–202.

113 Patent vom 9. März 1808. In: Politische Gesetzessammlung 30, Nr. 76, S. 228–234, hier S. 231; Patent vom 12. Juni 1813. In: Politische Gesetzessammlung 40, Nr. 27, S. 41–60, hier S. 57. Erlaubt blieben allein die mit ausdrücklicher landesfürstlicher Bewilligung versehenen Glückshäfen.

114 Tanzer: Spectacle S. 264.

werth nach taxiert und geschätzt und die tax in gemeltes libell zur jedwedern gewinnst verzaichnet werden. Und da sich hernacher darüber ein wohl- oder gewinnender im glückhshaaffen oder auch der hütten, so nicht geschetzt worden, oder in gemelter verzeichnus einkhomben, befunden wurde, *[/]* dasselbe dem herrn obrist spillgraffen frey ledig haimbfallen.

[3. Anzahl der Glückshafenlose] Drittens solle der werth des ganzen glückhs-haaffens nach der gemachten tax zusamben computirt und summirt, hernacher auf jedwederen gulden mehrers zettlen nicht als fünff, wan die zetlen zu zwölff kreüzer, und siben, wan die zetlen zu neün kreüzer, oder aber zehen, wan die zetlen zu sechs kreüzer gesetzt wirdet, und also dem werth des guldens nach proportionabiliter passirt werden.

[4. Leere Glückshafenlose] Viertens kann ihnem glückhs-haaffnern wegen der uncosten, die sie bey dem glückhs-häafen in ain- und anderen aufwennden, eine gewisse summa lehrer zetln, wie h. obrist spillgraff daz der bilichkeit nach befinden wirdt, zugelassen und vergunnt werden, jedoch ist darauf zu gedenckhen, wan die zetln zu neün kreüzer gesetzt werden *[/]* daß bey jedwederen gulden drey kreüzer übrig seynd, dahero man solche drey kreüzer an passirung der unkosten dehalciren mus.

[5. Kontrolle der Aufrichtung eines Glückshafens durch den Spielgrafen in Wien bzw. die Viertelmeister des Spielgrafenamts in Verbindung mit den Ortsobrigkeiten am Land] Fünfftens sollen die glückhshaaffner den haaffen nicht vor sich selbsten, sondern jedes mahles in beyseyn des herrn spill-graffens oder dessen verwalters in Wienn, ausserhalb der Wienn statt aber bey jedes orths obrigkaiten in beyseyn des viertl-maisters selbigen viertls, aufrichten, dieselbigen zetlen damit sovill die gewinnender anlangt, gewis in den haaffen kommen, die lehrn aber, damit über die zahl nichts hineingelegt werde, alles fleisses ersehen und abzehlen lassen.

[6. Glückshafenaufsicht durch Kommissare während der Ausspielung] Sechstens solchemnach aufgerichten glückhs-haaffen die glücks-haaffner umb des verdachts willen ihres theils mit dem glückhs-haaffen weiter nichts zu thuen haben, sondern denselben mit ihren pettschafften verwahrter denen geordneten commissarien, darzue gewisse und ehrbahre auch gesessene *[/]* persohnen zu Wienn von der bruederschafft St. Nicolai aller musicanten, ausserhalb der Wienn-statt aber, der viertl-maister selbig orths, da der glückhs-haaffen aufgericht wird und neben ihme ein raths-verwandter fürgenohmen werden sollen, zuegestellet, von ihnen commissarien aber zu Wien in des obristen spillgraffen-ambtsverwalters logament, ausserhalb der Wien-statt aber zu jedes orths obrigkeiten verwahrung und dan zu rechter zeit in die hütten auf dem markt gebracht, nach der beschehenen regognition der glückhs-haaffner ihrer fertigung eröffnet und den abendts, wan die hütten geschlossen, widerumben von ihren glückhs-haaffnern verpetschirter durch die commissarien in die gmelte örther iedes mahls und solang der glückhs-haaffen wehren thuet, gebracht werden.

[7. Eidespflicht der Kommissare] Siebentes sollen gemelte commissarien, damit dieselbe ihrem gewissen nach fleissig *[/]* obacht haben, denen glücks-haaffneren einigen unrechtmässigen vortheil oder salvo honore betrug, wie der immer seye oder genennet werden möchte, nicht verstatten, weniger für sich selbsten dergleichen unterstehen, mit aydt gebunden werden.

[8. Aufwandsentschädigung für die Kommissare] Achtens sollen die glückhs-haaffner denen geordneten commissarien, welche den glückhs-haaffen stündlich beywohnen und abwartten müssen, für ihr bemühung täglich und so lang der glückhs-haaffen währen thuet, jeden des tags einem reichsthaller neben frey essen und trinkhen zu reichen schuldig seyn, jedoch behalten ihnen ihre gnaden h. obrist spill-graf bevor dises der commissarien deputat ihrem gnädigem belieben nach zu mündern oder zu vermehren.

[9. Mindestwert des Gewinns] Neundtens soll allezeit das schlechtest gewinnets dem werth des lang-geldts erraichen und darunter nichts passiert werden.

[10. Anzahl der Glückshäfen pro Glückshafenstand] Zehentens sollen hinführo in ainer hütten *[/]* mehrers nicht als ein haaffen oder gar umb des grossen anzahl zetln willen zway haaffen abgethailt werden, also daz in einem sovil gewinneder /: wo nicht gleicher sorten jedoch gleiches werths :/ als in anderen kommen mögen.

[11. Oberste Kontrolle des Glückshafens und der Kommissare durch den Spielgrafen bzw. die Viertelmeister] Ailfttens solle bey dem glückhs-haffen in Wien allezeit der

Abbildung 2: Glückshafen-Narr. Kupferstich von Johann Christoph Weigel (nach 1654–1726) aus: Centi-Folium Stultorum Jn Quarto. Oder Hundert Ausbündige Narren / Jn Folio, Frankfurt am Main 1709.

obrist spill-graffenambtsverwalter, ausserhalb der Wien-statt aber dessen gevollmächtigten virtlmaister selbigen virtls die inspection über den glückhs-haaffen haben, und da er etwas unrecht, es seye gleich von denen glückhs-haaffnern oder auch denen commissarien verspührte, daz selbige alhier zu Wien dem herrn obrist spill-graffen, ausserhalb Wienn aber jeder orthsobrigkeit zu billicher bestraffung anzaigen, die erkante straff aber solle zu des herrn obristen spillgraffens oder dessen verwalters händen ohnfehlbahrlichen erlegt werden. *[/]*

[12. Glückshafengebühr für das Spielgrafenamt] Zwölfftens solle virtl-maister von gedachten glückhs-haaffner, alsbalden er den glückhs-haaffen aufthuen will, ihme von jeden hundert gulden zweyen per cento raichen und geben lassen, so hoch sich des glückhs-haaffen werth erstreckht. Im fahl aber da er nicht bey geld, biß auf zweyen oder dreyen tag, so viel pfand einhändigen lassen. Actum Wienn den 1ten Januar 1627

L.S. Seyfried Christoph Breiner, freiherr
Carl Eder, Unterspill-graff- und obrister spillgrafenambtsverwalter
Collationiert und ist diese abschrifft gegen den original ganz gleichlautend befunden worden. Wien den 19. December 1707.
L.S. Johann Jacob von Gastheimb, expeditor

Bei einer hochlöbl. N.O. Regierungscanzley ist dise abschrifft gegen seinem vidimus gleichlauttendt collationiert worden. Actum Wien, den 20. Marty 1708.
Johann Baptista Schett, expeditor.

Friedrich Polleroß

Der Wiener und sein Gartenhaus: Wolfgang Wilhelm Prämer (um 1637–1716)

Es ist allgemein bekannt, dass sich die Stadt Wien in der schönen Jahreszeit am Wochenende leert, weil sich die Wiener in ihre Schrebergarten- oder Landhäuser begeben. Das war im Barock nicht anders,[1] da der eigentliche Innenstadtbereich besonders dicht besiedelt war, weshalb viele Adelige und wohlhabende Bürger eine »Villa Suburbana« oder ein Landhaus in der Nähe der Stadt besaßen.[2] Diese Wertschätzung belegt nicht nur der bekannte Bericht der Lady Montague anlässlich eines Besuches des Gartenpalais Schönborn im Jahre 1716 *(ich kenne nichts so Reizendes als die Vorstadt von Wien. Sie ist sehr groß und beinahe nichts als vortreffliche Paläste)*,[3] sondern auch das Titelblatt des Stichwerkes von Joseph Emanuel Fischer von Erlach (1693–1742) und Johann Adam Delsenbach (1687–1765) aus dem Jahre 1719: Als Zeichen der architektonischen Erneuerung Wiens erscheint hier im Vordergrund ein Kranz teils realer, teils fiktiver Gartenpaläste.[4] Einem dieser bürgerlichen Wiener Hausbesitzer und seinem *Gartengebei* an der Donau ist dieser Beitrag gewidmet.

---

1 Zur Geschichte Wiens in der frühen Neuzeit siehe: Vocelka, Karl/Traninger, Anita (Hg.): Die frühneuzeitliche Residenz (16. bis 18. Jahrhundert). Wien u. a. 2003.

2 Neubauer, Erika: Wiener Barockgärten in zeitgenössischen Veduten. Dortmund 1980; Polleross, Friedrich: Renaissance und Barock. In: Vocelka/Traninger: Wien S. 453–500, hier S. 481f.; Pons: Rouven: »Wo der gekrönte Löw hat seinen Kayser-Sitz«. Herrschaftsrepräsentation am Wiener Kaiserhof zur Zeit Leopolds I. Egelsbach u. a. 2001, S. 351–354; Pečar, Andreas: Die Ökonomie der Ehre. Höfischer Adel am Kaiserhof Karls VI.. Symbolische Kommunikation in der Vormoderne. Darmstadt 2003, S. 270–292 (»Die Bautätigkeit des höfischen Adels«).

3 Sigmund, Anna Maria: »In Wien war alles schön«. Die Residenzstadt aus der Sicht berühmter Gäste. Wien 1997, S. 74.

4 Rust, Sandra Maria: Titelblatt. In: Lorenz, Hellmut/Weigl, Huberta (Hg.): Das barocke Wien. Die Kupferstiche von Joseph Emanuel Fischer von Erlach und Johann Adam Delsenbach (1719). Petersberg 2007, S. 28–31.

Wiener Bürger und Kulturschaffender am Kaiserhof

Wolfgang Wilhelm Prämer ist vor allem als Architekturdilettant sowie -theoretiker bekannt geworden, und die Wiener Paläste des dritten Viertels des 17. Jahrhunderts gelten allgemein als »Praemer-Bauten«.[5] Der Autor wurde um 1637 geboren und entstammte einer alteingesessenen Wiener Bürgerfamilie. Sein Großvater Wolf Prämer war Handelsmann und nahm 1654 als Äußerer Rat an der Erbhuldigung für Ferdinand IV. teil.[6] Der in Familienbesitz befindliche Margarethenhof auf dem Bauernmarkt Nr. 2 ging nach dem Tod seines Vaters Michael im Jahre 1667 in das Eigentum von Wolfgang Wilhelm über.[7] Sowohl topographisch als auch soziologisch war Prämer inmitten der Wiener Bürger- und Beamtenschaft verortet. Sein Wohnhaus befand sich gegenüber der Wohnung des Hofbankiers und Heereslieferanten Samuel Oppenheimer (1630–1703)[8] und beherbergte offensichtlich auch das Geschäft des Schweizer Händlers Caesar Pestalozzi.

Das väterliche Vermögen ermöglichte Wolfgang Wilhelm zunächst auch ein Leben als Privatier und Privatgelehrter. Bereits vor 1657 verfasste er eine *Erklerung dess gemalten Emblematis* in deutschen Versen, die Erzherzog Leopold Wilhelm dediziert wurde; 1661 schrieb er ein ebenfalls unpubliziertes *Compendium architecturae militaris* über die Fortifikationsbaukunst.[9] Seit spätestens 1662 stand er in kaiserlichen Diensten, wenngleich es ihm beim Amt eines Kammerdieners wohl eher um den höfischen Titel als um das Jahresgehalt von 200 Gulden gegangen sein dürfte.[10]

Ebenfalls 1662 heiratete Prämer die Kammerdienerin und Malerin Anna Magdalena Lauch, und damit ergab sich auch eine institutionelle Einbindung ins

---

5 Brucher, Günter: Barockarchitektur in Österreich. Köln 1983, S. 95f., Lorenz, Hellmut: Architektur. In: Ders. (Hg.): Barock. München u. a. 1999, S. 219–302, hier S. 223.

6 Warhaffte Beschreibung, Wie es mit der Erb Huldigung/ so den Fünfften Septembris Anno Sechzehenhundert Ain und Funffzig/ Dem Durchleuchtigsten Fürsten Herrn FERDINANDO Dem Vierdten/ [...] gehalten worden. Wien 1654, Kupferstich der Tafel des 4. Standes.

7 Tietze, Hans: Wolfgang Wilhelm Praemers Architekturwerk und der Wiener Palastbau des 17. Jahrhunderts. In: Jb. der kunsthistorischen Sammlungen des allerhöchsten Kaiserhauses 32 (1915) S. 343–402, hier S. 380.

8 Hödl, Sabine: Die Juden. In: Vocelka/Traninger: Wien S. 282–310, hier 296.

9 ÖNB, Cod. 10.809.

10 Zu Prämers mehrfachem Vorkommen in den Hofzahlamtsbüchern siehe die Datenbank über den Hof Leopolds I. im HHStA, für deren Einsicht ich Herrn Dir. Hofrat Dr. Leopold Auer zu Dank verpflichtet bin.

Milieu der Wiener Hofkunst, wenngleich die folgenden Ausführungen aufgrund widersprüchlicher Angaben bei Albert Ilg und Herbert Haupt mit Vorsicht zu genießen sind. Prämers Schwiegervater war der kaiserliche Kammerdiener und Goldschmied Christian Lauch (1618–1702), der offensichtlich in der Literatur mit dessen Sohn Johann Christoph (de) Lauch (1647–nach 1734), dem Kammermaler der Kaiserinwitwe Eleonora Gonzaga, verwechselt bzw. vermischt wird.[11] Der jüngere Lauch wurde nach dem Tod seiner Herrin 1687 als Nachfolger des Jan Anton van der Baaren (1615–1686) zum kaiserlichen *Galerie-Inspektor* ernannt. Um 1700 wohnte er ebenfalls am Bauernmarkt (im Haus »Zur weißen Taube«) und plante die Publikation der Meisterwerke der kaiserlichen Gemäldegalerie durch Schabkunstblätter von Jakob Männl.[12] Mit dieser familiären Expertise im Hintergrund widmete sich Prämer auch dem Kunsthandel. Bereits 1669 erwarb Fürst Karl Eusebius von Liechtenstein (1611–1684) von ihm ein »kabinet malerey« um 1.173 Gulden. Auf diesen Ankauf eines »ganß cabinet« bezog sich Christoph Lauch, als er 1673 dem Fürsten 67 Gemälde zum Kauf anbot und diese als wertvoller als jene Prämers bezeichnete. Dennoch kaufte Liechtenstein 1674 weitere Gemälde von Prämer im Wert von 1.089 fl. Zwei Jahre später übersandte Wolfgang Wilhelm dem Fürsten zwei Gemälde seiner Gattin Anna Maria: *Damit aber dero fürstliche g[naden] gleich wol sehen, daß meine liebste noch ferner in ihren vleiß continuirt, alß uberschick ich durch meinen diener ihr fürstlich g. zwei von ihrer arbeit, dergleichen sie noch nicht gemacht hat, alß eines, einen winter in schönen tischblätl gemallen sambt zugehörigen fuß, dan daß ganze dischl zu ehren undt ruhm dero fürstlich g. gemacht worden, in welchen für ecken mitten der adler dero fürst. g, nahmen, alß »Viva Carlo« gemacht ist worden. Daß ander stuck ein herbst, da sie dan auch noch keines gemacht hat.*[13] Tatsächlich war die Gattin Prämers und Schwester des Kammermalers Lauch, Anna Maria, laut Ilg seinerzeit für ihre Landschafts-

11 Dieser Hinweis (Trauungsbuch von St. Stephan) entstammt ebenfalls der Datenbank über den Hof Leopolds I. im HHStA. Vgl. dazu: Haupt, Herbert: Das hof- und hofbefreite Handwerk im barocken Wien. Ein Handbuch. Wien 2007, S. 539.

12 Lhotsky, Alphons: Die Geschichte der Sammlungen. Festschrift des Kunsthistorischen Museums zur Feier des Fünfzigjährigen Bestandes Bd. 2. Wien u. a. 1941–1945, S. 372 und S. 384; Ilg, Albert: Das Galeriewerk des Johann Christoph Lauch und Jakob Männl. In: Jb. der kunsthistorischen Sammlungen des allerhöchsten Kaiserhauses 16 (1895) S. 122–134, hier S. 98.

13 Haupt, Herbert: Von der Leidenschaft zum Schönen. Fürst Karl Eusebius von Liechtenstein (1611–1684). Quellenband. Wien u. a. 1998, S. 93, S. 198, S. 202–208, S. 227.

gemälde berühmt.[14] Prämer forderte für das *gallanteri tischl, daß inwendig blat von meiner frauen gemallen* 150 und für das *herbst landschafftl, auch meiner frauen arbeit*, 100 Gulden. Karl Eusebius wollte dafür jedoch nur insgesamt 200 Gulden auslegen und der Kammerdiener stimmte zu. Gleichzeitig übermittelte er stolz ein Gemälde seiner jugendlichen Tochter: *Daß aber ihr fürstlich g. sehen, daß daß sprichwort etwaß gilt »Der apfel felt nicht weit von stam«, alß uberschigt meine tochter, welche von zwelff jahren undt auch mehr in daß tritte jahr bei der mallerei erzogen wirt, dero fürstlich g. ein geringes stuckl von ihrer handt zur gedechtnuß mit untertheniger bitt, ihr fürstlich g. wollen solches neben ihrer frau mueter arbeit stellen, und weillen es vor dise zeit nicht besser hat sein können, zu compatiren, mit versprechen, daß sie solches inßkunfftig verbesern wirt. Ihr fürstlich g. haben sich zu vergwissern, daß sie es allein gemacht hat, dan ein solcher lust und lieb bei ihr ist, daß ich wol dergleichen mein lebtag von so jungen jahren nicht gesehen hab, dan sie in diesen undt in blumen zugleich sich zu perfectioniren verlangt, auch in der music solche kunst erweist, daß sie vor ihr may. der verwitibten kayserin hat hören lassen, gott erhalte sie mir.*[15]

Prämers Hauptwerk, die Handschrift *Architecturischer schauplatz* mit mehr als fünfzig eigenhändigen Zeichnungen, entstand in den 1670er Jahren und ist teilweise in italienischer Sprache verfasst.[16] Ebenso wie Fürst Liechtenstein geht Prämer von der Prämisse aus, dass fürstliche *grandezza* vorwiegend durch Architektur zum Ausdruck gebracht werden könne, und die *herrlichen gebäu* in der Vergänglichkeit der Welt *am langsten dauern und der nachwelt zunuczen dienen.*[17] Der Architekturtheorie der Zeit und seiner späteren Anstellung in der Militärverwaltung entsprechend hebt Prämer den mathematischen Charakter der Baukunst hervor, in dem er die drei ersten Bücher der Mathematik und der Geometrie widmet. Der vierte Abschnitt ist konsequenterweise der Militärarchitektur und erst der fünfte der Zivilarchitektur gewidmet. Das umfangreichste sechste Buch behandelt die

14 Ilg: Lauch S. 124.

15 Briefe vom 5. und 9. August 1676: Haupt: Liechtenstein S. 228f.

16 ÖNB, Handschriftensammlung, Cod. Ser. Nov. 365. Siehe dazu Tietze: Architekturwerk S. 381; Schlöss, Erich: Hofburg und Favorita in Praemers Architecturwerk. In: WGBll. 46 (1991) S. 179–183.

17 Ebd. fol. 93. Zum Architekturverständnis Liechtensteins siehe Langer, Stephanie: Das »Werk von der Architektur« des Fürsten Karl Eusebius von Liechtenstein, Magisterarbeit der FU Berlin (Manuskript). Berlin 1999.

Abbildung 1: Ansicht der Stadt Wien von Norden, Kupferstich von Tobias Sadler nach Wolf Wilhelm Prämer, 1678, Detail; Wien, ÖNB (Foto: ÖNB).

Säulenordnungen.[18] Der Kaiser Leopold I. gewidmete Architekturtraktat enthält außerdem ein Palastprojekt samt Stallungs- und Bibliothekstrakt[19] sowie zahlreiche Ansichten vorwiegend zeitgenössischer Wiener Bauten. Im Gegensatz zum traditionellen Theorieteil besitzen die mehr oder weniger unkommentierten Ansichten aktueller Bauten einen neuen, zukunftsweisenden Aspekt. Die Fassadenzeichnungen entstanden wohl bereits ab 1670 für ein topographisch-historisches

18 Vgl. z.B. die Werke von Vincenzo Scamozzi (1615), Joseph Furttenbach d.Ä. (1628), Roland Fréart de Chambray (1650), Claude Perrault (1673 und 1683), Abraham Leuthner von Grundt (1677), Guarino Guarini (1686): Biermann, Veronica u. a.: Architektur Theorie von der Renaissance bis zur Gegenwart. Köln u. a. 2003, S. 118–137, S. 240–257, S. 530–549; Hoppe, Stephan: Was ist Barock? Architektur und Städtebau Europas 1580–1770. Darmstadt 2003, S. 101–135 (»Mathematik des Plans: Geometrie und Arithmetik als Ordnungskategorien der Architektur«) und S. 136–179 (»Säulenordnungen«).

19 Lorenz, Hellmut: Wolfgang Wilhelm Praemers »Palaz zur Accomodirung eines Landts-Fürsten«. In: Wiener Jb. für Kunstgeschichte 34 (1981) S. 115–130, Abb. 64–75; Ders.: Wolfgang Wilhelm Praemers »Palaz zur Accomodirung eines Landts-Fürsten« 2. Teil. In: Wiener Jb. für Kunstgeschichte 36 (1983) S. 191–202, S. 261–268.

Werk über Wien, das 1678 in einer Kurzfassung unter dem Titel *Ehren-Breiss der Kayserlichen Residentz: und Nieder-Oesterreichischen Haubt-Statt Wienn* veröffentlicht wurde.[20] Das anlässlich der Geburt Josephs I. publizierte dünne Buch enthält ein Titelkupfer mit einer Personifikation der *Mayestät der Kayserlichen Würde* vor der Stadt Wien sowie eine von Tobias Sad(e)ler (um 1670/75 in Wien tätig) gestochene Ansicht, in deren Legende allerdings die Kirchen und Befestigungen dominieren (Abb. 1). Die Vorzeichnung stammt laut Signatur von Prämer selbst, der sich als »S.C.M. Cubic. Archit. et Equ. S. Marc.«, also als Kaiserlicher Kämmerer, Architekt und Ritter von San Marco, bezeichnet. In der Widmung an Leopold I. bringt der Autor seine Hoffnung zum Ausdruck, dass mit der Geburt des Thronfolgers Wien *eine ewige Sitz-Statt der Römisch-Oesterreichischen* [!] *Käyser* und das *Herz Teutschlands* bleiben werde![21]

Prämers Fassadenrisse stellen den ersten Versuch im deutschsprachigen Raum dar, nicht nur die wichtigsten modernen Bauten einer Residenzstadt vorzustellen, sondern diesen auch den Charakter einer Mustersammlung zuzuweisen (Abb. 2). Wie die Zweitwidmung an die niederösterreichischen Stände belegt, steht Prämers Wien-Topographie zweifellos im Kontext der topographischen Landesaufnahmen dieser Zeit durch Georg Matthäus Vischer und Johann Weikhard Valvasor,[22] aber in ihrer Konzentration auf die modernen Bauten der Residenzstadt bildet sie die direkte Vorstufe zur Kupferstichserie von Fischer von Erlach und Delsenbach (1713–1719), die eine Generation später den architektonischen *Ruhm der kay. Residentz* verbreiten sollte.[23]

Unmittelbare Vorläufer als hauptstädtische Ansichtensammlungen bilden eine französische und eine italienische Publikation: der *Recueil des plans, profils, et élévations de plusieurs palais, chasteaux, églises* [...] *bâtis dans Paris* von Jean Marot (um 1619–1679), eine Kupferstichserie, die zunächst zwischen 1654 und 1660

---

20 Lhotsky, Alphons: Zu Prämers Topographie Wiens. In: WGBll. 4 (1949) S. 26f.

21 Beim Band der ÖNB mit der Signatur 40.0.7 handelt es sich laut Supralibros um das ursprüngliche Exemplar der kaiserlichen Hofbibliothek.

22 Polleross, Friedrich: *Pro Deo, Cesare et Patria*. Zur Repräsentation der Stände in Österreich vom 16. bis zum 18. Jahrhundert. In: Ammerer, Gerhard/Godsey, William Jr./Scheutz, Martin/Urbanitsch, Peter/Weiss, Alfred Stefan (Hg.): Bündnispartner und Konkurrenten der Landesfürsten? Die Stände in der Habsburgermonarchie. Wien u. a. 2007, S. 479–532, hier S. 498–502.

23 Lorenz: Pallaz 2 S. 197f.; Pečar: Ökonomie S. 291; Lorenz/Weigl: Delsenbach S. 10–12.

sowie in einer umfangreicheren Version um 1670 erschien,[24] und der zwischen 1665 und 1670 in drei Bänden publizierte *Nuovo Teatro delle fabriche et edificij in prospettiva di Roma moderna sotto il felice pontificato di N. S. Papa Alessandro VII.*, von Giovanni Giacomo de' Rossi (1627–1691) und Giovanni Battista Falda (um 1640–1678).[25] Dominieren in den jüngeren Ansichten perspektivische Darstellungen der Bauten in ihrem urbanistischen Kontext, so verwendet Prämer nicht diese Form der »scaenographia«, sondern die altertümlichere bzw. professionellere Variante der orthogonalen Fassadenaufrisse. Dabei orientierte sich der Wiener Architekturpublizist offensichtlich an den *Palazzi di Genova* von Peter Paul Rubens (1577–1640) aus den Jahren 1622–1626 bzw. deren Adaption von Joseph Furttenbach aus dem Jahre 1628[26] sowie an den *Palazzi di Roma* von Giacomo Lauro und Pietro Ferrerio (um 1600–1654) von 1655–1665 (Abb. 3).[27]

Prämers Arbeit resultierte aus dem Bestreben des Wiener Hofes mit der in den 1660er Jahren einsetzenden »Stadterneuerung« nicht nur Wohnraum für den ständig wachsenden Hof zu schaffen,[28] sondern auch eine Verschönerung des Stadtbildes durch moderne und repräsentative Bauten zu erreichen. Der dafür zuständige Obersthofmarschall Heinrich Wilhelm Graf Starhemberg (1593–1675) betrieb eine gezielte Baupolitik, indem er eine Prämie auf luxuriöse Bauten aussetzte, die *italienischen Palästen zu vergleichen seien*, um den *aspectum nobilem* der Stadt zu unterstreichen.[29] Die italienische Orientierung der ausdrücklich nicht an Fachleute, sondern an »kunstliebende« Leser gerichteten Publikation bestä-

---

24 Mauban, André: Jean Marot. Architecte et Graveur Parisien. Paris 1944, S. 76–109.

25 Völkel, Michaela: Das Bild vom Schloss. Darstellung und Selbstdarstellung deutscher Höfe in Architekturstichserien 1600–1800. München u. a. 2001, 56–66; Consagra, Francesca: De Rossi and Falda: A Succesful Collaboration in the Print Industry of Seventeenth-Century Rome. In: Ladis, Andrew/Wood, Carolyn/Eiland, William U. (Hg.): The Craft of Art. Originality and Industry in the Italian Renaissance and Baroque Workshop. Athens u. a. 1995, S. 187–203.

26 Lombaerde, Piet (Hg.): The Reception of P. P. Rubens's ›Palazzi di Genova‹ during the 17th Century in Europe: Questions and Problems. Brepols 2002.

27 Palazzi di Roma / disegnati da Pietro Ferrerio & Giovan Battista Falda. Republished Farnborough/Hants 1967/ND Rom 1655.

28 Spielman, John P: The City & The Crown. Vienna and the Imperial Court 1600–1740. West Lafayette 1993.

29 Tietze, Hans: Wien. Kultur/Kunst/Geschichte. Wien u. a. 1931, S. 208–210. Siehe dazu auch: Polleross, Friedrich: »Pro Decore Majestatis«. Zur Repräsentation Kaiser Leopolds I. in Architektur, bildender und angewandter Kunst. In: Jb. des Kunsthistorischen Museums 4/5 (2003) S. 190–295, hier S. 214–216.

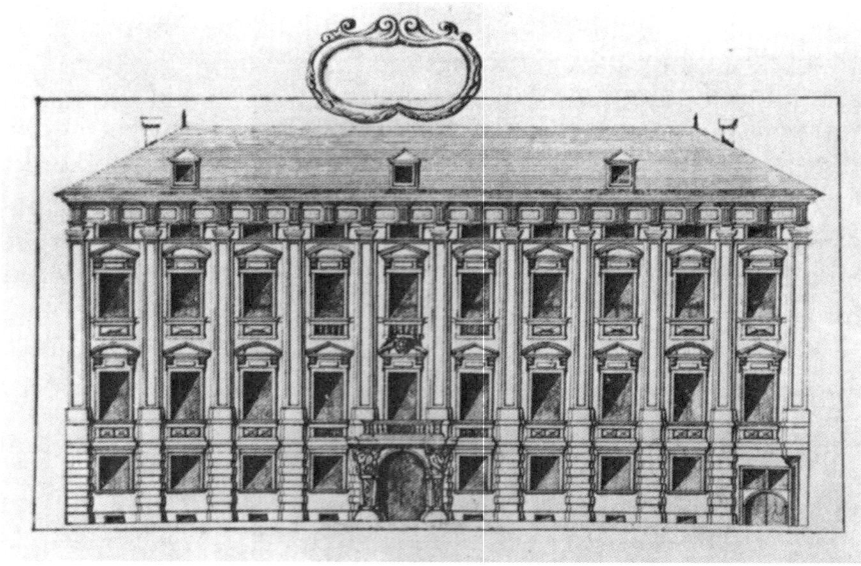

Abbildung 2: Fassade des Palais Palais Abensberg-Traun in der Herrengasse, Federzeichnung von Wolf Wilhelm Prämer, um 1670–1675; Wien, ÖNB, Handschriftensammlung (Foto: nach BRUCHER: Barock Abb. 51).

tigt Prämer im Vorwort: *Daß Italia der civilischen architectur daß dominium biß anhero fihret, dessen ruhm verbleibt. Alß stölle ich gleichwol dem kunstgeneigten liebhaber etliche nachfolgende lust-, statt- und kirchengebäu, so der zeit unßere österreichische landen zieret, vor.*[30] Die patriotisch-merkantilistische Gesinnung Prämers betraf also einerseits die Produktion neuer Architektur, andererseits auch deren »Vermarktung« – eine Doppelfunktion, die in kleinem Rahmen die spätere Rolle der beiden Fischer von Erlach als Hofbaumeister und Autoren von Kupferstichwerken vorwegnahm.[31]

Vielleicht nicht zuletzt aufgrund seiner patriotischen Verdienste wurde Prämer 1680 Quartiermeister, 1684 Zeugwart und Zeugsleutnant, 1685 Hofkriegsrat und

30 ÖNB, Handschriftensammlung, Cod. Ser. Nov. 365, fol. 177r.

31 Siehe allgemein: ANDRASCHEK-HOLZER, Ralph: Topographische Ansichten Österreichs (in den Grenzen der Republik) 1500–1800. In: PAUSER, Josef/SCHEUTZ, Martin/WINKELBAUER, Thomas (Hg.): Quellenkunde der Habsburgermonarchie (16.–18. Jahrhundert). Ein exemplarisches Handbuch. Wien u. a. 2004, S. 1048–1059, hier S. 1051.

Abbildung 3: Fassade des Palazzo Madama in Rom, Kupferstich von Pietro Ferrerio, 1655; Rom, Bibliotheca Hertziana/Max Planck-Institut für Kunstgeschichte (Foto: Friedrich Polleroß).

1687 Zeugsoberleutnant.[32] Dieser Hofkarriere entsprach Prämers zweite Ehefrau Maria Elisabeth Hörmann, die er am 10. Oktober 1688 ehelichte. Sie war nämlich eine Tochter des kaiserlichen Regierungsrates, niederösterreichischen Kanzlers und Superintendenten der Wiener Universität Dr. Hans Christof Hörmann; Prämers zweiter Schwager Dr. Johann Leopold von Hörmann wurde 1687 in den niederösterreichischen Ritterstand aufgenommen.[33] Und dieser soziale Aufstieg zeigte sich auch bei Prämers Tochter Anna Maria, die mit einem Baron Ballerini vermählt war.

1692 war Prämer gemeinsam mit den Hofarchitekten Giovanni Pietro Tencala (1629–1702) und Lodovico Burnacini (1636–1707) mit der Überprüfung der Rechnungslegung der Pestsäule betraut, und 1698 legte er sein militärisches Amt

32 Tietze: Architekturwerk S. 381.

33 Diese Angaben des Trauungsbuches entstammen der Datenbank über den Hof Leopolds I. im HHStA. Zu den beiden Hörmanns siehe Starzer, Albert: Beiträge zur Geschichte der niederösterreichischen Statthalterei. Die Landeschefs und Räthe dieser Behörde von 1501 bis 1896. Wien 1897, S. 441 und S. 447.

zurück.[34] Im selben Jahr erschien seine insgesamt 840 x 210 cm große Kupferstichfolge *Arbor Monarchica Repraesentans Omnes Universi Orbis Monarchas*, die die wichtigsten Ereignisse aus 5640 Jahren Geschichte vorführen sollte. Das von Prämer konzipierte Bildwerk besteht aus sieben Teilen und präsentiert eine Weltgeschichte von der Schöpfung bis zu Leopold I. nach dem System der vier Weltmonarchien.[35] Neben dem kolorierten Riesenbild in der Direktion des Österreichischen Staatsarchivs[36] sowie je einem Exemplar der Bayreuther Universitätsbibliothek und der Herzogin Anna Amalia Bibliothek in Weimar[37] existiert auch eine gebundene Stichserie in der Österreichischen Nationalbibliothek.[38] Dabei handelt es sich um die erste Auflage, die Kaiser Leopold I. sowie seinen beiden Söhnen, weiters Prinz Eugen und der Stadt Wien gewidmet war. Ein koloriertes Exemplar der Stichserie mit einer gedruckten spanischen Widmung an Kaiser Karl VI. als »Potentissimo Rey delas Hespañas y inuiuo Emperadore dela America y nueuo Mundo« hat sich ebenfalls in der Nationalbibliothek in Wien erhalten[39] und war am 1. Jänner 1712 vom Autor persönlich dem Kaiser überreicht worden.

Prämers tabellarisch-chronologisches Lexikon der Weltgeschichte steht mit seinem eschatologischen Weltbild in der Tradition der auf der Vision des Propheten Daniel basierenden Lehre von den vier Weltreichen, das in Österreich bis zur Aufklärung vorherrschend war.[40] Ungeachtet dieses altertümlichen Gliederungssystems war der Hofkriegsrat jedoch bestrebt, auch neueste historische und geographische Werke auszuwerten und als Quellen seiner Arbeit anzuführen. Als jüngstes Werk nennt er die erst ein Jahr vorher veröffentlichte Biographie Leopolds I. von Giovanni Battista Comazzi (1697).

Wie in den vorangegangenen Werken Prämers sind die Habsburger Ziel- und Mittelpunkt der ganzen Publikation. Die Widmung an den Kaiser schließt mit

34 Tietze: Architekturwerk S. 381.

35 Polleroß, Friedrich: Arbor Monarchica. Ein Beitrag zur Kulturgeschichte des Wiener Hofes um 1700. In: Frühneuzeit-Info 8 (1997) S. 7–22.

36 Polleroß, Friedrich: Arbor Monarchica. In: Auer, Leopold/Wehdorn, Manfred (Hg.): Das Haus-, Hof- und Staatsarchiv. Geschichte – Gebäude – Bestände. Wien 2003, S. 193–198.

37 Kiel, Rainer-Maria: Monarchienbaum in der Universitätsbibliothek. In: Fränkischer Heimatbote 18/Nr. 7 (1985) unpag. Weimar: Signatur Th L O: 12.

38 ÖNB, Sub. Tab. 139.

39 ÖNB, Sub. Tab. 140.

40 Lübbe-Wolff, Gertrude: Die Bedeutung der Lehre von den vier Weltreichen für das Staatsrecht des römisch-deutschen Reichs. In: Der Staat 23 (1984) S. 369–389.

dem Wunsch, dass *diser nach Weissagung Danielis lezt grünende Stamm, verstehe die Röm. Monarchia, in Euer Kay. May. mit unzehlichen Jahren noch also forthwachse, undt florire, auch dero Glorwürdigsten Stammen Hauß nicht ehender auffhöre zur blühen, undt disen Stamm, mit denen annehmblichsten Früchten zur beziehren, biß der allgemainer Untergang daß letzte Saeculum der Weldt endigen undt beschlüssen werdte.*[41]

Das einzigartige Riesenformat erklärt sich in erster Linie aus einer didaktischen Überlegung. Im Sinne der zeitgenössischen Mnemotechnik betont der Autor, dass seine Publikation ähnlich einem Globus bildlich die historische und gottgewollte Ordnung nachvollziehbar mache, indem sie jeder Person und jedem historischen Ereignis *seinen rechtmässigen Sitz/ und Wohnungs-Platz* zuweise und damit der Leser *daßjenige, was sonst in so viel tausent Büechern enthalten, in einem »Tabell« oder »Compendio« ohne sondere Beschwährung in weniger Zeith Vollständtig* [...] *begreiffen könne.*[42] In diesem Zusammenhang unterstreicht Prämer den pädagogischen Charakter der Geschichte und seines Werkes insbesondere für die Ausbildung eines Herrschers. Unter diesen Umständen ist es verlockend zu vermuten, dass Prämers *Monarchen-Baum* zumindest indirekt als Hilfsmittel zur Erziehung des späteren Kaisers Karl VI. konzipiert worden ist. Die eingangs skizzierte Karriere des Autors und sein patriotisches Bewusstsein sowie die ausführlich auf die erzieherische Funktion der Geschichte verweisende Dedikation an Erzherzog Karl sprechen für diese Vermutung.[43] Aber nicht nur als potentielles Lehrbuch für einen angehenden Herrscher fügt sich Prämers Publikation gut in die zeitgenössische Kulturpolitik des Wiener Hofes ein, sondern auch als Handbuch der Universalgeschichte. Denn die Veranschaulichung der Stellung des »Regierenden Welt-Monarchen« in zeitlicher und räumlicher Hinsicht als Folge der »Translatio

41 ÖNB, Cod. 8734, fol. 2: PRÄMER, Wolfgang Wilhelm: Dedicationes variae germanie operis ab ipso editi et inscripti »Monarchen-Baum«/ Unterschiedliche Dedicationes Über den Von mir Heerauß Gegebenen Monarchen-Baumb.

42 ÖNB, Cod. 10161, fol. 5r: PRÄMER, Wolfgang Wilhelm: Commentarius sive repraesentatio rerum in hac arbore monarchica contentorum, latine et germaniae.

43 Zur Erziehung Karls siehe: KALMAR, János: Le rôle de l'éducation de l'empereur Charles VI dans la formation de ses principes de gouvernment. In: GRELL, Chantall/PARAVICINI, Werner/VOSS, Jürgen (Hg.): Les princes et l'histoire XIVe au XVIIIe Siècle. Bonn 1998, S. 591–597; POLLEROSS, Friedrich: »Monumenta Virtutis Austriacae«. Addenda zur Kunstpolitik Kaiser Karls VI. In: HÖRSCH, Markus/OY-MARRA, Elisabeth (Hg.): Kunst, Politik, Religion. Studien zur Kunst in Süddeutschland, Österreich, Tschechien und der Slowakei. Festschrift für Franz Matsche. Petersberg 2000, S. 99–122, hier S. 101–106.

imperii« sowie des mit dem erhofften spanischen Erbe verbundenen Anspruches auf eine Herrschaft in allen vier Erdteilen findet sich seit den 1660er Jahren immer häufiger in der bildlichen und literarischen Panegyrik. Vor dem Hintergrund der politischen Rivalität mit Frankreich, des Kampfes gegen die Osmanen unter habsburgischer Führung und des sich anbahnenden spanischen Erbfolgekrieges war es ein wichtiges Anliegen, Leopold I. als »Imperii Sol« und »Caput Mundi« zu präsentieren.[44]

Über die letzten Lebensjahre Prämers sind wir kaum informiert. Er wurde noch 1704 als Kommissar zum Empfang des osmanischen Gesandten Ibrahimb Effendi bestimmt und legte wie schon erwähnt 1712 Karl VI. eine zweite Auflage des »Monarchenbaums« vor. 1716 ist er in Wien gestorben. Zusammenfassend lässt sich feststellen, dass Wolfgang Wilhelm Prämer offensichtlich einer jener kulturell und wissenschaftlich interessierten Männer war, die weniger aufgrund eines Amtes, sondern eher durch ihre persönliches Engagement die Kulturpolitik Wiens und des kaiserlichen Hofes unter Leopold I. prägten, bevor diese nach französischem Vorbild einen zunehmend institutionelleren Rahmen erhielt.

Seine politische Gesinnung brachte Prämer auch in seinem Gartenhaus zum Ausdruck, da dort zwei Obelisken *Ihr Maj. und dem löblichen Haus von Österreich zu Ehren aufgerichtet* waren.[45] Für dieses Gartenhaus gilt die historisch und entwicklungsgeschichtlich wichtige Übergangsrolle meines Erachtens ebenso wie für seinen Besitzer bzw. Architekten Prämer.

Prämers Lusthaus und die Wiener Gartenpaläste des 17. Jahrhunderts

Gemeinsam mit seiner Gattin Anna Magdalena erwarb Prämer am 28. Juli 1669 vom kaiserlichen Leibarzt Johann Konrad Wechtler ein Grundstück am Unteren Werd, im Bereich der späteren Oberen Donaustraße, worauf bereits *ein hauß er-*

---

44 Goloubeva, Maria: The Glorification of Emperor Leopold I. in Image, Spectacle and Text. Mainz 2000, S. 103–120; Schumann, Jutta: Die andere Sonne. Kaiserbild und Medienstrategien im Zeitalter Leopolds I. Augsburg 2003, S. 185–236; Polleross: Leopold I. S. 194-207; Polleross, Friedrich: Architektur und Panegyrik. Eine Allegorie der Jesuiten zur Geburt des Erzherzog Leopold Joseph (1682). In: Wiener Jb. für Kunstgeschichte 55/56 (2007) S. 375–391.

45 ÖNB, Handschriftensammlung, Cod. Ser. Nov. 365, fol. 187r; Lorenz: Palaz 2 S. 202, Abb. 7.

pauet und das übrige zu ainem garten zuegerichtet ist. Vielleicht aufgrund von Verwüstungen durch osmanische Heerscharen verkaufte Prämer seine Liegenschaft jedoch am 31. März 1687 an Leopold Joseph Graf von Lamberg (1653–1706).[46] Dieser spätere kaiserliche Botschafter beim Heiligen Stuhl[47] hat nach eigener Aussage im Testament von 1705 einiges an dem Bauwerk verbessert, ohne dass wir Näheres darüber wissen. 1703 bot der Botschafter das Gartenhaus dem damals von Rom nach Wien ins Exil übersiedelnden Conte Gaetano Francesco Caetani (1656–1716), Fürst von Caserta und Herzog von Sermoneta, als Wohnsitz an, da Lamberg im römischen Palast dieses im Spanischen Erbfolgekrieg auf habsburgischer Seite stehenden Adeligen wohnte. Ob dieses Mietverhältnis zustandekam, ist nicht bekannt, und nach dem Tode des Grafen im Jahre 1706 ging der Besitz an seinen Sohn Karl Joseph von Lamberg über. In der zweiten Jahrhunderthälfte ist der bürgerliche Landkutscher Elias Nadlinger als Besitzer des Anwesens nachweisbar.[48]

Ebenso wie der Kaiser bzw. die Kaiserin neben der Hofburg die 1614 von Kaiser Matthias errichtete »alte Favorita« im Augarten,[49] die »neue Favorita« auf der Wieden[50] und schließlich die Katterburg bzw. Schönbrunn[51] als Sommersitz nutzten,[52] errichteten auch die Hofadeligen und Hofbeamten schon im Laufe des 17. Jahrhunderts Lustgartengebäude teilweise in unmittelbarer Nachbarschaft der kaiserlichen Residenzen. So berichtet 1677 der hessen-darmstädtische Gesandte Hans Eitel Diede zum Fürstenstein (1624–1685), dass *die vornehmbste und meiste Kayl. Ministri auch itziger zeit, sodann verschiedene Gesandte außerhalb in Gartten*

46 Grundbuch der Stadt Wien zitiert in: Tietze: Architekturwerk S. 351 (die Gattin wird wohl irrtümlich als geborene Lang bezeichnet).

47 Polleross, Friedrich: »dem Antiquario zu Rom für sein trinkgeldt undt gemachte Spesa«. Kunst-Reisen und Kunst-Handel im 17. und 18. Jahrhundert. In: Ders. (Hg.): Reiseselust & Kunstgenuss. Barockes Böhmen, Mähren und Österreich. Petersberg 2004, S. 9–36, hier S. 14–19.

48 Lorenz: Palaz 2 S. 195.

49 Tietze: Architekturwerk S. 352–357; Neubauer: Barockgärten S. 24–26.

50 Schlöss, Erich: Baugeschichte des Theresianums. Wien u. a. 1998, S. 38–54.

51 Hassmann, Elisabeth: Von Katterburg zu Schönbrunn. Die Geschichte Schönbrunns bis Kaiser Leopold I.. Wien u. a. 2004.

52 Zur Tradition fürstlicher Gartenresidenzen siehe: Hartmann, Christin/Ottersbach, Christian: Der höfische Garten. »Lust und Recreation«. In: Niehaus, Petra u. a. (Hg.): Erdengötter. Fürst und Hofstaat in der Frühen Neuzeit im Spiegel von Marburger Bibliotheks- und Archivbeständen, Ausstellungskatalog. Marburg 1997, S. 214–247; Grossmann, Horst/Kras, Barbara: Land- und Lusthäuser. »...destinée plutôt au plaisir«. In: ebda. S. 248–261.

Häußern logieren. Das Spektrum der Besitzer reichte von den Fürsten Auersperg bis zum Hofquartiermeister Johann Kunibert von Wenzelsberg. Im Bereich des späteren 2. und des 9. Bezirkes waren die alte Favorita im Augarten sowie der kaiserliche Prater die Gravitationszentren. Der Anguissola/Marinoni-Plan von 1706 führt nicht weniger als 39 Gärten in der Leopoldstadt an, darunter jene der Familien Colloredo, Rosenberg oder Kollonitsch.[53] Bildete der Prater ein beliebtes Erholungsgebiet für den Adel,[54] so dienten die Donauauen als bevorzugtes Jagdgebiet, weshalb wir in diesem Bereich auch die Gartenpaläste des königlichen Oberstjägermeisters Graf von Öttingen sowie des Landjägermeisters Graf von Althann finden.[55] Neben dem Öttingenschen Anwesen und damit nur zwei Parzellen vom Prämerschen Garten entfernt befand sich der Gartenpalast des pfalzneuburgischen Gesandten und Reichshofrates Andreas von Scheller, der 1699 zum Freiherrn ernannt wurde.[56]

Im Unterschied zur vielfältigen schriftlichen und bildlichen Dokumentation der Lustgartengebäude des 18. Jahrhunderts sind die ja großteils nicht erhaltenen adeligen Sommersitze des 17. Jahrhunderts schlechter dokumentiert oder zumindest kaum bearbeitet.[57] Eine Ausnahme bildet nur der aus dem 16. Jahrhundert stammende Kielmannseggsche Garten, der in der Topographie von Merian 1649 als *auff Italienische Art erbawet* beschrieben und abgebildet, aber 1683 zerstört wurde.[58] Eine ausführliche Schilderung der Innenausstattung vom *Lust-Hauß* des

53 Pircher, Wolfgang: Verwüstung und Verschwendung. Adeliges Bauen nach der Zweiten Türkenbelagerung. Wien 1984, S. 70f.; Cerny, Wolfgang u. a.: Wien. II. bis IX. Bezirk. Wien 1993, S. 1f.; Polleross, Friedrich: »Des Kaysers Pracht an seinen Cavalliers und hohen Ministern«. Wien als Zentrum aristokratischer Repräsentation um 1700. In: Leitsch, Walter/Trawkowski, Stanislaw/Kriegseisen, Wojciech (Hg.): Polen und Österreich im 18. Jahrhundert. Warschau 2000, S. 95–122, hier S. 101.

54 Siehe etwa den Reisebericht von 1660: Keller, Katrin/Scheutz, Martin/Tersch, Harald (Hg.): Einmal Weim – Wien retour. Johann Sebastian Müller und sein Wienbericht aus dem Jahr 1660. Wien u. a. 2005, S. 84.

55 Vgl. dazu: Prossinagg, Hermann: Wien als Jagdresidenz – eine Spurenlese. In: Jagdzeit. Österreichs Jagdgeschichte – eine Pirsch, Ausstellungskatalog. Wien 1996, S. 113–126 und S. 136–139.

56 Pons: Leopold I. S. 301.

57 Zur Wertschätzung der Gärten in Wien siehe Klemun, Marianne: Räume zwischen Natur und Kultur. »Lustgärten« in Johann Sebastian Müllers Reisediarium – von ihm »besehen« und für uns gelesen. In: Keller/Scheutz/Tersch: Weimar S. 246–263.

58 Merian, Matthäus d. Ä: Topographia provinciarum Austriacarum. Frankfurt/Main 1649/ND Wien 2005, S. 46; Berger, Eva: Garten und Park als Repräsentationsorte der höfischen Gesell-

kaiserlichen Hofkriegsrates, niederösterreichischen Landmarschalls und seit 1653 Reichsgrafen Ernst von Abensberg und Traun (1608–1688) enthält der Bericht des sächsisch-weimarischen Gesandtschaftssekretärs Johann Sebastian Müller (1634–1708) aus dem Jahre 1660. In diesem nicht näher lokalisierbaren Garten[59] werden u. a. ein großer Saal mit vier Brunnenfiguren in den Ecken mit gemalter Scheinarchitektur an Decke und Wänden sowie ein weiterer Saal mit acht Reiterporträts von kaiserlichen Generälen beschrieben:[60] *Im Hof am Thor stunden zwey in Stein ausgehauene Männer/ aus welchen Wasser in die Höhe sprang. Der Saal ist ziemlich groß/ die Decke oval, in den vier Ecken des Saals seind Statuae, und zwar in zweyen Mans- in den andern zweyen aber Weibs-Bilder aus Marmor in grossen Muscheln gestellet/ aus welchen ebenmäßig Wasser springet. Der gantze Saal/ wie auch die Decke/ sonderlich aber die an der Seiten gemahlte alte Römische Gebäude/ Säulen/ und Lautenist/ so oben zu einen gemahlten Fenster heraus auf der Lauten schläget/ ist alles perspectivisch/ als wenn es erhoben und naturell wäre; Aus diesen in einen andern/ der Ballen-Saal genant/ gangen/ in welchen 8 auf Pferden in Lebens-Größe sitzende Generals/ Tilly, Piccolomini, Souche, Holtz-Apfel etc. auf grossen Tafeln/ und sonsten über alle maßen schön und künstliche Gemälde. Weiter in ein kleiner Gemach/ worinnen dergleichen Gemälde/ dann ferner in ein anders/ alwo ebenmäßig köstliche Contrefaits, und auf einer Tafel eine kleine nach den verjüngten Maaß-Stabe gemachte Artollerie, insgesamt in 24 St. doppelte gantze und halbe Carthaunen/ Falconetten, Schlangen und 2 Mörsel/ bey ieden Stück eine Kugel/ auch ein Zettel/ worauf geschrieben/ wie viel Pf[und] es werffe. Auf der andern Seiten dieses Lust-Hauses war wiederum ein groß Gemach/ worinnen auch schöne Gemälde/ und darinnen eine von schwartzen Marmor zierlich ausgehauene lange Tafel/ und über 60 mit Sammet beschlagene/ und theils ge-*

---

schaft in derRenaissance und im Barock. In: Storch, Ursula/Doppler, Elke (Hg.): Gartenkunst, Ausstellungskatalog. Wien 2002, S. 84–105, hier S. 89.

59 Die Herausgeber des Berichtes vermuten einen 1654 genannten Garten der Familie bei der Laimgrube. Geographisch näher an der im Bericht genannten Ulrichskirche wäre der Traunsche Garten zwischen Floriani- und Laudongasse, ein Vorläuferbau des Schönbornpalais. Dieses Grundstück wurde aber anscheinend erst 1687 erworben: Perger, Richard: Der Adel in der Josefstadt im 18. Jahrhundert. In: Ders.: Paläste, Gärten, kleine Häuser. Das Werden der Josefstadt. Wien 1994, S. 14.

60 Eine Vorstellung des Gartensaales kann die vom gleichen Auftraggeber erbaute Sala Terrena im Schloss Petronell mit Darstellungen von römischen Ruinen und römischen Spolien aus Carnuntum (!) bieten: Euler-Rolle, Bernd: Grotten zwischen Kunst und Natur. In: Barocke Natur. Naturverständnis zwischen Spätbarock und Aufklärung. Wien u. a. 1989, S. 33–41, hier S. 38.

stickte Stühle; Von dar in der Fr. Gräfin Zimmer/ alda nicht weniger allerhand kostbare Sachen/ und eine dergleichen marmorne/ aber was kleinere Tafel. Die übrigen Gemächer mit netten Tapeten von güldenen Leder behengt/ gegen den Garten hinein eine schöne lange Galerie, hinter derselben ein gewölbter geraumer Platz/ alwo über 300 Kübel/ mit eisern und grün und roth angestrichenen Reifen/ worinnen Welsche Gewächse und Bäume/ neben dran eine Grotte mit Wasser-Künsten.[61]

Die zunächst ungewöhnlich erscheinende Ikonographie des »Feldherrensaals«[62] erklärt sich aus der Tatsache, dass auch die Wiener Gartenpaläste nicht nur der Erholung dienten, sondern ebenso wie die kaiserlichen Vorbilder vielfach in die zeremonielle Repräsentation eingebunden waren – und sei es nur, um ein zusätzliches Mittel der Distinktion zu haben.[63] So wurde etwa die sächsisch-weimarische Gesandtschaft 1660 *im Garten* des Reichsvizekanzlers Wilderich Graf von Walderdorff (1617–1680) zur Audienz empfangen.[64] Und immer wieder mieteten sich auch Gesandte in den Gartenpalästen des Wiener Adels ein, z. B. der hessen-darmstädtische Gesandte Diede zum Fürstenstein oder der berüchtigte portugiesische Botschafter Henri Luis Ernest Prince de Ligne (1644–1702). Die Moskauer Gesandtschaft mit Peter dem Großen wurde 1698 offiziell zunächst im Königseggschen und dann im Czerninschen Gartenpalast einquartiert.[65]

Prämer selbst verdanken wir eine Ansicht der Fassade des *lustgarten-gebäu, so über der schlagpruckhen gegen den Bratter zue sich befindet* (Wien II, Große Stadtgutgasse Nr. 19–25). Dieses Gartenpalais des kaiserlichen Feldmarschalls Raimund Graf Montecuccoli (1609–1680) verkörpert den traditionellen Typus des

61 Keller/Scheutz/Tersch: Weimar S. 63.

62 Zu einer Idealtypologie der Ausstattungsprogramme siehe: Polleross, Friedrich: Adelige Repräsentation in Architektur und bildender Kunst vom 16. bis zum 18. Jahrhundert in Ostösterreich. Literatur- und Forschungsüberblick. In: Bůžek, Václav (Hg.): Spojující a rodzdělující na hranici – Verbindendes und Trennendes an der Grenze. České Budějovice 1992, S. 49–59.

63 So wurde etwa der russische Zar Peter der Große, der 1698 incognito in Wien weilte, vom Kaiser nur im Garten bzw. in der Galerie der Favorita empfangen: Schlöss, Erich: Über die Begegnungen des Zaren Peter I. mit Kaiser Leopold I. In: WGBll. 49 (1994) S. 149–162; Jöchner, Cornelia: Barockgarten und zeremonielle Bewegung. Die Möglichkeiten der *Alée couverte*. Oder: Wie arrangiert man ein *incognito* im Garten? In: Berns, Jörg Jochen/Rahn, Thomas (Hg.): Zeremoniell als höfische Ästhetik in Spätmittelalter und Früher Neuzeit. Tübingen 1995, S. 471–483.

64 Keller/Scheutz/Tersch: Weimar S. 83f.

65 Pons, Rouven: Gesandte in Wien. Diplomatischer Alltag um 1700. In: Pils, Susanne Claudine/Niederkorn, Jan Paul (Hg.): Ein zweigeteilter Ort? Hof und Stadt in der Frühen Neuzeit. Wien u. a. 2005, S. 155–187, hier S. 175f.

dritten Jahrhundertviertels, nämlich die blockhafte Form des U-förmigen Landschlosses, bei dem die Seitenflügel zu Risaliten reduziert werden. Die Mitte wird – wie auch beim Schloss Petronell – durch eine Freitreppe sowie ein Vordach mit bekrönendem Dachtürmchen akzentuiert.[66]

Nicht nur einen U-förmigen Grundriss, sondern einen echten Ehrenhof besaßen das nach 1662 und vor 1684 für den kaiserlichen Kämmerer und Präsidenten der ungarischen Hofkammer Otto Ferdinand Gottlieb Graf von Volckhra errichtete Jagdpalais Am Tabor (II, Volkertplatz)[67] und der ab 1686 von Giovanni Battista Maderno für die den böhmischen Oberstlandmarschall Graf Hermann Jakob von Czernin (+1710) und dessen Bruder Thomas Zacharias erbaute Gartenpalast, dessen Saal 1695/99 von Domenico Egidio Rossi (1659–1715) bzw. von Antonio Beduzzi (1675–1735) mit Scheinarchitektur freskiert wurde.[68]

Nur wenig später, aber stilistisch einer jüngeren Generation angehörend, entstand um 1690 auf der anderen Seite der Donau das Lustgartengebäude des Landjägermeisters Christian Johann Graf von Althann von Johann Bernhard Fischer, das bis zur Errichtung des Franz-Josef-Bahnhofes im Jahre 1869 bestand.[69] Dieser durch seinen runden Mittelteil zwischen vier X-förmigen Flügeln revolutionär wirkende Bau war wohl mit ein Grund, dass Graf Thomas Zacharias von Czernin und Chudenitz bereits ab 1693 bei der neuen kaiserlichen Favorita auf der Wieden von Domenico Martinelli und später von Johann Lucas von Hildebrandt einen nicht nur noch großzügigeren, sondern auch hochmodernen Gartenpalast mit einem ovalen Mittelsaal und flankierenden Pavillons entwerfen ließ.[70] Doch kehren wir nach diesem Exkurs zur zukünftigen Entwicklung wieder an den Ausgangspunkt unserer Überlegungen zurück.

66 Haider, Edgard: Verlorenes Wien. Adelspaläste vergangener Tage. Wien u. a. 1984, S. 83.

67 Ebda. S. 80–82. Der Graf spricht 1684 von seinem »wohlerbauten Garten«: Pons: Leopold I. S. 423.

68 Passavant, Günter: Studien über Domenico Egidio Rossi und seine baukünstlerische Tätigkeit innerhalb des süddeutschen und österreichischen Barock. Karlsruhe 1967, S. 10f., S. 200f.; Naňková, Věra: Rezension von: Passavant, Rossi. In: Umění 16 (1968) S. 308–314.

69 Sedlmayr, Hans: Johann Bernhard Fischer von Erlach. Mit einem Vorwort von H. Bauer. Wissenschaftliche Bearbeitung durch G. Curcio. Stuttgart 1997, S. 77–81, S. 379; Schneider, Reinhard: Der erste Entwurf des Gartenpalais Althan von Johann Bernhard Fischer von Erlach. In: ÖZKD 32 (1978) S. 94–98; Huber, Astrid M.: Gartenpalais Althan. In: Lorenz/Weigl: Delsenbach S. 134–137.

70 Lorenz, Hellmut: Domencio Martinellis Projekt für das Gartenpalais Czernin auf der Wieden. In: Wiener Jb. für Kunstgeschichte 33 (1980) S. 180–183; Haider: Wien S. 128–131.

Im Vergleich zu den adeligen Gartenpalästen war das Prämersche Gartenhaus mit seiner Länge von etwa 44 Metern und einer maximalen Breite von 10,5 Metern zwar quantitativ bescheidener, aber architektonisch durchaus interessant und zukunftsweisend. Dies zeigt bereits der Kontrast zum Nachbargebäude auf dem Stadtplan von Folbert von Alten-Allen aus dem Jahre 1683/85.[71] Das L-förmige Gartenpalais des königlichen Oberstjägermeisters Graf von Öttingen mit Freitreppe und Turm lässt nämlich jede künstlerische Akzentuierung vermissen, während das Prämersche Gartenhaus trotz der vereinfachten Darstellung einen regelmäßigen Grundriss und eine architektonische Gliederung aufweist. Eine solche Zierde war nach Meinung des mit Prämer befreundeten Fürsten Karl Eusebius von Liechtenstein eine *universalissi- und generalissimam regulam: niehmals, niehmals und zu ebigen Zeiten kein Gebeude ohne Zierdt der Architektur zu führen (ausser der Wiertschaft-Sachen, so blos zum Nutzen und wenig kosten miessen,* [...] *so schon jedes gemeinen Maurers Wissenschaft sein* [...], *dan was so zu der Herrschaft und ihrer Hoffstat geherig ohne Zierdt mit glatter Mauer zu machen, wehre* [...] *zu verachten und gantz nichts zu schatzen und keiner Gedechtnus wierdig, und nur ein ordinari Werk* [...].[72]

Aufgrund des Datums »1670« im Portal nimmt man an, dass Wolfgang Wilhelm das Gartenhaus des kaiserlichen Leibarztes offensichtlich damals nach eigenem Geschmack grundlegend geändert hat. Das vor allem durch die acht Zeichnungen des Besitzers überlieferte Gebäude umfasste ein zum Garten orientiertes Erdgeschoß und ein durch eine Freitreppe vom Hof her erschlossenes Obergeschoß (Abb. 4). Über die Innenräume bietet nur ein Brief Prämers an den Fürsten Liechtenstein von 1676 einen Hinweis, wo der Besitzer schreibt, dass sich in seinem Gartengebäude *an mallerei biß in zehen tausent gulden befint undt dergestalt gezirt, daß ihr fürstl. g., alß der es extraordinari wol verstehet, ein contento haben sollten.*[73]

Im Gegensatz etwa zur Czerninschen Villa sowie dem Nachgebäude über L-förmigem Grundriss bestand das Prämersche Gartenhaus nur aus einem schmalen Quertrakt, während das kleine Wirtschaftsgebäude im Sinne der Vorschriften Liechtensteins davon abgesetzt war. Das Bemerkenswerte am Prämerschen Gar-

71 Opll, Ferdinand: Wien im Bild historischer Karten. Die Entwicklung der Stadt bis in die Mitte des 19. Jahrhunderts. Wien u. a. ²2004, Tafel 4.

72 Fleischer, Victor: Fürst Karl Eusebius von Liechtenstein als Bauherr und Kunstsammler (1611–1684). Wien u. a. 1910, S. 95f.

73 Haupt: Liechtenstein S. 229.

Abbildung 4: Hoffassade des Prämerschen Gartengebäudes, Federzeichnung von Wolf Wilhelm Prämer, um 1670–1675; Wien, ÖNB, Handschriftensammlung (Foto: nach Grotte und Bad Abb. 20).

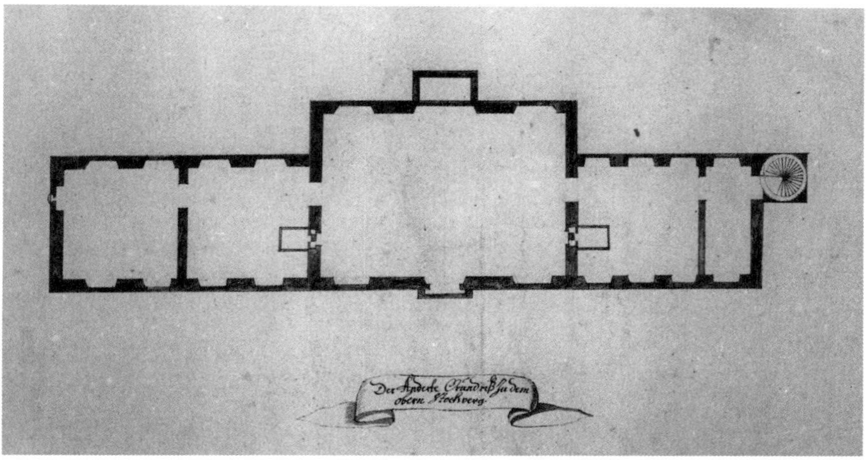

Abbildung 5: Grundriss des Obergeschosses des Prämerschen Gartengebäudes, Federzeichnung von Wolf Wilhelm Prämer, um 1670–1675; Wien, ÖNB, Handschriftensammlung (Foto: Institut für Kunstgeschichte der Universität Wien).

tengebäude ist jedoch, dass die räumliche Organisation der beiden symmetrischen Appartements neben dem Mittelsaal auch durch die Risalitbildung bzw. den dreigeteilten plastischen Baukörper nach Außen in Erscheinung trat (Abb. 5). Damit wurde offensichtlich erstmals in Wien der später vor allem von Fischer und Hildebrandt mehrfach variierte Grundtypus eines »Lustgartengebäudes« vorgeführt: »In diesem Bau waren schon um 1670 einige formale, besonders aber funktionale Standards ausgeprägt, die für das suburbane Bauen in Wien während der gesamten Barockzeit Gültigkeit behielten: eine kleine, kompakte Anlage, die nur im Sommer benutzt wurde; wenige Räume (ein Saal, ein bis zwei Appartements), enge Verbindung des Bauwerks mit dem Garten; grundsätzlich freiere Möglichkeiten architektonischen Gestaltens.«[74] Vor allem die formale Lösung weist Prämer etwa im Unterschied zu Fürst Liechtenstein als besonders modern aus, da er im Text expressis verbis fordert, dass *niemahlen kein lustgebäu in ein quadrat geformirt sein, sondern in einer geraden lini oder halben mondt gefihret werden* [...] *solle.*[75]

Soweit wir wissen, wurde dieser Ratschlag Prämers jedoch erst in den 1690er-Jahren beherzigt. Damals schuf Fischer das Gartenpalais für den Handelsmann und kaiserlichen Rat Zacharias Leeb/Löw im Augarten, das Gartenpalais Strattmann in Neuwaldegg, das Lustgartengebäude Schlick in der Josefstadt oder den Entwurf für ein ebenfalls an der Donau geplantes Gartengebäude des Fürsten Ferdinand August Leopold von Lobkowitz (1655–1715) jeweils mit einem ovalen Mittelstück und U- bzw. T-förmigen Flügelbauten.[76] Hildebrandts Gartenpaläste Mansfeld-Fondi/Schwarzenberg (ab 1697) sowie Starhemberg/Schönburg (vor 1706) bieten mit ihren abgesetzten Walmdächern gleichsam die französische Variante dieses Typus.[77] Die konservativere Form, d. h. ein rechteckiger oder oktogonaler anstelle eines ovalen oder runden Mittelteiles, finden wir etwa bei einem dem Stadtbaumeister Oedtl zugeschriebenen Gartenpalast des kaiserlichen Hof-

74 Lorenz, Hellmut: Architektur. In: Brucher, Günter: Die Kunst des Barock in Österreich. Salzburg u. a. 1994, S. 11–79, hier S. 47.

75 Lorenz: Palaz 2 S. 195.

76 Kreul, Andreas: Johann Bernhard Fischer von Erlach. Regie der Relation. Salzburg u. a. 2006, S. 118–119, S. 146–149, S. 158–159, S. 202–205; Holzhausen, Elena: Gartenpalais Strattmann. In: Lorenz/Weigl: Delsenbach S. 138–141.

77 Grimschitz, Bruno: Johann Lucas von Hildebrandt. Wien u. a. 1959, S. 28–36, S. 57–59; Boller, Roswitha: Gartenpalais Mansfeld-Fondi-Schwarzenberg. In: Lorenz/Weigl: Delsenbach S. 110–115; Holzhausen, Elena: Gartenpaläste Starhemberg und Engelskirchner. In: ebda. S. 146–150.

rates Johann Ignaz Albrecht von Albrechtsburg (1647–1705) in Mariahilf (1695–1698)[78] und bei der Gartenfassade des 1725 mit dem Gartenpalais Schönborn verbundenen Lustgartengebäudes des Ferdinand Leopold Wisendo Ritter von Wisenburg (1651–1722) in der Laudongasse. Auch die vermutlich schon beim Gartenpalais Abensberg-Traun vorhandene Kombination von Grotte und darüberliegendem Festsaal scheint Ende des 17. Jahrhunderts allgemein verbindlich geworden zu sein, z. B. bei Fischers Entwurf für das Gartenpalais Liechtenstein sowie beim Palais Strozzi in der Josefstadt.[79]

Lässt sich also die typologische Nachfolge des Prämerschen Gartengebäudes bzw. die rasche Ausbreitung des Lustgartengebäudes in Wien um 1700 gut nachvollziehen, so fällt die Ableitung des Entwurfes schwerer. Auf das Vorbild Italiens verweist vor allem die Einrichtung einer Grotte im Erdgeschoß: Hofseitig führte ein durch Rustikamauerwerk gestalteter Eingang in eine offensichtlich grottenartige Sala Terrena unterhalb der Freitreppe, wie es bei den Futtermauergrotten z. B. der Villa Garzoni in Collodi (Mitte des 17. Jahrhunderts) zu finden ist. Der eigentliche, die halbe Gebäudetiefe einnehmende Grottenraum befand sich wie in Hellbrunn auf der Gartenseite und war durch drei Bögen zum Freiraum hin geöffnet, deren mittlerer von einen Balkon tragenden Atlanten flankiert wurde.[80] Geographisch näher liegen die Schlösser Greinburg und Petronell, wo 1630/40 bzw. 1670/71 Grotten ebenfalls unterhalb von Festsälen eingerichtet wurden.[81]

Auf italienische Architekten verweist auch die Gliederung des Prämerschen Gartenhauses, da vor allem die »ausgeschnittenen« Pilaster unmittelbar dem Stil der damaligen kaiserlichen Hofarchitekten Filiberto Lucchese (1606–1666) und Giovanni Pietro Tencalla (1629–1702) entsprechen.[82] Da für diese »frühbarocken Schauseiten der Wiener Praemer-Paläste« jedoch zuletzt von Monika Brunner-

78 SEDLMAYR: Fischer S. 117–121; OPPEKER, Walpurga: Christian Alexander Oedtl und Franz Jänggl. Zwei Wiener bürgerliche Maurermeister an der Wende vom 17. zum 18. Jahrhundert. In: JbVGStW 61 (2005) S. 99–152, hier S. 123f.

79 LORENZ, Hellmut/RIZZI, Wilhelm Georg: Das barocke Gartenpalais Strozzi in Wien. In: Österreichische Zeitschrift für Kunst und Denkmalpflege 61 (2007) S. 439–455.

80 In Hellbrunn ist fast das ganze Erdgeschoß grottenartig gestaltet: BIGLER, Robert R.: Schloß Hellbrunn. Wunderkammer der Gartenarchitektur. Wien u. a. 1996, S. 61–67.

81 EULER-ROLLE: Grotten S. 33–41.

82 LORENZ: Palaz 2 S. 197. Vgl. dazu: FIDLER, Petr: Der Hofarchitekt Giovanni Pietro Tencalla (1629–1702) und seine Landsleute. In: POLLEROSS, Friedrich (Hg.): Reiselust & Kunstgenuss. Barockes Böhmen, Mähren und Österreich. Petersberg 2004, S. 49–62, Abb. 2, 3 und 10.

Melters eine »Ausrichtung der zumeist italienischen Architekten am französischen Schloß- und Palastbau« zur Diskussion gestellt wurde,[83] sollten wir auch einen Blick nach Frankreich werfen.

Und tatsächlich lassen sich dort die nächsten Parallelen zum konkreten Bautypus des Prämerschen Gartengebäudes finden. Sowohl der schmale Grundriss mit Mittelsaal und symmetrischen Appartements als auch die Akzentuierung der einzelnen Bauteile durch Walmdächer war eine französische Eigenheit, die wir etwa bei zwei Frühwerken von François Mansart (1598–1666) aus der Zeit um 1630 finden: bei den Schlössern Plessis-Belleville und Balleroy[84] (Abb. 6 u. 7). Diese Aufsplitterung der Fassade bzw. Dachlandschaft war um 1670 in Wien von den französischen Architekturtraktaten her bekannt, wurde aber vom Fürsten Liechtenstein ausdrücklich als nicht prächtig genug abgelehnt: *Iberbleibet noch ein Manier zu melden, dehren man sich sehr in Frankreich gebrauchet, a pavillion, wie sie es nennen, oder a corps de logis* [...], *welches wir* [...] *aber loben nicht konnen noch wollen,* [...] *dass es aussieht als von lauter zusammengedragenen Stiklen, so die Facciata oder Lini nicht lieblich und brachtig machet, so ein gar grosser Mangl ist, das vornehme Ansehen zu verterben durch dergleichen Absatz* [...].[85] Während also Fürst Liechtenstein eine lange und gleichmäßige Fassade forderte, machte Prämer vielleicht aus der Not des kleineren Gebäudes eine Tugend und griff offensichtlich auf französische Vorbilder zurück.

Der Vergleich von Prämers Gartenparterre mit einem Lustgarten im Traktat *Architectura recreationis* von Joseph Furttenbach aus dem Jahre 1640 führt uns schließlich auf eine dritte Spur. Wenn wir nämlich die Gesamtdarstellung der Wiener Anlage mit dem Kupferstich eines bürgerlichen Lustgartens von Furttenbach vergleichen, so sind die Parallelen offensichtlich.[86] Tatsächlich war der Wiener Amateurarchitekt ein geistiger Verwandter des süddeutschen Kollegen. Denn Joseph Furttenbach (1591–1655) war ebenso wie Prämer ein Patriziersohn und ging 1607 zur kaufmännischen Ausbildung nach Italien, entdeckte in Rom jedoch

83 Brunner-Melters, Monika: Das Schloß von Raudnitz 1652–1684. Anfänge des habsburgischen Frühbarock. Worms 2002, S. 192.

84 Babelon, Jean-Pierre/Mignot, Claude (Hg.): François Mansart. Le génie de l'architecture. Paris 1998, S. 115–122.

85 Fleischer: Liechtenstein S. 182f.

86 Furttenbach, Joseph: Architectura Recreationis. Augsburg 1640, hg. von Karg, Detlef. Berlin 1988, S. 29 und S. 55.

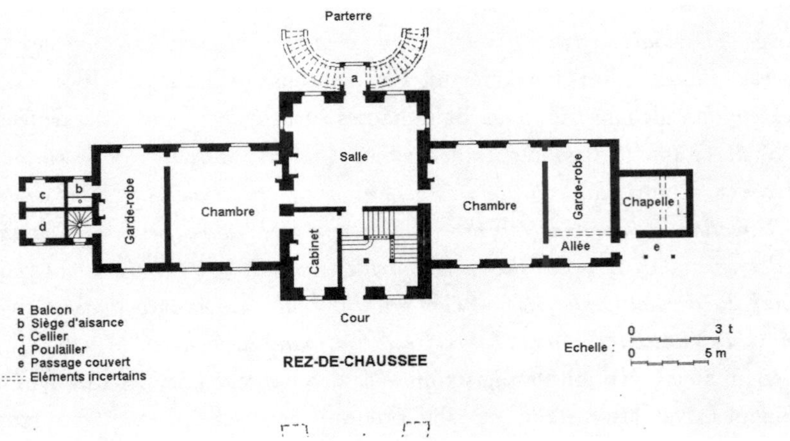

Abb. 6 (oben): Gartenfassade des Château de Balleroy von François Mansart, um 1635 (Foto: nach Babelon/Mignon, Mansart, wie Anm. 81, Abb. 53)

Abb. 7 (unten): Grundriss des Obergeschosses des Château du Plessis-Belleville von François Mansart, um 1630 (Foto: nach Babelon/Mignon, Mansart, wie Anm. 81, Abb. 91).

seine Begeisterung für die Baukunst. Während des etwa 14-jährigen Aufenthaltes im Süden eignete er sich daher u. a. besondere Kenntnisse im Festungs- und Grottenbau an. Als Autodidakt brachte er es nach der Heimkehr bald zum Ulmer Stadtbaumeister sowie zum Reichsritterstand, und er publizierte in den folgenden Jahren zahlreiche Architekturtraktate.[87]

Als wesentliche Gemeinsamkeit der beiden längsrechteckigen Anlagen erweist sich zunächst die Dreiteilung in einen Hofbereich vor dem Gebäude sowie einen Zier- und einen Nutzgarten dahinter. Detaillierte Übereinstimmungen ergeben sich beim Portal und der Begrenzung durch Bäume und Sträucher sowie bei der symmetrischen Viertelung der Gartenbereiche um einen Brunnen und der Bepflanzung, insbesondere auch der Einfassung mit Heckengalerien. Das Gebäude bei Furttenbach vertritt zwar den älteren U-förmigen Typus, aber der Haupttrakt und dessen Raumaufteilung entspricht im Wesentlichen jener bei Prämer. So fordert Furttenbach für den Raum in der Hauptachse im Erdgeschoß eine freie Sicht in beide Richtungen: *Der »Portico« aber ist wie ein Sommer Saal zugebrauchen/ unnd von demselbigen sowol durch den gantzen Garten hinauff/ als auch nicht weniger gegen den Hof den Anblick schöner »Perspectiva« zu haben.* Darüber befindet sich der *Sommer Saal/ in welchem nun Sommerszeiten zu wohnen es sehr angenemb seyn wird. Sintemal nicht allein der gesunde kühle Durchlufft von der »Parte Settentrionale« gegen »Meridiem«, sonder das noch mehr/ daß so schöne aussehen sowol in den Garten/ als auch in den Hof/ und gegen dem Feld hinauß mit sonderbarer Ergötzlichkeit hiezugegen mag genossen werden.* Auf eine Anregung Furttenbachs dürfte auch die Idee des vor der Gartenfassade eingerichteten Baumhauses zurückgehen. Denn der deutsche Architekt empfiehlt, dass in geeigneten Baumkronen ein *Bretterner Boden in selbiger Höhe* [8 Schuh] *gelegt wird/ darob man nit allein ein schönes Außsehen/ sonder auch »Recreation« haben kann/ nach deme daß etwann der beysamen findende Gemüther diß/ oder jenes zu kurtzweilen sich vereinbaren werden. Dahero so wird dises Gehäg/ wie auch die Rondöl/ und verlegte Bäum sowol inn: als auch ausserhalb deß Gartens ein nutzliche/ ansehnliche/ unnd hoch erfreuliche »Aparenza« machen.*[88]

Um eine Invention Prämers könnte es sich hingegen bei der Idee handeln, in einem Privatgarten steinerne Obelisken mit politischer Botschaft aufzustellen. Denn noch 1682 bzw. 1687 wurde in der »Georgica Curiosa Aucta« des nieder-

87 Karg, Detlef: Nachwort. In: Furttenbach: Architectura S. 221–231.
88 Furttenbach: Architectura S. 51 und S. 54.

österreichischen Schriftstellers Wolf Helmhard von Hohberg (1612–1688) im Kapitel über den adeligen Lustgarten die Errichtung von hölzernen und bewachsenen Obelisken vorgeschlagen: *»Pyramiden, Obelisci«, Seulen und »Statuen«: Weil diese Dinge grossen Unkosten zu bauen und zu unterhalten bedörffen/ gehört es nur für grosse Herren und nicht für einen privat-Cavallier;* [...]. *Wir aber lassen uns mit schlechtern Unkosten begnügen/ und wollen sowol »Pyramiden« als auch Obelisken/ die kleiner und glatter/ und doch oben zugespitzt sind/ von Bindwerck in unsere Gärten bringen/ und mit grünem Laubwerck überziehen und bewachsen lassen;* [...].[89]

Schluss

Zusammenfassend lässt sich also feststellen, dass Wolfgang Wilhelm Prämer bei seinem Gartenhaus offensichtlich italienische und französische Vorbilder sowie Anregungen der deutschen Architekturtheorie zu einem durchaus eigenständigen Ganzen verband, wie es Karl Eusebius von Liechtenstein damals auch theoretisch begründet und gefordert hat: *Das Weislichste ist, jeder Nation nachzuthun, was jede zum besten hat. Danenhero disfahls der Deutsche billich zu loben, dass er von sich selbst kein eigene Manier Thun und Lassen hat, so ihme allein zusteinde wie die andere Nationes, so jede besondere Siten und Ahrt hat. Er aber ist disfahls der Weislichste, thuet nach und erwehlet, was von dehnen andern Nationen das Beste ist, und also sein Manier und Ahrt zu Leben, auch die allerbeste werden kan.*[90] Genau diese kreative Verarbeitung verschiedener europäischer Einflüsse war wohl auch das Zukunftsträchtige am Entwurf des Wiener Hofbeamten, ohne dass man von einer solchen »Mischkulanz« gleich einen eigenen »Reichsstil« ableiten müsste, wie es zuletzt Meinrad von Engelberg vorgeschlagen hat.[91]

Prämers Lustgartengebäude scheint nicht zuletzt aufgrund der Umtriebigkeit seines Besitzers schon Mitte der 1670er Jahre eine gewisse Berühmtheit erlangt zu haben, und soll *von allen vornehmen fremden fürsten und von cardinal landgraff*

89 Hohberg, Wolf Helmhard von: Georgica Curiosa Aucta, Bd. 1. Nürnberg 1687, S. 750.

90 Fleischer: Liechtenstein S. 194f.

91 Engelberg, Meinrad von: Reichsstil, Kaiserstil, »Teutscher Gusto«? Zur »politischen Bedeutung des Deutschen Barock«. In: Schilling, Heinz u. a. (Hg.): Heiliges Römisches Reich Deutscher Nation 962 bis 1806. Altes Reich und neue Staaten 1495 bis 1806, Ausstellungskatalog Berlin. Dresden 2006, S. 288–300.

[Friedrich von Hessen-Darmstadt, Fürstbischof von Breslau/Wroclaw (1616–1682)] *besucht und esitimirt* worden sein.[92] Die Bedeutung von Prämers Gartenhaus wird vor allem deutlich, wenn man sich die weitere Entwicklung des französisch geprägten Typus des Lustgartengebäudes über Hildebrandts Gartenpaläste Mansfeld-Fondi und Starhemberg zum Unteren und letztlich zum Oberen Belvedere vor Augen führt.[93] Mag diese entwicklungsgeschichtlich wichtige Rolle dem gebildeten Wiener Beamten und seinem Gartengebäude vielleicht auch nur durch einen historischen »Zufall« zugefallen sein, so verdienen der Autor und sein Lustgartengebäude dennoch einen Platz in der Wiener Kulturgeschichte.

92 Brief vom 9. August 1676 an Fürst Liechtenstein: Haupt: Liechtenstein S. 229.

93 Zu französischen Einflüssen beim Unteren und Oberen Belvedere neben der »in Frankreich bestehenden Tradition von Walm- und Mansarddächern« siehe: Seeger, Ulrike: Stadtpalais und Belvedere des Prinzen Eugen. Entstehung, Gestalt, Funktion und Bedeutung. Wien u. a. 2004, S. 270–274, S. 357f.

Martin Scheutz

Fasching am frühneuzeitlichen Wiener Hof

Zur Domestizierung der »verkehrten Welt« in einem höfischen Umfeld

Der Wiener Hof begann das Jahr traditionell mit Andachten, Wildschwein- und Rotwildjagden in der schlossreichen Umgebung Wiens sowie mit einer von Neujahrsglückwünschen begleiteten feierlichen Messe (Toisonamt) am Dreikönigstag in der Hofburgkapelle. Ab dem 7. Jänner hielt dann der Fasching in den kühlen Hallen der Hofburg Einzug – die Zeit der burlesken Komödien, der Opern, der Schlittenfahrten, der Hofwirtschaften und der Bauernhochzeiten hob an und durchbrach den Alltag der Landtagsverhandlungen, der Amtsernennungen, der Gottesdienste und der bürokratischen Routine. Außergewöhnliche Ereignisse wie Hoftrauer, Niederkünfte oder externe Ereignisse wie Blattern und Pest beeinträchtigten das Faschingstreiben am Wiener Hof. Die Nacht wurde im Fasching zum Tag[1] – eine der bewegtesten Zeiten im Hofkalender, bevor der Aschermittwoch dem mit der beginnenden vierzigtägigen Fastenzeit ein abruptes Ende bereitete. Der eigentliche Fasching am Wiener Hof setzte nach dem mit Gottesdienst und der Andacht bei der Mariensäule Am Hof begangenen Marienfest am 2. Februar (Maria Lichtmess)[2] ein. In den frühneuzeitlichen Reiseberichten aus der Haupt- und Residenzstadt wird der Fasching einerseits als höfisch-adeliges Ereignis und andererseits als Element der katholischen Konfessionskultur wahrgenommen. Der Benediktinermönch Reginbald Möhner schildert dies 1651 lapidar: »Die Fastnacht ist mit kostbaren Auffzügen und Riter-

1 Koslofsky, Craig: Princes of Darkness: The Night at Court, 1650–1750. In: Journal of Modern History 79 (2007) S. 235–273.

2 Lang, Ines: Die Marienfeste und die Pfingstferien am Wiener Hof im 17. und 18. Jahrhundert. In: Pangerl, Irmgard/Scheutz, Martin/Winkelbauer, Thomas (Hg.): Der Wiener Hof im Spiegel der Zeremonialprotokolle (1652–1800). Eine Annäherung. Wien 2007, S. 463–491, hier S. 467–471.

spilen volbracht worden.«[3] Ein exemplarischer Ablauf des höfischen Faschings für die Zeit Karls VI. – in der Regel nach Maria Lichtmess verstärkt einsetzend – lässt sich gemäß der Berichterstattung des offiziellen Zeremonialprotokolls des Wiener Hofes und des »Wiener Diariums« idealtypisch auf der zeitlichen Achse der 1720er Jahre entwickeln:[4] Italienische Komödien, entweder von italienischen Schauspielern, von Erzherzoginnen, Edelknaben oder Kavalieren (*cavaliers-comedi*)[5] aufgeführt, kamen auf die Bühne: »eine Italiänische Burlesca gehalten«.[6] Diese Burlesca konnte auch eine musikalische, von den kaiserlichen Hofmusikern ausgestaltete Form finden.[7] Daneben finden sich auch »Tragödien mit fröhlichem Ende«. Einer der vielen Höhepunkte des Faschings bei Hof bildete die mehrmals wiederholte Faschingsoper. »Nachmittag [10. Februar 1722] wurde zum andertenmal bey Hof auf dem kleinen Theatro die sehr schöne / und Archelao König von Cappadocien benannte Musicalische Tragi-Comedie in Beywohnung deren Regierenden Kaiserl. Majestäten / und deren Durchl. Ertz-Hertzoginnen / und einer grossen Menge Adels vorgestellet.«[8] Die kaiserlichen Kammermusiker be-

3 Czerny, Albin: Ein Tourist in Oesterreich während der Schwedenzeit. Aus den Papieren des Pater Reginbald Möhner, Benedictiners von St. Ulrich in Augsburg. Linz 1874, S. 121. Als Beispiel für Linz Oberleitner, Hans: Aufzüge, Ritterspiel und Faschingsfreuden in Linz in den Jahren 1635, 1636, 1637. In: Historisches Jb. der Stadt Linz 1937 (1938) S. 166–185.

4 Hadamowsky, Fritz: Höfische Faschingsfeste im barocken Wien. In: Alte und moderne Kunst 3 (1958) 6–10; Sommer-Mathis, Andrea: »Von denen Divertissments und Lustbarkeiten«. Höfische Feste im Zeitalter des Absolutismus. In: Kreissl, Eva/Scheichl, Andrea/Vocelka, Karl (Hg.): Feste feiern. Katalog zur Oberösterreichischen Landesausstellung. Stift Waldhausen. Linz 2002, S. 161–168. Für 1729 Michels, Claudia: Karnevalsopern am Hofe Kaiser Karls VI. 1711–1740. »Denen Röm: Kayserl: vnd Königl: Majestätten zur Faßnachts-Vnterhaltung Wälsch-gesungener vorgestellet …«. Kunst zwischen Repräsentation und Amusement. Diss. Wien 2006, S. 84f. Siehe Dresden zum Vergleich: Rosseaux, Ulrich: Freiräume. Unterhaltung, Vergnügen und Erholung in Dresden 1694–1830. Köln u. a. 2007, S. 85–97.

5 HHStA, ZA Prot. 11, fol. 93r [17. Jänner 1722]: *eine comedie, Alvida genant, von denen herrn cavaliern alß actorn vorgestellet*; fol. 93v [24. Jänner 1722]: *repetition der cavaliers comedie*, fol. 94v [31. Jänner 1722]; fol. 95r [2. Februar 1722]; ZA Prot. 14, fol. 256r [6. Februar 1729]: *edelknaben bourlesca auf den spänischen saal*; ZA Prot. 15, fol. 4r (28. Jänner 1732): *comoedie bey hoff von denen durchleuchtigsten erzherzoginnen praesentiret.*

6 Wiener Diarium Nr. 11 (1722) [5. Februar]; HHStA, ZA Prot. 11, fol. 95r [5. Februar]: *eine italianische burlesca prasentieret*; Wiederholung am 9. Februar und 15. Februar, fol. 96r.

7 HHStA, ZA Prot. 12, fol. 379r [10. Februar 1724].

8 Wiener Diarium Nr. 12 (1722) [10. Februar]. Die Generalprobe fand am 26. Jänner 1722 statt, HHStA, ZA Prot. 11, fol. 94r [26. Jänner 1722] und insgesamt drei Aufführungen, fol. 94v [29. Jänner], fol. 95v [10. Februar], fol. 96r [16. Februar].

gleiteten weiters Marionettenspiele vor Kaiserin und Kaiser.[9] Serenaden,[10] Tänze und Bälle, Faschingsfeste oder Schlittenfahrten des Hofes folgten in einer von Jahr zu Jahr leicht variierten Form. »Nachmittag [12. Februar 1722] ware bey dem Kayserl. Hof eine Faschings-Lustbarkeit / wobey die darzu beruffene Herrn Cavaliers / und Dames in beliebiger Verkleidung erschienen / welche mit einer sehr kostbaren Merenda, und köstlichst-aufgesetzten Confecturen auf das prächtigst bewürdet / und nachgehends ein Ball angefangen worden / welcher auch bis in die späte Nacht getauret.«[11] Auch das mit Gewehren veranstaltete, mehrmals auf der Bell'Aria, dem Lustgarten auf der Burgbastei hinter dem Leopoldinischen Trakt, abgehaltene Scheibenschießen, das so genannte *Krapfen-schüssen* oder Faschingsschießen,[12] und die dafür ausgesetzten Preise unterhielt den Hof. »Nachmittag [11. Februar 1722] aber erlustigte sich der Regierende Hof mit Scheiben-Schiessen.«[13] Maskenbälle, Kinderbälle, zu denen der jugendliche Hochadel geladen war, und als Abschluss die am Faschingsdienstag abgehaltene Wirtschaft bzw. Bauernhochzeit mit anschließendem Tanz bildeten das höfische Standardprogramm vor der Fastenzeit: »des Abends ware in der Kayserl. Burg eine verkleidete Bauren-Hochzeit / oder die sogenannte grosse Wirtschaft gehalten [...] sonsten aber ware dieses eines der kostbarest- und schönsten Festinen / dergleichen wol nicht viel gesehen worden.«[14]

---

9 HHStA, ZA Prot. 14, fol. 257r [13. Februar 1729]: *marionettenspiel von denen kayserlichen musicis*; Wiederholung fol. 258r [20. Februar 1729].

10 HHStA, ZA Prot. 14, fol. 259r [28. Februar 1729]: *in dero allerhöchsten gegenwart in ihro mayester der kayserin spiegl zimmer eine vortreffliche serenada gehalten.*

11 Wiener Diarium Nr. 13 (1722) [12. Februar]. Ein *freywillig verkleydetes fest bey hof*; HHStA, ZA Prot. 11, fol. 95v [12. Februar].

12 HHStA, ZA Prot. 11, fol. 5v [20. Februar 1721]. Zum Krapfen GUGITZ, Gustav: Der Faschingskrapfen. In: DERS.: Das Jahr und seine Feste im Volksbrauch Österreichs. Studien zur Volkskunde. Wien 1949, S. 27–33.

13 Wiener Diarium Nr. 13 (1722) [11. Februar]; HHStA, ZA Prot. 11, fol. 96r (15. Februar)

14 Wiener Diarium Nr. 14 (1722) [17. Februar]; HHStA, ZA Prot. 11, fol. 96r–100r [17. Februar 1722], mit Schema fol. 100r. Die »Loshebung« erfolgte am 14. Jänner 1722, fol. 92v.

Der konfessionalisierte Fasching

Die vielfältigen Bezeichnungen für den Fasching[15] – Fastnacht und das aus dem Italienischen stammende Worte Karneval sind in den österreichischen Erblanden wenig gebräuchlich, wenn auch das italienische Vorbild allerorts spürbar wird[16] – implizieren bei aller Differenz der Wortbedeutungen eine Einbettung des »Festes« in das christliche Kirchenjahr und die Zeit vor der Fleischwegnahme, der Fastenzeit. Bildlich wird der Fasching – an das berühmte Bild Peter Breughels »Kampf des Karnevals gegen die Fasten« gemahnend[17] – als »kriegerische« Auseinandersetzung der Fastenzeit mit der festlichen Üppigkeit und unbeschwerten Ausgelassenheit dargestellt. Seit dem Mittelalter galt die Zeit zwischen dem Dreikönigstag und dem Aschermittwoch als eigentliche Faschingszeit, wobei die drei »heiligen« oder »närrischen« Faschingstage (Faschingsamstag, -sonntag und -dienstag) besonders gefeiert wurden, der »Rosenmontag« kam erst im 19. Jahrhundert hinzu und machte aus der Faschingstrias ein heute als »deutscher Erinnerungsort« geltendes Quartett.[18] Der sowohl in der Ethnologie, der Geschichte, der Theaterwissenschaft oder auch bei der Soziologie resortierende Fasching schuf temporäre Gegenwelten, war ein irrationaler und ekstatischer Moment und bot zum einen in einer Mangelgesellschaft Trinken und Essen im Übermaß, Tanz, Musik, Mas-

15 Rosenfeld, Hellmut: Fastnacht und Karneval. In: Archiv für Kulturgeschichte 51 (1969) S. 175–181. Der früheste Beleg für »Fastnacht« stammt aus Wolfram von Eschenbachs Parzival (VIII, 409,9). Mit einem Überblick zum Fasching (in Zusammenfassung seiner älteren Arbeiten) Moser, Dietz-Rüdiger: Fasching: Grundzüge und internationale Perspektiven. In: Kreissl/Scheichl/Vocelka: Feste feiern 241–260.

16 Krünitz, Johann Georg: Karnaval. In: ders.: Oekonomische Encyklopädie Bd. 34. Berlin 1785, S. 698–751 [www.kruenitz1.uni-trier.de, 2. Oktober 2007]; Esposito, Anna: Der römische Karneval in Mittelalter und Renaissance. In: Mattheus, Michael (Hg.): Fastnacht/Karneval im europäischen Vergleich. Stuttgart 1999, S. 11–30; Weichmann, Birgit: Fliegende Türken, geköpfte Stiere und die Kraft des Herkules. Zur Geschichte des venezianischen Karnevals. In: ebda. S. 175–198. Das protestantische Universallexikon von Johann Heinrich Zedler verzeichnet kein Stichwort unter »Karneval«, »Fastnacht« oder »Fasching«.

17 Schutt-Kehm, Elke M.: Pieter Bruegels d. Ä. »Kampf des Karnevals gegen die Fasten« als Quelle volkskundlicher Forschung. Frankfurt/Main u. a. 1983, S. 135–144.

18 LThK 3 (1995) 39; Becker-Huberti, Manfred: Lexikon der Bräuche und Feste. 3000 Stichwörter mit Infos, Tipps und Hintergründen. Freiburg im Br./Basel, Wien ²2001, S. 105–107; Schwedt, Herbert: Karneval. In: François, Etienne/Schulze, Hagen (Hg.): Deutsche Erinnerungsorte III. München 2001, S. 436–450, S. 720f. Siehe den Überblick von Behringer, Wolfgang: Karneval. In: Enzyklopädie der Neuzeit Bd. 6 (2007) Sp. 397–400.

kierung und Theater, war aber andererseits auch nicht frei von Ideologisierung und Vereinnahmung – bis heute bildet der Fasching zuverlässig verschiedene soziale Schichten sowie deren Repräsentationsbestreben ab und lässt Inklusion bzw. Exklusion bestimmter Schichten erkennen. Der Fasching gilt als verkehrte Welt, in der ansonsten bestehende Ordnungsarrangements mittels Losverfahren (»Königreich«, Bauernwirtschaften, Schlittenfahrten) umgekehrt bzw. ins Gegenteil verkehrt werden. Der weitgereiste, spätere Bürgermeister von Stralsund Bartholomäus Sastrow (1520–1603) berichtet um die Mitte des 16. Jahrhunderts von einem derartigen »verkehrten« Brauch am Rhein (»um Speier«), dass nämlich die Leute »um Neujahr oder Epiphanias einen königlichen Hofstaat einrichten. Und je nachdem sie in ihrem Verein passende Leute dazu haben, werden die Ämter verteilt: König, Marschall, Kanzler, Hofmeister usw. Der Narr muß natürlich auch dabei sein. Bei einem jeden Amte aber wird festgesetzt, was der einzelne beitragen muß, damit es recht stattlich ausfalle. Nur der Narr ist steuerfrei. Dann werden die Ämter durchs Los verteilt. Jeder muß mit dem fürlieb nehmen, was das Glück ihm zuteilt.«[19]

Fasching ist als Auszeit und Sollbruchstelle in den christlich-kirchlichen Kalender eingebettet und geht der vierzigtägigen, kargen Fastenzeit (mit dem Beginn Aschermittwoch) unmittelbar voraus. Der Fasching ist zum einen »Hinterlassenschaft, Nachahmung und im gleichen Zuge [...] Rivale der Klerikerfeste«, zum anderen »Erbe der häufig von gesellschaftlichen Ungereimtheiten oder Mißständen angeregten burlesken und satirischen, von der Stadt oder den fröhlichen Gesellschaften veranstalteten Spiele«.[20] Die kirchliche Prägung des Faschings lässt sich nach einem nicht unumstrittenen Interpretationsansatz[21] von Dietz Rüdiger Moser als Ausdruck der augustinischen Zweistaatlehre (Civitas Dei versus Civitas Diaboli, Jerusalem versus Babylon, Caritas versus Cupido) interpretieren, typische Fastnachtsfiguren thematisieren deshalb auch im Sinne einer »pervertierten Got-

---

19 N. N. (Hg.): Deutsches Bürgertum und deutscher Adel im 16. Jahrhundert. Lebens-Erinnerungen des Bürgermeisters Bartholomäus Sastrow und des Ritters Hans von Schweinichen. Stuttgart ND 1984, S. 159f. Zur Hofnarrenthematik Scheutz, Martin: Taschenspieler und Fädenzieher. Politische Bemerkungen eines Spaßigen. Der Ausseer Joseph Fröhlich (1694–1757) am sächsischen Hof. In: Zeitschrift des Historischen Vereins für Steiermark 89–90 (1998/1999) S. 129–164.

20 Heers, Jacques: Vom Mummenschanz zum Machttheater. Europäische Festkultur im Mittelalter. Frankfurt/Main 1986, S. 256.

21 Moser, Hans: Kritisches zu neuen Hypothesen der Fastnachtforschung. In: Jb. für Volkskunde 5 (1982) S. 9–50, hier S. 39–46.

tesherrschaft« die Lasterhaftigkeit und die Todsünden. Teufel, Narren, Hexen, Riesen und Antichrist, alternative Herrscher wie Narrenkönige und -prinzen beherrschen die verkehrte, konfuse und unruhige Welt der Faschingsbühne. Im Zeitalter der beginnenden Reformation wurde der Fasching zur heiß umfehdeten Bühne für konfessionelle Auseinandersetzungen, die Kanalisierung von Unzufriedenheit mit der Obrigkeit und der maskulin geprägte Fasching als »alternatives Massenmedium« fand Ausdruck in reformatorisch inspirierten Spottprozessionen gegen Jesuiten oder gegen neue Heilige (wie etwa den heiligen Benno).[22]

Im Gefolge der Aufhebung der Fastenzeit durch Martin Luther wurde der janusköpfige Fasching zunehmend von den Protestanten als Emanation der katholischen Konfessionskultur interpretiert und deshalb von den Protestanten strikt abgelehnt bzw. von »modernistisch« angehauchten Stadträten als archaisches Brauchtum unterdrückt – die drei Hauptthemen des Faschings (Essen, Sexualität und Gewalt) sollten auf Ebene der städtischen Öffentlichkeit unterdrückt werden.[23] Strittig in der Forschung (und vielleicht auch regional differierend) ist die Haltung der Amtskirche zum katholischen Fasching. Während beispielsweise am Collegium Germanicum in Rom, allerdings nur für auswärtige Schüler, ein offiziell vom Rektor kontrolliertes eigenes Karnevalskönigreich (mit Loswahl, Huldigung, Inthronisation, Rügegericht, Ausfahrten, Spielen) errichtet[24] und der Fasching in Klöstern ausgiebig gefeiert wurde,[25] wehrten sich andernorts – etwa

22 Zum Umschlagen von Obrigkeitskritik in bewaffneten Widerstand siehe die klassische Studie von Le Roy Ladurie, Emmanuel: Karneval in Romans. Eine Revolte und ihr blutiges Ende 1579–1580. Stuttgart 1989.

23 Burke, Peter: Helden, Schurken, Narren. Europäische Volkskultur in der frühen Neuzeit. Stuttgart 1981, S. 196–218, hier S. 200. Siehe den Fasching als Ausdruck katholischer Diaspora für das 19. Jh. bei Gantner, Theo: Volkskundliche Probleme einer konfessionellen Minderheit. Dargestellt an der römisch-katholischen Diaspora der Stadt Basel. Winterthur 1970, S. 159–169.

24 Dazu (und seither vielmals) Moser, Dietz-Rüdiger: Narren – Prinzen – Jesuiten. Das Karnevalskönigreich am Collegium Germanicum in Rom und seine Parallelen. In: Zeitschrift für Volkskunde 77 (1981) S. 167–208, hier S. 172–176. Siehe S. 193: 1631 feierte Gustav Adolf in Frankfurt am Main eine »königliche Wirtschaft«, bei welcher der ehemalige Winterkönig und Pfalzgraf Friedrich V. als »Jesuit« auftrat – ein Beleg, dass man auf protestantischer Seite um die Förderung der Narrenreiche durch die Jesuiten wusste. Moser, Dietz-Rüdiger: Ein Babylon der verkehrten Welt – Über Idee, System und Gestaltung der Fastnachtsbräuche. In: Sund, Horst (Hg.): Fas(t)nacht in Geschichte, Kunst und Literatur. Konstanz 1984, S. 9–57.

25 Als Beispiel Schneider, Christine: Kloster als Lebensform. Der Wiener Ursulinenkonvent in der zweiten Hälfte des 18. Jahrhunderts (1740–1790). Wien 2005, S. 110, S. 148.

für Münster gut untersucht[26] – die Jesuiten vehement gegen die Durchführung des Karnevals und führten zusätzlich zum Jesuitentheater zu Beginn des 17. Jahrhunderts als Alternativveranstaltung das vierzigstündige Gebet ein, das mit den Mitteln der Frömmigkeit das lasterhafte, fleischliche Treiben des Faschings bekämpfen sollte. Umgekehrt sollte die Darstellung der Sünde die Zuschauer zur Disziplin aufrufen, das mit dem Fasching verbundene unmäßige Trinken, das Essen, die Unzucht, das Tanzen und die Obrigkeitskritik im Fasching waren den kirchlichen Autoritäten Dornen im Auge. Das Programm der katholischen Obrigkeiten gegenüber dem Fasching liest sich deshalb grosso modo zwiespältig: »Meinungsvielfalt, aber prinzipielle Duldsamkeit, verbunden mit einem mahnenden Zeigefinger, auf katholischer Seite«.[27]

Der Fasching in Wien

Der Aufklärer Johann Pezzl trug seinen Teil zum bis heute wirkmächtigen und touristisch genutzten Narrativ des bauchlastigen, phäakischen Altwien bei, als er anlässlich der Schilderung des vom Dreikönigstag bis Aschermittwoch reichenden Faschings darlegte: »Für den Wiener – die alten erklärten Freunde von allem, was Herz und Sinne vergnügt – ist dieser Zeitraum ein hohes heiliges Fest.«[28] Der Fasching als Domäne der Jugendkultur und als Ausdruck der Umkehrung von Strukturen und Herrschaft sowie als sozialer Protest generell sind kommunale Verhandlungsgegenstände im Kräftefeld zwischen Obrigkeit und

26 Remling, Ludwig: Fastnacht und Gegenreformation in Münster. Diarien, Chroniken und Litterae annuae der Jesuiten als Quellen. In: Jb. für Volkskunde 5 (1982) S. 51–77.

27 Hersche, Peter: Muße und Verschwendung. Europäische Gesellschaft und Kultur im Barockzeitalter. Erster Teilband. Freiburg/Br. u. a. 2006, S. 651; siehe die Behandlung der Fasnacht in Barockpredigten bei Moser-Rath, Elfriede: Dem Kirchenvolk die Leviten gelesen. Alltag im Spiegel süddeutscher Barockpredigten. Stuttgart 1991, S. 234–240.

28 Gugitz, Gustav/Schlossar, Anton (Hg.): Johann Pezzl – Skizze von Wien. Ein Kultur- und Sittenbild aus der josefinischen Zeit (mit Einleitung, Anmerkungen und Register). Graz 1923, S. 236. Als rezenteres, walzerseliges Beispiel Walterskirchen, Gudula/Baumgartner, Bernhard: Der Wiener Fasching. Die Zeit der Bälle und Walzer. Wien 2001. Zum Nachleben des kaiserlichen Fasching in Wien (etwa zum 1935 vom Ständestaat eingeführten Opernball) Maryška, Christian: Alles Walzer. Redouten-, Gschnas- & Ballplakate. Wien 2007, S. 6–30, bes. S. 19–22.

Untertanen.[29] »Der Karneval ist ein tiefes Gesellschaftsspiel, das in rituellen Verkehrungshandlungen unliebsame Wahrheiten zutage fördert«.[30] Schon seit dem Mittelalter versucht deshalb der Wiener Stadtrat im Sinne einer Erweiterung städtischer Hoheitsrechte immer wieder durch öffentliches Publizieren von Mandaten (»Ausrueffen«) die Verkleidungen auf öffentlicher Straße zu verbieten, die Städter durften nach einem Verbot des 15. Jahrhunderts während der Faschingszeit nicht in »pawrenkleid«, »gugl« oder irgendwie sonst verkleidet erscheinen.[31] Die zunehmende Vereinnahmung des Faschings durch die Magistrate sollte die Eskalation von Konflikten zwischen Arm und Reich verhindern. Die Kenntlichkeit der Feiernden bzw. die Identifikation von potientiellen Rechtsbrechern – immer wieder wurden beispielsweise im Europa des Spätmittelalters und der Frühen Neuzeit Menschen »von Masken« umgebracht[32] – musste gewahrt bleiben.[33] Mit bescheidenem Erfolg versuchte man in Wien die Vermummungen, Spiele und Maskeraden auf der Straße und sogar in den Privathäusern einzustellen, der von der Obrigkeit hergestellte sozialdisziplinierende Zusammenhang mit der Pest und die Besänftigung eines »zürnenden« Gottes trugen sicherlich dazu bei. In einem Erlass vom 12. Jänner 1712 werden »nicht ohne Ergernus umgehende Spiele wegen ihres stäten Blasen und unziemlichen Gebärden verboten«.[34] Der Wiener Fasching wurde verstärkt von den Straßen in die Privathäuser und in die

29 Scribner, Bob: Reformation, Karneval und die »verkehrte Welt«. In: van Dülmen, Richard (Hg.): Volkskultur. Zur Wiederentdeckung des vergessenen Alltags (16.–20. Jahrhundert). Frankfurt/Main 1984, S. 117–152.

30 Schindler, Norbert: Willkommene Besucher und ungebetene Gäste. Besuchspraktiken im Karneval des 15. und 16. Jahrhunderts. In: Segl, Peter (Hg.): Mittelalter und Moderne. Entdeckung und Rekonstruktion der mittelalterlichen Welt. Sigmaringen 1997, S. 55–76, hier S. 56.

31 Schlager, J[ohann] E[vangelist]: Wiener Skizzen aus dem Mittelalter. Erste Reihe. Wien 1835, S. 276. Als Vergleich siehe Zürich Casanova, Christian: Nacht-Leben. Orte, Akteure und obrigkeitliche Disziplinierung in Zürich, 1523–1833. Zürich 2007, S. 107f.

32 Beispielsweise 1639 Jürg Jenatsch, siehe Petzoldt, Leander: Narrenfeste. Fastnacht, Fasching, Karneval in der Bürgerkultur der frühen Neuzeit. In: Schultz, Uwe (Hg.): Das Fest. Eine Kulturgeschichte von der Antike bis zur Gegenwart. München 1988, S. 140–152, hier S. 148.

33 Kühnel, Harry: Die städtische Fasnacht im 15. Jahrhundert. Das disziplinierte und öffentlich finanzierte Volksfest. In: Dinzelbacher Peter/Mück, Hans-Dieter (Hg.): Volkskultur des europäischen Spätmittelalters. Stuttgart 1987, S. 109–127, hier S. 114–120.

34 Gugitz, Gustav: Alt-Wiener Faschingsbrauch. In: JbLkNÖ 29 (1944/48) S. 385–393, hier S. 387; Czeike, Felix: Fasching im alten Wien. In: Wiener Geschichtsblätter 46 (1991) S. 35–41; Schmidt, Leopold: Fasching. In: Ders.: Wiener Volkskunde. Ein Aufriß. Wien/Leipzig 1940, S. 41–46.

öffentlichen Säle der inner- und später vor allem vorstädtischen Wirtshäuser gedrängt. Während der Faschingszeit schickte der Wiener Magistrat Ausrufer aus, die faschingsbezogene Gebote ausrufen mussten. In Reaktion auf die als »Straff-Ruthen GOttes« interpretierten apokalyptischen Reiter Krieg, Pest und Tod sollten die »gewöhnliche Vermummereyen und Mascaraden« nicht erlaubt sein.[35] Der Prediger Abraham a Sancta Clara (1644–1709) und andere stellten den Fasching – die Gefahr »in denen Fastnachts-Wollüsten [zu] ersauffen«[36] – in die Nähe von Teufelswerken. »Dieses des Teuffels Lauber Fest / wird von denen lauen Christen eyffriger / kostbarer / rarer / und hochfeyerlicher celebriert / als fast das Oster Fest«.[37] Die städtischen Obrigkeiten suchten den Fasching in klar definierte Schranken zu weisen. Niemand sollte nach einem städtischen Gebot während der Faschingszeit »bei hoher straff« in Masken gehen, mitunter erfolgte als zusätzliche Spezifizierung, dass man »weder bey Tag noch nacht nit in der Mascara in dieser Statt Wien auf der Gassen weder gehen reiten noch fahren soll«.[38] Besonders die Maskierungen in der Nacht wurden zur Vermeidung von Unruhen verboten – etwa in einem »Ruf« von 1654 »dass nach acht Uhr Abents Niemandt in den Mascarn, auch nicht mit Unzichtigen gebährten vnnd Waffen gehen« sollte.[39] Trotz der Verbote lässt sich bis ins 17. Jahrhundert häufig noch Faschingstreiben auf den Straßen nachweisen: Der Sekretär des Breslauer Stadtschreibers Zacharias Allert erwähnt anlässlich seines Wienbesuches 1627 auch närrische Umtriebe auf den Wiener Straßen: »Dito fuhren die Cavaliere stark aufm Schlitten, ritten auch allerhand ›Mummer‹ in schöner Maskerade, Couriere, so die Post bliesen, Weiber

35 CA Bd. 1. Wien 1704, S. 323 [Wien, 21. Juni 1681]. Zur sozialdisziplinierenden Implikation Müller, Christa: Sozialdisziplinierung während Fastnacht und Fastenzeit in Tirol zwischen 1530 und 1650. Wien 1995.

36 Neiner, Johann Valentin: Lächerlich jedoch vernünfftiger / bescheidener und Curiöser Narren-Calender auf das Jahr 1710. Köln 1710, S. 9 [»Februarius. Von denen üppigen Fastnachts- u. Masquerade-Narren«].

37 a Sanca Clara, Abraham: Centi-Folium Stultorum In Quarto Oder Hundert Ausbündige Narren In Folio […]. Nürnberg 1709/ND Dortmund 1978, S. 130 [»Faßnachts-Narr«]. Siehe auch Loidl, Franz: Menschen im Barock. Abraham a Sancta Clara über das religiös-sittliche Leben in Oesterreich in der Zeit von 1670 bis 1710. Wien 1938, S. 89–91.

38 Schlager, J[ohann] E[vangelist]: Die Wiener Rufe aus dem siebzehnten Jahrhunderte. In: Ders.: Wiener-Skizzen aus dem Mittelalter. NF. 2. Wien 1843, S. 247.

39 Schlager: Die Wiener Rufe S. 254, weitere Maskierungsverbote S. 256 (1656), S. 257 (1657), S. 264 (1683), S. 266 (1685), S. 267 (1688), S. 269 (1689).

und viel Narren in allen Plätzen und Gassen herum.«[40] Ab der zweiten Hälfte des 17. Jahrhunderts zeigt sich die Verdrängung der Faschingsumzüge deutlicher, etwa in Reiseberichten der Diplomaten. Die »Fastnachlustigen Tage zwar nicht publicè Vff der Straßen, aber desto ärger mit Tantzen vnd springen in den Häußern gehalten«.[41] Die Faschingsveranstaltungen und vor allem das Maskentreiben[42] verlagerten sich von der Straße in die Säle; auf der Straße getragene, als Sicherheitsrisiko aufgefasste Masken sollten unnachsichtig zur Anzeige gebracht werden. Die Patente des 18. Jahrhunderts thematisieren den Fasching des »Volkes« meist im Kontext von Ballordnungen, von Spielverboten und von den nicht eingehaltenen Sperrstunden der in den Wirtshäusern der Vorstädte abgehaltenen und seit 1708 besteuerten Bälle.[43] Im Jahr 1750 heißt es etwa: »Werden anheuer die öffentlichen Balls, jedoch ohne Masquen oder Verkleidung zu halten erlaubet, nämlich in diesem Monate Jäner die Wochen zwey oder drey Mal, im Monate Februario aber drey oder vier Mal.«[44] Ende des 18. Jahrhunderts kamen die Fiaker-, Wäschermädel- oder beispielsweise Stubenmädchenbälle auf. Im beginnenden 19. Jahrhundert entstanden viele Ballsäle, der »Eipeldauer« berichtet um 1800: »Wo man hinschaut, macht uns ein Ballzettl ein Komplement!«[45]

Der Fasching der Wiener Bürger und Inwohner war sozialtopographisch vom Fasching des Hofes streng getrennt – die beiden ständisch wie sozial differierenden Welten berührten sich nur peripher. Das als ständische Demarkationslinie zu interpretierende Faschingsvergnügen »Zu ebener Erd und erster Stock« sah luxuriöse Veranstaltungen in den kaiserlichen Redoutensälen bei »Wachslicht«, bürgerliche Hausfeste, daneben aber auch den »Fasching der Armen« in den

---

40 Krebs, Julius: Zacharias Allerts Tagebuch aus dem Jahre 1627. In: Ergänzungsheft zum 64. Jahresbericht der Schlesischen Gesellschaft für vaterländische Cultur. Breslau 1887, S. 33.

41 Baur, Ludwig: Berichte des Hessen-Darmstädtischen Gesandten Justus Eberh. Passer an die Landgräfin Elisabeth Dorothea. In: Archiv für Österreichische Geschichte 37 (1867) S. 273–409, hier S. 366 [20. Februar 1683/Alter Stil].

42 Zur Bedeutung der Maskierungen (insenzierte Anonymität) am Beispiel von London Heyl, Christoph: A passion for privacy: Untersuchungen zur Genese der bürgerlichen Privatsphäre in London, 1660–1800. München 2004, S. 305–412.

43 Zur Entstehung der Bälle Fink, Monika: Der Ball. Eine Kulturgeschichte des Gesellschaftstanzes im 18. und 19. Jahrhundert. Innsbruck 1996. Die Autorin unterscheidet Hofbälle von Maskenbällen/Redouten, Assemblies und Hausbälle.

44 CA Bd. V. Wien 1777, S. 477f., hier S. 477 [Wien, 1750 Jänner 2].

45 Zitiert nach Czeike: Fasching im alten Wien S. 38.

Abbildung 1: Faschingsnarr aus a Sanca Clara, Abraham: Centi-Folium Stultorum In Quarto Oder Hundert Ausbündige Narren In Folio […]. Nürnberg 1709.

ausgeräumten »Krautkammern des Greißlers«, wo sich »laute Bikennte aus der Nachbarschaft« versammelten, oder Tanzveranstaltungen »im dumpfesten Wagenschuppen« vor.[46] Der Adel der Stadt versammelte sich dagegen in mondänen Ballsälen wie der »Mehlgrube« am Neuen Markt zu so genannten »Ahnenbällen«[47] – Voraussetzung waren 16 Generationen adeliger Abstammung –, daneben gab es aber auch öffentliche, wenn auch exklusive Bälle, wo »die Herren beim Eintritt einen Golddukaten zahlen, die Damen aber nichts«, wie die englische Reisende Mary Montagu 1717 vermerkt.[48] Selbst die Faschingswelten der Kinder differierten je nach sozialem Stand. Das »Kinder-Fest« der Adeligen fand entweder im Adelspalais oder in der schicken Mehlgrube am Neuen Markt statt. »Vornehme Eltern, welche ihren Kindern zur Carnevals-Zeit eine geziemende Lust machen wollen, bestellen vors Geld [...] eine Lustbarkeit mit Essen, Trincken und Music, da denn gegen Abend eine grosse Menge vornehmer Kinder beyderley Geschlechts [...] sich mit Essen, Trincken und Tantzen divertiren«.[49]

Der Wiener Hof und der Fasching

Der Wiener Hof war das organisatorische Herzstück der multinationalen und nur oberflächlich monarchisch überformten Union von Ständestaaten. Gleichermaßen europäisches Machtzentrum, Repräsentationsfläche monarchischer Stärke wie Ausdruck der katholischen Konfessionskultur wurden vielen Nationen und Interessen am Wiener Hof zusammengeführt und »Politik« in einem fein austarierten System ausgehandelt. Das Miteinander bei Hof wurde durch das Zeremoniell als

46 Liesenfeld, Gertraud: Vom »Ball in der Krautkammer« und von öffentlichen Lustbarkeiten für ein »minderes Publikum«. Zum Fasching der Armen im Wiener Biedermeier. In: Greif, Wolfgang (Hg.): Volkskultur im Wiener Vormärz. Das andere Wien zur Biedermeierzeit. Frankfurt/Main 1998, S. 35–37. Typisch hierfür Schlögl, Friedrich: Wiener Blut und Wiener Luft. Skizzen aus dem alten Wien, hg. von Rossbacher, Karlheinz/Tanzer, Ulrike. ND Wien 1997, S. 74–79.

47 Küchelbecker, Johann Basilius: Allerneueste Nachricht vom Römisch-Kayserlichen Hofe / Nebst einer ausführlichen Beschreibung der Kayserlichen Residenz-Stadt Wien und der umliegenden Oerter. Hannover 1730, S. 389f.; Czeike, Felix: Der Neue Markt. Wien 1970, S. 67–76; Tanzer, Gerhard: »Spectacle müssen seyn«. Die Freizeit der Wiener im 18. Jahrhundert. Wien 1992, S. 229–236.

48 Breunlich, Maria (Hg.): Lady Mary Montagu. Briefe aus Wien. Wien 1985, S. 69.

49 Küchelbecker: Allerneueste Nachricht S. 391.

Handlungsanleitung geregelt, das Stand, Anciennität bei Hof und höfische Amtswürde in Einklang brachte und transparent für die »Mitspieler« machte.[50] Das Zeremonial regelt – nach der Defintion von Gottfried Stieve – (1) die »Stellung des Leibes (vgl. Reverentz, Kniebeugung), (2) die »Kleidung, v. g. Trauber-Habit, Burgundische Kleidung« und (3) alle Formen des »Gehens, Sitzens und Stehens, v. g. zur Rechten oder Linken it. voran oder hinten nach etc.«[51] Einen wichtigen Teil des durch das Zeremoniell geregelten Raumes bzw. der Aktionen bei Hof stellen die »Lustbarkeiten« des Hofes in der Vorfastenzeit dar – eine Zeit, die nur scheinbar das Zeremoniell lockerte.[52]

»Der Carneval, oder, wie es zu Wien heißt, Fasching, ist diejenige Zeit, welche alljährlich von christlichen Regenten zu privilegirter Ausübung der Augen-Lust, Fleisches-Lust und leichtfertigen Wesens ihren Unterthanen vergönnet und in allen so genannten Lustbarkeiten, Lastern, Sünden und Greueln zugebracht wird.«[53] Die mit oder ohne Verkleidung absolvierten Faschingsveranstaltungen zählte man nach Julius Bernhard von Rohr (1688–1742) unter die »Divertissements, Comoedien, Opern, Music und andern dergleichen« (darunter auch das Marionettenspiel).[54] Gesondert davon behandelt Rohr in seiner für junge Kavaliere konzipierten »Ceremoniel-Wissenschaft der Privat-Personen« das von ihm skeptisch betrachtete und moralisch als anstößig empfundene Tanzen. In seiner

---

50 Pečar, Andreas: Das Hofzeremoniell? Kritische Einwände und methodische Überlegungen am Beispiel des Kaiserhofes in Wien (1660–1740). In: Asch, Ronald G./Freist, Dagmar (Hg.): Staatsbildung als kultureller Prozesse. Strukturwandel und Legitimation von Herrschaft in der Frühen Neuzeit. Köln u. a. 2005, S. 381–404.

51 Stieve, Gottfried: Europäisches Hof-Ceremoniel, In welchem Nachricht gegeben wird, Was es für eine Beschaffenheit habe mit den Praerogativa und dem aus selbiger fliessenden Ceremoniel [...]. Leipzig 1723, S. 1.

52 Zum Alltagsleben am Wiener Hof Vocelka, Karl/Heller, Lynne: Die Lebenswelt der Habsburger. Kultur- und Mentalitätsgeschichte einer Familie. Graz 1997; Dies.: Die private Welt der Habsburger. Leben und Alltag einer Familie. Graz 1998; Vocelka, Karl: Glanz und Untergang der höfischen Welt. Repräsentation, Reform und Reaktion im Habsburgischen Vielvölkerstaat. Wien 2001, S. 185–194. Zur Organisationsstruktur und zum Zeremoniell am Wiener Hof Pangerl, Irmgard/Scheutz, Martin/Winkelbauer, Thomas (Hg.): Der Wiener Hof im Spiegel der Zeremonialprotokolle (1652–1800). Eine Annäherung. Wien 2007.

53 Moser, Friederich Carl: Teutsches Hof-Recht in zwölf Büchern. Bd. 2. Frankfurt/Main/Leipzig 1755, S. 567.

54 Rohr, Julius Bernhard: Einleitung zur Ceremoniel-Wissenschaft der Privat-Personen, hg. von Frühsorge, Gotthard. Berlin 1728/ND Leipzig 1990, S. 493–516 (zum »Karneval« S. 509f., zum Tanz S. 466–492).

»Ceremoniel-Wissenschaft der großen Herren« listet Rohr unter denen »Divertissemens [!] der grossen Herren«[55] auch viele der am Wiener Hof gebräuchlichen Faschingsveranstaltungen auf: »Von Aufzügen«, »Von den mancherley Turnieren und Ritter-Spielen«, »Von Carousellen/Ring-Rennen und Roß-Balletten«, »Von den musicalischen Concerten/Tantzen/Bällen und Balletten«, »Von Opern und Comoedien«, »Von dem Carneval und Masqueraden«, »Von den Wirthschafften und Bauer-Hochzeiten«, »Von Schlittenfahrten«, »Von Illuminationen«, »Von Feuerwercken«, »Von unterschiedenen Arten der Lust-Schießen« und schließlich – gerade für den Jänner und Februar am Wiener Hof typisch – »Von mancherley Arten der Lust-Jagten und Jagtdivertissements«. Der Chronist des Wiener Hofes Johann Basilius Küchelbecker (1697–1757) klassifiziert den Wiener Hof – fälschlich und propagandistisch – als »serieux«, weil man »daselbst kein Carneval, keine Masqueraden, kein Wirthschafften, keine beständige Opern und Commedies hält«.[56] Der »Zeit-Vertreib« am Wiener Hof sei »sehr mäßig und ordentlich regliret, und von Lustbarkeiten höret man allhier sehr wenig.«[57]

Vermischung der Gattungen: Oper, Komödie und Ballett

Der Fasching bildete nach dem Vorbild von Venedig[58] die Hauptzeit zur Aufführung von Opern bei Hof (abgesehen von Hochzeiten und persönlich motivierten

55 Rohr, Julius Bernhard: Einleitung zur Ceremoniel-Wissenschaft der großen Herren, Die in vier besondern Theilen Die meisten Ceremoniel-Handlungen [...] zu beobachten pflegen. Berlin 1733, S. 732–880. Als Vergleich Moser, Teutsches Hof-Recht, Bd. 2, S. 561: »Lustbarkeiten des Hofs überhaupt«, »Von den privat-Ergötzlichkeiten der Regenten«, »Von den Bauren-Wirtschafften und Hochzeiten«, »Von dem Carneval«, »Von den Caroussels«, »Von Damen-Ring-Rennen«, »Von Feuerwercken«, »Von Fischer-Stechen«, »Von Götter-Aufzügen«, »Von Jahrmärckten«, »Von Illuminationen«, »Vom König-Spiel«, »Vom Kopf-Rennen«, »Von Lust-Lagern«, »Von Masqueraden«, »Vom Nacht-Rennen«, »Von Nationen-Aufzügen«, »Von der Opera«, »Von der Redoute«, Von den Revües oder Musterungen«, »Von Schäfereyen«, »Vom Scheiben-Schiessen«, »Von Schlitten-Farthen«, »Vom Spilen und Tanzen«, »Von der Tour à la mode«, »Von den Turnieren«, »Von den zu den Hof-Lustbarkeiten gewidmeten Gebäuden«, »Von denen die Lustbarkeiten des Hofs besorgenden Personen.«

56 Küchelbecker: Allerneueste Nachrichten S. 251.

57 Ebd. S. 252.

58 Mehltretter, Florian: Die unmögliche Tragödie. Karnevalisierung und Gattungsmischung im venezianischen Opernlibretto des siebzehnten Jahrhunderts. Frankfurt/Main 1994.

Anlässen wie Geburts- oder Namenstage).[59] Die musikwissenschaftliche Forschung spricht deshalb vom Typus der Faschings-/Karnevalsopern, am bekanntesten heute vermutlich immer noch Wolfgang Amadé Mozarts für den Münchner Hof verfasste Oper »Idomeneo«.[60] In jedem Fasching wurde eigens eine große italienische Oper einstudiert, die sich deutlich von den sonst am Wiener Hof gebräuchlichen heroischen Festopern unterschied und die komische »intermezzi« aufwies.[61] Diese zur Unterhaltung des Hofes meist in mehreren Wiederholungen gespielten Opern boten Librettisten wie Komponisten Möglichkeiten das »Decorum« der Prunkopern zu sprengen und Parodien, Gattungsmischungen und komische Szenen einzubauen oder etwa Antihelden wie Don Quixotte in den Mittelpunkt der Handlung zu stellen. Die Aufführungen von Opern bei Hof waren beinahe ausschließlich Uraufführungen; der Zeitraum zwischen Vergabe des Auftrages an Librettisten/Komponisten und die Aufführung umfasste oft nur wenige Wochen. Während noch am letzten Teil des Librettos und an der Musik gearbeitet wurde, fanden bereits Proben der kaiserlichen Hofmusikkapelle für die Aufführungen statt; unter Karl VI. bekannte Sänger wie Pietro Casati, Francesco Borosini oder Gaetano Orsini wetteiferten um die besten Rollen. Die zum Zweck der höfischen Repräsentation auch vor ausländischem, am Hof befindlichem Publikum gespielten, zwischen Drama und Komödie angesiedelten Opern führten als Gattungsbezeichnung entweder »tragicomedia« oder »drammi per musica«, seltener Bezeichnungen wie »scherzo drammatico«. Inhaltlich waren diese Opern – unter Karl VI. etwa Titel wie der 1719 erfolgreiche »Don Chisciotte in Sierra Morena« (Musik Francesco Conti, Libretto Pietro Pariati und Apostolo Zeno) – geprägt von einer Hierarchieumkehr (Protagonisten nicht mehr antike Helden, sondern römische Sklaven), dadurch bewirkte man eine generelle Verkehrung der Welt, dominant weiters Doppelgängerkonstellationen (Herr – Diener)

59 Rohr: Einleitung zur Ceremoniel-Wissenschafft der großen Herren S. 796–815. Grundlegend für den Wiener Hof Seifert, Herbert: Die Oper am Wiener Kaiserhof im 17. Jahrhundert. Tutzing 1985.

60 Böhmer, Karl: W. A. Mozarts »Idomeneo« und die Tradition der Karnevalsopern in München. Tutzing 1999.

61 Michels: Karnevalsopern am Hofe Kaiser Karls VI. S. 57–101; Ritter, Michael: »Man sieht der Sternen König glantzen« Der Kaiserhof im barocken Wien als Zentrum deutsch-italienischer Literaturbestrebungen (1653–1718) am besonderen Beispiel der Libretto-Dichtung. Wien 1999. Als kurzgefasster Überblick Huss, Frank: Der Wiener Kaiserhof. Eine Kulturgeschichte von Leopold I. bis Leopold II. Gernsbach 2008, 267–315.

und musikalisch vor allem Parodien in Gesang und Instrumentierung (Violinen als Trompetensignal).

Schon die Generalprobe für die Oper wurde zu einem großen höfischen Fest. Am 6. Februar 1716 wohnten das kaiserliche Paar der Generalprobe von »Il finto Policare«, einer Tragicomedia per musica, bei, *worbey zu mercken, daz ihro kayserliche mayestät wie auch die dienst cammerer daß mantel kleyd, die übrige minister aber und die cavalliers ihre compagne kleyder angelegt haben.*[62] Bei der ersten ordentlichen Aufführung der Oper am 11. Februar erschienen dann der Kaiser und die Männer des Hofes im Kampagnekleid, bei den fünf weiteren Aufführungen der Oper bis zum 25. Februar 1716 boten dann die Kleider kein weiteres Thema für die Zeremonialprotokolle.[63] Die Einhaltung der Sitzordnung bei den Faschingsopern war streng geregelt, der Zentralperspektive der Operndekoration entsprach die kaiserliche Zentralperspektive; der Kaiser saß neben seiner Frau in der Mitte des Theaters auf einem mit gelbgoldenem Brokat überzogenen Sessel.[64] Um Rangstreitigkeiten unter den konkurrierenden Botschaftern (Nuntius, spanischer Botschafter, Gesandte der Kurfürsten) zu vermeiden, verzichtete man auf formelle Einladungen an die Botschafter, die deshalb meist nur »incognito«, und damit zeremoniell nicht vorhanden, den Opern folgten. Auch der sächsische Erbprinz wohnte der Wiener Faschingsoper am 6. Februar 1719 nur »incognito« bei.[65] Vor dem Aufkommen der Hoflogen ab 1744 sorgte die über die Sitzordnungen visualisierte Hierarchie für Präzedenzkonflikte unter den Zuschauern. Als am 9. Februar 1715 die italienische *faschingsopera* letztmals aufgeführt wurde, erschienen *der päbstliche nuntius und venetianische herr bottschafter incognito.*[66] Andere Zuschauer saßen wegen rangmäßiger »Difficultäten« an »vermachten Orten«.[67] Neben den offiziellen Aufführungen gab es auch Kammerfeste, die in den Gemächern oder auch im Theater stattfanden und exklusiver als die öffentlichen Festaufführungen

62 HHStA, ZA Prot. 9, fol. 36r–36v [6. Februar 1716].

63 HHStA, ZA Prot. 9, fol. 38r, 38v, 39r, 40r, 41r.

64 Dazu vor allem Sommer-Mathis, Andrea: Theatrum und Ceremoniale. Rang- und Sitzordnungen bei theatralischen Veranstaltungen am Wiener Kaiserhof im 17. und 18. Jahrhundert. In: Berns, Jörg Jochen/Rahn, Thomas (Hg.): Zeremoniell als höfische Ästhetik in Spätmittelalter und Früher Neuzeit. Tübingen 1995, S. 511–533, hier S. 516–520.

65 HHStA, ZA Prot. 10, fol. 217r [6. Februar 1719].

66 HHStA, ZA Prot. 8, fol. 203r [9. Februar 1715].

67 Hadamowsky: Barocktheater S. 25.

waren. So hielt das kaiserliche Paar im Februar 1706 für den restlichen Fasching *private cammer festin und recreationen mit musicis, baletten, verklaidungen und kleinen opern* ab.[68]

Der Fasching führte einen Verschnitt von sonst getrennt aufgeführten Gattungen herbei, indem Komödien mit Tragödien, Musiktheater mit »Sprechtheater«, Kammermusik und »großes« Orchester nach Art der verkehrten Welt gemischt werden durften. Immer wieder lässt sich für den Wiener Hof auch der Schautanz, meist integrativer Teil von Dramen,[69] nachweisen: Das bekannte Militär- oder Rossballett vom 24. Jänner 1667 (mit dem Streit der vier Elemente) wurde von den kaiserlichen Kavalieren ausgeführt.[70] Anlässlich des Geburtstages der Kaiserin im Fasching 1686 tanzte sogar Erzherzog Joseph höchstpersönlich die *introduction zu dem ballet*.[71]

Neben den Opern unterhielt sich der Hof im Fasching vor allem mit italienischen Komödien – in den Zeremonialprotokollen häufig *burleska* genannt.[72] Diese Komödien fanden mitunter als Kammerfest auf der Seite der Kaiserin statt, so hielten im Februar 1681 die Hofmusiker eine *italianische comoedia privatim*[73] ab. Wenige Jahre danach führte man im Zimmer von Erzherzog Joseph, des späteren Kaiser Joseph I., *eine burlesca* auf, der nur *der spanische pottschafter allein beygewohnet hat und man ausser der geheimben räthe und cammerer niemanden admittirt, weillen es gar ein geheimes festl hat sein sollen*.[74] Meist dürften die Aufführenden der italienischen *comoedi* aus Italien stammende Schauspieler gewesen sein. Im Jahr 1721 wird explizit von einer *von denen italianischen comoedianten praesentirte*[n]

---

68 HHStA, ZA Prot. 6, fol. 445v [7. Februar 1706].

69 Für das 17. Jh. Seifert: Die Oper am Wiener Kaiserhof 100–133; Jung, Vera: Körperlust und Disziplin. Studien zur Fest- und Tanzkultur im 16. und 17. Jahrhundert. Köln 2001, S. 279–282. Mit einem Überblick zu den professionellen Tänzern Sommer-Mathis, Andrea: Die Tänzer am Wiener Hofe im Spiegel der Oberst-Hofmeisteramtsakten und Hofparteienprotokolle bis 1740. Wien 1992.

70 HHStA, ZA Prot. 2, pag. 1336f. [16. Februar 1681]; Pons, Rouven: »Wo der gekrönte Löw hat seinen Kayser-Sitz«. Herrschaftsrepräsentation am Wiener Kaiserhof zur Zeit Leopolds I. Egelsbach u. a. 2001, S. 207–212.

71 HHStA, ZA Prot. 3, fol. 149r [13. Jänner 1686].

72 Seifert: Die Oper am Wiener Kaiserhof S. 134–155.

73 HHStA, ZA Prot. 3, fol. 296r [13. Februar 1681]; ZA Prot. 12, fol. 379r [10. Februar 1724]; ZA Prot. 13, fol. 141v [23. Februar 1726].

74 HHStA, ZA Prot. 3, fol. 180r [9. Februar 1687].

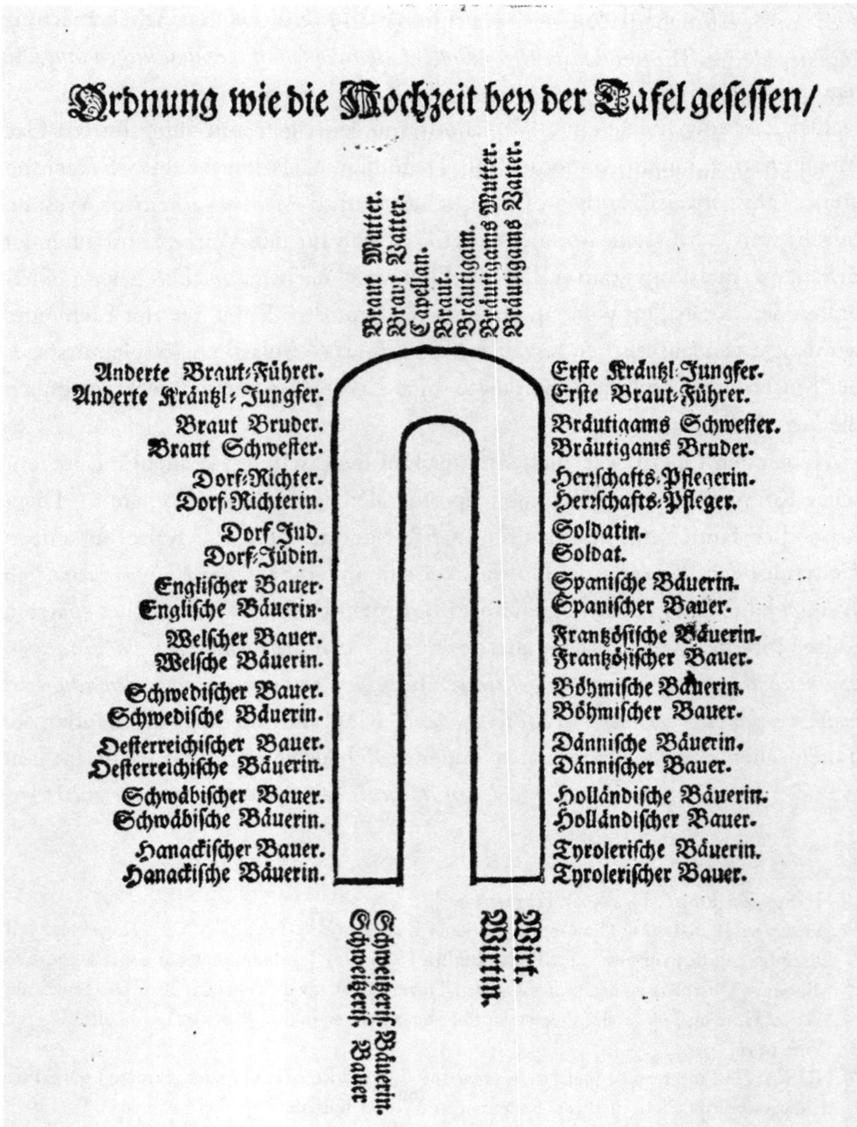

Abbildung 2: Sitzordnung der Bauernhochzeit am Wiener Hof vom 1721, aus: Wiener Diarium Nr. 14 (1725) [13. Februar] (© Universitätsbibliothek Wien).

burlesca[75] gesprochen. Zeitweise errichtete man in der zweiten Antekamera ein eigenes kleines Theater, *zu welcher niemand, dan die von ihrer kayserlichen mayestät benente personen* von eigens dazu berufenen Kommissaren *eingelassen worden.*[76] Ab den 1720er Jahren erlangten die so genannten Kavalierskomödien, also von Hofmitgliedern aufgeführtes Laientheater, zunehmend Beliebtheit. *Abendts hielten abermahl die herrn cavaliers in gegenwart der* [...] *allerhöchsten herrschaft ihre comedie auff den in der 2ten andte camera erbaute theatro.*[77] Jesuitentheater spielten am Wiener Hof im Fasching übrigens lediglich eine marginale Rolle, nur an einem Fastensonntag (16. Februar) des Jahres 1681 besuchte der Hof zuerst eine Vesper bei den Jesuiten, danach *ist von den patribus eine comoedia angestellet gewesen;* [...] *ist die sitz-ordnung wie sonsten in publico gebräuchig genommen worden.*[78] Auch das Pulcinella-Spiel fand im Fasching seinen Platz am Hof. *Ist ein policionello spill bey hoff* 1713 abgehalten worden, ein Jahr später wurde einer *in pollicionello von dem so genanten Hanßwurst gehaltenen burlesque beygewohnet.*[79]

Von den »Wirtschaften« zur Redoute

Während in der ersten Hälfte des 17. Jahrhunderts während der Faschingszeit nach altem adeligen Brauch noch Turniere stattfanden,[80] haben später vor allem die am Wiener Hof gefeierten »Wirtschaften« große Bekanntheit erlangt.[81] Selbst auf Reisen – der »Hof« befand sich immer dort, wo auch der Kaiser war – wurden diese Wirtschaften gehalten, beispielsweise auf dem Reichstag von Re-

75 HHStA, ZA Prot. 11, fol. 4r [3. Februar 1721].

76 HHStA, ZA Prot. 12, fol. 378v [8. Februar 1724].

77 HHStA, ZA Prot. 11, fol. 6r [22. Februar 1721]; vgl. fol. 93r [17. Jänner 1722] und fol. 383v [19. Februar 1724]: *von denen herrn hoffcavaliern exhibirte tragi comoedi.* Siehe auch Hadamowsky, Franz: Barocktheater am Wiener Kaiserhof. Mit einem Spielplan (1625–1740). In: Jb. der Gesellschaft für Wiener Theaterforschung 1951/52 (1955) S. 7–117, hier S. 20, S. 40.

78 HHStA, ZA Prot. 3, fol. 296v [16. Februar 1681].

79 HHStA, ZA Prot 8, fol. 6r [1713]; fol. 65v–66r [1714].

80 HHStA, ZA Prot. 2, pag. 987–989 [15. Februar 1662]: Ein Kampf der *mohren* und *romaner* auf dem Burgplatz.

81 Rohr: Einleitung zur Ceremoniel-Wissenschaft der großen Herren S. 824–833. Siehe die beiden Wirtschaften (1719, 1725), die Lünig erwähnt: Lünig, Johann Christian: Theatrum Ceremoniale historico-politicum oder Historisch- und Politischer Schau-Platz Aller Ceremonien. Bd. 2. Leipzig 1720, S. 1212–1215.

gensburg am 20. Februar 1653, wo unter Anwesenheit von vier Kurfürsten eine *würthschafft*[82] abgehalten worden ist. Um sechs Uhr abends gingen Ferdinand III. und seine Gemahlin Eleonora von Gonzaga auf den Tanzplatz, wo man zuerst die Kurfürsten empfing und zu tanzen begann.[83] Nach rund einstündigem Tanz setzten sich Kaiser und Kaiserin in der Ritterstube als Wirt und Wirtin ans untere Haupt der viereckigen, für insgesamt 42 Personen gedeckten Tafel. Ihnen gegenüber und deren zeremoniellen Rang entsprechend wurden die ohne Verkleidung erschienenen Kurfürsten von Trier, Mainz und Kurköln platziert. Die übrigen hochrangigen Mitglieder der Wirtschaften erschienen dagegen in ihren jeweils vorher zugewiesenen Kostümen. Eine illustre, gleichermaßen Europa wie die Berufsstände signalisierende Tischgemeinschaft fand an diesem Donnerstag vor dem Faschingssonntag jeweils paarweise zusammen. Dem als »Alter Teutscher« kostümierten Thronnachfolger Ferdinand IV. (gest. 1654) und seiner ihm zugelosten Begleiterin – dem Hoffräulein Anna Elisabeth von Thun (1629–1689) – saßen der als *Ungar* ausstaffierte Graf von Sinzendorf und seine »Gemahlin«, die Prinzessin Elisabeth von der Pfalz, gegenüber. Darüber hinaus fanden sich als Nationspaare noch Spanier, *Franzos*, *Pollackh*, alte Römer, *Türckh*, *Mohr* und Indianer; daneben auch die eine Ständehierarchie durchbrechenden Berufe wie Schäfer, Soldat, *Zigeiner*, Pilger, *welscher Baur*, Gärtner, *schwäbischer Baur*, *Sclav* und – als besondere Auszeichnung links von der Kaiserin – die Pfalzgräfin als *Beschliesserin* bzw. rechts vom Kaiser deren Tochter Sophie als *Sclavin*. Eine zweite, in einem anderen Raum platzierte Tafel versammelte Maler, Bäcker, Trompeter, Fuhrleute, Schmiede, Bergknappen, Schweizer oder beispielsweise Jäger. Zusätzlich vergab man noch insgesamt 27 Positionen als Knechte, die dem Kaiser und seiner Gemahlin bei Tisch aufwarten mussten, der spanische Botschafter gab dabei übrigens den Koch. Am Wiener Hof – wie an vielen anderen, nicht nur katholischen

82 HHStA, ZA Prot. 1, pag. 120–130 [20. Februar 1653]; Keller, Katrin: Hofdamen. Amtsträgerinnen im Wiener Hofstaat des 17. Jahrhunderts. Wien 2005, S. 151.

83 Bester Überblick zu diesem Thema für Wien Schmücker, Christina: Im Wirtshaus »Zum Schwarzen Adler«. Das Zeremoniell bei den Faschingswirtschaften am Wiener Hof im 17. und 18. Jahrhundert. Magisterarbeit Bonn 2007 [im Folgenden Schmücker: Das Zeremoniell]; Dies.: Im Wirtshaus »Zum Schwarzen Adler«. Die Wirtschaften in den Zeremonialprotokollen (1652–1800). In: Pangerl/Scheutz/Winkelbauer: Der Wiener Hof S. 435–462; zu Königreichen Tersch, Harald: Freudenfest und Kurzweil. Wien in Reisetagebüchern der Kriegszeit (ca. 1620–1650). In: Weigl, Andreas (Hg.): Wien im dreißigjährigen Krieg. Bevölkerung, Gesellschaft, Kultur, Konfession. Wien 2001, S. 155–249, hier S. 208–227.

Höfen sonst auch – wurden vier verschiedene, vielfach variierte Typen von Wirtschaften gefeiert: Der bürgerlich-handwerkliche Typ (bürgerliche Berufe und Handwerksberufe), der ländliche Typ (Bauern), der Nationentyp (Verkleidungen der Teilnehmer nach verschiedenen europäischen und außereuropäischen Nationen) und schließlich die zunehmend beliebter werdenden Bauernhochzeiten.[84] Die Wirtschaften fanden meist am Faschingdienstag als eine Art Kehraus des Faschings vor der beginnenden Fastenzeit statt, typologisch wurde die »normale« Wirtschaft des 17. Jahrhunderts durch die Bauernhochzeit des 18. Jahrhunderts bei Hof als einer der Höhepunkte des Faschings abgelöst.[85] Wirtschaften bei Hof waren häufig – das Zeremonialprotokoll spricht 1675 sogar von der *gewöhnlichen würthschaft*[86]. Nach der Ankunft und der Speisung setzte der Abend mit einem Ball samt weiterer Mahlzeit (Merenda) fort.

Einige Wochen vor der eigentlichen Wirtschaft wurde von der männlichen und weiblichen Hofgesellschaft *die zettul gehoben*,[87] also mittels Losverfahren, die Zusammenstellung der Paare – meist überwogen allerdings die Anzahl der Männer deutlich – erhoben. Die Loswahl stand dabei in karnevaleskem Gegensatz zur Erwähltheit des Fürsten »von Gottes Gnaden«.[88] Die Losziehung erfolgte in der

84 Schnitzer, Claudia: Höfische Maskeraden. Funktion und Ausstattung von Verkleidungsdivertissments an deutschen Höfen der Frühen Neuzeit. Tübingen 1999, S. 221; allgemein auch Jung: Körperlust und Disziplin S. 246–251; HHStA, ZA Prot 3, fol. 269v (5. März 1680 in Prag): *schweitzerische bauren hochzeit.*

85 Nach Schmücker: Das Zeremoniell S. 98f., lassen sich in den Zeremonialprotokollen bzw. dem »Wiener Diarium« folgende Wirtschaften nachweisen: 20. Februar 1653, 4. Februar 1667, 18. Februar 1670 (Faschingdienstag), 10. Februar 1671, 9. Februar 1673, 5. Februar 1674 (Faschingmontag), 21. Februar 1675, 1. März 1677 (Faschingmontag), 18. Februar 1681 (Faschingdienstag), 21. Juli 1698 (Besuch Peter des Großen), 23. Februar 1700 (Faschingdienstag), 5. März 1715 (Faschingdienstag), 21. Februar 1719 (Faschingdienstag), 17. Februar 1722 (Faschingdienstag), 29. Februar 1724 (Faschingdienstag), 5. Februar 1725 (beim Fürsten Joseph von Liechtenstein), 13. Februar 1725 (Faschingdienstag), 5. März 1726 (Faschingdienstag), 25. Februar 1727 (Faschingdienstag), 1. März 1729 (Faschingdienstag), 21. Februar 1730 (Faschingdienstag), 6. Februar 1731 (Faschingdienstag), 8. Februar 1732, 28. Jänner 1733 (infolge des Todes des polnischen Königs abgesagt) und 27. Februar 1753.

86 HHStA, ZA Prot. 3, fol. 15v [21. Februar 1675].

87 Als Eintrag für den 25. Jänner 1724, ZA Prot. 12, fol. 377v [25. Jänner 1724]. Ereignete sich zwischen der Loshebung und der eigentlichen Wirtschaft ein Todesfall wurde die Wirtschaft abgesagt, ZA Prot. 15, fol. 161v [28. Jänner 1733]: Zettelhebung und am Rand Vermerk: *Die faschings wirthschafft ist wegen darzwischen gekommenen absterbens des königs von Pohlen und angezogenen kleinen cammer trauer nicht gehalten worden.*

88 Moser: Narren – Prinzen – Jesuiten S. 190.

Regel aber – ohne dass dies in den Zeremonialprotokollen deutlich würde – eingeschränkt. Hochrangige Gäste, wie etwa bei der Wirtschaft anlässlich des berühmten Incognito-Besuches des russischen Zaren im Juli 1698,[89] wurden vom Losverfahren ausgenommen bzw. zogen überraschend »günstige« Lose. Prinz Pius von Savoyen etwa bekleidete 1724–1725 und 1729–1732, aus welchen Gründen auch immer, die Position des Marktschreiers.[90] Es lag also ein von Stand und Rang des Teilnehmers abhängiges Mischverfahren von Los und Zuteilung bestimmter Rollen vor. Die Rollen bei den Wirtschaften erscheinen traditionell: Bei den Nationen waren vermutlich in Nachbildung der gängigen Nationentafeln[91] besonders die Nachbarländer und die größeren europäischen Nationen vertreten, aber auch *Griechen* finden sich. Neben Europa fanden sich *Chineser* oder *Armenier* (für Asien), *Egypter* (für Afrika) und *Indianer* (für Amerika). Bei den Bauernhochzeiten vergab man keine Rollen, sondern neben dem Brautpaar wurden die idealtypischen Bauernpaare (etwa österreichische, schwäbische, *tyrollische* Bauern) besetzt. Vermutlich ähnlich wie bei den Schlittenfahrten musste der Mann eines gelosten Paares für die Kosten der Kostümierung des Paares sorgen, sogar der berühmte Theaterarchitekt Leopolds I. Ludovico Ottavio Burnacini (1636–1707) erarbeitete Kostümvorlagen für Wirtschaften – ein Beleg für die repräsentative Bedeutung dieser Veranstaltung. Bei den Wirtschaften trat das Zeremoniell durch das Losverfahren nur scheinbar zurück, Tafel- und Sitzordnungen wurden minutiös verzeichnet. Der Rang des/der Verkleideten schimmert auch in der »verkehrten« Sitzordnung der Wirtschaft durch. Der Wirt und die Wirtin des Wirtshauses zum Schwarzen Adler präsidierten die Tafel immer, vermutlich in Abhängigkeit von den Raummöglichkeiten und der Anzahl der Beteiligten differierten beispielsweise die Tischform (entweder lange Tische mit oder ohne abschließende Rundung) von Jahr zu Jahr. Manche der Paare scheinen thematisch kontrastiv aufgestellt worden zu sein: Dem martialischen Soldaten saß der bukolische Schäfer, und damit die im 18. Jahrhundert grassierende Idyllenkonzeption,

89 Schlöss, Erich: Zar Peter der Große in Wien. Übertragung der Blätter 411 bis 452 der Ceremonialprotokolle 1698 (ZA Prot. 5) in die Schrift unserer Zeit wort- und zeilengetreu. In: MÖStA 51 (2004) S. 375–546.

90 Schmücker: Das Zeremoniell S. 63.

91 Zu den Charakteren der Völker siehe die Beiträge in Stanzel, Franz K. (Hg.): Europäische Völkerspiegel. Imagologisch-ethnographische Studien zu den Völkertafeln des frühen 18. Jahrhunderts. Heidelberg 1999, S. 157–314.

gegenüber. Bei zehn genauer personell nachvollziehbaren Wiener Wirtschaften[92] lassen sich insgesamt Mitglieder aus 193 Familien nachweisen, 105 Familien tauchen mehr als ein Mal auf. Während kein Mitglied der Geheimen Konferenz an den Wirtschaften teilnahm, forderte der Kaiser umgekehrt 1730 die Kämmerer explizit auf, sich an den teuren Faschingsdivertissements zu beteiligen.[93] Die Wirtschaften scheinen also ebenso wie die Schlittenfahrten eine Aufstiegsoption für eine mittlere Ebene der Hofgesellschaft gewesen zu sein, die sich mit diesen Veranstaltungen ihren potentiellen Aufstieg bei Hof teuer erkaufen musste.

Nach 1733 finden nur mehr vereinzelt Bauernhochzeiten oder andere Wirtschaften statt, die schon zuvor gehaltenen Maskenbälle und vor allem die in der Hofburg abgehaltenen, von geringem Zeremoniell geprägten Maskenbälle (Redouten, »verkleidete« Bälle) rückten in der Beliebtheit des Hofes vor. Schon davor hatte es immer wieder *faschings feste* bei Hof, aber auch auswärts – etwa 1710 im Niederösterreichischen Landhaus in der Herrengasse[94] –, gegeben. Bei den Bällen wurden den Tanzenden aufwändig zubereitete Erfrischungen, auf die das Zeremonialprotokoll gesondert hinweist, gereicht.[95] Nach der Eröffnung des Balles durch ein Menuett (etwa durch »junge Herrschaften« ausgeführt) zogen »alle Männer zugleich« auf und begannen zu tanzen.[96] Die von venezianischen Vorbildern inspirierten »Dominobälle«,[97] bei denen große, prächtig gefertigte Mäntel (nach den Mantelumhängen [»Dominio«] italienischer und spanischer Geistlicher, unter denen die Ballteilnehmer Festkleidung trugen) Verwendung fanden, liefen den rein höfischen Maskenbällen den Rang ab, weil sie seit Joseph II. prinzipiell allen Zahlenden offen standen. Schon davor gab es bei Hof abseits der Wirtschaften immer wieder Tanzveranstaltungen, so organisierten etwa die Kaiserwitwen Faschingsfeste[98] oder man lud in die Ritterstube zu einem Tanz, dem der Kaiser unter einem Baldachin zusah.[99] Mitunter wurde auch ein Glückshafen

92 Für die Jahre 1698, 1715, 1719, 1725–1727, 1729–1731: Schmücker: Das Zeremoniell S. 77.

93 Pečar, Andreas: Die Ökonomie der Ehre. Der höfische Adel am Kaiserhof Karls VI. (1711–1740). Darmstadt 2003, S. 181–188, hier S. 181f.

94 HHStA, ZA 7, fol. 3^{v}–4^{r} [Februar 1710].

95 HHStA, ZA 10, fol. 208^{v}–209^{r} [8. Jänner 1719].

96 Fink: Ball S. 114.

97 Schnitzer: Höfische Maskeraden S. 302–306; zur Redoute S. 256–302.

98 HHStA, ZA Prot 3, fol. 113^{v} [2. März 1677].

99 HHStA, ZA Prot. 3, fol. 139^{r-v} [17. Februar 1678]: *unter deßen tantzten die cavallieri auch mit denen damen von allen drey höffen.*

bei höfischen Festen ausgesetzt.[100] Man unterschied Ballveranstaltungen mit vorgegebenem Verkleidungsprogramm und Bälle, *dabey die cavaliers und dames nach eigenen belieben verkleidet waren.*[101] Es gab auch Variationen von Spielregeln für Faschingsveranstaltungen, als etwa 1734 ein *frauen zimmer mascara*[102] veranstaltet wurde, bei der nur die Damen des Hofes maskiert erschienen. Kurze Zeit später erfreute sich der Hof an einem *juden ballet*, die Teilnehmer aber *hinnach eine andere verkleydung vorgenohmen.*[103]

Die mit standardisierter Tanzabfolge und striktem Reglement (Redouten-Ordnungen) versehene Redoute war die Hauptbelustigung der Fastnachtszeit für das bessere Publikum – und erlaubte eine »temporäre Transzendenz der Standesgrenzen« bzw. besaß »Schnittstellenfunktion«.[104] Derartige Redouten fanden ab 7. Jänner »anfangs alle Woche einmal« statt, »späterhin jede Woche zweimal und die letzten drei Fastnachtstage alle« Tage.[105] Auf dem Weg zum bzw. vom Ball durften keine Masken getragen werden, bei der Redoute dagegen nur »ehrbare« Verkleidungen (keine Priester oder Karikaturen bekannter Persönlichkeiten) aufscheinen. Jeder der Eintretenden musste sich gemäß der Ballordnung von 1752, wo nur der »Hohe Adel, Ritter-Stand, Räthe und das Militare« zugelassen war, ausweisen, erst Joseph II. öffnete die Redoutensäle in der Hofburg für alle Stände und definierte den Fasching damit als Kontaktzone für Angehörige verschiedener Stände.[106] Die protestantisch dominierte Zeremonialliteratur entwirft ein sün-

100 Im Kontext von bürgerlichen Schützenfesten Kühnel, Harry: Der Glückshafen. Zur kollektiven Festkultur des Spätmittelalters und der frühen Neuzeit. In: JbLkNÖ. 62/1 (1996) S. 319–343; Pauser, Josef: Glückshäfen und »Gute Policey«. Zur Rechtsgeschichte der Warenausspielung in Niederösterreich gegen Ende des 16. Jahrhunderts. In: Strejcek, Gerhard (Hrsg.): Lotto und andere Glücksspiele. Rechtlich, ökonomisch, historisch und im Spiegel der Weltliteratur betrachtet. Wien 2003, S. 99–125. Siehe HHStA, ZA Prot. 15, fol. 258r [9. März 1734]: *lezte mascara und tanz, [...] wobey die kayserin einen glücks hafen gegeben.*

101 HHStA, ZA Prot. 14, fol. 352r [16. Februar 1730].

102 HHStA, ZA Prot. 15, fol. 256v–257r [1. März 1734].

103 HHStA, ZA Prot. 15, fol. 257r [4. März 1734].

104 Rosseaux: Freiräume S. 91 und S. 92.

105 Pezzl: Skizze von Wien S. 239.

106 Witzmann, Reingard: Fasching in Wien. In: Waissenberger, Robert (Hg.): Fasching in Wien. Der Wiener Walzer 1750–1850. Katalog der 58. Sonderausstellung des Historischen Museums der Stadt Wien. Wien 1979, S. 5–9, hier S. 5. Als besonders lebendige Darstellung Bauer, Günther G.: Mozart: Feste, Bälle, Redouten – Tanz, Spiel und Vergnügen. In: Fest und Spiel. Der spielende Mensch VIII (1998) S. 135–245.

diges Bild dieser als »Freystätte der Ausschweiffung« interpretierten Bälle: »Redoute heißt eigentlich der Platz, worinn man währender Carnevals-Zeit masquirt zusammen kommt, um zu tanzen, zu spielen und zu sündigen.«[107] »Die Redouten-Säle werden mit den schönsten silbernen oder crystallenen Cronen-Leuchtern und viel tausend weissen Wachs-Fackeln gezieret, welche denn durch die um und um befindlichen grossen Spiegel, silbernen Tische und ander Silberwerck ihren Schein verdoppeln, und alles erleuchten.«[108]

Die Redouten – seit 1747 im umgebauten Hoftheater abgehalten[109] – fanden unter Maria Theresia gegen Ende des Faschings täglich, häufig unter Anwesenheit verschiedener Erzherzoginnen und Erzherzöge oder des Monarchenpaares, statt. Das Wiener Diarium betont in seiner Faschingsberichterstattung immer das Nebeneinander von Arbeit und Vergnügen. »Nachmittags haben Se. Majest. der Kaiser […] offentliche Audienzen allergnädigst ertheilet. Hierauf wurde Abends die Redoute, alwo über 700. Maskeren sich eingefunden, zum eilftenmal gehalten, welchen beede Kaiserliche Majestäten abermalen in allerhöchsten Augenschein genommen haben.«[110] Neben der Anzahl der Masken wurden häufig auch die auf die jeweilige Faschingssaison bezogene »Nummerierung« der Bälle sowie deren Dauer vermerkt. Am 25. Februar 1753 wurde »zum funfzehendemal« die Redoute gehalten, »wobey gegen 900. Maskeren gezehlet wurden, und der sich allererst um 4. Uhr in der frühe endigte«.[111] Neben der Anzahl der Maskierten versuchte man auch die Exklusivität der Veranstaltungen hervorzustreichen, indem man berichtete, dass »[m]ehr als 500 Personen des hohen Adels […] sich dabey eingefunden« haben.[112] Die Faschingssaisonen zwischen 1750 und 1850 galten zudem als tanzschöpferische Phase, die den vom Ländler und vom Deutschen Tanz herrührenden (Wiener) Walzer in die Ballsäle brachte.[113]

---

107 Moser: Teutsches Hof-Recht, Zweyter Teil S. 580.

108 Rohr: Einleitung zur Ceremoniel-Wissenschaft der großen Herren S. 821.

109 Hadamowsky: Barocktheater S. 43f.

110 Wiener Diarium Nr. 13 (1753) [11. Februar].

111 Wiener Diarium Nr. 17 (1753) [25. Februar]. Siehe auch den Widerruf Wiener Diarium Nr. 18 (1753) [3. März]: »Anbey ist hier anzumerken, daß zwar in der letzten hiesigen Zeitung gemeldet worden, ob solten auf dem zum 15denmal gehaltenen masquirten Ball gegen 900. Maskeren gezehlet seyn worden, nachdeme aber die seithero von Behörde eingezogene sichere Auskunft gezeiget, daß deren nur 776. waren, als hat man die oben angesetzte Anzahl hiemit widerruffen wollen.«

112 Wiener Diarium Nr. 19 (1783) [2. März, aus Anlass des Besuchs des marokkanischen Botschafters].

113 Eibner, Franz: Die musikalische Geburt des Wiener Walzers. In: Waissenberger: Fasching in

Daneben widmete der Wiener Hof den als Imitation der Erwachsenenbälle angelegten Kinderfaschingsfesten große Aufmerksamkeit – eigene *faschings lustbarkeiten, welche* [...] *einige junge herren und fräulen von dem hiesigen hochen adel in der kayserlichen burg gehalten.*[114] Die Erzherzoginnen und Erzherzoge durften sich beispielsweise 1717 zu einer brabantischen Hochzeit verkleiden, bei der nach Art der Wirtschaften Funktionen (etwa Musikant, Dorfrichter, Bauer, Beistand, Kränzljungfrau, Bräutigam, Braut usw.) vergeben wurden. In mehreren Aufzügen präsentierten die Jugendlichen dieses Spektakel vor dem kaiserlichen Paar, das anschließend aufgrund der *geschicklichkeit* dieser *so zart junge*[r] *herren und fräulen* jedem Teilnehmer ein Geschenk überreichte. Auch später finden sich regelmäßig in den Zeremonialprotokollen Veranstaltungen für Kinder: etwa eine *masquirte kinder burleska* oder »der gewöhnliche donnerstägige Kinderbal«.[115] Der Obersthofmeister Johann Joseph Khevenhüller-Metsch war sich der Inklusions-/Exklusionsmechanismen dieser maskierten Kinderbälle bei Hof bewusst, als er notierte, »hatte meine Terese immer die Gnad, eine Gespännin des Ertzherzogs Carl zu sein«.[116] Nicht nur der Hof, sondern auch hochgestellte Persönlichkeiten bei Hof organisierten Kindermaskenbälle – »bei Hoff gabe die Fürstin von Trautsohn den jungen Herrschafften ein kleines unmaschiertes Fest, consistant en bal et soupé«.[117]

Schlittenfahrten

Ebenfalls fest mit der winterlichen Faschingszeit verbunden sind die von Schnee- und Wetterlage abhängigen höfischen, von durchschnittlich zehn bis vierzig Fahrzeugen bestrittenen Schlittenfahrten, die vom Kaiser initiiert meist bei Tag, aber

Wien S. 10–16; Rumpler, Helmut: Eine Chance für Mitteleuropa. Bürgerliche Emanzipation und Staatsverfall in der Habsburgermonarchie. Wien 1997, S. 140–147.

114 HHStA, ZA Prot. 10, fol. 4v–6v [8. Februar 1717].

115 HHStA, ZA Prot. 10, fol. 218v–219r [13. Februar 1719]; Grossegger, Elisabeth: Theater, Feste und Feiern zur Zeit Maria Theresias 1742–1776 nach den Tagebucheintragungen des Fürsten Johann Joseph Khevenhüller-Metsch, Obersthofmeister der Kaiserin. Wien 1987, S. 165 [5. Februar 1765].

116 Grossegger: Theater S. 127 [22. Februar 1753].

117 Ebd. S. 136 [21. Februar 1754].

auch unter Fackelschein des Nachts stattfanden.[118] Die vom Stand und Rang bei Hof vorgegebenen und keineswegs konfliktfreien Ordnungsarrangements (Fahrten nach dem Rang) wurde mitunter durch Losziehung durchbrochen, indem den mit kostbaren Rennschlitten ausgestatteten Kavalieren Damen, aber auch der jeweilige Platz in der Reihe zugelost wurden. Zog ein Kavalier eine Erzherzogin als Begleiterin, so musste er diese vom Kutschbock aus kutschieren, um Rangkonflikte zu vermeiden. Bei Fahrten nach Rang hatten zudem die verschiedenen Hofstaaten berücksichtigt zu werden, auf eine Dame aus dem Hofstaat der Kaiserin folgte beispielsweise wechselweise eine Dame aus dem Hofstaat der Kaiserinwitwe. Es gab aber auch Mischverfahren von Los und Rangordnung, wie der Präsident der Hofrechenkammer Karl von Zinzendorf 1785 vermerkt: »Wir gingen um zwei Uhr in das Erdgeschoß des Amalienhofes, wo sich die 28 Damen und 28 Kavaliere versammelten, die am Fest teilnehmen sollten. Für die 18 Birutschen wurde durch die Damen das Los gezogen, und die zehn Damen, die in Kutschen fahren sollten, wählten ihre Kavaliere.«[119] Die Schlittenfahrt führte zu Repräsentationszwecken häufig durch die vornehmsten Gassen und Straßen der Stadt. Vor allem das »Rädl« auf den großen Plätzen der Stadt (etwa dem Neuen Markt, Burgplatz) wurde mehrmals bildlich dargestellt – die aufgereihten Schlitten zogen auf den für den öffentlichen Kutschenverkehr gesperrten Plätzen große Kreise und boten damit eine breite, theatralische Schauseite für die Zuschauer, darunter die Botschafter und Residenten, aber auch die Wiener Bevölkerung. Mitunter lagen die Zielorte der Schlittenfahrten auch außerhalb der Stadt (Maria Hietzing, Laxenburg, Schönbrunn oder Hetzendorf). Ähnlich wie bei den Bauernhochzeiten lässt sich feststellen, dass ein Großteil der hochrangigen Hofgesellschaft wohl aus Kostengründen nicht an den Schlittenfahrten teilnahm, so dass die Teilnahme bei Schlittenfahrten eher eine Aufstiegsoption für Inhaber von kaiserlichen Einstiegsämtern (Kämmerer, Reichshofräte, geheime Räte) darstellte.[120] Die Teilnahme an den Schlittenfahrten war mit hohen Aufwendungen für die manchmal von den Teil-

---

118 Seitschek, Stefan: Karussel und Schlittenfahrt im Spiegel der Zeremonialprotokolle – nicht mehr als höfische Belustigung?. In: Pangerl/Scheutz/Winkelbauer: Der Wiener Hof S. 357–434, hier S. 385–409, S. 421–425, S. 429–434. Zu Schlittenfahrten siehe auch Lünig: Theatrum Ceremoniale Bd. 2, S. 1202f. [1709], S. 1207f. [1716]

119 Wagner, Hans: Wien von Maria Theresia bis zur Fanzosenzeit. Aus den Tagebüchern des Grafen Karl von Zinzendorf. Wien 1972, S. 39 [1785].

120 Pečar: Die Ökonomie der Ehre S. 187.

nehmern geliehenen Prunkschlitten/Pirutschen (daneben auch einsitzige Rennschlitten) selbst, aber auch für die kostbaren Kostüme und für die Ausstattung der Pferde, der Läufer und der Reitknechte verbunden. Neben den Schlitten galt vor allem den Hofdamen und den Gemahlinnen der hohen Hofämter die größte Aufmerksamkeit – die nach Rang durchgeführten Schlittenfahrten spiegeln den innerhalb der Hofgesellschaft erworbenen Rang nach außen.

Weitere Divertissements

Eine Besonderheit des Wiener Hofes, über die wenig bekannt ist, stellt das so genannte »Krapfenschießen«[121] dar, das meist auf der »Bell'Aria« der Hofburg abgehalten wurde. »Die Scheiben-Schießen werden [...] in den freyen auf einem Platze gehalten. [...] Die Schützen schiessen nach der Ordnung wie sie das Looß trifft, und gehen ihre Rennen durch. Die gantze Gesellschaft wird vorher durch eine lustige Anrede, die ein Pritschenmeister zu halten pflegt, dazu invitirt. Es werden auch gewisse Gesetze und Articul, wie es in einen und dem andern gehalten werden soll, vorher publicirt. [...] Die Scheiben werden bißweilen mit artig inventirten Gemählden, und curieusen Versen ausgezieret. Es werden vor die Sieger besondere Gewinste ausgesetzt, die in silbernen Geschirren, kostbahren Pistohlen, schönen Uhren, Tabatieren u. d. g. bestehen.«[122] Während der Faschingszeit schoss die Hofgesellschaft bei schönem Wetter[123] mehrmals im Freien auf Scheiben (*ordinari scheiben-schiessen*)[124] – das bürgerliche »Bölzl-Schießen« der zweiten Hälfte des 18. Jahrhunderts und die zahlreichen Faschingsschießen der bürgerlichen Schützenvereine reihen sich da in den höfischen Kontext.[125]

121 HHStA, ZA Prot. 11, fol. 5^v [20. Februar 1721]: d*az so genannte krapfen oder faschingsschüssen gehalten.* Vgl. beispielsweise ebd. fol. 385^{r-v}, 388^r [28. Februar 1724, 4. März 1724]; ZA Prot. 12, fol. 32^{r-v} [11. Februar 1725], fol. 137^v [8. Jänner 1726]. Zu Jahresbeginn taucht auch gelegentlich das so genannte »Zuckerschießen« auf, ZA Prot. 14, fol. 250^r [4. Jänner 1729].

122 Rohr: Einleitung zur Ceremoniel-Wissenschafft der großen Herren S. 853f.

123 HHStA, ZA Prot. 13, fol. 143^r [4. März 1726]: *krapfen schiesen des üblen wetters wegen bis zu einer bessern zeit verschoben.*

124 HHStA, ZA Prot. 10, fol. 203^r [7. Jänner 1719]; fol. 209^r [13. Jänner 1719]; fol. 212^v [24. Jänner 1719].

125 Bauer, Günther G.: Mozart und das Salzburger Bölzelschießen 1766–1799. In: ders. (Hg.): Mozart. Glück, Spiel und Leidenschaft. Bad Honnef 2003, S. 51–92; weitgehend ident: ders.: Böl-

Neben den Opern- und Komödienaufführungen, den Wirtschaften und Schlittenfahrten bestand der Fasching bei Hof auch aus Akademien, wo vermutlich nach italienischem Vorbild zu einem vorgegebenen Thema geistvolle Unterhaltungen geführt wurden.[126] Während der Faschingszeit trafen sich nachweislich seit 1656 auf Initiative von Erzherzog Leopold Wilhelm mehrere Männer, um auf Italienisch über Themen wie Einsamkeit, die Liebe oder etwa die Frage nach der größeren Beständigkeit von Frauen oder Männern in der Antike zu debattieren. Mitunter wurden diese Akademien durch von Kavalieren oder Hofdamen dargebotene Ballette unterbrochen oder von Musik einbegleitet.[127] Zu den Faschingsbelustigungen gehörten auch die glanzvollen Eheschließungen von Hofdamen mit hochrangigen Adeligen – die Eheschließung mit einer Hofdame war ein wesentlicher Bestandteil einer Hofkarriere adeliger Herren.[128] So wurde am 13. Februar 1721 die Hochzeit des kaiserlichen Kammerfräuleins Maria Aloisia von Harrach mit Franz Anton von Lamberg im Spiegelzimmer der Kaiserin unter Anwesenheit der regierenden wie auch verwitweten Kaiserin und der Erzherzoginnen gefeiert und anschließend am Abend vom Hof eine *wälsche comedie* besucht.[129] In die Faschingszeiten fielen mitunter auch Illuminationen, die meist aber einen integrativen Teil größerer höfischer Festveranstaltungen (wie Hochzeiten, Geburts- oder Namenstage) bildeten. Im Februar 1677 wurde das *zu ehren ihr mayestät der kayserin Eleonora Magdalena Theresiae* [...] *vor dem burgthore verfertigte feuerwerckh baldt nach 6 uhr abendts angezündet.*[130] Die Feuerwerke brach-

zelschießen – das »Dartfieber« der Mozartzeit. Salzburg 1770–1795. In: Automatenspiel. Homo Ludens IX (1999) S. 159–2001.

126 Seifert: Die Oper am Wiener Kaiserhof S. 157–165.

127 HHStA, ZA Prot. 15, fol. 255v [25. Februar 1734]: *Nachdeme ihro kayserliche mayestät allergnädigst resolviret haben, vor heür keine offentliche faschings lustbarkeiten bey hoff halten zu lassen, alß hat sich die allerhöchste herrschafft nur mit kleinen cammerfesten begnüget, wie dan selbte anheüt nachmittag in ihro mayestät der regierenden kayserin spiegel zimmer einer musicalischen academie und nach solcher einen tanz bey 2 stund lang beygewohnet haben.*

128 Keller: Hofdamen S. 72–86, S. 150.

129 Hochzeiten mit kaiserlichen Kammerfräuleins: HHStA, ZA Prot. 11, fol. 5r–v [13. Februar 1721]. Weitere Eheschließungen in der Faschingszeit ZA Prot. 5, fol. 131r [1694, Heirat von Franz Anton von Dietrichstein], ZA Prot. 9, fol. 30v [1716, Heirat von Josef von Liechtenstein]; ZA Prot. 14, fol. 8v [5. Februar 1728, Heirat des Grafen von La Nussa].

130 HHStA, ZA Prot. 3, fol. 110r–v [Februar 1677]: *die kayserin haben mit einem lauffenden feür deß Prometheus fackel und diser das gantze werckh angezündet, worauff die* [...] *30 grobe stucke los gebrennet.*

ten dabei häufig politische oder mythologische Semantiken zum Ausdruck. Nicht nur die dritte Ehefrau Kaiser Leopolds I., sondern auch die Hochzeit von Erzherzog Joseph, des späteren Kaisers, mit Amalia Wilhelmine von Braunschweig-Lüneburg fand unter Begleitung eines »schönen« Feuerwerks statt.[131]

Gegenwelt, Prestige, Geselligkeit und ein wenig Rollenwechsel

Der Fasching bei Hof im 17. und 18. Jahrhundert erinnert kaum noch an die oft blutigen Rituale der Reformationszeit, als der Fasching zum umkämpften Turnierplatz konfessioneller Auseinandersetzungen mutierte. Rollenwechsel, Gegenwelten, Prestige und Geselligkeit bildeten auch bei Hof die verlässlichen Ingredienzien der Karnevalszeit.[132] Der Fasching bildet – nur geringfügig abweichend – soziale Ordnungen im Stadtraum ab und visualisiert ständische Differenz. Für den Wiener Hof war der Fasching eine von den Bürgern streng getrennte Bühne der teuren Selbstrepräsentation. In Anlehnung an ein berühmtes, Raimund Graf Montecuccoli zugeschriebenes Diktum könnte man sagen, dass man für den Fasching bei Hof vor allem Geld, Geld und nochmals Geld brauchte. Man befand sich im Fasching »im Krieg mit der Ethik des Akkumulierens, der ›Ersparnis‹ und des ›Besitztums‹«:[133] aufwändige Schlitten, wechselnde Kleider für Kavalier, Dame und deren Kinder, aufwändige Kleidung für die eigens komponierten prächtigen Faschingsopern und Komödien. Der Fasching war keinesfalls ein freier zeremonieller Raum, sondern vergab bei den Wirtschaften alternative und recht komplexe Spielregeln, die aus Hochadeligen Dorfjuden oder aus Kaisern Wirte machte; mitunter wurden aber manche Personen im Rang unverändert belassen: Kurfürsten blieben auf dem Reichstag von 1653 Kurfürsten. Bei den Komödien und Opernaufführungen kam es immer wieder zu Präzedenzstreitigkeiten oder Störungen, weil Botschafter nicht oder nicht entsprechend ihrem Rang zu Kam-

131 HHStA, ZA Prot. 5, fol. 541r–v [25. Februar 1699]. Zum Feuerwerk am Wiener Hof Bastl, Beatrix: Feuerwerk und Schlittenfahrt. Ordnungen zwischen Ritual und Zeremoniell. In: Wiener Geschichtsblätter 51 (1996) S. 197–229, hier S. 205–216.

132 Bausinger, Hermann: Hintergründe der Fasnacht. In: Sund, Horst (Hg.): Narrenfreiheit. Beiträge zur Fastnachtforschung. Schloss 1980, S. 13–27.

133 Camporesi, Piero: Bauern, Priester, Possenreißer. Volkskultur und Kultur der Eliten im Mittelalter und in der frühen Neuzeit. Frankfurt/Main/New York 1994, S. 105.

merfesten eingeladen worden waren oder nicht auf der »richtigen« Bank zu sitzen kamen. Der katholische Fasching schuf insgesamt eine hervorragende Vergleichsmöglichkeit an Statuskonsum zu anderen katholischen Höfen (Schlittenfahrten, Faschingsopern), schloss aber die protestantischen Höfe aus diesem Vergleich aus konfessionellen Gründen aus.[134]

Die Hofbälle wie die maskierten und unmaskierten Redouten der zweiten Hälfte des 18. Jahrhunderts weichten diese Visualisierung ständischer Inklusion bzw. Exklusion über das Mittel der Verkleidung auf, die hohen Eintrittspreise blieben aber ein sozial distinktives Merkmal. Nach dem 7. Jänner, verstärkt ab Maria Lichtmess, begannen die Redouten. In der Berichterstattung des Wiener Diariums bemühte man sich sorgfältig, nicht das Image eines nur konsumorientierten, sondern auch eines im Sinne der Aufklärung arbeitsamen Hofes nach außen zu senden. Der Arbeit bei Tag (etwa abgehaltene Konferenzen und Audienzen) wurden der Spaß und der demonstrative nächtliche Zeitkonsum des Adels gegenübergestellt. Eine weitere wichtige Opposition zum sündigen Fasching boten die zahlreichen, bei Tag erfolgten Kirchenbesuche des Hofes. »Den 20. [Februar 1757] fuhre der Kaiser allein zu der gewöhnlichen Andacht und 40stündigen Gebett in das Profeß-Hauß. Abends solte der lezte maschirte Hoffbal sein, wurde aber wegen darzwischen gekommener Blattern der Frauen Mariae wieder contremandiret.«[135] Der Fasching steht umgekehrt aber auch für die allmähliche Eroberung der Nacht durch die aufkommenden bürgerlichen Schichten, die Mehlgrube als exklusiver Begegnungsort der Bürger mit dem Adel half mit, das adelige Freizeitmuster zu durchbrechen. Der mondäne Fasching der Innenstadt wurde im 18. Jahrhundert zunehmend vom glanzlosen, ständisch stärker durchmischten Fasching der Vorstädte unterlaufen. Auf jeden Fall sah der Aschermittwoch die verkaterten Mitglieder des Wiener Hofes nach den als Klimax erlebten »drei heiligen Faschingstagen« ernüchtert – der Hof begann die *einäscherung* in der Regel mit einem Gottesdienstbesuch und dem Besuch der ersten *wälischen predigt* – business as usual.

134 Duindam, Jeroen: Vienna and Versailles. The Courts of Europe's dynastic Rivals, 1550–1780. Cambridge 2003. S. 138, 142.

135 Grossegger: Theater S. 181 [20. Februar 1757].

Andrea Griesebner

Wien und die exurbia

Funktionen und Optionen in der zweiten Hälfte des 18. Jahrhunderts

Mitte des 18. Jahrhunderts war Wien – nach London, Paris und Neapel – die viertgrößte Stadt Europas; etwa 50.000 Menschen lebten in der Stadt und etwa 120.000 Menschen in den Vorstädten.[1] Neben dem Hof und zentralen Institutionen des Heiligen römischen Reiches und der Habsburger Monarchie befanden sich in der Haupt- und Residenzstadt auch Einrichtungen der Stadt und des Wiener Erzbistums, die für die BewohnerInnen im näheren Umland zuständig waren bzw. von ihnen genützt wurden. In meinem Beitrag möchte ich den Blick auf einige dieser Institutionen lenken und danach fragen, welche Funktionen sie für die BewohnerInnen der exurbia bzw. für die Obrigkeiten in der exurbia erfüllten. Mit exurbia bezeichne ich jene Orte, die keine Vororte von Wien waren, die sich aber in räumlicher Nähe der Haupt- und Residenzstadt befanden. Diese Nähe eröffnete, so meine These, Handlungsoptionen, über welche BewohnerInnen von Dörfern und Märkten ohne Großstadtnähe nicht verfügten.

Wegen der hervorragenden Quellenüberlieferung untersuche ich die Beziehung zwischen den in Wien lokalisierten Institutionen und der exurbia am Beispiel des etwa zwei Wegstunden von Wien entfernten landesfürstlichen Marktes Perchtoldsdorf. Für die Wahl dieses Marktes spricht zudem, dass ich, in Anlehnung an ein berühmtes Zitat von Giovanni Levi, nicht über, sondern in Perchtoldsdorf viele Jahre geforscht habe.[2] Das dadurch erworbene Wissen ermöglicht mir nicht nur die Einbeziehung von Quellen, die ich ursprünglich für ganz andere Fragestellungen analysierte,[3] sondern auch die Kontextualisierung einzelner Quel-

1 Weigl, Andreas: Frühneuzeitliches Bevölkerungswachstum. In: Vocelka, Karl/Traninger, Anita (Hg.): Wien. Geschichte einer Stadt. Band 2. Wien u. a. 2003, S. 109–132, hier S. 110f.

2 Levi, Giovanni: On Microhistory. In: Burke, Peter (Hg.): New Perspectives on Historical Writing. Oxford 1991, S. 93–113.

3 Zur Malefizgerichtsbarkeit vgl. Griesebner, Andrea: Konkurrierende Wahrheiten. Malefizprozesse

lenbefunde. Zeitlich werde ich mich auf die zweite Hälfte des 18. Jahrhunderts konzentrieren.

Die im Perchtoldsdorfer Marktarchiv überlieferten Quellen verweisen darauf, dass der Besuch der nahen Haupt- und Residenzstadt für viele der ca. 2.500 BewohnerInnen des Landgerichtsbezirks alltäglich war.[4] Häufig findet sich in den Ratsprotokollen, aber auch in den Akten der niederen und der höheren Gerichtsbarkeit des Marktes en passant erwähnt, dass Frauen, Männer und Kinder des Landgerichtsbezirks in die nahe Großstadt gefahren oder gegangen waren, um Waren zu kaufen oder zu verkaufen, um zu arbeiten oder Arbeit zu suchen, Verwandte und Freunde zu treffen oder auch um Amtswege zu erledigen. Wir erfahren aber auch, dass Perchtoldsdorfer BürgerInnen ihre Kinder nach Wien bzw. in die Vorstädte in die Lehre gaben. So war beispielsweise Franz Mayerhofer, Sohn des langjährigen Ratsmitglieds Josef Mayerhofer, 1761 von seinen Eltern zum Sattlermeister Weinhard auf den Spittelberg geschickt worden, wo der damals 12jährige allerdings nur 1 1/2 Jahre blieb: Rückblickend begründete Franz Mayerhofer, von dem noch die Rede sein wird, 1779 den Abbruch der Lehre damit: *weil* [ich] *aber zu scharf zu arbeit angehalten worden, so bin davon und nacher haus gegangen und habe alda bey den eltern die kaufmannschaft, oder landkrammerey durch 6 jahre erlernet.*[5]

Neben diesen alltäglichen Funktionen der Haupt- und Residenzstadt lassen sich in den Quellen aber auch Spuren dafür finden, dass BewohnerInnen der exurbia die nahe Großstadt und ihre Institutionen nützten, um der sozialen Kontrolle zu entgehen: Die Anonymität der Großstadt ermöglichte es ihnen, verbotene sexuelle Beziehungen weiterzuführen, Kinder aus außerehelichen Schwangerschaf-

vor dem Landgericht Perchtoldsdorf im 18. Jahrhundert. Wien u. a. 2000. Die Akten der niederen Gerichtsbarkeit standen jüngst im Zentrum eines von Susanne Hehenberger und mir geleiteten Forschungsseminars an der Universität Wien. Vgl. Czwik, Maria/Griesebner, Andrea/Hehenberger, Susanne/Krovat, Katharina/Luef, Evelyne/Pfister, Eugen/Pribitzer, Petra: Ehre – Emotionen – Eigentum. Häusliche Gewalt, Wirtshaushändel und Holzdiebstähle in Perchtoldsdorf (18. Jahrhundert). In: Frühneuzeit-Info 18/1–2 (2007) S. 62–90.

4 Die 1754 erstellte Konskriptionstabelle listete für den Markt Perchtoldsdorf 1.723 »Seelen« (inklusive der Dienstmägde, Knechte und HauerInnen) und für das zum Landgerichtsbezirk gehörende Dorf Rodaun nochmals 699 Männer, Frauen und Kinder auf. AMP, Kt. 152/4: *Conscriptions-Tabelle. Deren unter der herrschaft, stadt, oder markt N.N. wohnenden unterthänigen, und anderen seelen. April 1754.*

5 AMP, Kt. 94/5: Summarische Aussage des Franz Mayrhofer vom 18. Oktober 1779.

ten zur Welt zu bringen und wegzulegen oder Suizidversuche zu vertuschen. Von manchen dieser Praktiken, die der Aufmerksamkeit der Obrigkeiten erfolgreich verborgen wurden, wissen wir deshalb, weil sie, manchmal Jahre später, im Kontext gerichtlicher Befragungen zu anderen Delikten, eingestanden wurden.

Anonymität der Grossstadt

Eine jener Frauen, die ihre uneheliche Schwangerschaft und Niederkunft vor der lokalen Obrigkeit erfolgreich verborgen hatte, war die 21jährige, aus Rodaun gebürtige Eva Metzgerin. Anfang Juni 1747 hatte sie bei einer Wiener Hebamme im »Rotgässl« ihr Kind zur Welt gebracht. Der Kindsvater, der verheiratete Rodauner Bäckermeister Johann Georg Scheffer, bei dem Eva Metzgerin als Dienstmagd arbeitete, hatte den Kontakt zur Hebamme hergestellt und diese auch bezahlt. Fast zwei Jahre später, im März 1749, wurde Georg Scheffer wegen »einfachen Ehebruchs« vom Rodauner Herrschaftsverwalter verhört. Bei seiner Einvernahme gab er zu, neben Susanna Gspännin auch Eva Metzgerin geschwängert zu haben, worauf auch Eva Metzgerin vom Rodauner Verwalter einvernommen wurde.[6] Nach dem Verbleib dieses Kindes gefragt, erzählte Eva Metzgerin am 27. März 1749, dass der Bäckermeister sie zur Geburt zu einer Wiener Hebamme geschickt hätte, bei welcher sie vier Wochen vor und 14 Tage nach der Niederkunft verbracht habe.[7] Vor der Geburt habe er sie auch vier oder fünf Mal besucht, ihr Lebensmittel gebracht und wäre *einmal auf die Holtz Gstätten mit ihr hinauf gegangen, und diese schand thatt bey hell liechten tag mit ihr getrieben*. Nach dem Verbleib dieses Kindes gefragt, gab Eva Metzgerin an, dass die Dienstmagd der Hebamme ihr angeboten hätte, das Kind zu ihrer Patin zu tragen, bei welcher *solches besser als ein spittal kind wird erzogen werden*. Sie hätte deshalb das Kind nicht, wie ursprünglich geplant, in das Spital gebracht, sondern dieses der Hebamme überlassen.

Unsicher, ob Georg Scheffer und die beiden Frauen nicht landgerichtlich zu bestrafen wären, informierte der Rodauner Herrschaftsverwalter das Perchtoldsdorfer Landgericht. Während Georg Scheffer und Susanna Gspännin auch tat-

6 AMP, Ratsprotokoll, Sitzung vom 12. April 1749.

7 AMP, Kt. 91/1: Beilage Rodaun: Summarisches Examen mit Eva Metzgerin vom 27. März 1749.

sächlich überstellt wurden, war es Eva Metzgerin gelungen, aus dem Rodauner Arrest zu fliehen. Am 5. Juni 1749 wurde sie in Rodaun neuerlich verhaftet und einen Tag später an das Perchtoldsdorfer Landgericht überstellt. In ihrer Einvernahme in der Perchtoldsdorfer Ratskanzlei blieb Eva Metzgerin bei ihrer Version der *Vertragung* des Neugeborenen durch die Dienstmagd der Hebamme.[8] Diese habe ihr versichert, dass es ihrem Kind bei der Patin besser gehen werde als im Spital, wo die Kinder *sehr geschlagen werden*. Die Magd hätte das Kind in einen Polster eingewickelt und *fort getragen*, bei ihrer Rückkehr habe sie ihr den *begehrten gulden gegeben*. Sie selbst wäre sofort nach Rodaun zurückgekehrt, wo sie allerdings nicht mehr beim Bäckermeister gearbeitet, sondern bei ihrem Bruder gewohnt hätte. Da der Bäckermeister sie des öfteren bei ihrem Bruder besuchte, wo er *dieses laster mit ihr getrieben* und *die leuth dessenthalben auf sie einen argwohn* hatten, habe der Bäckermeister sie erneut nach Wien geschickt. Diesmal zu einem Diener bei St. Ulrich auf dem Plätzl, im heutigen 7. Bezirk. Während der vier Wochen, die sie dort verbrachte, habe Georg Scheffer sie etwa sechs Mal besucht, *sie auf das Lerchenfeld spazieren geführt, und alle mahl sich mit ihr fleischlich versündiget*. Georg Scheffer und Eva Metzgerin nützten die Anonymität der Großstadt nicht nur, um das gemeinsame Kind zu verheimlichen, sondern auch, um ihre sexuelle Beziehung weiterzuführen.

Die in »nachbarschaftlicher Hilfe« vom Wiener Stadt- und Landgericht am 20. Juni 1749 einvernommene 56jährige Hebamme Barbara Richterin bestätigte, ungefähr zwei Jahre zuvor Eva Metzgerin, ohne nach ihrem *namen, stand oder ursach der schwangerschaft* zu fragen, aufgenommen zu haben.[9] Für die Niederkunft hätte sie sechs Gulden und als Kostgeld fünf Gulden verlangt. Das von Eva Metzgerin *neu zur welt gebohrene kindt* hätte ein Bäckermeister aus Rodaun von seiner Stieftochter bei St. Stephan *zur heyligen tauf heben lassen*. Als sie von der *vertragung* des Kindes erfuhr, so die Hebamme weiter, habe sie ihr *dienstmensch allsogleich zur beicht geschickt*. Von ihrer Dienstmagd wisse sie nur, dass diese das Kind im Auftrag der Kindsmutter vor dem Haus »Zur blauen Flasche« am Stock-im-Eisen-Platz niedergelegt hatte, wo das Kind sofort vom dortigen *hausknecht* aufgehoben und versorgt worden sei. Während die verschiedenen Versuche des Perchtoldsdorfer

8 Ebd. Artikuliertes Examen mit Eva Metzgerin vom 7. Juni 1749.

9 Ebd. Summarische Aussage von Barbara Richterin vom 20. Juni 1749.

Landgerichts, die Dienstmagd der Hebamme ausfindig zu machen, scheiterten,[10] bestätigte Johann Georg Reiter, Hausknecht der »blauen Flasche«, ein Kind gefunden und im Auftrag seines verstorbenen Herrn gegen die Aufnahmegebühr von 4 Gulden 12 Kreuzer im Bürgerspital abgegeben zu haben,[11] wo es, wie ein Auszug aus dem Bürgerspital belegt, 15 Tage später, am 25. Juni 1747 verstorben war.[12] Als Todesursache vermerkt der Auszug die damals bei Neugeborenen häufigste Begründung: *Frais*.[13]

Am 23. September 1749, nachdem Eva Metzgerin bereits dreieinhalb Monate in Untersuchungshaft verbracht hatte, traf das rechtliche Gutachten des marktbestellten Rechtsgutachters ein.[14] Johann Leopold Edler von Freyenberg schlug als Urteil vor, dass Eva Metzgerin aus dem Arrest entlassen und vom Landgerichtsbezirk *abgeschafft*[15] werden sollte und begründete sein mildes Urteil damit, dass das Neugeborene sofort gefunden und auch lebend im Wiener Bürgerspital abgegeben worden war. Das Landgericht übernahm seinen Urteilsvorschlag, den die Beamten der Niederösterreichischen Regierung (NÖ. Regierung) um eine einmonatige Spitalsarbeit in Perchtoldsdorf verschärfte. Gegen Georg Scheffer hatte das Landgericht keinen Malefizprozess eingeleitet. Er war wegen »einfachen Ehebruchs« am 12. April 1749 zu 32 Gulden Strafgeld verurteilt und aus dem Arrest entlassen worden.

---

10 Ebd. Schreiben an den Oberhauptmann von Böhmischgrätz vom 20. Juli 1749, vom 16. August 1749 und vom 30. August 1749; Antwortschreiben des Oberhauptmannes von Böhmischgrätz vom 4. September 1749.

11 Ebd. Summarische Aussage von Johann Georg Reitter vom 20. Juni 1749.

12 Ebd. Protokollauszug des Bürgerspitals vom 21. Juni 1749.

13 Unter vielen Bedeutungen auch: »fallende Sucht, die Epilepsie.« Vgl. Adelung, Johann Christoph: Grammatisch-kritisches Wörterbuch der Hochdeutschen Mundart, mit beständiger Vergleichung der übrigen Mundarten, besonders aber der Oberdeutschen. Bd. 2. Wien 1811, Sp. 263.

14 Als landesfürstliches Landgericht war das Perchtoldsdorfer Landgericht kein Gericht im modernen Sinn, sondern eine Ermittlungsbehörde, die in Malefizprozessen über keine Urteilskompetenz verfügte. Es musste die Ermittlungsakten zuerst einem Rechtsgutachter vorlegen, der nicht nur die Korrektheit des Verfahrens prüfte, sondern auch einen Urteilsvorschlag erstellte. Dieser rechtsgutachterliche Urteilsvorschlag wurde vom Landgericht in aller Regel als *Endturteil* übernommen. Das Landgericht musste dieses *Endturteil* zur Bestätigung oder Änderung der NÖ. Regierung einreichen, deren Beamte das für die DelinquentInnen relevante Urteil fällten.

15 Der Begriff »Abschaffung« bedeutet das Verbot, sich an einem geographisch spezifizierten Raum – hier im Landgerichtsbezirk – aufzuhalten. Der verbotene Raum konnte vom Landgerichtsbezirk über das Erzherzogtum bis hin zu allen deutschsprachigen Erbländern der Habsburger reichen, und die Abschaffung zeitlich befristet oder auch auf »ewig« ausgesprochen werden.

St. Marxer Bürgerspital

Als »Filiale« des Wiener Bürgerspitals diente das St. Marxer Bürgerspital seit Anfang des 18. Jahrhunderts sowohl als Gebäranstalt für ledige Frauen als auch als Heilanstalt für Frauen, die an Syphilis erkrankt waren. Bis zur Gründung des Wiener Gebär- und Findelhauses im Jahr 1784 wurde das St. Marxer Bürgerspital auch von Frauen der exurbia genützt, um unerkannt ein Kind zur Welt zu bringen. Dabei gingen die Frauen beträchtliche Risiken nicht nur für das Kind, sondern auch für sich selbst ein. Neben der Säuglings- war auch die Wöchnerinnensterblichkeit in frühneuzeitlichen Spitälern hoch. In den 1770er Jahren waren es jährlich ca. 500, überwiegend ledige Frauen, die sich zur Niederkunft dem St. Marxer Spital anvertrauten.[16] Davon starben drei Prozent der Frauen und fast 25 Prozent der Säuglinge bei oder kurz nach der Geburt.[17] In historisch-demographischen Untersuchungen erfahren wir nichts über diese Frauen, sie treten nur in der Form von aggregierten Daten, als statistischer Beleg für Illegitimität in Erscheinung.[18]

Zumindest zwei ledige Frauen der exurbia, die ihre Schwangerschaft erfolgreich verborgen hatten, nützten das St. Marxer Bürgerspital zur Niederkunft. Beide Fälle sind nur deshalb in den Gerichtsakten überliefert, weil beide Frauen zwei bzw. vier Jahre später neuerlich außerhalb der Ehe schwanger geworden waren. Die 25jährige, in Perchtoldsdorf geborene Susanna Fuxsteinerin, die sich 1760/61 wegen Kindsmord verantworten musste, erzählte auf die Frage, *ob sie nicht sonst ein kind verthan* habe, dass sie bereits zwei Jahre zuvor im St. Marxer Bürgerspital Mutter geworden sei.[19] Zu St. Marx hätte sie zwar ihren richtigen Namen, aber einen falschen Geburtsort angegeben. Nach ihrer Entlassung habe sie das Kind, *in windeln eingewickelter*, im Vorhaus eines Bierhauses auf der Landstraße liegen gelassen. Das St. Marxer Spital bestätigte, Susanna Fuxsteinerin am 11. März 1758 aufgenommen, und am 13. April 1758 gemeinsam mit ihrem Kind

16 Pawlowsky, Verena: Mutter ledig – Vater Staat. Das Gebär- und Findelhaus in Wien 1784–1910. Innsbruck u. a. 2001, S. 39.

17 Pawlowsky, Verena/Zechner, Rosa: Das Wiener Gebär- und Findelhaus (1784–1910). Bd. 1–3, unter Mitarbeit von Ingrid Mtschinegg. Forschungsbericht im Auftrag des Bundesministeriums für Wissenschaft und Forschung und des Jubiläumsfonds der Österreichischen Nationalbank. Wien 1993, S. 16.

18 Weigl: Frühneuzeitliches Bevölkerungswachstum S. 118.

19 AMP, Kt. 94/1: Summarisches Examen mit Susanna Fuxsteinerin vom 9. Dezember 1760.

entlassen zu haben.[20] Der vom Landgericht ausfindig gemachte Inhaber des Bierhauses, Sebastian Beer, bezeugte, am 14. April 1758 in seinem Vorhaus ein Kind gefunden zu haben, welches er in das Wiener Bürgerspital gebracht und für dessen Aufnahme er drei Dukaten bezahlt habe.[21] Wie ein mitgeschickter Auszug aus dem Bürgerspital belegt, war es auf den Namen Josef getauft worden.[22]

Warum Susanna Fuxsteinerin zwei Jahre später ihr Kind ohne Hilfe auf dem Abort des Perchtoldsdorfer Armenhauses zur Welt brachte, bleibt unklar. Ihrer Angabe nach habe sie sich ein *vierfach zusammen gelegtes leylach* [Leintuch], *damit das kindt ihme nicht weh thun möchte, untergelegt, sich nieder gehuckt, und auf selben gebohren.*[23] Als das Neugeborene *etwas geschrien*, habe sie ihm *das maull mit der handt zugehalten*, es zusammen mit der Nachgeburt in das Leintuch gewickelt und in den Hof getragen, wo sie es zwischen die Bretter des Holzstoßes legte. Weil das Neugeborene schrie, habe sie mit der Hand die Bretter zweimal niedergedrückt, *in der meinung, damit selbes hätte hin seyn sollen*. Nach etwa einer halben Stunde habe sie wieder nach dem Kind gesehen. Hätte sie dieses noch lebend gefunden, so *wäre sie selbes in ein haus niederzulegen willens gewesen*. Weil sie das Neugeborene zwar noch warm, aber bereits tot fand, habe sie es gemeinsam mit der Nabelschnur in die beim Armenhaus gelegene Rossschwemme geworfen. Der Gedanke zur *vertuschung* der Geburt wäre ihr erst während bzw. kurz nach der Geburt gekommen, weil sie sich, als das Kind schrie, ihrer Situation schämte. Susanna Fuxsteinerin wurde von allen Instanzen (Rechtsgutachter, Landgericht, NÖ. Regierung) zum Tode durch das Schwert verurteilt. Ihre Exekution übernahm am Samstag, den 11. April 1761, der nach Perchtoldsdorf angereiste Wiener Scharfrichter.

Rund ein Jahr nach der Exekution von Susanna Fuxsteinerin entschied sich die 27jährige, in der angrenzenden Herrschaft Johannstein am Sparbach geborene Catharina Auerin dafür, ihre Schwangerschaft zu verheimlichen und das St. Marxer Spital zur Geburt zu nutzen. Vier Jahre später war sie nach wie vor ledig und erneut schwanger. Dieses Kind brachte sie Ende Oktober, nun bei der Hebamme in Atzgersdorf, zur Welt. Zwei Wochen nach dieser Niederkunft befand sie sich deshalb

20 Ebd. Protokollauszug des St. Marxer Spitals, Abschrift vom 9. Jänner 1761.

21 Ebd. Summarische Aussage von Sebastian Beer vom 13. Jänner 1761.

22 Ebd. Protokollauszug des Bürgerspitals, Abschrift vom 12. Jänner 1761.

23 Ebd. Summarisches Examen mit Susanna Fuxsteinerin vom 9. Dezember 1760 sowie erstes artikuliert gütliches Examen mit Susanna Fuxsteinerin vom 19. Jänner 1761.

im Perchtoldsdorfer Arrest, weil sie das Neugeborene mit den Worten: *da hast dein kind*, dem beim Perchtoldsdorfer Ratsbürger Stephan Heym als Pferdeknecht arbeitenden Kindsvater Simon Roßeneder in das Bett gelegt hatte.[24] Stephan Heym, der die Szene beobachtet hatte, ließ Catharina Auerin in den Arrest bringen.[25] Bei ihrer Vernehmung in der Perchtoldsdorfer Ratskanzlei am 10. November 1766 erklärte Catharina Auerin, schon vier Jahre zuvor ein Kind geboren zu haben, welches sie *in Wienn zu St. Marx auskindtbeth* habe. Der Kindsvater, Hans Georg Lechner, habe ihr die Ehe versprochen, aber sein Versprechen nicht gehalten. Sie habe das Kind, ein Mädchen, auf den Namen Francisca Lechnerin taufen lassen. 14 Tage nach der Niederkunft, nachdem sie aus dem St. Marxer Spital entlassen worden wäre, habe sie das Neugeborene zu ihrem in Rodaun lebenden Bruder Johann Georg Auer gebracht, wo es nach einem 3/4 Jahr gestorben sei. Da sich das Gericht nicht weiter für dieses Kind interessierte, kann nur vermutet werden, dass der Bruder das Kind seiner Schwester entweder als »eigenes«, oder aber als »Pflegekind« ausgegeben hatte. Auch auf die Frage, warum sie diese vier Jahre zurückliegende Niederkunft erwähnte, lässt sich nur spekulieren. Denkbar ist, dass Catharina Auerin die Übergabe des Kindes an den Kindsvater damit zu rechtfertigen suchte, dass sie schon einmal von einem Mann mit dem gemeinsamen Kind allein gelassen worden war und sie diesmal den Kindsvater in die Pflicht nehmen wollte. Simon Roßenecker hatte nicht nur das gegebene Heiratsversprechen gebrochen, sondern ihr zudem das Geld für die Niederkunft und für die Alimentation des Kindes verweigert.

Laut dem summarisch protokollierten ersten Verhör gestand Catharina Auerin aber nicht nur die vier Jahre zurück liegende Geburt, sondern erzählte auch, dass ihr Simon Roßenecker, als sie etwa im dritten Monat war, vorgeschlagen habe, etwas einzunehmen, *damit sie das kind wegbringe*.[26] Er habe ihr auch *etliche bröckle, so ganz weiß, und in einen papier eingewicklet gewesen, gebracht*. Sie wisse nicht, was es genau gewesen wäre, hätte dieses Pulver auch nicht eingenommen, sondern auf dem Weg nach Enzersdorf in das Gebüsch geworfen.

Der Kindsvater gab in seiner Einvernahme an, Catharina Auerin auf ihren Wunsch hin, wie er betonte, ein abtreibendes Mittel besorgt zu haben.[27] Gekauft

24 AMP, Kt. 94/5: Summarisches Examen mit Catharina Auerin vom 10. November 1766.
25 Ebd. Ratio Capturae vom 11. November 1766.
26 Ebd. Summarisches Examen mit Catharina Auerin vom 10. November 1766.
27 Ebd. Summarisches Examen mit Simon Roßenecker vom 10. November 1766.

habe er den weißen Hütterich, heute besser unter der Bezeichnung Arsen bekannt, in Wien, konkret in einem *gewürzgewölb* in der Kärntner Strasse, *wo er sonsten einen vor die pferdt genohmen*. Daran, wie dieses Gewürzgewölb heiße, könne er sich nicht mehr erinnern. Der Grund seiner Erinnerungslücken wird im zweiten Verhör vom 19. November 1766 deutlich. Er gestand, das Arsen nicht in Wien, sondern im Streckenbacherischen Gewölb in Perchtoldsdorf gekauft zu haben,[28] was die einvernommene »Handelsmännin« Elisabeth Streckenbacherin schließlich auch bestätigte.[29] Warum sie Simon Roßenecker Arsen verkauft hatte, rechtfertigte die »Handelsmännin« damit, dass der Müllersknecht ihr erzählt hätte, den Hütterich zur Bekämpfung der Ratten oder auch für die Pferde, genau könne sie sich nicht mehr erinnern, zu brauchen. Der mit der Ausarbeitung eines Rechtsgutachtens und der Formulierung eines Urteilsvorschlages betraute Rechtgutachter Franz Joseph Seeger schlug vor, Simon Roßenecker *in puncto attentati abortus* zu einer sechswöchigen öffentlichen Arbeit zu verurteilen, Catharina Auerin aber aus dem Arrest zu entlassen.[30] Während das Landgericht seine Urteilsvorschläge übernahm, bestätigten die Beamten der NÖ. Regierung nur den Freispruch von Catharina Auerin und verlängerten die Arbeitsstrafe von Simon Roßenecker auf drei Monate.

Spital der Barmherzigen Brüder

In einer anderen Wiener Institution, dem Spital der Barmherzigen Brüder,[31] suchte der 62jährige Andreas Mayer kurz vor Weihnachten 1766 Zuflucht nach einem Suizidversuch. Um Gerüchte über die Ursache seiner Krankheit zu vermeiden, hatte er auf Anraten seiner Ehefrau nicht die örtlichen Bader konsultiert. Ende Mai 1771 kehrte Andreas Mayer nach Perchtoldsdorf zurück, wo er sofort bei seiner Ankunft verhaftet wurde. In der »Ratio capturae« begründete das Landgericht diese Verhaftung damit, dass in Perchtoldsdorf das Gerücht nicht

28 Ebd. Erstes artikuliertes Verhör mit Simon Roßenecker vom 19. November 1766.

29 Ebd. Summarische Aussage von Elisabeth Steckenbacherin vom 22. November 1766.

30 Ebd. Rechtliches Gutachten von Dr. Franz Joseph Seeger vom 11. Dezember 1766.

31 Im Zuge der Gegenreformation 1614 von Kaiser Mathias nach Wien geholt, gründeten die Barmherzigen Brüder ein Ordensspital im Unteren Werd (heute Leopoldstadt). Vgl. Senfelder, Leopold: Die Barmherzigen Brüder in Wien 1614–1914. Wien 1914.

verstummen wollte, dass der eigentliche Grund für den Aufenthalt in einem Wiener Spital ein »Selbstmordversuch« war.[32] Gleich bei seiner ersten Einvernahme am 31. Mai 1777 gab Andreas Mayer den Suizidversuch zu: Nach einem Streit mit seiner Ehefrau und deren Sohn sei er gegen zehn Uhr abends *auf den boden hinaufgegangen, mit dem willen, er wolle dort herab springen, zwar nicht um gleich todt zu sein, dann sonst hätte er sich auf das genack* [Genick] *gestürzt, sondern nur herab zu springen, um sich sein leben zu verkürzen, jedoch aber auch annoch vor seinem todt beichten zu können.*[33]

Als er am Dach stand, wäre er deshalb nicht gleich gesprungen, sondern habe gewartet, bis er jemanden wahrnehme, der ihm *zu hülf kommen könnte.* Nach etwa einer Viertelstunde wäre seine Frau gekommen und hätte ihm zugerufen, dass er nicht springen solle. Er wollte der Bitte seiner Frau aber deshalb nicht nachkommen, weil sie zuvor seiner Bitte, sie solle *das maul halten*, auch nicht nachgekommen wäre. Er *sei, um so mehr, weil er gewußt, daß jetzt sein eheweib bei der hand sei, die ihm helfe könne, in den hof hinunter gesprungen.*

Ausgehend davon, dass sein Sprung nicht sofort tödlich sein würde, hatte der des Lebens überdrüssige Andreas Mayer, eine – im katholischen Weltbild kohärente – Version gefunden, wie er den eigenen Tod herbeiführen und gleichzeitig die ewige Verdammnis seiner Seele vermeiden konnte. Den an den Rechtsgutachter geschickten Malefizakten legte das Perchtoldsdorfer Landgericht auch ein Attest des Perchtoldsdorfer Baders bei, welches Andreas Mayer nicht nur bescheinigte, von *schlechten gliedmassen und von keiner gesunden complexion* zu sein, sondern ihm auch eine *blödsinnige gemüthsbeschaffenheit* zuschrieb.[34] Die *blödsinnige gemüthsbeschaffenheit* übernahm das Landgericht auch in die Beschreibung seiner Person, die es ebenfalls den Akten an den Rechtsgutachter beifügte.[35] Vom Rechtsgutachter zur Nachreichung eines Leumundszeugnisses aufgefordert, bestätigte das Landgericht Andreas Mayer einen guten und christlichen Lebenswandel, wenngleich er in den letzten Jahren öfters mit seiner Frau *ohne ursach stark gezanket* habe.[36] Dieses Verhalten gegenüber seiner Ehefrau dürfte, so das Landgericht, *aus einer gemüthsverwirrung herrühren*, welche Andreas Mayer, wie sie in

32 AMP, Kt. 96/2: Ratio capturae vom 20. Juni 1777.

33 Ebd. Summarisches Verhör mit Andreas Mayer vom 31. Mai 1777.

34 Ebd. Attest des Baders vom 15. Juli 1777.

35 Ebd. Personenbeschreibung vom 15. Juli 1777.

36 Ebd. Attest des Landgerichts vom 10. August 1777.

vielen Gesprächen wahrgenommen hätten, *des öfteren anzuwandeln scheinet*. So wäre er im Zustand einer solchen Verwirrung vor etwa einem Jahr zum Wiener Stadt- und Landgericht gegangen und habe dort gebeten, *mann möchte ihn hinrichten*. Als Urteil schlug Rechtsgutachter Joseph Schwabel schließlich vor, dass Andreas Mayer noch vier Wochen *arrestirlich angehalten* und ihm gelegentlich ein Geistlicher an die Seite gestellt werden sollte, *der ihme die schwere des selbstmordes und derley versuches nachdrücklich vorstellen, überhaupt aber bessere begriffe von der religion beybringen* sollte.[37] Das Landgericht übernahm den rechtgutachterlichen Vorschlag;[38] die Beamten der NÖ. Regierung bestätigten am 19. August 1777 das *Endurteil*.

Wiener Konsistorium

Eine weitere Institution, mit der BewohnerInnen der exurbia zu tun hatten, war das Wiener Konsistorium. Bis zum Josephinischen Ehepatent vom 16. Jänner 1783 hatte das Wiener Bistum, seit 1722 Erzbistum, die Ehegerichtsbarkeit für alle Pfarren in seiner Diözese inne.[39] Zur Konsistorialsitzung am 24. Mai 1776 waren gleich fünf Perchtoldsdorfer Ehepaare vorgeladen: Franz Neudorfer und Eva Maria Neudorferin, Wolfgang Rodl und Anna Maria Rodlin, Georg Rath und Maria Anna Rathin, Michael Stöger und Anna Maria Stögerin sowie Andreas Mayer und Anna Maria Mayerin. Als Begründung für ihre Vorladung hält das Konsistorialprotokoll fest, dass der Perchtoldsdorfer Pfarrer dem Konsistorium *ex officio* angezeigt habe, dass *sich verschiedene eheleute daselbst eigenmächtig von tisch und beth scheiden* würden.[40] Nach dem kanonischen Eherecht getrauten Ehepaaren war es verboten, ohne Genehmigung getrennt zu leben, unabhängig davon, ob beide Teile mit der Trennung einverstanden waren oder ein Teil den anderen *böswillig verlassen* hatte. Am Konzil von Trient, konkret bei der Sitzung am 11. November 1563, waren zwei Varianten der Trennung von Tisch und Bett

37 Ebd. Rechtliches Gutachten vom 12. August 1777.

38 Ebd. Urteil vom 16. August 1777.

39 Vgl. Vocelka, Karl: Kirchengeschichte. In: Vocelka/Traninger: Wien S. 311–363.

40 Archiv der Erzdiözese Wien, WP/157, Konsistorialsitzung vom 24. Mai 1776, pag. 230f., zitiert nach Feik, Catherine/Wieser, Veronika: *A Rebours*. Auflehnung gegen das normative Ideal. Handlungsspielräume katholischer Eheleute. Dipl. Wien 2006, S. 162.

beschlossen worden. Differenziert wurde zwischen einer andauernden Trennung – »separatio a mensa et thoro perpetua« – und einer zeitlich befristeten – »separatio a mensa et thoro temporaria«. Beide Varianten setzten die Bewilligung durch das Ehegericht voraus. Da die Dekrete des Tridentinums keine Trennungsgründe festlegten, blieb die Entscheidung, welche Ursachen für eine Trennung anerkannt wurden, den einzelnen Ehegerichten überlassen. In der gerichtlichen Praxis etablierten sich eine Reihe von Handlungen und Umständen, welche die katholischen Ehegerichte als Trennungsgründe anerkannten: Dazu zählten »Ketzerei«, eine ansteckende Krankheit des Partners bzw. der Partnerin, Grausamkeit bzw. übermäßige physische Gewalt sowie Ehebruch.[41] Da das Konzil gleichzeitig die Ehe als Sakrament bestätigte, blieb die Wiederverheiratung bis zum Tod eines Ehepartners verboten.

Unter diesen fünf Ehepaaren, die zur Konsistorialsitzung am 24. Mai 1776 erscheinen mussten, befand sich auch der bereits erwähnte Andreas Mayer und dessen Ehefrau Anna Maria Mayerin. Mit Datum vom 23. Mai 1776, d.h. einen Tag vor der anberaumten Tagsatzung, informierte der Perchtoldsdorfer Marktrat das Konsistorium, dass er vier der fünf Ehepaare *anheut zu diesem hochwürdigen Consistorium abgeschicket*.[42] Die *Mayerischen Eheleuth* hätte er deshalb *nicht stellen können*, weil Andreas Mayer schon seit einiger Zeit nicht mehr mit seiner Ehefrau lebe, sondern sich bei seiner Tochter in Hinterbrühl aufhalte. Der Marktrat versprach, das Konsistorium sofort von seiner Rückkehr zu informieren, damit eine neue Tagsatzung vereinbart werden könne.

Während Anna Maria Mayerin der Tagsatzung auch tatsächlich fern blieb, war Andreas Mayer bei der Sitzung des Konsistoriums anwesend.[43] Von wem er von der Tagsatzung erfahren hatte, lässt sich den vorhandenen Quellen nicht entnehmen. Andreas Mayer erklärte den kirchlichen Richtern, sich von seiner Frau deshalb getrennt zu haben, weil sie sich ständig wegen des Heiratsgutes einerseits, wegen der Kinder andererseits gestritten hätten. Seine Ehefrau *halte es mit ihren kindern*, die sie in die Ehe mitgebracht hatte. Solange nicht ihr ältester Sohn und ihre Tochter aus dem Haus wären, *könne er nicht beginnen zu cohabitieren*, nehme lieber Arrest

41 Vgl. Schörkhuber-Drysdale, Cornelia: »… es ist mir umbmöglich mehr mit ihme zu hausen …«. Eheleben und Ehetrennung (Separatio a thoro et mensa) in der bäuerlichen Gesellschaft Oberösterreichs zu Beginn des 18. Jahrhunderts. Dipl. Wien 2000, S. 15–19.

42 AMP, Kt. 96/2: Schreiben an das Wiener Konsistorium vom 23. Mai 1776 (Konzept).

43 Archiv der Erzdiözese Wien, WP/157, Konsistorialsitzung vom 24. Mai 1776, pag. 230f.

und Strafe in Kauf.[44] Wie auch bei den Ehepaaren NeudorferIn und RodlIn beschloss das Konsistorium, die Entscheidung auf eine nächste Tagsatzung zu verschieben, um beim Perchtoldsdorfer Marktrat die *ursache der uneinigkeit* in Erfahrung zu bringen. Georg Rath und Maria Anna Rathin wurde dagegen auferlegt, künftig *friedlich und einig, wie es kristlichen eheleuthen zustehet, zu cohabitieren*. Bei sonstiger *scharfer Bestrafung* forderten die kirchlichen Richter Georg Rath auf, sich allen *unartigen betragens gegen seine ehewirthin* zu enthalten, Maria Anna Rathin sollte im Gegenzug *eigenmächtige absonderungen* von ihrem Ehemann unterlassen. Der Fall des Ehepaares StögerIn wurde bei dieser Tagsatzung nicht mehr besprochen, da das Konsistorium vier Tage zuvor, am 20. Mai 1776, dem Ehepaar eine temporäre Trennung von Tisch und Bett für eine halbes Jahr genehmigt hatte.[45]

Am 23. Juni 1776 stand das Ehepaar MayerIn erneut vor den kirchlichen Richtern. Das Konsistorialprotokoll hält fest, dass der Perchtoldsdorfer Marktrat Andreas Mayer als *tollsinnigen, wunderlichen mann* charakterisiert habe und der älteste Sohn von Anna Maria Mayerin aus dem Haus geschafft worden sei. Das Konsistorium erlaubte dem Ehepaar keine Trennung, sondern erteilte den anwesenden Ehepartnern den Auftrag, sich künftig *friedlich, und einig*, wie es *christlichen eheleuten* zukomme, zu verhalten.[46] Bereits am 21. Juni 1776, d. h. zwei Tage vor ihrem Termin beim Wiener Konsistorium, hatten Anna Maria Mayerin und Andreas Mayer per Handschlag vor dem Perchtoldsdorfer Marktrat besiegelt, künftig wieder friedlich miteinander leben zu wollen.[47] Ein halbes Jahr später unternahm Andreas Mayer den geschilderten Suizidversuch, zu dessen Verheimlichung er zu den Barmherzigen Brüdern geschickt worden war.

Dem Ehepaar Anna Maria Scherrin und Sebastian Scherr, die sich 1788, d.h. fünf Jahre nach der Verabschiedung des Josephinischen Ehepatents »scheiden« lassen wollten, blieb der Weg nach Wien erspart. Nachdem sich beide über die Teilung des gemeinsamen Besitzes geeinigt und ein Zeugnis des Pfarrers vorge-

---

44 Ebenda, 230.

45 Die Trennungsgeschichte dieser vier Ehepaare verfolgten Catharine Feik und Veronika Wieser in ihrer Dipl. S. 48–64; zur physischen Gewalt zwischen Perchtoldsdorfer Ehepaaren vgl. zudem Luef, Evelyne/Pribitzer, Petra: »und sollen die eheleith friedlich und einig miteinander leben …«. Häusliche Gewalt in niedergerichtlichen Quellen des 18. Jahrhunderts. Dipl. Wien 2007.

46 Archiv der Erzdiözese Wien, WP/157, Konsistorialsitzung vom 23. Juni 1776, 238, zitiert nach Feik/Wieser: *A Rebours* S. 192.

47 AMP, B1/38: Eintrag im Ratsprotokoll, Sitzung vom 21. Juni 1776.

legt hatten, willigte der Perchtoldsdorfer Magistrat am 10. Oktober 1788 *in die angesuchte sonderung zwischen beeden eheleuten von tisch und bette nach vorschrift deren § 45. 46. 47. 48 des ehepatents* ein.[48] Die Ehe von Anna Maria Scherrin und Sebastian Scherr dürfte damit eine der ersten Ehen gewesen sein, die der Perchtoldsdorfer Magistrat trennte.

Wiener Zucht- und Arbeitshaus

Auch das Wiener Zucht- und Arbeitshaus zählte zu jenen Institutionen der Haupt- und Residenzstadt, deren Zuständigkeitsbereich auch in die exurbia reichte. Obwohl es unter der Verwaltung der Stadt Wien stand, diente es fallweise auch als Gefängnis für MalefizdelinquentInnen aus den umliegenden Landgerichten. Zwei Jahre nach der Ausweisung der Wiener Juden und Jüdinnen im Unteren Werd gegründet, sah das Gründungsprivileg vom 13. Juli 1671 vor allem »herrenloß und starcke Bettler«, auch »trutzige Dienstbotten, [...] unbändige Handwercks-Pursch [...], in Specie aber die leichtfertige Weibs-Persohnen / wie auch derselben Kupplerinnen« als InsassInnen.[49] Erst in den 1720er Jahren wurden die AnstaltsinsassInnen, wie Hannes Stekl bereits 1978 darlegte, zunehmend nach der Art ihrer Delinquenz untergebracht. Nach der Fertigstellung des Erweiterungsbaus 1726, der dem alten Gebäude angefügt worden war, verblieben im alten Gebäude nur noch DelinquentInnen, die wegen eines Malefizdeliktes zu einer Gefängnisstrafe verurteilt worden waren.[50]

In vielen Fällen versuchten die Landgerichte eine Verurteilung der DelinquentInnen ins Wiener Zucht- und Arbeitshaus zu vermeiden, da sie neben den Überstellungskosten auch die Alimentation der DelinquentInnen übernehmen mussten. Schriftlich festgehalten finden sich diese materiellen Vorbehalte etwa im Bericht des Perchtoldsdorfer Landgerichts an die NÖ. Regierung im

48 AMP, B1/40: Eintrag im Ratsprotokoll, Sitzung vom 10. Oktober 1780.

49 Vgl. Codex Austriacus. Band 2. Wien 1704, S. 544–546, zitiert nach Scheutz, Martin: »Hoc disciplinarium ... erexit«. Das Wiener Zucht-, Arbeits- und Strafhaus um 1800 – eine Spurensuche. In: Ammerer, Gerhard/Weiss, Alfred Stefan (Hg.): Strafe, Disziplin und Besserung. Frankfurt am Main u. a. 2006, S. 63–96, hier S. 63.

50 Vgl. Stekl, Hannes: Österreichs Zucht- und Arbeitshäuser 1671–1920. Institutionen zwischen Fürsorge und Strafvollzug. Wien 1978.

März 1733.[51] Den Urteilsvorschlag des Rechtsgutachters übernehmend, hatte das Landgericht die 21jährige, aus der Steiermark gebürtige und beim Rodauner Dorfrichter als Dienstmagd arbeitende Barbara Thomaserin wegen Kindsmords unter anderem auch zu einer vierjährigen Arbeitsstrafe im Wiener Zuchthaus verurteilt. Mit der Übersendung des Urteils bat das Landgericht gleichzeitig um eine Änderung des Urteils, *da solchergestalt Inquisitin zwar ex delicti am leib, wür hingegen durch die zu verschafen habende 4 jährige ätzungs unkosten absque delicto an geld gestrafet werden.* Dieses falle dem Landgericht um so schwerer, *als jedermänniglich bekannt, daß unser aerarium bey gar geringen mitteln* wäre. Zu einer Zuchthausstrafe hätte das Landgericht Barbara Thomaserin deshalb verurteilen müssen, weil sie sich seit mehr als zehn Jahren in Österreich aufhalte und von daher *für ein allhiesiges bidtkind angesehen, folglichen von der ruethenstraf verschonet werden mieste.* Das Landgericht bat nun, ob das Urteil nicht dahingehend geändert werden könnte, *daß inquisitin auf gleiche zeit an statt in das Zuchthauß bey unserem Spittal mit anschlagung eines eysens (allwo derselben ätzung uns fast unvermerckt ankommete) ad labores angehalten werden könne.* Die Beamten der NÖ. Regierung hatten ein Einsehen mit den finanziellen Nöten des Marktes und verurteilten Barbara Thomaserin zu einer fünfjährigen Arbeitsstrafe in Perchtoldsdorf.

Mit den hohen Gefängniskosten argumentierte das Landgericht auch in seiner Befürwortung des Gnadengesuches für Maria Barbara Bäurin im September 1736. 1730 war die 22jährige Frau *in puncto einer kinds verthuung* vom Rechtsgutachter zu fünf, vom Landgericht zu drei und von den Beamten der NÖ. Regierung letztendlich zu zehn Jahren Arbeit im Wiener Zuchthaus verurteilt worden. Das Landgericht führte aus, dass der Markt Perchtoldsdorf *selbsten dieser delinquentin halber straf leiden und vor sie ohnstrittig nebst der von ihr verrichteten härtesten arbeith jährlichen 24 gulden in allhisiges zucht hauß ätzung abführen muß, so in verschienenen jahren schon 120 gulden betragen haben, ebenfalls, da sie die völlige straf auszustehen, nocheinmal so viell erlegen müßten.*[52] Der Landesfürst zeigte wenig Einsehen, weder für die Delinquentin noch für den Markt, und sah Barbara Bäurin nur ein einziges Jahr ihrer Strafzeit nach.

Umgekehrt lassen sich aber auch Belege dafür finden, dass das Landgericht lieber 24 Gulden jährlich zahlte, als die Verantwortung für den Strafvollzug von

51 AMP, Kt. 90/5: Bericht an die NÖ. Regierung vom ps. 3. März 1733.

52 AMP, Kt. 90/6: Bericht an die NÖ. Regierung vom ps. 21. April 1736.

verurteilten DelinquentInnen zu übernehmen. Wegen zweifachen Bruches der Urfehde und wiederholtem Diebstahl[53] hatte das Landgericht, dem Urteilsvorschlag von Rechtsgutachter Bernhard Brauer folgend, die 29jährige, aus Rodaun gebürtige Elisabeth Huterin, geborene Grafin, am 9. November 1771 zu sechs Jahren in ein *hungarisches Granitz Haus* verurteilt.[54] Nach einem Gnadengesuch ihrer Mutter milderte die Erzherzogin Maria Theresia am 22. November 1771 das Urteil zu einer sechsjährigen öffentlichen Strafarbeit in Perchtoldsdorf.[55] Nur ein Monat später stellte das Landgericht den Antrag, Elisabeth Huterin an das Wiener Zucht- und Arbeitshaus überstellen zu dürfen. In dem Schreiben an die NÖ. Regierung zeigte sich der Perchtoldsdorfer Marktrichter äußerst besorgt, dass *diese höchst keke weibspersohn*, welche *viel lieber sterben als so lange in arrest bzw. strafzeit verbleiben wolle* […] *heimlich durchgehen, und wir also zu der verantwortung gezogen werden möchten*. Perchtoldsdorf sei ein *offener, nicht versperrbarer markht*, der es sich, so der Marktrichter weiter, nicht leisten könne, für Elisabeth Huterin sechs Jahre lang einen eigenen Wächter zu stellen. Auch würde es derzeit keine öffentliche Marktarbeit zu verrichten geben.[56] Die Beamten der NÖ. Regierung veränderten schließlich das Urteil dahingehend, dass Elisabeth Huterin im Wiener Zuchthaus inhaftiert werden sollte, wobei sie explizit festhielten, dass das Landgericht diesem die *gewöhnliche ätzung für dieselbe*, sprich 24 Gulden jährlich, zu vergüten hatte.[57]

Nicht ganz zehn Jahre später, im April 1781, wurde Elisabeth Huterin erneut bei einem Diebstahl in Rodaun erwischt und vom Rodauner Verwalter an das Perchtoldsdorfer Landgericht überstellt. Sie habe, so Elisabeth Huterin, insgesamt 4 Jahre und acht Monate im Wiener Zuchthaus verbracht, das letzte Jahr wäre ihr *von ihro kaiserl. majestät* (sic!) *allergnädigst nachgesehen* worden.[58] Nach einem langwierigen Prozess, der sich über ein Jahr erstreckte, wurde Elisabeth

53 Bei ihrem ersten Diebstahl war Elisabeth Huterin vom Wiener Stadtgericht zu sechs Monaten Wiener Zucht- und Arbeitshaus; bei ihrem zweiten Diebstahl zu zwei und bei ihrem dritten Diebstahl zu drei Jahren Temesvar verurteilt worden. Vgl. Griesebner, Andrea: Verbannung statt Todesstrafe? Diebstahlsprozesse aus dem Erzherzogtum Österreich unter der Enns im 18. Jahrhundert. In: Werkstatt Geschichte 42 (2006) S. 5–24.

54 AMP, Kt. 94/7: Rechtliches Gutachten vom 8. Oktober 1771.

55 Ebd. Schreiben im Namen der Erzherzogin vom 22. November 1771.

56 Ebd. Schreiben an die NÖ. Regierung vom ps. 23. Dezember 1771.

57 Ebd. Bescheid der NÖ. Regierung, vermerkt am Schreiben an die NÖ. Regierung vom ps. 23. Dezember 1771.

58 AMP, Kt. 96/4, Rodaun: Summarische Aussage der Elisabeth Huterin vom 21. April 1781.

Huterin am 21. Mai 1782 vom neu eingerichteten NÖ. Appellationsgericht neuerlich, nun zu vier Jahren öffentlicher Marktarbeit in Perchtoldsdorf verurteilt, wobei sie *alle halbe jahr mit 15 wohlgemessenen rutenstreichen gezüchtiget und nach vollstreckter strafzeit in ihr geburtsort Rodaun abgeschoben werden solle.*[59] Auch dieses Mal sollte Elisabeth Huterin nicht lange im Perchtoldsdorf Arrest bleiben. Am 30. Dezember 1782 richtete das Landgericht ein Schreiben an das NÖ. Appellationsgericht, in welchem es um ihre Überstellung an das Wiener Zucht- und Arbeitshaus bat und sich auch bereit erklärte, die üblichen Verpflegungskosten zu tragen.[60] Richter und Rat berichteten, dass sie *der arrestantin* anordnungsgemäß am 24. November 1782 *15 ruthenschläge* verabreicht hätten und ihr auch, gemäß der am 20. Dezember erlassenen, allerhöchsten Verordnung, *die haare abschneiden* ließen. Das *boshafte gemüth* von Elisabeth Huterin wäre aus den mit ihr *abgeführten processakten* ohnehin zur Genüge ersichtlich. Nach dem Abschneiden der Haare hätte sie sich *eben so boßhaft* gezeigt, wie die mitgeschickte Aussage des Augustin Strasser belege. Der Sohn des Gerichtsdieners habe angezeigt, dass Elisabeth Huterin am 27. Dezember, nachdem ihr der Nachtwächter die Haare abgeschnitten hatte, ihren Rosenkranz in den Ofen seiner Eltern, welche *ihr diener zimmer* vor dem der Arrestantin angewiesenen Arrest haben, geworfen und verbrannt habe.[61] Weiters habe Elisabeth Huterin *in ihrem arrest einige an der mauer angepapet geweste bildchen mit gewalt herabgerissen*, und auch das von der Mutter des Gerichtsdieners ausgeborgte Kruzifix, mit den Worten, *sie Huterin könne nach abgeschorenen haaren sothannes Crucifix nicht mehr ansehen, noch weniger aber beten, zurückgegeben*. Zudem habe sie *die schimpflichsten worte* gegen den Rat *ausgestossen*, unter anderem gesagt, dass sie das im Rathaus *befindliche soldaten stroh bei erster Gelegenheit anzünden werde, damit der allhiesige markt gewiss einen schaden von vielen 1000 gulden leiden müsse.* Schließlich hätte sie noch hinzugefügt, dass sie es so machen wolle wie der Kutscher in Wien,[62] *ja der seit einiger zeit anhaltende wind werde ehender nicht nachlassen, bis sie Huterin werde eine lektion zurückgelassen haben*.

Die Aussage des Sohnes des Gerichtsdieners belege, so die Argumentation des Landgerichts, dass Elisabeth Huterin den Perchtoldsdorfer Marktrichter wie auch

59 Ebd. Schreiben des Appellationsgerichts vom 21. Mai 1782.

60 Ebd. Schreiben an das NÖ. Appellationsgericht vom 30. Dezember 1782.

61 Ebd. Summarische Aussage des Augustin Strasser vom 30. Dez. 1782 (Konzept, B).

62 Elisabeth Huterin spielt hier offenbar auf eine Brandstiftung durch einen Kutscher an.

die Beisitzer mit Schimpfworten geschmäht und *sowohl Crucifixbilder von der mauer herabgerissen, und ihren Rosenkranz in das feuer geworfen.* Auch habe sie gedroht, *daß sie das in dem rathaus befindliche magazin des militaris anzünden und den markt in die luft sprengen wolle, indeme allldort das für eine preusische Compagnie bestimmte schießpulver und vorräthige patronen aufbewahrt werden.* Ihre Drohung, das Rathaus in die Luft zu sprengen, würde dem Landgericht *um so mehr forcht einflössen*, weil im *rathaus auch das depositorium des hier liegenden militaris befindlich ist, worinnen mehre kästen mit gefüllten patronen, dann 2 fässer mit schießpulver sich befinden.* Es wäre daher dringend erforderlich, dass Elisabeth Huterin an einen anderen Strafort gebracht werde, zumal in Perchtoldsdorf niemand außer dem Landgerichtsdiener auf die Arrestantin *acht haben könnte.* Da der Landgerichtsdiener zu anderen Arbeiten, vor allem an den Ratstagen, gebraucht würde, sei zu befürchten sei, *daß die arrestantin sich in abwesenheit desselben aus dem arrest losmachen und ihr boßhaftes vorhaben in das werk setzten könne*, auch weil das *depositorium des militar* in kein anderes Haus verlegt werden könne, da es im Rathaus vor Diebstahl sicher und auch das hierzu gewidmete Zimmer *wegen ihrer trockene am bequemsten und tauglichsten befunden worden ist.* Soweit die Argumentation des Landgerichts, mit der sie um die Erlaubnis baten, *daß wir die Elisabeth Huterin in das Wiennerische Zuchthaus gegen von uns abreichenden landgerichtsmässigen alimenten überbringen dörften.*

Am 7. Jänner 1783 schickte das NÖ. Appellationsgericht die Kriminalakten zurück und informierte das Landgericht, dass zur Überstellung von Elisabeth Huterin in das *hiesige zucht- und arbeitshaus* das Nötige veranlasst worden wäre.[63] Wie eine Quittung des Wiener Zuchthauses belegt, wurde Elisabeth Huterin am 11. Jänner 1783 gegen Vorauszahlung von 12 Gulden – *4 kreuzer als von 11ten Jän*[ner] *bis 11ten Juli 1783* – im Wiener Zucht- und Arbeitshaus aufgenommen.[64] Im Vergleich zu den von Susanne Hehenberger in diesem Band rekonstruierten harten Urteilen gegen blasphemische Handlungen im Wien der ersten Hälfte des 18. Jahrhunderts ist bemerkenswert, dass sich weder das Landgericht noch das NÖ. Appellationsgericht für die *gotteslästerlichen* Taten von Elisabeth Huterin interessierte. Auch die angedrohte Brandstiftung hatte für Elisabeth Huterin, abgesehen davon, dass sie in das Wiener Zucht- und Arbeitshaus überstellt wurde, vermutlich keine weiteren Konsequenzen.

63 Ebd. Antwortschreiben des Appelationsgerichts vom 7. Jänner 1783.

64 Ebd. Zahlungsbestätigung des Wiener Zucht- und Arbeitshauses vom 11. Jänner 1783.

Aus einer Anzeige vom 9. September 1793 erfahren wir, dass Elisabeth Huterin 10 Jahre später in Rodaun neuerlich einen Diebstahl verübt haben dürfte. Der Bestohlene, Johann Schwaiger, sagte aus, dass er den begründeten Verdacht habe, dass die Diebin, wie schon 1771 und 1781, seine Schwägerin Elisabeth Huterin sei.[65] In einem ausgefertigten Steckbrief wird Elisabeth Huterin nun als *bei 50 jahr alt, ledig, von mittlerer und hagerner statur, länglichen mageren angesichts mit sommerflecken, rothen haaren* beschrieben. Wie in Steckbriefen seit dem Mittelalter üblich,[66] wird auch ihre Kleidung festgehalten: *hatte am leib einen blau gedruckten leinwandenen rock, eine geblümt abgenäht, kottonene hauben, und einen ströbernen hut.*

Auch der eingangs kurz erwähnte Sohn des langjährigen, 1766 verstorbenen Ratsmitgliedes Josef Mayerhofer wurde erst auf Antrag des Landgerichts an das Wiener Zuchthaus überstellt. 1779 war der damals 30jährige Franz Mayerhofer wegen eines Messerattentats auf den Perchtoldsdorfer Bürgermeister Cavalini von allen Instanzen zum Tode verurteilt worden. Nach einem Gnadengesuch seiner beiden Schwestern und einer weiteren Frau milderte die Landesfürstin das Todesurteil zu acht Jahren öffentlicher Arbeit in Perchtoldsdorf ab.[67] Ein erstes, nicht überliefertes Ansuchen des Landgerichts, Josef Mayerhofer in das Wiener Zuchthaus überstellen zu dürfen, wurde von der NÖ. Regierung abgelehnt. Am 14. März 1780 teilte der NÖ. Regierungsrat Andre Anton Obermüller dem Landgericht allerdings mit, dass die städtische Kommission es für zu gefährlich gehalten habe, *diesen bösewicht an einem solchen ort zu belassen* und sich daher bei der NÖ. Regierung dafür eingesetzt habe, dass Franz Mayerhofer nach Wien überstellt werden könne.[68] Zwei Tage später, am 16. März 1780 wurde Franz Mayerhofer in das Wiener Gnadenstockhaus überstellt,[69] wo er am 29. Oktober 1780 im *Böckenhäusl* verstarb. Für die Unterbringung des Delinquenten vom 16. März bis zum 29. Oktober 1780 stellte das Gnadenstockhaus dem Perchtoldsdorfer Landgericht täglich

65 Ebd. Amtsanzeige an das Kreisamt vom 9. September 1793.

66 Vgl. Groebner, Valentin: Der Schein der Person. Steckbrief, Ausweis und Kontrolle im Europa des Mittelalters. München 2004, sowie Masoner, Anna: Fotografieren. Vermessen. Klassifizieren. Identifizierung von Personen im 19. Jahrhundert. Dipl. Wien 2007 sowie Gruber, Stefan: »Ausfindig zu machen, bei Betreten anzuhalten«. Identifizierung von Personen durch Steckbriefe im 18. Jahrhundert. Dipl. Wien 2008.

67 AMP, Kt. 96/3: Schreiben im Namen der Erzherzogin vom 14. Dezember 1779.

68 Ebd. Schreiben des NÖ. Regierungsrat Andre Anton Obermüller vom 14. März 1780.

69 Ebd. Übernahmebestätigung des Gnaden Stockhauses vom 16. März 1780.

4 Kreuzer, insgesamt 15 Gulden 12 Kreuzer in Rechnung. Weiters verlangte es 10 Gulden 57 Kreuzer, konkret 35 Kreuzer für das Anbringen der Fußeisen, 34 Kreuzer für 2maliges Aderlassen, 5 Gulden 42 Kreuzer für nicht näher spezifizierte Medizin und 3 Gulden 48 Kreuzer für die gewöhnliche Arrest Gebühr.[70]

Die Perspektive des Landgerichts verdeutlicht strukturelle Probleme im Strafvollzug, die sich vor allem daraus ergaben, dass die Landgerichte neben den Verfahrens- auch die Strafvollzugskosten zu tragen hatten.[71] Der theoretischen Möglichkeit, diese Kosten auf die verurteilten DelinquentInnen abzuwälzen, stand der Umstand entgegen, dass viele der DelinquentInnen, wenn nicht mittellos, so zumindest sehr arm waren. Auch die Bewachung der DelinquentInnen war für kleinere Landgerichte nicht einfach zu gewährleisten. Seit dem ausgehenden 17. Jahrhundert stand mit dem Wiener Zucht- und Arbeitshaus zwar ein Gefängnis für die Unterbringung von MalefizdelinquentInnen zur Verfügung. Mit der Einweisung der DelinquentInnen verbanden sich aber hohe Kosten, die sich vermutlich nicht nur das Perchtoldsdorfer Landgericht nicht leisten konnte oder leisten wollte. Wie ich an anderer Stelle betont habe, führte dies dazu, dass vor allem ortsfremde Diebe und Diebinnen nach einer kurzen Arreststrafe einfach verbannt, d.h. konkret benannte Territorien, die vom Landgerichtsbezirk über einzelne habsburgische Herzogtümer bis zu den habsburgischen Erbländern reichten, nicht mehr betreten durften.[72] Mit der Verbannung verloren die DelinquentInnen nicht nur ihre sozialen Kontakte, sondern oft auch ihr Heimatrecht.

Resümee

Auch wenn verschiedene Fragestellungen und Problembereiche in diesem Beitrag nur angedeutet werden konnten, so wurde der Erkenntnisgewinn deutlich, der sich ergibt, wenn die Blickrichtung umgedreht und Institutionen des Zentrums

---

70 Ebd. Undatierte Abrechnung des Wiener Zucht- und Arbeitshauses, vermutlich Anfang November 1780.

71 Vgl. dazu Griesebner: Konkurrierende Wahrheiten S. 126–129 sowie Hehenberger, Susanne: »Unkeusch wider die Natur«. Sodomieprozesse im frühneuzeitlichen Österreich. Wien 2006, S. 114–142.

72 Griesebner: Verbannung S. 5–24.

aus der Perspektive des Umlands betrachtet werden. Während aus den Quellen des St. Marxer Bürgerspitals hervorgeht, dass es überwiegend ledige Frauen waren, die hier ihre Kinder zur Welt brachten, schweigen die Quellen zu den Lebensumständen und Motivationen der Frauen. Ähnliches gilt für die Überlieferungen des Wiener Konsistoriums und des Wiener Zucht- und Arbeitshauses. Auch aus dem Quellenbestand dieser Institutionen erfahren wir nichts darüber, warum sich Einzelne von ihren EhepartnerInnen getrennt hatten oder trennen wollten bzw. für welche Handlungen Männer, Frauen und Kinder ihre Strafe im Wiener Zucht- und Arbeitshaus *abbüßen* mussten. Oft erst in der Nahaufnahme »peripherer Quellen« werden konkrete historische Subjekte sichtbar, werden Stücke ihres Lebens rekonstruierbar, kann nach den ihnen zur Verfügung stehenden Handlungsoptionen gefragt werden.

Susanne Hehenberger

Die beleidigte Ehre GOttes auf das empfindlichste zu rächen, in allweg gesonnen

Blasphemie und Sakrileg im 18. Jahrhundert

Ein kurzer Eintrag im so genannten *Protocollum*, einer Handschrift aus dem Kapuzinerkloster am Neuen Markt in Wien, berichtet vom Jahr 1688 Folgendes: *item Meine Herrn, hier ist zu mir geschickt worden ein heill[ige] Reliquien, welche ein Lutheraner mir zugeschickt, welches er vor 14 Tag aus der Capuciner Kürchen genommen, mit den Reliquien grob umbgangen, d[a]s silber darvon verarbeithet, in wehrender Arbeith aber, der armb von seinen Leib wurz abgefallen, worüber er dise h[och]h[eilige] Reliquien wider zurück Schickt, sie sollten es fleissig in obacht haben, er wird solche wider fassen lassen, sie sollen umb Gottes willen bitten, d[a]s sein arm wider möge besser werden, er will mir versprochen, d[a]s er würdt Catholisch werden; wird selber in Closter aufwarthen.*[1]

Der anonyme Schreiber hielt den Diebstahl einer in Silber gefassten Reliquie wohl deshalb in der Chronik der wichtigsten Ereignisse fest, weil ihm die »Moral der Geschichte« gefiel: Ein Lutheraner, der die kostbare Fassung des gestohlenen Gutes zu Geld machen wollte, wurde für seine Freveltat mit einem ausgekugelten Arm bestraft und dadurch dermaßen geläutert, dass er nicht nur die Reliquie zurücksandte und den entstandenen Schaden beheben wollte, sondern darüber hinaus auch zum Katholizismus zu konvertieren versprach. Ob der reuige Dieb diesem Versprechen auch tatsächlich nachkam, bleibt offen. Erbaulich war die Erzählung aus der Perspektive des Kapuziners, weil sich die gestohlene Reliquie die Lästerung durch den Diebstahl nicht gefallen ließ, dem Sünder eine schmerzhafte Lehre erteilte und ihn – quasi nebenbei – zum »wahren« katholischen Glauben bekehrte. Was immer mit dem Dieb in weiterer Folge geschehen sein mag, er

1 Wien, Provinzarchiv des Kapuzinerklosters am Neuen Markt, Manuskript: *Protocollum cui omnia, & singula de anno in annum inserenda sunt, quae capellam caesariam, thesauri cameram, cryptam, nec non & sepulturas serenissimae domus Austriacae concernunt* […]. Wien 1752–1806, pag. 39.

konnte sich glücklich schätzen, wenn er einem strafrechtlichen Verfahren entgangen sein sollte. Hätte man ihn vor ein weltliches Gericht gestellt, so wäre er vermutlich gleich wegen zwei schwerwiegender Delikte angeklagt worden: Sakrileg und Blasphemie.

Der barocke Katholizismus, speziell der in der Haupt- und Residenzstadt Wien zelebrierte, brachte, wie ich im Folgenden zeigen möchte, nicht nur flammende Begeisterung für Predigten, Prozessionen und Wallfahrten sowie eine glühende Marien- und Heiligenverehrung hervor, sondern weckte mit seiner materiellen Üppigkeit auch kriminelle Energien. In zahlreichen Kirchen der Stadt stellten religiöse Gemälde, Marien- und Heiligenstatuen in Prunkgewändern, kunstvolle Reliquiare, Kelche und Ziborien aus edlen Metallen sowie Opferstöcke voller Münzen profane Verlockungen dar. Die »Entfremdung« geweihter oder ungeweihter Gegenstände aus einer Kirche, Kapelle oder Sakristei definierte das frühneuzeitliche Strafrecht als Sakrileg oder Kirchendiebstahl. Nicht selten war die Plünderung einer Kirche mit Handlungen verknüpft, die in den Augen der kirchlichen und weltlichen Obrigkeiten Gott, Maria oder die Heiligen beleidigten und daher auch den Straftatbestand der Blasphemie oder Gotteslästerung erfüllten.

Sakrileg und Blasphemie im frühneuzeitlichen Recht

Im heutigen Alltagsverständnis sind Sakrileg und Blasphemie beinahe Synonyme, wobei Blasphemie eher als Überbegriff, Sakrileg dagegen als spezielle Form der Gotteslästerung verstanden wird.[2] Sakrileg kommt vom lateinischen »sacrilegus« und heißt »die heiligen Geräte auflesend, d. h. entwendend«, kann also mit Tempel- oder Kirchendiebstahl übersetzt werden. Das aus dem Griechischen entlehnte Wort »blasphemia« bedeutet Lästerung bzw. Schmähung.

Im Unterschied zum gegenwärtigen Verständnis war Sakrileg im kanonischen Recht ein differenzierter Begriff. Das »Corpus Iuris Canonici«,[3] die für die rö-

2 Vgl. http://de.wiktionary.org/wiki/Sakrileg [30. August 2007].

3 Friedberg, Emil (Hg.): Corpus iuris canonici. Ed. Lipsiensis secunda post Aemilii Ludovici Richteri curas ad librorum manu scriptorum et editionis Romanae fidem recognovit et adnotatione critica instruxit Aemilius Friedberg. Bd. 1: Decretum magistri Gratiani, Bd. 2: Decretalium collectiones.

misch-katholische Kirche seit dem Mittelalter bis zum Jahr 1917 verbindliche Kirchenrechtssammlung, definierte als »violatio rei sacrae« den Missbrauch und die Entweihung dessen, was eine kirchliche Zweckbestimmung hatte.[4] Bereits seit dem frühen Mittelalter wurde das Sakrileg »als ein Verbrechen an der Kirche, ihren Vertretern und Einrichtungen unter verschärfte Strafen gestellt«.[5] Dieses »Verbrechen« konnte sowohl Gegenstände (»sacrilegium reale«) als auch Personen (»sacrilegium personale«) und Orte (»sacrilegium locale«) betreffen.[6] Unter »sacrilegium reale« verstand das kanonische Recht den missbräuchlichen Umgang mit Sakramenten und Sakramentalien, Bildern und Reliquien von Heiligen, liturgischen Geräten, Gewändern und Büchern. Das »sacrilegium personale« bezeichnete entweihende Verhaltensweisen geistlicher Personen, etwa die Verletzung des Keuschheitsgelübdes, auch »sacrilegium carnale« genannt. Als »sacrilegium locale« bezeichnete das Kirchenrecht missbräuchliche Handlungen an geweihten oder gesegneten Orten wie Kirchen, Kapellen oder Begräbnisstätten. Der Diebstahl einer Reliquie aus einer Kirche war nach den Bestimmungen des »Corpus iuris canonici« ein doppeltes Sakrileg, welches mit der kirchlichen Strafe der Exkommunikation zu ahnden war.[7]

Die römisch-katholische Kirche bediente sich seit dem Spätmittelalter verstärkt ihres »verlängerten Armes«, der weltlichen Gerichte, um blutige zeitliche Strafen zu verhängen. Umgekehrt lässt sich in den um 1500 entstehenden, regional gültigen Strafrechtsordnungen in vielen Belangen eine Orientierung am Kirchenrecht erkennen.[8] Generell kann gesagt werden, dass sich die Bedeutung des Sakrilegs im weltlichen Strafrecht auf den Begriff des Kirchendiebstahls (»furtum

---

Graz 1955/ND 1879; online abrufbar unter: http://mdz.bib-bvb.de/digbib/gratian/@Generic__CollectionView;cs=default;ts=default;lang=de [4. September 2007].

4 Ludwig, August: Die Geschichte des Sacrilegs nach den Quellen des kathol. Kirchenrechts. Juristische Inaugural-Dissertation. Mainz 1893, S. 85–88.

5 Kéry, Lotte: »Canonica severitas« und »amor correctionis«. Zur Ausbildung des kirchlichen Strafrechts im Spannungsfeld zwischen Strafanspruch und Besserungsverlangen. In: Müller, Ludger/Hierold, Alfred E./Demel, Sabine/Gerosa, Libero/Krämer, Peter (Hg.): »Strafrecht« in einer Kirche der Liebe. Notwendigkeit oder Widerspruch? Berlin u. a. 2006, S. 23–44, hier S. 36.

6 Vgl. Friedberg: Corpus iuris canonici Bd. 1, Sp. 820, C. XXI.: »De multiplici genere sacrilegii, et pena eiusdem«.

7 Ludwig: Geschichte des Sacrilegs S. 86–88.

8 Vgl. Kéry, Lotte: Gottesfurcht und irdische Strafe. Der Beitrag des mittelalterlichen Kirchenrechts zur Entstehung des öffentlichen Strafrechts. Köln u. a. 2006.

sacrilegum«) verengte.[9] Als normative Grundlagen der allgemeinen Strafgerichtsbarkeit waren im niederösterreichischen Raum in den ersten beiden Dritteln des 18. Jahrhunderts die unterennsische Landgerichtsordnung Ferdinands III. von 1656 (»Ferdinandea«) und die »Peinliche Gerichtsordnung Kaiser Karls V.« von 1532 (»Carolina«), diese allerdings nur subsidiär, in Kraft; im letzten Drittel des 18. Jahrhunderts die für alle habsburgischen Erbländer gültige »Constitutio Criminalis Theresiana« von 1768 und schließlich das »Allgemeine Gesetzbuch über Verbrechen und derselben Bestrafung« von 1787. Dieses letztgenannte, von Joseph II. erlassene Gesetzbuch bedeutete eine grundsätzliche Neugestaltung des Strafrechts, die auch eine Loslösung von religiösen Normen beinhaltete, und soll hier nur am Rande erwähnt werden. Nach den Definitionen der »Carolina«, der »Ferdinandea« und der »Theresiana« konnte Kirchendiebstahl auf dreierlei Weise geschehen: Erstens wenn jemand etwas Heiliges oder Geweihtes von einem geweihten Ort, zweitens etwas Heiliges oder Geweihtes von einem ungeweihten Ort oder drittens etwas Ungeweihtes von einem geweihten Ort stahl.[10] Wer eine Monstranz mitsamt dem Allerheiligsten entwendete, sollte lebendig verbrannt werden. Der Diebstahl anderer geweihter Gegenstände und der gewaltsame Einbruch in eine Kirche, Kapelle, Sakristei oder auch Schatzkammer war nach der »Carolina« mit einer Todesstrafe nach »gelegenheit der sach vnd radt der rechtsuerstenigen«, nach der »Ferdinandea« und »Theresiana« dagegen mit dem Tod durch Erhängen über einem Scheiterhaufen und anschließender Verbrennung zu ahnden.[11] Die »Theresiana« differenzierte diese Bestimmung nach dem Geschlecht, dass nämlich »eine Weibsperson, mit dem Schwerd«, »ein Mannsbild, mit dem Strang hinge-

---

9 Ernst Carl Hellbling zählt den Kirchendiebstahl allerdings nicht zu den Delikten gegen die Religion, sondern gegen das Vermögen. Vgl. Hellbling, Ernst Carl: Die Delikte gegen die Religion auf Grund der österreichischen Landesordnungen und der CCC. In: Österreichisches Archiv für Kirchenrecht 33 (1982) S. 3–14; Ders.: Grundlegende Strafrechtsquellen der österreichischen Erbländer vom Beginn der Neuzeit bis zur »Theresiana«. Ein Beitrag zur Geschichte des Strafrechts in Österreich. Bearbeitet und herausgegeben von Ilse Reiter. Wien 1996, S. 136–146.

10 Die Peinliche Gerichtsordnung Kaiser Karls V. von 1532 [Carolina]. Herausgegeben und erläutert von Radbruch, Gustav. Stuttgart [6]1991, Art. 171–175; Der Römischen Kayserlichen/ auch zu Hungarn und Böhaimb/ u. Königlichen Majestät Ferdinandi Des Dritten/ u. Ertzherzogens zu Oesterreich: Unsers allergnädigsten Herrn. Newe peinliche Landgerichts-Ordnung in Oesterreich vnter der Ennß [Ferdinandea]. Erster: vnd Anderter Thail. Wien 1656, Art. 85, § 7; Constitutio criminalis Theresiana oder der Römisch-Kayserl. Zu Hungarn und Böheim ec. Königl. Apost. Majestät Mariä Theresiä Erzherzogin zu Oesterreich u.u. peinliche Gerichtsordnung [Theresiana]. Wien 1969, Art. 95, § 1.

11 Carolina Art. 172, Ferdinandea Art. 85, § 9; Theresiana Art. 95, § 6 andertens.

richtet« werden solle.[12] Der Diebstahl ungeweihter Gegenstände aus Kirchen und das Aufbrechen des Opferstocks wurde mit arbiträren Strafen bedroht, die aber härter als jene für gewöhnliche Diebstähle sein sollten.[13] Besonderes Augenmerk wurde in den strafrechtlichen Ausführungen darauf gelegt, ob beim Kirchendiebstahl auch Hostien »entfremdet« und durch gottlosen Umgang (etwa dem Verkauf zu abergläubischen Zwecken oder an Juden) geschändet worden waren. In diesem Fall drohten Strafverschärfungen wie das Zwicken mit glühenden Zangen, das Schleifen zur Richtstatt oder das Abhauen beider Hände vor der Hinrichtung.[14] Gerade in diesen Details zeigt sich der häufige Zusammenhang von Sakrileg und Blasphemie.

Blasphemie war im mittelalterlichen Recht zunächst ein Verbaldelikt. Bereits das Wiener Stadtrecht von 1221[15] definierte die Gottes- und Heiligenlästerung als Vergehen, das von der weltlichen Obrigkeit unnachgiebig zu bestrafen sei: »Wer Gott und seine Heiligen schmäht, dem soll die Zunge abgeschnitten werden, und es soll ihm nicht erlaubt sein, diese durch irgendeine Buße zu lösen.«[16] Mit dieser Bestimmung hatte das Wiener Stadtrecht einer um 1230 erlassenen Dekretale Papst Gregors IX. vorgegriffen, in welcher der oberste Kirchenherr die Zuziehung der weltlichen Gewalt gegen BlasphemikerInnen forderte.[17] Im frühneuzeitlichen Strafrecht hingen die Strafen von Art und AdressatIn der Lästerung ab. Die »Carolina« legte fest, dass »Gottßschwerer [...] an leib, leben oder glidern, nach gelegenheyt vnd gestalt der person und lesterung gestrafft werden« sollten.[18] Die »Ferdinandea« differenzierte zwischen erstens der schweren Gottes-

12 Theresiana Art. 95, § 6 andertens. Schon die Ferdinandea hatte die Enthauptung als einzig zulässige Todesstrafe für Frauen postuliert. Ferdinandea Art 48, § 7.

13 Carolina Art. 173 und 174; Ferdinandea Art. 85, § 10; Theresiana Art. 95, § 6 drittens.

14 Ferdinandea Art. 85, § 11 andertens, Theresiana Art. 95, § 7 andertens. In der Carolina kommen diese strafverschärfenden Maßnahmen nicht vor.

15 Geyer, Rudolf: Die mittelalterlichen Stadtrechte Wiens. In: MIÖG 58 (1950) S. 589–613, hier S. 607.

16 Aus dem Lateinischen übersetzt und zitiert nach: Hoke, Rudolf/Reiter, Ilse (Hg.): Quellensammlung zur österreichischen und deutschen Rechtsgeschichte. Vornehmlich für den Studiengebrauch. Wien u. a. 1993, S. 164.

17 Friedberg: Corpus iuris canonici Bd. 2, Sp. 826f.; vgl. Schwerhoff, Gerd: Blasphemie vor den Schranken der städtischen Justiz: Basel, Köln und Nürnberg im Vergleich (14.–17. Jahrhundert). In: Ius Commune 25 (1998) S. 39–120, hier S. 40; Kéry, Gottesfurcht und irdische Strafe S. 541–548.

18 Carolina, Art. 106. Die Carolina führt zwar die tätliche Gotteslästerung nicht explizit an, aber der Rechtsgelehrte Damhouder inkludiert sie in seiner Auslegung: »Ferner ist hiebey zumercken / daß

lästerung, die sich direkt, öffentlich und vorsätzlich gegen Gott, Maria oder die Heiligen richtete; zweitens der weniger schweren Gotteslästerung, die sich nur indirekt gegen die Genannten wandte; und drittens dem gemeinen Fluchen und Schwören, das »mehr auß einer bösen Gewohnheit« geschehe und daher nicht malefizisch sei. Für die schwerste Form der Blasphemie sah das Gesetz (alternativ oder kumulativ) Zwicken mit glühenden Zangen, »Riemenschneiden«, Schleifen zur Richtstatt, Abhauen jener Hand, die blasphemisch gebraucht worden war, Herausschneiden der Zunge und schließlich Verbrennung bei lebendigem Leibe vor. Die »Theresiana« definierte im Unterschied zur »Ferdinandea« ausschließlich die Beleidigung Gottes sowie der heiligen Dreifaltigkeit als schwerste Blasphemie. Als mittlerer Grad wurde eine Schmähung Marias und der Heiligen sowie die mutwillige Zerstörung von Kruzifixen und heiligen Bildnissen definiert. Des dritten Grades der Gotteslästerung machte sich nicht nur schuldig, wer schwor und fluchte, sondern auch jede Person, die nichts gegen die Lästerungen anderer unternahm. Auch die Strafdrohungen wurden differenzierter, keineswegs jedoch milder: Zwicken mit glühenden Zangen, »Riemenschneiden« und Schleifung zur Hinrichtungsstätte sollten bei besonders schweren Gotteslästerungen des ersten Grades der Verstümmelung und Verbrennung des/der Verurteilten vorausgehen. Analog dazu sollte bei besonders schweren Fällen von Blasphemie im zweiten Grad vor der Enthauptung und Verbrennung des/der Verurteilten noch die Hand abgehauen bzw. die Zunge herausgeschnitten werden.[19]

Dass eine Kumulation von schweren Körperstrafen, die in eine grausame Hinrichtung mündeten, nicht bloße strafrechtliche Theorie blieb, verdeutlicht jene Bestrafung, die Franz Engelberger im Jahr 1642 (also eineinhalb Jahrzehnte vor In-Kraft-Treten der »Ferdinandea«) in Wien erleiden musste: Der getaufte Jude Franz Engelberger war gemeinsam mit zwei Buben in die kaiserliche Schatzkammer eingebrochen, gefangen genommen und in einem Strafprozess zum Tod durch Erhängen verurteilt worden. Als ihm kurz vor seiner Hinrichtung ein Kruzifix zur symbolischen Bekundung seiner Bußfertigkeit gereicht wurde, soll er dieses zu Boden ge-

---

Gottslästerung nicht allein mit worten / sondern gleich eben also wol mit den wercken begangen wirdt / nach dem vielgebräuchlichen Spruche: Die Wercke reden nicht weniger denn die worte«; Damhouder, Jost: Praxis rerum criminalium. Gründtliche und rechte Underweysung Welcher massen in Rechtfertigung Peinlicher Sachen / nach gemeynen beschriebenen Rechten / vor vnd in Gerichten ordentlich zu handeln […]. Frankfurt/Main 1581, S. 95.

19 Theresiana Art. 56, § 9, andertens.

worfen, dem christlichen Glauben abgeschworen und darüber hinaus eine Hostienschändung gestanden haben. Diesen schwerwiegenden Affront gegen die göttliche und weltliche Herrschaft bezahlte er mit einer qualvollen Hinrichtung. Auf dem Weg zur Exekution wurde er mehrmals mit glühenden Zangen gezwickt, aus seinem Rücken wurden »Riemen« geschnitten, er wurde geschleift, dann wurde ihm noch eine Hand abgehauen und die Zunge herausgeschnitten, bevor er schließlich verbrannt wurde. Ein Kupferstich illustriert die überaus grausame Hinrichtung.[20]

Die Normen waren sehr streng, wenn es um die Ahndung von Blasphemie und Kirchendiebstählen ging. Juristisch legitimiert wurden die harten Strafen durch ein Schreckensszenario aus der so genannten Justinianischen Novelle 77, einem Gesetz aus dem Jahr 538: Wer Gotteslästerung nicht mit dem Tode bestrafe, hieß es dort, den treffe der göttliche Zorn in Gestalt von Hungersnöten, Erdbeben und Seuchen.[21] Juristische Kommentare und rechtliche Normen spielten immer wieder auf diese moralische Verpflichtung zur Strafe an.[22] Erst im letzten Drittel des 18. Jahrhunderts verschwand die Verknüpfung der zu schützenden Ehre

20 Csendes, Peter: Die Wiener Strafgerichtsbarkeit im 17. Jahrhundert. In: JbVGStW 26 (1970) S. 103–119, hier 111; vgl. Grunwald, Max: Geschichte der Juden in Wien 1625–1740. Separatabdruck aus: Geschichte der Stadt Wien, Bd. V, herausgegeben vom Altertumsvereine zu Wien. Wien 1913, S. 3; Tietze, Hans: Die Juden Wiens. Geschichte-Wirtschaft-Kultur. Wien 1987/ND 1933, S. 61f., S. 72 (Kupferstich der Hinrichtung); Schwerhoff, Gerd: Zungen wie Schwerter. Blasphemie in alteuropäischen Gesellschaften 1200–1650. Konstanz 2005, S. 111.

21 Rode, Friedrich-Carl: Die Gotteslästerung. Inaugural-Dissertation der Juristenfakultät der Universität zu Rostock. Hamburg 1911, S. 2f.

22 Exemplarisch: Bratsch, Franz Joseph: Über Weiland der Römisch-Kayserlichen. Majestät Ferdinandi des Dritten, […] Peinliche Land-Gerichtsordnung in Oesterreich unter der Enns, ersten und anderten Theil dienliche Anweisungen und nutzliche Anmerckungen, wie auch alle hierüber weiters ergangene Hof-Resolutionen, Patenten, Generalien und Novellen etc. Wien 1751, S. 153f; Verordnung Ferdinands II. vom 5. Dezember 1633. In: CA II S. 353f.; In der am 2. Fastensonntag 1567 in Perchtoldsdorf verlesenen Policeyordnung heißt es etwa: »Unnd dieweill sich befündt daz dz schwärlich Schwerrn und Gotts lestern layder bey Jung unnd Altten, man unnd frawen, von tag zue tag je lennger, je mer über Hanndt nehmen will, Darzue dann Gott allmechtig zue grossen Zorn, unnd schwärer ewiger unnd zeittlicher straff, (wie jezo vor augen) erzürnnet unnd bewegt wirdt«; zum Stellenwert der Religion in österreichischen Policeyordnungen vgl. Pauser, Josef: »sein ir Majestät jetzo im werkh die polliceyordnung widerumb zu verneuern«. Kaiser Maximilian II. (1564–1576) und die Landstände von Österreich unter der Enns im gemeinsamen Ringen um die »gute policey«. In: Rosner, Willibald (Hg.): Recht und Gericht in Niederösterreich. Die Vorträge des 17. Symposions des Niederösterreichischen Instituts für Landeskunde. Stift Ardagger, 30. Juni bis 4. Juli 1997. St. Pölten 2002, S. 17–122, insbes. S. 60–63.

Gottes mit der Angst vor dessen Zorn als Strafmotiv.[23] Im »Allgemeinen Gesetz über Verbrechen und derselben Bestrafung« von 1787 wurde der vormals als mutwillige Schmähung Gottes oder der Heiligen verstandene (Sprech-)Akt nun als Ausdruck des Wahnwitzes verstanden: Der Gotteslästerer sei im »Tollhause so lange gefänglich anzuhalten, bis man seiner Besserung vergewissert ist«.[24] Bildete bis dahin die Beleidigung Gottes bzw. der Heiligen den strafbaren Tatbestand, so verschob sich nun das zu schützende Rechtsgut von der »Ehre Gottes bzw. der Heiligen« auf die gesellschaftliche Allgemeinheit. Blasphemische Worte und Taten galten nicht mehr als »Criminal-«, sondern als geringfügigere »politische Verbrechen«. Auch der Kirchendiebstahl verlor seinen blasphemischen Makel und rückte in die Nähe des gewöhnlichen Diebstahls.[25]

Die Verfolgung von Gottlosigkeiten in Wien

Für den Wiener Raum sind nur wenige Justizquellen der Frühen Neuzeit erhalten geblieben. Dennoch lässt sich aus diesen der Eindruck exekutierter Härte gegen BlasphemikerInnen und KirchendiebInnen gewinnen. Peter Csendes hat auf diesen Umstand bereits 1970 hingewiesen und insbesondere eine markante Häufung der Verurteilungen von Gotteslästerungen in den ersten beiden Jahrzehnten des

23 Dies zeigt sich schon im Zedlerschen Universallexikon, das nicht mehr Gottes Zorn, sondern die Aufrechterhaltung der religiös-sozialen Ordnung als Strafmotiv nennt: »Die Gottes-Lästerungen sind nicht zu bestraffen, dass man dem grossen GOTT im Himmel Sicherheit dadurch verschaffen will, sondern nur dem gemeinen Wesen Sicherheit zuschaffen; würden die Gotteslästerungen nicht bestraft, wie würde nicht das heilige Wort GOttes und die christliche Religion geschmähet, die Sacramenta geschändet, das Kirchen-Wesen herunter gemacht, die Atheisteren befordert, die Boßheit derer Leute gestärckt, u. die Gottes-Furcht derer Frommen geärgert werden?« Zedler, Johann Heinrich: Großes Universal-Lexikon aller Wissenschafften und Künste, welche bishero durch menschlichen Verstand und Witz erfunden worden, Bd. 4, Halle/Leipzig 1733, Sp. 402f.

24 Zitiert nach: Hoke/Reiter: Quellensammlung S. 475. Diese »aufgeklärte« Pathologisierung von BlasphemikerInnen wurde in den nachfolgenden Strafgesetzbüchern (1803, 1852) allerdings wieder zurückgenommen, die verschiedenen Facetten der »Religionsstörung« wurden, wie auch heute noch, mit Haftstrafen bedroht. Vgl. Strafgesetzbuch (1974) §§ 188–189.

25 Kirchendiebstahl stellte kein eigenes Delikt mehr, sondern eine Unterkategorie des Diebstahls dar. Wer »an einem Gott geweihten Orte« stahl, sollte mit zeitlichem Gefängnis zweiten Grades und öffentlicher Arbeit bestraft werden. Vgl. Allgemeines Gesetz über Verbrechen und derselben Bestrafung. Wien 1787, § 160 h.

18. Jahrhunderts festgestellt. Auch der Zusammenhang mit dem Delikt des Kirchenraubs fiel Csendes auf, da dieses »derselben Strafe unterworfen war wie die Gotteslästerung, nämlich dem Feuertod«.[26]

Das Hinrichtungsprotokoll der Stadt Wien vermerkt für die Jahre 1702 bis 1720 dreizehn Hinrichtungen wegen Blasphemie: Zehn Frauen und drei Männer wurden enthauptet.[27] Eine weitere gotteslästerliche Tat führte – verbunden mit anderen Delikten – 1757 zur Hinrichtung eines Mannes.[28] Durch das Hinrichtungsprotokoll und eine Sammlung gedruckter Todesurteile erfahren wir, dass in den Jahren 1747, 1749 und 1772 vier Männer in Wien wegen Kirchendiebstählen zum Tod verurteilt und exekutiert wurden.[29] Ziehen wir als zusätzliches Informationsmedium das seit 1703 erscheinende »Wienerische Diarium« heran, so differenziert und verdichtet sich das Bild: im Zeitraum von 1703 bis 1750[30] berichtet die Zeitung über 35 Personen (zwölf Männer, 23 Frauen), die wegen Gotteslästerung gerichtlich verurteilt wurden. Davon standen 28 in Wien vor Gericht (fünf Männer, 23 Frauen), 18 (vier Männer, 14 Frauen) wurden hingerichtet, zehn (ein Mann, neun Frauen) kamen mit anderen Strafen davon. Insgesamt 27 Personen sollen sich nach Berichten des »Wienerischen Diariums« von 1703 bis 1750 des Kirchendiebstahls schuldig gemacht haben, 17 davon wurden in Wien verurteilt (15 Männer, zwei Frauen), 13 wurden hingerichtet (elf Männer, zwei Frauen)[31]

26 Csendes: Wiener Strafgerichtsbarkeit S. 117.

27 Csendes verweist unter loser Bezugnahme auf Johann Ev. Schlager für den Zeitraum 1700 bis 1720 auf insgesamt 27 Gotteslästerungen. Vgl. Csendes: Wiener Strafgerichtsbarkeit S. 111f.

28 Wienbibliothek, Handschriftensammlung, Jb 18013: Hinrichtungsprotokoll [im Folgenden Hinrichtungsprotokoll der Stadt Wien] der Stadt Wien 1702–1830: *Verzeichnus deren Von einer Hochlöblichen Privilegirten Ka: Königl: Todten Bruderschafft übernohmenen Malleficanten*, fol. 42–44.

29 Hinrichtungsprotokoll der Stadt Wien; Wienbibliothek, Sign. 39975 C: gedruckte Todesurteile 1747, 1749, 1772.

30 Aus arbeitsökonomischen Gründen habe ich mich bei der zeitraubenden Durchsicht des »Wienerischen Diariums« auf die erste Hälfte des 18. Jahrhunderts beschränkt.

31 Der 1722 hingerichtete Anton Franz vulgo »Luftspringer« wurde des Diebstahls, Raubes, Kirchendiebstahls und Mordes beschuldigt, hätte also auch als »Mörder« gezählt werden können. Das über ihn verhängte Urteil sah vor, dass er – nach zwei »Zwicken« mit glühenden Zangen – an einem Schnellgalgen über einem Scheiterhaufen auf der so genannten Gänseweide erhängt und anschließend verbrannt werde. Die Zangenzwicke und der Strang wurden ihm erlassen und er wurde schließlich enthauptet und verbrannt. Ich habe ihn als »Kirchendieb« gezählt, weil die Verbrennung des Leichnams die Strafe für Kirchendiebstahl war. Wäre er vorrangig für Raub und Mord bestraft worden, hätte man ihn eher aufs Rad gelegt. Vgl. Wienerisches Diarium vom 3. Februar 1722.

und vier Männer zu Arbeits- bzw. Galeerenstrafen verurteilt. Quellenbedingt lassen sich die im »Wienerischen Diarium« und im Hinrichtungsprotokoll angeführten »frevlerischen« Personen nur zum Teil aufeinander beziehen, da die Zeitung vermutlich alle Aufmerksamkeit erregenden öffentlichen Bestrafungen in Wien verzeichnet, während im Protokoll der Totenbruderschaft nur jene Hinrichtungen aufscheinen, deren Opfer von der Bruderschaft begraben wurden.

Betrachten wir die Schilderungen der Kirchendiebstähle in den überlieferten Quellen, so lässt sich der Konnex zur (tätlichen) Gotteslästerung leicht herstellen: Johann Weber, so berichtet ein gedrucktes Todesurteil, wurde am 21. Mai 1747 über einem Scheiterhaufen erhängt und anschließend verbrannt. Er war in der Nähe von Laxenburg gewaltsam in eine Sakristei eingebrochen und hatte eine Monstranz im Wert von 600 Gulden sowie einige Kelche und Patenen gestohlen. Den bereits zuvor wegen Diebstahl und Einbrüchen bestraften Joseph Rosengart verurteilte das Wiener Stadt- und Landgericht im August 1749 zum Tod am Galgen und anschließender Verbrennung, weil er einen Einbruch in die Sakristei des Spanischen Spitals »GOttes-lästerlich begehen geholffen« hatte. Ulrich G., der auch an diesem Einbruch beteiligt gewesen war, so erfahren wir aus einem weiteren Flugblatt, erlitt dasselbe Schicksal. Erbeutet worden waren bei diesem Einbruch ins Spanische Spital drei Kelche samt Patenen und verschiedene »Kirchen-Kleyder-Sachen« im Wert von über 200 Gulden. Besonders ausführlich beschreibt ein Flugblatt einen Kirchenraub im Jahr 1772. Der 34-jährige Melchior Schlögl war in der Nacht vom 10. auf den 11. März 1772 in die Hütteldorfer Pfarrkirche eingebrochen. Er hatte »alda nicht allein verschiedene Frauenbilder ihrer Kleidung, silbernen Kronen, und einiger guten Perlen beraubet, sondern auch den Tabernackel des hohen Altars mit einem Messer aufgesprengett, hieraus ein vergoldetes silbernes Ciborium, und eine ebenfalls vergoldete silberne Monstranz genommen, die sowohl in der Monstranz, als auch im Ciborium befindlichen hochheiligen Hostien [...] auf ein Tüchlein herausgebeutelt, und allda zuruckgelassen, ersterwähnte geweihte Gefässe, und das übrige hier vorne gesagte Kirchengut aber in ein bey sich gehabtes Säcklein zusammen hineingesteckt« und die Kirche wieder durchs Fenster hinter dem Hochaltar verlassen. Das Silber aus der Kleidung hatte er ausgebrannt und verkauft, auch die geweihten Gefäße »ausgeglüht«, um sie als liturgische Geräte unkenntlich zu machen und so leichter verkaufen zu können. Der Wert der noch unzerstörten und zurückgegebenen Objekte betrug 87 Gulden und 29 Kreuzer, der durch das bereits eingeschmolzene

Silber entstandene Schaden war vermutlich höher. Melchior Schlögl wurde gehängt, sein Leichnam verbrannt.[32] Auch das »Wienerische Diarium« berichtete von diesen Kirchendiebstählen.[33] Weitere vierzehn KirchendiebInnen finden sich in dieser Quelle bis zum Jahr 1750. Ein 30-jähriger Mann wurde am 23. Dezember 1706 wegen seines Einbruchs in eine herrschaftliche Hauskapelle am Wienerberg gehängt.[34] Den 32-jährigen Vieh- und Kirchendieb Johann Georg verurteilte das Wiener Stadt- und Landgericht im Juli 1711 zum Tod durch Erhängen. Die Kaiserin-Witwe Eleonora Magdalena Theresia, die zu diesem Zeitpunkt die Regentschaft innehatte, »begnadigte« ihn jedoch zur Enthauptung.[35] 1714 kam der des Diebstahls, Raubes, Kirchendiebstahles und der Flucht aus dem Arrest beschuldigte 26-jährige Franz Anton mit 30 Rutenstreichen, einer geschworenen Urfehde und Landesverweis davon.[36] Für seinen Einbruch in die Wiener Minoritenkirche und den Raub von Sakralgegenständen im Wert von 286 Gulden und 12 Kreuzern bekam der 26-jährige Thomas dagegen im Juni 1715 die volle Härte des Gesetzes zu spüren. Er wurde auf der so genannten Gänseweide[37] über einem Scheiterhaufen gehängt und anschließend verbrannt.[38] Sein Gehilfe, der 40-jährige Christoph, endete im Juli desselben Jahres am Wienerberg am Galgen.[39] Nicht besser erging es der 32-jährigen Maria, die – wie das »Diarium« im Jänner 1716 schreibt – »vor etlichen Jahren in einer gewissen Kirche zu Hallein/ in dem Salzburger Land/ ein Frauen-Bild beraubet/ [...] auch jüngsthin in der Haupt- und Stiffts-Kirche zu alten Oettingen ein namhaften/ Kirchen-Diebstahl verübet« hatte; der Scharfrichter schlug ihr auf der Gänseweide den Kopf ab und verbrannte ihren toten Körper.[40] Besonders frevlerisch verhielt sich nach dem »Diarium« der 25-jährige Franz, der im November 1716 und am Neujahrsabend

32 Wienblibliothek, Sign. 39975 C: gedruckte Todesurteile 1747, 1749, 1772.

33 Wienerisches Diarium vom 21. März 1747, 19. Juni 1749, 6. August 1749, 26. August 1749 und 26. September 1772.

34 Wienerisches Diarium vom 23. Dezember 1706.

35 Wienerisches Diarium vom 14. Juli 1711.

36 Wienerisches Diarium vom 24. Juli 1714.

37 Englisch, Franz: Die alte Hinrichtungsstätte auf der Gänseweide unter den Weißgerbern. In: WGBll. 14 (1959) S. 60–66.

38 Wienerisches Diarium vom 4. Juni 1715. Den Einbruch hatte er am 11. September 1714 gemeinsam mit einem Gehilfen verübt.

39 Wienerisches Diarium vom 18. Juli 1715.

40 Wienerisches Diarium vom 10. Jänner 1716.

1717 in die Maria Trost Kirche zu St. Ulrich einbrach, dort vom Altar silberne Leuchter, eine Ampel, goldene und silberne Pfennige, Ringe, Perlen und andere Opfergaben vom »Jesuskind« wegnahm und das Diebesgut im Gesamtwert von 121 Gulden 15 Kreuzer an einen Juden verkaufte. Sein Leben endete im Mai 1717 am Galgen am Wienerberg.[41] Der 1718 vor Gericht stehende 27-jährige Matthias Wagner hatte in Mariazell einen Opferstock geleert und wurde dafür auf die Galeere nach Neapel geschickt.[42] Ebenfalls zur Ruderbank verdammte das Wiener Stadt- und Landgericht im Jahr 1723 den 22-jährigen Johann für Diebstahl, Straßenraub und Kirchendiebstahl und 1732 den 30-jährigen Franz Sch. für Kirchendiebstahl.[43] Nicht mit dem Leben davon kamen 1722 der wegen Diebstahl, Raub, Mord und Kirchendiebstahl verurteilte Anton Franz vulgo »Luftspringer«[44] und die 26-jährige Kirchendiebin Elisabeth sowie 1733 der 27-jährige Simon B., der einem Pfarrer im steirischen Gottsdorf eine Monstranz aus dessen Zimmer gestohlen hatte. Anton Franz sollte ursprünglich auf den hohen Wagen gesetzt, zweimal mit glühenden Zangen gezwickt, erhängt und anschließend verbrannt werden, die »Zangenzwicke« und der Strang wurden ihm gnadenhalber erlassen, er wurde – so wie auch die im selben Jahr verurteilte Elisabeth – auf der Gänseweide enthauptet und verbrannt. Simon B. wurde am Wienerberg erhängt.[45]

Waren die verhängten Strafen für Kirchendiebstahl in der Regel drastisch, so gilt das auch für Gotteslästerungen. BlasphemikerInnen wurden in Wien nicht in erster Linie wegen Flüchen und Schwüren verurteilt, sondern wegen Taten, die sich gegen religiöse Symbole gerichtet hatten. So wurde Anna Rosina am 23. Juni 1702 auf dem Hohen Markt zuerst der Kopf und dann die Hand abgeschlagen, »weil Sie das Hochwürdige [geweihte Hostie] mit dem Messer in Zuchthauß zerschnitten hat[te]«.[46] Maria Francisca Rosenbergerin wurde am 13. Mai 1705 enthauptet, »weil sie dass Hochwürdige mit [einer] Nadel zerstochen«[47] und ein

41 Wienerisches Diarium vom 21. Mai 1717.

42 Wienerisches Diarium vom 31. Mai 1718.

43 Wienerisches Diarium vom 12. Juli 1723 und 17. April 1732.

44 In einem Rechtsgutachten vom Oktober 1719 gegen drei Frauen und einen Mann, die in Puchheim (Oberösterreich) wegen Diebstahl, Raub und Sakrileg, gefangen genommen worden waren, wird ein »Antoni Reinhardt vulgo Lufftspringer« als »Erz-Dieb« und Geliebter einer der Angeklagten erwähnt. Vgl. OÖLA, StA Freistadt, Hs. 1101, pag. 15.

45 Wienerisches Diarium vom 3. Februar 1722, 26. September 1722 und 28. Juli 1733.

46 Hinrichtungsprotokoll der Stadt Wien, fol. 1.

47 Hinrichtungsprotokoll der Stadt Wien, fol. 4.

Kruzifix mit Füssen getreten hatte.[48] Maria Catharina musste am 17. Januar 1707 sterben, weil sie das »Crucifix 2.mahl mit füssen getretten, und Hosti mit Messer zerschnitten« hatte.[49] Für eine ähnliche Tat musste eine 23-jährige, nicht näher benannte Frau am 16. März 1708 ihr Leben lassen.[50] Am 1. Juni 1709 wurde der 47-jährige Hans Georg Fritsch enthauptet, weil er »von seinen angewohnten Gotteslästerungen nicht allein nicht abgestanden / sondern immerfort / und bis zu seiner Gefangenschaft damit fortgefahren; allermassen er nicht nur Sonn / Mond / und die Heiligen Gottes / sondern so gar die Allerheiligst. Dreyfaltigkeit/ und die Mutter GOttes verfluchet und vermaledeyet« hatte.[51] Die 31-jährige Elisabetha wurde im Dezember 1709 am Rabenstein exekutiert, weil sie »wegen Überdrüssigkeit ihres Lebens / und Länge der Straff / ein Crucifix von einem Altärl genommen / und solches zerschlagen« hatte. Sie war zuvor bereits einmal von der Todes- zu einer Zuchthausstrafe begnadigt worden.[52] Die 28-jährige Maria Anna, die im Wiener Zuchthaus »ein außgeschnittenes Leyden-Christi verunehret / und sodann auf die Erden geworffen« und sich selbst des Kindsmordes bezichtigt hatte, kam im Mai 1710 mit einer Auspeitschung und einem Landesverweis davon.[53] Der 19-jährige Johannes Posch wurde am 7. Juni 1712 mit dem Schwert hingerichtet, »weilen er das Cruzifix gebrochen« hatte.[54] Ebenfalls im Jahr 1712 mussten Anna Catharina, die 23-jährige Clara Dorothea Jankowitschin, die 20-jährige Maria Elisabeth, Maria Magdalena Zechirlin, Susanna Krallin und die 17-jährige Benigna Rosina für gotteslästerliche Taten ihr Leben lassen.[55] Anna Maria Elisabetha, die 1713 des Diebstahls, der Unzucht und der Gotteslästerung bezichtigt worden war, kam mit Leben davon, denn – so führte das »Diarium« an – sie hatte »an der Hoch-Heiligen Hosty kein-gewaltthätige Hand

48 Im Wienerischen Diarium vom 13. Mai 1705 wird der Name der »armen Sünderin« nicht genannt, aber auf ihr »unzüchtiges Leben« und die vorher verhängte Zuchthausstrafe verwiesen.

49 Hinrichtungsprotokoll der Stadt Wien, fol. 6.

50 Wienerisches Diarium vom 16. März 1708. Ihr wurden Kopf und Hand abgeschlagen.

51 Wienerisches Diarium vom 11. Juni 1709. Im Hinrichtungsprotokoll wird er als Johann Georg Friß bezeichnet. Vgl. Hinrichtungsprotokoll der Stadt Wien, fol. 8.

52 Wienerisches Diarium vom 10. Dezember 1709; vgl. Hinrichtungsprotokoll der Stadt Wien, fol. 8.

53 Wienerisches Diarium vom 2. Mai 1710.

54 Hinrichtungsprotokoll der Stadt Wien, fol. 8; vgl. Wienerisches Diarium vom 7. Juni 1712: Dort ist er nicht namentlich angegeben.

55 Hinrichtungsprotokoll der Stadt Wien, fol. 10–12 sowie Wienerisches Diarium vom 30. August 1712, vom 17. November 1712, vom 23. November 1712.

angelegt / und demnach bei dem Gericht selbst sich angegeben«.[56] Im selben Jahr erlebte Wien nicht nur die Pest, sondern auch die öffentliche Hinrichtung der 18-jährigen Maria Magdalena[57], des 17-jährigen Stephan[58], der 15-jährigen Theresia[59] und der 19-jährigen Magdalena[60], die alle wegen blasphemischer Handlungen zum Tode verurteilt worden waren. Die Letztgenannte wurde vor ihrer Hinrichtung am 20. Oktober 1713 noch zur besonderen Abschreckung drei Tage lang jeweils eine Stunde an eine Säule gebunden ausgestellt und mit jeweils fünf Rutenstreichen »gezüchtigt«.

Korrespondierend zu den häufig bestraften Gotteslästerungen im Wien des frühen 18. Jahrhunderts, beklagte eine Resolution Karls VI. vom 28. Juli 1713, »daß von einiger zeithero das abscheuliche Laster der Gotteslästerung, oder *Blasphemiae realis in Deum*, beforderst mit Verunehr- Zerbrech- und Zerschlagung der geheiligten Bildnisse unsers gecreuzigten Heylandes, sehr im Schwang zu gehen, sonderlich in Unserer Haupt- und Residenz-Stadt Wien überhand zu nehmen beginne«.[61] Er sei aber durchwegs gesonnen, wie ich das auch zum Titel meines Beitrags genommen habe, »die beleidigte Ehre GOttes auf das empfindlichste zu rächen«. Wie sich in den Kriminalprozessen gezeigt habe, so heißt es weiter, handle es sich bei den TäterInnen häufig um junge, verwaiste, herumziehende Leute, beiderlei Geschlechts, die »ihres schändlichen Laster-Lebens halber öfters gerichtlich abgestrafft worden« seien. Die tätlichen Gotteslästerungen verübten diese »mit dem unbesonnen und höchst sündhaften Absehen, durch einen eintzigen Schwerdschlag ihres Lebens entbunden zu werden«. Die angeordneten Maßnahmen dagegen gingen in zwei Richtungen: Zum einen sollten tätliche Blasphe-

56 Wienerisches Diarium vom 30. Mai 1713.

57 Wienerisches Diarium vom 8. Februar 1713.

58 Wienerisches Diarium vom 9. August 1713.

59 Wienerisches Diarium vom 31. August 1713.

60 Wienerisches Diarium vom 20. Oktober 1713. In einer panegyrischen Schrift über Karl VI. wird die Bestrafung zweier Blasphemikerinnen als Beispiel seiner Gottesfürchtigkeit erwähnt: Leben und Thaten Caroli VI. Römischen Kaysers. Regensburg 1742, S. 762: »[...] man stellte die älteste so 19 Jahr alt war, 3. Tage nacheinander auf eine Büne, striche sie nachgehends jedes Mal 5.mal mit Ruthen, und schlug ihr endlich den Kopf und die rechte Hand ab; die jüngere aber muste 3.Tag nacheinander in einem härren Kleide und mit Ruthen in der Hand an der Kirchthüre stehen und wurde nachgehends darzu, verdammt, den Krancken zu dienen.« Bei der hingerichteten 19-Jährigen handelt es sich mit großer Wahrscheinlichkeit um Magdalena. Im Hinrichtungsprotokoll der Stadt Wien scheint sie nicht auf.

61 CA III S. 714.

mikerInnen zur Abschreckung härter bestraft werden, indem ihnen nicht »nur« – wie bislang – Kopf und Hand abgeschlagen würden, sondern sie sollten vor ihrer Hinrichtung noch »mit etlichen Ruthen-Streichen« drei Mal öffentlich gezüchtigt werden, was, wie das letztgenannte Beispiel zeigt, auch umgesetzt wurde. Zum andern sollte dem liederlichen Leben und speziell Gotteslästerungen vorgebeugt werden, indem arme verwaiste Kinder und junge Leute von den lokalen Obrigkeiten betreut und zu ehrlicher Arbeit angehalten würden. Die Kontrolle und Versorgung der Armen, insbesondere der Kinder und Jugendlichen, war jedoch, wie etwa Helmut Bräuer gezeigt hat, ein aus obrigkeitlicher Perspektive kaum in den Griff zu bekommendes Problem.[62] Tätliche Gotteslästerungen hauptsächlich im Müßiggang junger Menschen begründet zu sehen, verkannte sicherlich die Realität. Nicht wenige der Verurteilten hatten ihre tätlichen Angriffe auf religiöse Symbole im Wiener Zucht- und Arbeitshaus, einem Ort der Zwangsarbeit und Disziplinierung, unternommen.[63]

1714 wurden der 26-jährigen Anna Maria[64], der 20-jährigen Maria Johanna[65] und der 19-jährigen Maria Anna Justina[66] für die Zerstörung von Kruzifix-Bildnissen jeweils der Kopf und die rechte Hand abgeschlagen, die beiden Letztgenannten hatten – der Resolution von 1713 entsprechend – vor ihrer Exekution auch noch die Demütigung der öffentlichen Ausstellung und Auspeitschung zu ertragen. Ebenfalls wegen der Zerbrechung eines Kruzifixes wurden der 16-jährige Andreas[67], ein Mann namens Adam[68] und die 22-jährige Maria Anna Walnerin[69] im Jahr 1715 enthauptet, auch ihnen schlug man die rechte Hand ab. Die

---

62 Bräuer, Helmut: »...und hat seithero gebetlet«. Bettler und Bettelwesen in Wien und Niederösterreich während der Zeit Kaiser Leopolds I. Wien u. a. 1996; vgl. Just, Thomas/Pils, Susanne Claudine: Die Entstehung der Unbarmherzigkeit. Randgruppen und Außenseiter in Wien vom Mittelalter bis ins 20. Jahrhundert. Wien 1997.

63 Vgl. Stekl, Hannes: Österreichs Zucht- und Arbeitshäuser 1671–1920. Institutionen zwischen Fürsorge und Strafvollzug. Wien 1978; Scheutz, Martin: »Hoc disciplinarium ... erexit«. Das Wiener Zucht-, Arbeits- und Strafhaus um 1800 – eine Spurensuche. In: Ammerer, Gerhard/Weiss, Alfred Stefan (Hg.): Strafe, Disziplin und Besserung. Österreichische Zucht- und Arbeitshäuser von 1750 bis 1850. Frankfurt/Main u. a. 2006, S. 63–96, bes. S. 80.

64 Wienerisches Diarium vom 2. März 1714.

65 Wienerisches Diarium vom 24. März 1714.

66 Wienerisches Diarium vom 8. August 1714.

67 Hinrichtungsprotokoll der Stadt Wien, fol. 13.

68 Wienerisches Diarium vom 18. Juni 1715.

69 Hinrichtungsprotokoll der Stadt Wien, fol. 13; vgl. Wienerisches Diarium vom 3. April 1715.

15-jährige Rosina büßte die »Zerbrechung eines Kruzifixes« im Februar 1716 mit einer öffentlichen Abbitte vor der Kruzifixstatue vor dem Schottentor, ihrer dreimaligen Ausstellung auf einer Bühne und der »Züchtigung« mit Rutenstreichen, schließlich noch mit fünf Jahren Arbeit im Zuchthaus.[70] Enthauptet wurde dagegen im Oktober 1716 die schon vorbestrafte 26-jährige Anna Margaretha wegen »Unzucht«, wiederholtem Urfehdebruch und weil sie eine Mitgefangene im Wiener Zucht- und Arbeitshaus zur tätlichen Gotteslästerung angestiftet habe.[71]

Dass es ab 1718 zu weniger Hinrichtungen wegen tätlicher Blasphemie kam, lässt sich wahrscheinlich mit dem Erkennen eines Problemzusammenhangs erklären, der in einer landesfürstlichen Verordnung zum Ausdruck kommt. Die Resolution vom 30. August 1715 unterscheidet kategorisch zwischen den gewöhnlich zu bestrafenden Gotteslästerungen ersten und dritten Grades und jenen zweiten Grades, die »aus einer Kleinmüthigkeit, Melancholia, und Lebens-Verdruß« zum Zweck des indirekten Suizids geschehen würden. Dieses Tatmotiv war schon in der Resolution von 1713 angeklungen, hinsichtlich der Bestrafung wurde aber erst mit der Verordnung von 1715 differenziert. Junge Männer und Frauen, die sich mit selbstmörderischer Absicht der »Zerbrechung oder Verunehrung des Crucifix oder anderer heiligen Bildnisse« schuldig gemacht hatten, sollten ihr Ziel gerade eben nicht erreichen, sondern, so sie unter 16 Jahre alt waren, für ihre Untat für »eine geraume dem Verbrechen gemässe Zeit« mit Anschlagung eines Eisens ins Zuchthaus gesperrt und während der Haftzeit gelegentlich ausgepeitscht werden. Ältere oder besonders »boshafte« jugendliche BlasphemikerInnen, die zwar ein Todesurteil verdienen würden, sollten stattdessen drei bis fünf Jahre im Zuchthaus verbringen müssen, auch während dieser Zeit »öffentlich auf einer Bühne wohl empfindlich gezüchtiget« und nach Verbüßung der Strafe ewig aus den habsburgischen Erblanden verwiesen werden. Für rückfällige suizidale KruzifixzerbrecherInnen oder HostienzerstörerInnen sah die Resolution Karls VI. ein besonderes Buß- und Strafprogramm vor: Die betreffende Person sollte zur Kruzifixsäule am Rabenstein geführt werden, dort »auf einer Bühne fußfallende öffentliche Zeichen ihrer Reumüthigkeit geben, GOtt um Versöhnung anflehen, das umstehende Volck um Verzeihung wegen gegebener Aergernis bitten, und öffentlich bekennen

70 Wienerisches Diarium vom 4. Februar 1716.

71 Wienerisches Diarium vom 27. Oktober 1716.

[…], daß sie wegen ihrer lästerlichen That, den zwar gewünschten Tod wohl verdienet, zur Strafe aber das leben ihr nicht genommen, sondern eine andere langsame straffe durch gerechtes Urthel verhänget worden« sei. Nach diesem öffentlichen Reueakt habe eine Auspeitschung zu erfolgen, Männer sollten schließlich lebenslang auf die Galeere geschickt, Frauen lebenslang zur Arbeit ins Zuchthaus gesperrt werden.[72]

Diese Vorgabe scheint im Wesentlichen umgesetzt worden zu sein. 1718 berichtete das »Wienerische Diarium« von der 18-jährigen Regina, die sich »an einem messingenen Cruzifixl Gotteslästerlich- und höchst freventlicher Weise vergriffen«, auch zuvor schon ein Kruzifix zerbrochen habe und deshalb nach geleisteter Abbitte vor der Kruzifixsäule und öffentlicher Züchtigung lebenslang ins Zuchthaus gesperrt wurde.[73] 1720 wurde ein nicht näher benanntes »Weibsbild« wegen Gotteslästerung enthauptet.[74] Einen 20-jährigen Mann, der Gott mit Worten und Taten gelästert habe, schickte das Wiener Stadt- und Landgericht mit dem Transport vom 15. April 1722 für zehn Jahre auf die Galeere nach Neapel.[75] Fünf Frauen unterschiedlichen Alters wurden in den Jahren 1728 bis 1732 wegen ihrer blasphemischen Handlungen zur öffentlichen Abbitte und zu anschließenden Zuchthausstrafen verurteilt, eine sollte lebenslang eingesperrt werden, die anderen zwischen einem und vier Jahren.[76]

Da Gotteslästerung und Kirchendiebstahl als besonders schwerwiegende Verbrechen galten, möchte ich zum Vergleich die Verurteilungen einiger anderer, mit der Todesstrafe bedrohte Delikte in Wien im Zeitraum von 1703 bis 1750 heranziehen. Es handelt sich dabei um Delikte gegen das Leben (»Kindsmord«, Mord), gegen ein Hoheitsrecht (Falschmünzerei) sowie um schwerwiegende Verstöße gegen die sexuelle Ordnung (Bigamie, Sodomie). Nach den Berichten des »Wienerischen Diariums« wurden 27 Frauen und ein Mann wegen der Ermordung des eigenen

72 CA III S. 801f.

73 Wienerisches Diarium vom 31. März 1718.

74 Hinrichtungsprotokoll der Stadt Wien, fol. 16.

75 Wienerisches Diarium vom 13. März 1722.

76 Es sind dies die 22-jährige Barbara Catharina B. im Juli 1728, die 68-jährige Anna Maria Sp. im April 1730, die 25-jährige Anna Maria im Juli 1731 sowie eine 19-jährige und eine 22-jährige Frau im April 1732. Wienerisches Diarium vom 16. Juli 1728, 14. April 1730, 6. Juli 1731 und 3. April 1732.

oder eines fremden Kindes von Wiener Gerichten zum Tod verurteilt.[77] Vierzehn Männer und zwei Frauen wurden wegen Mordes oder der Beihilfe zum Mord an Erwachsenen hingerichtet[78], eine Frau wegen eines Mordversuchs zu einer anderen Strafe verurteilt.[79] Fünf Männer und eine Frau hatten sich der Falschmünzerei schuldig gemacht, von denen vier Männer hingerichtet, die anderen zu einer jeweils zehnjährigen Arbeitsstrafe verurteilt wurden.[80] Vier Personen (drei Männer und eine Frau) wurden wegen Bigamie am Wiener Rabenstein enthauptet.[81] Zwei Männer standen wegen sodomitischer Praktiken vor Gericht, einer büßte diese mit

77 1704 schnitt die 27-jährige Maria Johanna Neuhofferin ihrem 15 Wochen alten Kind die Kehle durch. Im selben Jahr töteten ein nicht näher benanntes »Kindsmensch« das Kind eines Ziegeldeckers, die 25-jährige, melancholische Susanna Wetulhofferin und die 37-jährige Barbara Zächerlin ebenfalls fremde Kinder. 1707 erdrosselte die 19-jährige Anna Maria die Tochter eines »Halters«, die 36-jährige Eva warf ihr eigenes Kind in den Abtritt. Die 18-jährige Rosalia musste 1708 drei Tage lang auf einer Bühne stehen, wurde ausgepeitscht und schließlich hingerichtet, weil sie einem 8-jährigen Buben die Kehle durchgeschnitten hatte. Das eigene Kind ermordeten 1709 die 38-jährige Catharina, 1710 die 25-jährige Maria Magdalena und die 29-jährige Anna Maria, 1711 eine Elisabeth, 1713 die 34-jährige Eva Maria sowie die 36-jährige Maria Catharina und 1750 die 31-jährige Anna Maria E. Wegen des Mordes an fremden Kindern wurden 1714 die 25-jährige Eva Maria, 1716 die 18-jährige Maria Eleonora, 1723 der 25-jährige Martin, 1732 die 26-jährige Maria Magdalena, 1732 die 30-jährige Anna Margaretha H., 1738 die 24-jährige Margaretha D., 1744 die 19-jährige Elisabeth H. und 1749 die 21-jährige Dorothea H. hingerichtet. Ob die 1726 enthauptete 19-jährige Maria Elisabetha und die 1727 hingerichtete 40-jährige Anna Maria E. fremde oder ihre eigenen Kinder ums Leben brachten, bleibt unklar. Vgl. Wienerisches Diarium vom (ohne Tag) Juli 1704, 6. September 1704, 8. September 1704, 17. September 1704, 4. Jänner 1707, 22. Mai 1708, 13. Juli 1708, 14. Juni 1709, 16. Juli 1709, 29. April 1710, 2. Mai 1710, 29. August 1710, 27. März 1711, 28. März 1713, 2. Juni 1713, 23. November 1714, 5. Juni 1716, 2. September 1723, 18. Oktober 1726, 6. Juni 1727, 28. März 1732, 24. Oktober 1732, 5. März 1738, 30. April 1744, 29. Juli 1749 und 18. August 1750.

78 Vgl. Wienerisches Diarium vom 7. Mai 1706, 30. März 1707, 15. April 1707, 1. Juni 1708, 15. März 1718, 24. Juli 1726, 18. Jänner 1727, 5. April 1730, 11. Mai 1734, 10. November 1739, 4. März 1740, 13. Jänner 1741, 14. Dezember 1745, 22. Februar 1747 und 15. Mai 1750.

79 Die 20-jährige Theresia wurde mit 30 Schlägen gezüchtigt und des Landes verwiesen. Vgl. Wienerisches Diarium vom 26. Mai 1713.

80 Auf der Gänseweide enthauptet und verbrannt wurden: der 56-jährige Ferdinand im Jahr 1708, der 35-jährige Philipp 1721, der 53-jährige Leopold O. 1737 und eine nicht näher benannte Mannsperson im Jahr 1746. Wegen Beihilfe zur Falschmünzerei wurde der 47-jährige Hans und die 30-jährige Martha 1712 zu jeweils zehn Jahren Arbeit verurteilt. Vgl. Wienerisches Diarium vom 29. März 1708, 24. Mai 1721, 13. November 1737, 28. Juni 1746 und 8. März 1712.

81 Die 32-jährige Johanna wurde wegen Bigamie und Diebstahl im Februar 1711 enthauptet, der 33-jährige Simon wurde 1715 enthauptet, das selbe Schicksal ereilte den 53-jährigen Johann im September 1724 und den 36-jährigen Jacob P. im August 1727. Vgl. Wienerisches Diarium vom 20. Februar 1711, 12. April 1715, 12. September 1724 und 27. August 1727.

seinem Leben, der andere mit fünf Jahren Galeere.[82] Der überwiegende Teil der gerichtlichen Verurteilungen in Wien betraf in der ersten Hälfte des 18. Jahrhunderts allerdings Diebstähle. So schlossen 179 der 485 (ca. 37 Prozent) im »Wienerischen Diarium« berichteten Verurteilungen den Tatbestand des Diebstahls mit ein. Dabei gilt es allerdings zu berücksichtigen, dass sich viele Personen gleich wegen mehrerer Delikte gerichtlich verantworten mussten, Delikt- und Personenzählungen also voneinander abweichen. Quellenkritisch sei noch einmal angemerkt, dass das »Diarium« vermutlich nicht über alle, sondern lediglich über die spektakuläreren Kriminalprozesse in der Stadt berichtete. Wir erhalten also kein vollständiges Bild, sondern nur einen Eindruck.

Tabelle 1: Verurteilungen nach dem »Wienerischen Diarium« 1703–1750[83]

(Haupt-)Delikt	Personen (M/F)	Todesurteile (M/F)	andere Strafen (M/F)
Gotteslästerung	28 (5/23)	18 (4/14)	10 (1/9)
Kirchendiebstahl	17 (15/2)	13 (11/2)	4 (4/–)
»Kindsmord«	28 (1/27)	28 (1/27)	–
Mord, Beihilfe zum Mord, Mordversuch	16 (13/3)	15 (13/2)	1 (–/1)
Falschmünzerei	6 (5/1)	4 (4/–)	2 (1/1)
Bigamie	4 (3/1)	4 (3/1)	–
Sodomie	2 (2/–)	1 (1/–)	1 (1/–)

Quelle: »Wiener Diarium« 1703–1750

Auffällig an dieser Zusammenstellung ist, dass das »Wienerische Diarium« in der ersten Hälfte des 18. Jahrhunderts etwa so häufig über die Verfolgung von

82 Der 41-jährige Friedrich M. wurde wegen Sodomie und Ehebruch für fünf Jahre auf die Ruderbank nach Neapel geschickt. Der 21-jährige Martin A. wurde wegen Bestialität zum Tod durch lebendige Verbrennung verurteilt, allerdings zur Enthauptung vor der Verbrennung »begnadigt«. Vgl. Wienerisches Diarium vom 4. August 1727 und vom 31. August 1730. Akten, Protokolleinträge oder Rechnungen über diese beiden Gerichtsverfahren bzw. den daran anschließenden Strafvollzug sind nicht mehr vorhanden. Vgl. Hehenberger, Susanne: Unkeusch wider die Natur. Sodomieprozesse im frühneuzeitlichen Österreich. Wien 2006.

83 Bei dieser Übersicht handelt es sich um eine Zählung der Personen. War jemand wegen mehrerer Delikte angeklagt, so habe ich das nach dem zeitgenössischen Verständnis schwerwiegendste als »Hauptdelikt« verstanden.

Blasphemie und Sakrileg wie über »Kindsmord« und Mord berichtete. Eine weitere Parallelität zeigt sich darin, dass die Tötung eines fremden Kindes denselben Zweck wie eine bewusste tätliche Gotteslästerung haben konnte: sich indirekt das Leben zu nehmen. Aus obrigkeitlicher Perspektive war es jedenfalls durchaus im Sinne der als Herrschertugend inszenierten »Pietas Austriaca«, dass mit aller Härte gegen unterschiedliche Formen von »Gottlosigkeiten« vorgegangen und dies auch öffentlich gemacht wurde.

Gegen Gott und die weltliche Herrschaft

Betrachten wir die Gotteslästerungen und Kirchendiebstähle während der ersten Hälfte des 18. Jahrhunderts in Wien, so fällt auf (wie das auch in der Resolution von 1713 bemerkt wurde), dass es sich bei den TäterInnen hauptsächlich um junge Menschen handelte: 23 der 28 verurteilten BlasphemikerInnen und zehn der siebzehn verurteilten KirchendiebInnen in Wien waren zwischen 15 und 30 Jahre alt.[84] Galt Jugend in den frühneuzeitlichen Strafgesetzen allgemein als Milderungsgrund, so scheint das geringe Alter der TäterInnen im Fall von Sakrileg und von Blasphemie deren Überlebenschancen kaum erhöht zu haben, wie die relativ hohe Zahl der verhängten Todesstrafen verdeutlicht. Tätliche Gotteslästerungen und die »Entfremdung« katholischer Kultobjekte bedeuteten Akte der Gewalt gegen die »göttliche Majestät«,[85] indem religiöse Gegenstände mutwillig zerstört oder in ihre materiell wertvollen Bestandteile zerlegt, verkauft und dadurch profaniert wurden. Im Widerspruch zu der in der Forschungsliteratur verbreiteten Ansicht, dass Gotteslästerung ein meist von Männern verübtes Verbaldelikt war,[86] äußerte sich Blasphemie in Wien hauptsächlich im tätlichen Angriff

84 Drei BlasphemikerInnen waren über 30 Jahre alt, bei zwei liegen keine Altersangaben vor. Von den KirchendiebInnen waren sechs über 30, von einer Person liegt keine Alterangabe vor.

85 Francisca Loetz sieht in der verbalen Beleidigung der göttlichen Majestät einen Akt der Gewalt. Tätliche Gotteslästerungen und die mit obrigkeitlicher Gewalt dagegen verhängten Strafen werden in ihrem Gewaltkonzept nicht berücksichtigt. Vgl. Loetz, Francisca: Gotteslästerung und Gewalt: ein historisches Problem. In: Greyerz, Kaspar von/Siebenhüner, Kim (Hg.): Religion und Gewalt. Konflikte, Rituale, Deutungen (1500–1800). Göttingen 2006, S. 305–319.

86 Vgl. Loetz, Francisca: Mit Gott handeln. Von den Zürcher Gotteslästerern der Frühen Neuzeit zu einer Kulturgeschichte des Religiösen. Göttingen 2002; Dies.: Gotteslästerung und Gewalt; Schwerhoff: Zungen wie Schwerter; Ders.: Blasphemie vor den Schranken der städtischen Jus-

auf religiöse Symbole (Kruzifixe, Hostien, Christus- oder Mariendarstellungen). Außerdem verletzten mehr Frauen als Männer die göttliche Ehre und häufig taten sie dies im Wiener Zucht- und Arbeitshaus. Nach der 1715 erlassenen Resolution Karls VI. galt es deshalb im Zuchthaus vorsorgliche Maßnahmen gegen diese und andere Formen des (indirekten) Suizids zu ergreifen: Vor allem sollte man »dergleichen Malefitz-Persohnen [...] mit geistlichen Trost versehen lassen, und den Gefangen-Wärter mitgeben, daß er auf diese und andere kleinmüthige Leute wohl Acht haben, und ihnen alle Gelegenheit zur Verunehrung der heiligen Bildnisse, fremder oder eigener Entleibung, auch anderer Unthaten, benehmen solle«.[87] Dass vermutlich gerade die in den Zuchthäusern tätigen katholischen Geistlichen mit ihrer erzieherisch-seelsorgerischen Tätigkeit, der Abhaltung von Messen und der Verteilung religiöser Symbole erst die Voraussetzungen für Kruzifixzerstörungen und Hostienschändungen schufen, wird hier nicht reflektiert.[88] Auch, dass Menschen sich eventuell bewusst und eigensinnig gegen katholische Praktiken und Symbole wandten, weil sie ungläubig waren, scheint undenkbar.[89] Vielmehr werden Armut und fehlende religiöse Unterweisung zu den tieferliegenden Ursachen für die Gott beleidigenden »Verbrechen« erklärt: »[...] Und demnach es die Erfahrenheit giebt, daß dergleichen Frevel-Thaten meistentheils durch müßige, in Glaubens-Sachen wenig Erfahrene, und im Luder-Leben herumgahrende, item Bettler und andere Elende, sonderbar verlassene junge Leute, zumahlen auch durch diejenige beschehen, welche Bettelns oder kleiner Verbrechen halber in dem Zucht-Haus arrestirt sind, und das Ubel förderst daher rühret, daß hier in Wien, bevor in den Vorstädten [...] dieselbe mit der höchst nöthigen,

---

tiz; Ders.: Blasphemare, dehonestare et maledicere Deum. Über die Verletzung der göttlichen Ehre im Spätmittelalter. In: Schreiner, Klaus/Schwerhoff, Gerd (Hg.): Verletzte Ehre. Ehrkonflikte in Gesellschaften des Mittelalters und der Frühen Neuzeit. Köln 1995, S. 252–278; Ders.: Starke Worte. Blasphemie als theatralische Inszenierung von Männlichkeit an der Wende vom Mittelalter zur Neuzeit. In: Dinges, Martin (Hg.): Hausväter, Priester Kastraten. zur Konstruktion von Männlichkeit in Spätmittelalter und Früher Neuzeit. Göttingen 1998, S. 237–263; van Dülmen, Richard: Wider die Ehre Gottes. Unglaube und Gotteslästerung in der Frühen Neuzeit. In: Historische Anthropologie. Kultur – Gesellschaft – Alltag. 2 (1994) S. 20–38.

87 CA III S. 802.

88 Hannes Stekl beschreibt die Arbeit der Geistlichen als »Kombination von individueller Seelsorge mit gemeinschaftlichen Religionsübungen«. 1723 fanden im Wiener Zucht- und Arbeitshaus drei Mal wöchentlich religiöse Belehrungen statt. Stekl: Österreichs Zucht- und Arbeitshäuser S. 242.

89 Richard van Dülmen hat in einem 1994 erschienen Aufsatz das Motiv des Unglaubens zumindest angedacht. Vgl. Van Dülmen: Wider die Ehre Gottes S. 20–22.

und vielfältig von der Geistlichkeit unterbleibenden Catechisirung, nicht genugsam unterrichtet werde[n]«.[90]

Die Motive für Kirchendiebstähle und tätliche Gotteslästerungen waren durchaus unterschiedlich, wie ein vergleichender Blick auf oberösterreichische Quellen verdeutlicht. Einen 18-jährigen arbeitslosen Badergesellen verleitete *seine noth, dan auch die so leicht zu handten gestandtene Gelegenheit*[91] dazu, in den Weihnachtsfeiertagen des Jahres 1718 eine Patene aus einer Freistädter Kirche mitzunehmen und einem Goldschmied zu verkaufen. Den Freistädter Bürger Johann Georg Pilberger müssen 1716 Verzweiflung und Wut gepackt haben, als er erfuhr, dass seine beiden Kinder bei der Geburt verstorben waren, denn er verfluchte Gott und die Hebamme dafür auf das Heftigste.[92] Zwei Mühlviertler Bauern begehrten im März 1760 gegen katholisch-pädagogische Maßnahmen auf, als sie dem Pfarrer anlässlich ihrer bevorstehenden Katechismusprüfung *mit trutzigen unwillen* entgegen setzten, *sie wollten ehunder Roßenkranz und Scapulier von sich werffen, alß sich dem Examen in der Kirchen unterwerffen!*[93] Aus Angst vor zwei 17-jährigen Burschen, die ihn *mit betrohung händt und füeß zu bindten* [...] *gezwungen, und angehalten* hätten, einer Muttergottesstatue die Augen auszustechen, beging ein 14-jähriger Junge 1731 den von ihm verlangten Frevel.[94] Auch das bewusste Herausfordern einer Todesstrafe durch tätliche Gotteslästerungen dürfte – wie bereits erwähnt – ein relevantes Tatmotiv gewesen sein.[95] Trotz dieser unterschiedlichen Hintergründe wurden blasphemische und sakrilegische Handlungen von den verfolgenden Obrigkeiten als ähnliche Verbrechen bewertet und bestraft. Denn unabhängig von deren Ziel und Zweck störten diese »gottlosen« Taten das Idealbild katholischer Frömmigkeit auf habsburgischem Territorium. Die unter dem Schlagwort der »Pietas Austriaca« bekannt gewordene, als besondere Herrschertugend inszenierte Frömmigkeit der HabsburgerInnen äußerte sich insbesondere in der Barockzeit in der intensiv und öffentlichkeitswirksam

90 CA III S. 802.

91 OÖLA, StA Freistadt, Sch. 364, Fasz. XII, B/20, Gütiges Examen vom 12. Jänner 1719, Antwort 8.

92 Ebd. Sch. 353, Fasz. XII, B/6, fol. 16^r–128^v.

93 OÖLA, HA Weinberg, Sch. 122, Fasz. A/4/k, Schreiben des Lasberger Pfarrers an den Weinberger Pfleger vom 4. März 1760.

94 ÖOLA, HA Oberwallsee, Sch. 27, Fasz. m, Summarische Aussage vom 15. Oktober 1731.

95 Die Tötung fremder Kinder geschah ebenfalls nicht selten zum Zweck des »indirekten Suizids«.

betriebenen Kreuzes-, Eucharistie- und Marienverehrung.[96] Diese zur Schau getragene katholische Frömmigkeit der LandesfürstInnen bedeutete mehr als die Demonstration persönlicher Demut. Sie sollte unter Einbeziehung populärer Elemente wie Wallfahrten und Prozessionen auch politisch-religiöse Wirkung beim »gemeinen Volk« entfalten. Die Zertrümmerung und das Anspucken von Kruzifixen, das Zerstechen von Hostien, das Einschmelzen der für das Sakrament der Eucharistie notwendigen liturgischen Geräte und die Entkleidung von Marienstatuen waren demnach nicht nur gottlose und frevlerische Akte, sondern verletzten auch die landesfürstlichen Vorstellungen vom devoten Umgang mit katholischen Symbolen. Es waren Akte, die sich gleichermaßen gegen die göttliche wie gegen die weltliche Obrigkeit richteten. Diesen Zusammenhang zwischen (tätlicher) Blasphemie und Sakrileg hat die historische Kriminalitätsforschung bislang ignoriert. Auch Forschungen zur habsburgischen Frömmigkeit blenden die drastischen Maßnahmen gegenüber Abweichungen von der katholischen Norm meist aus. Ich möchte deshalb dafür plädieren, Kriminalitätsgeschichte und Frömmigkeitsforschung künftig stärker zusammen zu denken, um diese andere, brutale Seite der »Pietas Austriaca« nicht aus den Augen zu verlieren.

96 Vgl. Coreth, Anna: »Pietas Austriaca«. Frömmigkeit im Barock. Wien 1959 ([2]1982); Kovács, Elisabeth: Kirchliches Zeremoniell am Wiener Hof des 18. Jahrhunderts im Wandel von Mentalität und Gesellschaft. In: MÖStA 32 (1979) S. 109–142; Vocelka, Karl/Heller, Lynne: Die Lebenswelt der Habsburger. Kultur- und Mentalitätsgeschichte einer Familie. Graz u. a. 1997, S. 13–38.

Stephan Steiner

Wien – Temesvar und retour

Der Wasserschub unter Maria Theresia

Der Temesvarer Wasserschub ist nahezu unerforscht. Lediglich Konrad Schünemann hat sich in seinem diesbezüglichen Aufsatz[1] und in einem weitgehend gleich gefassten Kapitel seines Buches zur Bevölkerungspolitik[2] umfänglicher zu dieser Institution geäußert. Die (zumindest im deutschen Sprachraum) wenigen weiteren Bezugnahmen darauf stehen ausnahmslos in starker Abhängigkeit von Konrad Schünemann.[3] Sein auch heute noch – sieht man von der extrem deutschnationalen Perspektive ab – beachtenswerter Beitrag, stellt mittlerweile selbst schon eine Art Quelle dar, benutzte doch der Autor für seine Argumentation im Wesentlichen die Akten des Staatsrats, die in den letzten Kriegstagen 1945 für das 18. Jahrhundert beinahe vollständig verloren gegangen sind.[4] Unbekannt scheinen Schünemann hingegen der Faszikel 172 der Jüngeren Banater Akten im Hofkammerarchiv und die Banater Akten in publico-contentiosis gewesen zu sein, die eine große Zahl von den Wasserschub betreffenden Schreiben enthalten und das Rückgrat meiner vorliegenden Darstellung und Interpretation bilden.[5]

1 Schünemann, Konrad: Der Wiener oder Temeswarer Wasserschub. In: Jb. des Wiener Ungarischen Historischen Instituts 2 (1932) 199–219.

2 Schünemann, Konrad: Österreichs Bevölkerungspolitik unter Maria Theresia. 1. Band. Berlin 1935, S. 78–88.

3 Etwa Lotz, Friedrich: Die frühtheresianische Kolonisation des Banats (1740 bis 1762). In: Gedenkschrift für Harold Steinacker (1875–1965), hg. von Mayer, Theodor. München 1966, S. 161–163; Helmedach, Andreas: Bevölkerungspolitik im Zeichen der Aufklärung. Zwangsumsiedlung und Zwangsassimilierung im Habsburgerreich des 18. Jahrhunderts – eine noch ungelöste Forschungsaufgabe. In: Comparativ. Leipziger Beiträge zur Universalgeschichte und vergleichenden Gesellschaftsforschung 1 (1996) 47.

4 Im HHStA finden sich heute nur noch ein einziger Karton mit Staatsratsakten aus dem 18. Jh. sowie zwei Kartons mit Abschriften aus diesem Bestand. Zu den Verlusten siehe Coreth, Anna: Das Schicksal des k.k. Kabinettsarchivs seit 1945. In: MÖStA 11 (1958) 514–525.

5 Das umfangreiche Dokumentenmaterial zum Wasserschub, das sich im Hofkammerarchiv befindet,

Die Frühphase (1744–1748)

Die Geschichte des Wasserschubs beginnt mit Pikanterien und Petitessen und endet in staatlichem Terror. Alles kommt harmlos daher und schreitet in vertrauten Bahnen dahin, doch noch während es seinen gewohnten Gang zu gehen scheint, beginnt sich Merkwürdiges zu ereignen, schließlich Unerhörtes.

Für die Pikanterien können wir den besten denkbaren Zeitzeugen aufrufen: Giacomo Casanova, 28 Jahre alt, »gut mit Kleidung ausgestattet, aber etwas spärlich mit Geld versehen«,[6] 1753 zu einem kurzen Aufenthalt in Wien. Die Ohren spitzt er und hört, was man ihm zuträgt, die Augen macht er auf und beobachtet den Alltag in der Stadt, seine Nase führt ihn auf die Fährten, über die andere Berichterstatter schweigen. Nicht ohne feine Ironie und sanften Spott schreibt er am Ende seines Lebens über diese Zeit: »In Wien war alles schön; es gab hier viel Geld und großen Luxus; aber die Bigotterie der Kaiserin erschwerte die Freuden Cytheres aufs äußerste, besonders für die Fremden. Eine Legion feiler Spione, die man mit dem schönen Titel ›Keuschheitskommissäre‹ auszeichnete, waren die unerbittlichen Büttel aller Mädchen. Die fromme Kaiserin kannte, wenn es sich um illegitime Liebe handelte, nicht die Tugend der Toleranz, und fromm bis zur Bigotterie, glaubte sie, sich bei Gott ein großes Verdienst zu erwerben, wenn sie den natürlichsten Trieb beider Geschlechter auf das kleinlichste verfolgte. Sie nahm das Verzeichnis der Todsünden in ihre kaiserlichen Hände, sechs glaubte sie übersehen zu dürfen und wollte nur die Wollust treffen, die ihr unverzeihlich schien. [...] Meine Untertanen mögen alle Frauen, die ihnen schön erscheinen, schön finden, und die Frauen mögen tun, was sie wollen, um schön zu wirken; aber ich dulde nicht, daß die Begierden, von denen die Erhaltung der Menschheit abhängt, anders als in einer gesetzmäßigen Ehe befriedigt werden. Man wird also alle die Unseligen, die vom Handel mit ihren Liebkosungen und ihren von der Natur empfangenen Reizen leben, nach Temesvar verschicken. Ich weiß, daß man in diesen Dingen in Rom sehr nachsichtig ist, wo, um ein größeres Verbrechen zu

---

wurde von mir durchgesehen und wird die Grundlage für ein ausführliches Kapitel in der von mir geplanten »Geschichte der Deportation im Habsburgerreich der Frühen Neuzeit« bilden. Finanziert wird dieses Projekt aus den Mitteln der Hamburger Stiftung zur Förderung von Wissenschaft und Kultur, der an dieser Stelle gedankt sei.

6 Casanova, Giacomo: Memoiren 1. Bettina. Rom – Paris – Wien. Die Flucht aus den Bleikammern, hg. von Hess, Walter. Hamburg 1958, S. 151.

verhindern – und man hindert es nicht –, jede Eminenz ihre Mätresse hat. Aber in Rom macht man dem Klima Zugeständnisse, die man hier, wo die Flasche und die Pfeife alle anderen Genüsse ersetzen (die gekrönte Frau hätte auch die Tafel noch hinzufügen können, denn die Österreicher sind als gewaltige Esser berühmt), nicht zu machen braucht. Ich werde auch die häusliche Liederlichkeit nicht schonen; denn sobald ich erfahre, daß eine Frau ihrem Manne untreu ist, werde ich sie einsperren lassen, mag man sagen, was man will, und mag man immerhin behaupten, der Mann allein sei Herr über seine Frau; dieser Anspruch kann in meinem Staate nicht gelten, wo die Männer zu gleichgültig sind. Ich werde fanatischen Ehemännern die Freiheit lassen, so laut zu schreien, wie sie wollen, und sich zu beklagen, daß ich sie entehre, indem ich ihre Frauen bestrafe; durch die Tatsache der Untreue sind sie ja schon vorher entehrt worden. […] Das waren die Betrachtungen, die Maria Theresia angestellt haben mag, und obgleich ihr Grundsatz aus Beweggründen der Tugend hervorgegangen war, gab er doch Anlaß zu all den Nichtswürdigkeiten, die die Henker von Keuschheitskommissären ungestraft in ihrem Namen begingen. Zu allen Stunden des Tages und in allen Straßen Wiens wurden die armen Mädchen, die allein gingen und oft nur ausgegangen waren, um rechtschaffen ihren Lebensunterhalt zu verdienen, aufgegriffen und gleich ins Gefängnis geworfen. Woher konnte man wissen, daß ein Mädchen einen Freund aufsuchte, um sich trösten zu lassen, oder sich nach einem fremden Tröster umsah? Das war schwer zu entscheiden. Von fern folgten ihnen die Spione, denn Schwärme von solchen bezahlte die Polizei, und man konnte sie nicht erkennen, da diese Schufte keine Uniform trugen.«[7]

Die Nachwelt hat darüber gerätselt, ob die von Casanova genannte »Keuschheitskommission« tatsächlich existierte, denn keinerlei Akten sind von einer Institution dieses Namens überliefert. Aber auch von anderen Zeitgenossen wird sie immer wieder erwähnt,[8] so dass wir davon ausgehen können, dass es sie tatsächlich gegeben hat, wenn auch vielleicht eher als ein loses Spitzelsystem, denn als regelrechte Behörde.

---

7 Casanova: Memoiren S. 153–155.

8 Vgl. etwa von Podewils, Otto Christoph Graf: Friedrich der Große und Maria Theresia. Diplomatische Berichte, hg. von Hinrichs, Carl. Berlin 1937, S. 114f.; Khevenhüller-Metsch, Johann Josef: Aus der Zeit Maria Theresias. Tagebuch des Fürsten, Kaiserlichen Obersthofmeisters 1742–1776. 1745–1749, hg. von Khevenhüller-Metsch, Rudolf/Schlitter, Hanns. Wien/Leipzig 1908, S. 202.

Fest steht jedenfalls, dass schon in Maria Theresias ersten Regierungsjahren in Wiens Gassen und Vorstädten (auch ganz ohne Kärcher)[9] gereinigt wurde, mit einem Besen, der äußerster moralischer Rigorosität verpflichtet war. Als »liederliche Weibspersonen« galten den moralisierenden Straßenfegern nicht bloß Prostituierte, sondern zunehmend auch Frauen, deren Lebenswandel aus geordneten Bahnen geworfen worden war oder die sich selbst in Exzentrik begeben hatten: Nächtigung unter freiem Himmel, Umgang mit Soldaten, auffälliges Benehmen, Trunksucht, Ehebruch, Bettelei, Müßiggang – alles konnte zum Anlassfall werden, um diese Frauen in das Wiener Zucht- und Arbeitshaus zu bringen.[10] Dort sperrte man sie ein, ohne recht zu wissen wozu, denn das lasterhafte, deviante oder schlicht pauperisierte Wien war unerschöpflich und für *eine* Frau, die aus den Augen der Öffentlichkeit verschwand, schienen *zwei* neue in das Blickfeld der Sittenwächter zu treten. Es erwies sich, was sich schon immer erwiesen hatte: Prostitution war nicht beseitigbar und der Armut und Ausgrenzung war nicht durch das Wegsperren ihrer Opfer beizukommen.

Der Gedanke der Besserbarkeit wie auch immer »gefallener« Existenzen stand zwar bereits ante portas, hinter den Türen beschäftigte man sich aber vor allen Dingen noch mit ihrer Unsichtbarmachung. Und unsichtbar konnten diese Menschen nur werden, indem man sie radikal aus dem Blickfeld verbannte. 1744 griff man deshalb zum Mittel der Deportation, das sich zuvor auf habsburgischem Gebiet gegen Piraten,[11]

---

9 »Nous allons nettoyer la cité des 4000 au Kärcher«, soll Nicolas Sarkozy nach den Pariser Vorstadtunruhen im Juli 2005 verkündet haben.

10 Vgl. etwa die Liste der Delikte in Wien, ÖStA, AVA [Allgemeines Verwaltungsarchiv], FHKA [Finanzhofkammerarchiv], Jüngere Banater Akten, Nr. 172, fol. 662, Schreiben vom 23. April 1761. Zum Wiener Zucht- und Arbeitshaus: Scheutz, Martin: »Hoc disciplinarium ... erexit«. Das Wiener Zucht-, Arbeits- und Strafhaus um 1800 – eine Spurensuche. In: Ammerer, Gerhard/Weiss, Alfred Stefan (Hg.): Strafe, Disziplin und Besserung. Österreichische Zucht- und Arbeitshäuser von 1750 bis 1850. Frankfurt/Main u. a. 2006, S. 63–95. Einen Forschungsüberblick zum Thema bietet Ammerer, Gerhard: Zucht- und Arbeitshäuser, Freiheitsstrafen und Gefängnisdiskurs in Österreich 1750–1850. In: ebd. S. 7–61.

11 Gemeint sind die beiden »Ausschaffungen« der Uskoken 1601 und 1618. Die Uskoken waren ein Konglomerat verschiedener Elemente (ursprüngliche Bevölkerung der Stadt Senj, vor den Osmanen geflohene Bosnier, venezianische und ragusanische Piraten u. a.), die die Österreicher als Grenzsoldaten einsetzten. Weil ihre Besoldung aber nur höchst unregelmäßig eintraf, drifteten die Uskoken immer mehr in die Seeräuberei ab und wurden zum Anlass eines jahrzehntelang andauernden Konfliktes zwischen Österreich und Venedig um Vorrechte in der Adria. Zwischen 1615 und 1617 mündete dieser in einen regelrechten Krieg. Zweimal setzte sich Venedig mit seiner Forderung durch,

Spanier[12] und Protestanten[13] zwar keinesfalls bewährt,[14] aber dennoch an An-

---

Österreich möge die Uskoken in das Hinterland der Militärgrenze deportieren. Die wissenschaftliche Literatur zu den Uskoken ist sehr breit und kann hier nicht annähernd repräsentativ aufgelistet werden. Bibliographische Erstinformationen finden sich in Grünfelder, Annemarie: Studien zur Geschichte der Uskoken. 2 Teile. Diss. Graz/Innsbruck 1974 und Bracewell, Catherine Wendy: The Uskoks of Senj. Piracy, Banditry, and Holy War in Sixteenth-Century Adriatic. Ithaca 1992.

12 Gemeint ist die geradezu kuriose Zwangsverschickung von spanischen Pensionären in den Jahren 1735/36. Etwa 1000 Spanier aus verschiedensten gesellschaftlichen Schichten, die nach dem Verlust des Erbfolgekriegs mit Karl VI. nach Wien gekommen waren, wurden in das Banat transportiert, um dort die Stadt Carlogaben zu errichten. Vgl. u.a. Till, Rudolf: Die Ansiedlung spanischer Pensionisten von Wien im Banat im Jahre 1736/37. In: WGBll. 2 (1947) 25; Alcoberro, Agustí: L'exili austriacista (1713–1747). 2 Bde. Barcelona 2002; Garms Cornides, Elisabeth: «Ne pouvant avoir l'Espagne, il a des espagnols«. Spanier im Wien Karls VI. (Unveröffentlichter Vortrag). Ich danke Frau Garms Cornides dafür, dass sie mich auf den Fall der spanischen Pensionisten aufmerksam gemacht hat und für die Zurverfügungstellung des genannten Manuskripts.

13 Gemeint sind die Karolinischen und Theresianischen »Transmigrationen« von Protestanten aus dem Salzkammergut, der Steiermark, Kärnten und Oberösterreich im Zeitraum von 1734 bis 1737, 1752 bis 1757 und 1773 bis 1776 sowie die Deportation von Protestanten aus Mähren 1777 und diejenige der »Böhmischen Deisten« 1783. Das Standardwerk zu den Transmigrationen: Buchinger, Erich: Die »Landler« in Siebenbürgen. Vorgeschichte, Durchführung und Ergebnis einer Zwangsumsiedlung im 18. Jahrhundert. München 1980. Neuere Arbeiten dazu: Knall, Dieter: Aus der Heimat gedrängt. Letzte Zwangsumsiedlungen steirischer Protestanten nach Siebenbürgen unter Maria Theresia. Graz 2002; Pahr, Maria Helene: Das »Religions-Übel« in der Steiermark. Geheimprotestantismus und Theresianische Kirchenpolitik am Beispiel des Großen Sölktales. Diplomarbeit. Graz 2003; Steiner, Stephan: Reisen ohne Wiederkehr. Die Deportation von Protestanten aus Kärnten 1734–1736. Wien/München 2007. Zu den Deportationen aus Mähren: Bednář, František: The struggle of the Protestants in Moravia for religious liberty in the years 1777–1781. In: ders.: Zápas moravských evangelíků o náboženskou svobodu v letech 1777–1781. Prameny k dějinám Tolerančního Patentu. Prag 1931, S. 625–634; Wolny, Reinhold Joseph: Die josephinische Toleranz unter besonderer Berücksichtigung ihres geistlichen Wegbereiters Johann Leopold Hay. München 1973, S. 37–73, 91–99; Wangermann, Ernst: Emigration und Transmigration österreichischer Protestanten im 18. Jahrhundert. In: Hahn, Sylvia/Komlosy, Andrea/Reiter, Ilse (Hg.): Ausweisung – Abschiebung – Vertreibung in Europa. 16.–20. Jahrhundert. Innsbruck u. a. 2006, S. 80–83. Zu den Deisten: Rezek, A./Šimák J. (Hg.): Listář k dějinám náboženských blouznivců českých v století XVIII. a XIX. Bd. 1: Do roku 1810. Prag 1927; Wangermann, Ernst: Die Waffen der Publizität. Zum Funktionswandel der politischen Literatur unter Joseph II. Wien 2004, S. 104–109.

14 Eine Zusammenschau und Interpretation all dieser Deportationsereignisse findet sich in Steiner, Stephan: Ein vergessenes Kapitel europäischer Gewaltgeschichte. Deportationen im Habsburgerreich der Frühen Neuzeit im Kontext. In: Rousseau, Fréderic/Schmidt, Burghart (Hg.): Kriegsverbrechen vom 16. Jahrhundert bis zur Gegenwart / Les dérapages de la guerre du XVIe siècle à nos jours. Hamburg 2008 (in Druck) und ders.: Der Augenblick der Gefahr und die Lange Dauer der Geschichte. Die Geburt der Deportation. In: Südost-Forschungen 63/64 (2004/2005) S. 170–187.

ziehungskraft nichts eingebüßt hatte. Zu verlockend war die Idee, mit einer strafweisen Umsiedlung in das Banat mehrere Fliegen mit einer Klappe zu schlagen: Die Erblande sollten von unerwünschten Elementen gesäubert, ihre Verwahrungsstätten entlastet werden; neues Menschenmaterial sollte das Kolonisationswerk im Südosten verstärken; Müßiggänger wollte man zu ordentlichen Kontribuenten machen.

Im Spätsommer 1744 wurden 49 Frauen auf Schiffe gesetzt, die ihre Menschenladung donauabwärts bis zum Zusammenfluss mit der Theiß transportierten, von dort wurden die Schiffe theißaufwärts gezogen und schließlich unter Nutzung des damals noch in Bau befindlichen Begakanals bis Temesvar weitergeleitet. Wenig wissen wir über diesen ersten Transport, nur das eine: Innerhalb von 18 Monaten waren 20 Frauen von den 49 deportierten bereits verstorben.[15]

Schnell etablierte sich die ursprünglich wahrscheinlich als Einzelaktion konzipierte Maßnahme als System: Bis 1748 wurden insgesamt sieben »Wasserschübe«, wie man sie schon bald zu nennen pflegte, durchgeführt.[16] In dieser frühen Phase waren die Verschickten hauptsächlich weiblich; sie wurden in Temesvar erneut eingesperrt und mussten unter unerträglichen hygienischen Bedingungen ihr Dasein fristen. Die Mortalität blieb derart hoch, dass selbst die Wiener Zentralbehörden ungewohnten Klartext formulierten, wenn sie von *langsambe*[r] *hinrichtung*, [...], *derer todtsstraff ähnlich* sprachen.[17]

In Temesvar angekommen, hielt man die Frauen zur Arbeit an: In einem Zeitraum von zwei Jahren wurden von ihnen u. a. 4001 Knäuel gesponnene Baumwolle, 1041 Männerstrümpfe, zwei Frauenstrümpfe und 1303 Paar *fueßsäckl* erzeugt.[18] Stolz erbat man in Wien die Einsendung von Proben feinerer und minderer Qualität *zu einem muster*.[19] Dennoch stellte sich der Wasserschub finanziell schon in dieser Zeit als Flop heraus: Absatzmärkte fehlten und selbst der Verwalter des

15 ÖStA, AVA, FHKA, Ältere Banater Akten, Nr. 16, März 1746, fol. 95f., Tabelle, o. D. Eine Liste aus dem Jahr 1752 erwähnt diesen Transport als den ersten und bestätigt das Datum seiner Ankunft, gibt aber 44 Frauen an (ebd. Nr. 32, Juli 1752, fol. 30^{v} und 31^{r}, *lista deren unter der kayserlich-königlichen landgerichtsverhafftung zu Temesvar befündlich sämbtlichen arrestanten mit Ende Aprilis 1752*).

16 Zu den einzelnen Transporten: ÖStA, AVA, FHKA, Ältere Banater Akten, Nr. 16, März 1746, fol. 95–97, Tabelle, o. D.; ebd., Fasz. 32, Juli 1752, fol. 30^{v}–33^{r}, *lista deren unter der kayserlich-königlichen landgerichtsverhafftung zu Temesvar befündlich sämbtlichen arrestanten mit Ende Aprilis 1752*.

17 ÖStA, AVA, FHKA, Ältere Banater Akten, Nr. 16, Mai 1746, fol. 1–4, Schreiben vom Mai 1746.

18 Ebd. Nr. 17, März 1747, fol. 91v, *summarischer extract*, o. D.

19 Ebd. Nr. 17, Juli 1747, fol. 54, Schreiben vom 20. Juli 1747.

Banats stufte die Arbeit als *zu kostbahr*[20] *und in nichts profitable* ein.[21] Eine Entlastung des Staates blieb aus, das Versorgungsproblem wurde lediglich von einer Region der Monarchie in eine andere verschoben.

Nach dieser Frühphase des Wasserschubs trat eine Pause von zweieinhalb Jahren ein, bis der nächste Transport eine neue, danach nicht mehr zum Stillstand kommende Welle von Deportationen eröffnete.

Zwei Jahrzehnte Deportation (1751–1768)

Der achte Transport kam im Juli 1751 mit acht Personen in Temesvar an, war aber nur der Vorbote einer zunehmend eskalierenden Herrschaftspraxis.[22] Immer größer wurde die Zahl der in den Transporten verfrachteten *schubleute*, 100 bis 300 Menschen pro Transport waren fortan die Regel. Auch der ins Visier genommene Personenkreis erweiterte sich dramatisch: Zu den Frauen gesellten sich immer mehr Männer und mit ihnen gingen die geahndeten Delikte immer weiter über den Umkreis des »Lasters« hinaus. Bettler, Diebe, Betrüger, Wilderer und Landstreicher waren nun die bevorzugten Objekte der Verfolgung, aber auch Zigeuner,[23] schwererziehbare Jugendliche, Brandstifter und Querulanten wurden auf Transport geschickt.[24] Die Maßnahme selbst erzeugte ein Delikt, nämlich die so genannte *reversion*, d. h. die Flucht aus dem Banat und die Rückkunft nach Wien, was die erneute Abschiebung zur Folge hatte. Nicht wenige der Schubleute wur-

20 Im Sinne von »kostspielig«.

21 ÖStA, AVA, FHKA, Ältere Banater Akten, Nr. 16, März 1746, fol. 88–90, Schreiben vom 30. März 1746.

22 ÖStA, AVA, FHKA, Ältere Banater Akten, Nr. 32, Juli 1752, fol. 32^{v}–33^{r}, *lista deren unter der kayserlich-königlichen landgerichtsverhafftung zu Temesvar befündlich sämbtlichen arrestanten mit Ende Aprilis 1752*.

23 In jüngster Zeit wird eine heftige Debatte darüber geführt, ob der Begriff »Zigeuner« im 18. Jh. im Sinne einer Ethnie gebraucht wurde oder nicht vielmehr verschiedenste Vaganten bezeichnete, zu denen *auch*, aber *nicht nur* »Zigeuner« im ethnischen Sinne gehörten. In letzterem Sinne argumentiert etwa der Aufsatz von Lucassen, Leo: Zigeuner im frühneuzeitlichen Deutschland: neue Forschungsergebnisse, -probleme und -vorschläge. In: Härter, Karl: Policey und frühneuzeitliche Gesellschaft. Frankfurt/Main 2000, S. 235–262.

24 Vgl. etwa die Berufs- Standes- und Deliktsangaben in ÖStA, AVA, FHKA, Banater Akten in publico-contentiosis, Fasz. 60, 1756, fol. 136–153, Liste, o. D.; ebd. Ältere Banater Akten, Nr. 45, Oktober 1754, fol. 188–194, Spezifikation, o. D.; ebd., Fasz. 31, fol. 656–662, Spezifikation, o. D.

den derart wieder und wieder verschickt und aufgegriffen, erneut verschickt und erneut aufgegriffen usw. Wien – Temesvar und retour und retour und retour.

Wien war zwar der bedeutendste Sammelpunkt für die Transporte, bei den Verschickten selbst handelte es sich aber keinesfalls nur um Wienerinnen und Wiener. Vielmehr deckte die Herkunft der Delinquentinnen und Delinquenten etliche Großräume der Habsburgermonarchie und des Reiches ab: Aus Brüssel kamen sie und aus Laibach, aus Speyer und aus Breslau, aus Ungarn, Böhmen, Mähren und aus dem »Welschland« – und natürlich aus den Erblanden, neben Wien besonders aus dem Land ob und unter der Enns und aus der Steiermark.

Abgesehen von Wilderern, die oft aus wohlhabenden Bauernfamilien stammten und eine besondere Gruppe unter den Deportierten bildeten,[25] waren die meisten Deportierten arm und an den untersten Stufen der Gesellschaft angesiedelt. Aber auch eine gehobene Stellung oder eine ordentliche Ausbildung schützte keinesfalls vor der Deportation, wie man etwa an einem Sohn eines ehemaligen Bibliothekars bei Prinz Eugen,[26] einem Oboisten[27] oder einem Arzt[28] sehen kann, die allesamt ihre Karriere mit dem Wasserschub beendeten.

In der Zeit von 1751 bis 1768 fanden jährlich Wasserschübe statt und nicht nur das, man begann auch zwischen einem Frühjahrs- und einem Herbstschub zu unterscheiden, um dadurch die Menschenmassen bewältigen zu können, die zunehmend in das Räderwerk dieser Maßnahme gerieten.[29] Immer weniger nahm

25 Die Behörden stellten schon bald fest, dass bei ausreichender Nahrungsversorgung und etwas finanzieller Unterstützung gerade die ehemaligen Wilderer mit ihrem Lebensunterhalt im Banat ganz gut zurechtkamen, da dort das Wildschießen ja nicht unter Strafe stand (Wien, ÖStA, AVA, FHKA, Jüngere Banater Akten, Nr. 172, fol. 493f., Protokoll vom 18. August 1758). Außerdem brachten die Wilderer, die sich hauptsächlich aus reicheren Bauern rekrutierten, oft ein kleines Vermögen in das Banat mit. Sie wurden über die Distrikte verteilt, um dort in der Landwirtschaft oder im Weinbau zu arbeiten. Sie konnten sich – sofern sie nicht gleich wieder auszureißen gedachten – meist ganz gut von ihrer Arbeit ernähren (ebd. Fasz. 172, fol. 762–765, Schreiben vom 27. März 1762). Zur Sonderstellung von Wilderern in der Gesellschaft: Schindler Norbert: Wilderer im Zeitalter der Französischen Revolution. Ein Kapitel alpiner Sozialgeschichte. München 2001, besonders S. 11–38.

26 ÖStA, AVA, FHKA, Ältere Banater Akten, Nr. 45, Oktober 1754, fol. 15f., *consignation*, o. D.

27 Ebd. Banater Akten in publico-contentiosis, Fasz. 60, 1756, fol. 136–153, Liste, o. D.

28 Schünemann: Der Wiener oder Temeswarer Wasserschub S. 216

29 Diese Halbjahres-Rhythmen decken sich mit denen des ›Bettlerschubs‹, der allerdings eindeutig für Frühsommer und Spätherbst festgelegt war. Ein diesbezügliches kaiserliches Patent stammt aus dem Jahre 1749. Auch die ›Bettler‹ wurden von Militär eskortiert, vgl. Scheutz, Martin: Alltag

man auf Konventionen Rücksicht, wonach zumindest Kranke und Invalide von den Transporten ausgeschlossen sein sollten, immer erbarmungsloser handelten deren Exekutoren. So gab etwa der deportierte Johann Sebastian Fallmann – 44 Jahre alt und schon ein menschliches Wrack – zu Protokoll: *ich habe von jugend auf schon nicht recht reden können, seit 20 jahren her aber bin ich strupiret*[30] *und kan von darumen keiner schweren arbeith vorstehen; die strupirung habe ich* [...] *überkommen* [...], *alß ich in dem steinbruch zu Obersieffering*[31] *gearbeithet, so hat mich der steinmezmeister Wehinger mit einem eisenen hämmer auf das creüz geschlagen, wovon mir solches übl zugewachsen.* Vor seiner Abschiebung meldete Fallmann seine dauernde Arbeitsunfähigkeit, es wurde ihm aber bloß erwidert: *gehe nur, es wird schon wieder guth werden.*[32] Ebenso wenig wie körperliche Mängel schützten hohes Alter, Halbwüchsigkeit oder Schwangerschaft vor der Verschickung. Derart entledigte man sich mit den Menschen gleich auch der Menschlichkeit.

Bei den Deportationen handelte es sich um keine Geheimsache, die man vor den Augen der Öffentlichkeit zu verbergen versuchte, sondern ganz im Gegenteil um eine Maßnahme, die zumindest in Wien zum allgemeinen Gesprächsstoff gehörte. So meldet etwa das »Wiennerische Diarium« für den 21. Mai 1753: »Eodem fruhe morgens seynd mehrmalen einige Manns- und Weibs-personen aus dem alhiesigen Zucht-haus schlechten und müßigen Lebens-wandels halber

---

und Kriminalität. Disziplinierungsversuche im steirisch-österreichischen Grenzgebiet im 18. Jahrhundert. Wien u. a. 2001, S. 471. Die offensichtlichen Verbindungen zwischen »Bettlerschub« und »Wasserschub« sowie dem »Zigeunerschub« sind noch zu untersuchen. Zum Bettlerschub weiters: Ders.: Ausgesperrt und gejagt, geduldet und versteckt. Bettlervisitationen im Niederösterreich des 18. Jahrhunderts. St. Pölten 2003.

30 Nach dem Wörterbuch der Brüder Grimm kommt das Verb »struppieren« eigentlich aus dem Tierbereich und bezeichnete ein durch Krankheit oder anderweitig überstrapaziertes, abgehetztes, lahmes und unbrauchbar gewordenes Pferd. Der Ausdruck wurde im Weiteren auch auf andere Tiere angewandt und schließlich auf den Menschen übertragen.

31 Obersievering, heute ein Stadtteil Wiens (in Döbling), bis 1892 eine eigenständige Gemeinde.

32 HKA ÖStA, AVA, FHKA, Jüngere Banater Akten, Nr. 172, fol. 926–930, Verhöre vom 20. Juni 1763. Weitere Details seiner Lebensgeschichte finden sich ebd., fol. 924, Schreiben vom 26. Mai 1762: Mit neun Jahren zum Halbwaisen geworden, hatte Fallmann, bevor er auf den Schub geschickt wurde, bereits eine längere kriminelle Karriere hinter sich. Sieben Mal war er in Arrest gesetzt worden, wo er zuletzt 1761 mit zehn *carbätschstreichen gezüchtiget* wurde. Mehrmals wurde er mit dem Partikluarschub in seinen Geburtsort Sievering gebracht, wo er seine eigene Nahrung *cum gravissima cominatione* erwerben sollte. Weil er sich nicht bloß als Tagwerker verdingte, sondern in der Leopoldstadt auch bettelnd aufgegriffen wurde, bestrafte man ihn mit dem Wasserschub.

zu Wasser in das Banat und auch einige nach Temesvar abgeschicket worden.«[33] Mehrere derartige Berichte waren über viele Jahre verstreut allein in diesem Organ für alle Interessierten offen zugänglich.[34]

Im Banat war man mit der Menschenlawine, die dort auf die Behörden niederging, vollkommen überfordert. Die im Vergleich mit der Gesamtheit der Deportierten stets geringe Zahl von tatsächlichen Rechtsbrechern, die zu einer meist jahrelangen Haftstrafe verurteilt worden waren, wurde im Arrest der Festung Temesvar untergebracht, welcher schon bald an die Grenzen seines Fassungsvermögens stieß.[35] Die überwiegende Mehrheit der Schubleute aber, die ihre Verschickung einer Willkürstrafe schuldete, war dem Gutdünken der lokalen Behörden ausgeliefert. Eigentlich waren sie ja zu Dienst und Arbeit bestimmt worden, was ihnen prinzipiell die volle Bewegungsfreiheit innerhalb des Banats zugesichert hätte. Lediglich eine Rückkunft nach Österreich war ihnen verboten worden, nicht jedoch eine selbst bestimmte Ansiedlung innerhalb der Grenzen des Banats. In der Praxis wurden diese den Deportierten zugesicherten Rechte aber immer stärker umgangen: Denn für eine ordentliche Ansiedlung als Bauern fehlten einschlägige Kenntnisse, Geld und Ressourcen; als Dienstboten waren sie nur schwer vermittelbar, weil ihnen ein schlechter Ruf vorauseilte; aus eben diesem Grund waren auch Verheiratungen eine Seltenheit.[36] In dieser Situation begann man viele der Deportierten einfach in das Temesvarer Arbeitshaus zu stecken und sie dort auf nicht näher festgelegte Zeit zu verwahren. Die Rechtfertigung für diese – auch im eigenen Strafsystem nur schwer argumentierbare – Praxis fand man im Gedanken der Erziehung und Besserung. Diejenigen Frauen, die nicht regelrecht verurteilt, sondern bloß aufgrund ihrer *liederlichkeith* ins Zuchthaus geschickt worden waren, sollten ursprünglich bei guter Führung die Chance erhalten, nach zwei bis drei Monaten auf Antrag von *burgersleuten oder anderen partheyen* wieder entlassen und von diesen in Dienst genommen zu werden. Derartige Resoziali-

33 Wiennerisches Diarium Nr. 86 (1753).

34 Vgl. etwa Wiennerisches Diarium Nr. 37 (1765) oder ebd. Nr. 41 (1768).

35 Vgl. etwa ÖStA, AVA, FHKA, Ältere Banater Akten, Nr. 31, fol. 287–291, Schreiben vom 30. März 1752.

36 Um die von den Behörden erwünschte Verheiratungsperspektive wenigstens ein klein wenig aufrechtzuerhalten, wurde ausdrücklich angeordnet, dass die Information über die Verbrechen der weiblichen Schubleute lediglich für das Landgericht, jedoch nicht für die Öffentlichkeit bestimmt waren (ÖStA, AVA, FHKA, Ältere Banater Akten, Nr. 31, fol. 646f., Schreiben vom 12. Juni 1752).

sation wurde aber in der pädagogisierenden Sicht der Behörden bald schon als Täuschung eingestuft, denn das *eingewurzlet verderbte naturel* dieser Frauen führe immer wieder zu einem verderblichen Lebenswandel, was auch nach zwei- oder dreimaliger Bestrafung durch das Zuchthaus nicht zu ändern sei. Deshalb sollte man diese Frauen so lange bei Wasser und Brot halten, bis sie ordentlich spinnen und stricken gelernt hätten und sich dadurch ihren Lebensunterhalt selbst verdienen könnten.[37] Dass aber unter den Bedingungen der Rechtlosigkeit, der Not und des Zwangs nur wenig zu erziehen und zu bessern war, blieb auch den Behörden nicht verborgen.

Vom Ende des Jahres 1762 ist ein umfangreicher Bericht erhalten geblieben, der über die Haftbedingungen in Temesvar Auskunft gibt: Die Unterbringung der Männer erfolgte in keinem eigentlichen Zuchthaus, sondern in speziell eingerichteten Kasematten. Als Schlafstätte diente eine bloße Pritsche, weder Strohsack noch Decke waren vorhanden. Über das ganze Jahr wurden die Häftlinge zur Gassensäuberung und zum Kanalräumen eingesetzt, im Sommer auch zur *fortifikations- oder schanzarbeith*. Je nach der Zahl der zur Bewachung vorhandenen Landmiliz wurden Gruppen verschiedener Größe für diese Außenarbeiten zusammengestellt. 21 Mann waren zum Innendienst abkommandiert und mussten kochen, Wasser tragen, im Krankenhaus behilflich sein, Eisenarbeiten an den Schlössern und Fesseln verrichten, als *brügl- oder straffknecht* fungieren oder ganz allgemein die Infrastruktur der Einrichtung am Laufen halten. Für die Stadtsäuberung wurden jedem Arrestanten vom Magistrat täglich zwei Kreuzer ausgefolgt, für die Fortifikationsarbeiten hingegen wurden sechs Kreuzer bezahlt, von denen aber vier wiederum vom Ärar eingezogen wurden, um dann für Krankenpflege und ähnliche Dienste verwendet zu werden. Das Kanalräumen wurde nicht abgegolten. Für die Ernährung eines Häftlings war ein täglicher Betrag von zwei Kreuzern angesetzt, die in Brot und (einmal in der Woche) Rindfleisch umgesetzt wurden. Anders als die Männer befanden sich die Frauen tatsächlich in einem Zucht- und Arbeitshaus, das aber mit der gleich benannten Einrichtung in Wien nicht verglichen werden konnte, da die seit einigen Jahren ventilierten Pläne zu einem Neubau in der *fabriquenvorstadt*[38] von Temesvar noch immer nicht umge-

37 ÖStA, AVA, FHKA, Jüngere Banater Akten, Nr. 172, fol. 850–863 und 866, Schreiben vom 4. Dezember 1762.

38 Das Temesvarer Stadtviertel wurde 1720 von Graf Mercy gegründet und seit 1744 offiziell als »Fa-

setzt waren. Als dauerndes Provisorium diente deshalb das an das Landgericht angrenzende ehemalige *generalat*, das danach auch als Postamtsstallung in Verwendung stand. Seit einem Jahr hatte man dieses um drei Zimmer erweitert, die für die Aussonderung *deren sehr unruhigen und zur desperation geneigten delinquentinnen* bestimmt war. Neben diesen Sonderräumlichkeiten bestand das Zucht- und Arbeitshaus aus einem Hof, einer Küche, einem Depot und drei Stuben, *gewölbet und* [...] *von alten gebäu*. Die größere Stube *mit einer anhängigen, welch*[e] [...] *mit keinen offen versehen*, diente 56 Arrestantinnen zum Aufenthalt und Schlafen, wobei jeweils zwei Personen in einem schlichten Holzbett mit Stroh und Strohpolstern untergebracht waren. In der Mitte der beiden Bettreihen befand sich eine lange Tafel mit Bänken, auf der das Essen eingenommen wurde. Eine winzige Kapelle – *mit fliegthür* – schloss sich daran an, in der an Sonn- und Feiertagen von einem Jesuiten unentgeltlich die Messe gelesen wurde. Gegenüber lag das Arbeitszimmer zum Spinnen und *wollkrampeln*, in dem nur 20 Arrestantinnen Platz fanden. Die Stickerinnen mussten deshalb in die größere Stube ausweichen. Im Arbeitshaus wurde ein *zuchthaußaufseher* mit einem Jahresgehalt von 200 Gulden beschäftigt, der tägliche Rapporte an den Landrichter zu leisten hatte. Zusätzlich trieb ein *zuchtknecht* aus den Reihen der Arrestanten die Leute zur Arbeit an, bestrafte, versuchte Unruhen zu verhindern und sperrte das Gebäude auf und zu. Nicht nur *in hiesigen foro processirte* Delinquentinnen, deren *delicta eine extra ordinarj straff nach sich ziehen*, wurden dort mit Arbeit bestraft, sondern auch die aus Wien und Ungarn verschickten Frauen. Gegenüber diesen genossen *hier landes einkommende liederliche* Frauen allerdings den Vorteil, ohne Eisenfessel zur Arbeit angehalten zu werden. Als Hospital diente eine von den Militärs abgetretene, gegenüberliegende Kasematte. Krankheiten kamen generell häufig vor, in den Sommer- und Herbstmonaten aber musste oft die halbe Belegschaft gepflegt werden. Deshalb wurden zwei Gesunde permanent als Krankenwärterinnen beschäftigt. Vom Ärar erhielten die Frauen täglich eine Portion Brot und – ob nun Arbeit vorhanden war oder nicht[39] – täglich drei Kreuzer. Eineinhalb Kreuzer mussten für das Essen bezahlt werden, dass um zwölf Uhr gemeinsam

brikstadt« bezeichnet, Cuţara, Alexandru: Monografie artistică/Temeswar. Bild-Kunst-Monographie. Timişoara 1998, S. 112.

39 Für den Sommer 1762 wird bemerkt, dass über etliche Monate keinerlei Arbeit vorhanden gewesen sei.

und – im Falle von Überbleibseln – auch noch um halb sieben nach dem Gebet eingenommen wurde. Alle zur Notdurft erforderlichen Anschaffungen mussten von den Frauen aus dem verbleibenden Geld bestritten werden. Lediglich für die Beheizung der Stuben wurde vom Ärar gesorgt. Strumpfstrickerinnen erhielten neben dem Brot ebenfalls drei Kreuzer, Wollkramplerinnen und Spinnerinnen hingegen mussten ein Drittel ihres Verdienstes wieder an das Ärar abliefern. Vom *commercio* gelangte die Wolle ins Arbeitshaus, von diesem wurden dann die *kotzen* wöchentlich abgeholt und bezahlt. Eine fleißige Strickerin lieferte im Sommer in drei Tagen ein Paar Baumwoll-, in vier Tagen ein Paar Weiß- und in fünf Tagen ein Paar ungebleichte Strümpfe ab, im Winter dauerte es zwei Tage länger. Der Aufseher verkaufte dann nach Berechnung aller Unkosten die Strümpfe mit einem Aufschlag, der drei bis sechs Kreuzer Profit einbringen sollte.[40]

Dieser Bericht aus Temesvar erregte den Unmut der Kaiserin: Es gebreche dem Zucht- und Arbeitshaus an allem, *was nötig und erforderlich* sei, damit es *sowohl in ansehung des staats, alß deren in dise häuser abgebenden personen jenen nuzen hervorbringen könne, auf dessen erzeugung die errichtung solcher häuser abzwecke*. Verbesserungsvorschläge wurden eingefordert,[41] sogar der Neubau eines Zuchthauses, das 200 Männer und 300 Frauen fassen sollte, wurde erwogen.[42] Diese Forderung wurde immer drängender auch von Seiten Temesvars gestellt, da man dort ein Überhandnehmen von *landbelästlichen leüthen* konstatierte,[43] außerdem platzte die provisorische Haftanstalt aus allen Nähten.[44]

Nichtsdestotrotz weckte das Wiener Beispiel auch in anderen Teilen der Erblande Deportationsgelüste. Am 18. Jänner 1765 schlug das Tiroler Gubernium der Böhmisch-Österreichischen Hofkanzlei vor, zur Erhaltung der öffentlichen Sicherheit das Land Tirol vom *herumstreifenden bettler-, abdecker- und gaunergesindel zu reinigen*. Anlässlich der Neuregelung, wonach Vagabunden entweder in Arbeitshäuser oder nach Ungarn zu bringen waren, kam dem Gubernium die Idee,

40 ÖStA, AVA, FHKA, Jüngere Banater Akten, Nr. 172, fol. 850–863 und 866, Schreiben vom 4. Dezember 1762.

41 Zwei Gutachten trafen auch tatsächlich noch im Sommer 1763 ein (vgl. ebd. fol. 903 und 905, Schreiben vom 2. Juli und vom 6. August 1763.

42 Ebd. fol. 844^{v} und 870^{r}, Schreiben vom 1. Mai 1763.

43 Ebd. fol. 889^{r}, Schreiben vom 9. Juli 1763.

44 So konnte etwa eine zu zehn Jahren verurteilte Delinquentin wegen *ermanglenden plazes* nicht angenommen werden, vgl. ebd. fol. 910, Schreiben vom 18. September 1763.

dieselben im Frühjahr und im Herbst nach Wien zu senden und dort den Wasserschüben zu übergeben. Begonnen sollte damit gleich im Frühjahr des laufenden Jahres werden, da *bey erwartung der allerhöchsten herrschaften in Tyrol* – gemeint war die bevorstehende Heirat des Erzherzogs Peter Leopold (des späteren Kaisers Leopold II.) mit Maria Ludovica von Spanien – *auf die zeitliche wegschaffung derley gefährlichen gesindels fürzudenken sey.* Beruhigend fügte man hinzu, dass dem Ärar durch eine derartige Maßnahme keinerlei Kosten entstehen würden, weil man sich bei den zuständigen Gerichten schadlos zu halten gedachte.[45] Die Reaktion der Hofkammer war eindeutig ablehnend: Das Banat sei durch den herkömmlichen Wasserschub *mit dergleichen gesindel ohnedeme belästiget* bzw. seien die Grenzen der Aufnahmefähigkeit bereits durch die allgemeine Kolonisation schon weitgehend erreicht.[46]

Die Kehrseite staatlicher Unerbittlichkeit stellte die bisweilen geübte Milde dar, die sich in Amnestien und Strafverkürzungen äußerte. Etliche Suppliken von Schubleuten sind erhalten geblieben und manchmal erreichten diese auf dem Gnadenweg eine Erfüllung ihrer Bitten. So wollte 1753 etwa der Reitknecht Mathias Eckhardt die in Arrest befindliche Cordula Pfeiffer heiraten, die zu denjenigen Frauen gehörte, deren Haft auf unbestimmte Zeit ausgesprochen worden war. Seit vier Jahren und acht Monaten befand sie sich bereits im Gefängnis[47] und gehörte damit zu den vielen Deportierten, die keinerlei Perspektive für ihr weiteres Leben hatten. Eckhardt verfasste eine Supplik, in der er festhielt, dass er einerseits *einen besonderen innerlichen antrib, zweifelsohne von Gott*, gegenüber der Catharina Pfeiffer verspürt habe, andererseits aber auch ein *christliches werck der barmherzigkeit* üben wolle, um diese von ihrem langjährigen Arrest zu erlösen. Eckhardt glaubte, dass die Lebensführung Pfeiffers nunmehr sittlichen Anforderungen entsprach, ein Wandel, den der Petent *auch nur eysserlichen gebährten abgenohmen und besonders auß ihren würdschafftlicher art wegen, deßßen prob sie sogar in der gefangenschafft als küchenmeisterin sattsamb gegeben, wie ich von ihren geist- und weltlichen vorstehern vernohmen.* Er selbst habe seit sechs Jahren bei verschiedenen Herrn im Banat treu und aufrichtig gedient, nun wolle er mit Pfeiffer *ein recht christliche*

45 Ebd. fol. 1021, Extrakt aus den Schreiben vom 8. und 9. Februar 1765.

46 Ebd. fol. 1620 und 1623, Schreiben vom 3. März 1765.

47 ÖStA, AVA, FHKA, Ältere Banater Akten, Nr. 37, April 1753, fol. 345 und 348, Schreiben vom 2. März 1753.

auferbäuliche und exemplarische ehe führen, *nachdem sie mit fünffjährigen arrest ihre sünden abgebüsset und von feuer, daß sie gebrennet, gewüziget.*[48] In Wien erteilte man dieser Verehelichung die Zustimmung, jedoch betonte man gleichzeitig, dass Cordula Pfeiffer *auch als verheiratete* Wien nie mehr wieder betreten durfte.[49]

Einstellung des Wasserschubs (1768) und Nachspiele

Der letzte Wasserschub fand am 11. Oktober 1768 statt[50] und war bereits geprägt von einer grundsätzlich geänderten Politik:[51] Schon bei seiner Ankunft erließ der Kaiser eine Amnestie, wonach Schubleuten dieses und des vorangehenden Transportes die noch zu verbüßende Strafe erlassen werden sollte. In den Genuss dieser Maßnahme kamen ausschließlich Deportierte, die wegen eher geringfügiger Delikte in das Mahlwerk dieser Maßnahme geraten waren.[52] Der Gnadenakt sah zwar eine Entlassung aus dem Arrest, nicht jedoch das Recht auf eine Rückkehr an den ehemaligen Wohnort vor. Vielmehr wurde ausdrücklich festgehalten, dass weder Wien noch das restliche Österreich zum Aufenthalt gewählt werden durften, im Falle eines Zuwiderhandelns wurde mit schwersten Strafen gedroht. In Bezug auf eine zu zehn Jahren nach Temesvar geschickte Frau und einige Kupplerinnen gab man die eindeutige Anweisung, diese keinesfalls zu entlassen und sie ihre Strafzeiten vollständig verbüßen zu lassen.[53]

Dennoch war die Zeit des Wasserschubs endgültig abgelaufen, seine Einstellung erfolgte als unmittelbare Konsequenz der Reise Kaiser Josefs II. durch das Banat (1768). Das ganze System empörte den Monarchen richtiggehend, weil es ihm von Grund auf verfehlt erschien: gegen die Prinzipien der Rechtstaatlichkeit, sinnlos im Hinblick auf eine Generalprävention, unmenschlich gegen die Delinquenten, ohne positiven Effekt auf eine Ansiedlungspolitik – das war die pointierte Einschätzung, mit der Joseph in den Staatsrat ging und alle Mitglieder für

48 Ebd. fol. 346, Supplik, o. D.

49 Ebd. fol. 344, Schreiben vom 23. April 1753.

50 ÖStA, AVA, FHKA, Jüngere Banater Akten, Nr. 172, fol. 1363, Schreiben vom 14. Oktober 1768.

51 Ebd. fol. 1401, Schreiben vom 22. Dezember 1768 und ebd., fol. 1409, Schreiben vom 2. Jänner 1769.

52 Ebd. fol. 1383, *consignation*, o. D.

53 Ebd. fol. 1382, Schreiben vom 26. November 1768.

seine Position einnahm. Kaunitz nahm sogar das große Wort »Gewissenssache« in den Mund, um die Dringlichkeit einer endgültigen Einstellung zu unterstreichen. Maria Theresia legte zwar ihr Veto dagegen ein, konnte aber eine Suspendierung nicht mehr verhindern, die schließlich in die Abschaffung des Wasserschubs mündete.[54]

Trotz des Endes des Wasserschubs blieben die in ihm in die Tat umgesetzten Ideen noch einige Jahre virulent. So wälzte man außerhalb Wiens weiterhin Pläne, Vagabunden in einer großen, konzertierten Aktion nach Ungarn oder in das Banat zu verschicken. 1770 stellte etwa das Oberösterreichische Gubernium einen Antrag auf eine derartige Deportation.[55] Dieser Vorschlag ebenso wie weitere Vorstöße aus anderen Teilen der Monarchie waren erfolglos, weil unzeitgemäß. Ganz aus der Mode war der Wasserschub allerdings dennoch nicht gekommen, wie man seinem kurzen Aufflackern Anfang der Siebzigerjahre entnehmen kann, wo er tatsächlich noch einmal eingesetzt wurde, um aufsässige Bauern aus der Waldviertler Herrschaft Gföhl ins Banat zu bringen.[56]

Die Historikerzunft hat den Wasserschub fast vollkommen übersehen – und das, obwohl er die längste institutionalisierte Deportationsmaßnahme darstellt, die *jemals* in Mitteleuropa stattgefunden hat! Fast ein Vierteljahrhundert brachte er Tausende von Menschen unterschiedlichster Herkunft vom Zentrum Wien in die äußerste Peripherie des Reiches. Viele der Deportierten kamen durch ihn zu einer vollkommen nutzlosen Erkenntnis, nämlich der, dass wer arm geboren wird und ärmlich lebt, auch zu einem erbärmlichen Tod freigegeben ist. Die Überlebenden lernten härter zu werden, unerbittlicher, schlauer, um dem Staat womöglich immer einen Schritt voraus zu sein, um sich zu tarnen und ihn zu täuschen. Und der Staat selbst erkannte, dass es zwar heroisch sein mochte, mit dem Kopf durch die Wand zu wollen, heroisch, aber nicht effizient, und mit einem Blick auf

54 Schünemann: Der Wiener oder Temeswarer Wasserschub S. 212–215. Schünemann gibt an dieser Stelle den betreffenden, mittlerweile zugrunde gegangenen Staatsratsakt sehr ausführlich wieder.

55 ÖStA, AVA, FHKA, Jüngere Banater Akten, Nr. 172, fol. 1534, Protokollsextrakt vom 24. November 1770.

56 Rauscher, Franz: Die Bauernrevolte im Gföhlerwald anno 1769. In: Das Waldviertel NF 5 (1956) 41–64; Grüll, Georg: Bauer, Herr und Landesfürst. Sozialrevolutionäre Bestrebungen der oberösterreichischen Bauern von 1650 bis 1848. Linz u. a 1963, S. 423–427; Schwarz, Karl: Bauernunruhen im Gföhlerwald (18. Jahrhundert). In: Enzinger, Walter (Hg.): Heimatbuch Jaidhof. Von der Herrschaft zur Gemeinde. Gföhl 1992, S. 143–152.

das Geldsäckel schloss er die Büchse der Pandora für einige Zeit wieder. Als gesellschaftlicher Aggregatzustand bestand die Drohung aber fort und die Idee der institutionalisierten Deportation stand bereit für ein anderes Jahrhundert.

Anton Tantner

Wahrheitsproduktion durch *Auskampelung*

Zum Kampf gegen den Wichtelzopf

Die Geschichtswissenschaft hat sich in den letzten zehn bis dreißig Jahren auf die »Suche nach der verlorenen Wahrheit« – so ein exemplarischer Buchtitel[1] – begeben; manchen Historikern und Historikerinnen sind die theoretischen Herausforderungen, die sich durch mittlerweile gar nicht mehr so neue Entwicklungen in der Philosophie, seien es der Poststrukturalismus oder der Dekonstruktivismus, ergeben haben, ein Gräuel. Feinde der Disziplin werden ausgemacht, Feinde der »wissenschaftlich betriebenen Geschichte«, gegen die »intellektuelle Kriege zu führen [wären], je früher, je geplanter und je unnachgiebiger, desto besser«, so drückte dies Egon Flaig vor ein paar Jahren aus;[2] Flaig bewegt sich damit auf einem polemischen Niveau, das wohl nur noch von Hans Ulrich Wehler unterboten wurde, der bekanntlich nicht davor zurückscheute, einen Forscher, der ihm gegen den Strich ging, als »intellektuell unredliche[n] […] ›Rattenfänger‹« zu bezeichnen.[3]

Vermutlich ist die genannte Debatte ohnehin unproduktiv, und es wird wohl darauf hinauslaufen, dass sich die Geschichtswissenschaften damit begnügen müssen, ihren Wahrheitsanspruch als immer prekär anzuerkennen und einzusehen, dass ihr Schreiben immer auch literarische Techniken verwendet, gerade auch, um ihren Wahrheitsanspruch zu erheben.[4] Produktiver ist es zweifelsohne

1 So der Titel eines Sammelbandes: Kiesow, Rainer Maria/Simon, Dieter (Hg.): Auf der Suche nach der verlorenen Wahrheit. Zum Grundlagenstreit in der Geschichtswissenschaft. Frankfurt/Main u. a. 2000.

2 Flaig, Egon: Kinderkrankheiten der Neuen Kulturgeschichte. In: Kiesow/Simon: Suche S. 26–47, hier S. 43 und S. 47.

3 Wehler, Hans-Ulrich: Die Herausforderungen der Kulturgeschichte. München 1998, S. 91. Eine treffende Rezension dieses Tiefstands deutschsprachiger Geschichtswissenschaft trug den Titel: »In den Staub mit allen Feinden Bielefelds«. Frankfurter Allgemeine Zeitung (8. Mai 1999) S. 48.

4 Rancière, Jacques: Die Namen der Geschichte. Versuch einer Poetik des Wissens. Frankfurt/Main 1994.

zu untersuchen, welche Techniken zu unterschiedlichen Zeiten angewandt wurden und werden, um Wahrheit zu produzieren, was in diesem Beitrag anhand eines Beispiels aus dem 18. Jahrhundert geschieht; ein Ergebnis ist im Titel schon vorweggenommen: Wahrheit kann auch durch Kämmen – durch *Auskampelung* – hergestellt werden.

Die Wichtelzopfkommission

Wie kommt es dazu? Während der Seelenkonskription und Hausnummerierung von 1770 zogen aus Militärs und Zivilbeamten zusammengesetzte Kommissionen durch die österreichischen und böhmischen Länder der Monarchie, beschrieben die *Seelen* und verpassten den Häusern eine Konskriptionsnummer.[5] So auch im österreichischen Teil Schlesiens, wo die genannten Kommissionen eine Beobachtung machen, die sie in ihrem Endbericht vom November 1770 der Wiener Zentrale mitteilen: Demnach würde sich in Schlesien [d]*as Übel des sogenannten WichtelZopfes* [...] *von tag zu tag mehr verbraiten, das nicht nur Kinder sondern erwachsene Menschen darüber vellfaltig krumm und lahm herum kreischen.* Über die Ursachen ist man sich nicht sicher, [e]*s mag dieses eine Krankheit, oder die Folge einer nicht genugsamen Reinlichkeit unter dem Volke seyn*, sicher sei lediglich, dass *deßen Verofenbahrung* [...] *der allgemainen Conscription zu verdanken* sei. Auf jeden Fall habe das Militär *nicht bloß auf die Erhaltung der zur Miliz angemessenen Menschen*, sondern auch auf die Erhaltung *der an- und unangesessen Familien, aus denen selbe herausgezogen werden können, ein obachtsames augenmerkh zu richten*. Der Hofkriegsrat schlägt daher vor, dass in Schlesien *mit beygebung verständiger Ärzt*[e] eine Kommission eingerichtet wird, die sich des Wichtelzopfs annimmt. Man könnte zum Beispiel in einem Dorf, wo Leute von diesem befallen sein, *die Probe machen*, die Betroffenen *von denen übrigen separiren*, sie *reinigen laßen, und an ihnen angemessene heylungsmitteln anwenden, um wenn mann einmahl auf den grunde komt, wie diesem Übl abzuhelfen im ganzen Lande eine gleiche Vorsehung zu trefen*.[6]

5 Mit dieser Aktion beschäftigt sich meine mittlerweile publizierte Dissertation, die von Edith Saurer und Karl Vocelka betreut wurde: Tantner, Anton: Ordnung der Häuser, Beschreibung der Seelen. Hausnummerierung und Seelenkonskription in der Habsburgermonarchie. Innsbruck u. a. 2007.

6 Hochedlinger, Michael/Tantner, Anton (Hg.): »... Der größte Teil der Untertanen lebt elend und mühselig«. Die Berichte des Hofkriegsrates zur sozialen und wirtschaftlichen Lage der Habs-

So wird es dann auch geschehen: Am 12. Jänner 1771 erlässt die Hofkanzlei an das königliche Amt in Schlesien das Hofdekret, mit dem die Aufstellung einer *eigenen Commission in Loco zwischen dem Politico und Militari, mit Zuziehung dasiger verständiger Medicorum* verfügt wird; da *weder der Ursprung* noch *die Heilungsart dieses Übels zur Zeit noch in das klare gesetzet ist*, soll dieser Kommission *die Untersuchung diesfalliger Grund-Ursachen, und die Anhandlassung der Heilungs-Mittel aufgetragen werden.*[7] Diese Kommission wird von Februar bis Oktober 1771 tagen; ihre Tätigkeit wird beweisen, dass sich in der Habsburgermonarchie auch an eher unerwarteten Orten die Wirkmächtigkeit der Aufklärung feststellen lässt. Das Protokoll dieser Kommission ist im Bestand Hofkanzlei des Wiener Allgemeinen Verwaltungsarchivs nur mehr in Fragmenten vorhanden;[8] vollständig erhalten ist sein Konzept allerdings im Zemský archiv v Opavě, im schlesischen Landesarchiv in Troppau.[9] Der schöne Betreff dieses Protokolls lautet: *In Betreff der gepflogenen Untersuchung jener Personen, so mit dem sogenannten Plica Polonica, oder der Krankheit des Wichtelzopfes behaftet zu seyn angegeben worden.* – Plica Polonica, dies ist die medizinische Fachbezeichnung für den Wichtelzopf.

Die Kommissionsmitglieder wissen, dass es nötig ist, zwischen dem wahren und dem falschen Wichtelzopf zu unterscheiden;[10] erste Lokalaugenscheine in dieser Angelegenheit finden zwischen April und Anfang Juni 1771 in den Vorstädten der Landeshauptstadt Troppau sowie in dem Fürst Liechtensteinschen Dorf Gilschwitz statt. Die Beamten und Ärzte versuchen hier, der Wahrheit des Wichtels auf die Spur zu kommen, müssen aber zumeist feststellen, dass sie nur den falschen Wichtelzopf antreffen. So zum Beispiel am 11. Mai 1771 in der Jackter Vorstadt: Im Haus Nummer 4, Hauswirt Joseph Richter, wohnt Catharina Babischin. Sie *klaget über gehabtes Kopf und GliederWehe, und glaubet den WichtelZopf zu haben, weil sie ein zusammen gepicktes Haar-Zöpfel hat.* Die nüchterne Diagnose der Kommission lautet: [I]*st kein einziges Merckmahl des Wichtel-*

burgermonarchie 1770–1771. Innsbruck u. a. 2005, S. 6; auch in Mähren stoßen die Kommissare auf den Wichtelzopf: Hochedlinger/Tantner, Teil S. 130.

7 Zemský archiv v Opavě, Opava [ZAO], A2 Královský úřad [Kr Ú], 10/10, Kt. 348, Hofdekret an königliches Amt, 12. Jänner 1771; dasselbe auch in: ÖStA, KA, HKR, 1771/74/196/1.

8 ÖStA, AVA, Hofkanzlei, Kt. 1274 (IV.L.2), 2 vom Jahre 1771.

9 ZAO, Kr Ú, 28/29, Kt. 914: Sanitätskommissionsprotokoll [Wichtelzopfprotokoll], 16. Februar 1771–5. Oktober 1771.

10 ZAO, Kr Ú, 28/29, Kt. 914: Wichtelzopfprotokoll, 23. März 1771.

Zopfs, sondern das zusammen gepickte Haar nur von dem Schmieren mit geweyhten Oehl und Wein, und daß sie sich niemahls gekampelt, herzurühren befunden worden. Auch Anna Schwarzin, wohnhaft in der Nummer 19, Hauswirt Thomas Kotzian, *hat eine Verwicklung der Haare und sich mit geweyhten Baum-Oehl, auch Wein geschmieret.* Die Wichtelzopfkommissare stellen fest: [D]*ieses kommet nur von der Unsauberkeit, und daß sie die Haare geschmieret, und nicht ausgekampelt hat, ist kein Wichtel, weil die Radix trocken ist.*[11] Als Merkmal eines echten Wichtelzopfs gilt demnach, dass die Haarwurzeln feucht zu sein haben;[12] der falsche wiederum entsteht zum Teil dadurch, dass als Maßnahme gegen die unterschiedlichsten, als Wichtel bezeichneten Krankheiten und körperlichen Beschwerden Öl und Wein, beide geweiht, in die Haare geschmiert werden, eben um diese vermeintliche Krankheit des Wichtels zu heilen; das Unterlassen des Kämmens trägt das seinige dazu bei, dass die Haare zu Wichtelzöpfen verfilzen. In der Ratiborer Vorstadt ist die Situation durchaus ähnlich: Hier wohnt in der Nummer 17 Marianna Konetzey; sie *ist verblindet, weilen ihr der Wichtel heuer am Charfreytag unzeitig abgenommen worden.* Das heißt: Der künstliche, der gemachte, der aus Sicht der Ärzte falsche Wichtelzopf darf nur unter bestimmten Bedingungen vom Kopf entfernt werden; eine unzeitige Abnahme kann schlimme Folgen haben.[13] Die Kommission sieht dies anders: [I]*st kein wahrer Wichtel gewesen, weilen die Wurzel des Haares trocken ware, und da sie ausgesaget, daß sie vor großen Schrocken für einem Hund das hiezige Fieber bekommen habe, so kann solche Blödsichtigkeit leicht von der Schärfe des Geblüts herrühren, nach gemachter Probe ist befunden worden, daß selbe auf beyde Augen noch etwas sehe.*[14] Ebenfalls in der Ratiborer Vor-

11 Ebd. 28/45 (28/20), Kt. 925: *Consignation derer aus der Jackter Vorstadt zu Troppau vor hiesiger Kais. Königl-Haubt-Sanitaets-Commission den 11ten May 1771 examinirt, auch visitirten, mit der Wichtelzopf-Kranckheit behaftet zu seyn angegebenen Personen.*

12 [A]*llermassen nach Meinung derer bewerteten Authorum der wahre Wichtel bey der Wurzel der Haare eine ziemliche Feuchtigkeit zeiget, sich auch 2. bis 3. mahl mehr auseinander dehnet, und diese Ausdehnung der Haare sich bis in die Mitte erstrecket, sonach wursten die Haare in der Mitte, und kommet nichts mehr in die Spitze derselben, welches aber bey dem falschen Wichtel nicht zu bemerken.* ZAO, Kr Ú, 28/45, Kt. 925: Sanitätshauptkommission an Teschnischen Landesältesten, 12. August 1771.

13 [D]*a hiesige Leuthe des Argwohnes eingenommen: daß jeder welcher, ehebevor der Wichtel Reyf würde, sich daran heilen liese, entweder Contract werde oder gar sterben müsse.* ZAO, Kr Ú, 28/45, Kt. 925: Teschnischer Landesältester an Sanitätshauptkommission, 4. September 1771.

14 ZAO, Kr Ú, 28/45 (28/20), Kt. 925: *Consignation derer aus der Rattiborer Vorstadt zu Troppau vor hiesiger Kais. Königl-Haubt-Sanitaets-Commission den 25ten May 1771 examinirt, auch visitirten, mit der Wichtel-Zopfs-Kranckheit behaftet zu seyn angegebenen Personen.*

stadt werden die Kommissare auf eine Frau stoßen, die als für die Produktion der Wichtelzöpfe verantwortlich angesehen wird: *Bey Numero 32 ist ein Heisel so den Wirth beym Schwarzen Adler gehört*[,] *befindet sich eine Wescherin*[,] *welche sich den angeben nach vor eine Docterin ausgiebet undt kommen verschiedene Leuthe von Lande zu ihr in die Cur.*[15] Als letztes Beispiel für diese erste Phase der Wichtelzopfuntersuchung kann das Leiden der Regina Kotuz und ihres zweijährigen Sohnes angeführt werden, wohnhaft in Gilschowitz Numero 88: [D]*iese hat Gliederreissen, sich von einem Minoritten zum schmieren mit Oehl und Wein überreden lassen, worauf die Verwickelung der Haare erfolget, nach Abschneidung des Zopfes wäre sie gesund, ein gleiches ist dem Kind mit Verwickelung der Haaren erfolget.* Die Diagnose der Kommissare: [R]*ühret lediglich von der Unsauberkeit, und nicht Kampeln, dann von dem schmieren her, das Gliederreissen aber ist eine von der Erkältung, und anderen Ungemach herkommende Sache.*[16]

Welches sind nun die Methoden, die die Kommissare anwenden, um die Wahr- oder Falschheit des Wichtelzopfes an den Tag zu bringen? Da ist zum einen einmal die Befragung und die Beobachtung: Die angeblich vom Wichtel befallenen Personen werden nach den Umständen ihrer Krankheit befragt, ihre Kopfhaut wird untersucht und in der Folge immer der falsche Wichtel konstatiert. Ein weiteres Mittel ist die Tabellierung des Herausgefundenen: Die gewonnenen Informationen werden in eine fünfspaltige Tabelle eingetragen; die Titel der Rubriken lauten wie folgt: 1. *Numero des Hauses*, 2. *Nahmen des Hauswürts*, 3. *Nahmen des Krancken*, 4. *Angegebene Umstände der Kranckheit* und 5. *Erkanntnus über die erhobene Umstände der angegebenen Kranckheit.*[17] Das heißt, zu den Methoden der Wahrheitsfindung kommen noch zwei Hilfsmittel der Adressierung: Zum einen die Hausnummer, die dazu dient, den Ort der von der Wichtelzopf befallenen Person auffinden zu können[18] sowie zweitens die

---

15 ZAO, Kr Ú, 28/45 (28/20), Kt. 925: Konsignation N 2: Ratiborer Vorstadt, 27. April 1771.

16 Ebd. 28/45 (28/20), Kt. 925: *Consignation derer theils von dem hiesig sogenannten Salitter Teuch, theils aus dem Dorfe Gilschowitz vor diesortiger K. K. Haubt-Sanitaets-Commission den 1ten Juny 1771 examinirt, auch visitirten, mit der Wichtel-Zopfs-Kranckheit behaftet zu seyn angegebenen Personen.*

17 Ebd. 28/45 (28/20), Kt. 925: *Consignation derer aus der Jackter Vorstadt zu Troppau vor hiesiger Kais. Königl-Haubt-Sanitaets-Commission den 11ten May 1771 examinirt, auch visitirten, mit der Wichtelzopf-Kranckheit behaftet zu seyn angegebenen Personen.*

18 Der Troppauer Landesälteste Franz Ignatz von Görlich schreibt dazu: *Ich habe bey jedem die Haus-Numer von diesen Leuthen, wo solche wohnen, beyrucken lassen, umb allenfalls, wie es in der That durch den Landschafts-Chyrurgum Haaß untersucht werden wolten, gleich ohne vieles Nachforschen die Häuser*

Benennung sowohl des Hauswirts und der erkrankten Person, um diese identifizieren zu können.

Nachdem diese Untersuchung »im Felde« abgeschlossen ist, wird zur Bestätigung der Vorgang im Amt wiederholt; das heißt, einige der vom Wichtelzopf befallenen Personen werden ins königliche Amt in Troppau zitiert, und dort *nach der Ordnung vorgerufen.* Unter den Herbeigerufenen befindet sich auch die Wäscherin namens Marianne Kreuzin; sie gesteht freimütig ein, dass sie bereits dem Strickmeister Franz Uher, sodann eine gewisse Veronica Franzin, beide in Ratiborer Vorstadt wohnhaft, mit der Herba Lycopodium und anderen Kräutern geheilt habe, wobei diese Heilmittel aber geweiht sein müssen. In der Folge werden Franz Uher und Veronica Franzin vorgerufen, separat visitiert und examiniert. Uher gibt an, dass er eine vom Arzt verschriebene Medizin einnahm, die ihm aber nichts half; er sei danach zur Kreuzin gegangen, ließ sich von ihr die Wichtelzöpfe abschneiden und wurde so geheilt. Er vergisst nicht beizusetzen, dass er in seinem Ehestand stets großen Verdruss gehabt habe, welches zu seiner Krankheit beigetragen haben könnte. Die Franzin wiederum sagt aus, dass sie von der Kreuzin geheilt worden sei; sie glaubt, dass der Grund ihrer Krankheit daher rühre, dass sie ihre Lebenszeit hindurch schwer habe arbeiten müssen und in Kindsnöten allemal viel ausgestanden habe.[19]

Zu diesem Zeitpunkt ist der Wissenstand der Kommissare folgender: [E]*s ist also eine pure einbildung bey denen Leuthen, welches sie allgemein glauben machet, so balt ihnen was fehlet, sie leyden an der Plica, nicht betrachtend wie Elendt und Müheselig sie ihr brodt verdienen müssen, dehme ungeachtet, ist es genueg, und derley Menschen seyndt zufrieden, wen sie den Zopf durch schmiren nur heraus bringen, ob sie die alten schmerzen und Kranckheit derbey leyden daß achten sie nicht, sie glauben festiglich, da der Wichtel ein Amuleth ist vor alle andere anfälle begnigen sich darmit.*[20]

Unterdessen treffen in Wien erste Berichte über die Kommissionstätigkeit ein; auch in der Haupt- und Residenzstadt weiß man nun, dass zwischen dem wahren und dem falschen Wichtelzopf zu unterscheiden ist. Den wahren Wichtelzopf meint man daran erkennen zu können, dass der Ausbruch oder der entstehenden

zu finden seyn möchten. ZAO, Kr Ú, 28/45, Kt. 925: Troppauer Landeselteste an königliches Amt, 28. April 1771.

19 ZAO, Kr Ú, 28/29, Kt. 914: Wichtelzopfprotokoll, 25. Mai 1771.

20 Ebd. 28/29, Kt. 914: Wichtelzopfprotokoll, undatiert, *Nota derer in Gilschwitz visitirten Leuthen, welche an Wichtelzopf leyden sollen.*

Verwicklung schwere, oft langwierige und auch gefährliche Zufälle vorausgingen. Er soll *durch Genuß des sunftig, und morastigen Wassers auch von dem unmässigen Gebrauch des schädlichen BrandWeins Getränke entspringe*[n].[21] Maria Theresia will es nun genau wissen und unterzeichnet eine allerhöchste Entschließung mit folgendem Inhalt: *Es sind auf Kosten Meines Aerarii sechs dergleichen mit wahren und unächten Wichtelzöpfen behaftete Personen, welche der Medicus auszuweisen hat, in eines der hiesigen Spitäler zu bringen, und dem Swieten davon, zur Veranlassung der weiteren Untersuchung, Nachricht zu geben.*[22] Sechs mit dem Wichtelzopf befallene Personen sollen demnach in Wien von Gerard van Swieten untersucht werden, doch das Problem besteht darin, dass bislang kein wahrer Wichtelzopf gefunden wurde.

Eine Lösung verspricht der Teschner Land- und Stadtphysicus Franz Olesch: Nach seinem Dafürhalten gibt es in Teschen wahre Wichtelzöpfe zu finden, und so wird er von der Kommission damit beauftragt, sechs mit dem wahren Wichtelzopf behaftete Personen *aus*[zu]*kundschaften* und zu examinieren,[23] nicht ohne ihm die *Wichtig- und Haicklichkeit der Sache* einzubläuen.[24] Olesch wird insgesamt sogar acht Personen benennen, die seiner Ansicht nach an der wahren Plica leiden,[25] drei davon sollen nach Troppau zur näheren Begutachtung und zum weiteren Transport nach Wien geschickt werden. Kein einfaches Unterfangen, denn die drei Personen – sie heißen Adam Babitza, Andreas Hujeba und Jacob Kalita und stammen aus Pierstetz – sind keineswegs begeistert von dem ihnen angedachten Schicksal. Sie machen *Ausflüchte*, und einer, nämlich Andreas Hujeba, fügt sich erst, nachdem ihm Arrest angedroht wird.[26] Schließlich werden sie am 13. September 1771 mit Militäreskorte nach Troppau geführt und im Rathaus untergebracht.

Die Ereignisse des folgenden Tags, des denkwürdigen 14. September 1771 werden zu den Sternstunden der Aufklärung in der Habsburgermonarchie zäh-

---

21 ÖStA, AVA, Hofkanzlei, Kt. 1274 (IV.L.2), 2 vom Jahre 1771: Vortrag der Sanitätshofdeputation, 4. Mai 1771, reproduziert 10. Mai 1771.

22 Ebd. Kt. 1274 (IV.L.2), 2 vom Jahre 1771: ah. Entschließung, 15. Mai 1771, vgl. ZAO, Kr Ú, 28/45, Kt. 925: Hofdekret an königliches Amt in Schlesien, 15. Mai 1771.

23 ZAO, Kr Ú, 28/29, Kt. 914: Wichtelzopfprotokoll, 1. Juni 1771.

24 Ebd. 28/45, Kt. 925: Sanitätshauptkommission an Technischen Landesältesten, 1. Juni 1771.

25 Ebd. 28/29, Kt. 914: Schreiben Olesch, 24. August 1771.

26 Ebd. 28/45, Kt. 925: Technischer Landesältester an Sanitätshauptkommission, 11. September 1771.

len. Zunächst werden die drei Männer von der Kommission vernommen: Der 53jährige Kujeba gibt an, dass er seine Haare 20 Jahre nicht gekämpelt und 19 Jahre nicht gewaschen habe; der 42jährige Babitza wiederum hat seine Haare ein Jahr nicht gepflegt, der 15jährige Kalita hat seine Haare Zeit seines Lebens nicht gekämmt. Bei allen dreien findet sich an den Haarwurzeln keine Feuchtigkeit, die Zeichen für einen wahren Wichtel wäre. Nun reicht es den Kommissaren, sie wollen, wie es heißt, *auf den Grund dieses schon so weith sich verbreitheten falschen WichtelZopfs-Kranckheit* [...] *gelangen, und endlich dem gemeinen Volke diesen gefasten Irrwahn, und Aberglauben auf einmahl* [...] *benehmen.*

Was machen sie? Sie holen *einige Kampel zu Auskampelung der vermeinten Wichtel-Zöpfe* und schreiten zur aufklärerischen Tat: Als erster wird mit Kujeba, dann mit den beiden anderen *die Probe gemacht* und es zeigt sich *ganz klar* [...], *daß nach mühesamer Auskamplung der an der Spitze der Haare angepichten Unraths die Zöpfel von selbst hinweg gefallen, und die also gereinigte Haare durch den Kampel vollkommen schön, und trocken zu sehen gewesen sind.*[27]

Das Geheimnis des Wichtelzopfs ist somit gelüftet und die Kommissare sind begierig, ihre Arbeit fortzusetzen; drei Tage später wird der für seinen großen Wichtelzopf berüchtigte Groß-Pohlomer Leinweber Peter Heißig vor die Kommission bestellt; er hat einen *von hintern Haubttheil an bis über die Schultern einer Spannenbreith herab hangenden auserordentlich zusammen gebackenen, und dahero greulich anzusehen gewesten, jedoch auch falschen haaren Wichtel, welchen er sich auf Einrathen der Leuthe mit geweyhten Baum-Oehl geschmieret, und gar nicht gekampelt zu haben aussagte, zugleich aber über empfindendes Glieder-Reissen in füssen klagte.*

Fast unmöglich scheint es, dieses *so sehr verkleisterte Haar auseinander zu wicklen, und durch den Kampel ins Reine zu bringen.* Trotzdem wird mit der *Auskampelung* begonnen, angesichts einer Kommission, die *von daher desto begieriger* ist, *je wahrscheinlicher durch diese Entwicklung der Irrwahn, und sträfliche Aberglauben des von der falschen plica ganz bethörten gemeinen Volks sich veroffenbahren würde.* Viele Stunden Zeit werden *zu dieser gänzlichen Auskampelung* erforderlich sein, und das, wo die Kommission mit Arbeit überhäuft ist; schließlich wird der Chyrurgo Marczocky mit der Beendigung dieser Arbeit beauftragt, und er wird eine Unmenge *an zusammen geschmierter Unreinigkeit* aus den Haaren Heißigs hervorbringen. Am Ende wird Heißig eingeschärft, künftig seine Haare besser zu säubern und er

27 Ebd. 28/29, Kt. 914: Wichtelzopf-Protokoll, 14. September 1771.

wird *freudenvoll nacher Haus revertire*[n]. Was die drei Teschner Untertanen anbelangt, die ursprünglich nach Wien geschickt werden sollten, so wird beschlossen, diese doch nicht zu van Swieten zu transportieren, da sie keine Plica haben; auch sie werden nach Hause entlassen.[28]

Am 5. Oktober schließlich findet der letzte Akt des Dramas statt; noch einmal setzt sich die Wichtelzopfkommission zusammen, verliest das bisher geführte Protokoll und kommt zu folgendem Conclusum: [D]*aß die sogenannte Krankheit des WichtelZopfs hier zu Lande in einer bloßen alber*[n]*en Einbildung bestehe, da bey von dem einfältigen Volke fast alle Leibes-Gebrechen, und natürliche Zustände aus Mangel der Känntnis deren Krankheiten, und ihrer Entscheidung mit dem Nahmen des Wichtels beleget, auch unter solchen durch allerley alte Weiber, und so genannte Pfuscher Ärzte gemeiniglich mit Schmierenden Mitteln haubtsächl. der Haare curiret werden wollen, wo dergleichen alte Weiber und Pfuscher das gemeine und unverständige Volk mit dem von der Wirksamkeit ihrer Cur zu überführen trachten, daß sie denenselben vorsagen, als ob die nach Schmierung der Haare, welche sie aber weder auskampeln, noch reinigen därfen, sodann erfolgende Verwicklung eben durch die Wirkung ihrer angewendeten Heilungs-Mitteln hervorgebracht, und durch solche ihre innerliche Krankheit des Wichtels geheilet würde, da sie doch dergleichen niemalen gehabt haben.* In diesem *Irrwahn* würde das Volk nur bestärkt, wenn alte Frauen Öl und Wein bei den Franziskanern und Minoriten weihen ließen; [d]*aß aber die Unsauberkeit an denen verworrenen Haaren, deme der Aberglaube, und Irrwahn den Nahmen des WichtelZopfs beyleget, die Haubt-Ursache seye, entdecken die vorgenommene, und jeden Orts angeführte Untersuchungen.* Die Kommission schlägt vor, dass die Bischöfe in Zukunft denen Ordensgeistlichen die Darreichung geweihten Öls und Weins für die Zwecke der Wichtelbekämpfung untersagen sollen; das Protokoll der Kommission wird nach Wien eingeschickt.[29] Nur das Protokoll? Anscheinend überlegt die Kommission auch, handfeste Wahrheitsbeweise nach Wien zur Kaiserin gelangen zu lassen: Das Protokoll soll *nebst der unter einem mitfolgenden Schachtel (worinnen der vermeynte lediglich durch den Kampel wie bey denen übrigen geheilte Wichtel Zustand des Groß Polomer Weebers Peter Heissig befindlich ist) an die höchste HofBehörde* einbegleitet werden. Diese Textpassage ist aber durchgestrichen, und es scheint somit, dass der aus den Haaren des Peter Heissig gekämmte Unrat

---

28 Ebd. 17. September 1771.

29 Ebd. 5. Oktober 1771.

doch nicht den Augen Maria Theresias vorgelegt wurde.[30] Und am Schluss des Protokolls finden sich dann noch die Worte: [W]*omit also diese WichtelZopfs-Angelegenheit seine Endschaft erreichte, und die fällige Kommission geendiget wurde.*[31] So langt also zumindest das Protokoll in Wien ein; Anfang November 1771 wird es Maria Theresia im Staatsrat vorgetragen, ihre Reaktion darauf lautet schlicht *Placet*, weiter soll den betreffenden Klöstern streng untersagt werden, *dergleichen aberglaubischen Mittel* zu verabreichen.[32]

Schluss

Die Literatur, die von der Frühen Neuzeit bis ins 19. Jahrhundert hinein zum »Wichtelzopf« verfasst wurde, ist äußerst umfangreich. Wer in den einschlägigen Bibliothekskatalogen und Lexika unter den Begriffen »Wichtelzopf«, »Weichselzopf«, »Plica Polonica« oder »Trichom« nachschlägt, wird eine Reihe von heute aberwitzig anmutenden Theorien und Genealogien finden, die im Zusammenhang mit dieser vermeintlichen Krankheit aufgestellt wurden. Zedler zum Beispiel bezeichnet den »Wichtelzopff« als eine vorwiegend in Polen auftretende »Verwicklung und Zusammenbackung der Haare an unterschiedlichen Theilen des Leibes, vornehmlich auf dem Haupte, welche von sehr zähen und schleimichten, auch bösartigen Säfften, mit mancherley Zufällen herrühret«. Keineswegs sei es ratsam, den Zopf abzuschneiden; als Beleg dafür wird ein »Religiosus« angeführt, der darob »in Raserey gerathen« sei.[33] Die Encyclopédie wiederum unter-

30 ZAO, Kr Ú, 28/45, Kt. 925: Sanitätshauptkommission an königliches Amt, 5. Oktober 1771. Sehr wohl ist aber bis heute im Wiener Pathologisch-anatomischen Bundesmuseum ein Präparat eines »Weichselzopfes« vorhanden. Im Prager »Museo pathologico« gab es zumindest um 1845 »ein ausserordentlich schönes Exemplar von einem Weichselzopf« zu bewundern. Viszanik, Michael: Die Irrenheil- und Pflegeanstalten [...]. Wien 1845, S. 35f. zitiert nach Fischer-Martin, Nora/Fischer, Gerhard (Hg.): Die Blumen des Bösen. Eine Geschichte der Armut in Wien, Prag, Budapest und Triest in den Jahren 1693 bis 1873. Bd. 2. Wien 1994, S. 366. Abbildungen von Wichtelzöpfen befinden sich u. a. in: Schlegel, Justus Friedrich August: Über die Ursachen des Weichselzopfes der Menschen und Thiere [...]. Jena 1806 sowie Alibert, Jean Louis Baron: Description des maladies de la peau [...]. Paris 1806, S. 25–48.

31 ZAO, Kr Ú, 28/29, Kt. 914: Wichtelzopf-Protokoll, 5. Oktober 1771.

32 HHStA, StRP Bd. 41 (1771/IV), Nr. 3814: Ah. Resolution, 9. November 1771.

33 Lemma Wichtelzopff. In: Zedler, Johann Heinrich: Grosses vollständiges Universal-Lexikon. Bd. 55. Leipzig/Halle 1748, Sp. 1681f.

scheidet zwischen einer männlichen und einer weiblichen Plica polonica: Erstere hätte die Form einer Spirale, wäre eng gedreht, und hinge bis zum Rücken hinunter, während bei der weiblichen alle Haare aufgestellt, gedreht und verfilzt wären; sie bedeckten den Kopf wie einen Hut, »un spectacle horrible & dégoutant«. Dass die Ursache dieser Krankheit magisches Wirken toter ungetaufter Kinder – zu Deutsch so genannter »wichteln«, deswegen die deutsche Bezeichnung »wichtel-zoepffe« – wäre, wird von der »Encyclopédie« abgelehnt; sie favorisiert stattdessen – allerdings nicht ohne Zweifel – die Annahme, dass 1287 unter der Herrschaft des polnischen Königs Leszek II. während eines Einfalls der Tataren Letztere das Wasser vergiftet hätten, indem sie in die Flüsse mit giftigen Kräutern gefüllte Herzen geschmissen hätten, die sie Gefangenen herausgerissen hätten. Auf diese Weise hätte sich die Krankheit ausgebreitet und sich schließlich vererbt.[34] Eine andere Theorie vertritt 1806 Justus Friedrich August Schlegel: Der wahre Wichtelzopf wäre demnach zur Zeit der Thronbesteigung des Königs Kasimir I. entstanden, als diesem vom Papst nur unter der Bedingung die Absolution vom Mönchsein erteilt wurde, dass die Polen eine Tonsur auf ihrem Kopf zu tragen hätten; bis heute würde vielen männlichen Kindern wiederholt das Kopfhaar fast völlig abrasiert, wodurch die Krankheit entstünde.[35]

So unterschiedlich wie die Annahmen über seine Entstehung sind auch die Rituale, mittels denen der Weichselzopf bekämpft wird: Manchmal gilt er als geheilt, wenn er zu bestimmten Zeiten zwischen zwei Steinen gequetscht wird; auch das Abschneiden des Zopfes kommt vor, jedoch nur unter klar festgelegten Bedingungen. Normalerweise erfolgt es um die Osterfeiertage; in der Nähe von Krakau geschieht dies in der Form, dass der Zopf teilweise »mit geglühten Scheren beschnitten wird, und wenn er auf diese Art gänzlich vom Kopfe absteht, bindet man in denselben ein Stück Kupfergeld und trägt ihn zu den Ruinen eines nahen Schlosses, in dem der Sage nach böse Geister hausen; dort wird der Zopf hingeworfen und der Landmann eilt ohne sich umzusehen, so geschwind als

34 Lemma Plica polonica. In: Encyclopédie ou Dictionnaire raisonné des Sciences, des Arts et des Métiers. Bd. 12. Neufchatel 1765, S. 767–770. Das »Encyclopaedische Wörterbuch der medicinischen Wissenschaften« betrachtete 1842 diese Theorie für widerlegt: V[ETTE]R: Plica Polonica. In: Encyclopaedisches Wörterbuch der medicinischen Wissenschaften. Hg. von D. W. H. BUSCH u. a. Bd. 27. Berlin 1842, S. 654–667, hier S. 654.

35 SCHLEGEL: Ursachen S. 107–111.

möglich nach Hause«.[36] Andere Erkrankte wiederum suchen einen »alten abgefallenen Weichselzopf, leg[en] ihn in eine Flasche Branntwein und trink[en] sodann einigemale ein Spitzgläschen davon«.[37] Wie auch immer, der Wichtelzopf gilt als polnisches Phänomen und zählt zu den Standards in Reiseberichten über dieses Land;[38] auch Heinrich Heine kann 1822 nicht darauf verzichten, ihn zu erwähnen. Für ihn ist die Plica Polonica »eine sehr anmutige Krankheit, womit auch wir hoffentlich einst gesegnet werden, wenn das Lange-Haartum in den deutschen Gauen allgemeiner wird«.[39]

Was nun die Tätigkeit der im vorliegenden Beitrag beschriebenen Wichtelzopfkommission anbelangt, so fällt auf, dass sie ein relativ frühes Beispiel dafür ist, dass zumindest ein Großteil der Erscheinungsformen der Krankheit Wichtelzopf als Aberglauben demaskiert wird, gibt es doch bis weit ins 19. Jahrhundert hinein Ärzte, die daran festhalten, dass es sich dabei um eine eigenständige Krankheit handelt. Noch 1868 werden in Dresden bei der 42. Versammlung der »Gesellschaft Deutscher Naturforscher und Ärzte« Vertreter der Ansicht, es handle sich um ein eigenständiges Leiden mit ihren Opponenten, die als »wahre Ursache des Wichtelzopfs das Vorurtheil und de[n] Wahn des Volkes« ansehen, aufeinanderstoßen.[40]

---

36 Ogonczyk Zakrzewski, Marian Florian Ritter von: Medizinisch-literärische Geschichte des Weichselzopfes. Ein Versuch. Wien 1830, S. 18f. (Anm. b).

37 Häusler, Wolfgang: Das galizische Judentum in der Habsburgermonarchie im Lichte der zeitgenössischen Publizistik und Reiseliteratur von 1772–1848. Wien 1979, S. 79 [zit. Johann Joseph Kausch, 1793].

38 Bönisch-Brednich, Brigitte: Weichselzopf und Zippelpelz. Reiseberichte der Spätaufklärung als (Zerr-)Spiegel von Reinlichkeitsvorstellungen. In: Löneke, Regina/Spieker, Ira (Hg.): Reinliche Leiber – Schmutzige Geschäfte. Körperhygiene und Reinlichkeitsvorstellungen in zwei Jahrhunderten. Göttingen 1996, S. 68–86; Häusler, Judentum S. 78f.; Schultes, Josef August: Ueber die Art in Galizien zu reisen, mit Bemerkungen über den Charakter der Einwohner dieses Landes (An den Herrn Jos. Köderl. Brief des Hrn. Drs. Schultes, Prof. der Chymie und Botanik an der Universität zu Krakau). In: Neue Annalen der Literatur des österreichischen Kaiserthumes, Intelligenzblatt (September 1807) Sp. 97–116, hier Sp. 101.

39 Heine, Heinrich: Über Polen. In: Ders.: Historisch-Kritische Gesamtausgabe der Werke (= Düsseldorfer Heine Ausgabe). Hg. von Windfuhr, Manfred. Bd. 6. Hamburg 1973, S. 58. Es gibt übrigens auch ein – von mir allerdings nicht eingesehenes – Theaterstück zum Wichtelzopf: Werle, Simon: Der Weichselzopf. Frankfurt/Main 1994; zu einem anderen berühmten Zopf vgl. Wiebel, Bernhard: Münchhausens Zopf und die Dialektik der Aufklärung. In: Donnert, Erich (Hg.): Europa in der Frühen Neuzeit. Festschrift für Günter Mühlpfordt. Bd. 3: Aufbruch zur Moderne. Weimar u. a. 1997, S. 779–801.

40 Bauer, Axel W.: Der »Weichselzopf« in medizinhistorischer Perspektive. Eigenständige Haut-

Gemäß heutiger medizinischer Wissenschaft ist »Weichselzopf (von poln. wieszczyce Verfilzung des Haupthaars): Bez. f. eine int. hochgradiger Kopfverlausung durch Nissen v. Ekzemkrusten entstandene Verfilzung der Haare; s. Läuse«;[41] gerade bei Trägerinnen und Trägern von Dreadlocks können diese Symptome auftreten.[42] Als Behandlung kennt die Trichological Society auf ihrer Internet-Homepage nur ein Mittel: »Treatment usually involves cutting the effected hair – Sorry!«[43]

krankheit oder mythologisches Konstrukt? In: Aktuelle Dermatologie 30 (2004) S. 218–222 (Zitat S. 220).

41 Lemma Weichselzopf. In: Pschyrembel Klinisches Wörterbuch. Hamburg [257]1994, S. 1659.

42 Friedli, André/Pierriard-Wolfensberger, Jaqueline/Harms, Monika: Die Plica Polonica im 21. Jahrhundert. In: Der Hautarzt 51 (2000) S. 201f.

43 http://www.hairscientists.org/plica-polonica.htm [21. Februar 2007].

Barbara Staudinger

Collecting Identities

Max Grunwalds (1871–1953) jüdisches Wien

Die jüdische Geschichte kennt ihre eigenen Zäsuren. Waren es im Spätmittelalter die Vertreibungen von der iberischen Halbinsel und aus den meisten Städten des Heiligen Römischen Reiches, so sind es in der Neuzeit die jüdische Aufklärung (»Haskala«) und die Emanzipation, die ab dem Ende des 18. Jahrhunderts jüdisches Leben in Europa grundlegend umgestalten sollten. Mit der Emanzipation, also der bürgerlichen Gleichstellung, so die ältere Geschichtsschreibung, führte der Weg der Juden aus einer »abgeschlossenen« jüdischen Gesellschaft mit autonomen Gemeinden in die Assimilation. Jüdinnen und Juden nahmen nun die sie umgebende Kultur auf und assimilierten sich an die christliche Mehrheitskultur. Folge davon war für viele eine gänzliche Abkehr vom Judentum, es wurde zu einem bloßen Religionsbekenntnis ohne Deutungshoheit oder durch die Zionisten politisch-national umgeformt.[1]

Erst jüngeren Forschungen ist es gelungen, mit dem Assimilations- und schließlich auch dem Akkulturationsbegriff, der im Gegensatz zur Assimilation kein gänzliches Verschmelzen, sondern ein äußerliches Anpassen meint, diesen Prozess insgesamt zu hinterfragen mit dem Ziel, zu einem differenzierteren Bild zu gelangen.[2] Die wechselseitigen Beziehungen zwischen Juden und Nichtjuden werden heute unter anderem durch das Modell des Kulturtransfers beschrieben,

1 Siehe insgesamt den Band Lowenstein, Steven M./Mendes-Flohr, Paul/Pulzer, Peter/Richarz, Monika: Deutsch-jüdische Geschichte in der Neuzeit. Bd. 3: Umstrittene Integration 1871–1918. München 1997, bes. Kap. I: Richarz, Monika: Die Entwicklung der jüdischen Bevölkerung S. 13–38. Siehe auch die Einleitung von Frankel, Jonathan: Assimilation and the Jews in nineteenth century Europe: Towards a new historiorahy? In: Ders./Zipperstein, Steven J. (Hg.): Assimilation and community. The Jews in nineteenth-century Europe. Cambridge 1992, S. 1–37.

2 Vgl. z. B. Gotzmann, Andreas: Zwischen Nation und Religion: Die deutschen Juden auf der Suche nach einer bürgerlichen Konfessionalität. In: Ders./Liedtke, Rainer/van Rahden, Till (Hg.): Juden, Bürger, Deutsche. Zur Geschichte von Vielfalt und Differenz. Tübingen 2001, S. 241–261.

das Aneignungen und Umdeutungen von Elementen des eigenen wie auch des anderen kulturellen Kontextes, kurz die Möglichkeiten und Praktiken des kulturellen Austausches untersucht.[3] Was früher als »das Jüdische« bzw. als »das Judentum« galt, das durch Assimilation verschwand bzw. in der Akkulturation im Kern erhalten blieb, wird heute durch pluralistische jüdische Identitäten ersetzt oder, wie Marion Kaplan sich ausdrückt, »[d]as Judentum war eine Summe aus vielen Teilen«,[4] ohne dass diese Teile immer die gleichen sein mussten. Was man als »Eigenes«, als »jüdisch«, empfand, wie Judentum definiert und immer neu umrissen wurde, rückte daher zunehmend in den Blickpunkt der Forschung. Als Beispiel für die unterschiedlichen Interpretationsmöglichkeiten von kollektiver jüdischer Identität sei hier nur auf die Diskussion über Nation und Volk verwiesen, die auch im »Centralverein deutscher Staatsbürger jüdischen Glaubens« geführt wurde.[5]

Während bereits festgestellt wurde, dass die angeblich so assimilierten jüdischen Deutschen, religiöser und dem Judentum verhafteter waren, als man zunächst gedacht hatte,[6] ist in einem zweiten Schritt zu untersuchen, wie sich kollektive und individuelle jüdische Identitäten zusammensetzten und veränderten und wie sich Judentum definierte.[7] Ein besonders lohnender Untersuchungsraum scheint dabei die Habsburgermonarchie und ihr multiethnisches Zentrum Wien zu sein, das im Fin de Siècle nicht nur für das jüdische Bürgertum, sondern auch für orthodoxe so genannte »Ostjuden« anziehend wirkte.

---

3 Vgl. z. B. den Sammelband Schmale, Wolfgang/Steer, Martina (Hg.): Kulturtransfer in der jüdischen Geschichte. Frankfurt/Main u. a. 2006 bzw. die Monographie von Hödl, Klaus: Wiener Juden – jüdische Wiener. Identität, Gedächtnis und Performanz im 19. Jahrhundert. Innsbruck u. a. 2006, bes. S. 28–46.

4 Kaplan, Marion: Konsolidierung des bürgerlichen Lebens im kaiserlichen Deutschland 1871–1918. In: Dies. (Hg.): Geschichte des jüdischen Alltags in Deutschland. Vom 17. Jahrhundert bis 1945. München 2003, S. 226–344 [Zitat S. 301].

5 Vgl. Brenner, Michael: Religion, Nation oder Stamm: zum Wandel der Selbstdefinition unter deutschen Juden. In: Haupt, Heinz-Gerhard/Langewiesche, Dieter (Hg.): Nation und Religion in der deutschen Geschichte. Frankfurt/Main u. a. 2001, S. 587–601.

6 Siehe z. B. Brenner, Michael: Jüdische Kultur in der Weimarer Republik. München 2000 [urspr. erschienen als: The Renaissance of Jewish Culture in Weimar Germany. New Haven u. a. 1996]; Kaplan, Marion: The Making of the Jewish Middle Class. Women, Family, and Identity in Imperial Germany. New York 1991.

7 Zum Identitätsbegriff vgl. Hall, Stuart: Kulturelle Identität und Diaspora. In: Ders. (Hg.): Rassismus und kulturelle Identität. Ausgewählte Schriften, Bd. 2. Hamburg 1994, S. 26–43.

Genauso wie heute Zäsuren in der jüdischen Geschichte hinterfragt und Kontinuitäten zwischen den vermeintlichen Brüchen festgestellt werden, scheint es auch problematisch, die jüdische Bevölkerung Wiens ausschließlich unter dem Blickwinkel der Dichotomie zwischen »assimilierten« Wiener Juden und Jüdinnen und »orthodoxen« jüdischen MigrantInnen aus Osteuropa zu sehen.[8] Jüdische Identität (und nicht nur jüdische) bestand vielmehr aus Zwischentönen, setzte sich aus verschiedenen Elementen zusammen und war einerseits traditionell orientiert, verstand sich aber andererseits auch durchaus als modern und definierte sich immer wieder neu.

Aspekte dieser jüdischen Identität in Wien um 1900 will ich im Folgenden anhand einer biographischen Skizze aufzeigen. Es handelt sich dabei um ein Projekt über den Wiener Rabbiner, Historiker und Volkskundler Max Grunwald, das ich vor kurzem begonnen habe.[9] Ich kann daher noch keine Ergebnisse vorlegen, sondern nur einige Gedanken präsentieren und auf weitere Forschungsperspektiven verweisen.

Schlesien – Hamburg – Wien

Max – bzw. mit seinem hebräischen Namen Aaron Me'ir – Grunwald wurde 1871, also dem Jahr, in dem die rechtliche Gleichstellung der Juden im Deutschen Reich vollzogen wurde, in Hindenburg (Zabrze), Oberschlesien, geboren.[10] Seine Ausbildung zum Rabbiner erhielt er am 1854 gegründeten Jüdisch-Theologischen Seminar in Breslau, das als erstes modernes Rabbinerseminar in Europa neben Berlin eine Kaderschmiede für zukünftige Rabbinergenerationen und Zentrum

8 So auch Frankel: Assimilation.

9 Das Forschungsprojekt »Max Grunwald und die ›Erfindung des Jüdischen‹« ist am Institut für jüdische Geschichte Österreichs (St. Pölten) angesiedelt und wird aus Mitteln des Programms »Dynamische Qualitätssicherung Geistes-, Sozial- und Kulturwissenschaften« des Ministeriums für Wissenschaft und Forschung bezahlt.

10 Einen biographischen Abriss bei Daxelmüller, Christoph: Dr. Max (Meir) Grunwald, Rabbiner, Volkskundler, Vergessener. Splitter aus der Geschichte des jüdischen Wiens und seines Museums. In: Wiener Jb. für Jüdische Geschichte, Kultur & Museumswesen 1: Jüdische Kultur in Museen und Ausstellungen bis 1938 (1994/95) S. 89–106; Adunka, Evelyn: Exil in der Heimat. Über die Österreicher in Israel. Innsbruck u. a. 2002. Seine unveröffentlichte Autobiographie befindet sich in den Central Archives for the History of the Jewish People (Jerusalem), Sign. P 97.

der »Wissenschaft vom Judentum« war.[11] »Während seine Hörerschaft interterritorial war«, so Grunwald in seinen Erinnerungen an die Breslauer Zeit, »und der nahe wie der ferne Osten und Westen ihre Kontingente zu ihr stellten, stammten zu meiner Zeit die Dozenten aus Posen und Schlesien. Von zu Hause aus den Typus der ostdeutschen Juden gewohnt, empfand ich die von ihnen verkörperte und von ihnen im Lehrbetrieb geübte und geforderte Disziplin als natürliche Fortsetzung meines bisherigen Bildungsganges.«[12] Nicht zuletzt gehörten zu diesen Dozenten auch Koryphäen wie Heinrich Graetz, der seine Schüler auch, wie Max Grunwald bewegt schildert, zum Schabbat-Mahl einlud.[13]

In Talmud wie in Religionsphilosophie ausgebildet, warteten auf die Breslauer Absolventen die begehrtesten Rabbinatsstellen Europas. So war auch Grunwald gerade einmal 24 Jahre alt, als er nach seiner Ausbildung und einem Studium der Philosophie 1895 die Stelle eines Rabbiners an der Neuen Dammtorsynagoge in Hamburg antrat. Hamburg war dann auch das Sprungbrett für seine weitere Karriere: Schon 1903 wurde er nach Wien berufen.

Zu diesem Zeitpunkt war er kein Unbekannter mehr, war er doch maßgeblich für die Gründung des Hamburger Museums für jüdische Volkskunde nach Vorbild des weltweit ersten Jüdischen Museums in Wien, das bereits 1895 eröffnet hatte, verantwortlich. In Hamburg hatte er zudem 1898 die »Gesellschaft für jüdische Volkskunde« ins Leben gerufen und bereits mehrmals zu diesem Thema erfolgreich in Wien vorgetragen. Als er schließlich nach Wien wechselte, war er zunächst Rabbiner in der mit 800 Sitzplätzen nicht kleinen Synagoge in der Turnergasse im 15. Bezirk.[14] Wien hatte mit ihm nicht nur einen Rabbiner, sondern auch einen Wissenschaftler gewonnen.

Seine Berufung stieß jedoch nicht nur auf positive Resonanz. So konnte man in »Die Welt« vom 17. April 1903 unter der Rubrik »Korrespondenzen und Tele-

11 Zum Breslauer Rabbinerseminar vgl. Brann, Markus: Geschichte des Jüdisch-Theologischen Seminars (Fraenckel'sche Stiftung) in Breslau. Festschrift zum 50. Jubiläum der Anstalt. Breslau 1904; Brämer, Andreas: Rabbiner Zacharias Frankel. Wissenschaft des Judentums und konservative Reform im 19. Jahrhundert. Hildesheim u. a. 2000, S. 318–341; Wilke, Carsten: »Den Talmud und den Kant«. Rabbinerausbildung an der Schwelle zur Moderne. Hildesheim u. a. 2000, S. 669–681.

12 Grunwald, Max: Das Breslauer Seminar. Ein Kapitel aus einer Selbstbiographie. In: Kisch, Guido (Hg.): Das Breslauer Seminar. Jüdisch-Theologisches Seminar (Fraenckelscher Stiftung) in Breslau 1854–1938. Gedächtnisschrift. Tübingen 1963, S. 309–316, Zitat S. 315f.

13 Ebda. S. 310.

14 Zum Synagogenbau Genée, Pierre: Wiener Synagogen 1825–1938. Wien 1987, S. 75f.

gramme« von einem anonymen Autor Folgendes lesen: »Wien – In der Mittwoch den 15. April abgehaltenen Versammlung des Kultusvorstandes wurden, wie man bereits seinerzeit zu Beginn der Probepredigt-Komödie mitzuteilen in der Lage war, die Herren Dr. David, Dr. Feuchtwang und Dr. Grunwald zu Rabbinern in Wien gewählt. Die ganze, unsäglich anwidernde Farce der sogenannten Rabbinerwahl hat damit den ihrer und ihrer Regisseure würdigen Abschluß gefunden. Sie sind einander vollkommen würdig – dieser Vorstand und diese Rabbiner.«[15] Die Differenzen innerhalb der Kultusgemeinde, deren Präsident, der kaiserliche Rat Heinrich Klinger, im gleichen Jahr ausschied und die offensichtlich zu diesem beißenden Kommentar geführt hatten, liegen derzeit noch im Dunkeln. Eindeutig ist jedoch, dass der anonyme Kommentator nicht nur dem Vorstand, sondern auch dem neu berufenen Rabbiner kritisch gegenüber stand.

RABBINER Dr. M. GRUNWALD
Wien

Abbildung 1: Kreppel, Jonas: Juden und Judentum von heute. Zürich/Wien 1925, S. 496a.

Mit Wien verband Grunwald nicht nur sein neues Amt, sondern auch seine Familie. 1898 hatte er sich mit Margarete, der Tochter des aus Galizien stammenden Floridsdorfer Rabbiners und Reichsrat-Abgeordneten Joseph Samuel Bloch, verlobt.[16] Bloch war einer der prononciertesten Streiter gegen den Antisemitismus und wurde nicht zuletzt durch seine Auseinandersetzung mit dem Prager Theologieprofessor und Antisemiten August Rohling berühmt. Als dieser eine Serie antisemitischer Zeitungsartikel veröffentlichte, in denen er christenfeindliche In-

15 Die Welt 16 (17. April 1903) S. 7.

16 Zu Bloch Wistrich, Robert S.: Die Juden Wiens im Zeitalter Kaiser Franz Josephs. Wien u. a. 1999, S. 225–283; Reifowitz, Ian: Imagining an Austrian Nation. Joseph Samuel Bloch and the Search for a Supraethnic Austrian Identity, 1846–1918. New York 2003.

halte im Talmud aufdecken wollte, war es Bloch, der ihm vehement entgegentrat und eine Replik veröffentlichte. Dabei bezichtigte er Rohling, den Talmud nicht zu verstehen und bot ihm 3.000 Gulden, wenn er auch nur eine Seite des Talmuds lesen könnte. Da die Klage, die Rohling darauf gegen Bloch einbrachte, kurz vor Eröffnung des Verfahrens im Herbst 1885 zurückgezogen wurde, ging Bloch als Sieger aus dieser Auseinandersetzung hervor, der es geschafft hatte, einen Antisemiten zu enttarnen und lächerlich zu machen.[17]

Wie sehr Grunwald seinen Schwiegervater und dessen Engagement im Kampf gegen den Antisemitismus schätzte, zeigen zum Beispiel die Worte, mit denen er diesen in seiner »Geschichte der Wiener Juden bis 1914 der Schuljugend erzählt« würdigt: »Es war ›Rabbi Bloch‹, wie ihn die Judenfeinde seitdem nannten. Ein junger Gelehrter aus Galizien, der nach einer grausam entbehrungsreichen Kindheit und Jugend in einigen kleineren Gemeinden als Rabbiner gewirkt hatte und nun dieses Amt in Floridsdorf bekleidete. Er brachte ein talmudisches Wissen mit, das selbst in dem damals talmuddurchtränkten Galizien Aufsehen erregt hatte, einen schneidigen Stil und eine rednerische Schlagfertigkeit, die ihn befähigten, die Scheinwissenschaftlichkeit und freche Verlogenheit der Judenhetzer in Wort und Schrift mit Keulenschlägen niederzuschmettern. Als vor kurzem in New-York eine Talmud-Hochschule (Jeschiba) gegründet werden sollte und man darauf hinwies, dass doch hinreichend Rabbinerseminare vorhanden seien, setzte ein Redner die Gründung damit durch, dass er auf Bloch hinwies, der nur durch die jahrelange gründliche Ausbildung auf der Jeschiba in den Stand gesetzt worden sei, als Retter seiner Brüder aus ernstester Gefahr aufzutreten.«[18]

Das tiefgläubige galizische Judentum war zwar nicht die geistige Heimat Max Grunwalds; nichtsdestotrotz zollte er der nach Außen hin getragenen Religiosität der Ostjuden nicht nur großen Respekt, sondern konnte ihr durchaus viel abgewinnen. Mit dieser Bewunderung war er nicht alleine. Zwar bezeich-

17 Vgl. dazu Ley, Michael: Der Wiener Antisemitismus-Streit. Die Auseinandersetzung zwischen Rabbiner Joseph Samuel Bloch und dem Theologen August Rohling. In: Botz, Gerhard/Oxaal, Ivar/Pollak, Michael/Scholz, Nina (Hg.): Eine zerstörte Kultur. Jüdisches Leben und Antisemitismus in Wien seit dem 19. Jahrhundert. Wien ^{2}1999, S. 147–163 mit weiterer Literatur. Zu seinen weiteren Aktivitäten gegen Antisemitismus Bloch, Joseph Samuel: Erinnerungen aus meinem Leben. Bd. II: Schwurgerichtsprozess kontra Pfarrer Dr. Joseph Deckert und Paulus Meyer. Wien u. a. 1922.

18 Grunwald, Max: Geschichte der Wiener Juden bis 1914. Der Schuljugend erzählt. Wien 1926, S. 72f.

nete man die galizischen Juden durchaus abfällig als »Ostjuden«, deren Sprache, Kleidung und mangelnde weltliche Bildung als rückständig empfunden wurde, der Umbruch jüdischen Lebens mit der Emanzipationszeit und die Angst vor Traditions- und Kulturverlust hatten aber auch bewirkt, dass die Ostjuden als authentisch wahrgenommen wurden und als romantisch verklärte Folie der eigenen Vergangenheit herhalten mussten.[19] Dazu trug zum Beispiel der Artikel »Reise durchs Heanznland« von Joseph Roth in »Der Neue Tag« im Jahr 1919 bei, der auf das authentische jüdische Leben in den Schewa Kehillot, den jüdischen Siebengemeinden des späteren Burgenlandes einging.[20] Bei Max Grunwald findet sich dann schließlich die wissenschaftlich-dokumentarische Aufarbeitung dieser Nostalgie: Sein 1924 erschienener, ca. 160 Seiten umfassender Aufsatz zur Geschichte und Kultur der jüdischen Gemeinde im burgenländischen Mattersdorf (heute Mattersburg)[21] behandelt vor allem das Brauchtum dieser Gemeinde ausführlich. Das orthodoxe jüdische Leben von Mattersdorf, das »den ehrwürdigsten Gemeinden zuzuzählen«[22] sei, sollte im Kontrast zum assimilatorischen Wien stehen. Wie Grunwald selbst in seinem Werk zu den Feldzügen Napoleons aus der Sicht jüdischer Zeitzeugen eingestand, war dies eine bewusste Rückbesinnung auf »das gemütvolle, sentimentale Judentum der

19 Vgl. Kohlbauer-Fritz, Gabriele (Hg.): Zwischen Ost und West. Galizische Juden und Wien. Erschienen zur Ausstellung des Jüdischen Museums Wien, 7. November 2000–18. Februar 2001. Wien 2000; vgl. auch Hödl: Wiener Juden S. 73f.

20 Roth, Joseph: »Reise durchs Heanznland«. In: Der Neue Tag, 9. August 1919; Wiederabdruck in: Westermann, Klaus (Hg.): Joseph Roth Werke I: Das journalistische Werk 1915–1923. Köln 1989, S. 100–116, hier S. 115f.: »Mitten in Deutsch-Kreuz eine Filiale der Leopoldstadt. Siebzig jüdische Familien wohnen seit tausend Jahren im Deutsch Kreuzer Getto. Denn sie wohnen alle zusammen, in einer großen Häusergruppe hinter den weiten Gehöften der reichen Bauern, und führen ein eigenes Leben. In der Mitte steht der Tempel, mindestens ein paar Jahrhunderte alt. Links vom Tempel wohnt der Rabbiner, ein Mann in mittleren Jahren mit blondem Bart und einem schwarzen Samtkäppchen auf dem Haupte. Er sitzt an einem langen Tisch und um ihn herum seine Jünger. Judenburschen im Alter von sechzehn bis zwanzig. Sie lernen Talmud, alle durcheinander, in ihren monotonen Sing-Sang klingt nur von Zeit zu Zeit der grelle Schrei der Ziehharmonika vom Wirte drüben. […] Die Juden von Deutsch-Kreutz und den Schweh-Khilles beschäftigen sich nur mit ehrlichem Handel und werden von der christlichen Bevölkerung sehr geschätzt. Sie haben sich rein und unvermischt erhalten, und aus ihren Gesichtern klagte das jahrtausende Leid Ahasvers. Sie kennen keinen Tanz, kein Fest und kein Spiel. Nur Beten und Weinen und Fasten.«

21 Grunwald, Max: Mattersdorf. In: Jb. für jüdische Volkskunde 26/27 (1924/25) S. 402–563.

22 Ebda. S. 404.

Oppenheimischen Genrebilder«[23] oder der ostjüdischen Motive des Wiener Malers Isidor Kaufmann.[24]

Jüdische Tradition war jedoch für Max Grunwald nicht nur ein sentimentales Sich-Zurückerinnern, sondern war zum einen Gegenstand seiner wissenschaftlichen Arbeit und hatte zum anderen auch direkte Auswirkungen auf seine Tätigkeit als Rabbiner. So nahm er in der Frage um die Einführung einer Orgel im Leopoldstädter Tempel eine konservative Haltung ein und polemisierte heftig gegen die Modernisten.[25]

Trotzdem war Grunwalds eigener Lebensstil nicht von einem nach Außen getragenen Judentum beeinflusst. Dies bemerkte auch Sigmund Freud, der ihn anlässlich eines Vortrages in Wien mit den Worten begrüßte, er habe sich einen Reb (Rabbiner) vorgestellt, der sich wie ein asketischer Prophet kleide und nicht im Frack daherkomme.[26]

Nicht nur die Kleidung der Rabbiner wurde dazu benutzt, Identität zu schaffen, sondern auch die Synagogenbauten. Während sich einige Wiener Synagogen des 19. Jahrhunderts kaum von den sie umgebenden Häusern unterschieden, gibt es genauso Beispiele für eine selbständige synagogale Architektur. Eines dieser Beispiele ist der mit orientalischen Ornamenten ausgestattete Leopoldstädter Tempel (Tempelgasse, 1020 Wien), der mit 2.000 Sitzplätzen größten Synagoge der Wiener Gemeinde,[27] an die Max Grunwald 1913 als Rabbiner berufen wurde. Auffällig den Stadtraum akzentuierend war gerade diese Synagoge ein Beispiel für das erstarkte Selbstbewusstsein der Jüdischen

---

23 Grunwald, Max: Die Feldzüge Napoleons. Nach Aufzeichnungen jüdischer Teilnehmer und Augenzeugen. Wien 1913, S. 6.

24 Zum Maler Moritz Daniel Oppenheim vgl. Heuberger, Georg/Merk, Anton (Hg): Moritz Daniel Oppenheim. Die Erfindung des jüdischen Selbstbewußtseins in der Kunst. Ausstellungskatalog Jüdisches Museum Frankfurt am Main. Köln 1999; Zu Kaufmann Natter, G. Tobias (Hg.): Rabbiner – Bocher – Talmudsüchler. Bilder des Wiener Malers Isidor Kaufmann 1853–1921. Ausstellungskatalog Jüdisches Museum der Stadt Wien. Wien 1995.

25 Siehe Grunwald, Max: Der Kampf um die Orgel in der Wiener Gemeinde. In: Dr. Bloch's Wochenschrift. Zentralorgan für die gesamten Interessen des Judentums 36/Nr. 11 (1919) S. 161–164; Nr. 12 (1919) S. 177–181.; ders.: Des Professors an der Wiener Israelitisch-theologischen Lehranstalt Dr. Samuel Krauß neuestes Plaidoyer für die Orgel. In: ebda. 36 (1919) Nr. 17, S. 264–271. Kurze Zusammenfassung bei Adunka: Exil S. 97f.; Landesmann, Peter: Rabbiner aus Wien. Ihre Ausbildung, ihre religiösen und nationalen Konflikte. Wien u. a. 1997, S. 197f.

26 Nach Daxelmüller: Grunwald S. 92. Zu den Wiener Rabbinern vgl. Landesmann: Rabbiner.

27 Vgl. Genée: Wiener Synagogen S. 53–59.

Gemeinde, die im Tempel gemäßigt reformorientierte und auch eher konservative Prediger hörte.

Dass Max Grunwald als Rabbiner des Tempels durchaus angesehen war, zeigt nicht nur die positive Resonanz vor allem auf seine Fürsorgetätigkeit,[28] sondern auch ein Tora-Vorhang (»Parochet«), der ihm 1921 anlässlich der Wiederaufnahme des Gottesdienstes nach den 1917 wegen eines Brandes notwendig gewordenen Instandsetzungsarbeiten, gewidmet wurde.[29] Obwohl Grunwald, wie Evelyn Adunka betont, sicherlich kein Reformrabbiner war, fühlte er sich jedoch sichtlich wohl in Wien und vertrat durchaus auch liberale Ansichten, etwa in seiner Bewertung des Philosophen Spinoza, über den er eine preisgekrönte Schrift verfasst hatte.[30] Einen Widerspruch zwischen seiner an der Tradition orientierten Haltung, der Bewunderung des Ostjudentums und seinem zum Teil sehr liberalen Lebensstil sah er übrigens – wie viele andere Wiener Jüdinnen und Juden auch – nicht. Vielmehr formte sich aus dem nostalgischen Verklären einer angeblich authentischen Vergangenheit, einzelnen »Traditionssäulen« und einem auch an der bürgerlichen Kultur orientierten Leben eine spezifische jüdische Identität, die noch heute jüdisches Leben in weiten Teilen charakterisiert.

Geschichte, Volkskunde und Identität

In Wien war es auch, wo Max Grunwald den größten Teil seiner Publikationen verfasste[31] – als Historiker und Volkskundler. Dabei decken seine zahlreichen Veröffentlichungen von »Randthemen« (wie »Die Ameise in der hebräischen Li-

---

28 Vgl. dazu z. B. Bloch, Joseph Samuel: Erinnerungen aus meinem Leben. Bd. III. Aus dem handschriftlichen Nachlaß des Verfassers hg. von Morris Bloch. Wien 1933, S. 243, S. 250f., S. 255.

29 Dieser befindet sich seit wenigen Jahren im Jüdischen Museum der Stadt Wien [dazu http://www.jmw.at/de/newsletter_27___28_-_ein_torav.html, 1. Oktober 2007].

30 Vgl. Adunka: Exil S. 99; Grunwald, Max: Spinoza in Deutschland. Gekrönte Preisschrift. Berlin 1897/ND Aalen 1986.

31 Einen kurzen Überblick über seine Publikationen bringt Feldman, Eliyahu: Grunwald, Max. In: Encyclopaedia Judaica, Second Edition. Jerusalem 2006, S. 114. Eine Bibliographie findet sich in Narkiss, M[ordechai]: Dr. Max Grunwald. In: Omanuth. Quarterly Bulletin of the Jewish National Museum Bezalel 2/2–3 (1941) S. 5–21 (hebr.) sowie Patai, Raphael: Bibliographie Dr. Max Grunwald. In: Ders. (Hg.): Grunwald Anniversary Issue. Jerusalem 1946/47, S. 13–16 (hebr.). Im Zuge meines Projekts wird ein vollständiges Werkverzeichnis von Max Grunwald erstellt.

teratur«[32]) bis zu alltagspolitischen Interventionen (wie dem bereits erwähnten Orgelstreit), von wissenschaftlicher über religiöse Literatur[33] bis Polemiken einen breiten Fächer an Themen und Stilrichtungen ab. In einer seiner umfangreichsten Monographien behandelt Grunwald die Frühe Neuzeit. »Samuel Oppenheimer und sein Kreis«, so der Titel, beschäftigt sich mit dem Hofjuden Oppenheimer, der sich als erster Jude nach der Vertreibung im Jahr 1670 wieder in Wien niederlassen durfte und sich als kaiserlicher Kreditgeber ruinierte.[34] Das 1913 im renommierten Wiener Braumüller Verlag erschienene und von der Rappaport-Stiftung ausgezeichnete Werk war der fünfte Band der von der Historischen Kommission der Israelitischen Kultusgemeinde in Wien herausgegebenen Reihe »Quellen und Forschungen zur Geschichte der Juden in Deutsch-Österreich«. Diese Reihe brachte nicht nur einige der wichtigsten und bis heute gültigen Studien zur jüdischen Geschichte Wiens hervor, sie hatte auch einen überaus hohen Qualitätsstandard. Dementsprechend ist das Werk Grunwalds nicht nur eine klassische Biographie, sondern gleichzeitig eine Analyse des Oppenheimerschen Netzwerkes – so würde man es zumindest heute ausdrücken. Weniger standen also – und dies ist für einen Rabbiner, der sich historisch beschäftigt, nicht unbedingt selbstverständlich – innerjüdische Aspekte als vielmehr eine wirtschaftsgeschichtliche Perspektive im Zentrum seiner Arbeit. Und tatsächlich ist dieses Buch, auch wenn es sich mit einem jüdischen Thema befasst, kein Paradebeispiel jüdischer Geschichtsschreibung, sondern in Methode wie auch teilweise im Diktum stark von der nichtjüdischen Geschichtswissenschaft beeinflusst. Der Rückblick auf die Frühe Neuzeit erscheint dabei nicht zufällig gewählt. Im Betonen, dass auch die frühneuzeitlichen Juden Migranten waren, die aus ganz unterschiedlichen Regionen nach Wien kamen, lässt sich nicht nur ein Teil seiner eigenen Identität, sondern auch der eines großen Teils der Wiener Juden erkennen. Und in seiner Beschäftigung mit der Judenfeindschaft, die auch Samuel Oppenheimer entgegenschlug, zeigt sich Grunwalds Engagement gegen den modernen Antisemitismus im Wien des frühen 20. Jahrhunderts.

32 Grunwald, Max: Die Ameise in der hebräischen Literatur. In: Mitteilungen der Gesellschaft für jüdische Volkskunde 6/Nr. 2 (1900) S. 103–118.

33 Dazu zählt etwa: Grunwald, Max: Beruria. Gebet- und Andachtsbuch für jüdische Frauen und Mädchen. Wien 1907.

34 Grunwald, Max: Samuel Oppenheimer und sein Kreis (Ein Kapitel aus der Finanzgeschichte Österreichs). Wien/Leipzig 1913.

Auch in späteren Jahren wandte sich Grunwald der jüdischen Geschichte Wiens zu. Nach zwei eher populärwissenschaftlichen Darstellungen und einer Zusammenfassung seiner Forschungen zu Samuel Oppenheimer[35] erschien 1936 in Philadelphia seine Monographie »Vienna«, welche die Geschichte der Wiener Gemeinde von den mittelalterlichen Wurzeln bis zu Grunwalds Gegenwart behandelt.[36] Warum das Manuskript nicht mehr in Österreich veröffentlicht wurde, ist derzeit noch nicht geklärt. Vielleicht wollte Grunwald wie sein Schwiegervater Joseph Samuel Bloch den amerikanischen Markt und die damit verbundenen Chancen, weltweite Aufmerksamkeit zu erlangen, für sich nutzen;[37] vielleicht wollte er als strikter Gegner der Antisemiten diesen keinen Stoff für ihre Hetze liefern oder vielleicht glaubte er nicht mehr an seine Zukunft in Österreich. Die Wahl der Thematik war allerdings sicherlich nicht zufällig: In einer Zeit, in der Juden zu anerkannten Mitgliedern der Gesellschaft wurden, kam der Geschichtsforschung neue Bedeutung als Identitätsstifterin zu. So sollte ein Rückblick in die jüdische Geschichte Wiens die Verankerung der jüdischen Minderheit in der Stadtgesellschaft, aber auch die gemeinsame Geschichte aller Juden Wiens zeigen.

Dieses neu erstarkte Geschichtsbewusstsein zeigte sich nicht zuletzt auch in zahlreichen jüdischen Vereinsgründungen ab dem Ende des 19. Jahrhunderts. Max Grunwald war dabei nicht nur Vereinsmitglied, unter anderem in der Museumsgesellschaft des Jüdischen Museums Wien,[38] sondern er hatte bereits 1895 in Hamburg die »Gesellschaft für jüdische Volkskunde« gegründet.[39] Forderten

35 Grunwald, Max: Die Wiener Juden 1826–1926. In: Menorah. Illustrierte Monatsschrift für die jüdische Familie 4/Nr. 3 (1926) S. 134–148; ders.: Geschichte der Wiener Juden bis 1914. Der Schuljugend erzählt. Wien 1926; ders.: Geschichte der Juden in Wien 1625–1740. In: Mayer, Anton (Red.): Geschichte der Stadt Wien, hrsg. vom Alterthumsvereine zu Wien, Bd. V: Vom Ausgange des Mittelalters bis zum Regierungsantritt der Kaiserin Maria Theresia, 1740 (II. Teil). Wien 1914, S. 65–99.

36 Grunwald, Max: Vienna. Philadelphia 1936.

37 Bloch hatte seine Lebenserinnerungen in den USA publizieren wollen, wie er im Vorwort des zweiten Bandes seiner Lebenserinnerungen schreibt. Bloch: Lebenserinnerungen II S. XI.

38 Hödl: Wiener Juden S. 75.

39 Von den zahlreichen Veröffentlichungen Christoph Daxelmüllers zu dieser Thematik vgl. Daxelmüller, Christoph: Jüdische Volkskunde in Deutschland vor 1933. In: Brückner, Wolfgang/Beitl, Klaus (Hg.): Volkskunde als akademische Disziplin. Studien zur Institutionenausbildung. Referate eines wissenschaftsgeschichtlichen Symposiums vom 8.–10. Oktober in Würzburg. Wien 1983, S. 117–142; ders.: Die »Gesellschaft für jüdische Volkskunde« in Hamburg. In: Herzig, Arno/Rohde, Saskia (Hg.): Die Juden in Hamburg 1590 bis 1990. Wissenschaftliche Beiträge der

Joseph Klausner und Martin Buber eine Neuorientierung der Wissenschaft des Judentums, so schuf Max Grunwald erste institutionelle Ansätze dafür. Das Periodikum der Gesellschaft, die »Mitteilungen zur jüdischen Volkskunde«, berichtete regelmäßig über jüdische Volkskultur, Bräuche und Aberglauben der deutschen, osteuropäischen, aber auch orientalischen Juden.[40] Grunwald war nicht nur Herausgeber dieser Zeitschrift, sondern auch einer der fleißigsten Beiträger. Unter seinen zahlreichen Artikeln, die insgesamt zwischen moderner Wissenschaft und Folklore anzusiedeln sind, finden sich sowohl historisch orientierte Aufsätze als auch folkloristische Kuriosa, wie sein in mehreren Folgen erschienener Beitrag »Aus Hausapotheke und Hexenküche«.[41]

Mit rationalistischer Wissenschaft hatte Letzteres weniger zu tun als mit der generellen neoromantischen Zeitströmung, die nicht zuletzt auch den Zweck verfolgte, kulturelle Traditionen (wie Lieder, Erzählungen und Märchen) wieder in Erinnerung zu rufen, in den häuslichen Alltag zu integrieren und jüdisches Selbstbewusstsein zu schaffen.[42] Dieses intendierte »Rückbesinnen« auf die eigenen jüdischen Wurzeln war dennoch kein Wiederbeleben früher gelebter Traditionen, sondern vielmehr ein Formieren einer neuen jüdischen Identität zwischen religiöser Tradition und säkularer Moderne. Zu den kulturellen und volksbilden-

Universität Hamburg zur Ausstellung »Vierhundert Jahre Juden in Hamburg«. Hamburg 1991, S. 361–382; DERS.: Vergessene Geschichte. Die »Gesellschaft für jüdische Volkskunde« in Hamburg. In: LEHMANN, Albrecht/KUNTZ, Andreas (Hg.): Sichtweisen der Volkskunde. Zur Geschichte und Forschungspraxis einer Disziplin. Berlin u. a. 1988, S. 11–31; DERS.: Jüdische Volkskunde in Deutschland zwischen Assimilation und neuer Identität. Anmerkungen zum gesellschaftlichen Bezug einer vergessenen Wissenschaft. In: JACOBEIT, Wolfgang/LIXFELD, Hannjost/BOCKHORN, Olaf/ Dow, James (Hg.): Völkische Wissenschaft. Gestalten und Tendenzen der deutschen und österreichischen Volkskunde in der ersten Hälfte des 20. Jahrhunderts. Wien u. a. 1994, S. 87–114. Auf diese Arbeiten aufbauend vgl. SCHATZ, Christine: »Angewandte Volkskunde«. Die »Gesellschaft für jüdische Volkskunde in Hamburg«. In: Vokus. Volkskundlich-Kulturwissenschaftliche Schriften 14 (2004) S. 121–134. Zum Vereinsleben siehe z. B. HIRSCH, Erika: Jüdisches Vereinsleben in Hamburg bis zum Ersten Weltkrieg. Jüdisches Selbstverständnis zwischen Antisemitismus und Assimilation. Frankfurt/Main 1996.

40 Siehe BRENNER, Michael: Propheten des Vergangenen. Jüdische Geschichtsschreibung im 19. und 20. Jahrhundert. München 2006, S. 213f.

41 GRUNWALD, Max: Aus Hausapotheke und Hexenküche. In: Mitteilungen der Gesellschaft für jüdische Volkskunde H. 1 (1900) S. 1–88.

42 Vgl. SCHATZ: Angewandte Volkskunde S. 126; vgl. auch DAXELMÜLLER, Christoph: Volkskultur und nationales Bewußtsein. Jüdische Volkskunde und ihr Einfluß auf die Gesellschaft der Jahrhundertwende. In: Jb. für Volkskunde NF 12 (1989) S. 133–146.

den Aktivitäten, die mit dem Begriff »Jüdische Renaissance« zusammengefasst werden,[43] gehörte auch der Versuch der Rehabilitierung des Jiddischen. Hatte dieses als bestenfalls zu belächelnde altmodische Sprache gegolten, versuchten nicht nur Grunwald, sondern auch Wissenschaftler wie David Kaufmann sie wiederzubeleben.[44]

Die jüdische Volkskunde war sicherlich ein Instrument zur Verfestigung bzw. Schaffung einer spezifischen und der Zeit angepassten jüdischen Identität. Die Kontextualisierung deutscher mit jüdischer Volkskultur sollte darüber hinaus die Verwurzelung der Juden in den mitteleuropäischen Gesellschaften zeigen und gegenseitige Vorurteile abbauen.[45] So schrieb Grunwald z. B. 1900 im erwähnten Artikel »Aus Hausapotheke und Hexenküche« Folgendes zum Thema »Kabbala«: »Schon die älteste Quelle, aus der wir die Kenntnis dieser Mystik [also der Kabbala] schöpfen, ›das Buch der Frommen‹, zeigt, indem es selbst den Grundsatz aufstellt: ›Wie sich's christelt, so jüdelt's sich‹, welch verschwindend geringen Anteil das Judentum an diesem Volksglauben hat, wie es echt deutsches Geistesgut ist, welches hier oft nur lose die jüdische Maske vorhält, nicht selten sie gänzlich verschmäht hat. Wie die Sprache der deutschen Juden, wie ihre Märchen und Sagen, Sitten und Bräuche, so erweist sich auch ihr Volksglaube als kerndeutsch.«[46]

Zudem hatte die Beschäftigung mit jüdischer Volkskunde auch eine apologetische Stoßrichtung. Hatte man sich früher bemüht, das Judentum in einem möglichst irrationalen Licht erscheinen zu lassen, galten die Juden im Zeitalter nach der Emanzipation, zu dem auch Max Grunwald gehörte, nicht mehr als hinterwäldlerische Abergläubische. Im Gegenteil bezogen sich antisemitische Hetzschriften nur allzu oft auf die assimilierten Juden in den Städten.[47] Insofern waren Forschungen zur jüdischen Volkskunde eine Möglichkeit, die Juden in ihrem kulturellen Umfeld zu verorten und sie – als Antwort auf den Antisemitismus – als Mitglieder der modernen Nationalstaaten vorzustellen.

---

43 Vgl. Brenner, Michael: Jüdische Kultur in der Weimarer Republik. München 2000 (im englischen Original unter dem Titel »The Renaissance of Jewish Culture in Weimar Germany«. New Haven u. a. 1996, veröffentlicht).

44 Vgl. etwa die Edition der Memoiren der Hamburger Kauffrau Glückels von Hameln durch David Kaufmann. Kaufmann, David: Die Memoiren der Glückel von Hameln. Frankfurt/Main 1896.

45 Vgl. auch Schatz: Angewandte Volkskunde S. 127.

46 Grunwald: Aus Hausapotheke und Hexenküche Zitat S. 6f.

47 Vgl. Brenner: Propheten S. 214.

In diesem Kontext ist auch Grunwalds Studie zu Nation, Volk und Rasse bei den Juden zu interpretieren, in der er dezidiert sowohl auf die Gefahr der Rassentheorie hinweist, als auch Stellung zum jüdischen Nationalgedanken nimmt.[48] Der Patriotismus der Juden in den einzelnen Nationen sollte kein Zeichen für eine Aufgabe der eigenen kulturellen Identität, sondern etwas historisch Gewachsenes sein, wie auch die Liebe zur »Urheimat« Palästina ausdrücken. Eine »jüdische Nationalität«, die nicht nur politische Bestrebung und Postulat sei, gäbe es allerdings, so Grunwald, nicht außerhalb Palästinas. »Ohne Palästinas Erdgeruch, ohne das Fundament einer autochthonen jüdischen Masse ist die jüdische Nationalität nichts als ein Luftschloß. Durch die Hand, die den Boden des Vaterlandes bebaut, wird sie verwirklicht.«[49] Auch wenn Grunwald hier nicht explizit zionistische Ideen vertritt, so verteidigt er vehement das Recht des jüdischen Volkes sich national zu organisieren und auch einen Staat zu schaffen. Obwohl er sich selbst nicht als Zionist definierte, sondern in sich immer einen Mann des Ausgleiches sah,[50] begeisterte sich Grunwald für Palästina und die jüdische Aufbauarbeit. Nicht nur in einer Reise, in der er zusammen mit einer Gruppe aus Wien Ausbildungsstätten besuchte, sondern auch bei verschiedenen Wohltätigkeitsaktionen trat er aktiv für jüdische Institutionen in Erez Israel ein.[51]

Die Nähe zum jüdischen Nationalgedanken zeigt sich nicht nur in einzelnen Arbeiten Grunwalds. Schließlich war es auch eine generelle Aufgabe der jüdischen Volkskunde, durch die Erhaltung und Pflege jüdischer Sitten und Bräuche zur Stärkung jüdischer (und auch nationaler) Identität beizutragen. Dementsprechend wurden Bildungs- und Kulturarbeit großgeschrieben, zudem auch das 1898 gegründete »Museum für jüdische Volkskunde« beitragen sollte.

48 Grunwald, Max: Rasse, Volk, Nation. In: Jb. für jüdische Volkskunde 26/27 (1924/25) S. 307–343, zur Rassentheorie S. 315–318, S. 328–332, zur Nationalitätenfrage S. 325–327.

49 Ebda. S. 327.

50 Trotzdem: Die zionistische Organisation in Fünfhaus begrüßte Max Grunwald zu seinem Amtsantritt als »Gesinnungsgenossen«, vgl. Die Wahrheit 34 (4. September 1903) S. 9–11, hier S. 10f. Vgl. daneben Daxelmüller: Jüdische Volkskunde in Deutschland zwischen Assimilation S. 96–101. Zum Zionismus in Österreich vgl. Gaisbauer, Adolf: Davidstern und Doppeladler. Zionismus und jüdischer Nationalismus in Österreich 1882–1918. Wien u. a. 1988.

51 Vgl. Grunwald, Max: Das neue Palästina. In: Ost und West. Illustrierte Monatsschrift für modernes Judentum 13/Nr. 6 (1913) S. 457–488, sowie z. B. ders.: Die jüdische Augenklinik in Jerusalem in Not! In: Dr. Bloch's Wochenschrift. Zentralorgan für die gesamten Interessen des Judentums 36/Nr. 32 (1919) S. 517–519.

Stärkung jüdischer Identität und Kampf gegen den Antisemitismus waren also die beiden Motoren des publizistischen Schaffens Max Grunwalds im Bereich der Geschichte und Volkskunde. Damit hatte er einen anderen Anspruch als Samuel Krauß, der in der Volkskunde eine nationenübergreifende Wissenschaft vom Menschen sehen wollte und in einer spezifisch jüdischen Ausrichtung einen Rückzug ins Ghetto sah.[52]

Soweit ich es überblicke, wandte sich Max Grunwald kein einziges Mal einem nichtjüdischen Thema zu. Allerdings deckt er in seinem Werk zur jüdischen Geschichte und Volkskunde das breitestmögliche Spektrum an Themenfeldern ab. Er beschäftigte sich mit dem ihn umgebenden Judentum, in Hamburg mit den spanisch-sephardischen Traditionen, in Wien etwa mit den burgenländischen Siebengemeinden, aber auch mit den Wiener Juden. Berücksichtigt man die Entstehungsbedingungen seiner Arbeiten, so spiegelt sich in ihnen der Pluralismus jüdischer Identitäten im Wien des frühen 20. Jahrhunderts.

Geschichtsschreibung, das ist nicht neu, dient einerseits wie auch die museale Darstellung der Identitätskonstruktion, ebenso wie die Interaktion zwischen Juden und Nichtjuden die Bestimmung jüdischer Identität beeinflusste. Auf der anderen Seite sind Historiographie und Museum Seismographen, die Verschiebungen im Geflecht der Identitäten deutlich machen. Ganz bewusst Historiographie als Identitätsstifter gebrauchend versuchte Max Grunwald eine Brücke zwischen den verschiedenen religiösen und kulturellen jüdischen Identitäten zu bauen. Sowohl in seinem Werk als auch in seiner Biographie ist dabei erkennbar, dass jüdische Identität mehrschichtig war (und noch immer ist) und auch Widersprüche beinhalten konnte.

Max Grunwalds jüdisches Wien

Max Grunwalds Jüdischsein zwischen Tradition und Moderne war im Wien des frühen 20. Jahrhunderts nicht singulär. Um die Jahrhundertwende war die jüdische Bevölkerung Wiens stark angewachsen. Vor allem Ostjuden, in erster Linie aus Galizien waren in die Stadt gekommen, die bei der letzten Volkszählung 1910 am Vorabend des Ersten Weltkrieges 175.318 Juden und Jüdinnen zählte – bei etwa

52 Zu dem Verhältnis von Max Grunwald zu Samuel Krauß stehen noch weitere Forschungen aus.

2,03 Mio. Einwohnern waren das ca. 8,6 % der Gesamtbevölkerung. Diese Migrantinnen und Migranten kamen in den meisten Fällen nicht aus der jüdischen Oberschicht. In Galizien, das als »Armenhaus der Monarchie« bezeichnet wurde, hatten sie zumeist in verarmten Gemeinden gelebt, von wo sie durch wirtschaftliche Not und Pogrome in den Westen flüchteten. Dabei waren die Vereinigten Staaten als »nicht koscheres« Land weniger beliebt als die Hauptstadt der Monarchie.[53]

Spannungen zwischen den chassidischen, so genannten Ostjuden, die aus galizischen Stedtln nach Wien gekommen waren, und den liberalen und zum großen Teil auch assimilierten Juden Wiens waren vorprogrammiert. Allerdings waren Antisemitismus, Überalterung, Austritte und Abwanderung Probleme der Wiener Gemeinde, die ohne den massiven Zuzug von Ostjuden einen Niedergang erlebt hätte.[54] Die Neuzugewanderten machten nicht nur den Ausbau der bestehenden Infrastruktur notwendig, sondern schufen auch ihre eigenen Institutionen. Dafür war Geld notwendig, das zu geben nicht jeder bereit war. Max Grunwald sah sich hier in zweifacher Hinsicht als Brückenbauer: Zum einen in einer vermittelnden Position zwischen der liberalen Haltung der Wiener Gemeinde und den Ostjuden und zum anderen in einer karitativen, fürsorglichen Funktion.

Eine Chance für die Wiener jüdische Bevölkerung, auf Antisemitismus und kulturelle Differenzen innerhalb der Gemeinde zu reagieren, sah Max Grunwald wie viele andere auch im jüdischen Nationalismus. Nationale Zusammengehörigkeit konnte, wie etwa in der von seinem Schwiegervater Joseph Samuel Bloch 1884 gegründeten »Österreichisch-Israelitischen Union« (später »Union deutsch-österreichischer Juden«), grundlegende Divergenzen zumindest im gemeinsamen Kampf gegen den Antisemitismus nivellieren. Nicht nur in Wien hatte sich die Frage erhoben, ob Juden ein so genanntes »Heimatrecht« besäßen, für dessen Durchsetzung sich Max Grunwald engagierte. In einer Rezension zu der 1928 erschienenen Schrift »Haben die Juden in Bayern ein Heimatrecht?«[55] schrieb er euphorisch: »Klar und bestimmt, mit sicherem Ziel und sicherer Hand werden

---

53 Vgl. dazu: Rozenblit, Marsha L.: Die Juden Wiens 1867–1914. Assimilation und Identität. Wien u. a. 1988, S. 20–43, zu den Zahlen S. 24; allgemein: John, Michael/Lichtblau, Albert: Schmelztiegel Wien einst und jetzt. Zur Geschichte und Gegenwart von Zuwanderung und Minderheiten. Wien 1990; zu den Ostjuden Hödl, Klaus: Als Bettler in die Leopoldstadt. Galizische Juden auf dem Weg nach Wien. Wien u. a. 1994.

54 Siehe Rozenblit: Juden Wiens Tabellen S. 27–29 sowie S. 30f.

55 Eckstein, A.: Haben die Juden in Bayern ein Heimatrecht? Berlin 1928.

hier schlagend beweiskräftige Daten sorgsam gruppiert und ins Treffen geführt. Objektiv unumstößlich, subjektiv durchgeführt von dem Gefühl warmer Begeisterung für den Gegenstand, gerechter, sittlicher Entrüstung über feindselige Niedrigkeit. Der Zweck ist erreicht. Diese Position hält jeden Ansturm aus. Als Wiener muss man es beklagen, daß hierzulande einer solchen für die Apologetik höchst wertvollen Schrift zum Schutz und Trutz derzeit unüberwindliche Schwierigkeiten entgegenstehen.«[56]

Auch hier wählte Max Grunwald eine vermittelnde Rolle. Er setzte sich sowohl für das Heimatrecht und damit die Zugehörigkeit der Juden zu der Nation ihrer Heimatländer ein, zum anderen betonte er jedoch auch deren Freiwilligkeit und sah einen legitimen Anspruch im Wunsch nach einem jüdischen Staat. Diesem gab Grunwald in seinem Werk »Vienna«, das in englischer Sprache publiziert wurde, wie folgt Ausdruck: »The threatening transformation of the Legal State to the Racial State which carries with it the danger of being deprived of human rights, as was the case in the Middle Ages, must be strongly resisted by means of unremitting defensive warfare. At the same time, the thought of Palestine stirs the hope that the ancient home of the Jewish people will be rebuilt.«[57]

Schluss

Bereits 1931 trat Max Grunwald als Rabbiner zurück. Zu seinem 60. Geburtstag in diesem Jahr, den er in seinem Haus in Helenental bei Baden beging, versammelte sich noch einmal die Führung der Israelitischen Kultusgemeinde von Baden, angeführt von Oberrabbiner Dr. Hartwig Carlebach (1889–1967) und Präsident Anton Stern (1859–1934), um den Jubilar zu ehren.[58] Eine offizielle Vertretung der Wiener Israelitischen Kultusgemeinde war nicht erschienen, wenn auch, wie die Zeitung »Die Wahrheit« betonte, viele Wiener Freunde Grunwalds zu den Gratulanten gehörten.[59] Weshalb sich die Wiener Gemeinde zu diesem Anlass so

56 Rezension von Max Grunwald zu Eckstein: Heimatrecht. In: Menorah. Illustrierte Monatsschrift für die jüdische Familie 7/Nr. 1 (1929) S. 63.

57 Grunwald: Vienna S. XXIV.

58 So die Zeitungsberichte: Badener Zeitung Nr. 82 (14. Oktober 1931) S. 3; Die Wahrheit 42 (16. Oktober 1931) S. 7.

59 Die Wahrheit 42 (16. Oktober 1931) S. 7.

distanziert zeigte, muss ebenso wie die Stellung Grunwalds innerhalb der Kultusgemeinde noch geklärt werden. Ganz friktionsfrei dürfte das Verhältnis allerdings, so vermitteln es zahlreiche Hinweise, nicht gewesen sein.

Neben seiner regen wissenschaftlichen Tätigkeit hatte Max Grunwald und die von ihm initiierte jüdische Volkskunde besonders seine Mitwirkung bei der überaus erfolgreichen Dresdner Hygiene-Ausstellung 1911, bei der er die jüdische Sektion konzipiert hatte, bekannt gemacht. Daher wurde er zunächst auch nicht vergessen, als er 1938 nach Palästina emigrierte, wo er bis zu seinem Tod 1953 lebte. Der Wiener Historiker Hugo Gold bedachte ihn in seiner 1966 erschienenen Geschichte der Juden in Wien mit folgenden Worten: »In Anbetracht seiner tiefen, zahlreiche Gebiete menschlicher Forschung umfassenden Kenntnisse der jüdischen Wissenschaft und als unermüdlicher Forscher jüdischer Geschichte, nicht zuletzt durch seine hervorragende gemeinnützige Tätigkeit, insbesondere während des Krieges und der Nachkriegszeit, hat sich Rabbiner Dr. Grunwald die Anerkennung weiter Kreise erworben.«[60]

Bereits vorher widmete die »Jüdische Rundschau« Grunwalds Werk zur jüdischen Volkskunde folgende Worte: »Das größte Verdienst an der Schaffung der jüdischen Volkskunde, die jetzt allmählich sich verbreitet und vertieft, hat die ›Gesellschaft für jüdische Volkskunde‹, die in Hamburg entstand und nicht zum wenigsten ihr langjähriger Leiter Dr. Max Grunwald, der damals in Hamburg Rabbiner war und jetzt einer der geistigen Führer der jüdischen Gemeinde in Wien ist. Die tiefe Religiosität, seine starke nationale Gesinnung und ein wissenschaftlich geschulter historischer Sinn, verbanden sich, um ihn auf das Studium der jüdischen Volkskunde hinzuweisen.«[61]

Trotzdem ist Max Grunwald in der jüdischen Geschichte Wiens heute ein Unbekannter und die jüdische Volkskunde eine Fachrichtung, von der nur wenige Eingeweihte wissen. In der Wiener jüdischen Geschichte gibt es zweifellos bedeutendere Rabbiner und größere jüdische Intellektuelle, und dennoch scheint es, als ob sich gerade das Leben und wissenschaftliche Werk Max Grunwalds dafür eignet, ein bisher nur wenig beleuchtetes Kapitel jüdischer Geschichte in Wien, nämlich das der pluralistischen Identitäten, des Sowohl-als-auch, darzustellen.

---

60 Gold, Hugo: Geschichte der Juden in Wien. Ein Gedenkbuch. Tel Aviv 1966, S. 60.
61 Jüdische Rundschau Nr. 42 (o. J.) S. 315, zitiert nach Daxelmüller: Grunwald S. 103.

Hannes Leidinger · Verena Moritz

WienerInnen machen Weltrevolution

Biografische Annäherungen zur Geschichte der Kommunistischen Internationale

Wien aus Moskauer Sicht

3. November 1918. In der Villa Giusti bei Padua wird der Waffenstillstand zwischen der Entente und Österreich-Ungarn unterzeichnet.[1] Die k.u.k. Monarchie gesteht damit ihre Niederlage im Ersten Weltkrieg ein. Ihre Repräsentanten setzen einen Schlussstrich unter das vierjährige Massenschlachten.[2] Der »letzte Akt« ist zugleich das Ende einer Jahrhunderte währenden Herrschaft der Habsburger im Donauraum. Die »braven Völker« des Kaisers melden sich ab und gründen eigene Staaten, denen die ethnischen Konflikte der vergangenen Jahrzehnte vererbt werden.[3]

Vom Selbstbestimmungsrecht der Nationen war in diesem Auflösungsprozess die Rede, von Grundsätzen, die sowohl der US-Präsident Woodrow Wilson als auch der »Sovnarkom«, der Rat der Volkskommissare, als Regierung Sowjetrusslands vertrat. Deren Vorsitzender, Vladimir I. Lenin, ordnete die nationale Frage allerdings der Weltrevolution unter: Im Zeichen des »Roten Oktober« sollten auch die »Arbeiter, Bauern und Soldaten der Donaumonarchie« zusammenhalten. Am 3. November, dem selben Tag, an dem die Habsburgerarmee die Kampfhandlungen einstellte, forderte Lenin in der »Pravda« Deutsche, Tschechen, Kroaten, Ungarn und Slowenen auf, einen »brüderlichen Bund« gegen die »vereinten Kräfte der Kapitalisten« zu schließen.[4]

---

1 Der erste Teil des Aufsatzes wurde von Hannes Leidinger, der zweite von Verena Moritz verfasst.

2 Rauchensteiner, Manfried: Der Tod des Doppeladlers. Österreich-Ungarn und der Erste Weltkrieg. Graz u. a. 1993, S. 616–622.

3 Ebda. S. 608–613.

4 Hautmann, Hans: Geschichte der Rätebewegung in Österreich 1918–1924. Wien 1987, S. 196f.

Die RKP(b), die Russische Kommunistische Partei, wie sich Lenins Bolschewiki seit März 1918 nannten, reagierte umgehend. In ihr Fadenkreuz gerieten vor allem deutsche und k.u.k. Vertretungen in der RSFSR, der Russischen Sozialistischen Föderativen Sowjetrepublik. Diese Auslandsmissionen, nach dem Brester Frieden zwischen Moskau und den Mittelmächten, dem Hohenzollern- und dem Habsburgerreich, eingerichtet, waren nicht zuletzt dazu da, rund zwei Millionen vorwiegend österreichisch-ungarische Kriegsgefangene aus den Regionen des untergegangenen Zarenreiches zu repatriieren.[5] Nun aber endete ihre Tätigkeit. Büros und Gebäude wurden im November 1918 mit Hilfe von Sowjetbehörden unter die Kontrolle von so genannten »Internationalisten« gebracht, von Gefolgsleuten der Bolschewiki, die vorwiegend aus den Reihen der k.u.k. Gefangenen stammten.[6] Ihren »harten Kern« bildeten die »ausländischen Gruppen« bei der RKP(b), die sich in einer von dem Ungarn Béla Kun geführten »Zentralen Föderation«, im Russischen kurz CFIG [Central'naja Federacija Inostrannych Grupp], zusammenfanden.[7] Kun und seinen Mitstreitern oblag es dann auch, die von ihnen dominierte »Internationalistenbewegung« neu zu organisieren und »österreichisch-ungarische Räte der Arbeiter- und Soldatendeputierten«, kurz »Austrosowjets«, ins Leben zu rufen. Im Machtgebiet der Bolschewiki, die mittlerweile alleine regierten und auch keine andere sozialistische Partei neben sich duldeten, war damit der Gedanke Lenins vom politischen Zusammenhalt des Donauraums im Zeichen der »Oktoberrevolution« verwirklicht.[8]

Die Schaffung einer »mitteleuropäischen Union der Sowjetrepubliken«, die auch bei der Verteidigung der durch »Bürgerkrieg und Intervention« bedrängten

5 Leidinger, Hannes: Keine Atempause. In: Ders./Moritz, Verena: Gefangenschaft, Revolution, Heimkehr. Die Bedeutung der Kriegsgefangenenproblematik für die Geschichte des Kommunismus in Mittel- und Osteuropa 1917–1920. Wien u. a. 2003, S. 323–449, S. 357f.

6 ÖStA/Archiv der Republik [AdR], Bundeskanzleramt [BKA]/Kriegsgefangenenwesen [KGF], 1919:24-14/3-2; ÖStA/Kriegsarchiv [KA], Nachlass Raabl-Werner B/141:4, 1. Teil; ÖSTA/KA, liqu. Kriegsministerium [KM]/10.Abt./Kgf. 1919:10-7/7-98 und 10-35/33; Rossijskij Gosudarstvennyj Archiv Social'no-Političeskoj Istorii [RGASPI], fond [f.] 549, opis' [op.] 1, delo [d.] 7.

7 RGASPI, f. 17, op. 4, d. 97 und 101 und f. 549, op. 1, d. 7; vgl. Leidinger, Hannes: Anfänge der Weltpartei. In: Ders./Moritz, Verena: Gefangenschaft, Revolution, Heimkehr S. 287–322, hier S. 300–316.

8 ÖSTA/KA, KM/Nachlass Raabl-Werner, B/141:4, 1. Teil; ÖSTA/KA, liqu. KM/10.Abt./Kgf. 1919:10-7/7-33; ÖSTA/AdR, BKA/KGF, 1919:24-14/3-2 und 24-21/20; vgl. Leidinger, Hannes: November achtzehn. In: Ders./Moritz, Verena: Gefangenschaft, Revolution, Heimkehr S. 505–531, 515f. und 521.

RSFSR helfen sollte, wurde indes den ungarischen, »deutschösterreichischen«, südslawischen und tschechischen Kadern der CFIG überlassen. Sie machten sich in den letzten Wochen des Jahres 1918 auf den Weg, um in ihrer Heimat die Räteherrschaft und die »Diktatur des Proletariats« aufzurichten.[9] Neben Berlin wurden Wien und Budapest aus der Sicht der Moskauer Kremlführung daher zu Hoffnungsgebieten weltrevolutionärer Bemühungen. Unterstützt von sowjetischen Fürsorge- und Kriegsgefangenendelegationen, die sich auf dem Boden der ehemaligen k.u.k. Monarchie um Soldaten der Zarenarmee kümmerten und dabei auch politisch aktiv waren,[10] gelang es den Mitstreitern Kuns, kommunistische Parteien in Österreich, Ungarn, dem SHS-Staat beziehungsweise der Tschechoslowakei zu gründen oder zumindest bei ihrer Entstehung mitzuwirken. Vor allem auf Arbeitslose sowie Heimkehrer von der Front und aus der Gefangenschaft übten die jungen KP-Organisationen einen gewissen Einfluss aus.[11]

Die Führung des Staates konnten Kommunisten jedoch nur in Budapest übernehmen. Hier wandte sich die Öffentlichkeit angesichts der Forderungen seitens der siegreichen Entente vom Westen ab. Eine Koalition aus KP und Linkssozialisten trug die nun entstehende Räterepublik, in der Béla Kun als Volkskommis-

9 Ebda. S. 526–531.

10 Gosudarstvennyj Archiv Rossijskoj Federacii [GARF], f. 3333, op. 2, d. 40 beziehungsweise op. 3, d. 193 und op.10, d.11; RGASPI, f. 495, op. 65a, d. 2767; ÖSTA/Allgemeines Verwaltungsarchiv [AVA], k.k. Ministerium des Innern [MdI]/Präs., 22. Unruhen und Exzesse, 1918: Fasz. 2080, Zl. 24717, 24129 und 24729; ÖSTA/KA, KM/10. Abt./Kgf. 1918:10-35/478, 596f., 604, 633, 637 und 690; ÖSTA/KA, liqu. KM/10.Abt./Kgf. 1919:10-7/7-31.

11 RGASPI, f. 495, op. 80, d. 2; Fremden-Blatt, Nr. 16 (17. Jänner 1919) S. 2 und Nr. 17 (18. Jänner 1919) S. 4; Der neue Tag, Nr. 4 (26. März 1919) S. 2; Leitmeritzer Zeitung, Nr.5 (17. Jänner 1919) S. 2; Avakumovic, Ivan: History of the Communist Party of Yugoslavia. Aberdeen 1964, S. 26–37; Banac, Ivo: The Communist Party of Yugoslavia during the Period of Legality, 1919–1921. In: Ders.: The Effects on World War I: The Class War after the Great War: The Rise of Communist Parties in East Central Europe, 1918–1921. Brooklyn 1983, S. 188–230, S. 194 und S. 219; Borsányi, György: The Life of a Communist Revolutionary, Béla Kun. New York 1993, S. 80f.; Hájek, Milos/ Mejdrová, Hana: Die Entstehung der III. Internationale. Bremen 1997, S. 56f., S. 133ff., S. 140–143; Hautmann, Hans: Die Anfänge der linksradikalen Bewegung und der Kommunistischen Partei Deutschösterreichs 1916–1919. Diss. Wien 1968, S. 43; Mihályhegy, András: Die ungarische Räterepublik im Spannungsfeld zwischen Weltrevolution und nationalen Egoismen. Diss. Bochum 1974, S. 80f.; Ocak, Ivan: Povratnici iz Sovetske Rusije u borbi za stvaranje komunistickih organisacija uoci prvog kongresa SRP(k). In: Historijski zbornik XXVII–XXVIII (1974/75) S. 1–26, S. 4 und S. 12–16; Tökés, Rudolf L.: Béla Kun and the Hungarian Soviet Republic. The Origins and Role of the Communist Party of Hungary in the Revolutions of 1918–1919. New York 1967, S. 240.

sar für Äußeres eine Schlüsselposition einnahm. Von diesem Posten aus hoffte er, auch in Wien eine Wende herbeizuführen. Während der kurzlebigen Münchner Räterepublik verstärkte sich der Druck auf Österreich. Die hier regierenden Sozialdemokraten stellten sich jedoch auch mit dem Hinweis auf die politische und wirtschaftliche Abhängigkeit von den Siegermächten des Ersten Weltkrieges gegen Kun. Die von ihm unterstützten Umsturzversuche schlugen fehl. Weder im April noch im Juni 1919 gelang die Sowjetisierung der ehemaligen Kaiserhauptstadt. Wenig später musste sich auch die ungarische Räteregierung ihren inneren Gegnern sowie der Entente und den Nachbarländern Tschechoslowakei und Rumänien mit ihren territorialen Ansprüchen beugen.[12]

Mit Kun floh eine Reihe anderer Parteiaktivisten nach Wien. Teile des Zentralkomitees der ungarischen KP-Führung ließen sich auf längere Zeit im österreichischen Exil nieder.[13] Ihnen folgten zu Beginn der Zwanziger Jahre vor allem Kommunisten, die sich den antibolschewistischen Maßnahmen südosteuropäischer Regierungen entzogen. Auslandskomitees der jugoslawischen und rumänischen KP-Organisationen entstanden.[14] Die kommunistische Balkanföderation arbeitete verstärkt in Wien,[15] wo sich nach den gescheiterten Aufstandsversuchen in Deutschland auch Spitzenfunktionäre der KPD aufhielten.[16]

---

12 Leidinger, Hannes: Moskauer Schatten. In: Ders./Moritz, Verena: Gefangenschaft, Revolution, Heimkehr S. 589f. und S. 614–619; Hoensch, Jörg K.: Geschichte Ungarns 1867–1983. Stuttgart u. a 1984, S. 99f.

13 Politikatörténeti Intézet Levéltára [PIL], 878 f., 8 cs., 17 ö.e., 135 und 151 l.; Arbeiter-Zeitung, Nr. 156 (9. Juni 1921) S. 2.

14 RGASPI, f. 495, op. 2, d. 22 sowie op. 80, d. 27 und op. 255, d. 246 beziehungsweise op. 277, d. 270; ÖSTA/AdR, Inneres/Justiz, Polizeidirektion Wien, Bericht vom 30. Oktober 1925; ÖSTA/AdR, Bundesministerium für Äußeres [BMfA]/Neues Politisches Archiv [NPA], Gesandtschaft Bukarest, Zl. 10.056 vom 5. Jänner 1926, fol. 134; ÖSTA/AdR, BMfA/NPA, Politische Akten, Liasse Südslawien 2/10, Zl. 4136 vom 29. August 1921, fol. 56 sowie Zl. 4450 vom 9. September 1921, fol. 65–69 und Zl. 5177 vom 5. Oktober 1921, fol. 73; Avakumovic: History of the Communist Party of Yugoslavia S. 63.

15 Scharinger, Manfred: Balkanföderation und Arbeiterbewegung. Teil 2: Diskussionen in der Kommunistischen Internationale. Wien 2002, S. 131ff. und S. 141–144; RGASPI, f. 495, op. 187, d. 1617 sowie f. 498, op. 1, d. 9 beziehungsweise f. 509, op. 2, d. 2 und 6.

16 Stiftung Archiv der Parteien und Massenorganisationen der DDR im Bundesarchiv [SAPMO-BArch], RY 1, I 2/3, 173 und 216; ÖSTA/AdR, Inneres/Justiz, BKA, Polizeidirektion Wien, Berichte Pr.Zl. IV-44/1 und Pr.Zl. IV-3976/40ex24 vom 19. Februar 1925; Archiv der Bundespolizeidirektion Wien [ABW], Schoberarchiv, Schachtel 50, Gruppe III: Kommunistische Bewegung 1924, Pr. Zl. IV-2976/5 vom 28. September 1924.

Presse und Regierungen verschiedener europäischer Länder bezeichneten daraufhin die ehemalige k.k. Haupt- und Residenzstadt als »Bolschewikenzentrale«. Die bürgerlichen Koalitionsregierungen und die Exekutive der Republik Österreich sahen sich unter Druck gesetzt. Die Kompromittierung mit den Anhängern Lenins diente unterschiedlichen Zielen und konnte sich unter anderem auf die wirtschaftlichen Beziehungen zu den Westmächten auswirken. Wiens Polizeipräsident Johann Schober bemühte sich dementsprechend, die Vorwürfe zu entkräften.[17]

Dennoch blieben Schobers Beamten viele KP-Aktivitäten verborgen. Die Kremlführung und ihre ausländischen Gefolgsleute begannen ihre Untergrundtätigkeit in Wien gleichsam zu professionalisieren, nachdem beschlossen worden war, die Stadt auch nach den Niederlagen des Jahres 1919 als »Knotenpunkt« der gerade gegründeten Dritten oder Kommunistischen Internationale, kurz Komintern oder KI, zu nutzen. Mit ihrer Gründung war die Entscheidung einhergegangen, die »Zentrale Föderation« der ausländischen Gruppen bei der RKP(b), die in gewisser Weise als Vorgängerorganisation und Nukleus der Komintern angesehen werden kann, aufzulösen. Im Februar 1920 endete die Arbeit der CFIG. Schon einige Monate zuvor, im September 1919, erkannte man in Moskau zudem die nationalstaatliche Ordnung Mitteleuropas an. An die Stelle des Austrosowjets traten fünf Räte der Deutschösterreicher, Ungarn, Jugoslawen, Tschechoslowaken und Rumänen, die bis 1921 in der RSFSR weiter wirkten.[18]

Außerhalb des bolschewistischen Einflussbereiches wurde Wien währenddessen Ausgangsbasis einer möglichen Revolutionierung Mittel- und Südosteuropas.[19] Dementsprechende Beschlüsse gingen schon auf die Entstehung der III. Internationale zurück. Der KP(D)Ö-Repräsentant Karl Steinhardt war aus-

---

17 Privater Nachlass Maximilian Ronge, im Besitz von Gerhard Jagschitz, Verschiedene dienstliche Notizen, Aktenvermerk des Staatsamtes für Heerwesen [StA. F. HW], 4. August 1920 und Besprechung vom 29. Oktober 1921; ABW, Schoberarchiv, Karton 49: Gruppe III 1923: Russisch, Zl. Pr. IV-1130/4; Moritz, Verena/Leidinger, Hannes: Wien als Standort der Kommunistischen Internationale bis Mitte der Zwanzigerjahre. In: Jb. für Historische Kommunismusforschung (2004) S. 32–63, 63; Leidinger, Hannes: Im Zeichen der Revolution. In: Moritz, Verena/Ders./Jagschitz, Gerhard: Im Zentrum der Macht. Die vielen Gesichter des Geheimdienstchefs Maximilian Ronge. St. Pölten u. a. 2007, S. 173–214, 205ff.

18 Leidinger, Hannes: Moskauer Schatten. In: Ders./Moritz, Verena: Gefangenschaft, Revolution, Heimkehr S. 533–646, S. 644f.

19 RGASPI, f. 498, op. 1., d. 2.

erkoren, eine KI-Auslandsfiliale in der österreichischen Hauptstadt einzurichten. Hier aber kamen die dafür bereitgestellten Geldmittel nicht an. Steinhart, unter dem Decknamen Gruber auf dem Weg, geriet in rumänische Gefangenschaft.[20] Das »WES«, das Westeuropäische Sekretariat der Komintern in Berlin, gab daraufhin Starthilfe. Besonderes Engagement zeigte dabei ein Bekannter Lenins, der Pole Mieczyłsaw Bronski. Der WES-Mitarbeiter half beim Aufbau eines Wiener Südostbüros [SOB], führte allerdings ab Sommer 1920 auch die sowjetrussische Mission zur Repatriierung der noch in Österreich befindlichen russischen Soldaten.[21] Aufgrund eines Zusatzabkommens aus dem Jahr 1921 und der Aufnahme regulärer Beziehungen zwischen Österreich und der mittlerweile entstandenen UdSSR wurde aus dieser Gefangenenmission 1924 die offizielle Sowjetgesandtschaft.[22]

Wie sich aus Bronskis Doppelfunktion ersehen lässt, waren politische und diplomatische Intentionen eng miteinander verknüpft, so eng, dass bereits 1920 vom Moskauer Volkskommissariat für auswärtige Angelegenheiten [NKID oder Narkomindel] um eine strengere Trennung beider Agenden ersucht wurde. Möglicherweise nahm sich deshalb auch ein Landsmann Bronskis, Józef Rotstadt alias »Krasny«, ein Vertrauter des KI-Granden Karl Radek, um das SOB an.[23] Später jedenfalls ging man, sowohl in Österreich als auch in den übrigen Staaten, dazu über, die heiklen Parteiangelegenheiten auf die nach und nach in den europäischen Hauptstädten errichteten Handelsgesellschaften der UdSSR zu übertragen.[24]

Dennoch blieb die Botschaft Bezugspunkt. Bronski und seine Nachfolger ab 1922 trafen sich regelmäßig mit den verschiedenen Exilkommunisten in Wien. Dabei trat nicht zuletzt die Zerstrittenheit unter den Emigranten an den Tag. Gründe dafür gab es mehrere: Die schwierige soziale und wirtschaftliche Lage

---

20 Hautmann, Die Anfänge der linksradikalen Bewegung S. 77; RGASPI, f. 498, op. 1, d. 2.

21 Adibekov, G.M./Šachnazarova, E.K./Širinja, K.K.: Organizacionnnaja struktura Kominterna 1919–1943. Moskau 1997, S. 12; Lazitch, Branko/Drachkovitch, Milorad M.: Biographical Dictionary of the Comintern. Stanford 1973, S. 40; RGASPI, f. 498, op. 1, d. 2.

22 Leidinger, Hannes/Moritz, Verena: Der Weg zur Anerkennung. Die Beziehungen zwischen Wien und Moskau 1918–1924. In: Österreichische Osthefte, Heft 3 (2004) S. 361–389, S. 377, S. 380, S. 385, S. 388f.

23 RGASPI, f. 495, op. 252, d. 6003 beziehungsweise f. 498, op. 1, d. 2 und 3.

24 ÖSTA/AdR, Inneres/Justiz, BKA, Polizeidirektion Wien, Berichte vom 16. Jänner, 22. April und 16. Juni 1925; ABW, Schoberarchiv, Schachtel 50, Gruppe III: 1924.

der Flüchtlinge führte ebenso zu Konflikten wie taktische, strategische und weltanschauliche Zerwürfnisse. Im Streit um die Lehren aus dem Scheitern der III. Internationale, über deren Programme insbesondere zu Agrar-, Nationalitäten-, Parlamentarismus- und Gewerkschaftsfragen, offenbarte sich die Heterogenität von Lenins Anhängerschaft.[25] Linkskommunistische, anarchistische, syndikalistische und verschiedene sozialdemokratische Standpunkte empfand der auf militärische Unterordnung pochende Parteiethos von Anfang an als Störfaktor. Fraktionskämpfen in der Komintern, in den nationalen Sektionen und insbesondere in der russischen KP, wollte man mit bolschewistischer Strenge begegnen. Eine an der Kremlführung orientierte »Weltbewegung« duldete daher keine allzu unabhängigen Auslandsfilialen der Komintern.[26]

Unter diesen Vorzeichen beendete – neben anderen Zweigstellen – auch das Wiener Büro auf Befehl Moskaus seine Tätigkeit. An seine Stelle trat eine Zweigstelle der 1920/21 geschaffenen KI-Abteilung für Internationale Verbindungen, bekannt unter der Russischen Abkürzung OMS, die sich wiederum auf die diplomatischen Vertreter stützte.[27] Zu Koordinierungszwecken tauchte deshalb im Herbst 1922 der hohe KI-Repräsentant Dmitrij Manuilskij bei Bronskis Nachfolger Aleksandr Šlichter auf. Beiden ging es um die Zusammenarbeit der verschiedenen Staats- und Parteistellen auf dem Gebiet der zerfallenen k.u.k. Monarchie, einschließlich des gesamten übrigen Balkanraumes.[28] Hier hatte die sowjetische Geheimpolizei, die »Staatliche Politische Verwaltung« [GPU] als Nachfolgerin der Tscheka, der »Außerordentlichen Kommission für den Kampf gegen Konterrevolution und Sabotage«, aktiv zu werden. Nach Moskaus Weisungen sollte die 1920 bei der Tscheka entstandene Auslandsabteilung »INO« von Wien aus vor allem gegen »weiße« beziehungsweise antibolschewistische Emigranten aus Russland und der Ukraine vorgehen, die sich in Mittel- und Südosteuropa auf-

25 RGASPI, f. 495, op. 2, d. 22, op. 18, d. 196 sowie op. 80, d. 112 und 126; PIL, 878 f., 8 cs., 14-17 ö.e.

26 PIL, 878 f., 8 cs., 14-16 und 20 ö.e.; RGASPI, f. 492, op. 1, d. 297 sowie f. 495, op. 18, d. 342 und op. 161, d. 80; Internationale Presse-Korrespondenz, Nr. 52 (23. Dezember 1924) S. 1297; Hildermeier, Manfred: Geschichte der Sowjetunion 1917–1991. München 1998, S. 171f., S. 185 und S. 190ff.; Vatlin, Aleksandr: Die russische Delegation in der Komintern: Machtzentrum des internationalen Kommunismus zwischen Sinowjew und Stalin. In: Jb. für Historische Kommunismusforschung (1993) S. 82–99, hier S. 83.

27 RGASPI, f. 498, op. 1, d. 2; Adibekov/Šachnazarova/Širinja: Organizacionnnaja struktura Kominterna S. 25, 55 und 59.

28 Bessedowsky, Grigorij: Im Dienst der Sowjets. Erinnerungen. Leipzig u. a. 1930, S. 86ff.

hielten.[29] Während die INO solcherart daran ging, gegnerische Exilvereinigungen zu »zersetzen«, sollte die Komintern mit den prokommunistischen Balkankräften anbändeln. Bei möglichen Bürgerkriegsszenarien sekundierten ihr zugleich die Profis der Heeresspionage, der Registrierungsverwaltung beim Stab der Roten Armee, die 1921 in die »Erkundungsverwaltung beim Stab der Roten Armee«, kurz RU, umgewandelt wurde.[30]

Die Fäden führten diesbezüglich wiederum in die Wiener Sowjetvertretung, Botschaft und Handelsmission, um die sich Komintern, RU und INO gleichermaßen scharten wie das seit 1924 in der österreichischen Hauptstadt erscheinende KI-Organ »Inprekorr« und die Filiale der Russischen Telegraphenagentur »ROSTA«.[31] In enger Kooperation – KI-Filiale und ROSTA arbeiteten Schulter an Schulter, Józef Krasny war zeitweilig sowohl für das SOB beziehungsweise den »OMS-Punkt« als auch für die INO aktiv – blieb der Balkan das Hauptzielgebiet des Netzwerkes der Kommunistischen Internationale und der sowjetischen Auslandsdienste in Wien.[32] Von hier aus versuchte Moskau die politischen Konflikte, die nationalen Zwistigkeiten und die Agrarproblematik Südosteuropas zu nutzen.[33]

Wiener Emissäre des EKKI, des Exekutivkomitees der Komintern, hatten unter solchen Bedingungen maßgeblichen Anteil am Aufstand der KP in Bulgarien. Dieser endete letztlich ebenso mit einer Niederlage wie vorherige Umsturzversuche und folgende Bemühungen des EKKI, seinen Einfluss in Mittel-,

29 Hildermeier, Geschichte der Sowjetunion S. 230f. und 1098f.; Leggett, George: The Cheka. Lenin's Political Police. Oxford 1981, S. 300.

30 Bessedowsky: Im Dienste der Sowjets S. 88f.; Höhne, Heinz: Der Krieg im Dunkeln. München 1985, S. 265f. und S. 556.

31 ÖSTA/AdR, BMfA/NPA, Politische Akten, Liasse Österreich 2/20, Zl. 12.689/1926; ÖSTA/AdR, BMfA/NPA, Präsidium, Karton 95, 24 Diplomaten 21/6, fol. 218 und 985; Haider, Edgard: Die österreichisch-sowjetischen Beziehungen 1918–1938. Diss. Wien 1975, S. 56ff.; Weber, Hermann: Die Wandlung des deutschen Kommunismus. Bd. 2. Frankfurt/Main 1969, S. 364.

32 RGASPI, f. 495, op. 252, d. 6003; Radó, Sandor: Deckname Dora. Stuttgart 1972, S. 43.

33 ÖSTA/AdR, BMfA/NPA, Gesandtschaft Belgrad, Zl. 13755 vom 1. Juli 1924, fol. 184; Verein Geschichte der Arbeiterbewegung [VGA], Altes Parteiarchiv, V. Militärverband der Republik Österreich, Karton 1, Mappe 3: Österreichische Vertretung in Moskau. Politischer Bericht vom 10. Juli 1924; Archiv Vnešnej Politiki Rossijskoj Federacii [AVPRF], f. 066, op. 3, p. 101, d. 1.; Suppan, Arnold: Jugoslawien und Österreich 1918–1938. Bilaterale Außenpolitik im europäischen Umfeld. Wien 1996, S. 389; RGASPI, f. 495, op. 65a, d. 7576.

Mittelost- und Südosteuropa geltend zu machen.[34] Unmittelbare Konsequenz der Ereignisse war lediglich die Errichtung eines weiteren Auslandskomitees in Österreich, und zwar von der bulgarischen KP.[35] Einer ihrer leitenden Funktionäre, Georgi Dimitrov, der 1935 die Funktion des KI-Generalsekretärs übernahm, entfaltete daraufhin in der ehemaligen k.k. Metropole eine rege Tätigkeit[36] – ebenso wie die Sowjetgesandtschaft selbst, die schließlich mit mazedonischen Aktivisten zusammenarbeitete. Deren unterschiedliche Richtungen gerieten deshalb in Streit miteinander. Innermazedonische Konflikte, die auch mit Waffen ausgetragen wurden, erreichten schließlich Wien. Im Umfeld von Komintern-Emissären, Sowjetgesandten und Exilmazedonen kam es zu aufsehenerregenden Terroranschlägen, die in der österreichischen Presse ausführlich behandelt wurden.[37]

Das Balkanengagement der Komintern erwies sich als Fiasko. In Südosteuropa blieb die von der Kremlführung erhoffte Weltrevolution ebenso aus wie in anderen Regionen.[38] Stalin, der sich gegen die innerparteilichen Konkurrenten durchgesetzt hatte, konzentrierte sich indes auf die Sowjetunion und den »Sozialismus in einem Land«.[39] Der Schwerpunkt der Kominternarbeit in Mitteleuropa verlagerte sich

---

34 RGASPI, f. 495, op. 2, d. 22 sowie op. 18, d. 196a; Broué, Pierre: Histoire de l'Internationale Communiste 1919–1943. Paris 1997, S. 331.

35 Broué, Histoire de l'Internationale Communiste S. 331; Hetfleisch, Gerhard: Schoberpolizei und Balkan-Bolschewiken. Diss. Innsbruck 1990, S. 275f.; Mitchev, Dobrin: Georgi Dimitrov und die österreichische Arbeiterbewegung. In: Mitteilungen des Bulgarischen Forschungsinstitutes in Österreich 2/2: Wien und die bulgarische revolutionäre Emigration 1924–1934. Wien 1979, S. 26; Poretsky, Elisabeth K.: Our Own People. A Memoir of ›Ignace Reiss‹ and His Friends. London u. a. 1969, S. 66f.

36 RGASPI, f. 495, op. 18, d. 342.; ÖSTA/AdR, BMfA/NPA, Gesandtschaft Bukarest, Zl. 14180 vom 30. Juni 1925, fol. 907; Lazitch/Drachkovitch: Biographical Dictionary S. 78.

37 Arbeiter-Zeitung, Nr. 127 (9. Mai 1925) S. 7, Nr. 128 (10. Mai 1925) S. 7 und Nr. 341 (12. Dezember 1926) S. 8; Die Rote Fahne, Nr. 110 (10. Mai 1925) S. 1 und Nr. 293 (12. Dezember 1926) S. 1; Reichspost, Nr. 128 (10. Mai 1925) S. 7; RGASPI, f. 495, op. 277, d. 25; Avakumovic: History of the Communist Party of Yugoslavia S. 73; Bessedowsky: Im Dienste der Sowjets S. 88; Serge, Victor: Beruf: Revolutionär. Erinnerungen. Frankfurt/Main 1967, S. 204; Troebst, Stefan: Wien als Zentrum der Mazedonischen Emigration in den zwanziger Jahren. In: Mitteilungen des Bulgarischen Forschungsinstitutes in Österreich. Jg. 2, Bd. 2.: Wien und die bulgarische revolutionäre Emigration 1924–1934. Wien 1979, S. 68–86, hier S. 73–76.

38 Bessedowsky: Im Dienste der Sowjets S. 91f.; AVPRF, f. 066, op. 5, p. 102, d. 6 sowie op. 7, p. 104, d. 5; ÖSTA/AdR, BMfA/NPA, Gesandtschaft Belgrad, Zl. 15704 vom 17. November 1924, fol. 290.

39 ÖSTA/AdR, BMfA/NPA, Gesandtschaft Moskau, Zl. 20.286 vom 24. Jänner 1927; VGA, Altes Parteiarchiv, V. Militärverband der Republik Österreich, Karton 1, Mappe 6: Österreichische Vertretung

zudem endgültig nach Deutschland, wo eine starke kommunistische Partei um die Macht rang und weiterhin zu Hoffnungen des Kremls Anlass gab. Während der KI-Apparat in der österreichischen Hauptstadt reduziert wurde und einige Organisationen nach Berlin übersiedelten, verschärfte sich die innenpolitische Lage in Österreich nach dem Juli 1927. Wien, Drehscheibe und »Knotenpunkt« der Kommunistischen Internationale und der sowjetischen Staatsdienste, »Feldlager der Weltrevolution« vom Ende der Donaumonarchie bis zum Justizpalastbrand, rief nun aus anderen Gründen das Interesse der Kremlführung hervor: Sozialdemokratie und »bürgerliches Lager« waren in der kleinen Alpenrepublik auf dem Weg in den Bürgerkrieg. Die Sowjetunion verfolgte aufmerksam die Entwicklung.[40]

Differenzen und Konsequenzen: Arbeit für die »Weltrevolution«

Nach dieser Skizzierung der Bedeutung Wiens als KI-Stützpunkt und Ausgangsbasis der weltrevolutionären Bewegung seien ein paar biografische Notizen zu zwei aus Wien stammenden KP-Funktionären und einer eng mit Wien verbundenen KP-Funktionärin nachgereicht, wobei der Focus auf deren mit Wien in Zusammenhang stehenden Tätigkeit von 1918 bis in die erste Hälfte der Zwanzigerjahre gerichtet sein wird. Ausgewählt wurden der 1884 geborene Karl Tomann, die 1895 in Leipzig als Elfriede Eisler geborene, aber bereits ab 1901 in Wien ansässige Ruth Fischer und Alois Neurath, der 1886 geboren wurde. In den Biografien dieser drei Funktionäre spiegelt sich nicht nur die Heterogenität der frühen kommunistischen Bewegung wider, sondern auch der Prozess der allmählichen Disziplinierung durch Moskau mit seinen unterschiedlichen Folgen für die Vita der Betroffenen.

Aufs Engste mit der Gründung der KPDÖ Anfang November 1918 verbunden ist der Name Elfriede Friedländer. Die Tochter des Philosophen Rudolf Eisler, die im Sommer 1917 der »Freien Vereinigung sozialistischer Studenten« beigetreten war und sich schließlich vehement für die Etablierung einer Kommunistischen Partei ausgesprochen hatte, nahm gemeinsam mit ihrem damaligen Mann Paul

---

in Moskau. Politischer Bericht vom 18. Februar 1926 und Mappe 5: Politischer Bericht vom 27. Juli 1926; Altrichter, Helmut: Kleine Geschichte der Sowjetunion 1917–1991. München 2001, S. 67.

40 Leidinger, Hannes: Krieg und Frieden. In: Ders./Moritz, Verena: Russisches Wien. Begegnungen aus vier Jahrhunderten. Wien u. a. 2004, S. 91f.; Hildermeier: Geschichte der Sowjetunion S. 353; Vatlin, Aleksandr: Die Komintern 1919–1929. Mainz 1993, S. 135ff.

Friedländer am Gründungskongress der KP teil.[41] Als wichtige Figur in diesem Zusammenhang ist auch der aus Tver' stammende Jurist Jakov Aleksandrovič Berman zu benennen, der wenige Monate zuvor, im Sommer 1918, als Leiter einer so genannten »sowjetrussischen Kriegsgefangenenfürsorgemission« nach Wien gekommen war. Seine offensichtlich nicht nur Fragen der Heimkehr und Betreuung der russischen Gefangenen in der Donaumonarchie gewidmeten Aktivitäten, die sich nicht zuletzt auf eine finanzielle Unterstützung der linksradikalen Bewegung in Österreich erstreckten, bereiteten damals der Wiener Polizei ebenso Kopfzerbrechen wie dem k.u.k. Kriegsministerium. Letzteres hatte in Anbetracht vorliegender Informationen über die so genannte »bolschewistische Wühlarbeit« Bermans dessen Abberufung gefordert und Moskau ersucht, geeignetere Funktionäre zu schicken.[42] Während sich die Wiener Zentralbehörden bemühten, den Missionschef loszuwerden, und heimkehrenden Kriegsgefangenen in speziellen Lagern »vaterländischer Unterricht« gegeben wurde, weil man unter ihnen nicht wenig Sympathisanten des Oktoberregimes vermutete, ließ sich gewissermaßen der Import revolutionärer Ideen nicht verhindern. Tatsächlich waren es nicht zuletzt die unter Verdacht stehenden Heimkehrer aus russischer Gefangenschaft, die dafür sorgen sollten, die Weltrevolution Wirklichkeit werden zu lassen. Der Wiener Karl Tomann, vor dem Krieg Sekretär der Goldschmiedegewerkschaft, war eine jener k.u.k. Soldaten, die sich in russischer Kriegsgefangenschaft den Bolschewiki anschlossen und diverse Funktionen in den so genannten »revolutionären Kriegsgefangenenorganisationen« ausgeübt hatten. Unter anderem war Tomann Redakteur der Zeitung »Welt-Revolution« gewesen, die wichtigste Zeitung für die Propaganda unter den deutschsprechenden Kriegsgefangenen in Räterussland. Außerdem war er zum Leiter der deutschen Gruppe bei der RKP(b) bestimmt worden.[43] Diese wiederum war Bestandteil der im Mai 1918 gebildeten CFIG. Die deutsche Gruppe hielt am 10. November 1918 eine Sitzung ab, auf der darüber diskutiert wurde, wen man zur Unterstützung der revolutionären Bewegung nach Österreich schicken sollte. Den jungen Johann Koplenig, später lange Jahre an der Spitze der KPÖ, der diese Aufgabe offenbar gern übernommen hätte,

41 Zur Gründung der KPDÖ Hautmann: Die Anfänge der linksradikalen Bewegung S. 44–46.

42 Über die »Mission Berman« vgl. Leidinger, Hannes: »Moskauer Agenten«. In: Moritz, Verena/Ders.: Zwischen Nutzen und Bedrohung. Die russischen Kriegsgefangenen in Österreich 1914–1921. Bonn 2005, S. 263–274.

43 Hautmann: Geschichte der Rätebewegung S. 192f.

stempelte Tomann damals zu einem »Provinzler, den niemand kenne«.[44] Tomann, der auch bei anderen Gelegenheiten seine Scharfzüngigkeit unter Beweis stellte, kam dann im Dezember 1918 selbst mit einem Kriegsgefangenen-Heimkehrertransport nach Wien. Er spielte sofort eine maßgebliche Rolle in der KPDÖ und war unter anderem beauftragt worden, diese wenige Wochen alte, aber keineswegs gefestigte Partei zu stabilisieren. Als »kleine feste Truppe«, wie sich Karl Steinhardt die KP gewünscht hatte,[45] konnte man sie tatsächlich nur bedingt bezeichnen. Die Gründe hierfür waren vielfältig. Am schwersten wog, dass eine Einbindung aller in Frage kommenden Kräfte des linken Spektrums nicht gelungen war.

Als Tomann in Wien eintraf, waren die blutigen Ereignisse des 12. November 1918 vor dem Parlamentsgebäude, die Schießereien während der Ausrufung der Republik, jedenfalls noch präsent. Elfriede Friedländer, die im Zusammenhang mit den Geschehnissen verhaftet worden war, hatte offenbar die Meinung vertreten, die Zeit für die Errichtung einer Räterepublik sei bereits reif gewesen. Auf dem 1. Parteitag im Februar 1919 kritisierte Leo Rothziegel nicht nur diese Haltung, sondern auch die Eile, mit der die KPDÖ ins Leben gerufen worden war: »Eine Partei begründet sich«, so Rothziegel, der im April 1919 eine vorwiegend aus Angehörigen der Volkswehr rekrutierte Freiwilligentruppe zur Unterstützung der ungarischen Rätemacht kommandierte und noch im selben Monat im Kampf gegen rumänische Einheiten fiel, »indem verschiedene Organisationen zusammengeschlossen werden, unsere Partei ist begründet worden, bevor die Vorbedingungen gegeben waren.«[46] Außerdem wandte er sich gegen den Einfluss Moskaus und der sowjetrussischen Emissäre auf den Kurs der KP: »Es fehlt uns die Erfahrung, die bei den spezifisch österreichischen Verhältnissen unbedingt nötig ist [...]. Ich kann manches nicht öffentlich sagen, speziell nicht über das Verhalten zu unseren russischen Genossen. Doch meine ich, es muß abgegrenzt werden, ob uns die russischen Genossen als Revolutionäre unterstützen, oder ob diese Unterstützung an Bedingungen geknüpft ist, entweder in bezug auf die Marschroute oder auf Personen.«[47]

Elfriede Friedländer wurde zwar nach drei Wochen Haft freigelassen, doch die Novemberereignisse hatten dafür gesorgt, dass die Exekutive die Tätigkeit der

44 Zit. nach ebda. S. 191.
45 Hautmann: Die Anfänge der linksradikalen Bewegung S. 46.
46 Zit. nach ebda. 46. Zum 1. Parteitag siehe auch Steiner, Herbert: Die Kommunistische Partei Österreichs von 1918–1933. Bibliographische Anmerkungen. Wien 1968, S. 10.
47 Zit. nach Hautmann: Die Anfänge der linksradikalen Bewegung S. 49.

Kommunisten noch intensiver als bisher verfolgte. Mitte Jänner 1919 schrieb Karl Tomann an die Genossen in Moskau: »Die Polizei hat eine ganze Armee Detektive für uns bereit sowie eigene 3 Zimmer in der Polizei-Direktion, wo unsere Sache behandelt wird. Da bei uns wiederholt Hausdurchsuchungen gemacht werden, müssen wir sehr vorsichtig sein. [...] Die Sozialdemokratische Partei arbeitet mit Hochdruck und dem größten Terror gegen uns.«[48]

Nicht wenige Schwierigkeiten, mit denen die Partei zu kämpfen hatte, waren allerdings hausgemacht. Karl Tomann selbst trug in den kommenden Jahren wesentlich dazu bei, dass die KPDÖ von inneren Differenzen beherrscht blieb. In jedem Fall war die Entwicklung im Jahr 1919 mit den beiden damals so bezeichneten »Kommunistenkrawallen« im April und im Juni nicht dazu angetan, unterschiedliche taktische Ansichten der KP-Mitglieder unter einen Hut zu bringen. Im Zusammenhang mit dem »weltrevolutionären Nachhilfeunterricht« des ungarischen Emissärs Ernst Bettelheim und den nachfolgenden Diskussionen über den »Putschismus« wurde offen gelegt, dass man innerparteilich weit davon entfernt war, eine einheitliche Linie gefunden zu haben. Wie sich angesichts der Entwicklung in Deutschland zeigen sollte – man denke an die Diskussionen rund um die so genannte März-Aktion 1921 und den Oktober 1923 –, war man in dieser Hinsicht in »guter« Gesellschaft.[49]

Elfriede Friedländer, die unter den Genossen in Österreich von Beginn an nicht unumstritten gewesen war, zog damals, also nach dem 15. Juni 1919, mehr und mehr Kritik auf sich. Ungeachtet dessen, dass die Nervosität der Westmächte angesichts der jüngsten, mit mehreren Todesopfern verbundenen Vorgänge in Wien und vor dem Hintergrund der noch bestehenden benachbarten ungarischen Räteregierung evident war, gab sich Elfriede Friedländer im Juli 1919 überzeugt, die Entente werde – was völlig absurd erscheinen musste – eine österreichische Räterepublik dulden, wobei sie hinzufügte, man werde in diesem Falle den Tirolern, deren Abspaltung sie vorwegnahm, »keine Träne nachweinen«.[50]

---

48 RGASPI f. 488 op. 1 d. 10.

49 Über die »Märzaktion« siehe Koch-Baumgarten, Sigrid: Aufstand der Avantgarde. Die Märzrevolution der KPD 1921. Frankfurt/Main u. a. 1986; Angress, Werner T.: Die Kampfzeit der KPD 1921–1923. Düsseldorf 1973 und über den »Deutschen Oktober« siehe Bayerlein, Bernhard H. (Hg.): Deutscher Oktober 1923. Ein Revolutionsplan und sein Scheitern. Berlin 2003; Wenzel, Otto: 1923. Die gescheiterte deutsche Oktoberrevolution. Münster 2003.

50 Zit. nach Hautmann: Geschichte der Rätebewegung S. 375.

Friedländer ging kurze Zeit später nach Berlin und wurde unter dem Namen Ruth Fischer zu einer der wichtigsten Figuren des linken Flügels der KPD. Gemeinsam mit Arkadij Maslov gelangte Fischer bereits 1921 in den Zentralausschuss der KPD, und 1924 wurden beide in die Führungsriege der Partei gewählt. Zugleich war Fischer Kandidatin des Exekutivkomitees der Kommunistischen Internationale und seit Mitte 1924 Reichstagsabgeordnete. Moskaus Vertrauen in sie währte aber nur kurz. 1925 wurde sie in die Sowjetunion beordert, um ihre Positionen zu verteidigen. Sie wurde einige Monate hindurch an ihrer Rückkehr nach Berlin gehindert. 1926 folgte dann der Ausschluss aus der KPD,[51] die ihrerseits den Kollegen aus der KPÖ vergeblich unter die Arme zu greifen versuchte, um interne Richtungsstreitigkeiten zu überwinden und die von Moskau ausgegebenen Richtlinien umzusetzen. Im Jahr 1924/25 hielten sich gemeinsam mit Fischer, die unter dem Namen Helene Stein nach Österreich gekommen war,[52] mehrere Spitzenfunktionäre der KPD in Wien auf.[53] Verabredet wurde unter anderem eine enge Kooperation von KPD und KPÖ, wonach »alle großen politischen, parteitaktischen und Fragen der Komintern gemeinsam beraten und entschieden werden sollten«.[54] Es blieb aber bei Absichtsbekundungen. In hohem Maße verantwortlich dafür, dass dieser Vereinbarung keine konkreten Schritte folgten, waren die unterschiedlichen Positionen von Karl Tomann und des ehemaligen Sozialdemokraten Josef Frey.[55]

Über mangelnde Hilfsbereitschaft der österreichischen Sozialdemokratie in Zusammenhang mit dem Aufenthalt deutscher Genossen und Genossinnen in Wien

51 Über die Vita Ruth Fischers vgl. Weber, Hermann/Herbst, Andreas: Deutsche Kommunisten. Biographisches Handbuch. Berlin 2004, S. 205–207.

52 ÖSTA/AdR, Inneres/Justiz, BKA, Polizeidirektion Wien, Bericht vom 3. Jänner 1925.

53 Ebda. Und ÖSTA/AdR, Inneres/Justiz, BKA, Polizeidirektion Wien, Berichte vom 6. Jänner 1925 und 19. Februar 1925. S. außerdem: Archiv der Bundespolizeidirektion Wien, Schoberarchiv, Schachtel 50, Gruppe III: Kommunistische Bewegung – Russische Bewegung 1924, Pr. Zl. IV-4283 vom 24. September 1924, Pr. Zl. IV-3978/3 vom 28. September 1924, Pr. Zl. IV-3976/10 vom 23. Oktober 1924, Pr. Zl. IV-3976/19 vom 3. November 1924, Pr. Zl. IV-3976/23 vom 10. November 1924, Pr. Zl. IV-4919/1 vom 19. Dezember 1924, Pr. Zl.-53 Exp. vom 31. Dezember 1924, Pr. Zl. IV-466/6/25 vom 7. Februar 1925.

54 RGASPI, f. 495, op. 80, d. 138, l. 4f.; Keller, Fritz: KPÖ und nationale Frage. In: Österreichische Zeitschrift für Politikwissenschaft 6 (1977) S. 183f.

55 Keller, Fritz: Gegen den Strom. Fraktionskämpfe in der KPÖ – Trotzkisten und andere Gruppen 1919–1945. Wien 1978, S. 45f.

und der so genannten »Abschaffungspraxis« der Wiener Polizei[56] beschwerte sich indes nicht nur die KPÖ, sondern auch der kommunistische Reichstagsabgeordnete Hermann Remmele, der, wie die »Arbeiter-Zeitung« berichtete, »nach der Auflösung des deutschen Reichstages nach Wien gekommen« war, »weil er von irgendeiner Staatsanwaltschaft in Deutschland verfolgt wurde«.[57] Solange seine Immunität gewissermaßen außer Kraft gesetzt war, bot sich Wien als Zufluchtsort an. Hier ersuchte Remmele sozialdemokratische Abgeordnete, zugunsten seines Asylgesuches zu intervenieren. Mit Erfolg! Nach Deutschland zurückgekehrt, kritisierte er allerdings das Verhalten der österreichischen Sozialdemokratie bezüglich deren angeblicher Passivität angesichts der Abschaffung beziehungsweise Ausweisung anderer deutscher Kommunisten aus Österreich. In diesem Zusammenhang zur Sprache kam auch der Aufenthalt von Ruth Fischer. Die »Arbeiter-Zeitung« wies jedoch Remmeles Anschuldigungen zurück. »Herr Remmele«, hieß es, »weiß sehr gut, dass die Polizei in Wien Bundespolizei ist, also nicht dem Bürgermeister und Landeshauptmann, sondern der Bundesregierung untersteht.«[58]

Der Aufenthalt ausländischer Genossen in Österreich machte aber auch der KPÖ selbst zu schaffen. Nicht nur in finanzieller Hinsicht fühlte man sich überfordert, den Kollegen adäquate Unterstützung zukommen zu lassen. Schließlich ging es auch darum, die betreffenden Personen vor dem Zugriff der Polizei zu schützen. Da aber nicht immer klar war, ob die in Wien eintreffenden Kommunisten tatsächlich das Vertrauen der Partei verdienten, gab es immer wieder Rückfragen an Moskau. Doch die Kommunikation mit der KI-Zentrale gestaltete sich mitunter schwierig. Die Kurierverbindung nach Moskau stellte in diesem Zusammenhang kein geringes Problem dar. KI-Funktionäre in Berlin beispielsweise empörten sich: »Was sich da für Gemüse Kurier nennt, ist gar nicht mehr schön«.[59] Die Boten, erklärte man dem Exekutivkomitee der Komintern, würden leichtfertig mit Adressen umgehen und kämen mit der Erwartung, unentwegt betreut, verpflegt und möglichst wohlbehalten wieder in den Zug gesetzt zu werden. Berlin

---

56 Über das Asylgesetz und dessen Handhabung vgl. Heiss, Gernot: Ausländer, Flüchtlinge, Bolschewiken: Aufenthalt und Asyl 1918–1933. In: Ders./Rathkolb, Oliver (Hg.): Asylland wider Willen. Flüchtlinge in Österreich im europäischen Kontext seit 1914. Wien 1995, S. 86–108.

57 VGA, Altes Parteiarchiv, I. Sozialdemokratische Parteistellen, 4. Republikanischer Schutzbund, Karton 52, Mappe 308: Zeitungsausschnitte – Kommunisten.

58 Ebda.

59 RGASPI, f. 499, op. 1, d. 5, l. 38.

forderte Moskau nachdrücklich auf, »nicht jeden Idioten hierher zu schicken«.[60] Auch in Wien fehlte es nach Einschätzung Franz Koritschoners an Professionalität, beispielsweise wenn es darum ging, die Identität von KI-Emissären zu schützen. Unvorsichtig handelte nach Franz Koritschoner selbst der KPÖ-Parteivorstand. Im Februar 1923 benachrichtigte Koritschoner die Komintern-Leitung, dass ein Spitzenfunktionär bei öffentlichen Versammlungen zunächst den legalen und erst dann, gewissermaßen korrigierend, den Decknamen eines KI-Vertrauensmannes genannt habe. »Wenn dies auch Heiterkeit erregte«, fügte Koritschoner hinzu, so sei es doch gefährlich, »solchen Genossen über Diskretes Bericht zu erstatten.«[61]

Schon am III. Weltkongress der Kommunistischen Internationale war für alle offensichtlich geworden, dass die kleine KP-Organisation der Alpenrepublik tief gespalten war. Die österreichische Delegation selbst sprach von Zerrüttung. Die Bevollmächtigten der Komintern, die gleichsam in der Funktion von Mediatoren nach Wien geschickt wurden, bissen sich die Zähne an der KPÖ aus. Einer von ihnen war der aus Wien stammende Alois Neurath, einer der Gründer der Deutschen Sektion der KPČ, Sekretär des KPČ-Zentralkomitees und ab 1922 Mitglied des Exekutivkomitees der Komintern.[62] Die Repräsentanten Moskaus standen vor beinahe unlösbaren Aufgaben. Die Ursachen dafür lagen in den verschärften Gegensätzen zwischen den Anhängern Freys, die den Parteiapparat zu kontrollieren begannen, und der »alten Riege« um Karl Tomann.[63] Unterschiedliche Auslegungen der »Einheitsfronttaktik« waren bei diesem Kräfteverhältnis vorprogrammiert.[64]

Die Frage, ob und in welchem Ausmaß nicht bloß eine Hinwendung zur Arbeiterschaft an der Basis, sondern auch zu den Spitzen der SDAP erlaubt sei, vermischte sich jedoch mit persönlichen Animositäten, deren Ausmaß die KI-Emissäre in Erstaunen versetzte.[65] »Ich kam«, ließ Neurath die KI-Zentrale in

60 Ebda.

61 RGASPI, f. 495, op. 80, d. 92, l. 19f.

62 ABW, Schoberarchiv, Schachtel 50, Gruppe III: Kommunistische Bewegung 1924, Pr.Zl. IV-306/7 vom 15. März 1924; RGASPI, f. 495, op. 272, d. 3509; Lazitch/Drachkovitch: Biographical Dictionary S. 290.

63 Die Rote Fahne, Nr. 1679 (18. November 1924) S. 3f.; Keller: Gegen den Strom S. 24f., S. 39.

64 RGASPI, f. 492, op. 1, d. 297, l. 20.

65 Schafranek, Hans: Das kurze Leben des Kurt Landau. Ein österreichischer Kommunist als Opfer der stalinistischen Geheimpolizei. Wien 1988, S. 16ff. Siehe dazu außerdem RGASPI, f. 492, op. 1, d. 297, l. 7; Hautmann, Die Anfänge der linksradikalen Bewegung S. 146f.

Moskau einige Monate nach Beginn seiner bereits 1922 begonnenen Mission wissen, »nach Österreich und fand den Zustand der Partei unbeschreiblich, und zwar in zweifacher Hinsicht: Erstens ein wüstes Chaos in der Führung selbst, zweitens eine trostlose Stimmung in der Masse der Mitglieder«. An einen hohen KI-Funktionär schrieb er schließlich im März 1924, es gebe in der Partei Leute, »die den Eindruck machen, wie wenn sie im Dienst der österreichischen Polizei oder der Sozialdemokratie [...] arbeiten würden.« Er sei angesichts der trostlosen Lage am Ende seiner Kräfte; geblieben sei »das überwältigende Gefühl des Ekels und des Widerwillens«. Disziplinierungsmaßnahmen, die unter anderem in eine kurzzeitige Exilierung von Tomann und Frey mündeten, griffen nicht. Der V. Kominternkongress nominierte schließlich eine von Georgi Dimitroff präsidierte »Österreichische Kommission«.[66] Diese brachten allerdings auch eine neue Facette ans Tageslicht. Es hatte den Anschein, als wäre die Leitung der III. Internationale an der beklagenswerten Situation der KP in Österreich nicht ganz unschuldig gewesen.[67] Schon 1922 hatte Neurath keineswegs als fairer Schiedsrichter agiert und mehr oder minder offen gegen Josef Frey gesprochen.[68] In der »Kommission« bezeichnete er dann im Juni 1924 die »kleinbürgerliche Freyfraktion« als »gefährlicher« als die Tomann-Gruppe, weil sie mit »fanatischem Hass«, »kalt und rücksichtslos« die Parteiversammlungen »meucheln« würde.[69]

Neurath, der bei dieser Gelegenheit auch die Moskauer Zentrale wegen mangelnder Unterstützung kritisierte, wurde umgekehrt von österreichischen Kommunisten ebenso angegriffen wie sein Nachfolger Georgi Dimitroff.[70] Es habe fast den Anschein, so der KP-Funktionär Gottlieb Fiala, als bestünden auch unter den KI-Emissären bestimmte Fraktionen, die durch Stimmungsänderungen, persönliche Sympathien und »widerstrebende Haltungen« zu einer noch größeren Konfusion beigetragen hätten.[71]

Um den Vorwurf der Parteilichkeit zu entkräften, erließ die »Österreichische Kommission« sowohl für Karl Tomann als auch für Josef Frey ein Funktions- und

66 Keller: Gegen den Strom S. 38.

67 RGASPI, f. 492, op. 1, d. 299, l. 10. Siehe dazu auch: ABW, Schoberarchiv, Schachtel 50, Gruppe III: Kommunistische Bewegung 1924, Pr. Zl. IV-306/7 vom 15. März 1924.

68 RGASPI, f. 495, op. 80, d. 73, l. 144.

69 Ebd. f. 492, op. 1, d. 297, l. 15.

70 Ebd. f. 492, op. 1, d. 297, l. 19.

71 Ebd. f. 492, op. 1, d. 299, l. 10.

Betätigungsverbot.[72] Ersterer erwies sich jedoch in den kommenden Monaten als besonders widerspenstig.[73] Es sei die Parteiarbeit, nicht aber die Agitation in den Gewerkschaften oder unter den Arbeitslosen vom Verbot betroffen, interpretierten Tomann und seine Anhänger die Moskauer Direktiven.[74] Tomanns Versuche bei diversen Versammlungen als Redner aufzutreten, führten schließlich zum Eklat. Hilde Koplenig wurde Zeugin der Vorfälle. Sie hatte gerade in der Bibliothek des KP-Hauptquartiers in der Alserstraße zu tun, als sie plötzlich einen »Krach« hörte.[75] Wie sich herausstellte, war Tomann mit dem Hinweis auf die KI-Richtlinien aufgefordert worden, von jeder politischen Tätigkeit Abstand zu nehmen. Daraufhin hatte er einen Stuhl gepackt und ihn Johann Koplenig an den Kopf geworfen.[76]

Während Alois Neurath, der sich 1926 offen an die Seite Leo Trotzkis stellte, 1929 aus der KPČ ausgeschlossen wurde,[77] erfolgte der endgültige Parteiausschluss Karl Tomanns erst 1932. Er wechselte zunächst zu den Sozialdemokraten, näherte sich aber ab 1934 den Nationalsozialisten an und trat 1938 der NSDAP bei. Kurz nach dem Einmarsch der Sowjettruppen wurde er verhaftet und im Jänner 1946 nach Moskau gebracht. Dort verurteilte man ihn ein halbes Jahr später zu zehn Jahren Lagerhaft. Er ist im Februar 1950 in einem sowjetischen Arbeitslager gestorben.[78]

72 Keller: Gegen den Strom S. 38. Siehe dazu außerdem: Die Rote Fahne, Nr. 1623 (9. September 1924) S. 2f.; Arbeiter-Zeitung, Nr. 250 (10. September 1924) 4; VGA, Altes Parteiarchiv, II. Sozialdemokratischer Parlamentsklub, 3. Materialien-Registratur, Schachtel 103, Mappe 148: Kommunisten 1919–1926.

73 Keller: Gegen den Strom S. 39; RGASPI, f. 492, op. 1, d. 297, l. 14.

74 VGA, Altes Parteiarchiv, II. Sozialdemokratischer Parlamentsklub, 3. Materialien-Registratur, Schachtel 103, Mappe 148: Kommunisten 1919–1926.

75 Schafranek: Das kurze Leben des Kurt Landau S. 18.

76 Ebd.

77 Lazitch/Drachkovitch: Biographical Dictionary S. 407f.

78 RGASPI, f. 495, op. 187, d. 1617, l. 5–20, 36–39, 45, 74f. und 118–121; vgl. außerdem Lazitch/Drachkovitch: Biographical Dictionary S. 407f.

Renate Schreiber

Schwedenhilfe nach dem Ersten Weltkrieg für Wien

Erinnerungen von Elsa Björkman-Goldschmidt

Abbildung 1: Elsa Björkman-Goldschmidt [© A. Broman, Solna].

Nach dem Ende des Ersten Weltkrieges zeigten sich viele Länder, darunter auch Schweden, tief berührt von der Not, die unter der Bevölkerung in den ehemals kriegsführenden Ländern herrschte. Sehr bald liefen die ersten Hilfsmaßnahmen für die Betroffenen an. Für Wien begann das schwedische Rote Kreuz 1919 humanitäre Maßnahmen zu setzen. Es handelte sich hierbei um das erste umfassende internationale Hilfsprogramm Schwedens.[1] Mit dem ersten Zug, der Wiener Kinder von einem Erholungsaufenthalt in Schweden wieder nach Wien zurückbrachte, trafen am 18. September 1919 auch einige schwedische Rotkreuz-Helfer in Wien ein,[2] welche die anlaufenden schwedischen Hilfsaktionen in der Stadt unterstützen sollten. Unter ihnen befand sich die dreißigjährige Schwedin Elsa Björkman.[3]

---

1 Björkman-Goldschmidt, Elsa: Vad sedan hände [Was dann geschah]. Stockholm 1964, S. 55.

2 Unter der Obhut von 15 Betreuerinnen, Mitglieder des schwedischen Roten Kreuzes, trafen 400 Wiener Kinder nach einem Erholungsaufenthalt in Schweden am 18. September 1919 vormittags am Franz-Josefs-Bahnhof ein. Dem österreichischen Empfangskomitee gehörten u. a. an: Vizebürgermeister Max Winter (1870–1937), Staatssekretär Ferdinand Hanusch (1866–1923), sowie die Unterstaatssekretäre Otto Glöckel (1874–1935) und Julius Tandler (1869–1936). Ausführlich siehe Artikel »Heimkehr der Wiener Kinder« in: »Wiener Blätter« vom 28. September 1919, S. 6.

3 Elsa Björkman-Goldschmidt wurde 1888 in Linköping (Schweden) geboren. Nach ihrer Ausbil-

Sie war ausgebildete Lehrerin und hatte anschließend an der Kunsthochschule in Stockholm studiert. Bereits im Ersten Weltkrieg hatte sie, auf Ersuchen ihrer Jugend- und Schulfreundin Elsa Brändström, die als »Engel von Sibirien«[4] bekannt wurde, an den Hilfsaktionen des schwedischen Roten Kreuzes für die Kriegsgefangenen in Russland und Sibirien teilgenommen. Während dieser Tätigkeit lernte Elsa Björkman ihren späteren Mann kennen, den österreichischen Arzt Dr. Waldemar Goldschmidt.[5] Nach dem Ende der schwedischen Hilfsaktionen lebte sie mit ihrem Mann in Wien[6] und schrieb für verschiedene schwedische Zeitungen Artikel über Österreich.[7] Durch ihr soziales Engagement, ihre jour-

---

dung (Lehrerseminar und Kunstakademie) betreute sie von 1916–1918 österreichische und deutsche Kriegsgefangene in Russland und Sibirien. 1919–1938 lebte sie in Wien. Nach dem Zweiten Weltkrieg unterstützte sie 1945–1949 »Rädda Barnen« bei der »Schwedenhilfe« in Wien. Zahlreiche weitere Reisen nach Wien folgten. 1982 starb sie in Stockholm. Weitere Biographische Details in: Schreiber, Renate (Hg.): Es geschah in Wien. Erinnerungen von Elsa Björkman-Goldschmidt. Wien u. a. 2007.

4 Elsa Brändström (1888–1948) erkannte 1915 in St. Petersburg, ihr Vater war dort schwedischer Botschafter, das Elend der österreichischen und deutschen Kriegsgefangenen, die von Russland keinerlei Betreuung erhielten. Da Deutschland als kriegsführendes Land hier nicht selbst aktiv werden konnte, initiierte sie – in Abstimmung mit dem deutschen Roten Kreuz – in Schweden eine Welle der Hilfsbereitschaft. Mit den gespendeten »Liebesgaben« (Medikamente, Kleidung usw.) reiste sie mit einigen Helfern für das schwedische Rote Kreuz nach Russland und Sibirien, wo sie die deutschen und österreichischen (aus allen Ländern des Kaiserreiches) Kriegsgefangenen betreute. Sie lebte später in Deutschland, wo sie zwei Heime (eines für rekonvaleszente Kriegsgefangene und eines für Kriegswaisen) einrichtete und führte – die Mittel dafür erwarb sie durch eine Vortragsreise in die USA. Im Jahr 1933 übersiedelte sie mit ihrem Mann und der gemeinsamen Tochter in die USA. Im Zweiten Weltkrieg unterstützte sie deutsche Flüchtlinge in Amerika. Elsa Björkman-Goldschmidt hat über ihre Freundin zwei Biographien (1932; 1969) verfasst, die bis jetzt nur auf Schwedisch vorliegen. Der Erlös der Biographie von 1932 sollte den deutschen Projekten (o. a. Erholungsheime) von Elsa Brändström zu Gute kommen. Das Buch konnte aber in Deutschland wegen der politischen Situation nicht mehr erscheinen.

5 Die Familie Goldschmidt stammte aus dem Gebiet Hohenelbe in Böhmen. Der Großvater übersiedelte nach Wien, der Vater leitete die Filiale des Wiener Bankvereins in Bukarest. Dort kam 1886 Waldemar Goldschmidt zur Welt, er studierte in Wien Medizin. [Ausführlich in Björkman-Goldschmidt: Vad sedan hände S. 110ff.] Nach seiner Tätigkeit als Assistenzarzt (Chirurgie) im AKH Wien arbeitete Waldemar Goldschmidt als Oberarzt bzw. Primar im Rothschildspital. In der Liechtensteingasse 12 führte er eine Privatordination. Er starb 1947 im Exil in Stockholm.

6 Sie heirateten am 6. August 1921. WStLA, Historische Meldeunterlagen, lt. Mitteilung von Anna Meyer. Siehe dazu auch Schreiber: Es geschah in Wien S. 18f. Das Ehepaar lebte zuerst in der Strudlhofgasse und später, bis zu ihrer Abreise nach Schweden, in der Liechtensteinstraße 12.

7 Unter anderem für »Tidevarvet«, eine Zeitschrift der schwedischen Frauenbewegung, die 1923

nalistische Arbeit und ihre privaten Kontakte lernte sie die unterschiedlichsten Bevölkerungsschichten kennen. Zahlreiche Künstler und Politiker traf sie in den Salons von Eugenie Schwarzwald[8] und Berta Zuckerkandl,[9] zu deren Freundeskreis sie und ihr Mann zählten.

Da Waldemar Goldschmidt Jude war, entschloss sich das Ehepaar bald nach dem Anschluss, um eine Ausreisegenehmigung anzusuchen; Elsa Björkman-Goldschmidt hatte durch ihre Heirat automatisch die österreichische Staatsbürgerschaft erhalten. Mit Unterstützung des schwedischen Gesandten[10] wurde ihr – und nach kurzem Zögern auch ihrem Mann – wegen ihrer Verdienste um die Betreuung der deutschen Kriegsgefangenen in Russland die Erlaubnis zur Ausreise erteilt. Das Ehepaar durfte allerdings nichts von Wert mitnehmen und verließ wahrscheinlich bereits Ende März 1938 Österreich.[11]

---

von der Reichstagsabgeordneten Elisabeth Tamm (1880–1958) gegründet worden war. 1924–1927 war die Schriftstellerin Elin Wägner (1882–1949) Chefredakteurin. Später (bis 1938) schrieb Elsa Björkman-Goldschmidt Kolumnen unter dem Pseudonym »Melange« für ›Dagens Nyheter‹. Diese Artikel enthielten kulturelle und politische Stimmungsberichte aus Wien oder Interviews mit bekannten und interessanten Persönlichkeiten (z. B. mit Franz Werfel über sein Buch »Die 40 Tage des Musa Dagh«.).

8 Die Sozialpädagogin Dr. Eugenie (Genia) Schwarzwald (1878–1940), in Galizien geboren, studierte in Zürich und gründete in Wien die Schwarzwaldschulen, hier konnten auch Mädchen maturieren. Sie schuf im Ersten Weltkrieg die Gemeinschaftsküchen und führte verschiedene Ferien- und Erholungsheime. In ihrem Haus in der Josefstädterstraße trafen einander regelmäßig Künstler, Politiker und andere Persönlichkeiten. Sie starb im Exil in der Schweiz.

9 Berta Zuckerkandl-Szeps (1864–1945) führte bis zu ihrer Emigration 1938 in Wien einen berühmten Salon.

10 Ulf Torsten Undén (1877–1962) war 1928–1938 schwedischer Gesandter in Wien. Elsa Björkman-Goldschmidt hatte auch nach dem Ende der schwedischen Hilfsaktion ständigen Kontakt mit der schwedischen Botschaft und war dort zu verschiedenen Veranstaltungen eingeladen.

11 Ein genaues Datum fehlt in den Erinnerungen. In dem Gästebuch der Goldschmidts, das mir Anders Broman, der Neffe von Elsa Björkman-Goldschmidt zeigte, steht als Eintragung: »Ab 27. März 1938 ohne Hausleute. Kerstin«. In: Gästebuch S. 112. (Das Gästebuch wird in der Josef Frank-Ausstellung im jüdischen Museum in Wien – 22. Nov. 2007–20. Jän. 2008 – erstmals öffentlich ausgestellt.) Vom 13. Dezember 1924–6. Dezember 1938 war das Ehepaar in Wien 9, Liechtensteinstr. 12/1/10 gemeldet (WStLA, Historische Unterlagen). Elsa Björkman-Goldschmidt schreibt, dass sie vor ihrer Abreise die Miete für ein halbes Jahr im Voraus bezahlt haben, weil sie dachten, nach kurzer Zeit werde sich die Lage in Wien wieder beruhigen. Die Wohnung wurde in dieser Zeit von der Schwedin Kerstin Hellner bewohnt, die hier zahlreichen verfolgten Juden half. Siehe dazu Schreiber: Es geschah in Wien S. 250f. Nach ihrer Rückkehr nach Stockholm erhielt sie über Antrag die schwedische Staatsbürgerschaft zurück. Daher wurde ihr Ende 1939, mit Unterstützung der schwedischen Botschaft in Wien, zumindest die Hälfte der Wohnungseinrichtung ausgefolgt. Da

In Schweden begann Elsa Björkman-Goldschmidt Bücher zu schreiben und hielt ihre Erinnerungen an Österreich in mehreren Werken fest.[12] Da sie sich nach dem Ende des Zweiten Weltkrieges für die »Schwedenhilfe« und auch in den folgenden Jahren immer wieder in Wien aufhielt, umspannen ihre persönlichen Erinnerungen an Wien und Österreich einen Zeitraum von knapp 50 Jahren. Die Erinnerungen von Elsa Björkman-Goldschmidt sind einerseits humorvoll und andererseits immer wieder sehr berührend zu lesen und gestatten eine atmosphärisch dichte Sicht auf die Stadt und ihre vielfältigen Bewohner.

In diesem Artikel setze ich den Schwerpunkt auf die umfassenden schwedischen Hilfsaktionen nach dem Ersten Weltkrieg in Wien, die heute nahezu unbekannt sind. Ich stütze mich hierbei auf die gedruckten Erinnerungen von Elsa Björkman-Goldschmidt. Anhand einiger, von mir übersetzter Zitate aus ihren Büchern möchte ich das soziale Engagement Schwedens nach dem Ersten Weltkrieg in Wien näher beleuchten.

Knapp nach ihrer Ankunft übernahm Elsa Björkman für Wien die Leitung der schwedischen Kinderhilfsaktion »Rädda Barnen« [Rettet das Kind]. »Rädda Barnen« wurde in enger Anlehnung an die Ziele der englischen »Save the Children« am 19. November 1919 in Schweden gegründet.[13] Diese Organisationen küm-

---

das Ehepaar nur über geringe Mittel verfügte, Wertsachen und Geld waren in Wien beschlagnahmt worden, musste ein Teil der Möbel verkauft werden, um ihren Transport nach Schweden zu finanzieren. Ebd. S. 250f.

12 Bis jetzt lagen diese Erinnerungen nur auf Schwedisch vor. Für das Buch Schreiber: Es geschah in Wien, verwendete ich verschiedene Bücher von Elsa Björkman-Goldschmidt bzw. Kapitel daraus, die sich mit ihrem Aufenthalt in Wien befassen: Björkman-Goldschmidt, Elsa: Det var i Wien [Es geschah in Wien]. Stockholm 1944; Wien vaknar [Wien erwacht] Stockholm 1949; Jag minns det som i går [Ich erinnere mich, als wäre es gestern gewesen). Stockholm 1962; Vad sedan hände [Was dann geschah]. Stockholm 1964; Den värld jag mött [Die Welt, die ich traf] Stockholm 1967; Vägen till Villagatan [Der Weg zur Villagatan]. Stockholm 1976. Warum sich die Erinnerungen an die Zwischenkriegszeit auf verschiedene Bücher aufteilen, mag einerseits darin begründet liegen, dass Elsa Björkman-Goldschmidt Personen in Wien schützen wollte; das erste Buch erschien 1944 noch im Zweiten Weltkrieg. Außerdem mögen ihr verschiedene Erlebnisse erst später wieder eingefallen oder berichtenswert erschienen sein. Sie schrieb außerdem die »Donau-Rhapsodie«. Stockholm 1945 (vorwiegend über österreichische Geschichte) sowie einen Reiseführer für Wien: Följ med till Wien [Komm mit nach Wien] Stockholm 1959. Daneben verfasste sie noch Bücher über ihre Jugend, die Arbeit in Russland und verschiedene Reisen.

13 Unter dem Eindruck der großen Not der Kinder nach dem Ersten Weltkrieg und in der russischen Revolution wurde im Mai 1919 »Save the Children« in England gegründet; die treibende Kraft war Eglantine Jebb (1876–1928). Sehr schnell bildeten sich Schwesterorganisationen, die eng mit dem

Abbildung 2: Elsa Björkman-Goldschmidt (Mitte) verteilt Güter von »Rädda Barnen« (1921) [© A. Broman, Solna].

merten sich um hilfsbedürftige Kinder in den ehemals kriegsführenden Ländern nach dem Grundsatz: »Wir achten nicht auf Politik, Rasse oder Religion. Ein Kind ist ein Kind, ob es rot, weiß, braun oder schwarz ist.« Es handelte sich hierbei um die erste offizielle Hilfsaktion, die sich ausdrücklich die Obsorge für Kinder in Not zum Ziel gesetzt hatte.[14] »Rädda Barnen« wurde sowohl in Stockholm als auch in Wien von einer Frau geleitet und im Gegensatz zum Roten Kreuz, wie Elsa Björkman-Goldschmidt betont, ausgeprägt zivil geführt.[15]

Roten Kreuz zusammen arbeiteten, so auch in Schweden. Beide Kinderhilfsorganisationen schlossen sich am 6. Jänner 1920 in Genf zu der internationalen – politisch und religiös ungebundenen – »Save the Children Union« zusammen, weitere Länder folgten. Auf Initiative von Eglantine Jebb wurde 1924 die Children's Charta erarbeitet. Erst 1956 wurde in Österreich ein Verein ›Rettet das Kind‹ gegründet, das sich allerdings vor einigen Jahren von der »Save the Children Union« getrennt hat.

14 Die UNICEF (United Nations International Children's Emergency Fund) wurde erst am 11. Dezember 1946 gegründet. »Der Grundsatz der englischen Kinderrechtlerin Eglantine Jebb aus der Zeit des Ersten Weltkriegs, ›es gibt kein feindliches Kind!‹, steht bis heute über der Arbeit von UNICEF.« http://www.wdr.de/themen/kultur/stichtag/2006/12/11.jhtml/ (Zugriff 1. Mai 2007).

15 Die Initiative zur Gründung von »Rädda Barnen« erfolgte durch Eleonora (Ellen) Palmstierna (1869–1941). Sie war eine Vorkämpferin für das Frauenrecht in Schweden und die erste Vorsitzende von »Rädda Barnen«.

In enger Zusammenarbeit mit dem schwedischen Roten Kreuz begann »Rädda Barnen« in Wien sein soziales Engagement. Da man nur geringe Ortskenntnisse besaß, stützte man sich vor Ort einerseits auf die hier lebenden Schweden[16] und andererseits auf bereits vorhandene österreichische Einrichtungen. Die Kooperation lief großteils über das Schwarzwaldsche Wohlfahrtswerk,[17] die katholische Caritas und das sozialdemokratische Wiederaufbauprogramm der Gemeinde Wien, das die Schweden in Wien außerordentlich beeindruckte.

Das schwedische Rote Kreuz und »Rädda Barnen« setzten sich für ihre Arbeit verschiedene Schwerpunkte. Diese umfassten für alle Bevölkerungskreise medizinische Programme sowie die Verteilung von Kleidern und Lebensmitteln. Bereits vorhandene Häuser wie Lungenheilanstalten, Lehrlingsheime, kirchliche Kinderheime, Ausspeisungen u. a. wurden unterstützt. Auf Anregung von Julius Tandler richtete »Rädda Barnen« im Sanatorium Grimmenstein (NÖ.) einen Kinder-Pavillon für Knochentuberkulose ein und betreute ihn.[18]

Die Hilfsmittel für das schwedische Rote Kreuz und »Rädda Barnen« stammten überwiegend aus Spenden von verschiedenen schwedischen Verbänden, Vereinen, Berufsvereinigungen, religiösen Gemeinschaften usw., deren Verteilung in Wien abgewickelt wurde. Im »Kriegskinderbüro« wurden Wiener Kinder von schwedischen und österreichischen Ärzten untersucht und für Erholungsaufenthalte in Schweden ausgewählt.[19] Für die Betreuung der Kindertransporte arbeite-

---

16 »Wir waren nicht die ersten Schweden am Platz. Bei der schwedischen Ambulanz hatten unsere Ärzte die Verletzten betreut, sie hatten auch direkt an der Front gearbeitet. [...] Schwedische Heilgymnasten hatten bereits während des Krieges in Österreich gearbeitet. Die Erfahrungen von Geheimrat Oldevig's Institut [Emil Johan Oldevig, schwed. Militär; entwickelte die Heilgymnastik] in Dresden haben die österreichischen Ärzte gelehrt, dass Krankengymnastik gute Heilerfolge bei den Kriegsverletzten bringt. Eine Schar schwedischer Heilgymnastikerinnen kam nach Wien. Die meisten wurden vom österreichischen Sanitätskommando und anderen Institutionen nach Wien gerufen.« Siehe Björkman-Goldschmidt: Vad sedan hände S. 56f.

17 1922 von Eugenie Schwarzwald gegründet, verwaltete das Schwarzwaldsche Wohlfahrtswerk ihre verschiedenen sozialen Aktivitäten (Gemeinschaftsküchen, Erholungsheime usw.).

18 »Wir unterstützten das bestehende Sanatorium für Knochentuberkulose in Grimmenstein. Auf emsiges Betreiben von Julius Tandler errichtete Schweden dort einen Pavillon für etwa 300 knochentuberkulöse Kinder. In der Nähe befand sich das Lungensanatorium, wo es genügend Ärzte gab. Es war der Traum von Professor Tandler, dass Schweden etwas Bleibendes in Österreich schafft. In der akuten Not war dieser Pavillon ein wirklicher Rettungsanker.« Siehe Björkman-Goldschmidt: Vad sedan hände S. 61.

19 Die erholungsbedürftigen Kinder wurden bis zu einem Jahr von schwedischen Familien aufgenom-

ten Reiseleiter aus beiden Ländern zusammen. Für die notwendigen Recherchen und Kontrollen wandten sich die schwedischen Hilfsaktionen an österreichische Organe der verschiedenen Konfessionen und politischen Richtungen.

Zu Beginn betrieb »Rädda Barnen« seine Verteilungszentrale in der Gonzagagasse und übersiedelte später in die Sensengasse, in das ehemalige kaiserliche Institut für Körperkultur.[20] Eine Freundin bezeichnete – die offensichtlich durchaus energische – Elsa Björkman-Goldschmidt in einer Buchwidmung als »Oberst in der Gonzagagasse«.

Dem schwedischen Roten Kreuz war für seine Zentrale der frühere Audienzsaal in der Hofburg zugeteilt worden. Hier wurde auch für das schwedische und österreichische Personal beider Hilfsaktionen Essen serviert. »Der Saal war imponierend. In hohen Porträts, die vom Fußboden bis zur Decke reichten, blickten die alten Habsburger auf die wunderliche Versammlung, die jetzt ihre Gemächer bevölkerte. Das ehemals kaiserliche Porzellan mit dem österreichischen Doppeladler war wohl niemals zuvor für Dienstboten oder wie jetzt für einfache, dicke Suppen, mit viel Kohl, Kartoffeln und spärlichen Fleischstücken, verwendet worden. [...] Unsere Kost war einfach und sowohl dem schwedischen als auch dem österreichischen Geschmack angepasst. Wenn sich die Schweden über den eingelegten Hering freuten, wurden die Gesichter der Österreicher lang: roher Fisch mit Zucker! Ebenso erging es uns mit Knödeln und Sauerkraut. Ein Paar Frankfurter oder eine Scheibe Corned Beef mit Kartoffeln waren ein Festmahl für uns.«[21]

Die Schweden benötigten für ihre Aktivitäten nicht nur die Zusammenarbeit mit den österreichischen Organisationen, ohne österreichische Helfer hätten sie ihre sozialen Aufgaben kaum bewältigen können; zahlreiche Wiener boten ihre Hilfe an. Die wahren Motive hinter einer solchen Bewerbung zu erkennen und die Geeigneten auszuwählen, war für die Schweden nicht immer einfach. Ein Beweggrund stand häufig hinter einem solchen Hilfsangebot: »Es war sicher die verlockende Aussicht, bei uns eine Mahlzeit zu erhalten, die viele hochstehende Herren lockte, unsere Mitarbeiter zu werden. Da gab es ehemalige Statthalter, Feldmarschalle, Generale und Admirale, sogar den Generaldirektor für das Bau-

men. Wie ich in persönlichen Gesprächen (aus biologischen Gründen leider nicht mehr mit Teilnehmern) erfahren habe, entstanden daraus oft lebenslange Freundschaften.

20 Björkman-Goldschmidt: Det var i Wien S. 17 und dies.: Vad sedan hände S. 62.

21 Björkman-Goldschmidt: Det var i Wien S. 58f.

wesen in Wien mit dem dazupassenden Namen Baumann, der die Neue Hofburg gebaut hatte.«[22]

Den Helfern aus dem Norden war die Wiener Mentalität und wohl auch die Sprache teilweise wenig verständlich und fremd, daher war es für sie nicht immer leicht, die besonders Bedürftigen unter den Bittstellern zu erkennen und auszuwählen. Man wollte keinen Hilfesuchenden in seiner persönlichen Würde verletzen: »Es scheint, als sei es leicht und beneidenswert, mit Händen voll lebenswichtiger und dringend benötigter Waren vor Menschen zu stehen und sie auszuteilen. Es war aber nicht so leicht! Es galt, jene zurückzuhalten, die sich allzu stürmisch vordrängten und ihre – echte oder falsche – Not in allen Tonarten beklagten. Wir mussten jene locken, die sich ängstlich bemühten, ihr Elend hinter einem dünnen Schleier von Stolz zu verbergen. Zu Beginn überlegten wir, welche Verteilung für die Empfänger am erträglichsten sei und entschlossen uns, dies so unpersönlich wie möglich zu machen. Jeder, der sich als bedürftig erwies, sollte ein Papier erhalten, das ihn – ohne nochmalige Erklärungen über seine Hilfsbedürftigkeit – berechtigte, die angeführten Waren zu beziehen. Eine Art Geschenkkarte sollte zweifellos die geeignetste Lösung sein. Das erwies sich als Irrtum! Die Wiener wollen über ihre Probleme sprechen. Sie lieben es, das Unfassbare, das ihnen geschehen ist, ausführlich auszubreiten. Vor allem vor jemanden der dies nicht erlebt hatte. Uns schien es, als sei es für die Wiener ebenso hilfreich, ihr Herz auszuschütten wie die materielle Hilfe zu erhalten.«[23]

Die Hilfsgüter für die Verteilung von »Rädda Barnen« und dem Roten Kreuz speisten sich, wie bereits erwähnt, aus Spenden. Die schwedische Journalistin Gerda Marcus,[24] eine der Gründungsmitglieder von »Rädda Barnen«, hatte es übernommen, durch entsprechende Artikel die Spendenfreudigkeit ihrer Landsleute nicht erlahmen zu lassen. Ihre Artikel, von den Schweden in Wien intern

22 Neben anderen zählten dazu der von Thronfolger Franz Ferdinand besonders geschätzte Architekt Ludwig Baumann (1853–1936), der Chef des k.k. Geheimdienstes Maximilian Ronge (1874–1953) oder der ehemalige Statthalter in Istrien Baron Philipp Reinlein von Marienborg (1865–1928). Björkman-Goldschmidt: Vad sedan hände S. 59f.

23 Björkman-Goldschmidt: Det var i Wien S. 26 bzw. 31.

24 Gerda Marcus [alias Gerfred Mark] (1880–1952), Journalistin, gehörte zu den Gründungsmitgliedern von »Rädda Barnen« und schrieb für die Zeitung »Svenska Dagbladet« zahlreiche Artikel über die Not in Österreich. Sie übersetze Franz Werfel und andere deutschsprachige Schriftsteller ins Schwedische.

Abbildung 3: Empfang vor der Hofburg – Bundespräsident Hainisch dankt Schweden für die Hilfe (1926 – Schwedenwoche). [© A. Broman, Solna].

etwas despektierlich als »Schluchzen« bezeichnet, waren meist höchst erfolgreich. »›Liebe Mädchen, kann ich ein bisschen Not haben‹«, pflegte sie zu rufen, wenn sie in die Verteilungszentrale der Hilfsgüter wirbelte. An »Not« war in diesen Zeiten wahrlich kein Mangel. Eines Tages berührte die schwedischen Helfer vor allem die Geschichte einer Korporalswitwe mit acht Kindern. Der Vater war im Krieg gefallen, die Mutter schwer erkrankt und die Situation der Familie daher mehr als schwierig. Aus ungeklärten Gründen verwandelte sich die Korporalswitwe in dem Zeitungsartikel von Gerda Marcus in eine »Generalswitwe mit acht Kindern«. Diese bedauernswerte Familiensituation löste in Schweden eine wahre Spendenflut aus. »›Es ist doch egal ob der Verstorbene Korporal oder General war‹«, negierte Gerda mit journalistischer Großzügigkeit die Details. ›Not ist Not und der Magen der Kinder schreit – das ist das Wichtigste.‹ Wenig später erhielt ich aus Schweden ein Paket von einer Privatperson mit dem Wunsch, dieses an die Generalswitwe, über die sie in der Zeitung gelesen hatte, weiterzuleiten. […] ›Gib das der Witwe mit den acht Kindern, ich nehme die Verantwortung auf mich‹, meinte Gerda. Wir freuten uns beide über die glücklich strahlenden Augen der Korporalswitwe, wenn sie all die Herrlichkeiten auspacken würde. Diesem Paket folgten weitere, und bald kamen Briefe, die um persönlichen Kontakt mit der Generalswitwe mit den vielen Kindern baten und weitere Hilfssendungen in Aussicht stellten.«

Einerseits freuten sich die schwedischen Helfer in Wien über die Spendenflut, andererseits drohten Komplikationen, da diese Spenden ja dezidiert für die Generalswitwe bestimmt waren, und man gegenüber den Spendern für die ordnungsgemäße Verteilung verantwortlich war. Man überlegte, wie man das Problem vor Ort entschärfen konnte, ohne die Spendenfreudigkeit im Heimatland zu beeinträchtigen. Den wahren Sachverhalt in einem weiteren Artikel richtig zu stellen, hätte möglicherweise die schwedischen Spender irritiert, daher versuchte man, die Angelegenheit auf andere Weise zu regeln, wie Elsa Björkman-Goldschmidt berichtet: »›Wir müssen eine Generalswitwe mit acht Kindern finden‹, sagte Gerda mit fester Stimme. […] Ich rief bei der Militärbehörde an und äußerte eine bescheidene Anfrage, ob es möglich sei, zu erfahren, ob sich vielleicht in der österreichischen Armee eventuell eine Generalswitwe mit acht Kindern, die […] sich in einer Notlage befand […], ja, wir würden gerne wissen, ob es überhaupt eine solche Witwe gibt? Die Österreicher sind von Natur aus höflich, und die liebenswürdige Stimme, die mir antwortete, verriet nicht im geringsten, ob sie diese Anfrage vielleicht etwas eigentümlich fand. Man versprach mir freundlich, das Möglichste zu tun und ›eine solche ausfindig zu machen‹. Nach einiger Zeit kam die niederschmetternde Antwort – eine Generalswitwe mit acht Kindern war nicht aufzutreiben! Eine Generalsfamilie hatte zwar acht Kinder, aber der Vater war höchst lebendig. Es gab viele kinderreiche Offiziersfamilien, auch Witwen – aber die hatten nicht diesen hohen Rang. Ging es nicht mit einer Oberstwitwe mit fünf Kindern? Es gab noch eine Oberstleutnantwitwe, die zehn Kinder hatte, konnte man davon nicht zwei verschweigen? Den Oberstleutnant posthum zum General zu ernennen, sei leider nicht möglich! Ich weiß nicht, ob sich die dienstbeflissene Person auf der anderen Seite des Telefons einen Scherz mit mir erlaubte. Der Ton verriet es jedenfalls nicht.

Bald nach meiner Anfrage wurden wir von einem ehemaligen Offizier, ihm fehlte ein Arm, aufgesucht. Seine Uniform, in der alten feldgrauen Art, war ordentlich aber abgetragen. Er bat, ob er eine Liste mit kinderreichen Offiziersfamilien und Witwen überreichen dürfe. Sie wollten sich nicht aufdrängen […] sie waren das ja nicht gewohnt […] aber nach der freundlichen Erkundigung, die unlängst bei ihnen gemacht wurde [...]. Ich dankte ihm mit einer Herzlichkeit für die Liste, die ihn wahrscheinlich ziemlich verblüffte.«[25]

Dr. Eugenie Schwarzwald suchte für die von ihr gegründeten Gemeinschaftsküchen[26] die Zusammenarbeit mit den schwedischen Hilfsaktionen, so lernte Elsa Björkman-Goldschmidt diese bekannte Wiener Pädagogin kennen.[27] Sie vereinbarten, die von den schwedischen Hilfsaktionen nicht verwendeten Lebensmittel den Schwarzwaldschen Gemeinschaftsküchen zur Verfügung zu stellen. Im Gegenzug erhielten die Schweden Essensgutscheine, die sie an Bedürftige verteilen konnten.

Aus diesem ersten Treffen entwickelte sich zwischen beiden Frauen eine enge persönliche Freundschaft. Hatte Elsa Brändström ihrer Freundin quasi den Weg zur sozialen Arbeit gewiesen und damit »die Tür zu einem normalen Leben zugeschlagen«, so vertiefte die Freundschaft mit Eugenie Schwarzwald das Verständnis dafür. Tief beeindruckt zitiert Elsa Björkman-Goldschmidt in ihren Büchern immer wieder deren Ansichten oder Empfehlungen zu sozialen Themen.

Die schwedischen Hilfsorganisationen arbeiteten nach dem Ersten Weltkrieg eng mit Julius Tandler[28] zusammen, der zusätzlich noch einer der Lehrer von Waldemar Goldschmidt gewesen war. Nachdrücklich betont Elsa Björkman-Goldschmidt in ihren Erinnerungen sein soziales Engagement für Wien. Zu den zahlreichen gemeinnützigen Errungenschaften in seiner Amtszeit zählt die Einführung des Säuglingspakets für Neugeborene.[29] Elsa Björkman-Gold-

25 Björkman-Goldschmidt: Det var i Wien S. 39f (gekürzt).

26 1917 eröffnete E. Schwarzwald die erste Gemeinschaftsküche. Durch die gemeinsame Nutzung von Lebensmitteln und Heizmaterial sollten nicht nur ihre Schülerinnen leichter zu einer warmen Mahlzeit kommen. Nach dem Ersten Weltkrieg wurden nach diesem Modell auch in Berlin Gemeinschaftsküchen errichtet.

27 Das erste Zusammentreffen fand am 25. Dezember 1919 vormittags in der Wohnung von Eugenie Schwarzwald statt. Das Chaos, das Elsa Björkman-Goldschmidt in der Wohnung vorfand und die Faszination, die von Eugenie Schwarzwald ausging, schildert Elsa Björkman-Goldschmidt ausführlich in ihren Erinnerungen. Siehe Schreiber: Es geschah in Wien S. 63–79.

28 Julius Tandler war Arzt (u. a. Leiter der 1. Anatomische Lehrkanzel an der Universität Wien) und sozialdemokratischer Politiker. Nach dem Ersten Weltkrieg wurde er Unterstaatssekretär und wechselte 1920 in das Volksgesundheitsamt der Stadt Wien. Als Stadtrat für das Wohlfahrts- und Gesundheitswesen arbeitete er für den Ausbau der Fürsorge. In dieser Zeit schuf er zahlreiche soziale Einrichtungen (Kindergärten, Schulzahnkliniken, Kinderübernahme- und Mutterberatungsstellen u. a.) und verstärkte erfolgreich den Kampf gegen Tuberkulose.

29 Julius Tandlers initiierte das Säuglingspaket. Unter dem Motto »Kein Wiener Kind darf auf Zei-

schmidt berichtet, woher wahrscheinlich die Anregung dafür stammt. Auf einem Empfang lernte sie eine Wiener Akademikerin kennen, die ihr folgendes Erlebnis berichtete: »Für mich ist der Begriff Engel auf ewig mit Schweden und Windeln verknüpft. Mein Kind wurde in den letzten Kriegstagen geboren. Von den Amerikanern hatte ich ein wenig Kondensmilch erhalten, aber ich besaß nicht einmal einen Fetzen, um das Kleine einzuwickeln. Die Gardinen am Fenster waren bereits zerrissen, sauberes Papier fand ich nicht, weil die Zeitungen voller Druckerschwärze waren. Das Kleine wimmerte und hatte bereits Ausschlag. Da klopfte eine unbekannte Person an der Tür und sagte, sie komme aus Schweden. Was geht das mich an, dachte ich mir. Sie reichte mir ein schönes, großes Baby-Paket, das alles enthielt, was ein mitfühlender Mensch sich nur vorstellen kann. Als ich die Vaselinecreme und die Sicherheitsnadeln sah, brach ich in Tränen aus. Wenn es uns wieder etwas besser geht, soll jede junge Mutter eine Babyausrüstung von der Gemeinde Wien erhalten. Ich war unter jenen, die das bei der Gemeinde Wien durchsetzen konnten. Wie notwendig das ist, hat Rädda Barnen mich gelehrt. Mit Vaseline und Sicherheitsnadeln.«[30]

Die offiziellen Stellen in Wien drückten gegenüber den ausländischen Helfern ihre Dankbarkeit auf unterschiedliche Weise aus. Zahlreiche Empfänge und Veranstaltungen wurden ihnen zu Ehren gegeben.[31] Zusätzlich plante Österreich, eine kulturelle Delegation nach Schweden zu senden, um den offiziellen Dank des Landes zu überbringen. Im Einvernehmen mit Schweden sollte dadurch die schwedische Spendenfreudigkeit weiter angeregt werden.[32] In dieser Angelegenheit wurde Elsa Björkman-Goldschmidt in der Verteilungsstelle von Arthur Schnitzler aufgesucht, wie sie erzählt: »Während der Arbeit fiel eines Tages mein Blick auf einen gepflegten älteren Herrn mit Spitzbart und weißen Gamaschen,

---

tungspapier geboren werden« erhielten die Mütter von Neugeborenen ein Säuglingspaket. Dieses beinhaltete neben einer Erstausstattung Windeln, Badetücher, Flanelltücher, Gummieinlagen und dergleichen mehr [http://elearning.htlwien10.at/file.php/25/92.htm (Zugriff 10. Juli 2007)].

30 Björkman-Goldschmidt: Vad sedan hände S. 64f.

31 »Die Österreicher waren in der ersten Zeit der Hilfsaktionen unermüdlich, uns auf jede erdenkliche Weise ihre Dankbarkeit für unsere Unterstützung zu zeigen. Einmal gab die Spanische Hofreitschule eine Sondervorstellung mit historischen Uniformen; ein strahlendes Fest mit philharmonischer Unterstützung.« Ebd. S. 76 (über eine Festvorstellung bei den Lipizzanern) und S. 118 (über einen Ausflug in die Wachau).

32 Ob sie wirklich reisten, konnte ich (noch) nicht feststellen. Die Erinnerungen von Elsa Björkman-Goldschmidt enthalten selten genaue Daten, was die Recherche sehr erschwert.

Abbildung 4: Ankunft der Wiener Kinder. »Wiener Bilder« vom 28. September 1919, S. 6 [© ÖNB].

der zögernd am Eingang stand. Eigentlich wirkte er eher wie ein Franzose als ein Österreicher. Er trug einen hellen Frühjahrsmantel mit Pariser Schnitt und sein Haar war in etwas manierierter Art schräg über den Kopf gekämmt, als wollte er sagen: hier bin ich! Wir hatten schon so viele unterschiedliche Typen in unserer Verteilung gesehen, doch irgendetwas hielt mich ab, ihn nach seiner Kragenweite und Hosengröße zu fragen. Meine innere Stimme gab mir stattdessen ein, ihn in unser Büro zu bitten und ihm einen Platz anzubieten. Er war dankbar, verbeugte sich höflich und stellte sich vor: ›Mein Name ist Arthur Schnitzler‹. Danach wirkte er irgendwie gehemmt und unschlüssig. Ich ahnte, worin seine Sorgen begründet waren, und konnte daher das Gespräch in die richtige Richtung lenken. Von österreichischer – und auch von schwedischer Seite – hatte man nämlich beschlossen, eine Delegation aus Wien nach Stockholm zu senden, um dort den österreichischen Dank für die großherzige Unterstützung auszudrücken. Gleichzeitig hoffte man damit, die Mitglieder der Hilfsaktion und die schwedischen Spender zu neuen Wohltätigkeiten anzuspornen. Man wollte eine Art Kulturaustausch vornehmen und etwas vom Wiener Kulturleben in Schweden zeigen. Es war geplant, das soziale, literarische und künstlerische Wien vorzustellen. Das Soziale sollte durch Eugenia Schwarzwald, das Literarische durch Arthur Schnitzler repräsentiert werden. Für das Künstlerische hatte man, nach einigem Zweifel, die Tänzerin Grete Wiesenthal[33] ausgewählt. Es war deutlich billiger, die tanzende als die malende Kunst von Wien nach Schweden zu transportieren.«[34]

Nach dem Ende des Ersten Weltkriegs wurden in Wien zahlreiche Straßen und Plätze umbenannt, deren Namen an die Kaiserzeit erinnerten. Darunter fiel die mehrfach umgebaute Ferdinand-Brücke, zu Ehren von Kaiser Ferdinand I. so benannt, über den Donaukanal und der daran anschließende Ferdinandsplatz. Brücke und Platz wurden 1919 zur Erinnerung an die humanitäre Hilfe Schwedens nach dem Ersten Weltkrieg als Zeichen der Dankbarkeit in Schwedenbrücke bzw. Schwedenplatz umbenannt.[35]

Die offizielle schwedische Hilfsaktion für Wien nach dem Ersten Weltkrieg wurde 1923 beendet.[36] »Bet' Kindlein bet, sonst kommt der böse Schwed'«, heißt es in einem allgemein bekannten Wiegenlied aus dem Dreißigjährigen Krieg. Nach dem Ersten Weltkrieg wies man in Wien immer wieder darauf hin, die Schweden seien in ihren Hilfsaktionen derart großherzig, dass man den Text dieses Liedes umändern sollte: »Bet', Kindlein, bet', dann kommt der gute Schwed'«.[37] Die letztere Version hat sich im Gedächtnis der Wiener nicht durchgesetzt. Die Erinnerungen an die Schrecken des Dreißigjährigen Krieges sind (nicht nur) in Wien deutlich besser präsent als das umfassende soziale Engagement Schwedens nach dem Ersten Weltkrieg.[38]

---

33 Grete Wiesenthal (1885–1970) war Solotänzerin des Wiener Hofopernballetts und später Lehrerin an der Akademie. Sie schuf mit ihren Schwestern einen neuen Tanzstil und gründete 1912 eine eigene Tanzgruppe.

34 Björkman-Goldschmidt: Det var i Wien S. 116f [gekürzt].

35 Protokoll der Stadtsenatssitzung vom 6. November 1919: »Umbenennung des Kaiser Ferdinandplatzes in Schwedenplatz aus Dankbarkeit für die werktätige Hilfe, die uns das schwedische Volk in dieser schweren Zeit geleistet hat, unter gleichzeitiger Umbenennung der Schwedengasse im 20. Bezirk.« Verlautbarung in der Wiener Zeitung (Nr. 94/1949), lt. Mitteilung von Anna Meyer, WStLA. Nach dem Zweiten Weltkrieg wurde als Dank für die ›Schwedenhilfe‹ zahlreiche Straßen und Plätze nach schwedischen Persönlichkeiten bzw. Orten benannt (u. a. die Per Albin Hanson-Siedlung; hier gibt es auch einen Rädda Barnen-Platz). Siehe Schreiber: Es geschah in Wien Glossar.

36 Ein genauer Termin ist in den Erinnerungen von Elsa Björkman-Goldschmidt nicht enthalten.

37 Björkman-Goldschmidt: Det var i Wien S. 59.

38 Die nach 1945 einsetzende »Schwedenhilfe« ist in Wien wesentlich besser bekannt und dokumentiert. Auch über dieses soziale Engagement berichtet Elsa Björkman-Goldschmidt ausführlich in dem Buch: Wien vaknar. Siehe Schreiber: Es geschah in Wien S. 263–361.

Vlasta Valeš

Die Kommunikationsorte der Wiener Tschechen zwischen den 1840er und den 1930er Jahren

Im Laufe des 19. Jahrhunderts stieg der Migrationstrom der Bevölkerung aus den böhmischen Ländern in die Hauptstadt der Monarchie kontinuierlich an. Um die Jahrhundertwende zum 20. Jahrhundert bildeten die Tschechen einen beträchtlichen Anteil der Wiener Bevölkerung.[1] Ihr Leben in der überwiegend deutschsprachigen Stadt war aber keineswegs einfach. Angefeindet auf der politischen Ebene, verspottet von der öffentlichen Meinung, ausgebeutet oder zumindest benachteiligt am Arbeitsplatz stellte sich Wien oft als bitterer Ort für die Wiener Tschechen dar. Je nach Alter, gesellschaftlichem Rang und Beruf, Ausprägung des nationalen Bewusstseins, aber auch dem persönlichen Charakter reagierten einzelne Personen unterschiedlich auf diese äußeren Umstände. Unterschiedlich war auch der Integrationswille der Tschechen in die deutschsprachige Wiener Gesellschaft: Auf der einen Seite stand die Bemühung, sich schnell zu assimilieren, auf der anderen Seite das Leben in der Segregation, ohne die deutsche Sprache je zu erlernen. Zwischen diesen beiden extremen Polen existierten aber vielfältige Schattierungen von Verhaltensweisen.

Für die meisten Wiener Tschechen war ein Zusammentreffen mit einem tschechischsprechenden Landsmann ein positiv besetztes Erlebnis. Es ist nur zu verständlich, dass man sich bemühte, derartige Möglichkeiten herbeizuführen. Mit der rasch anwachsenden Zahl der Wiener Tschechen wuchs auch die Zahl ihrer Begegnungsorte allmählich an. Zuerst gab es keine spezifisch »tschechische« Orte in Wien: Die tschechischen Handwerker, die tschechischen Greißler oder die tschechischen Händler am Markt gerieten schnell zu Treffpunkten für andere

---

1 Bei der Volkszählung von 1900 gaben 102.974 Wiener die tschechische/mährische/slowakische Umgangsprache an. Noch deutlicher zeigt die tschechische Präsenz, dass 411.037 Personen, d. h. 24,5 % der Wiener Bevölkerung, in den böhmischen Ländern geboren und sogar 518.333, d. h. 30,9 % dort heimatberechtigt waren. Quelle: Statistik Austria; John, Michael/Lichtblau, Albert: Schmelztiegel Wien – einst und jetzt. Zur Geschichte und Gegenwart von Zuwanderung und Minderheiten. Aufsätze. Quellen und Kommentare. Wien u. a. 1990, S. 14–16.

Tschechen und stellten auch Orte des Informationsaustausches dar. In manchen Werkstätten und Fabriken kommunizierten Arbeiter mangels an Deutschkenntnissen nur Tschechisch – ein Geburtsort der späteren tschechischen Arbeitervereine und Gewerkschaften. Tschechisch war lange Zeit die wichtigste Kommunikationssprache unter den Ziegelarbeitern am Wienerberg. Als »Ziegelbehm« verspottet, stellten sie ein besonderes Phänomen unter den Wiener Tschechen dar. Harten Arbeits- und Lebensbedingungen ausgesetzt, lebten sie abgeschieden in den Fabrikbaracken am Wienerberg und bildeten eine relativ abgeschlossene Gemeinde. Auch ihr gesellschaftliches Leben spielte sich dort ab. Heiraten untereinander waren dort keine Seltenheit. Ein Teil der »Ziegelbehm« waren Saisonarbeiter, die im Winter wieder nach Böhmen zurückkehrten.

Besonders wichtige Kommunikationsstätten waren die Gaststätten und Wirtshäuser. Hier formierte sich die tschechische Gemeinde: Diese Treffen reichten von informellen Zusammenkünften über regelmäßige Treffen am Stammtisch bis hin zur Gründung von Vereinen – das tschechische Leben in Wien begann sich zu konstituieren. Die Art der Kommunikation stand in deutlicher Abhängigkeit von der gesellschaftlichen Stellung der Beteiligten. Berüchtigt waren die Unterhaltungen der jungen Tschechen im Prater. Antonín Hubka beschreibt das in seinem Bericht von 1901 mit tiefer Erschütterung: »Die vulgärsten Witze und Lieder stehen auf der Tagesordnung. Die jungen Mädel, kaum der Schule entwachsen, [...] verfallen hier dem Verderben, die jungen tschechischen Gesellen lernen hier schlemmen und opfern den letzten Kreuzer für Alkohol und Tanz. Sonntags sind die Gasthäuser in Prater fast nur durch das tschechische Volk vollbesetzt, das sich aber so benimmt, dass man über seine Zukunft verzweifeln möchte«.[2]

František Bedřich Ševčík[3] setzt den Anfang des tschechischen Wiener Gesell-

2 Hubka, Antonín: Čechové v Dolních Rakousích. Studie z cest [Die Tschechen in Niederösterreich. Ein Reisebericht]. Prag 1901, S. 26f.: »Nejsprostší vtipy a písničky jsou na denním pořádku. Děvčata mladičká, která sotva škole odrostlá [...], propadají tu zkáze, mladí tovaryši čeští učí se tu hýřit a poslední krejcar obtovat za alkohol a tanec. Hostince v Prátru jsou v neděli nabity téměř jenom českým lidem, ale ten chová se tak, že člověk zoufá nad jeho budoucností.«

3 František Bedřich Ševčík (13. Oktober 1824, Jedovnice – 22. Jänner 1896, Wien), Mathematiker, Absolvent des Polytechnikums (Vorgänger der heutigen Technischen Universität Wien) und der Männergesangsschule am Konservatorium. Er war Professor an mehreren Wiener Realschulen sowie am Polytechnikum und wurde zum Vorreiter der akademischen Frauenbildung. Seit seiner Studienzeit in den 1840er Jahren beteiligte er sich aktiv am gesellschaftlichen Leben der Tschechen in Wien, dessen bedeutender Proponent, Organisator und Förderer er bis zu seinem Tod war.

Abbildung 1: Karl Novaks Gasthaus mit den Mitgliedern des Gesangvereins »Zvon«, der im Gasthaus probte (Bezirksmuseum Favoriten).

schaftslebens – wohl gemerkt der gebildeten Schicht unter den Wiener Tschechen – in die frühen 1840er Jahre, also noch vor die große tschechische Migration nach Wien.[4] Die erste Gaststätte, wo sich die tschechischen Studenten trafen, befand sich in der Währinger Straße 18, Ecke Berggasse (Wien IX). Da die Studenten zu dieser Zeit auf die slawische Gemeinsamkeit Wert legten, verlegten sie ihre Treffen bald ins Café des »patriotischen« Kroaten Gerlović am Bauernmarkt 5 (Wien I). Dort verkehrten sie durch etwa zehn Jahre (1842–1852): Die Tschechen, wobei die Mährer den Böhmen zahlenmäßig überlegen waren, trafen hier auf Kroaten, Serben und Slowenen. Die Polen standen abseits, »denn viele unter ihnen wollten von einer slawischen Gemeinsamkeit oder gar Brüderlichkeit nichts hören«.[5] Mit dem zahlenmäßigen Anwachsen der Tschechen in Wien stieg

4 Horňanský, Jan Kř.: Professor František Bedřich Ševčík. Životopisný nástin [Professor František Bedřich Ševčík. Ein biographischer Entwurf]. Brünn 1898, S. 30–49.

5 Horňanský: Ševčík S. 31: »Vyjma Poláky, z kterých tak mnohý o nějaké slovanské vzájemnosti nebo docela bratrství nikdy ani slyšeti nechtěl.« Die mangelnde Begeisterung der Polen für panslawistische Ideen ist im Kontext der polnischen Geschichte und des polnisch-russischen Gegensatzes zu verstehen.

auch die Zahl der Gaststätten, wo man sich zum Mittag- oder Abendessen traf. »Und wenn sie in einem separaten Raum gemeinsam saßen«, so Ševčík, »›wagten‹ sie es sogar, ein tschechisches Nationallied zu singen«.[6]

Der Gesang hatte nicht nur außerordentlichen Unterhaltungswert für die Tschechen, der Gesang der Volkslieder und der nationalistischen Lieder stellte auch ein Bekenntnis zur eigenen Nation dar. Neben dem Gesang war die Musik die treibende Kraft im gesellschaftlichen Leben der Tschechen.

In der Gaststätte »Zum Ochsen«, einer wenig einnehmenden Gaststätte in der Florianigasse 29 (Wien VIII), traf sich eine informelle Gesangsrunde von Technikern, Beamten, Juristen und Pädagogen. Viele von ihnen avancierten später zu allgemein anerkannten Führungspersönlichkeiten der Wiener Tschechen, die Gründer, Förderer und in der Folge Ehrenmitglieder vieler Vereine wurden.[7] Gesungen und musiziert wurde in den 1840er Jahren nachweislich auch noch in anderen Gaststätten, wie z. B. in der Gaststätte »Zum roten Hahn« in der Gumpendorferstraße 47 (Wien VI) oder in der Gaststätte »Zum goldenen Brunnen« in der Ungargasse (Wien III).[8]

In der Gaststätte »Zum goldenen Fassel« in der Schleifmühlgasse (Wien IV) nahmen in den Jahren 1843/1844 die gesangsmusikalischen Abende, die so genannten »slawischen Beseda«, ihren Anfang. Hier trafen sich die Studenten des Polytechnikums, die zugleich auch die Männergesangsschule am Konservatorium frequentierten. Ihr erstes öffentliches Konzert veranstalteten sie am 20. Mai 1845

6 Ebd. S. 31: »[...] a když takto pohromadě ve zvláštní světnici se nacházeli, tu 'opovážili' se i toho, že sobě i národní českou píseň zazpívali.«

7 Zu dieser Gruppe gehörten neben František Bedřich Ševčík Dr. Jan Dvořáček (27. Februar 1808, Tišnov – 31. März 1865, Wien; Advokat in Wien), Petr Bilka (4. Mai 1820, Boskovice – 11. September 1881, Wien; Pädagoge, später Direktor und Inhaber von »Hermanns Erziehungsanstalt« in der Josefstadt, Wien), Dr. František Terebelský (geb. in Kyjov – 21. Oktober 1875, Techniker und später Professor), Antonín Cebuský (23. Mai 1816, Zásmuky – 10. März 1884, Wien; Beamter und Schriftsteller), Ludvík Pelcl (geb. in Rychnov nad Kněžnou, Beamter), Ludvík Piskáček (geb. in Ústí nad Orlicí, Techniker) u.a.

8 Die führenden Musiker in der Gaststätte »Zum roten Hahn« waren die Konservatoriumsabsolventen Karel Cigna (27. November 1819, Kojetín – 20. März 1880, Kroměříž; später Musiklehrer und Kirchenchordirektor) und Karel Gruss (aus Böhmen, Komponist, später Musiklehrer in Russland, wo er frühzeitig starb) zusammen mit dem Schneider Dominik Ježek (aus Kojetín). In der Gaststätte »Zum goldenen Brunnen« trafen sich meistens die Handwerker. Zu Stammgästen gehörten aber auch Bilka, Terebelský, Ševčík, František Průdek (Lehrer am »Hermann-Institut«) und Dr. Florian Zedník (geb. in Určice, Techniker).

im Saal des damaligen Konservatoriums. Die Bedeutung dieses Konzerts wurde durch die Anwesenheit der Mutter Ferdinands I. noch gesteigert – ein Umstand, der sich später äußerst positiv auf die Bewilligungspolitik der Polizei für tschechische Veranstaltungen auswirken sollte.[9]

Die Besedas entwickelten sich schnell zu erfolgreichen Großveranstaltungen. Nur zwei Jahre später, bei der fünften Beseda, die am 27. März 1847 im »Sperl« in der Leopoldstadt (Wien II) stattfand, waren schon rund 1.500 Personen anwesend. Der erste Programmteil wurde aus verschiedenen slawischen Stücken gebildet. Unter den Mitwirkenden befand sich auch der zu seiner Zeit berühmte Tenor Alois Ander, Mitglied der Wiener Hofoper.[10] Im zweiten Teil der Veranstaltung spielte Johann Strauss Jun. mit seiner Kapelle. Auch er stellte einige slawische Stücke vor, darunter ein von ihm aus slawischen Liedern zusammengestelltes Potpourri.[11]

Mitte der 1840er Jahre entstanden die slawischen Bälle. Am Anfang stand ein Studentenball, der am 4. Februar 1844 in den »Sträussel Sälen« des Theaters in der Josefstadt (Wien VIII) stattfand. Schon auf diesem Ball fanden sich viele herausragende Persönlichkeiten unter den rund 300 Besuchern ein, zum Beispiel der serbische Fürst Miloš Obrenović, der in den 1840/50er Jahren im Wiener Exil lebte, die Grafen Kolowrat-Krakowsky, Zamoyski und Padzić oder der serbische Schriftsteller und Dichter Vuk Stefanović. Diese slawischen Bälle stiegen schnell zu einem außergewöhnlichen Ereignis im gesellschaftlichen Leben Wiens auf. Die zunehmenden Besucherzahlen machten es erforderlich, große und repräsentative Räume anzumieten: Die Bälle wurden deshalb in die Sophiensäle verlegt. Die Musik wurde jedes Mal von Johann Strauss Vater oder Sohn dirigiert. Bedeutende Persönlichkeiten, darunter viele Adelige, wurden gleichermaßen zu Stammgästen sowohl auf den slawischen Bällen als auch den Besedas. Die Revolution im Jahre 1848 unterbrach diese erfolgreiche Entfaltung des gesellschaftlichen Lebens der Wiener Tschechen für lange Jahre. Erst im März 1859 wurde erneut ein slawischer Ball in den Sophiensälen veranstaltet.[12]

In den 1860er Jahren begann sich im Zusammenhang mit den innenpolitischen Änderungen das Leben der Wiener Tschechen zu institutionalisieren. Als

9 Karásek, J.: Sborník Čechů dolnorakouských [Almanach der NÖ. Tschechen]. Wien 1895, S. 16.

10 Eigentlich Alois Anderle (10. August 1821, Lipnice – 11. Dezember 1864, Stráž pod Ralskem).

11 Karásek: Sborník Čechů S. 24f.

12 Ebd. S. 39.

erster wurde der »Slawische Gesangverein« im Jahre 1862 gegründet.[13] Weitere Vereine folgten. Die Vereinsgründungen fanden in der Regel in Gaststätten statt, häufig fand dort das Vereinsleben seinen Raum. Immer wieder wurden die Vereine aber vor die Notwendigkeit gestellt, eine neue Bleibe zu suchen. Der Druck der tschechenfeindlichen Gäste auf die Gastwirte nahm oft so zu, dass diese die tschechischen Vereine aus Furcht vor finanziellen Einbußen kündigten.

Einen Versammlungsort, wo sich die Tschechen bzw. Slawen treffen und untereinander ungestört unterhalten konnten, gab es nicht. Der Wunsch danach wurde im November 1863 in einer Sitzung des Slawischen Gesangvereins laut geäußert: Man wollte alle bekannten Slawen auffordern, um eine solche Bleibe (mit einem Lesesaal, einer Bibliothek und einem Billiardsaal) gründen zu helfen, damit man sich dort anstelle der Cafés oder Gaststätten treffen könnte. Die Idee wurde ernst genommen und nach zielführenden Vorbereitungen ein neuer Verein, die »Slovanská Beseda« [Slawischer Unterhaltungsverein], gegründet.[14]

Die erste Generalversammlung dieses Vereins fand am 25. Februar 1865 im so genannten »Grünen Saal« der k. k. Akademie der Wissenschaften statt. Zum Obmann wurde Eugen Graf Czernin gewählt.[15] Vom Anfang an hatte dieser Verein eine privilegierte Stelle unter den anderen Vereinen. Er versammelte die Angehörigen der obersten Schicht der tschechischen bzw. slawischen Gesellschaft in Wien. In der Folge bekam er den Spitznamen »der Hofratsverein«. Bereits zur Gründung konnten derart große finanzielle Mittel gesammelt werden, dass eigene Vereinsräume beschafft werden konnten. Zum ersten Mal konnte damit eine eigene, geschlossene Kommunikationsstätte der Wiener Tschechen eingerichtet werden.

Der erste Vereinssitz befand sich in der Maximilianstraße 4 (Wien I).[16] Die feierliche Eröffnung erfolgte am 30. Mai 1865. Der Obmann des Vereins, Graf Czernin, hielt die Festrede, danach folgte ein Konzert des Slawischen Gesangver-

---

13 Seine Statuten wurden bereits im Jahre 1858 nach dem Vorbild des Ersten Wiener Männergesang-Vereins ausgearbeitet. Die Einreichung wurde jedoch aus Gründen der bevorstehenden Sardinischen Krieges vorläufig unterlassen und auf eine geeignetere Zeit verschoben. Sie wurden dann am 2. April 1862 durch die Regierung bewilligt. Vgl. Kalandra, A. Jan: Dějiny Slovanské besedy ve Vídni za první třicetiletí jejího trvání (1865–1894) [Geschichte der Slawischen Beseda in Wien in den ersten 30 Jahren ihres Bestehens (1865–1895)]. Wien 1895, S. 9f.

14 Ebd. S. 10.

15 Roční zpráva o činnosti představenstva »Slovanské Besedy« roku 1865 [Jahresbericht über die Tätigkeit des Vorstandes der »Slovanská Beseda« aus dem Jahre 1865]. Wien 1866, S. 6.

16 Kalandra: Dějiny Slovanské besedy S. 14f.

eins unter der Leitung von Förchtgott-Tovačovský.[17] Unter den zahlreichen Gästen befanden sich Franz Palacký und Jan Ev. Purkyně sowie einige Mitglieder des hohen Adels. Die hohe Miete und Probleme mit der Bewirtung der Gäste, aber vor allem die ständigen Beschwerden der anderen Mieter im Haus machten eine Vereinstätigkeit in den Abendstunden praktisch unmöglich und zwangen den Vorstand bald, neue Räume zu suchen. Sie wurden in der Strobelgasse (Wien I) gefunden und am 1. November 1866 feierlich eröffnet.[18]

Seit den 1870er Jahren stieg die Zahl der Vereine bzw. Genossenschaften rasch an. Nach den slawischen Vereinen folgten bald rein tschechische Gründungen. Auch die ursprünglich »allgemein« slawischen Vereine wurden schrittweise tschechisiert.[19] Alle Lebensbereiche wurden in den folgenden Jahrzehnten durch diese Gründungen abgedeckt: Kultur, Sport, Bildung, Religion, soziales Leben, Wirtschaft, Finanzwesen und Politik. Die Entfaltung der Vereinstätigkeit brachte aber auch eine Dezentralisierung des tschechischen Lebens in Wien mit sich. Die steigende Zahl der organisierten Tschechen, ihre unterschiedliche soziale und politische Zugehörigkeit und die oft gegensätzlichen Interessen einzelner Gruppierungen spielten bei der Dezentralisierung ebenso eine Rolle wie die begrenzte Mobilität einzelner Personen innerhalb der Stadt Wien. Einige größere Vereine trotzten der Zersplitterung durch die Bildung von Zweigstellen in einzelnen Wiener Bezirken oder auch außerhalb Wiens.

Die wiederholten Kündigungen und die ständigen Zwistigkeiten mit tschechenfeindlichen Wienern begleiteten das tschechische Vereinsleben sowohl in den Gasthäusern als auch in den gemieteten Räumen. Diese Konstellation erweckte den Wunsch, eigene Räume in Privatbesitz zu erwerben, um Vereinstätigkeit ungestört entfalten zu können.

Am Höhepunkt dieser Bestrebung stand die Errichtung der multifunktionalen »Tschechischen Häuser«. Mehrere Komitees und Genossenschaften wurden ge-

---

17 Arnošt Förchtgott-Tovačovský (28. Dezember 1825, Tovačov – 18. Dezember 1874, Wien), Sänger, Chordirektor, Komponist.

18 Kalandra: Dějiny Slovanské besedy S. 20.

19 Die panslawistischen Ideen verloren ihren Reiz. Dazu kamen die massive Zuwanderung der Tschechen nach Wien und die Abwanderung vieler südslawischer Vereinsmitglieder in Gefolge des Ausgleichs von 1867 in den transleithanischen Monarchieteil. Endgültig wurden »klare Verhältnisse« nach dem Zerfall der Monarchie geschaffen. Nur die Vereinsnamen sind bei slawischen Vereinen slawisch geblieben.

gründet, die sich zum Ziel machten, die notwendigen Mittel für die Errichtung der Häuser zu sammeln.[20]

Die erste Genossenschaft, die zum Ziel gelangte, war diejenige im 15. Bezirk: Sie wurde im Jahre 1896 ins Leben gerufen und bereits im selben Jahr kaufte sie eine Immobilie in der Turnergasse 9 (Wien XV) und errichtete hier das »Nationalhaus«. Der Kauf wurde größtenteils durch Kredit finanziert. Die Genossenschaft hatte zu dieser Zeit 452 Mitglieder. Eine Geldspritze bekam sie vom Turnverein »Sokol Tyrš«, der bereits zwei Jahre zuvor eine Genossenschaft zur Erbauung einer Turnhalle gegründet hatte und die gesammelten Geldmittel an die neue Genossenschaft übertrug. Im Gegenzug bekam er dort eigene Räume.[21]

Im Bericht aus dem Jahre 1901 können wir lesen: »Es ist wahr, dass es nicht den Vorstellungen entspricht, die wir bezüglich eines Nationalhauses nach dem Vorbild desjenigen in Vinohrady [Prag] oder in Brünn haben. Das Wiener Nationalhaus ist ein armseliges, zweistöckiges Gebäude in einer versteckten Seitengasse, mit einem nicht besonders großen Saal, mit kleinem Garten und mit einer Reihe von kleinen Räumen. Aber das alles wird durch die Tatsache überwogen, dass dieses Haus tschechisches Eigentum ist, niemand dort die Tschechen [...] kündigen oder den Tschechen befehlen darf. Sie sind dort die Hausherren.«[22] Im folgenden Jahr wurde noch ein Haus in der Herklotzgasse (Wien XV) gekauft, um den Garten des Nationalhauses erweitern zu können. Trotz der Lage an der (damaligen) Peripherie wurde das Nationalhaus zum Sitz von 15 Vereinen und Organisationen.

20 Viele derartige Bestrebungen blieben allerdings erfolglos. Im Verein Pokrok entstand bereits im Jahre 1878 die Idee eines Tschechischen Hauses. Die Geldsammlung fiel jedoch so gering aus, dass man die Idee wieder fallen lassen musste, vgl. Jedlička, Václav (Hg.): Památník vydaný v roce 1903 k oslavě 40tého jubilea Prvního ochotnického divadelního spolku »Pokrok« ve Vídni [Die Festschrift zum 40. Jubiläum des Ersten Laientheatervereins »Pokrok« in Wien im Jahre 1903 herausgegeben]. Prag 1903, S. 22.

21 Soukup, F. A.: Česká menšina v Rakousku. Přehled vývoje české menšiny na území dnešní Republiky rakouské, zvláště ve Vídni [Die tschechische Minderheit in Österreich. Eine Übersicht der Entwicklung der tschechischen Minderheit auf dem Gebiet der heutigen Republik Österreich, besonders in Wien]. Prag 1928, S. 519f.

22 Hubka: Čechové S. 35: »Jest pravda, že neodpovídá představám, jaké máme o národním domu dle vzoru vinohradského a brněnského. Vídeňský národní dům jest chudá, dvoupatrová budova v zastrčené uličce, s ne příliš velikým sálem, malou zahrádkou a řadou různých malých místností. Ale co vyváží všecko, je, že tento domek je českým vlastnictvím, že odtamtud nemůže Čechy [...] nikdo vypověděti a že jim tam nemá nikdo co poroučet. Jsou tam domácími pány.«

Im Jahre 1897 wurde die »Genossenschaft Tschechisches Haus« (Wien I) gegründet.[23] Das Haus sollte »das« repräsentative Zentrum des tschechischen Lebens in Wien werden. Jahrelang arbeitete die Genossenschaft engagiert an der Sammlung von Mitteln, bis endlich im Jahre 1910 das »Hotel Post« am Fleischmarkt, Ecke Drachengasse, gekauft werden konnte. Im Haus bekamen unter anderem folgende Vereine Vereinsräume: Slovanská beseda, Leseverein Svatopluk Čech, Tschechischer Nationalrat, Slawischer Gesangverein, Gesangverein Lumír, der Erste Laientheaterverein Pokrok, Sokolverband, Akademischer Verein, Wohltätigkeitsverein Ludmila, Verein der Staatsbeamten und Sparkasse der tschechischen Beamten. Nach dem Ersten Weltkrieg kamen noch die Zentralkanzlei des Schulvereins Komenský und die Komenský Studienbibliothek hinzu. Diese vereinigte sich im Jahre 1928 mit der Bibliothek des Lesevereins Svatopluk Čech zur Zentralbibliothek Komenský. Mit 53.000 Bänden und 202 Zeitschriften im Lesesaal stellte sie die größte tschechische Bibliothek in Wien.

Im Jahre 1902 erwarben die tschechischen Sozialdemokraten das Haus am Margarethenplatz 7 (Wien V), wo sich bald sozialdemokratische Vereine ansiedelten. Das Parteisekretariat hatte hier genauso wie eine Druckerei, die Redaktion und die Administration der »Arbeiter-Blätter« seinen Sitz. In den 1920er Jahren beherbergte das Haus auch das Gewerkschaftssekretariat mit der Redaktion der tschechischen Gewerkschaftszeitung »Odborář« [»Gewerkschafter«], die Zentrale der tschechischen Konsumgenossenschaften, aber auch die Redaktionen der Zeitungen der Kärntner Slowenen und der burgenländischen Kroaten.[24]

Um die Förderung der tschechischsprachigen Gottesdienste sorgte sich die im Jahre 1875 gegründete Vereinigung des »Heiligen Method«. Im Jahr 1908 kaufte sie die Kirche samt umliegendem Kloster am Rennweg Nr. 63 (Wien III) und machte sie neben der Kirche Maria am Gestade zum wichtigsten Ort des tschechischen religiösen Lebens in Wien.[25]

23 Soukup: Česká menšina S. 520–522.

24 Matal Karel: Die tschechischen Sozialisten in Wien. Gestern. Heute. Morgen. Bilanz eines Jahrhunderts. Typoskript. Wien 1986, S. 12–21.

25 Zu den Vereinsgründern der Vereinigung des »Heiligen Method« gehörten u. a. Anton Horný (1824–1908, Professor an der Theologischen Fakultät der Wiener Universität, Propst und Kanonikus bei St. Stephan), Graf Johann Nep. Harrach (1828–1909; Gutsbesitzer, Kunst- und Wissenschaftsmäzen), Prof. Alois Vojtěch Šembera (21. März 1807, Vysoké Mýto – 23. März 1882, Wien; Philologe und Historiker), Gebrüder Jirečeks: Hermenegild (13. April 1827, Vysoké Mýto – 29.

Der Erste Weltkrieg und die darauf folgenden Migrationsbewegungen (etwa 100–150.000 Tschechen repatriiert) fügten dem tschechischen Vereinsleben in Wien schwere Schäden zu. Das erwachte nationale Selbstbewusstsein der Wiener Tschechen und der Umstand, dass sich die neu gegründete Tschechoslowakei als Schutzmacht hinter sie stellte, wirkten sich aber auf die tschechische Gemeinde positiv aus.

Im Mittelpunkt des Interesses stand das tschechischsprachige Schulwesen in Wien. Die Zahl der Schüler stieg nach dem Ersten Weltkrieg sprunghaft an. Nach der Unterzeichnung des so genannten Brünner Vertrages von 1920 zwischen Österreich und der Tschechoslowakei wurden mehrere öffentliche Schulen mit tschechischer Unterrichtssprache für tschechische Kinder zur Verfügung gestellt. Die Schulen des Schulvereins Komenský bekamen nach vielen Jahren der erfolglosen Bemühungen schließlich das Öffentlichkeitsrecht. Die Raumnot zwang den Schulverein Komenský zu Erbauung weiterer Schulgebäude: Neben den bereits existierenden Schulen in der Quellenstraße 72 (eröffnet 1883, Wien X) und der Schützengasse 31 (eröffnet 1911, Wien III) wurden in den 1920er und 1930er Jahren die so genannten Schulpaläste mit der finanziellen Hilfe der Tschechoslowakischen Republik erbaut: in der Herbstrasse 104 (Wien XVI), Vorgartenstraße 95–97 (Wien XX), Erlgasse 32–34 (Wien XII), Wielandgasse (Wien X) und als letzte am Sebastianplatz 3 (Wien III).[26] Die Schulen dienten nicht nur dem Schulverkehr, sondern sie wurden zu Zentren des tschechischen Lebens in Wien. Besonders in den Schulen in der Herbststraße, in der Wielandgasse und am Sebastianplatz (mit Kino- und Theatersälen ausgestattet) fanden

Dezember 1909, ebenda; Jurist) und Josef (9. Oktober 1825, Vysoké Mýto – 25. November 1888, Prag; Literatur- und Sprachforscher, Politiker), Josef Burgerstein (1813–1873; Beamte, Schriftsteller) und Prof. F. B. Ševčík. In Wien gab es mehrere Kirchen, wo die tschechischen Gottesdienste stattfanden. In der Kirche Maria am Gestade wurden sie im Jahre 1820 eingeführt. In der Kirche am Rennweg fanden sie seit dem Jahre 1866 statt. Laut dem Bericht aus dem Jahre 1928 wurden tschechische Gottesdienste noch in folgenden Kirchen zelebriert: Heilige Anna (Wien I), Josefskirche (Wien II), Lazariten (Wien VII), Johanneskirsche und die Karmeliten (Wien X), Johanneskirche und die Kalasantiner (Wien XII), Heilige Brigitte (Wien XX). Vgl. Soukup: Česká menšina S. 338–343.

26 Heyer, Jan/Jahn, Jiljí/Melichar, František (Hg.): Šedesát let Školského spolku Komenský ve Vídni. Příspěvek k dějinám českého školství ve Vídni [Sechzig Jahre des Schulvereins Komenský in Wien. Ein Beitrag zur Geschichte des tschechischen Schulwesens in Wien]. Wien 1932, S. 123–136.

Abbildung 2: Tschechischer Herz-Platz – das Schauturnen des tschechischen Arbeiterturnvereins (DTJ) Anfang der 1920er-Jahre (Bildnachweis: Bezirksmuseum Favoriten).

kulturelle Veranstaltungen und Erwachsenenbildung im Sinne der Volkshochschulen statt.

Nach dem Ersten Weltkrieg erwarben weitere tschechische Vereine eigene Immobilien. Die vollständige Aufzählung würde den Rahmen dieses Beitrages aber sprengen. Stellvertretend sei hier nur die Turnhalle des Turnvereins Sokol in der Ettenreichgasse 25–27 (Wien X) genannt, die mit der finanziellen Hilfe der Tschechoslowakischen Sokolgemeinde aus einer alten Fabrik umgebaut wurde,[27] und ein weiteres multifunktionales von einer Genossenschaft erbautes »Tschechisches Haus« in der Brünner Straße 55 (Wien XXI).

Am Ende des Ersten Weltkrieges, aus der großen materiellen Not erwachsen, wurde der Verein »Tschechisches Herz – Tschechoslowakische Sozialfürsorge in der Republik Österreich« gegründet.[28] Unter der Parole: »Helft den hungern-

27 Bernas, Karl: Sokol Favoriten. Wien 2000, S. 10ff.

28 »České srdce-Československá sociální péče v Republice Rakouské«. Die führende Person war hier Josef Svatopluk Machar (29. Februar 1864, Kolín – 17. März 1942, Prag; Dichter, Publizist, Bankbeamter, Politiker). Der Verein widmete sich v. a. der Unterstützung der Kinder Arbeitsloser und unter ihnen insbesondere derjeniger, die als tschechoslowakische Staatsangehörige in Österreich keine soziale Unterstützung vom Staat erhielten, vgl. Soukup: Česká menšina S. 256ff.

den tschechischen Kindern« entwickelte der Verein eine beachtliche Fürsorge. In Wien betrieb er mehrere Sportplätze (in Wien III, XIII und XVII). Im Jahre 1922 erwarb der Verein ein Grundstück von mehr als 80.000 m^2 in der Absberggasse (Wien X), das mit einem Stadion (heute »Horrstadion«), einem Fußballstadion und mehreren Turnplätzen ausgestattet war, die von den Turnvereinen Sokol, DTJ, Orel, Slovan und Slavie und von zwei Pfadfindervereinen verwaltet wurden. Das Gasthaus »Slovácká chata« [Mährischslowakische Hütte] wurde dort errichtet.[29] Das »Tschechische Herz« wirkte unparteiisch innerhalb der tschechischen Volksgruppe. Dies ermöglichte dem Verein, einen multifunktionalen Kommunikationsraum zu schaffen, der alle bisherigen überragte. »Der Tschechische Herz-Platz« stand allen Kindern und Erwachsenen zur Verfügung: Volksfeste, Schauturnen, Theateraufführungen, die 1. Mai-Feier oder ganz gewöhnliche Sonntagsausflüge fanden hier statt. Mehr konnten die Tschechen in Wien nicht erreichen.[30]

29 Náprstkovo muzeum Praha, Archiv Rakousko, K. 22.

30 Der Zweite Weltkrieg, die danach folgende »Säuberung« innerhalb eigenen Reihen und die Remigration in die Tschechoslowakei ließen die tschechische Volksgruppe dermaßen schrumpfen, dass nur ein Bruchteil übergeblieben ist (Volkszählung 1951: 3.733 Österreicher mit tschechischer Umgangssprache in Wien. Quelle: Statistik Austria). Auch wenn in den folgenden Jahrzehnten die tschechische Volksgruppe durch die Flüchtlinge aus der Tschechoslowakei verstärkt wurde (Volkszählung 2001: 5.778 Österreicher mit tschechischer Umgangssprache in Wien. Quelle: Statistik Austria), war es auf die Dauer nicht mehr möglich, alle Immobilien zu halten. Unter anderem wurden die nicht mehr verwendeten Schulgebäude, das sozialdemokratische Volkshaus am Margaretenplatz, das in ein Hotel umgebaute Nationalhaus im XV. Bezirk, aber auch der Tschechische Herz-Platz bis zum Ende des 20. Jahrhunderts verkauft.

Leonhard Weidinger

Das goldene Wienerherz

Über den musealen Umgang mit dem NS-Kunstraub

Der so genannte Anschluss Österreichs an das nationalsozialistische Deutsche Reich vom 12. März 1938 stellte eine Zäsur dar – auch für das Kulturleben in Wien: Mit vierzigjähriger Verspätung trat endgültig das Fin de Siècle ein. Nach den langen Leiden bedingt durch Weltkrieg, Zerbrechen des habsburgischen Vielvölkerstaats, Inflation, Wirtschaftskrisen, Bürgerkriege, in den letzten Jahren dann betäubt durch die Stumpfheit des austrofaschistischen Ständestaats war Wien als eine der Welthauptstädte der Kultur mehr oder weniger sanft entschlafen – sehr unsanft vor allem für jene, die nun unter dem NS-Regime verfolgt wurden. Fast ein Zehntel der EinwohnerInnen von Wien galten nun als Jüdinnen und Juden und daher als StaatsbürgerInnen zweiter Klasse[1] und waren in der Folge von Diskriminierungen bis hin zu Vertreibung, Deportation und Ermordung betroffen. Zudem versuchte das NS-Regime über Strafsteuern, Zwangsablieferungen und Enteignungen möglichst das gesamte Vermögen ihrer Opfer an sich zu ziehen.

---

1 Laut Hannelore Burger und Harald Wendelin wurden die »Nürnberger Gesetze« erst am 20. Mai 1938 in Österreich kundgemacht. Burger, Hannelore/Wendelin, Harald: Vertreibung, Rückkehr und Staatsbürgerschaft. Die Praxis der Vollziehung des Staatsbürgerschaftsrechts an den österreichischen Juden. In: Jabloner, Clemens/Bailer-Galanda, Brigitte/Blimlinger, Eva/Graf, Georg/Knight, Robert/Mikoletzky, Lorenz/Perz, Bertrand/Sandgruber, Roman/Stuhlpfarrer, Karl/Teichova, Alice (Hg.): Veröffentlichungen der Österreichischen Historikerkommission. Vermögensentzug während der NS-Zeit sowie Rückstellungen und Entschädigungen seit 1945 in Österreich. Wien u. a. 2004, S. 239–492, hier S. 283f. De facto setzen die antisemitischen Ausschreitungen, die »wilden« Arisierungen und die Übergriffe selbsternannter Kommissare mit dem »Anschluss« ein, teilweise bereits kurz davor. Hans Safrian gab dankenswerter Weise den Hinweis, dass unter anderem bereits in der Verordnung der Bundesregierung zu Durchführung der Volksabstimmung am 10. April 1938 (Gesetzblatt für das Land Österreich, ausgegeben am 15. März 1938) unter § 2 Personen, die Juden sind oder als Juden gelten, vom Stimmrecht ausgeschlossen wurden. Gesetzliche Bestimmungen gegen Juden setzte das NS-Regime also nicht erst im Mai 1938, sondern bereits sehr bald nach dem »Anschluss«.

Eine Sonderrolle nahmen dabei Kunstgegenstände ein. Bei ihnen ging es nicht nur um die materielle Verwertung, hier trafen verschiedene Interessen aufeinander – kulturelle, kunsthistorische, wirtschaftliche, aber auch propagandistische und politische. Die staatlichen Museen sahen die Chance, ihre Bestände um Objekte zu erweitern, die bisher nicht verfügbar gewesen waren, und, falls doch einmal solche Kunstgegenstände zum Verkauf gestanden waren, nicht bezahlt werden konnten. Die nun als Juden und Jüdinnen verfolgten SammlerInnen und ihre Verdienste wurden im Nationalsozialismus vollständig aus der Kunstgeschichte verdrängt und gleichzeitig die Sammlungen selbst oft als »deutsche« Meisterleistungen dargestellt.

Nach dem Ende des Zweiten Weltkriegs und des nationalsozialistischen Staates 1945 betrieb die Zweite Republik in erster Linie auf Druck der alliierten Besatzungsmächte die Rückstellung der im NS-Regime entzogenen Vermögenswerte und damit auch jener Kunstgegenstände, die sich nun in den Sammlungen der Bundesmuseen, also im Eigentum der Republik befanden. Wurde ein Rückstellungsbescheid ausgestellt, war das noch keine Garantie für die ehemaligen EigentümerInnen, ihre Objekte auch zurückzuerhalten. In vielen Fällen verhängte das Bundesdenkmalamt mit der Argumentation, es handle sich um einzigartiges österreichisches Kulturgut, Ausfuhrsperren, die erst aufgehoben wurden, wenn sich die SammlerInnen bzw. deren NachkommInnen, die jetzt im Ausland lebten, bereit erklärten, einen Teil der Gegenstände der Republik Österreich zu widmen oder sie abzutauschen.

Nachdem in den folgenden Jahrzehnten NS-Kunstraub und Restitutionsbemühungen als politische und gesellschaftliche Themen ein Schattendasein geführt hatten, trat mit der Mauerbach-Auktion 1996 NS-Raubkunst wieder ins mediale Rampenlicht. Im Jahr 1998 wurden in New York zwei Schiele-Bilder aus der Sammlung Leopold unter Raubkunst-Verdacht beschlagnahmt, die Republik Österreich setzte die Historikerkommission zur Untersuchung des Vermögensentzugs während der NS-Zeit und der Rückstellungen und Entschädigungen seit 1945 ein, die Washington Principles wurden verabschiedet, der österreichische Nationalrat beschloss das Kunstrückgabegesetz und die Unterrichtsministerin implementierte die Kommission für Provenienzforschung,[2] die seitdem die systematische Überprüfung der Sammlungen des Bundes koordiniert.[3]

2 Zur Kommission für Provenienzforschung unter: http://www.provenienzforschung.gv.at [Stand: 30. September 2007].

3 Loitfellner, Sabine: NS-Kunstraub und Restitution in Österreich. Institutionen – Akteure –

Seit 2005 ist der Autor verantwortlich für die Provenienzforschung im MAK, dem Österreichischen Museum für angewandte Kunst/Gegenwartskunst. Nicht nur deshalb betreffen die meisten der folgenden Fallbeispiele dieses Museum.[4] Das MAK, das bis 1938 Österreichisches Museum für Kunst und Industrie hieß, dann auf Staatliches Kunstgewerbemuseum und schließlich 1947 auf Österreichisches Museum für angewandte Kunst umbenannt wurde, wurde von 1932 bis 1950 ohne Unterbrechung von einem Direktor geleitet und wies von der Ersten Republik über Austrofaschismus und Nationalsozialismus bis zur Zweiten Republik relative Kontinuität bei den MitarbeiterInnen auf, besonders bei den Kustoden.[5] Neben dieser, für die Wiener Museumslandschaft der 1930er und 1940er Jahre eher untypischen Situation sind es die Sammlungsstrukturen des MAK, in denen sich verschiedenste Erzeugnisse des Kunstgewerbes befinden, die einen genaueren Blick auf dieses Museum interessant erscheinen lassen.

Die Provenienzforschung hat im Sinne des Kunstrückgabegesetzes von 1998 zum einen die Aufgabe, die Sammlungen zu überprüfen, ob sie in der NS-Zeit enteignete Objekte beinhalten, und zum anderen, wenn eventuell enteignete Objekte gefunden werden, unter Einbeziehung der einschlägigen Archivbestände[6] ein Dossier zu erstellen, auf dessen Grundlage der Beirat dann seine Empfehlung für oder gegen die Restitution abgibt. Die Recherchen zielen zwar in erster Linie darauf ab, den Weg eines Kunstgegenstandes bis zur Inventarisierung im Museum möglichst lückenlos zu belegen, bringen aber neben den »harten Fakten« – Schätzpreisen, Kaufpreisen, eventuellem Datum einer Enteignung, Übernahmedatum durch das Museum etc. – Spuren zu Tage, die widerspiegeln, wie sich gesellschaftliche Werte und Rollen, und damit persönliche Beziehungen, bin-

Nutznießer. In: Pawlowsky, Verena/Wendelin, Harald: Enteignete Kunst. Wien 2006, S. 13–25, hier S. 22–25.

4 Zur Provenienzforschung im MAK siehe: http://www.mak.at/sammlung/f_provenienz1.htm [30. September 2007].

5 Die kontinuierliche Personalentwicklung zeigt sich u. a. darin, dass die beiden Direktoren, die Richard Ernst folgten, Ignaz Schlosser (1951–1958) und Viktor Griessmaier (1959–1968), bereits einige Zeit vor dem »Anschluss« im nachmaligen MAK tätig waren. Keiner dieser drei Direktoren war Mitglied der NSDAP oder Parteianwärter, allerdings scheinen sie sich mit dem NS-System soweit arrangiert zu haben, dass sie ihre Positionen im Nationalsozialismus behielten.

6 Neben den Archiven in den Museen sind dies in erster Linie das Archiv des Bundesdenkmalamts und Bestände aus dem Österreichischen Staatsarchiv und dem Wiener Stadt- und Landesarchiv.

nen kurzer Zeit veränderten – einmal im Jahr 1938 und wieder im Jahr 1945. Im Folgenden soll versucht werden, diese Spuren nachzuzeichnen.

Die »Szene« im Wien der Zwischenkriegszeit, die Kunst sammelte, kaufte, verkaufte und förderte, war zwar bedeutend, auch über die Grenzen der Stadt hinaus, aber doch überschaubar. Die meisten der größeren Sammlungen waren in der interessierten Öffentlichkeit bekannt, SammlerInnen stellten den Museen und Galerien Leihgaben zur Verfügung, Kunsthistoriker publizierten Artikel und sogar Monografien, man traf sich auf Vernissagen, Vorträgen und Jours Fixes.[7] Über die bekannten Sammlungen hinaus besaßen viele Menschen – in einem nur schwer zu fassenden Ausmaß – Gegenstände, die durchaus von künstlerischer oder kunsthistorischer Bedeutung und von Interesse für Museen waren.[8] Das Bild der kulturellen Idylle aber, das von den 1920er und 1930er Jahren oft gezeichnet wird, wurde von Inflation, Wirtschaftskrise und politischer Instabilität getrübt. Einzelne Objekte oder ganze Sammlungen mussten von ihren EigentümerInnen aus finanzieller Not verkauft werden, mit der Wiener Werkstätte ging einer der wichtigsten kunstgewerblichen Betriebe in Konkurs, die Museen hatten nur geringe Budgets zur Verfügung. Durch den »Anschluss« an das nationalsozialistische Deutschland erhofften sich viele einen Aufschwung. Für die Wiener Museen brachte die NS-Machtübernahme bisher nicht gekannte Möglichkeiten, die eigenen Bestände quantitativ und qualitativ zu erweitern. Wurden vom März 1933 bis Februar 1938 im Hauptinventar des späteren MAK 389 Nummern angelegt, waren es von März 1938 bis Mai 1945 1.770. Damit wurden im Austrofaschismus pro Jahr 77,8 Hauptinventarnummern angelegt, in der Zeit des Nationalsozialismus aber 247, also mehr als drei Mal so viele.[9]

Die unter dem NS-Regime enteigneten Objekte, die das damalige Staatliche Kunstgewerbemuseum in seine Sammlungen aufnahm, lassen sich in zwei große

7 Zu den wichtigsten SammlerInnen, die ab März 1938 vom NS-Regime verfolgt wurden, siehe Lillie, Sophie: Was einmal war. Handbuch der enteigneten Kunstsammlungen Wiens. Wien 2003.

8 Im Restitutionsbericht 1998/99 des Ministeriums (http://www.bmukk.gv.at/kultur/bm/restber.xml [30. September 2007]) sind vier Sammlungen (Alphonse und Clarice Rothschild, Louis Rothschild, Ferdinand Bloch-Bauer, Edwin und Karoline Czeczowiczka) angeführt. Sophie Lillie beschreibt im Jahr 2003 bereits 147 Sammlungen (Lillie: Was einmal war) und die Zahl jener, die von den ProvenienzforscherInnen als Opfer von NS-Enteignungen ermittelt werden, wächst laufend.

9 Siehe MAK-Hauptinventar. Im MAK werden seit der Gründung des Museums Objekte bei der Inventarisierung im Regelfall mit zwei Nummern versehen, mit einer Hauptinventarnummer und einer Spezialinventarnummer, die das Objekt einer Sammlung zuordnet.

Gruppen einteilen: in die Kunstgegenstände, zu denen vermerkt wurde, in welcher Sammlung sie sich bis 1938 befunden hatten, und in jene, deren frühere Eigentümer in den Inventaren nicht namentlich genannt sind. Die erste Gruppe umfasste vor allem Objekte aus Kunstsammlungen, die bald nach der nationalsozialistischen Machtübernahme beschlagnahmt und unter Aufsicht der Zentralstelle für Denkmalschutz entweder in einem Depot oder in der jeweiligen Wohnung gelagert wurden. Der Bedeutung dieser Sammlungen war man sich bewusst: »Die beschlagnahmten grossen Wiener Sammlungen waren die einzige grosse Gelegenheit zum Ausbau auf dem Gebiet des Mobiliars, der Goldschmiedekunst, der Keramik und der Textilien; die Erhaltung des Wiener Kulturbesitzes und der seit dem Weltkrieg unterbliebene Ausbau des Kunstgewerbemuseums legten eine entsprechende Regelung nahe; für den Wiederaufbau des Wiener Kunsthandwerks und seine Nachwuchserziehung eine Frage von entscheidender Bedeutung.«[10] Die kunsthistorische Bestimmung der Objekte und die Erstellung der Inventarlisten erfolgten durch Fachleute aus den Museen und von der Zentralstelle für Denkmalschutz. Die wohl größte dieser Sammlungen war jene von Clarice und Alphonse Rothschild. Das Ehepaar hielt sich in London auf, als die deutschen Truppen in Österreich einmarschierten, und flüchtete über Zwischenstationen in die USA, wo Alphonse Rothschild am 2. September 1942 verstarb. Das gesamte Vermögen wurde noch 1938 eingezogen, die Kunstsammlung fotografiert und inventarisiert, das Ergebnis als mehrbändige Prachtausgabe Adolf Hitler zum 50. Geburtstag überreicht.[11] Um die Verteilung der Objekte entspannen sich Konflikte zwischen den Museen. Die Familie Rothschild hatte immer zu den großen Förderern der Wiener Museen gehört, so auch des Österreichischen Museums für Kunst und Industrie. Eine weitere Widmung von 40 Objekten hätte das nunmehrige Staatliche Kunstgewerbemuseum im Zuge der bereits erteilten Ausfuhrgenehmigung für Teile der Sammlung von Clarice und Alphonse Rothschild Anfang des Jahres 1938 erhalten sollen.[12] Die Ausfuhr und damit auch die Widmung kamen aber nicht mehr zustande. Das Museum forderte immer wieder die Zuweisung sowohl dieser Kunstgegenstände als auch weiterer Teile der Sammlung.[13]

10 MAK-Aktenarchiv, Zl. 1436-1942 aus Zl. 1436-1942, Jahresbericht 1941, S. 2.

11 Lillie: Was einmal war S. 1003f.

12 MAK-Aktenarchiv, Zl. 0145-1938 aus Zl. 0145-1938.

13 König, Julia: Das Österreichische Museum für angewandte Kunst (MAK) und die Sammlungen Rothschild, Bloch-Bauer und Pollack. Dipl. Innsbruck 2000, S. 20–25.

In einem Schreiben an das zuständige Referat beim Reichsstatthalter beschwerte sich Direktor Richard Ernst im Oktober 1941: »Das Kunstgewerbemuseum war unter der Vorspiegelung, daß der Gesamtbestand den Wiener Sammlungen zugute kommen solle, mit der Bestandsaufnahme des gesamten Kunstgewerbes aller jüdischen Sammlungen betraut worden: für mehr als einjährige Arbeit aller wissenschaftlichen Beamten des Museums und völligen Verzicht auf Ferien hätte das Museum wohl ein anderes Resultat verdient und gewiß erhalten, wenn unsere lange, mühevolle Arbeit in den Palais, Depots, Spediteurmagazinen, Zoll- u. Bahnhofmagazinen nicht verschwiegen worden wäre.«[14] Im Jahr 1943 wurden dem Staatlichen Kunstgewerbemuseum schließlich von der Zentralstelle für Denkmalschutz 69 Objekte aus der Sammlung Rothschild übergeben.[15] Warum die Zuweisung trotz laufender Proteste des Museums bei den verschiedenen zuständigen Stellen relativ spät erfolgte und im Umfang hinter den Erwartungen des Hauses zurückblieb, ist heute nicht mehr eindeutig zu beantworten, ebenso wenig, ob die Behauptung von Richard Ernst zutraf, das Museum sei getäuscht worden.

Bei der Verteilung der Kunstgegenstände aus den beschlagnahmten Sammlungen prallten die verschiedensten Interessen aufeinander: Vor allen anderen galt der »Führervorbehalt«, der dem Leiter des »Sonderauftrags Linz«, Hans Posse, bzw. seinen Nachfolgern Gottfried Reimer und Hermann Voss die erste Entscheidung überließ, ob ein Objekt für das in Linz geplante Museum zur Verfügung zu stellen sei, ob es an ein Museum in den Gauen der Ostmark oder an eines der Wiener Museen gehen sollte.[16] Aufgabe der Zentralstelle für Denkmalschutz war die Koordination der Inventarisierungen der beschlagnahmten Sammlungen mit den Fachleuten aus den Museen und die Überprüfung von weiteren Ent-

14 MAK-Aktenarchiv, Zl. 1006-1941 aus Zl. 1006-1941. Die Mitarbeit der wissenschaftlichen Beamten des Kunstgewerbemuseums an der Bestandsaufnahme der beschlagnahmten Sammlungen wurde offenbar so geheim gehalten, dass der Autor in der Literatur zu diesem Thema bisher keinen Hinweis darauf finden konnte. Neben den Fachleuten der Zentralstelle für Denkmalschutz werden meist nur die Mitarbeiter des Kunsthistorischen Museums genannt.

15 Ebd. ohne Zahl aus Zl. 0529-1943. Einige weitere Objekte folgten noch bis Kriegsende.

16 Kirchmayr, Birgit: Adolf Hitlers »Sonderauftrag Linz« und seine Bedeutung für den NS-Kunstraub in Österreich. In: Anderl, Gabriele/Caruso, Alexandra (Hg.): NS-Kunstraub in Österreich und die Folgen. Innsbruck 2005, S. 26–41, hier S. 28ff. Eine Intention des »Sonderauftrags Linz« war die Schwächung der kulturellen Position Wiens durch die museale Aufwertung von Linz und anderen kleineren Städten.

eignungen, vor allem von Wohnungseinrichtungen, im Hinblick darauf, ob sich darunter wertvolle Kunstgegenstände befanden. Die Zentralstelle war bis März 1938 zuständig für die Erteilung oder Verweigerung einer Ausfuhrerlaubnis für Kunstwerke nach dem österreichischen Ausfuhrgesetz. Mit dem Argument, einen »Ausverkauf« der heimischen Kunstsammlungen ins so genannte Altreich oder ins Ausland zu verhindern, behielt dieses Gesetz auch nach 1938 seine Gültigkeit. 1940 wurde die Zentralstelle für Denkmalschutz in Institut für Denkmalpflege umbenannt und war ab Juli dieses Jahres zuständig für die Verteilung der enteigneten Kunstwerke.[17] Die Fachleute, Kustoden und Direktoren der Museen wollten wiederum ihre jeweiligen Häuser im Wettbewerb um die Objekte möglichst gut vertreten und deren Museumsbestände vermehren. Eine nicht unmaßgebliche Rolle spielten auch die persönlichen Interessen der Beteiligten hinsichtlich beruflicher, politischer oder geschäftlicher Karrieren.[18]

Der Kunsthandel versuchte ebenfalls, sich in die Verwertung der vom NS-Regime enteigneten Objekte einzuschalten, oft, wie im Fall der Porzellansammlung Bloch-Bauer, durchaus mit Erfolg. 1941 – Ferdinand Bloch-Bauer war seit zwei Jahren aus Wien geflohen, sein Eigentum beschlagnahmt und entzogen – konnte sich das Auktionshaus Kärntnerstraße, das arisierte Versteigerungshaus Albert Kende, die Versteigung der »Porzellansammlung B.-B.« sichern.[19] Vorlage für den Auktionskatalog war der aufwändig gestaltete Bildband zur Sammlung Bloch-Bauer, den der Kunsthistoriker Richard Ernst 1925 publiziert hatte.[20] Das Kunstgewerbemuseum, dessen Direktor Richard Ernst nun war, erwarb im Zuge dieser Auktion mehr als 40 Stücke für die eigene Sammlung.[21]

In den Museumsinventaren erfasst wurden auch vom Regime Verfolgte wie Prof. Wilhelm Müller-Hofmann. Durch die mit dem »Anschluss« Österreichs an das Deutsche Reich einsetzenden Zwangsmaßnahmen des NS-Regimes war die

---

17 Loitfellner: NS-Kunstraub und Restitution S. 16.

18 Einige der Wiener Museumsdirektoren waren erst kurz nach dem »Anschluss« in ihre Positionen aufgerückt, z. B. Fritz Dworschak im Kunsthistorischen Museum und Bruno Grimschitz in der Österreichischen Galerie. Zudem waren verschiedene Fachleute aus den Museen als Experten für Auktionshäuser, besonders das Dorotheum, tätig und auch sonst in den Kunsthandel involviert.

19 Auktionskatalog Kunst- und Auktionshaus »Kärntnerstraße«, Wien: Kunstauktion. Porzellan des Klassizismus. Sammlung B.-B. Wien. 23., 24. und 25. Juni 1941.

20 Ernst, Richard: Wiener Porzellan des Klassizismus. Die Sammlung Bloch-Bauer. Wien 1925.

21 König: Das Österreichische Museum S. 40.

Familie Müller-Hofmann mehrfach betroffen: Prof. Wilhelm Müller-Hofmann verlor als politisch missliebige Person – ihm wurde die jahrelange Mitgliedschaft in einer Freimaurerloge und das Verfassen eines Spottgedichtes auf Adolf Hitler zum Vorwurf gemacht – seine Lehrstelle an der Kunstgewerbeschule in Wien,[22] seine Frau Hermine, geborene Zuckerkandl, und seine Söhne wurden vom NS-Regime als Juden verfolgt. Die Familie benötigte also dringend Geld, um zum einen den Verdienstausfall Wilhelm Müller-Hofmanns zumindest teilweise zu kompensieren und zum anderen die Flucht der Söhne nach Schweden und deren Leben im Exil zu finanzieren.[23] So verkaufte Wilhelm Müller-Hofmann im Jänner 1940 dem Staatlichen Kunstgewerbemuseum sieben japanische Drucke. Als Professor an der Kunstgewerbeschule war Wilhelm Müller-Hofmann mit dem sowohl fachlich als auch topografisch benachbarten Museum über Jahre in Kontakt gestanden und hatte dem Haus unter anderem eine gestochene Karte von Hans Ranzoni zum Neujahr 1937 geschenkt.[24] Sicher auch wegen dieser Verbindung zahlte ihm das Staatliche Kunstgewerbe 1943 mit RM 150,- einen durchaus fairen Preis. Und Wilhelm Müller-Hofmann erhielt diese Summe auch ausbezahlt[25] – im Gegensatz zum Ehepaar Radin. Olga und Siegfried Radin waren tschechoslowakische Staatsbürger, evangelischer Konfession und lebten im IV. Wiener Gemeindebezirk. Siegfried Radin hatte dem Österreichischen Museum für Kunst und Industrie seine Gläsersammlung als Leihgabe zur Verfügung gestellt. Im Mai 1932 ersuchte er um Rückgabe der Gläsersammlung,[26] übergab dem Museum aber nun zwei Porzellanplatten als Leihgaben.[27] Im April 1938 reiste das Ehepaar Radin nach Paris, offiziell zur Erholung.[28] Offenbar war es

22 Pleyer, Ruth: Was blieb, war kaum »das nackte Leben« – Gustav Klimts »Bildnis der Amalie Zuckerkandl«. In: Pawlowsky/Wendelin (Hg.): Enteignete Kunst, S. 122–141, hier S. 126–127.

23 Sammlungen der Universität für angewandte Kunst Wien: Personalakt Wilhelm Müller-Hofmann: Personenstandblatt für die Meldung von Beamten und Angestellten bei der Hochschule für angewandte Kunst in Wien. Müller Hofmann Wilhelm, 26. Oktober 1945. 1943 wurden beide Söhne wegen ihrer Weigerung, ins Deutsche Reich zurückzukehren, ausgebürgert.

24 Diese Karte ist im MAK-Kunstblätterinventar unter der Nummer K.I. 09466 inventarisiert.

25 Im Vergleich zu ähnlichen Ankäufen wenige Monate zuvor erscheint der Kaufpreis adäquat gewesen zu sein. Allerdings wäre der Verkauf ohne die Verfolgung durch das NS-Regime nicht zustande gekommen. Daher empfahl der Kunstrückgabe-Beirat am 28. September 2007 die Restitution der Drucke an die Erben nach Prof. Wilhelm Müller-Hofmann.

26 MAK-Aktenarchiv, Zl. 0292-1932 aus Zl. 0263-1932.

27 Ebd.

28 ÖStA, AdR 06, VA 47582, fol. 5.

aber der erste Schritt ihrer Flucht vor der Verfolgung durch die NationalsozialistInnen. Ob sie noch einmal nach Wien zurückkehrten oder ob sie in Paris blieben, war nicht zu klären. Vielleicht hofften sie im Frühjahr 1938 noch, auf Grund ihrer tschechoslowakischen Staatsbürgerschaft nicht von den Maßnahmen des NS-Regimes betroffen zu sein. Spätestens mit Jahresbeginn 1939 bereiteten sich Olga und Siegfried Radin darauf vor, dem Deutschen Reich endgültig den Rücken zu kehren. Ein Vertrauter des Ehepaares wandte sich an das MAK und bat um ein Gespräch bezüglich der zwei Leihgaben.[29] Bei dem daraufhin vereinbarten Termin im Museum am 21. Februar 1939[30] wurde mit dem Vertrauten des Ehepaars Radin vereinbart, dass das Museum die zwei Objekte um RM 1.200,- ankaufen werde.[31] Die Summe wurde auf ein Sperrkonto bei der Vermögensverkehrsstelle einbezahlt,[32] eine Weiterleitung der Kaufsumme an den Anwalt und damit in Folge an Siegfried und Olga Radin kam aber niemals zustande, da, wie die Amtskasse des Museums im Juni 1939 mitteilte, der »zuerkannte Betrag von RM. 1.200.- an das Finanzamt Wieden zur Abstattung ihrer Abgabenrückstände im Wege der Kompensation überwiesen worden ist.«[33]

Ein besonderer Fall ist jener der zehn Teppiche, die das Staatliche Kunstgewerbemuseum zwischen 1940 und 1942 aus dem Palais Schwarzenberg übernahm. Die Familie Schwarzenberg hatte Besitzungen in Österreich, der Tschechoslowakei und Deutschland und brachte den NationalsozialistInnen keine Sympathien entgegen. So hatte Adolph Schwarzenberg, der damalige Fürst, 1938 am Park des Wiener Palais am Rennweg eine Tafel mit der Aufschrift: »Dieser Park ist öffentlich zugänglich« anbringen lassen, als an den Toren der meisten anderen Parks die Schilder »Für Juden verboten« hingen. Adolph Schwarzenberg emigrierte 1939 nach Italien, die Besitzungen der Familie Schwarzenberg wurden im August 1940 von der Gestapo beschlagnahmt, so auch das Wiener Palais Schwar-

29 MAK-Aktenarchiv, Zl. 0299-1939 aus Zl. 0299-1939, Zl. 0337-1939 aus Zl. 0299-1939.

30 Ebd. Zl. 0337-1939 aus Zl. 0299-1939.

31 Ebd.

32 Ebd. Zl. 0369-1939 aus Zl. 0299-1939, Zl. 0413-1939 aus Zl. 0299-1939.

33 Ebd. Zl. 0863-1939 aus Zl. 0299-1939. Von Seiten des MAK wurden nach dem Ende des Zweiten Weltkriegs die zwei Porzellanplatten in keiner der Listen angeführt, in denen den zuständigen Stellen enteignetes oder eventuell enteignetes Gut gemeldet wurde. Auf Grund des von der Kommission für Provenienzforschung vorgelegten Dossiers empfahl der Kunstrückgabe-Beirat am 8. November 2006 die Rückgabe der zwei Porzellanplatten an die Erben nach Olga und Siegfried Radin.

zenberg.[34] Bereits im November 1940 ersuchte das Kunstgewerbemuseum auf Grund eines von seinem Textilfachmann erstellten Gutachtens um Zuweisung von im Schwarzenberg-Inventar aufgelisteten Teppichen, da sie für den Gebrauch nicht mehr geeignet, aber von großer kunst- und kulturhistorischer Bedeutung seien.[35] Noch viele Schreiben wechselten zwischen Reichsstatthalterei, Zentralstelle für Denkmalschutz und Museum hin und her. Die NSDAP-Funktionäre, allen voran Reichsstatthalter Baldur von Schirach, schienen die Teppiche als eine Art Beute zu betrachten und forderten im Gegenzug für die Herausgabe von zweien der Teppiche adäquate Ersatzteppiche.[36] Nach zwei Jahren befanden sich schließlich alle zehn Teppiche in Verwahrung des Kunstgewerbemuseums.[37]

Dass es dem Museum gelang, die Teppiche vor dem »Missbrauch« durch nationalsozialistische Funktionäre in Sicherheit zu bringen, könnte aus heutiger Sicht als Akt des Widerstands gegen das Regime bewertet werden. Einige Schreiben des Kunstgewerbemuseums an die Reichsstatthalterei enthalten Textpassagen, die in Anbetracht der Situation – immerhin wandte sich das Museum an die oberste Vertretung des NS-Regimes in Wien – auffällig offensiv bis aggressiv formuliert waren. Nach der Übernahme des ersten Teppichs aus dem Palais Schwarzenberg schrieb Direktor Ernst am 5. März 1941 an die Reichsstatthalterei: »Der erbärmliche Zustand dieses weltberühmten Stückes veranlaßt mich, erneut die Notwendigkeit zu betonen, rechtzeitig Stücke von hohem Rang jedem privatem Gebrauch zu entziehen.«[38] Ein Jahr später, am 30. März 1942, urgierte Richard Ernst bei der Reichsstatthalterei wegen eines weiteren Teppichs: »[W]ie ich heute erfahre, fungiert der Teppich jedoch als Gebrauchsteppich und zwar als Fußbodenbelag in einer Beamtenwohnung der Reichsstatthalterei im Palais Schwarzenberg. Eine solche Ingebrauchnahme muß zum baldigen Ruin, zur baldigen Vernichtung des Stückes führen.«[39] Der Verlauf und der erfolgreiche Ausgang der Bemühungen

34 Tóth, Barbara: Karl von Schwarzenberg. Die Biographie. Wien 2005, S. 31f.

35 MAK-Aktenarchiv, ohne Zahl aus Zl. 0079-1942, Zl. 0883-1940 aus Zl. 0883-1940, Zl. 0883a-1940 aus Zl. 0883-1940.

36 Ebd. Zl. 1088-1941 aus Zl. 0226-1941, Zl. 1087-1941 aus Zl. 0226-1941, Zl. 1088-1941 aus Zl. 0226-1941, Zl. 0412-1942 aus Zl. 0079-1942, Zl. 0416-1942 aus Zl. 0079-1942, Zl. 0416-1942 aus Zl. 0079-1942.

37 Die zehn Teppiche wurden alle im Jahr 1947 an die Familie Schwarzenberg restituiert. Ebd. Zl. 0732-1947 aus Zl. 0732-1947.

38 Ebd. Zl. 0226-1941 aus Zl. 0226-1941.

39 Ebd. Zl. 0412-1942 aus Zl. 0079-1942.

des Museums um die Teppiche zeigen aber, dass es sich hier nicht um Widerstand gegen die NS-Herrschaft handelte. Die politischen Machtstrukturen wurden vom Museum in keinem aus der NS-Zeit erhaltenen Schriftstück in Frage gestellt. Kritisiert wurde vielmehr unter Betonung kunsthistorischer und denkmalschützerischer Aspekt die unsachgemäße Verwendung der Teppiche und damit indirekt das Bonzentum, das auch innerhalb der Führung der NSDAP durchaus als Problem gesehen wurde.[40] Am Beispiel der Schwarzenberg-Teppiche wird sichtbar, dass es doch einen relativ großen Spielraum für Kritik im totalitären NS-System gab, solange man nicht zu einer vom Regime verfolgten Gruppe gehörte oder nicht gegen die NS-Herrschaft oder Adolf Hitler selbst auftrat. Dass die Mitarbeiter des Museums die Aktionen um die Teppiche zwar als aufregendes Abenteuer empfanden, deswegen aber keine Konsequenzen seitens der Obrigkeiten zu fürchten schienen, geht unter anderem aus einer handschriftlichen Notiz des Textilverantwortlichen an Direktor Ernst vom März 1942 hervor: »Es beginnt dramatisch zu werden: Entführung aus dem Serail.«[41]

Die Argumentation, dass durch die Übernahme von Kunstgegenständen, die ja bereits enteignet worden seien, in erster Linie Kulturgut vor dem Ausverkauf oder dem Verschwinden in der Sammlung eines NSDAP-Funktionärs gesichert und so für die Öffentlichkeit bewahrt werde, wurde von den beteiligten Institutionen häufig vorgebracht, sowohl während als auch nach der NS-Zeit,[42] sie verlor allerdings spätestens durch die mangelnde Bereitschaft zu Restitutionen nach 1945 jede Stichhaltigkeit. Es gab mehrere Gründe, in den Inventarbüchern die Namen der Sammlungen festzuhalten, in denen sich Kunstgegenstände vor dem Erwerb durch ein Museum befunden hatten: einmal die bürokratische Praxis, die Herkunft von Objekten zu notieren, um sie nachvollziehbar zu machen, weiters die Nachvollziehbarkeit für kunsthistorische Forschungen und, ebenfalls von Bedeutung, die Wertsteigerung, die ein Objekt erfahren kann, wenn es aus einer renommierten Sammlung stammt. Die Namen der ehemaligen EigentümerInnen

40 Zu Beginn des Jahres 1939 verlor der damalige Gauleiter von Wien Odilo Globocnik sein Amt, unter anderem deshalb, weil er sich persönlich bereichert hatte.

41 MAK-Aktenarchiv, Zl. 0418-1942 aus Zl. 0079-1942.

42 Siehe dazu unter anderem: Frodl-Kraft, Eva: Gefährdetes Erbe. Österreichs Denkmalschutz und Denkmalpflege 1918–1945 im Prisma der Zeitgeschichte. Wien 1997. Eva Frodl-Kraft scheitert in ihrer Darstellung der Geschichte der Denkmalamtes an ihrer persönlichen Verbundenheit mit der Institution.

wurden in der NS-Zeit nicht eingetragen, um die Kunstgegenstände »später« zurückgeben zu können. Die Enteignungen der Objekte waren durch die Gesetze des nationalsozialistischen Staates gedeckt und zum Teil auch von ihnen ausgelöst,[43] und bis 1943 gab der Verlauf des Zweiten Weltkriegs keinen Anlass, einen Zusammenbruch des Nationalsozialismus und daher Ansprüche der Beraubten zu erwarten.

Enteignete Objekte gelangten auch über halboffizielle Organisationen wie die Vugesta[44] und über Behörden in die Museen. So wurden im Staatlichen Kunstgewerbemuseum am 22. August 1939 fünf Möbelstücke inventarisiert, deren Herkunft »durch Staatsgebäudeverwaltung aus 18. Sternwartestr. 59« angegeben wurde. Die Recherchen der Provenienzforschung ergaben, dass es sich bei der Adresse nicht um jene der Staatsgebäudeverwaltung handelte, sondern um eine Villa, in der bis 1938 die Familie Herzel gewohnt hatte. Siegfried Herzel, ein Juwelier in der Wiener Innenstadt, der mit seiner Frau Friederike und den Kindern Kitty und Ralph in der Villa im XVIII. Bezirk wohnte, hatte offenbar geahnt, dass die Machtübernahme durch die NationalsozialistInnen bevorstand und Vorbereitungen getroffen: Am 23. Februar 1938 hatte er bei der Zentralstelle für Denkmalschutz die Ausfuhr von 60 Schmuckstücken nach London beantragt, die sofort genehmigt worden war.[45] Bald nach dem Einmarsch der deutschen Truppen flüchtete die Familie Herzel nach New York.[46] Die Villa der Familie Herzel

---

43 Neben Zwangsabgaben wie JuVA und Reichsfluchtsteuer waren dies die Edelmetallablieferungen nach § 14 der Verordnung über den Einsatz des jüdischen Vermögens vom 3. Dezember 1938 (siehe unten) und vor allem die 11. Verordnung zum Reichsbürgergesetz vom 25. November 1941, nach der das Vermögen von ausgereisten Juden an den Staat fiel. Unter die Ausgereisten fielen auch jene, die in ein außerhalb des Reichsgebietes gelegenes KZ deportiert worden waren. Siehe Jabloner, Clemens/Bailer-Galanda, Brigitte/Blimlinger, Eva/Graf, Georg/Knight, Robert/Mikoletzky, Lorenz/Perz, Bertrand/Sandgruber, Roman/Stuhlpfarrer, Karl/Teichova, Alice (Hg.): Schlussbericht der Historikerkommission der Republik Österreich. Vermögensentzug während der NS-Zeit sowie Rückstellungen und Entschädigungen seit 1945 in Österreich. Zusammenfassungen und Einschätzungen. Wien u. a. 2003, S. 80–85.

44 Zur Vugesta siehe Anderl, Gabriele/Blaschitz, Edith/Loitfellner, Sabine: Die Arisierung von Mobilien und die Verwaltungsstelle für jüdisches Umzugsgut. In: Jabloner, Clemens/Bailer-Galanda, Brigitte/Blimlinger, Eva/Graf, Georg/Knight, Robert/Mikoletzky, Lorenz/Perz, Bertrand/Sandgruber, Roman/Stuhlpfarrer, Karl/Teichova, Alice (Hg.): »Arisierung« von Mobilien. Wien u. a. 2004, S. 9–249.

45 Archiv Bundesdenkmalamt, Ausfuhr 451.

46 WStLA, Urkundenbuch Bezirksgericht Döbling, TZ 5219-1955, fol. 1.

beanspruchte nun Franz Hammerschmid, der persönliche Referent von Reichsstatthalter Arthur Seyß-Inquart. Zum einen bewohnte er mit seiner Familie einen Teil des Hauses, zum anderen plante er, in den nicht genutzten Räumen Zimmer für Gäste des Reichsstatthalters einzurichten.[47] Dieses Vorhaben kam nicht mehr zur Ausführung, da Franz Hammerschmid am 13. April 1939 in Petronell tödlich verunglückte. Seine Witwe und seine Kinder wohnten weiterhin in der Villa im XVIII. Bezirk, allerdings sollte das Haus in mehrere Wohnungen unterteilt werden.[48] Im Zuge der dafür notwendigen Umbauarbeiten verkaufte die zuständige Staatsgebäudeverwaltung das nicht benötigte Mobiliar. Fünf der Möbelstücke, darunter ein italienischer Renaissance-Stuhl aus der ehemaligen Sammlung Albert Figdor, wurden dem Staatlichen Kunstgewerbemuseum zugewiesen.[49] Der Hinweis auf diese wertvollen und bewahrenswerten Objekte war wahrscheinlich vom Vorstand der Staatsgebäudeverwaltung gekommen, der gleichzeitig Korrespondent der Zentralstelle für Denkmalschutz im Ministerium für innere und kulturelle Angelegenheiten war.[50]

In diesem Fall war es zwar möglich, über den Herkunftseintrag im Inventar die ehemaligen Eigentümer zu ermitteln, wenn auch erst nach einigen Recherchen. Bei den meisten der Kunstgegenstände, die in der NS-Zeit über den Kunsthandel erworben wurden, vermerkte das Staatliche Kunstgewerbemuseum nicht, wer die VorbesitzerInnen waren. Werden zur Recherche ausschließlich die Inventarbücher herangezogen, ist nicht zu ermitteln, ob es sich bei diesen Objekten um Enteignungen handelt oder nicht. Solange nicht definitiv die Folge der EigentümerInnen und die korrekte Weitergabe des Objekts bestimmt werden können, muss allerdings auf Grund der Vielzahl der ab 1938 enteigneten Kunstgegenstände immer der Verdacht auf NS-Raubgut bestehen bleiben.

Die bedeutendste Rolle im Wiener Kunsthandel der NS-Zeit spielte das größte Auktionshaus der Stadt, das im Staatseigentum stehende Dorotheum.

---

47 ÖStA, Archiv der Republik 04: Bundesgebäudeverwaltung Zl. 11186-1938 aus Zl. 09602-1938, Zl. 06266-1939 aus Zl. 06266-1939, Zl. 07728-1939 aus Zl. 06266-1939.

48 Ebd. Zl. 08275-1939 aus Zl. 06266-1939.

49 MAK-Aktenarchiv, Zl. 1187-1939 aus Zl. 0906-1939. Am 1. Juni 2007 empfahl der Kunstrückgabe-Beirat die Restitution der vier im MAK noch vorhandenen Möbelstücke an die Erben nach Friederike und Siegfried Herzel.

50 Lehmann: Wiener Adressbuch 1939, V. Teil »Behörden«, S. 18.; Jahresbericht der Österreichischen Denkmalpflege 1937, S. 20–21.

Nicht nur durch den Weiterverkauf von enteignetem Gut war das Dorotheum in das NS-Beraubungssystem eingebunden. Nachdem die vom NS-Regime als Juden Verfolgten auf Grund der Verordnung über die Anmeldung des Vermögens der Juden vom 26. April 1938 ihr Vermögen über RM 5.000,– inklusive Schmuck- und Kunstgegenständen bekanntzugeben gehabt hatten, wurden sie nun auf Basis des § 14 der Verordnung über den Einsatz des jüdischen Vermögens vom 3. Dezember 1938 durch die Dritte Anordnung vom 21. Februar 1939 verpflichtet, alle Gegenstände aus Edelmetalle, Perlen und Juwelen aus ihrem Eigentum abzuliefern. Als Ablieferungsstellen für Wien und jene Städte der Ostmark, wo das Dorotheum Filialen besaß, dienten die Verkaufsstellen des Auktionshauses.[51] Insgesamt wurden in der Ostmark rund 50.000 kg Silber, 154 kg Gold und 3 kg Platin nach § 14 entzogen. Der größte Teil der Edelmetalle wurde eingeschmolzen, nur Gegenstände von hohem künstlerischem Wert wurden an Museen weitergegeben oder über Auktionen des Dorotheums verkauft.[52] Zwischen Dezember 1941 und Jänner 1943 erwarb das Kunstgewerbemuseum eine Reihe von Leuchtern, Kannen, Schüsseln und anderen Objekten aus Silber. Wie das Museum in einem Brief an die Reichsstatthalterei formulierte, wurden diese Gegenstände »ausgeklaubt aus dem Dorotheum«[53] und meist inventarisiert als Alt-Wiener Silber. Ihre früheren EigentümerInnen blieben ungenannt.[54]

Im April 1945 eroberte die Rote Armee Wien, mit der Kapitulation des Deutschen Reichs ging am 8. Mai 1945 der Zweite Weltkrieg in Europa zu Ende, das nationalsozialistische Regime war besiegt. Das als Zweite Republik wieder erstandene Österreich nahm die ihm von den alliierten Siegermächten zugestandene Rolle des ersten Opfers von Nazi-Deutschland dankbar an. Die Opfer dieses Opfers aber waren die von den NationalsozialistInnen Verfolgten. Zehntausende waren deportiert und ermordet worden, ihr Eigentum vom Regime übernommen,

---

51 Lütgenau, Stefan August/Schröck, Alexander/Niederacher, Sonja: Zwischen Staat und Wirtschaft. Das Dorotheum im Nationalsozialismus. Wien 2006, S. 158–163.

52 Ebd. S. 186.

53 MAK-Aktenarchiv, Zl. 0186-1942 aus Zl. 0184-1942.

54 Die Anlaufstelle der Israelitischen Kultusgemeinde Wien für jüdische NS-Verfolgte in und aus Österreich und das Dorotheum ermöglichten in einem gemeinsamen Projekt in den Jahren 2006 und 2007 die Digitalisierung einer Kartei im Österreichischen Staatsarchiv, in der über 16.000 Personen verzeichnet sind, die Edelmetalle und Juwelen beim Dorotheum abliefern mussten. Da zu den Silbererwerbungen des MAK 1941–1943 zum Teil die Dorotheumsnummern archiviert sind, konnten zu einigen der Objekte die früheren EigentümerInnen ermittelt werden.

viele hatten fliehen können, allerdings nur unter Zurücklassung des größten Teils ihrer Besitztümer. Das entzogene Eigentum zurückzustellen und Entschädigung zu leisten fiel der Republik Österreich sehr schwer, die entsprechenden Verordnungen und Gesetze kamen vor allem auf Druck der Besatzungsmächte zustande. Trotzdem war in den ersten Jahren der Zweiten Republik die Bereitschaft noch am höchsten, gegen die nationalsozialistischen Täter vorzugehen und den Opfern ihr geraubtes Vermögen rückzuerstatten. In dieser Phase, die mit der so genannten Minderbelastetenamnestie 1948 und der Zulassung des VdU 1949 endete, wurden nach offiziellen Angaben 13.000 Kunstgegenstände an ihre rechtmäßigen Eigentümer zurückgegeben. Allerdings beinhaltete diese Zahl auch jene Objekte, die Privatpersonen an Museen übergeben hatten, damit diese sie an bombensichere Orte brachten.[55]

Bereits im Juli 1945 waren die Museen vom Staatsamt für Finanzen aufgefordert worden, in Befolgung des Repatriierungsgesetzes Objekte aus enteigneten Sammlungen zu melden.[56] Über ein Jahr später waren auf Grund der Vermögensentziehungs-Anmeldungsverordnung nochmals alle betroffenen Objekte dem zuständigen Unterrichtsministerium zu übermitteln.[57] Die Verfahren mussten von den Geschädigten selbst bei den Rückstellungskommissionen nach einem der Rückstellungsgesetze beantragt werden,[58] von sich aus wurden weder die zuständigen Ministerien noch die Museen tätig.

Für die ehemaligen EigentümerInnen oder deren ErbInnen war es oftmals notwendig, sich mit den Museen in Verbindung zu setzen, um ihre Kunstgegenstände zu lokalisieren. Oft wurden die Museumsfachleute auch um Hilfe bei der Suche nach Objekten gebeten, die z. B. über den Kunsthandel weiterverkauft worden waren. Eine zentrale Rolle spielte das Bundesdenkmalamt – die Verwalter des

---

55 Bacher, Ernst: Vorwort. In: Brückler, Theodor (Hg.): Kunstraub, Kunstbergung und Restitution in Österreich 1938 bis heute. Wien u. a. 1999, S. 7–9, hier S. 7. Ob die Zahl von 13.000 restituierten Objekten auch jene beinhaltet, die danach mit einer Ausfuhrsperre belegt wurden, geht aus dem Text nicht hervor.

56 MAK-Aktenarchiv, Zl. 0405-1945 aus Zl. 0409-1945. Das Kunstgewerbemuseum sandte daraufhin am 3. August 1945 sechs Listen betreffend die Sammlungen Adolf Schwarzenberg, Alphonse Rothschild, Louis Rothschild, Oskar Bondy, Albert Pollak und Gertrud Schüller an das »Staatsamt für Volksaufklärung und Unterricht«. Siehe ebd. Zl. 0409-1945 aus Zl. 0409-1945.

57 Ebd. Zl. 0823-1946 aus Zl. 0823-1946.

58 Zur ausführlichen Darstellung der Rückstellung nach 1945 siehe Jabloner u. a.: Schlussbericht S. 241.

NS-Kunstraubes hatten also nun die Aufgabe, die enteigneten Objekte wiederzufinden. Von der amerikanischen Besatzungsmacht wurde Raubkunst aus unter dem NS-Regime angelegten Depots in den so genannten »Central Art Collecting Points« zusammengetragen. Jene Objekte, die als ehemaliger österreichischer Besitz eingeordnet werden konnten, wurden schließlich der Republik Österreich übergeben. Auch für diese Kunstgegenstände war das Bundesdenkmalamt zuständig,[59] und wie dessen Präsident 1948 feststellte, sei das Bundesdenkmalamt bestrebt, alle Kunstgegenstände, die sich 1938 in Österreich befunden hatten, nach Österreich zurückzuführen.[60] Darüber hinaus war das Bundesdenkmalamt bestrebt, möglichst viele der Kunstgegenstände, die sich 1938 in Privatbesitz von ÖsterreicherInnen befunden hatten, in der NS-Zeit entzogen worden waren und nun restituiert werden sollten, nicht aus Österreich hinaus zu lassen. Das Instrument dafür war das bereits bekannte Ausfuhrgesetz. Für die ehemaligen EigentümerInnen stellte sich die Situation so dar: Nachdem sie im Nationalsozialismus sämtliche Rechte sowie große Teile ihres Eigentums und oft auch Familienmitglieder verloren hatten und nur durch Flucht ins Ausland ihr Leben retten konnten, vermittelte ihnen ihr früherer Heimatstaat nun, dass erstens der Staat selbst Opfer gewesen sei, er zweitens keinerlei Verantwortung für die Jahre von 1938 bis 1945 übernehme, drittens eine Rückkehr der Geflohenen nicht wirklich erwünscht sei und viertens die geraubten Kunstgegenstände zwar nominell, aber auf Grund einer Ausfuhrsperre dann doch nicht restituiert würden. Für die österreichische Kultur waren die Kunstgegenstände offenbar bedeutsamer als die ehemaligen MitbürgerInnen.

Dem nunmehrigen Österreichischen Museum für angewandte Kunst gelang ein besonderer Coup. Direktor Richard Ernst erreichte im Zuge der Rückstellungsverhandlungen um die Sammlung von Alphonse Rothschild, der mittlerweile verstorben war, und Clarice Rothschild, dass einerseits nur wenige Objekte, die das Museum in der NS-Zeit übernommen hatte, zurückgegeben wurden, andererseits eine große Zahl wichtiger Stücke, vor allem Möbel, die sich bis dahin gar nicht im Museum befunden hatten, als Widmung ins Haus kamen. Noch bei der Wiedereröffnung des MAK nach den Umbauten und der Neugestaltung der

59 Loitfellner: NS-Kunstraub und Restitution S. 21.

60 Zitiert nach Sailer Gerhard: Rückbringung und Rückgabe: 1945–1966. In: Brückler: Kunstraub, Kunstbergung und Restitution S. 31–38, hier S. 31.

Schauräume im Jahr 1993 wurde vom Museum stolz betont: »Die Widmung Clarisse de Rothschild, eine Sammlung französischer Möbelkunst des 18. Jahrhunderts, bedeutete dann wieder eine wichtige Bereicherung.«[61] Auch sonst konnte sich das Museum für angewandte Kunst durch Tausch und Widmung viele wichtige Kunstwerke sichern, z. B. aus der Sammlung Bloch-Bauer. Nach der Pensionierung von Richard Ernst 1950 folgten mit Ignaz Schlosser und Viktor Griessmaier nacheinander zwei Direktoren, die bereits seit langer Zeit im Museum tätig waren. Trotzdem ist in der Korrespondenz zu den Restitutionsverhandlungen ab 1950 eine Änderung im Kommunikationsstil zu beobachten. Auch wenn Richard Ernst in den Verhandlungen der klaren Linie folgte, möglichst viele Objekte für das Museum zu sichern, hatte er zu einigen der SammlerInnen, deren Objekte in der NS-Zeit enteignet worden waren, bis 1938 persönliche Beziehungen gepflegt, und das spiegelte sich in einigen Fällen in seinen Briefen. Nach 1950 verschwand aus der Korrespondenz zum einen diese vertrauliche Note, zum anderen setzte bereits der Prozess der Verdrängung der NS-Zeit ein. In einem Brief an das Unterrichtsministerium schrieb Direktor Ignaz Schlosser 1954 über die Bezahlung einer Sammlung, die das Museum 1939 übernommen hatte, der ehemalige Eigentümer habe nach 1945 »behauptet, der Betrag sei von der ›Eugenstraße‹ übernommen worden, er habe nichts davon erhalten.«[62] Bei der »Eugenstraße« handelte es sich um die Zentralstelle für jüdische Auswanderung in der Prinz Eugen-Straße 22, auf deren Sperrkonto das Museum den Kaufpreis einbezahlt hatte. Daran musste Direktor Schlosser, der 1939 Kustos im Museum gewesen war, sich sehr wohl erinnern. Er beließ die Aussage aber unkommentiert und stellte sie damit als unklar und fragwürdig dar. Bereits 1954, also neun Jahre nach dem Ende des Nationalsozialismus, war das kollektive Vergessen etabliert.

1998 beschloss der österreichische Nationalrat das Kunstrückgabegesetz, das die Basis für Provenienzforschung und Restitutionen in den österreichischen Bundesmuseen bildet. Kritisiert wurde und wird es oftmals wegen der fehlenden Parteienstellung für die Geschädigten und ihre ErbInnen, und weil die Rückgaben »Gnadenakte« seien und kein Rechtsanspruch auf Restitution bestehe. Ein

---

61 Noever, Peter (Hg.): MAK. Österreichisches Museum für angewandte Kunst. Wien u. a. 1993, S. 10. 1999 wurden schließlich sämtliche Objekte aus der Sammlung Rothschild, die zwischen 1943 und 1951 ins MAK gekommen waren und sich noch hier befanden, restituiert.

62 MAK-Aktenarchiv, Zl. 0617-1945 aus Zl. 0471-1954.

Vorteil des Gesetzes und eine Neuerung gegenüber allen bisherigen gesetzlichen Regelungen ist, dass der Staat von sich aus tätig wurde und seine Sammlungen überprüfen lässt. Nachdem in den ersten Jahren ab 1998 vornehmlich die Aufarbeitung der Objekte aus den bekannten Sammlungen im Zentrum der Tätigkeiten der Kommission für Provenienzforschung stand, konnten in der letzten Zeit einige frühere EigentümerInnen von in der NS-Zeit enteigneten Kunstobjekten in den Museen festgestellt werden, die bisher nicht im Zusammenhang mit Raubkunst aufgetaucht waren.

»Man darf schließlich nicht vergessen, dass es sich im Grunde darum handeln muss, geschehenes Unrecht wieder gutzumachen«,[63] hatte Direktor Ernst 1947 im Zuge der Verhandlungen um die Sammlung Rothschild geschrieben. Die Familie Rothschild und ihre Vertrauten müssen das damals als Sarkasmus aufgefasst haben. Ob oder wie sehr Richard Ernst und die Verantwortlichen in den Museen, im Ministerium und im Bundesdenkmalamt tatsächlich hinter dieser Aussage standen, ist nicht zu beantworten. Heutige Restitutionen können kein Unrecht gutmachen. Verfolgung, Entrechtung, Enteignung, Vertreibung, Deportation und Ermordung macht man nicht ungeschehen, indem gestohlenes Gut an die früheren EigentümerInnen oder deren ErbInnen zurückgegeben wird. Für einen Staat, der sich seiner historischen Verantwortung bewusst ist, sollte es aber selbstverständlich sein, noch immer in seinem Eigentum stehende NS-Raubkunst zu restituieren.

63 Ebd. Zl. 0412-1948 aus Zl. 0065-1948.

Paulus Ebner

Universität Wien, 1968 – Studieren im gesellschaftlichen Wandel

1983, anlässlich der 15. Wiederkehr des Jahres 1968, bot Karl Vocelka als erster Historiker an der Universität Wien eine Lehrveranstaltung zu diesem Thema an. Auch wenn seither einiges zum Umbruchsjahr – nicht zuletzt von ihm selbst – publiziert worden ist,[1] scheint es naheliegend, das Thema in diesem Kontext erneut aufzugreifen und die Studienjahre von Karl Vocelka genauer zur betrachten. An dieser Stelle sollen aber weder biographische Skizzen noch eine Gesamteinschätzung der unter dem Schlagwort »1968 in Österreich« subsumierten Entwicklungen versucht werden. Ziel dieses Beitrags ist es vielmehr, einen Einblick in die studentische Selbstorganisation in den sechziger Jahren sowie in das Lehrangebot der Universität Wien in jenen Fächern, die Karl Vocelka 1965–1970 belegt hatte, also Geschichte, Germanistik und Volkskunde, zu ermöglichen. Damit sollen die Rahmenbedingungen für seine universitäre Ausbildung nachgezeichnet werden. Spekulationen über die Auswirkungen dieser Jahre auf Karl Vocelkas Entwicklung, die über die wissenschaftliche Ausbildung hinausgehen, werden ausgespart, auch wenn sich manche Assoziationsketten aufdrängen. Er selbst hat zu seiner Studienzeit einmal gemeint, dass er damals eher am Rande der Geschehnisse gestanden ist und sein »1968« in den siebziger Jahren ausgiebig und kräftig nachgeholt habe.

Das Jahr 1965, in dem Karl Vocelka das Studium der Germanistik und Geschichte an der Universität Wien aufnahm, war von zwei sehr unterschiedlichen Ereignissen geprägt, die allerdings noch in das Sommersemester fielen. Die Universität feierte die 600. Wiederkehr ihres Gründungstages mit viel Pomp und

1 Eine Auswahl: Keller, Fritz: Wien, Mai 68 – Eine heiße Viertelstunde. Wien 1983; Welzig, Elisabeth: Die 68er. Karrieren einer rebellischen Generation; Wien u. a. 1985; Ebner, Paulus/Vocelka, Karl: Die zahme Revolution. '68 und was davon blieb. Wien 1998; Svoboda, Wilhelm: Sandkastenspiele. Eine Geschichte linker Radikalität in den 70er Jahren. Wien 1998; Danneberg, Bärbel/Keller, Fritz/Machalicky, Ali/Mende, Julius (Hg.): Die 68er. Eine Generation und ihr Erbe. Wien 1998.

akademischen Würdenträgern aus ganz Europa. Dem setzte die Österreichische Hochschülerschaft [ÖH] eine ambitionierte Veranstaltungsreihe im Audi Max mit prominenten Intellektuellen und Schriftstellerinnen entgegen. So lasen und referierten beispielsweise Ingeborg Bachmann (1926–1973), Ernst Bloch (1885–1977) oder Jean-Baptist Metz (geb. 1928) vor einem vollen Hörsaal. Die ÖH der Universität Wien, die zu diesem Zeitpunkt noch in einem sehr engen rechtlichen Korsett steckte, was beispielsweise die Abhaltung von Veranstaltungen auf Hochschulboden betraf, zeigte mit dieser Reihe erstmals klares intellektuelles wie politisches Profil und positionierte sich somit als gesellschaftliche Kraft, die mehr sein wollte als eine reine Interessenvertretung.

Das zweite Ereignis des Jahres 1965, das eine deutlich sichtbare gesellschaftspolitische Zäsur darstellte, betraf zwar die Universität Wien nicht direkt, stellt aber ein wichtiges Symptom für den Zustand der österreichischen Hochschulen nach 1945 dar: Die jahrelang nicht geahndeten Auslassungen des Professors der Hochschule für Welthandel Taras Borodajkewycz (1902–1984), eines ehemaligen NSDAP-Mitglieds, über die Rolle der Juden in Wirtschaft und Wissenschaft wurden über Mitschriften des Studenten Ferdinand Lacina (geb. 1942), die Heinz Fischer (geb. 1938) in der sozialistischen Presse publik machte, einer weiteren Öffentlichkeit bekannt. Als schließlich auch noch der Auftritt des selbstbewussten Borodajkewycz vor einem vollen Hörsaal, in dem seine studentischen Sympathisanten eine klare und lautstarke Mehrheit stellten, über die österreichischen Bildschirme flimmerte, bedeutete dies eine Initialzündung für öffentliche Gegenwehr.

In der Folge kam es zu mehreren Großdemonstrationen in Wien, die die Absetzung des Hochschulprofessors forderten. Ihnen stellten sich aber sehr bald auch Gegendemonstranten aus dem freiheitlichen Lager entgegen. Bei einer dieser Konfrontationen wurde der Pensionist und KZ-Überlebende Ernst Kirchweger (geb. 1898) von einem Neonazi mit Amateurboxer-Ausbildung mit einem Fausthieb niedergestreckt und dabei getötet. Der Kommunist Ernst Kirchweger war somit das erste politische Todesopfer der Zweiten Republik. An seinem Begräbnis nahmen ca. 25.000 Menschen teil, darunter auch die Spitzen der Republik.[2] Die daraus entstehende öffentliche Solidarisierung der Parteien führte besonders auch in der ÖH zu einer Rückbesinnung auf jene antinazistischen Traditionen, die sehr

2 Vgl. dazu Fischer, Heinz (Hg.): Einer im Vordergrund: Taras Borodajkewycz. Eine Dokumentation. Wien 1966.

bald nach ihrer Gründung im Jahr 1945 verlorengegangen waren. Der Fall Borodajkewycz zeigte die Folgen der an den meisten österreichischen Hochschulen ungenügend durchgeführten Entnazifizierungen. Wenn auch unmittelbar nach Kriegsende zumeist rigoros gegen NS-Mitglieder vorgegangen worden war, so waren viele der »Gesäuberten«, soweit das altersmäßig möglich war, wieder zurückgekehrt und beeinflussten das Klima an den Hochschulen ganz wesentlich.

Der antifaschistische Schulterschluss des Kirchweger-Begräbnisses bedeutete aber keineswegs, dass sich bei den ÖH-Wahlen, an denen sich zu diesem Zeitpunkt noch ca. 70% aller Studierenden beteiligten, in den Jahren nach 1965 wesentliche Verschiebungen ergaben. Nach wie vor hielt die ÖVP-nahe Studentenfraktion, der »Wahlblock österreichischer Akademiker« (die Namen änderten sich einige Male) eine absolute Mehrheit oder lag wenigstens knapp an der 50%-Marke, danach folgten der »Ring Freiheitlicher Studenten« [RFS] mit einem Stimmenanteil von ca. 25–30 und danach erst der »Verein sozialistischer Studenten« [VSStÖ] mit ca. 15–20%, die kommunistischen Studenten spielten überhaupt keine Rolle und lagen im besten Fall bei einem Prozent.

Dieses Kräfteverhältnis änderte sich bis zu den ÖH-Wahlen von 1974 kaum. Was sich aber änderte, war das Selbstverständnis der studentischen Fraktionen und die Beziehungen der Parteien zu ihren Studentenorganisationen. Sowohl im Lager der »konservativen« Studenten (erwähnt seien im Bereich der Uni Wien CVer wie Michael Mitterauer oder Werner Vogt) wie auch bei den sozialistischen Studenten (Peter Kowalski oder Silvio Lehmann – um auch hier zwei Namen mit sehr unterschiedlichen Karriereverläufen zu nennen) entstanden Ideen, die deutlich links von der jeweiligen Mutterpartei angesiedelt waren. Für mindestens ein Jahrzehnt, also bis Ende der siebziger Jahre blieben die Beziehungen der studentischen Fraktionen zu den Mutterparteien sowohl bei »Schwarz« als auch bei »Rot« sehr gespannt. Während die ÖVP mit der Gründung der »Aktionsgemeinschaft« [AG] für Ruhe unter ihren studentischen Sympathisanten und Mitgliedern sorgte, so ist die kritische Einstellung des VSStÖ zur SPÖ bis heute geradezu Teil des Selbstverständnisses der sozialistischen Studenten.

Die Ereignisse, die die Universität Wien im Jahr 1968, also im dritten Studienjahr von Karl Vocelka, prägten, sind im Großen und Ganzen wohl bekannt, hier soll nur auf zwei Ereignisse eingegangen und kurz ihre Folgen angesprochen werden: Verglichen mit anderen österreichischen Hochschulen gab es an der Universität Wien eine größere Anzahl von Links-Aktivisten, gemessen an der Gesamtzahl der Studierenden stellten sie aber eine verschwindende Minderheit dar. Andererseits war aber vielen Studierenden und ÖH-Funktionären die Notwendigkeit weitgehender Reformen der verkrusteten Ordinarienuniversität bewusst, dies beweist die rege Teilnahme an Diskussionsveranstaltungen und Enquetes zum immer wiederkehrenden Thema »Hochschulreform«. Dieser Reformismus – und das soll in diesem Zusammenhang ausdrücklich kein pejorativer Begriff sein – trug im Verein mit der Angst der Behörden und auch der Medien vor deutschen oder gar französischen Verhältnissen in der Folge wirklich Früchte.

Dass ausgerechnet eine Kunst-Aktion das Image der österreichischen 68er-Bewegung prägen sollte, ist, so gesehen, eine Ironie der Geschichte. Denn immer wieder wurde und wird die Meinung geäußert, dass die Aktion »Kunst und Revolution« im Hörsaal I des Neuen Institutsgebäudes der Universität Wien den Höhepunkt der österreichischen Studentenbewegung dargestellt habe. Ihr aktionistischer und körperbetonter Charakter sei die spezifisch österreichische Note gegenüber den intellektuelleren und politischeren Bewegungen in Deutschland und Frankreich gewesen. Nur zwei kurze Anmerkungen dazu: Die Aktion »Kunst und Revolution«, die von der Presse schließlich den Beinamen »Uni-Ferkelei« bekam, wurde vom eben erst gegründeten SÖS, den Sozialistischen Österreichischen Studenten, veranstaltet und bedeutete zugleich auch wieder das Ende dieser unabhängigen linken studentischen Fraktion, die sich nach dem Vorbild des deutschen SDS gegründet hatte. Was aus diesem Versuch, sich von SPÖ und KPÖ institutionell zu lösen und einer undogmatischen Linken eine Plattform zu bieten, geworden wäre, darüber kann man nur spekulieren. Der blanke Hass der veröffentlichten Meinung, erwähnt seien an dieser Stelle vor allem die Tageszeitung »Express« mit Michael Jeannée und die »Kronenzeitung«, der all jenen entgegenschlug, die mit dieser Veranstaltung zu tun gehabt hatten, beendete das Experiment, bevor es richtig beginnen konnte. Der SÖS löste sich unmittelbar danach auf.

Ein zweiter, oft zu wenig beachteter Aspekt an »Kunst und Revolution«: Die Aktion fand zwar an der Universität Wien statt, aber es war nur ein Hörer unter den Akteuren – und der studierte Architektur an der Technischen Hochschule. Für Otmar Bauer hatte die Aktion aber schlimme Folgen – nämlich die Relegierung von seiner Hochschule auf Dauer.[3]

3 Bauer, Otmar: 1968. Autobiographische Notizen zu Wiener Aktionismus, Studentenrevolte, Underground, Kommune Friedrichshof, Mühl Ottos Sekte. Maria Enzersdorf 2004. Bauer bietet eine

Was die Entwicklung der studentischen Mitbestimmung betrifft, so scheint eine zweite Aktion viel wichtiger und richtungsweisender, auch wenn diese keine derartige Verankerung im kollektiven Gedächtnis gefunden hat. Es handelt sich um die Störung der feierlichen Inauguration des neu gewählten Rektors Walter Kraus im Oktober 1968. Bereits bei der Inaugurationsfeier des Jahres 1967 für Rektor Fritz Schwind (geb. 1913) – damals wurde noch jedes Jahr ein neuer Rektor gewählt – war es zu Tumulten gekommen, die sich vor allem gegen Unterrichtsminister Theodor Piffl-Perčević (1911–1994) richteten und mit Tomatenwürfen auf den Minister endeten.

1968 war die Lage anders: Rektor Schwind hatte trotz des problematischen Starts seiner Amtszeit zu allen studentischen Fraktionen eine gute Gesprächsbasis aufbauen können. Sein Nachfolger Walther Kraus (1902–1997), ein klassischer Philologe, hatte hingegen wenig Unterstützung unter den Studenten, die – wie gehabt – in keiner Weise an der Rektorswahl beteiligt waren. Die Inaugurationsfeier im Talar und vor den Spitzen von Staat und Gesellschaft sollte ohne jedes studentische Statement abgehalten werden. Als der neue Rektor mit seinem Festvortrag beginnen wollte, störten linke Studierende mit Zwischenrufen. RFS-Studenten nahmen – ob gebeten oder ungebeten, das wurde nie geklärt – ihre Tätigkeit als Saalschutz auf und zerrten vor den Honoratioren aus Staat, Kirche und Wirtschaft die Linken, unter anderem den VSStÖ-Chef Peter Kowalski – mit Brachialgewalt aus dem Festsaal. Die Demonstranten aus dem Umfeld des VSStÖ und der Fraktion Neue Linke, in der unter anderem Michael Genner, als »Asyl in Not«-Chef vor kurzem mit seinem Statement zum Tod von Innenministerin Prokop in den Schlagzeilen,[4] aktiv war, warteten in der Aula auf die Würdenträger und deckten diese mit einem Tomatenhagel und Konfettiregen ein, auch Kardinal König soll dabei von einer Tomate getroffen worden sein.[5]

Diese Aktion hatte eine direkte Auswirkung: Die Auftritte der akademischen Würdenträger im Talar wurden in Zukunft auf ein Minimum eingeschränkt. Viel

---

radikal subjektive Perspektive. Sein Bericht sei am Thema »1968 in Österreich« Interessierten dringend ans Herz gelegt.

4 Genner, Michael: Innenministerin Liese Prokop ist tot - Kein Grund zum Weinen! Nachruf der besonderen Art von Michael Genner, Asyl in Not [http://no-racism.net/article/1926/, 8. November 2007].

5 Die Vorkommnisse an der Universität Wien waren Aufmacher in allen überregionalen österreichischen Tageszeitungen am 18. Oktober 1968

wichtiger war aber, dass auf diese Weise die Diskussion um die Einbindung der ÖH in universitäre Entscheidungsprozesse in Gang kam. Während es bei Gesetzesbegutachtungen durchaus indirekte Mitsprachemöglichkeiten für die Hochschülerschaft gab, hatten sie an den einzelnen Universitäten praktisch keinerlei verbriefte Mitbestimmungsrechte.

Ein interessantes Experiment gab es 1968 an der Universität Linz. Eine informelle Versammlung, in der alle Universitätsangehörigen stimmberechtigt waren, wählte den linken Ökonomen Kurt W. Rothschild (geb. 1914) zum Rektor. An dieser Wahl beteiligten sich einige wenige Professoren sowie Assistentinnen und Assistenten und Studierende nach dem Prinzip »One man – one vote«.[6] Natürlich wurde Rothschild letztlich nicht Rektor! Der gewählte Rektor Rudolf Strasser (geb. 1923) äußerte bei seiner Inauguration viel Verständnis für die studentischen Anliegen. An der Technischen Hochschule fand 1970 eine von der Hochschülerschaft organisierte Rektorswahl samt Hearing statt. Mehr als 10% aller Hörerinnen und Hörer nahmen an dieser Veranstaltung teil, einige Professoren stellten sich sogar dem studentischen Hearing. Der »Wahlsieger« wurde letztlich auch in diesem Fall nicht zum Rektor gewählt.

Alle diese Proteste gegen das Fehlen von Mitbestimmungsmöglichkeiten und die originellen Ansätze zur Mitbestimmung waren Wegbereiter für die große Universitätsreform, die durch das UOG 1975 umgesetzt wurde. Wie weit der Rückbau der Mitbestimmung auf allen Ebenen (vor allem beim Mittelbau, zum Teil auch beim allgemeinen Personal und den Studenten) inzwischen gediehen ist, lässt sich täglich beobachten. Die Idee der Wahl eines Rektorats durch die gesamte Universität scheint in den Zeiten eines übermächtigen Universitätsrats und eines von der Professorenkurie beherrschten Senats noch weit exotischer, als sie 1970 gewesen ist, wo die Studierenden wenigstens den Zeitgeist, also die »Durchflutung aller Lebensbereiche mit Demokratie«, auf ihrer Seite hatten.

Die Unzufriedenheit der Studierenden richtete sich aber nicht nur gegen die Professoren und die ministerielle Hochschulverwaltung. Auch die gesetzlich vorgegebene unflexible Struktur der Österreichischen Hochschülerschaft stieß auf immer stärkere Ablehnung. Vor allem an der Universität Wien war 1969 die Institutsvertreterkonferenz [IVK] sehr aktiv. Sie forderte die Institutionalisierung der

6 Erstmalig Studenten-Rektor in Linz. In: Kurier 26. Juni 1968, S. 2. Die Gesamtwahlbeteiligung betrug übrigens ca. 60%.

Mitbestimmung von Mittelbau und Studenten sowie die Einrichtung einer Studienrichtungsvertretung auf Institutsebene. Diese IVK kann auch als ein Vorläufer der Studentenbewegung von 1987 interpretiert werden.

Mit dem Allgemeinen Hochschulgesetz von 1969 wurde die Errichtung von Institutskonferenzen mit Drittelparität gesetzlich verankert, und 1973 folgte schließlich der Beschluss, die Ebene der Studienrichtungsvertretungen einzuführen. Diese Ebene ist bis heute die einzige in der ÖH-Struktur, die kein Listen-, sondern nur ein Persönlichkeitswahlrecht kennt und am ehesten basisdemokratischen Vorstellungen entspricht.

Nach diesem kurzen Blick auf die Rahmenbedingungen des Studiums in den späten 1960er Jahren sollen nun Themen und Vortragende der Lehrveranstaltungen aus Germanistik, Geschichte und Volkskunde vorgestellt werden.

Bei der Germanistik fällt sofort auf, dass die deutsche Literatur der Neuzeit klar unterrepräsentiert ist, es gibt im WS 1965/66 nur eine einzige Vorlesung (»Der österreichische Roman I«) und nur ein einziges Seminar (»Grillparzers Dramenkunst«) zu dieser Epoche. Beide Veranstaltungen wurden von Herbert Seidler (1905–1983) angeboten. Ab 1966/67 gibt es mit den Vorlesungen und Seminare des neu bestellten ao. Prof. Werner Welzig (geb. 1935) immerhin je zwei Veranstaltungen zur neueren Literatur.[7] Insgesamt dominieren aber das alte Fach und die Sprachwissenschaft in Form der Mundarten- und Ortsnamenkunde.

Im Zeitraum von 1965 und 1970 gab es im Bereich der Germanistik nur vier ordentliche Professoren. Die meisten Lehrveranstaltungen wurden von Karl Vocelkas späterem Doktorvater, dem Sprachwissenschaftler und Mundartforscher Eberhard Kranzmayer (1897–1975) angeboten. Die hohe Dichte von ehemaligen Nationalsozialisten unter den Vortragenden ist frappierend – alle vier Ordinarien der Wiener Germanistik des Jahres 1965 waren Mitglieder der NSDAP gewesen: Otto Höfler (1901–1987) war sogar als Mitarbeiter des SS-Ahnenerbes tätig,[8] Eberhard Kranzmayer[9] (1897–1975) und Hans Rupprich[10] (1898–1972) traten der NSDAP erst nach dem Anschluss bei und auch Herbert Seidler (1905–1983),

7 Vorlesungsverzeichnis der Universität Wien für das Wintersemester 1965/66. Wien 1965, S. 83–85 und Vorlesungsverzeichnis 1966/67, S. 88–91.

8 Ranzmaier Irene: Germanistik an der Universität Wien zur Zeit des Nationalsozialismus. Karrieren, Konflikte und die Wissenschaft. Wien u. a. 2005, bes. S. 193–197

9 Ebd. S. 178.

10 Ebd. S. 40.

Germanistisches Institut
(Neues Institutsgebäude, I. Universitätsstr. 7 bzw. I. Liebigg. 6, Tel. 42 76 11)

Vorstände:
o. P. Dr. Hans **Rupprich**; I. Rathausstr. 19
o. P. Dr. Otto **Höfler**; IX. Garnisong. 6
o. P. Dr. Eberhard **Kranzmayer**; XVII. Rudolf-Bärenhart-G. 11
o. P. Dr. Herbert **Seidler**; XVII. Rudolf-Bärenhart-G. 11/1
Extraordinarius: a. P. Dr. Werner **Welzig**; XVIII. Anastasius-Grün-G. 54/II/14
Oberassistent: Univ.-Doz. (a. P.) Dr. Blanka **Horacek**; III. Steing. 4
Assistenten:
Univ.-Doz. Dr. Maria **Hornung**; XVIII. Semperstr. 29/20
Dr. Otto **Gschwantler**; XVIII. Pötzleinsdorfer Höhe 29/I/9
Dr. Hedwig **Heger**; XX. Winarskystr. 19/25/3
Dr. Erich **Seidelmann**; X. Trambauerstr. 10/2/12
Dr. Helmut **Birkhan**; X. Erlachg. 6
Dr. Ingrid **Aichinger**; XV. Löhrg. 2/III/31
Dr. Herbert **Tatzreiter**; IX. Schlagerg. 7/13
Dr. Friedbert **Aspetsberger**; X. Bürgerstr. 21–23/7
Wiss. Hilfskräfte:
Irmgard **Wilflinger**; IX. Porzellang. 14–16
Dr. Johann **Lachinger**; I. Ebendorferstr. 8/6
Bibliothekarin: V.-B. f. höheren Bibl.-Dienstes. Dr. Elisabeth **Klingenberg**; XVIII. Gymnasiumstr. 42

Institut für Klassische Philologie
(Univ.-Hauptgebäude, Tel. 42 76 11)

Vorstände:
o. P. Dr. Albin **Lesky**; VIII. Alser Str. 69/17
o. P. Dr. Walther **Kraus**; XVII. Geroldg. 2
o. P. Dr. Rudolf **Hanslik**; II. Böcklinstr. 34
Wiss. Beamter: Wiss. Ass. Dr. Alfred **Hambauer**; XVI. Haberlg. 33/30
Assistenten:
Dr. Klaus **Zelzer**; Baden, Schimmerg. 35/18
Dr. Adolf **Primmer**; XX. Treustr. 90–92/1/14
Dr. Eugen **Dönt**; VIII. Josefstädter Str. 101/18 (beurlaubt)
Wiss. Hilfskräfte:
Dr. Ilse **Achatz**; III. Siegelg. 1/11
Viktor **Straub**; XVIII. Kutschkerg. 9/13

Institut für Byzantinistik
(I. Hanuschg. 3, Tel. 52 42 75)

Vorstand: o. P. Dr. Herbert **Hunger**; III. Weißgerber Lände 40/23
Assistent: Dr. Hans **Koder**; IV. Brahmspl. 4

Englisch-Amerikanisches Institut
(Neues Institutsgebäude, I. Universitätsstr. 7 bzw. I. Liebigg. 6, Tel. 42 76 11)

Vorstände:
o. P. Dr. Siegfried **Korninger**; I. Hafnersteig 5
o. P. Dr. Herbert **Koziol**; XIX. Krottenbachstr. 27
Assistenten:
Dr. Gertrude **Jackson**; XVIII. Hofstattg. 14
Univ.-Doz. Dr. Herbert **Foltinek**; XIII. Lainzer Str. 23
Dr. Gero **Bauer**; XVIII. Wurzingerg. 2
Dr. Otto **Rauchbauer**; XX. Vorgartenstr. 72 (beurlaubt)
Dietlinde **Stecker**; VI. Damböckg. 2
Helmut **Klingler**; Stockerau, Brodschildstr. 32
Wiss. Beamter: Wiss. Ass. Dr. Brigitte **Haller**; XIX. Billrothstr. 76
Wiss. Hilfskräfte:
Udo **Fries**; Bad Vöslau, Waldandachtstr. 9
Herbert **Hölzl**; VIII. Pfeilg. 4–6 (Vertreter f. beurl. Dr. Rauchbauer)

89

Abbildung 1: Personalstand der Universität Wien für das Studienjahr 1965/66. Wien 1965, S. 89.

der erst 1965 nach Wien berufen wurde, hatte eine Parteivergangenheit. Natürlich darf diese Feststellung kein Pauschalurteil über die betreffenden Personen sein,[11] aber es bleibt das Faktum, dass es für einen Germanistikstudenten des Jahres 1965 in Wien nicht möglich war, einen Dissertationsbetreuer zu wählen, der keine NSDAP-Vergangenheit hatte. Wenigstens in diesem Fall beweist sich die Berechtigung des auch in Österreich verbreiteten Slogans »Unter den Talaren der Muff von tausend Jahren«.

Im Fach Geschichte waren sowohl die inhaltlichen als auch die personellen Angebote breiter, wenn es auch in diesem Fall nur vier Ordinarien gab, nämlich Alfons Lhotsky (1903–1968), Heinrich Fichtenau (1912–2000), Erich Zöllner (1916–1996) und Heinrich Appelt (1910–1998). Gernot Heiss folgend galten Appelt[12] und Fichtenau[13] als Parteianwärter als »minderbelastet«, während Zöllner[14] in der NS-Zeit aus so genannten rassischen Gründen Nachteile erwachsen waren. Überhaupt stellte der Lehrkörper der Geschichte eine interessante Mischung dar: Da lasen unter anderem ein Remigrant wie Friedrich Engel-Jánosi (1893–1978), der als Honorarprofessor tätig war, und ein absoluter Außenseiter wie Friedrich Heer (1916–1983), der 1965/66 die Vorlesung »Geschichte des Antisemitismus – Historische Genesis des österreichischen Katholiken Adolf Hitler« anbot.[15] Ein absoluter Einzelfall war die Dozentin Erika Weinzierl. Außer ihr gab es 1965–1970 keine habilitierte Lehrende aus Neuerer oder aus Österreichischer Geschichte an der Universität Wien.

Vorstand des Instituts für Volkskunde war Richard Wolfram (1901–1995), ein durch seine NS-Vergangenheit besonders schwer belasteter Wiener Ordinarius.[16]

---

11 In dem Zusammenhang empfiehlt sich die Lektüre des Interviews von Irene Ranzmaier mit Helmut Birkhan. In: ebd. S. 186–197.

12 Heiss, Gernot: Von der gesamtdeutschen zur europäischen Perspektive? Die mittlere, neuere und österreichische Geschichte sowie die Wirtschaft- und Sozialgeschichte an der Universität Wien 1945–1955. In: Grandner, Margarete/Ders./Rathkolb, Oliver (Hg.): Zukunft mit Altlasten. Die Universität Wien 1945–1955. Innsbruck u. a. 2005, S. 189–210, hier S. 198.

13 Ebd. S. 191f.

14 Ebd. S. 200.

15 Vorlesungsverzeichnis 1965/66 S. 76. Der vierteilige Vorlesungszyklus dauerte bis ins Sommersemester 1967, ab 1969 thematisierte Heer die »Geistesgeschichte der Himmel und Höllen« – Wie viele Studierende Heer bei seinen universal- und geistesgeschichtlichen Reisen folgten, ist leider nicht bekannt.

16 Ottenbacher, Albert: Richard Wolfram [http://www.doew.at/thema/thema_alt/ns_wissen/wolfram/wolfram.html, 5. November 2007].

Karl Vocelka besuchte in seinem ersten Studienjahr 1965/66 auch eine Vorlesung aus Volkskunde, allerdings nicht bei Wolfram, sondern bei Univ. Doz. Leopold Schmidt (1912–1981), dem Direktor des Österreichischen Museums für Volkskunde. Das Thema dieser Vorlesung lautete »Volksschauspiel und Volksfrömmigkeit« und ist somit eines der wenigen Themen aus seiner Studienzeit, das ihn bis heute beschäftigt.

Vergleicht man die inhaltlichen Angebote, die dem Studenten Karl Vocelka in den sechziger Jahren an der Universität Wien von Germanistik und Geschichte gemacht wurden, mit jenen Themen, die er später für seine Seminare gewählt hat, dann wird auch der weite Weg, den das Fach Geschichte in vergleichsweise kurzer Zeit zurückgelegt hat, deutlich. Diese allgemeinen Veränderungen sind unter anderem und keineswegs zuletzt Karl Vocelka zu verdanken: Er pflegt einen entspannten, ja freundschaftlichen Umgang mit den Studierenden und hat mit Seminaren zu Themen wie 1968, Krankheit, Tod und Begräbnis oder Sexualität Forschungsbereiche erschlossen, die zu seiner Studienzeit an der Universität Wien weitgehend unbehandelt geblieben waren.

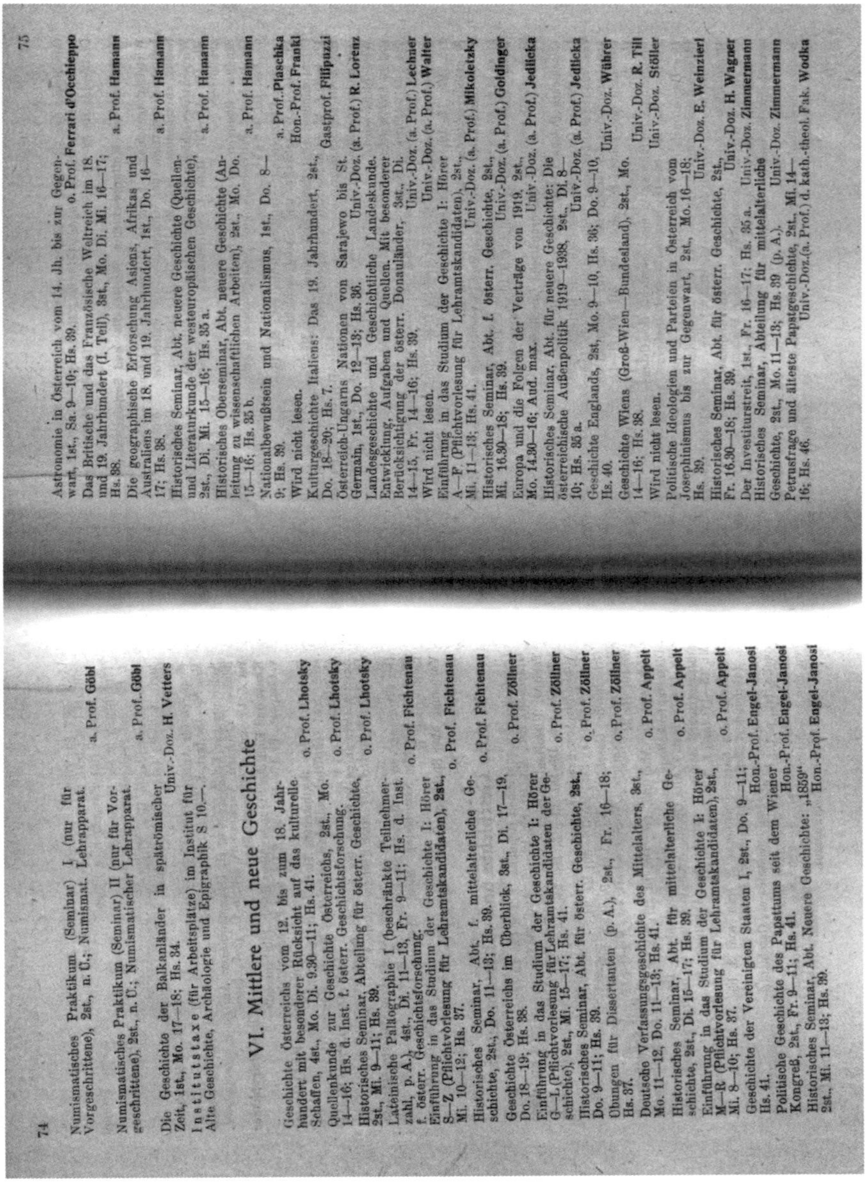

74

Numismatisches Praktikum (Seminar) I (nur für Vorgeschrittene), 2st., n. Ü.; Numismat. Lehrapparat. a. Prof. Göbl

Numismatisches Praktikum (Seminar) II (nur für Vorgeschrittene), 2st., n. Ü.; Numismatischer Lehrapparat. a. Prof. Göbl

Die Geschichte der Balkanländer in spätrömischer Zeit, 1st., Mo. 17—18; Hs. 34. Univ.-Doz. H. Vetters

Institutstaxe (für Arbeitsplätze) im Institut für Alte Geschichte, Archäologie und Epigraphik S 10.—.

VI. Mittlere und neue Geschichte

Geschichte Österreichs vom 12. bis zum 18. Jahrhundert mit besonderer Rücksicht auf das kulturelle Schaffen, 4st., Mo. Di. 9.30—11; Hs. 41. o. Prof. Lhotsky

Quellenkunde zur Geschichte Österreichs, 2st., Mo. 14—16; Hs. d. Inst. f. österr. Geschichtsforschung. o. Prof. Lhotsky

Historisches Seminar, Abteilung für österr. Geschichte, 2st., Mi. 9—11; Hs. 39. o. Prof. Lhotsky

Lateinische Paläographie I (beschränkte Teilnehmerzahl, p. A.), 4st., Di. 11—13, Fr. 9—11; Hs. d. Inst. f. österr. Geschichtsforschung. o. Prof. Fichtenau

Einführung in das Studium der Geschichte I: Hörer S—Z (Pflichtvorlesung für Lehramtskandidaten), 2st., Mi. 10—12; Hs. 37. o. Prof. Fichtenau

Historisches Seminar, Abt. f. mittelalterliche Geschichte, 2st., Do. 11—13; Hs. 39. o. Prof. Fichtenau

Geschichte Österreichs im Überblick, 3st., Di. 17—19, Do. 18—19; Hs. 38. o. Prof. Zöllner

Einführung in das Studium der Geschichte I: Hörer G—L (Pflichtvorlesung für Lehramtskandidaten der Geschichte), 2st., Mi. 15—17; Hs. 41. o. Prof. Zöllner

Historisches Seminar, Abt. für österr. Geschichte, 2st., Do. 9—11; Hs. 39. o. Prof. Zöllner

Übungen für Dissertanten (p. A.), 2st., Fr. 16—18; Hs. 37. o. Prof. Zöllner

Deutsche Verfassungsgeschichte des Mittelalters, 3st., Mo. 11—12, Do. 11—13; Hs. 41. o. Prof. Appelt

Historisches Seminar, Abt. für mittelalterliche Geschichte, 2st., Di. 15—17; Hs. 39. o. Prof. Appelt

Einführung in das Studium der Geschichte I: Hörer M—R (Pflichtvorlesung für Lehramtskandidaten), 2st., Mi. 8—10; Hs. 37. o. Prof. Appelt

Geschichte der Vereinigten Staaten I, 2st., Do. 9—11; Hs. 41. Hon.-Prof. Engel-Janosi

Politische Geschichte des Papsttums seit dem Wiener Kongreß, 2st., Fr. 9—11; Hs. 41. Hon.-Prof. Engel-Janosi

Historisches Seminar, Abt. Neuere Geschichte: „1859" 2st., Mi. 11—13; Hs. 39. Hon.-Prof. Engel-Janosi

75

Astronomie in Österreich vom 14. Jh. bis zur Gegenwart, 1st., Sa. 9—10; Hs. 39. o. Prof. Ferrari d'Occhieppo

Das Britische und das Französische Weltreich im 18. und 19. Jahrhundert (I. Teil), 3st., Mo. Di. Mi. 16—17; Hs. 38. a. Prof. Hamann

Die geographische Erforschung Asiens, Afrikas und Australiens im 18. und 19. Jahrhundert, 1st., Do. 16—17; Hs. 38. a. Prof. Hamann

Historisches Seminar, Abt. neuere Geschichte (Quellen- und Literaturkunde der westeuropäischen Geschichte), 2st., Di. Mi. 15—16; Hs. 35 a. a. Prof. Hamann

Historisches Oberseminar, Abt. neuere Geschichte (Anleitung zu wissenschaftlichen Arbeiten), 2st., Mo. Do. 15—16; Hs. 35 b. a. Prof. Hamann

Nationalbewußtsein und Nationalismus, 1st., Do. 8—9; Hs. 39. a. Prof. Plaschka

Wird nicht lesen. Hon.-Prof. Frankl

Kulturgeschichte Italiens: Das 19. Jahrhundert, 2st., Do. 18—20; Hs. 7. Gastprof. Filipuzzi

Österreich-Ungarns Nationen von Sarajewo bis St. Germain, 1st., Do. 12—13; Hs. 36. Univ.-Doz. (a. Prof.) R. Lorenz

Landesgeschichte und Geschichtliche Landeskunde. Entwicklung, Aufgaben und Quellen. Mit besonderer Berücksichtigung der österr. Donauländer, 3st., Di. 14—15, Fr. 14—16; Hs. 39. Univ.-Doz. (a. Prof.) Lechner

Wird nicht lesen. Univ.-Doz. (a. Prof.) Walter

Einführung in das Studium der Geschichte I: Hörer A—F (Pflichtvorlesung für Lehramtskandidaten), 2st., Mi. 11—13; Hs. 41. Univ.-Doz. (a. Prof.) Mikoletzky

Historisches Seminar, Abt. f. österr. Geschichte, 2st., Mi. 16.30—18; Hs. 39. Univ.-Doz. (a. Prof.) Goldinger

Europa und die Folgen der Verträge von 1919, 2st., Mo. 14.30—16; Aud. max. Univ.-Doz. (a. Prof.) Jedlicka

Historisches Seminar, Abt. für neuere Geschichte: Die österreichische Außenpolitik 1919—1938, 2st., Di. 8—10; Hs. 35 a. Univ.-Doz. (a. Prof.) Jedlicka

Geschichte Englands, 2st, Mo. 9—10, Hs. 36; Do. 9—10, Hs. 40. Univ.-Doz. Wührer

Geschichte Wiens (Groß-Wien—Bundesland), 2st., Mo. 14—16; Hs. 38. Univ.-Doz. R. Till

Wird nicht lesen. Univ.-Doz. Stöller

Politische Ideologien und Parteien in Österreich vom Josephinismus bis zur Gegenwart, 2st., Mo. 16—18; Hs. 39. Univ.-Doz. E. Weinzierl

Historisches Seminar, Abt. für österr. Geschichte, 2st., Fr. 16.30—18; Hs. 39. Univ.-Doz. H. Wagner

Der Investiturstreit, 1st., Fr. 16—17; Hs. 35 a. Univ.-Doz. Zimmermann

Historisches Seminar, Abteilung für mittelalterliche Geschichte, 2st., Mo. 11—13; Hs. 39 (p. A.). Univ.-Doz. Zimmermann

Petrusfrage und älteste Papstgeschichte, 2st., Mi. 14—16; Hs. 46. Univ.-Doz. (a. Prof.) d. kath.-theol. Fak. Wodka

Abbildung 2: Vorlesungsverzeichnis der Universität Wien für das Wintersemester 1965/66. Wien 1965, S. 74–75.

Wladimir Fischer

»I haaß Vocelka – du haaßt Vocelka«

Der Diskurs über ›Gastarbeiter‹ in den 1960er bis 1980er Jahren und der unhistorische Vergleich mit der Wiener Arbeitsmigration um 1900

Wer kennt es nicht, das Kolaric-Plakat! Wer kennt nicht den kleinen Buben in Lederhosen, Ringelleiberl, Socken und Sandalen, der zu einem Mann mit Schiebermütze im verschossenen Sonntagsanzug aufblickt und sagt: »I haaß Kolaric/du haaßt Kolaric/Warum sogns' zu dir Tschusch?«. Mehr als ein Jahrzehnt war »Kolaric« in den Medien ein Synonym für jugoslavische ArbeitsmigrantInnen, so genannte ›Fremd-‹ und später ›Gastarbeiter‹. Das Kolaric-Image gehört zur österreichischen Zeitgeschichte, fast so wie Leopold Figl mit dem Staatsvertrag am Belvedere-Balkon. In einer der gängigen »Geschichten Österreichs« wurde das Bild gemeinsam mit der besagten »Österreich-ist frei!«-Photographie und etwa jener von Alois Mock und Gyula Horn beim Zerschneiden des »Eisernen Vorhangs« abgebildet.[1]

Kolaric wurde zum Synonym und Symbol für alle Gastarbeiter. Davon zeugt allein eine Hand voll Schlagzeilen zeitgenössischer Presseartikel, die in der Wiener Stadt- und Landesbibliothek zu diesem Thema gesammelt wurden: »Der Kolaric-Effekt« (Kronen-Zeitung); »Genosse Kolaric« (Die Presse, 1972); »Wird das alte Wien zu Kolaric-Massenslums?« (Kurier); »Der durchleuchtete Kolaric« (Wochenpresse); »Kolaric zur SPÖ. Warum die Verleihung der Staatsbürgerschaft erleichtert werden soll« (Neue Freie Zeitung); »Die Kolarics sind unter uns« (Volksstimme); »Harte Fronten um Kolaric« (Die Presse); »Kolarić liest Deutsch« (Kurier, 1973); »Kolaric wird langsam akzeptiert. Gastarbeiter: Als Arbeitskollegen anerkannt, als Nachbarn unerwünscht« (Arbeiter-Zeitung, 1976); »Kolaric

---

1 Vocelka, Karl: Geschichte Österreichs. Kultur – Gesellschaft – Politik. München [4]2006, S. 327, S. 347 und S. 355.

junior – was nun?« (Arbeiter-Zeitung/Journal, 1979); »Aus dem Leben der Gastarbeiter. Kolaric heute« (Artikelserie, Arbeiter-Zeitung, 1987).

Offensichtlich hatte das Plakat einen Nerv getroffen – doch was steckte hinter dem Plakat selbst? Im Katalog zur Ausstellung »Am Anfang war der Kolaric«,[2] die im Jahr 2000 österreichische Plakate gegen Fremdenfeindlichkeit aus 25 Jahren präsentierte, wird das so beschrieben: »Die IAA [International Advertising Association] deren Mitglied unter anderem die Lintas Werbeagentur war, beauftragte ihre Mitglieder für ein besseres Image der Werbung zu sorgen. Die Lintas in Wien setzte sich zu einem Brainstorming zusammen. Es fiel das Stichwort ›Gastarbeiter‹. Der Photograph Herr Hanisch wurde beauftragt auf Motivsuche zu gehen. Er stieß dabei am Südbahnhof Wien auf den Asylanten Herrn Kolaric. Herr Kolaric war ein sehr beeindruckender Mann, der als Schlächter im Schlachthof St. Marx arbeitete. Es wurden Photos von ihm gemacht, auch von dem kleinen Jungen. In der Agentur war man begeistert. Es galt nun, den geeigneten Slogan zu finden. Man ging vom echten Namen des Herrn Kolaric aus, der stellvertretend für alle anderen ›Kolaric‹ [die Gastarbeiter] steht«.[3] Es handelte sich, anders gesagt, um eine Kampagne wohlmeinender Werbefirmen im Jahre 1973 vor dem Hintergrund entstehender xenophober Diskurse gegenüber den ArbeitsmigrantInnen, im Kontext der Weltwirtschaftskrise in den frühen 1970ern. Es stand für einen liberalen Standpunkt in der »Ausländerfrage«.

Was für einen großen Einfluss das Kolaric-Plakat in österreichischen Diskursen hatte, wird in diesem Aufsatz noch genauer zu zeigen sein.[4] Wirft man den sprichwörtlichen Blick ins Wiener Telefonbuch, so zeigt sich, wer eigentlich die Kolaric' in dieser Stadt sind (und wer die Vocelkas sind). Das Ergebnis ist einigermaßen erstaunlich. Nicht etwa, dass es dort nur eher wenige Vocelkas, Vocilkas und Wozelkas gibt (nämlich drei, drei und zwölf) und auch nicht, dass diese fast alle »deutsche« Vornamen haben, wie Erna und Karl (!). Erstaunlich ist auch eher weniger, dass die Zahl der Kolaric' gering ist, sondern dass keiner von ihnen einen

2 Hemetek, Ursula (Hg.): Am Anfang war der Kolaric. Plakate gegen Rassismus und Fremdenfeindlichkeit. Wien 2000.

3 Ebd. S. 27.

4 An dieser Stelle gebührt Ljubomir Bratić besonderer Dank für das Durchsehen des vorliegenden Aufsatzes und die vielen wertvollen Kommentare und Korrekturen. Er hat ähnliche Schlussfolgerungen bereits 1996 gezogen: Bratić, Ljubomir: Diskurs und Ideologie des Rassismus im österreichischen Staat. In: Kurswechsel 17/2 (2003) S. 37–48.

Abbildung 1: »Kolaric-Plakat« (© Initiative Minderheiten).

›deutschen‹ Vornamen trägt: Alle vier hören auf einen südslavischen Vornamen. Das stimmt mit der Aussage der Plakatproduzenten zusammen, die ja angaben, den tatsächlichen Namen des ›großen‹ Photomodells verwendet zu haben, der tatsächlich aus Jugoslavien stammte.

Damit stellt sich die Frage, wer der kleine Bub Kolaric hätte sein sollen, der ja eindeutig als ein Vertreter der »Einheimischen« intendiert ist. Vielleicht ein Kolarzik oder ein Kolarik, die tschechische Version des Namens? Hierzu finden sich im Telefonbuch einige Einträge mit ›deutschen‹ Vornamen, besonders prominent »Kolarik und Buben«, Betreiber des Schweizerhauses im Prater, wo bekanntlich tschechisches Bier gezapft wird. Vielleicht war ja dieser beliebte Biergarten die Assoziation der Werbeleute, als sie die Nachnamen von einer Handvoll Wiener Familien zu einem »Kolaric« zusammenfassten, den sie dann wieder in einen kleinen Österreicher und einen großen Jugoslaven aufspalteten. Die Unstimmigkeit in der Namenswahl erscheint vielleicht nicht so dramatisch, kann sie doch mit Unwissenheit oder künstlerischer Freiheit erklärt werden. Aber das ist nicht das einzige, was stutzig macht.

Sehen wir uns das Motiv des Plakats genauer an: Die kindliche Logik des kleinen Buben soll eine verdrängte Wahrheit, den migrantischen Hintergrund eigentlich aller Stadtbewohner, auf den Punkt bringen bzw. auf Grund des Namens und des Bildes den tschechisch-arbeitsmigrantischen Hintergrund eines Großteils der Wiener Bevölkerung. Die Botschaft war also: Die Gastarbeiter machen heute das durch, was früher unsere Vorfahren durchmachen mussten. Statt Gastarbeiter auszugrenzen, wird folglich zur Solidarität aufgerufen. Weshalb wird der Gastarbeiter aber als braver Arbeitsmann dargestellt?

Wenn wir genauer über das Sujet und die Argumentation im Kontext der damaligen sozialen Lage der ArbeitsmigrantInnen in Österreich nachdenken (schlechte Löhne, kleine und schlechte Wohnungen, schlechte Gesundheit, Benachteiligung an allen Fronten, insbesondere Bildung) und dabei über die Entstehungsgeschichte des Plakates nachdenken, kommen wir auf dreierlei Probleme, die in der Folge dann auch in den Diskursen, die sich des Kolaric-Namens bedienten, immer wieder auftauchten und teilweise bis heute ungelöst sind:

a) Das Plakat spinnt einen Diskurs der 1960er Jahre über die ArbeitsmigrantInnen fort, der deren ökonomische Ausbeutung aus ›bürgerlicher‹ Perspektive rechtfertigt und verklärt. Das wird in der *Bildgestaltung* klar.

b) Dennoch wirkte es als Aufruf zur Solidarität und zeigte die ArbeitsmigrantInnen erstmals als Subjekte. Das lag im *Text* begründet.
c) Die Parallele, die das Plakat implizit zwischen den Arbeitsmigrationen der 1960er und 1970er und den Arbeitsmigrationen des späten 19. Jahrhunderts zog (insbesondere zwischen tschechischen und exjugoslavischen MigrantInnen), ist großteils unhistorisch, weil es viele massive Unterschiede zwischen der Situation und den Voraussetzungen der Arbeitsmigranten damals und heute gibt. Das wurde schon in der *Namenswahl* deutlich, die, wie sich herausgestellt hat, unpassend war.

Dispositive der Ausbeutung

Das Kolaric-Plakat vertritt auf den ersten Blick universelle Werte der Toleranz und der Solidarität. Diese Werte sollen durch den kindlichen Blick zum Ausdruck gebracht werden, der im Sujet konstruiert wird: Dazu gehört vor allem die Figur des kleinen Buben, der aufblicken muss, und seine kindlich direkte Sprache. Die Vorstellung, dass der kindliche Blick universelle Werte offenbare und für Menschlichkeit und Klarsicht stehe, gehört natürlich in die aufklärerische Tradition. Im Kontext der 1970er Jahre gesehen, stellt sich aber bei näherer Betrachtung heraus, dass das Plakat einen Diskurs über die ArbeitsmigrantInnen aus den 1960er Jahren fortführt, welcher deren ökonomische Ausbeutung rechtfertigt und verklärt. Die Bildsprache des Plakats zeigt nämlich, dass der Arbeitsmigrant durch seine Nützlichkeit und Bescheidenheit charakterisiert und deshalb als gutmütiges Arbeitsvieh porträtiert wird, der kräftige Riese, der mit dem kleinen Kind spricht. Hier steht also der Spross des Nachkriegswirtschaftsbooms dem slavischen Heloten gegenüber, der das alles durch seine Arbeitskraft möglich gemacht hat – thematisiert und verurteilt werden in dieser Gegenüberstellung aber nicht etwa soziale Ungleichheit und Ausbeutung, sondern Vorurteil und Fremdenhass. Das geschieht eben durch die Universalität der Aussage, die durch den konstruierten kindlichen Blick herbeigeführt wird.

Das Kind im Bild sieht die Konnotation der Nützlichkeit des Gastarbeiters für die österreichische Gesellschaft nicht, nur der/die (implizite)[5] BetrachterIn. Der

5 Die Literaturtheoretikerin Hannelore Link unterscheidet zwischen drei Leser- und Autorebenen

ruhige Arbeitswille, der in der Haltung und im Körper des »Kolaric« zum Ausdruck kommt, wird als Argument gegen den Hass angeführt. Das bedeutet, dass es sich um ein ökonomisches Vernunftargument handelt, das humanistisch verpackt wird. In Klartext kann das Plakat in zweierlei Varianten dieses Vernunftarguments übersetzt werden: entweder, dass es ökonomisch sinnvoll sei, bestimmte Arbeiten von Ausländern erledigen zu lassen, und humanistisches Gebot, diese auch menschlich zu behandeln; oder aber, dass sich diejenigen, die sich gegen Ausländer wenden, fragen sollten, ob sie denn selbst die Arbeiten machen wollten, die von »Gastarbeitern« erledigt werden (und zu dem Lohn, den diese erhalten). Der Unterschied der Argumentationsweisen liegt darin begründet, wer dieses Argument wem gegenüber anwenden könnte, also letztlich beim konstruierten impliziten Betrachter. Beide Argumentationsweisen spielten im Dispositiv[6] der Ausbeutung der ArbeitsmigrantInnen im Österreich der 1970er Jahre eine wichtige Rolle. Ihren Ursprung hatten die Argumente aber im Diskurs und der Politik der 1960er Jahre.

Der paternalistische Utilitarismus der 1960er

In den 1960er Jahren, als das Land von der ÖVP regiert wurde, die Wirtschaft boomte und in diversen Industriebereichen Arbeitskräftemangel herrschte,

---

eines Textes. Dabei ist der implizite Leser jenes Konstrukt, das sich im Text (aus dessen Struktur) als angesprochener Leser ableiten lässt, während der intendierte Leser sich aus Aussagen über die LeserInnen im Text ableiten lässt, so es diese gibt. Beide Ebenen können einander auch überlappen. Link, Hannelore: Rezeptionsforschung. Eine Einführung in Methoden und Probleme. Stuttgart u. a. ²1980. Im Falle dieses Plakats, das im semiotischen Sinne auch als Text lesbar ist, wird kein intendierter Betrachter angegeben, der implizite Betrachter ist ein unsichtbarer Beobachter, den die beiden Figuren Kolaric und Kolaric nicht sehen können, da sie einander ansehen, und nicht aus dem Bild heraus, wie es etwa in Porträtaufnahmen üblich wäre, bei denen der Betrachter mit dem Sujet kommunizieren soll.

6 Foucault versteht unter einem Dispositiv »ein entschieden heterogenes Ensemble, das Diskurse, Institutionen, architektonische Einrichtungen, reglementierende Entscheidungen, Gesetze, administrative Maßnahmen, wissenschaftliche Aussagen, philosophische, moralische oder philanthropische Lehrsätze, kurz: Gesagtes ebensowohl wie Ungesagtes umfasst. Soweit die Elemente des Dispositivs. Das Dispositiv ist das Netz, das zwischen diesen Elementen geknüpft ist«. Foucault, Michel: Dispositive der Macht. Über Sexualität, Wissen und Wahrheit. Berlin 1978, S. 119 f. Siehe auch Deleuze, Gilles: Was ist ein Dispositiv? In: Ewald, François/Waldenfels, Bernhard (Hg.): Spiele der Wahrheit. Michel Foucaults Denken. Frankfurt/Main 1991, S. 153–162.

konnte sich die Wirtschaftskammer mit ihrer Forderung durchsetzen, ähnlich wie in Westdeutschland Arbeitskräfte vor allem aus Jugoslavien auf Zeit ins Land zu holen. Im Zuge der Verhandlungen mit dem Österreichischen Gewerkschaftsbund (ÖGB) kam es aber statt eines Ausländerbeschäftigungsgesetzes nur zu einer Kontingentregelung, die ab 1962 wirksam war, bis 1975 doch das Gesetz kam. Der ÖGB, der im Interesse seiner Klientel die Ausländerbeschäftigung kritisierte, war – im Tausch für die Institutionalisierung der Sozialpartnerschaft – an ihrem Zustandekommen und ihrer Kontrolle maßgeblich beteiligt. Diese »nationalstaatsbezogene und den kapitalistischen Verwertungsbedingungen angepasste Interessensvertretungspolitik für inländische Arbeitskräfte, bedeutete in ihren Konsequenzen eine Vertiefung der gewachsenen, historischen Ungleichheit zwischen ansässigen und mobilisierten Arbeitnehmer/innen.«[7] Zunächst funktionierte das System, ArbeiterInnen anzuwerben, zu holen und wieder zurückzubringen, nach Wunsch.

Der entsprechende Diskurs lässt sich wiederum sehr gut an Hand von Themen von einzelnen Zeitungsbeiträgen nachvollziehen, die dieses Spannungsverhältnis wiedergeben. Thematisiert wurden in den Überschriften vor allem der wirtschaftliche Nutzen der Fremden (ab 1965) und gleichzeitig ihre (steigende) Zahl. Für alle beteiligten Seiten war klar, dass diese Migration, besonders ihre Quantität und Dauer, kontrolliert werden sollte. Es war wichtig, den Nutzen der Fremden zu betonen, und zwar aus Sicht der Gewerkschaften, um ihren Tauschhandel mit der Wirtschaftskammer gegenüber der eigenen Klientel rechtfertigen zu können, und aus Sicht der Industrie als Bestätigung ihrer Politik. Der Diskurs war durchzogen von einem zeittypisch wohlwollenden Paternalismus. Diese herablassende Haltung kam etwa in einem Fernsehbericht über eine Populärmusikveranstaltung in der Wiener

7 Wollner, Eveline: Ausländer/innenbeschäftigungspolitik und Migration. Zur Rolle des österreichischen Gewerkschaftsbundes und zur Bedeutung von Migration aus Weltsystemperspektive. In: Grundrisse 7 (2003) S. 30–39, S. 30 und S. 33. Siehe auch Dies.: Auf dem Weg zur sozialpartnerschaftlich regulierten Ausländerbeschäftigung in Österreich. Die Reform der Ausländerbeschäftigung und der Anwerbung bis Ende der 1960er Jahre. Dipl. Wien 1996. Siehe auch: Matuschek, Helga: Ausländerpolitik in Österreich 1962–1985. Der Kampf um und gegen die ausländische Arbeitskraft. In: Journal für Sozialforschung 2 (1985) S. 159–198; Kreisky, Eva: Vom bürokratischen Nutzen ständiger Unsicherheit – Arbeitsmigranten zwischen Anwerbung und Abschiebung. In: Wimmer, Hannes (Hg.): Ausländische Arbeitskräfte in Österreich. Frankfurt/Main u. a. 1986, S. 381–432. Vgl. Parnreiter, Christof: … alle Arbeitskräfte des Erdrunds. In: Pradert, Thomas (Hg.): Moderne Sklaven. Asyl- und Migrationspolitik in Österreich. Wien 1992, S. 70–91.

Stadthalle zum Ausdruck, die im März 1974 vom Wiener Zuwandererfonds eigens für »Wiens jugoslawische Gastarbeiter« veranstaltet worden war. Nach dem »Bunten Abend« (unter dem viel versprechenden Titel »Mit Lied und Tanz in den Frühling«), so verkündet der Kommentar aus dem Off, gingen die »Jugoslawen« gleich nach Hause, damit sie am nächsten Morgen wieder fleißig arbeiten können.[8]

In den 1960er und frühen 1970er Jahren war das Bild des Jugoslaven als eines braven Arbeitsmannes dominant, der arm und für die Wirtschaft nützlich ist (die Nützlichkeit ist bis heute ein Thema, steht aber nicht im Vordergrund). Der Diskurs dieser Zeit konstruierte die ArbeitsmigrantInnen als willige und brave Ausländer, deren man sich in gegenseitigem Einverständnis wieder entledigen könne: »Gastarbeiter« eben, wie der viel sagende Euphemismus lautete. Dieser Diskurs war Teil eines Dispositivs, das die Ausbeutung günstiger Arbeitskräfte aus Schwellenländern in Österreich (ähnlich, aber nicht gleich wie in anderen entwickelten Industriestaaten) regulierte. Wichtige andere nichtdiskursive Bestandteile dieses Dispositivs waren die zwischenstaatlichen Abkommen zur Arbeitskräfteanwerbung, die sozialpartnerschaftlichen Abkommen, die Gesetze AusländerInnen betreffend sowie die Arbeitsmarktregulierungsinstrumente.

»Kolaric ist unter uns« – der Konsens der 1970er Jahre

Die Kolaric-Kampagne war also insofern keine Neuerung, als sie einen Diskurs der 1960er Jahre in den 1970ern prinzipiell fortführte. Auch hier wurden die ArbeitsmigrantInnen als willige und brave Ausländer konstruiert, auch hier blieb unausgesprochen die Möglichkeit bestehen, sich ihrer in gegenseitigem Einverständnis wieder zu entledigen: Eingemahnt wird eine respektvolle Behandlung der Gäste (etwas, das auch in den 1960er Jahren niemand abgelehnt hätte) und/oder deren Assimilierung.

Die Ermahnung hatte freilich einen ernsten Hintergrund. Was sich nämlich durchaus geändert hatte, waren die sozioökonomischen Rahmenbedingungen

8 Scharang, Elisabeth: Normale Zeiten. Film, 85 Minuten [Polyfilm]. Wien 2001; N. N.: »Mit Lied und Tanz in den Frühling« (Bunter Abend am 22. März 1974, veranstaltet vom Wiener Zuwandererfonds für Wiens jugoslawische Gastarbeiter). In: Rathaus-Korrespondenz (13. März 1974) S. 498.

und die Diskurse über »Gastarbeiter«. Hier einige Schlagzeilen verschiedener Tageszeitungen aus den 1970ern: »Wer braucht den ›Tschusch‹?« (Die Presse, 1971); »Gemeinde Wien will den Gastarbeiterstrom bremsen« (Die Presse, 1973); »Gastarbeiter: Der Plafond ist erreicht« (Arbeiter-Zeitung, 1973); »Gastarbeiterzahl sinkt weiter. Rund 7.000 weniger als im Vorjahr« (Volksstimme, 1979).

Im Zuge der Energiekrise Anfang der 1970er Jahre wurde die zuvor propagierte Nützlichkeit der »Gastarbeiter« fragwürdig (Die Presse, 1973: »Ohne Gastarbeiter geht es nicht«; Handelskammer: »Vorteile überwiegen, Wirtschaft wächst schneller«). Arbeitsplätze wurden knapper und ab 1973 gab es massive Einsprüche im öffentlichen Diskurs durch die Gewerkschaften (Kurier, 1973: »ÖGB-Ziel: Im nächsten Jahr 40.000 Gastarbeiter weniger«). Die Regierung versuchte, die ausländischen Arbeitskräfte wieder loszuwerden, was ihr auch teilweise (um 40%) gelang. Bratić spricht von der »vergleichsweise [...] größte[n] europäische[n] Vertreibung der MigrantInnen« mit Hilfe des Ausländerbeschäftigungsgesetzes von 1975, das die juristische und diskursive Umdefinierung des ›Gastarbeiters‹ in ›Ausländer‹ markiert.[9] Doch es blieb ein beträchtlicher »Sockel« an JugoslavInnen im Land, die seit damals in bestimmten Segmenten des Arbeits- und Wohnungsmarktes »feststecken«. In diesen Segmenten bildeten sie nun auch eine Konkurrenz für »einheimische« ArbeitnehmerInnen, was nicht unwesentlich dazu beitrug, dass die Xenophobie, die auch in den paternalistischen Diskursen der 1960er-Jahre-Eliten angelegt gewesen war, nun als »Unmut der Bevölkerung« dargestellt werden konnte.

In den Schlagzeilen der 1970er Jahre figurieren »Gastarbeiter« nun als Problem, für das Lösungsvorschläge gemacht werden mussten. Thematisiert wurden insbesondere ihre »Sprachprobleme«, ihr »Verhältnis zu den Österreichern« und ihre »Fremdheit«. Im Zusammenhang mit der angeblich steigenden Zahl von Ausländern geisterten ab 1973 Bedrohungsszenarien durch die Schlagzeilen. Die Gastarbeiter wurden nun als Politikum dargestellt (ab 1972), ihre soziale Struktur zur Debatte gestellt (»Der durchleuchtete Kolaric«, 1973). Dies hatte damit zu tun, dass die SPÖ vielen MigrantInnen die Einbürgerung ermöglichte, was von den

9 Bratić: Diskurs und Ideologie S. 43f.; Matuschek: Ausländerpolitik; Kreisky: Vom bürokratischen Nutzen. Langtitel des Gesetzes: »Bundesgesetz vom 20. März 1975, mit dem die Beschäftigung von Ausländern geregelt wird« (Ausländerbeschäftigungsgesetz - AuslBG), BGBl. Nr. 218/1975.

bürgerlichen Parteien als Erschwindelung zusätzlicher Wählerstimmen kritisiert wurde (»Genosse Kolaric«). Hilfe für GastarbeiterInnen wird ebenso gefordert wie ihre Kontrolle im Gesundheitsbereich. Ein immer wiederkehrendes Thema ist ihre Präsenz als geschlossene Einheit (Südbahnhof) und deren »Öffnung« (»Kein Ghetto mehr für Gastarbeiter«, 1971). Auch Ausländerfeindlichkeit wird zum Thema. Gegen Ende der 1970er Jahre dringen ihre dauerhafte Niederlassung und die Ankunft der zweiten Generation im Schulwesen ins »öffentliche Bewusstsein«.

Eine prinzipielle Neuerung gegenüber den 1960er Jahren hatte das Kolaric-Plakat aber gebracht: Im ersten Gastarbeiter-Jahrzehnt waren ArbeitsmigrantInnen als Objekte dargestellt worden – in den wenigen Fällen, wo ihnen Subjektcharakter zugestanden wurde, erschienen sie hilflos (»Gastarbeiter klagen: Keiner will uns mehr haben«, 1971). Erst mit der Kolaric-Plakataktion wurden sie zu diskursiven Subjekten, wenn auch passiven, wie Bratić und Ferkl betonen: Nun hieß es »Kolaric will, tut, geht, kommt« – freilich als Gegensubjekt zum Wir. Die GastarbeiterInnen hatten nun einen Namen, wenn auch, wie gesagt, einen eher unpassenden. »Der Gastarbeiter« wurde erstmals als Person dargestellt, die eine eigene Handlungsfähigkeit und ein individuelles Gesicht hat.[10]

Das Kolaric-Plakat war somit eine Reaktion auf die neuen xenophoben Diskurse der 1970er Jahre und bediente sich dabei einer altbekannten Argumentation, verlieh aber der Rolle der GastarbeiterInnen im Diskurs eine aktivere und emotionalere Qualität als bisher. Die Argumentation des Plakats entstammte allerdings eher der Perspektive der Wirtschaft: Die Nützlichkeit des wackeren Kolaric wird betont, Humanität gefordert. Dies lässt sich leicht mit der Produktionsgeschichte des Plakats erklären: Es war ja eine Aktion der Werbewirtschaft im Rahmen eines internationalen Wettbewerbs zur Hebung des Images dieser Branche gewesen. Es verwundert daher kaum, dass das Kolaric-Plakat statt Kritik an der sozialen Situation allgemeinen Humanismus und bürgerliche Charity vertrat. Illustrativ dazu ist ein Zitat des Initiators, des Direktors der Lintas Werbeagentur, Willem van Geest, aus den Niederlanden, das sehr einfühlsam anhebt: »Auf den Bahnhöfen kamen

10 Vgl. Bratić, Ljubomir/Ferkl, Richard: Das Subjekt Kolaric. In: Koweindl, Daniele/Krenn, Martin (Hg.): arbeiten gegen rassismen. Wien 2005, S. 23f. Anders als im letztgenannten Artikel ist mit ›Subjekt‹ hier nicht eine philosophische, sondern eine textuell-linguistische Kategorie gemeint, nämlich ein Satzsubjekt, das diverse Handlungen ausführen kann.

viele Leute an, die in unseren Augen arm aussahen. Diese Menschen wurden derart schlecht untergebracht bzw. mussten sich selbst unterbringen – denn da war keine große Hilfe – und zu derart horrenden Mieten; das hat mich wahnsinnig geärgert. Denn ich bin selbst Gast in Österreich, ich wurde auch – wie die Jugoslawen und Türken – angeworben […]«.[11]

Thema des Plakats waren nicht die schlechten Lebensbedingungen der GastarbeiterInnen, ihre Ausbeutung oder gar ein Aufruf zur Klassensolidarität. Der Anlass der Kampagne war die Xenophobie der 1970er gewesen, also mit anderen Worten die Krise des gerade beschriebenen Konstrukts »brave Gastarbeiter«. Dieses Konstrukt wird im Sujet des Plakats wieder heraufbeschworen, gleichzeitig wird auf die xenophoben Massen verwiesen: »*Sie* sogn' Tschusch« bedeutet, dass es sich um eine schwer fassbare Menge von Menschen handelt, die sich des despektierlichen Wiener Dialektvokabulars bedienen. Es geht also auch um eine unausgesprochene soziokulturelle Abgrenzung, in der die Klassenfrage implizit doch enthalten ist. Operativ war das Konstrukt »braver Gastarbeiter« ja schließlich in der Diskussion über die Krise am Arbeitsmarkt geworden, die Xenophobie wurde also als Abwehr österreichischer Arbeiter gegen die billigen und willigen Fremden gesehen, und das nicht ohne Grund. Gleichzeitig wird aber der Nutzen der Arbeitsmigration für alle angesprochen, also auch ein profitierendes, nutznießendes »Wir« konstruiert. Auch insofern traf das Plakat durchaus einen wunden Punkt, als natürlich bisher fast alle im Lande Berechtigung hatten zu glauben, von der Ausbeutung der Arbeitsmigration zu profitieren.

Was daher wirklich die Geister in den 1970ern beflügelte, war weniger der veraltete Aspekt des Plakats, als der Aspekt des historischen Vergleichs, der in der Gegenüberstellung »österreichisches Kind – jugoslavischer Migrant mit selbem Namen« zum Ausdruck kam. Dieser Vergleich konnte auf verschiedene Arten gelesen werden: ganz allgemein als ein Verweis auf die psychoanalytische Einsicht »Fremd sind wir uns selbst« bzw. auf die allgemeinmenschliche Gemeinsamkeit (symbolisiert durch den gemeinsamen Familiennamen); als Verweis auf das unterschwellige Bewusstsein historischer ethnischer »Gemischtheit« in Österreich und speziell in Wien, das gemeinhin unter Hinweis auf das Wiener Telefonbuch verbalisiert wird, das so und so viel Prozent »fremde«, also nicht-deutsche/bajuwarische, Namen enthalte und besonders als Verweis auf die vor allem tsche-

11 Hemetek: Kolaric S. 27.

chische Arbeitsmigration des späten 19. Jahrhunderts (der ein Großteil besagter Telefonbucheinträge zu verdanken ist). Dieser Vergleich bedeutete eine Parallele zwischen den jugoslavischen und den tschechischen Arbeitern auf Grund ihrer sozialen Situation, ihrer Klassenlage und ihrer kulturellen Fremdheit. Dieser Vergleich eröffnete aber auch die Denkmöglichkeit, dass die Jugoslaven ebenso wie die Tschechen zu Wienern werden könnten, allerdings dann zum Preis ihrer Assimilation, den die Tschechen bereits bezahlt hatten.

Es entstand ein Diskurs, der spezifisch für die 1970er war und als Kolaric-Konsens bezeichnet werden kann. Gemeinsamer Nenner war es, die Nützlichen zu schützen und auf »Menschlichkeit« zu bestehen. Dieser Konsens integrierte neben den genannten Interpretationsmöglichkeiten eine Reihe divergierender Standpunkte. In linken Diskursen entwickelte dieses »bürgerliche« Plakat eine ganz neue Dynamik. Zwei Argumentationslinien entspannen sich, die z. B. in Deutschland ebenfalls zur Anwendung kamen, dort aber nicht auf ein so markantes diskursives Ereignis wie das Kolaric-Plakat Bezug nehmen konnten (als Vergleich könnten die Industriereportagen von Günter Wallraff herangezogen werden). Die erste Argumentationslinie konnte noch von einem klassenunspezifischen Standpunkt formuliert werden und machte geltend, die einheimischen Arbeiter, die bereits von der Konjunktur profitiert hätten, sollten jetzt nicht jene Arbeiter ausgrenzen, die diese Konjunktur so erst ermöglicht hatten und dass österreichische ArbeitnehmerInnen den MigrantInnen dankbar sein sollten, weil diese Arbeiten übernähmen, die sie selbst zu machen auf Grund des erreichten Wohlstandes und Arbeitsschutzes nicht mehr zu leisten bereit wären. Von gewerkschaftlicher Seite wurde natürlich eingewendet, dass die ArbeitsmigrantInnen durch ihre Verfügbarkeit erst die schlechten Standards ermöglichten (ein klassisches Dilemma von Klassenkampf und -solidarität).[12] Dem wurde gänzlich in einem klassenpolitischen Schema entgegengehalten, dass nur die Solidarität der einheimischen ArbeiterInnen mit den ArbeitsmigrantInnen eine Spaltung des proletarischen Lagers verhindern könne, was genau die Absicht der Unternehmer (der »Bourgeoisie«) sei. Wenn auch solche klassenkämpferischen Strategieargu-

12 Kreisky: Vom bürokratischen Nutzen; Bratić, Ljubomir: Soziopolitische Netzwerke der MigrantInnen aus der ehemaligen Sozialistischen Föderativen Republik Jugoslawien in Österreich. In: Fassmann, Heinz/Stacher, Irene (Hg.): Österreichischer Migrations- und Integrationsbericht. Demographische Entwicklungen – sozioökonomische Strukturen – rechtliche Rahmenbedingungen. Klagenfurt/Celovec 2003, S. 395–409.

mente auf ein kleines Milieu begrenzt blieben, so war doch die Idee der Solidarität verbreitet, und sie hatte einen breiten Übergangsbereich, in dem Klassensolidarität und bürgerlicher Humanismus bzw. katholische Nächstenliebe zuweilen ineinander verschwammen.

In der österreichischen Arbeiterbewegung, wo es kaum Arbeitskämpfe gab, in denen Einheimische und MigrantInnen gemeinsame Interessen hätten entdecken können, wurde »der Gastarbeiter« in den 1970er Jahren entsprechend als Schützling diskursiviert, was in den Zuständigkeitsbereich der Gewerkschaftsbürokratie fiel. Der Kolaric-Diskurs war also wesentlich polylogischer als jener der 1960er Jahre, doch als gesellschaftlicher Konsens bildete auch er ein ähnliches Dispositiv wie jenes der 1970er, mit dem Unterschied, dass es nun darum ging, den österreichischen Arbeitsmarkt zu schützen und die Dagebliebenen zu »integrieren«, was damals unter anderem mit Einbürgerungen versucht wurde, da eine Verbesserung des Status der Fremden als Ausländer nicht in Erwägung gezogen wurde: »Kolaric ist unter uns«.

Wende zum Kulturalismus – die 1980er

Die 1980er Jahre waren hinsichtlich des Diskurses über ArbeitsmigrantInnen ein Wendejahrzehnt. In dieser Zeit schwenkte die Argumentation von den beschriebenen ökonomischen zu kulturellen Begründungen. Im Verlauf der 1970er Jahre waren »die Ausländer« und besonders ihre Kinder zunehmend als Problem dargestellt worden. In den 1980er Jahren mutierte »der Ausländer« zum unheimlichen »Kultur-U-Boot«. Dabei waren mal TürkInnen und JugoslavInnen, mal beide gemeint. Sie fanden ihren Weg in den Diskurs immer öfter als Kriminelle. Freilich kamen ab 1989 auch die »Asylanten« hinzu, Flüchtlinge, deren Lage bis heute mit großem Effekt politisch diskursiviert wird.[13]

---

13 Die rassistischen Mediendiskurse im Österreich der späten 80er sind gut erforscht, siehe z. B. Wodak, Ruth/Nowak, Peter/Pelinka, Johanna/Gruber, Helmut: »Wir sind alle unschuldige Täter«. Diskurshistorische Studien zum Nachkriegsantisemitismus. Frankfurt/Main 1990; Januschek, Franz/Matuschek, Bernd/Wodak, Ruth: Notwendige Maßnahmen gegen Fremde? Wien 1995; van Dijk, Teun: Der Diskurs der Elite und seine Bedeutung für die Reproduktion des Rassismus. In: Institut für Migrations- und Rassismusforschung (Hg.): Rassismus und Migration in Europa. Hamburg u. a. 1992 S. 289–313; Mitten, Richard/Wodak, Ruth: On the discourse of

Der Diskurs von den Ausländern als Bedroher der Arbeitsplätze, in den 1960ern von den Gewerkschaften begonnen, war zwar auch in den 1980ern durchgängig. Neonazis machten in Wien mit Aufklebern Stimmung: »Der Milan an deiner Maschine und der Ali auf deiner Christine. Peperl wach' auf. Ausländer raus!«.[14] Die große Veränderung der 1980er war aber, dass Konservative und Wirtschaftskreise sich auch auf diesen Diskurs einließen bzw. keine Gegenargumente einbrachten und dass er durch eine kulturalistische Argumentation überlagert wurde. Dieser Trend verstärkte sich in der zweiten Hälfte des Jahrzehnts.

Die Betonung der kulturellen Andersartigkeit war in den 1960ern und 1970ern noch ein untergeordneter Diskursstrang gewesen, der sich aber schon in den 1970ern durch die Thematisierung von *otherness* in den Assimilierungsdiskursen sowohl auf der Linken als auf der Rechten bemerkbar gemacht hatte. Auf Seiten der Freiheitlichen hatte es bereits den Diskurs über die notwendige Bewahrung der Andersartigkeit der Fremden, und ihrer Abschiebung nach getaner Arbeit gegeben. Wann sich der rassistische Diskurs gegen MigrantInnen zu richten begann und wie er sich entfaltete, ist nur durch nähere Studien zu beschreiben. Die 1980er und 1990er sind, wie angemerkt, bereits gut beschrieben – nötig wäre eine Verbindung zu den 1960er und 1970er Jahren. Erste Stichproben zeigen, dass die diskursive Wende mit der Diskussion um die »Zweite Generation« und der wirtschaftlichen Krise der 1980er Jahre einzusetzen scheint. Die Aggressionen im Diskurs richteten sich scheinbar, trotz ihrer geringeren Zahl, besonders gegen TürkInnen, indem diese als besonders fremd dargestellt werden.[15]

In der Zusammenschau lässt sich sagen, dass sich der Diskurs über die MigrantInnen in Österreich ab der Mitte der 1960er Jahre einerseits auf einige durchgängige Themen konzentriert und andererseits einige markante Wandlungen durchgemacht hat. Die durchgängigen Themen sind die Zahl der Ausländer und ihr (vermeintlicher) Einfluss auf den österreichischen Arbeitsmarkt. Gewandelt hat sich der Diskurs vor allem im Übergang vom wohlwollend-paternalistischen

prejudice and racism: two examples from Austria. Minneapolis, Minn. 1993. Zum Diskurs über »Asylanten« siehe besonders Zuser, Peter: Die Konstruktion der Ausländerfrage in Österreich. Eine Analyse des öffentlichen Diskurses 1990. Wien 1996.

14 Informationen eines Zeitzeugen (Erik Eberhard).

15 Siehe dazu etwa einen Titel mit einer klassischen rassistischen Konstruktion durch die Vokabel »sprunghaft«: Wolf, Helga Maria: Zahl der Gastarbeiterkinder sprunghaft gestiegen. Mehr als 10.000 Türken gehen in Österreich zur Schule. In: Die Presse (23. April 1982) S. 9.

zum offen rassistischen Diskurs Anfang der 1980er Jahre. Beide Argumentationsweisen gehörten zu den diskursiven Elementen eines Dispositivs, das die spezifische Ausbeutung von MigrantInnen bis heute perpetuiert. Was aber ebenfalls blieb, ist die Produktivität des Kolaric-Symbols. Bei vielen Gelegenheiten wird es bemüht, um eine der beschriebenen Argumentationen zu stützen, wenn auch der Name Kolaric heute nicht mehr synonym mit ArbeitsmigrantIn verwendet wird. Zu sehr haben sich die sozioökonomischen Rahmenbedingungen der Migration geändert und auch die Diskurse. Und auch der Gedanke, Parallelen zwischen der Arbeitsmigration heute (bzw. der 1960er und 1970 er Jahre) und jener des späten 19. Jahrhunderts zu ziehen, ist nach wie vor aktuell …

Schiefer Vergleich

Die historische Parallele, die im Kolaric-Diskurs (teils inspiriert von dem Plakat) gezogen wurde, ist die Parallele zwischen den Arbeitsmigrationen der 1960er und 1970er und den Arbeitsmigrationen des späten 19. Jahrhunderts, insbesondere zwischen tschechischen und (ex-)jugoslavischen MigrantInnen. Diese Parallele ist zu großen Teilen eine ahistorische, weil es massive Unterschiede zwischen der Situation und den Voraussetzungen der ArbeitsmigrantInnen damals und heute gibt.

Der aus meiner Sicht eklatanteste Unterschied ist, dass es sich in der Zeit um 1900 um BinnenmigrantInnen handelte, während wir es in den 1960ern und 1970ern, schon rechtlich gesehen, mit Ausländern zu tun haben. Die Gebiete, aus denen um 1900 die meisten MigrantInnen Wiens stammten, gehörten zum österreichischen (und zu geringem Teil zum ungarischen) Staatsgebiet.[16] Selbst jene Gebiete, aus denen der Großteil der modernen jugoslavischen Arbeitsmigration nach Wien stattfand, wären siebzig Jahre zuvor in österreichisch-ungarischem Territorium gelegen.[17]

16 Der Großteil der MigrantInnen stammte aus der österreichischen Reichshälfte, aus dem ungarischen Teil kamen deutlich weniger. Wichtigste Zuwanderungsregionen waren Niederösterreich, Böhmen und Mähren. Hierzu Steidl, Annemarie: »Auf nach Wien!« Die Mobilität des mitteleuropäischen Handwerks im 18. und 19. Jahrhundert am Beispiel der Haupt- und Residenzstadt Wien. Wien u. a. 2003, besonders S. 67–76.

17 Die wichtigsten Gebiete waren Slavonien, Vojvodina und Hercegovina. Baučić, Ivo: Porijeklo i struktura radnika iz Jugoslavije u SR Njemačkoj [Herkunft und Struktur der Arbeiter aus Jugoslavien in der Bundesrepublik Deutschland]. In: Arbeiten aus dem Institut für Geographie der

Dieser rechtliche Unterschied hatte massive Konsequenzen für die Betroffenen: Es geht um die Frage der Staatsbürgerschaft. Transnationale MigrantInnen (heute muss man hinzufügen: aus Drittstaaten) können viele Rechte und Möglichkeiten nicht beanspruchen, über die einheimische Arbeiter verfügen. Sie haben kein prinzipielles Aufenthaltsrecht, ihnen sind viele Bereiche der sozialen Versorgung nicht oder nur erschwert zugänglich, sie haben keine politischen Rechte und keine Interessenvertretung, was bedeutet, dass niemand Politik für sie macht, sie also keine Verbesserung ihrer Lage durch öffentliche Stellen erwarten dürfen. Wer keine Staatsbürgerschaft hat, kann nicht an der Zivilgesellschaft Teil haben. Insofern waren die MigrantInnen der Monarchiezeit »besser dran«, vor allem aber die männlichen.

Freilich bedeutete Binnenmigration in Österreich vor dem Ersten Weltkrieg etwas anderes als heute. Die meisten BewohnerInnen der Monarchie waren auch StaatsbürgerInnen, und auch die Grenze zu Ungarn stellte migrationstechnisch kein Hindernis dar, das einem Vergleich mit heute standhielte, geschweige denn mit den 1960er Jahren. Folglich waren Männer aus Böhmen (z. B. solchen aus Niederösterreich) juridisch gleichgestellt. Das hieß aber nicht unbedingt, dass beide rechtlich gleich gut gestellt waren, sondern mitunter auch gleich schlecht. So hatten beide, Böhme oder Niederösterreicher, in Wien kein Heimatrecht, beide konnten es aber nach einer gewissen Zeit erwerben. Das Heimatrecht in der Monarchie hatte unter anderem die Eigenheit, dass große Teile der städtischen Bevölkerungen kein solches besaßen. Das konnte für den/die Einzelne/n im Falle der Verarmung die Abschiebung aus der Stadt Wien in die Heimatgemeinde bedeuten. Diese Heimatgemeinde hatte in vielen Fällen mit der Lebensrealität des betroffenen Menschen nur wenig zu tun, weil sie patrilinear vererbt wurde. Man konnte daher seit Generationen in Wien leben und dann nach Galizien abgeschoben werden. Das wurde erst Ende des 19. Jahrhunderts weniger brisant, als die »Ersitzung« des Heimatrechts Gesetz wurde.[18]

Universität Zagreb 9 (1970). Ders.: Radnici u inozemstvu prema popisu stanovništva Jugoslavije 1971 [Arbeiter im Ausland gemäß der Volkszählung Jugoslaviens von 1971]. In: Arbeiten aus dem Institut für Geographie der Universität Zagreb 12 (1973) S. 11–20; Ders.: Die Auswirkungen der Arbeitskräftewanderung in Jugoslawien. In: Lohrmann, Reinhard/Manfrass, Klaus (Hg.): Ausländerbeschäftigung und internationale Politik. München 1974, S. 171–206; Ders.: Internationale Migration – ein Negativfaktor bei der wirtschaftlichen Integration Europas. Bundesministerium für Wissenschaft und Forschung (Hg.). Wien 1975.

18 Heindl, Waltraud/Saurer, Edith/Burger, Hannelore: Grenze und Staat. Paßwesen, Staatsbür-

Die Voraussetzungen, einen Interessensgegensatz zwischen tschechischen und »deutschen« Arbeitern, wie es damals geheißen hätte, zu konstruieren, waren also ganz andere, als zwischen jugoslavischen und österreichischen Arbeitern in den 1970ern. Tschechische und »deutsche« Arbeiter lebten schon rechtlich unter den gleichen Bedingungen. Österreichische und jugoslavische »Arbeitnehmer« der 1960er und 1970er aber lebten diesseits und jenseits der Grenze zwischen korporatistisch-demokratischer Bürgergesellschaft und quasi-kolonialer Enklave.

Ähnliche Bedingungen für »Deutsche« und »Tschechen« herrschten um 1900 nicht nur bezüglich der rechtlichen Lage, sondern auch die sozialen und ökonomischen Bedingungen glichen einander in beiden »Teilen« der Arbeiterschaft: Ausbeutung sowie mangelnder und schlechter Wohnraum betrafen um 1900 große Teile der Bevölkerung mit wenig ethnischem Unterschied,[19] jedenfalls wenn wir es mit der Zeit von Wirtschaftswunder und Ölkrise vergleichen: In den 1960ern und 1970ern holte man sich hingegen eine Kolonialsituation ins Land. Damit ist nicht unbedingt eine Übersee-Eroberungspolitik gemeint, sondern die Beherrschung und Ausbeutung ganzer Bevölkerungen, denen im Gegensatz zur »eigenen« Bürgergesellschaft bestimmte Bürgerrechte und Mitbestimmungsmöglichkeiten nicht zugestanden werden, wie der Historiker Ranajid Guha es definierte. Denn in gewissem Sinne war und ist der Zustand der GastarbeiterInnen »a state without citizenship«.[20] Indem in den 1960ern weitgehend rechtlose und kosten-

gerschaft, Heimatrecht und Fremdengesetzgebung in der österreichischen Monarchie 1750–1867. Wien u. a. 2000; Hahn, Silvia: Inclusion and Exclusion of Migrants in the Multicultural Realm of the Habsburg »State of Many Peoples«. In: Histoire Sociale – Social History XXXII/66 (2001) S. 307–324; Dies.: Fremd im eigenen Land. Zuwanderung und Heimatrecht im 19. Jahrhundert. In: Pro Civitate Austriae NF 10/Themenschwerpunkt »Migration« (2005) S. 23–44.

19 John, Michael: Hausherrenmacht und Mieterelend. Wohnverhältnisse und Wohnerfahrung der Unterschichten in Wien 1890–1923. Wien 1982.

20 Guha, Ranajit: A Subaltern studies reader, 1986–1995. Minneapolis u. a. 1997, S. XVII. Siehe auch Ders.: Dominance without hegemony: history and power in colonial India. Cambridge, MA u. a. 1997. Ranajit Guha definiert den Kolonialstaat als Staat, der einer dominierten Bevölkerung seine Herrschaft ohne deren Zustimmung, also ohne »Hegemonie«, auferlegt, während eine andere Bevölkerung (die »eigene«) mittels »Hegemonie« also mit ihrer Zustimmung, beherrscht wird. »Hegemonie« ist hier nämlich im Gramsci'schen Sinne als ein Regime zu verstehen, in dem die Eliten ihre Interessen als gesellschaftliches Allgemeininteresse durchzusetzen vermögen. Diese Argumentation zielte auf das britische Kolonialregime in Indien ab: »For no authority can claim voluntary collaboration (except as a Nazi euphemism) from its subordinates without allowing the latter a choice not to collaborate [...]«. Guha: Subaltern studies ebd.

günstige Arbeitskräfte ins Land importiert wurden, die dann mehrheitlich in Österreich blieben, entstand genau eine solche quasi-koloniale Situation im Land selbst. Die GastarbeiterInnen zu isolieren war nicht nötig: Das geschah von selbst, indem die im Zuge der Hebung des allgemeinen Wohlstandes in Österreich vakant gewordenen Substandardwohnungen mit neuen, billigen Arbeitern befüllt wurden.[21] Von diesen »Neuen«[22] distanzierten sich die ehemaligen Substandardbewohner und vormaligen billigen Arbeiter automatisch: Das war, was von den ZeitgenossInnen als der »Kolaric-Effekt« beschrieben wurde.[23] Mit diesem bereits in anderen Aspekten beschriebenen Dispositiv wurde eine soziale Differenzierung in der Arbeiterklasse geschaffen, perpetuiert und auch kulturell verfestigt, die sich bis heute auswirkt (Facharbeitermangel, Schulprobleme, Überlagerung kultureller und sozialer Ausgrenzung).[24]

Im Gegensatz zum Kolonialstaatsmodell verfügen die ArbeitsmigrantInnen in Österreich aber auch nicht über eine Elite, sie haben keine Mittelschicht im Lande. Die Migrations- und Bildungsforscherin Barbara Herzog-Punzenberger beschreibt die Auswirkungen folgendermaßen: »[...] für das Zusammenleben bedeutet das Fehlen einer Mittelschicht dieser Einwanderungsgruppen, die zwar in den Herkunftsländern vorhanden, aber im Bewusstsein der ÖsterreicherInnen nicht präsent sind, ein Verschmelzen von Eigenschaften einer bestimmten sozioökonomischen Schicht mit kulturell-sprachlichen Attributen. Als Folge existiert eine verzerrte, undifferenzierte Wahrnehmung dieser beiden Herkunftsgruppen in der österreichischen Bevölkerung«.[25] Mit anderen Worten: »Jugoslave«, »Serbe«, »Bosnier« oder »Türke« – Kolaric im Idiom der 1970er – wird mit »Unterschicht«

21 LICHTENBERGER, Elisabeth: Die Wohnverhältnisse der jugoslawischen Arbeitnehmer in Wien. Dipl. Wien 1977.

22 STIEGNITZ, Peter: Die Neuen. Ausländer-Assimilation in Österreich. Wien 1994; siehe auch DERS.: Die Gastarbeiter in der Wiener Wirtschaft. Der nützliche Gast. In: Stadt Wien. Wien 1971, S. 11.

23 KIRCHMAYR, Ortwin: Der Kolaric-Effekt. In: Kronen-Zeitung (6. Februar 1972) S. 20ff.

24 Die spezifische österreichische Wirtschaftsstruktur hatte einen deutlich stärkeren Ausschlusscharakter als dies etwa in Deutschland der Fall war. Vgl. FASSMANN, Heinz/MÜNZ, Rainer/SEIFERT, Wolfgang: Ausländische Arbeitskräfte in Deutschland und Österreich. Zuwanderung, berufliche Platzierung und Effekte der Aufenthaltsdauer. In: FASSMANN, Heinz/MATUSCHEK, Helga/MENASSE-WIESBAUER, Elisabeth (Hg.): abgrenzen ausgrenzen aufnehmen. Empirische Befunde zu Fremdenfeindlichkeit und Integration. Klagenfurt 1999, S. 95–114.

25 HERZOG-PUNZENBERGER, Barbara: Straftaten ausländischer Jugendlicher und junger Erwachsener. In: Schriftenreihe des österreichischen Bundesministeriums für Justiz 120 (2006) S. 61–80, hier S. 76.

gleichgesetzt (zusätzlich zu den Konnotationen von Fremdheit und den mit den rezenten Kriegen verbundenen Vorstellungen). Man könnte auch von ethno-sozialer Ausgrenzung sprechen.

Die Situation der ArbeiterInnen im späten 19. Jahrhundert war eine gänzlich andere gewesen. Sie hatten zwar viele Rechte nicht, besonders die Frauen, doch waren sie Teil der konstitutionellen Hegemonie, das heißt ihre Zustimmung war Teil dieser Herrschaft. Das hatte nicht unwesentlich damit zu tun, dass ihre Eliten, die nationalen Bourgeoisien, Teil der österreichischen und ungarischen konstitutionell-monarchischen Klassengesellschaft waren. Vor allem aber war diese Hegemonie auf Monarchie-Ebene für ArbeiterInnen verschiedenen ethnischen Hintergrunds im Prinzip ähnlich beschaffen. Anders verhielt es sich freilich auf der Wiener Stadtebene. Hier waren die nichtdeutschen Teile des Proletariats starkem ethnonationalem Assimilationsdruck ausgesetzt und nicht selbstverständlich Teil der deutschnationalen Hegemonie im Lueger-Wien. Auch im Alltagsleben konnten, auch wenn das bisher nicht erforscht ist, die Bedingungen für Nicht-Deutschsprachige nicht die gleichen sein. Auf jeden Fall war zwar der allgemeine Lebensstandard schlechter (man denke nur an die Tuberkulose-Epidemien und an die extrem beengten Wohnverhältnisse),[26] doch gab es in der Monarchie nicht das krasse ethnisierte Gefälle zwischen einheimischen und ausländischen ArbeiterInnen, wie es in den 1960er Jahren eingeführt wurde und bis heute fortwirkt.[27]

Ein weiterer massiver Unterschied ergibt sich praktisch aus dem vorher Gesagten: der Unterschied in der Frage der politischen Vertretung. Die MigrantInnen des Fin de siècle hatten, wenn sie männliche Staatsbürger waren, im Gemeindegebiet wohnten und seit einem Jahr den Mindestsatz von fünf Gulden Steuer zahl-

26 John: Hausherrenmacht; Dietrich-Daum, Elisabeth: Die »Wiener Krankheit«. Eine Sozialgeschichte der Tuberkulose in Österreich. Wien u. a. 2007; Weigl, Andreas: Tod und (Über-)Leben. Krankheiten und Lebenserwartung in Wien. In: Brunner, Karl/Schneider, Petra (Hg.): Umwelt Stadt. Geschichte des Natur- und Lebensraumes Wien. Wien 2005, S. 250–260.

27 Herzog-Punzenberger, Barbara: Ethnic Segmentation in School and Labour Market – 40 Years Legacy of Austrian »Guestworker« Policy. In: International Migration Review 37/4 (2003) S. 1120–1144. An dieser Stelle sollte darauf hingewiesen werden, dass der Kolaric-Diskurs noch weitere Widersprüche überdeckte, die hier nicht näher behandelt werden. Dazu zählen die sozialen Differenzen unter den MigrantInnen der Jahrhundertwende selbst, der Unterschied zwischen Arbeits- und Karrieremigranten, oder die ethnischen und politischen Konflikte zwischen verschiedenen Gruppen von MigrantInnen und die verschiedenen Strategien im Umgang mit den Strukturen und Diskursen der so genannten Mehrheitsgesellschaft.

ten, das Gemeindewahlrecht. Ab 1900 konnten auch Ärmere, die mindestens drei Jahre in Wien wohnten und keine Unterstützung erhielten, den vierten Wahlkörper wählen, hatten also ein nicht-gleiches Wahlrecht.[28] Was sie aber vor allem hatten, im Gegensatz zu den Gastarbeitern heute, waren politische Vertretungen. So gab es vor dem Ersten Weltkrieg eine starke Partei der MigrantInnen, die tschechische Sozialdemokratie in Wien, welche die Interessen ihrer Klientel nicht nur gegenüber Staat und Unternehmern zu vertreten angetreten war, sondern auch innerhalb der sozialdemokratischen Bewegung. Nach dem Ersten Weltkrieg gab es sogar eine tschechische Wahlbewegung von 1919 und 1923, die mit 8,4% der Stimmen in den Wahlen von 1919 noch vor den Deutschnationalen auf Platz drei kam. Sie verschwand bei den nächsten Gemeinderatswahlen durch Fusion mit den Sozialisten.[29]

In den 1970ern hingegen waren die jugoslavischen GastarbeiterInnen unter starker Kontrolle aus dem Heimatland (der dortigen kommunistischen Regierung) im Interessenseinklang mit den österreichischen Behörden und allen öster-

---

28 Seit 1890 galten als Gemeindemitglieder a) Gemeindeangehörige (Personen, die in der Gemeinde heimatberechtigt sind) und b) Gemeindegenossen (österreichische Staatsbürger, die nicht heimatberechtigt sind, aber in der Gemeinde Realbesitz haben oder von einem selbständig betriebenen Gewerbe oder von einem Einkommen direkte Steuern zahlen). Das Gemeindewahlrecht wird aber allen männlichen österreichischen Staatsbürgern verliehen, die im Gemeindegebiet wohnen und »seit einem Jahr« den Mindestsatz an fünf Gulden Steuer zahlen (Ausnahmen für höhere Bildung und Positionen) oder Bürger/Ehrenbürger von Wien sind. Das Heimatrecht hat also keine Bedeutung für das Wahlrecht, sehr wohl aber die Ansässigkeitsdauer. Ab 1900 sind auch ärmere Migranten stimmberechtigt, wenn sie die lange Ansässigkeitsdauer erfüllen und keine Armenunterstützung erhalten (*nicht* Migrantinnen: Frauen hatten in Wien bis 1918 kein Wahlrecht). Nach dem neuen Gemeindestatut und der wieder revidierten Gemeindewahlordnung für Wien von 1900 gab es neben dem Zensuswahlrecht für die drei ersten Wahlkörper nun auch einen vierten allgemeinen Wahlkörper, in dem alle männlichen österreichischen Staatsbürger, die in dem Gemeindegebiet »ununterbrochen seit drei Jahren ihren ordentlichen Wohnsitz haben«, abstimmen konnten. Dieses Wahlrecht ist also, wenn man von der langen Ansässigkeitsdauer absieht, »allgemein«, jedoch nicht gleich, denn die Mitglieder der ersten drei Wahlkörper hatten im vierten allgemeinen Wahlkörper eine Zweitstimme und der vierte Wahlkörper war im Verhältnis zu der Zahl der Wählenden viel schlechter repräsentiert als die anderen Wahlkörper. Herzlichen Dank an die Historikerin Birgitta Bader-Zaar für diese detaillierten Informationen. Vgl. Seliger, Maren/Ucakar, Karl: Wahlrecht und Wählerverhalten in Wien 1848–1932. Privilegien, Partizipationsdruck und Sozialstruktur (Kommentare zum Historischen Atlas von Wien). Wien 1984; Dies.: Wien. Politische Geschichte 1740–1934. 2 Bde. Wien u. a. 1985.

29 Seliger/Ucakar: Wien.

reichischen Eliten. Plakativ ausgedrückt, wurden die Gastarbeiter in den 1970ern von zwei Arbeiterparteien zum politischen Stillschweigen angehalten: von der SPÖ und dem »Bund der Kommunisten Jugoslaviens« (BdKJ). Weder auf Seiten Österreichs noch in Jugoslavien war eine politische Betätigung von JugoslavInnen in der Alpenrepublik erwünscht. Es herrschte Übereinstimmung, dass die Repräsentation dieser MigrantInnen in ihrem Heimatland stattzufinden hatte, nicht in ihrem Aufenthaltsland. Unter den MigrantInnen wurde die entsprechende Kontrolle weniger durch österreichische Behörden ausgeübt als vielmehr durch die Funktionäre der jugoslavischen Vereine und durch das unterschwellige Bewusstsein, dass jeder Landsmann und jede Landsfrau Agent der jugoslavischen Geheimpolizei sein konnte.[30]

Auch hier zeigt sich die Parallele zum Guha'schen Kolonialregime. Die ›GastarbeiterInnen‹ waren Ausländer und eigentlich nur zum Arbeiten da, nicht zur Teilnahme an der Gesellschaft, schon gar nicht an politischen Strukturen. Erst als Staatsbürger, und das wurden in den 1970ern, wie erwähnt, einige ArbeitsmigrantInnen, hatten sie die Möglichkeit, am politischen Leben teilzunehmen, und zwar, wie die oben zitierten Zeitungen kritisierten, wahrscheinlich als WählerInnen der SPÖ. Ihre spezifischen Interessen als MigrantInnen konnten sie so aber nur unzureichend artikulieren. Die politische Repräsentation der jugoslavischen MigrantInnen wird von PolitologInnen als auffällig schlecht bezeichnet, besonders gemessen an ihrer zahlenmäßigen Stärke von über zehn Prozent in der Wiener Bevölkerung.[31] Dies war die logische Folge des im Gegensatz zur Monarchie nicht vorhandenen Anspruches des österreichischen Staates, die MigrantInnen in deren Beherrschung einzubeziehen. In den 1960ern und 1970ern ging es aufgrund des Territorialprinzips nur um Beherrschung und Ausbeutung, nicht um Teilnahme.

Ein weiterer wesentlicher Unterschied ist die interethnische Zusammenarbeit in Fragen der kulturellen und politischen Repräsentation. Auch dieser Unterschied geht auf den Primat des nationalstaatlichen Territorialprinzips im 20. Jahrhundert zurück, in dessen Logik transnationale Migration eine Anomalie darstellt.

---

30 Vgl. Bratić: Soziopolitische Netzwerke.

31 Grasl, Alexandra: Sichtbar werden. In: Wiener Hefte zu Migration und Integration in Theorie und Praxis 1/1: Schwerpunktheft Defizitäre Demokratie – MigrantInnen in der Politik (2003) S. 141–152.

Heute findet eine interethnische Zusammenarbeit aufgrund der Konflikte und Kriege im ehemaligen Jugoslavien unter den ethnischen Gruppen dieses untergegangenen Staates kaum mehr statt und auch die Kontakte zu anderen migrantischen Gruppen sind schwach entwickelt.[32] Auch in den 1960er bis 1980er Jahren waren diese kaum vorhanden gewesen. Kontakte unter Angehörigen jugoslavischer Ethnien waren natürlich erwünscht, solange sie sich im Rahmen der Institutionen des föderalen jugoslavischen Staates abspielten (z. B. im Verein »Jedinstvo«, dessen Name programmatisch gemeint war: »Einheit«). Die Aktivitäten der jugoslavischen Staatsbürger wurden, wie erwähnt, von den »naši«, den Landsleuten, genau beobachtet. Besuche in den katholischen oder orthodoxen Gotteshäusern in Wien waren verdächtig, ebenso Kontakte zu österreichischen burgenlandkroatischen Vereinen.[33]

Im Gegensatz dazu gab es im späten 19. und frühen 20. Jahrhundert starke Tendenzen zur Zusammenarbeit, besonders von Angehörigen slavischer Ethnien. Wenn sich auch die anfängliche panslavische Begeisterung mit der Zeit etwas abschwächte, so gab es doch zahlreiche Kontakte, besonders zwischen tschechischen, kroatischen und serbischen Vereinen und Gruppen. Vor allem in studentischen und radikaleren Milieus war die panslavische Solidarität nach wie vor ein Thema. Es gab sogar gemeinsame Publikationen ukrainischer und serbischer Studierender.[34] Südslavische Zusammenarbeit wurde von den Behörden mit Argwohn beobachtet, und mit dem Verdacht der Staatsfeindlichkeit verfolgt.

Das Verhältnis der Gesamtgesellschaft zur Multiethnizität ist der letzte wesentliche Unterschied, den ich darstellen möchte. Multiethnizität war, wenn sie auch nicht von den Vertretern der Staatsvölker getragen wurde, in der Monarchie staatstragend. Es wurden sogar Ethnografen damit beauftragt, Völkervermischungen und gegenseitige Beeinflussungen als etwas Konstitutives für die einheimische Kultur zu theoretisieren.[35] Die Folgen des Ersten Weltkrieges,

---

32 Božić, Saša: Immigranten und Integration im Zusammenhang mehrschichtiger ethnischer Beziehungen. Am Fall der Kroaten in Wien. Forschungsbericht im Rahmen des Forschungsprogramms »Grenzenloses Österreich«. Durchgeführt im Auftrag des Bundesministeriums für Wissenschaft und Verkehr. Wien 1998.

33 Bratić: Soziopolitische Netzwerke.

34 Volja, Taras: Bratnoe poslanie ukraincev serbskomy obštestvu »Zora« [Brüderliche Adresse der Ukrainer an den serbischen Verein »Zora«]. Věna [Wien] 1868.

35 Marchetti, Christoph: Kriegserfahrung einer Wissenschaft. Die volkskundliche Erforschung der

Antisemitismus, Holocaust und nationalsozialistische Verfolgung sorgten im 20. Jahrhundert dafür, dass das Thema Multiethnizität sich von selbst zu erübrigen schien.

Nach dem Zweiten Weltkrieg wurden Monokulturalismus und -ethnizität als normal und natürlich konstruiert. Das, was Antisemiten und Nationalisten fast ein Jahrhundert lang gefordert hatten, war nach 1945 erreicht: Die Juden waren weitgehend aus Europa verschwunden und die Nationalstaaten in Mitteleuropa hatten nur noch stark reduzierte nationale Minderheiten zu tolerieren. Dieser Zustand, der in Österreich bedeutete, dass es fast keine Juden mehr gab und die offiziellen Minderheiten der Slovenen und Kroaten sich nur verhalten und nur in bestimmten kleinen Territorien artikulieren konnten, wurde in den letzten fünfzig Jahren als Normalzustand empfunden. Die Ankunft der GastarbeiterInnen bildete für dieses »gesunde Volksempfinden« ein Bedrohungspotenzial.[36] In diesem Sinne war es nur logisch gewesen, zu versuchen, die GastarbeiterInnen in einem temporären und isolierten Zustand zu halten. Erst die Entwicklung der 1970er Jahre, als eben viele Menschen aus Jugoslavien und der Türkei in Wien blieben, rief xenophobe Reaktionen hervor, die darin bestanden, die Fremden entweder wegzudefinieren und totzuschweigen oder sie zu skandalisieren.

Zusammenfassung

»I haaß Kolaric, du haaßt Kolaric – warum sogns' zu dir Tschusch?« hinterließ einen bleibenden Eindruck in den Diskursen über MigrantInnen in Wien. So gut sie gemeint war, als Intervention gegen Fremdenfeindlichkeit, überdeckte sie doch viele wichtige Widersprüche und Konflikte in Verbindung mit Migrationen nach (und von) Wien. Die spezifische Ausbeutung der ArbeitsmigrantInnen wurde im Plakat durch einen abstrakten Humanismus ausgeblendet (auch wenn sie in der

besetzten Balkangebiete im I. Weltkrieg. In: Fischer, Wladimir/Heindl, Waltraud/Millner, Alexandra/Müller-Funk, Wolfgang (Hg.): Räume und Grenzen in der Österreichisch-Ungarischen Monarchie 1867–1914. Tübingen u. a. 2008 (in Druck).

36 Vgl. Fischer, Wladimir: Of Crescents and Essence. Why Migrants' History Matters to the Question of »Central European Colonialism«. In: Gow, Andrew Colin (Hg.): Hyphenated Histories: Articulations of Central European *Bildung* and Slavic Studies in the Contemporary Academy. Leiden; Boston 2007, S. 61–101.

folgenden Debatte thematisiert wurde). Dies war richtungweisend für den Kolaric-Konsens der 1970er Jahre.

In der Plakatkampagne und auch im Kolaric-Diskurs war ein ahistorischer Vergleich enthalten, der die Unterschiede zwischen verschiedenen historischen Migrationen nach Wien Ende des 19. und Ende des 20. Jahrhunderts unterschlug. Diese Unterschiede bestanden in erster Linie in (a) dem unterschiedlichen Status als BinnenmigrantInnen im 19. Jahrhundert einerseits und Ausländern im 20. Jahrhundert; (b) der politischen Repräsentation, die im 20. Jahrhundert praktisch nicht vorhanden war; (c) der interethnischen Zusammenarbeit, die im 19. Jahrhundert viel stärker war.

Historisch neu war in den 1960ern und 1970ern: (a) ein krasses soziales und rechtliches Gefälle zwischen ArbeiterInnen mit und ohne Staatsbürgerschaft; (b) die ethnische Codierung dieses Gefälles (»Ausländer« als Synonym von sozial »niedrig«); (c) das Verhältnis zur Multiethnizität, die im Nachkriegsösterreich unerwünscht war, während sie in der Monarchie quasi zur Staatsideologie gehört hatte.

Zitierte Zeitungsartikel (chronologisch)

N. N.: Die Sprache wurde für sie zum Drahtverhau – Kurse, Sozialberatung, Sendezeit: So sollen die Gastarbeiter integriert werden. In: Die Presse (5. Dezember 1971) S. 8.

N. N.: 50.000 Gastarbeiter in Wien. In: Die Presse (16. August 1971) S. 2.

N. N.: Gemeinde Wien errichtet »Fonds zur Beratung und Betreuung von Zuwanderern nach Wien«. In: Rathaus-Korrespondenz (16. November 1971) S. 3255ff.

N. N.: Beim Südbahnhof: Eigenes Viertel für Gastarbeiter. In: Kurier (17. August 1971) S. 6.

N. N.: Nicht viel Haß und keine Liebe. In: Arbeiter-Zeitung (18. Dezember 1971) S. 1.

N. N.: Konferenz über Problem der Gastarbeiter abgeschlossen. In: Rathaus-Korrespondenz (18. November 1971) S. 3278.

N. N.: Kein Ghetto mehr für Gastarbeiter. In: Die Presse (18. November 1971) S. 12.

N. N.: Gastarbeiter klagen: Keiner will uns mehr haben. In: Kurier (18. November 1971) S. 6.
N. N.: Arbeiter oder auch Gast. In: Volksstimme (19. Dezember 1971) S. 2.
N. N.: 172.000 Gastarbeiter in Österreich. In: Wiener Zeitung (21. Dezember 1971) S. 2.
Grolig, Erich: Wer braucht den »Tschusch«? In: Die Presse (22. November 1971) S. 1.
N. N.: Wir brauchen die Gastarbeiter (Auszug aus einem Artikel von Bgm. Slavik in der Zeitschrift »Arbeit und Wirtschaft«, Nr. 10/71). In: Rathaus-Korrespondenz (25. Oktober 1971) S. 3045ff.
N. N.: Slavik will Gastarbeiter eingliedern. In: Die Presse (29. Oktober 1971) S. 2.
N. N.: Wiens Gastarbeiter sind jünger als anderswo. In: Rathaus-Korrespondenz (29. September 1971) S. 2750ff.
N. N.: »Nas-List«, eine Zeitung für Gastarbeiter. In: Rathaus-Korrespondenz (13. März 1971) S. 601.
N. N.: »Z«-Service jetzt auch für die jugoslawischen Gastarbeiter. In: Arbeiter-Zeitung (2. März 1972) S. 7.
N. N.: Keine Politik mit Gastarbeitern. In: Arbeiter-Zeitung (5. Februar 1972) S. 3.
Kirchmayr, Ortwin: Der Kolaric-Effekt. In: Kronen-Zeitung (6. Februar 1972) S. 20ff.
N. N.: »I haaß Kolaric« in Frankreich. Auch dort sind die Gastarbeiterprobleme bei weitem nicht gelöst. In: Wiener Zeitung (11. Februar 1972) S. 3.
Diwisch, Franz: Wir Tschuschen. In: Arbeiter-Zeitung (12. Februar 1972) S. V.
N. N.: Wiener Zuwandererfonds: Gastarbeiterberatung ein voller Erfolg. In: Rathaus-Korrespondenz (17. Mai 1972) S. 1211.
Allinger, Günther: »Bec« hilft den Jugoslawen. Über einen Abend voller Probleme in der Gastarbeiterberatungsstelle Liesing. In: Kurier (25. Februar 1972) S. 9.
Oberleitner, Wolfgang: Genosse Kolaric. In: Die Presse (25. Februar 1972) S. 1.
John, Rudolf: Kolarić liest Deutsch. In: Kurier (3. Jänner 1973) S. 7.
Fabian, Fritz: Die Kolarics sind unter uns. In: Volksstimme (6. Jänner 1973) S. 1f.

GRÖMANSPERG, Heide: ÖGB-Ziel: Im nächsten Jahr 40.000 Gastarbeiter weniger. In: Kurier (7. November 1973) S. 2.
BINA, Anton: Wird das alte Wien zu Kolaric-Massenslums? In: Kurier (8. Februar 1973) S. 3.
N. N.: Zahl der Gastarbeiter weiter steigend. Ein Viertel mehr als im Vorjahr. In: Rathaus-Korrespondenz (9. Juli 1973) S. 1365.
N. N.: Zahl der Gastarbeiter in Wien weiter steigend – in den Bundesländern leicht sinkend. In: Rathaus-Korrespondenz (11. Jänner 1973) S. 57.
N. N.: »Ohne Gastarbeiter geht es nicht«. Handelskammer: Vorteile überwiegen, Wirtschaft wächst schneller. In: Die Presse (11. September 1973) S. 2.
Kolaric zur SPÖ. Warum die Verleihung der Staatsbürgerschaft erleichtert werden soll In: Neue Freie Zeitung (13. Jänner1973) S. 1ff.
FRIEDL, Dieter P.: Harte Fronten um Kolaric. In: Die Presse (15. Oktober 1973) S. 3.
N. N.: Abwerbung von Gastarbeitern eingeschränkt. In: Wiener Zeitung (16. Jänner 1973) S. 6.
N. N.: 40 % aller Gastarbeiter in Wien. In: Wiener Zeitung (22. September 1973) S. 3.
N. N.: Gastarbeiter: Der Plafond ist erreicht. In: Arbeiter-Zeitung (22. September 1973) S. 3.
N. N.: Gemeinde Wien will den Gastarbeiterstrom bremsen. In: Die Presse (22. September 1973) S. 2.
N. N.: Der durchleuchtete Kolaric. In: Wochenpresse (26. September 1973) S. 13.
N. N.: Zahl der Gastarbeiter: Ein Fünftel mehr als im Vorjahr. In: Rathaus-Korrespondenz (7. März 1974) S. 455.
N. N.: Weniger Gastarbeiter als im Vorjahr. In: Rathaus-Korrespondenz (12. Oktober 1974) S. 2477.
N. N.: »Mit Lied und Tanz in den Frühling« (Bunter Abend am 22.3.1974, veranstaltet vom Wiener Zuwandererfonds für Wiens jugoslawische Gastarbeiter). In: Rathaus-Korrespondenz (13. März 1974) S. 498.
N. N.: Rigorose Maßnahmen gegen sanitäre Mißstände in Gastarbeiterquartieren. Verordnung soll Abhilfe schaffen. In: Rathaus-Korrespondenz (14. September 1974) S. 2222.
MAYERHOFER, Rainer: Kolaric wird langsam akzeptiert. Gastarbeiter: Als Arbeitskollegen anerkannt, als Nachbarn unerwünscht. In: Arbeiter-Zeitung (15. August 1976) S. 3.

N. N.: Um 26.000 Gastarbeiter mehr (Stand April 1977). Beschäftigungsanteil erreichte 6,9 %. In: Wiener Zeitung (12. Mai 1977) S. 7.

N. N.: Gastarbeiterzahl sinkt weiter. Rund 7.000 weniger als im Vorjahr (Stand Juni 1979: 174.684). In: Volksstimme (3. Juli 1979) S. 2.

Federspiel, Krista: Kolaric junior – was nun? In: Arbeiter-Zeitung/Journal (31. März 1979) S. 8ff.

Hodoschek, A.: Gastarbeiter. Jeder zehnte schon ohne Job. Viele wollen nicht mehr nach Hause zurück. In: Kurier (13. April 1982) S. 7.

Wolf, Helga Maria: Zahl der Gastarbeiterkinder sprunghaft gestiegen. Mehr als 10.000 Türken gehen in Österreich zur Schule. In: Die Presse (23. April 1982) S. 9.

N. N.: Jeder 17. Wiener ein Jugoslawe. In: Wiener Zeitung (23. Juni 1982) S. 5.

N. N.: Lebensbedingungen der Gastarbeiterkinder wissenschaftlich untersucht. Sie sind fast immer benachteiligt. In: Wiener Zeitung (27. März 1982) S. 5.

N. N.: Gastarbeiter kommen »nach Bedarf«. Immer weniger werden eingebürgert. In: Die Presse (5. April 1985) S. 7.

N. N.: Aus dem Leben der Gastarbeiter. Kolaric heute (Artikelserie). In: Arbeiter-Zeitung (10. November 1987) S. 10.

Lenhardt, Dieter: Tief und schuldlos im Dilemma. Die Mär von den vorweggenommenen Arbeitsplätzen und andere Vorurteile gegen Gastarbeiter. In: Die Presse (30. Dezember 1987) S. 3.

Markus Reisenleitner

Das Belvedere

Ein Palast mit Aussicht: Europäische Geschichte und Gedächtnis im urbanen Raum

Jeder, der jemals damit konfrontiert war, groß angelegte Umgestaltungs- oder Renovierungsprojekte historischer Gebäude mit Anrainern zu verhandeln, weiß, dass Räume ihre mächtigen affektiven Eigenschaften zum Teil von jenen schwer zu definierenden, ungreifbaren Eigenschaften erhalten, die Lebensgeschichten verorten und diesen Gebäuden unaufhörlich ihre ganz spezifischen, zum Teil offensichtlichen und zum Teil verborgenen Bedeutungen aufdrängen und so zu machtvollen Identitätsmarkierungen werden.[1] Die Lebensgeschichten von uns allen sind umrahmt von den Kulissen des Historischen im Stadtraum, in den Bauwerken, die uns umgeben. Dies erzeugt im Prisma des Alltags kulturelle Bedeutungen und Identitäten, die für den Einzelnen von grundlegender Bedeutung sind.

Von Räumen und den durch sie hervorgerufenen Erinnerungen und Assoziationen produzierte Bedeutungen können sich jedoch im Licht historischer Erkenntnis durchaus als falsch erweisen. Dies bringt mich zu meinem eigentlichen Thema. Während in meiner Alltagserinnerung die Gärten des Belvedere in Wien, Spielwiese meiner Kindheit, Assoziationen von Freiheit, Spontaneität und »Natur« wachrufen, sollte ich in meiner wissenschaftlichen Ausbildung herausfinden, dass die bewusste Unterjochung der Natur unter die Sprache architektonischer Form in barocken Gärten und Parks genau die gegenteilige Funktion hatte. Barockarchitektur als Ausdrucksform absolutistischer Herrschaft stellte bekanntlich ein Schauspiel der Macht dar, eine Interpellation disziplinierter Körper, die über Innenräume hinausgehend den gartenarchitektonischen Raum der gleichen For-

1 Eine frühere Fassung dieses Beitrags erschien in englischer Sprache als: A Palace with a View: Imagining Europe in the Baroque City. In: spacesofidentity 6.2 (2006) S. 167–184 [http://www.yorku.ca/soi/_Vol_6_2/_PDF/Reisenleitner.pdf, 8. November 2007].

mensprache unterwarf und seine Wirkungsmächtigkeit aus diesen mannigfachen Formen der Unterwerfung und Disziplinierung ableitete.

Diese emanzipatorisch-kritische Sichtweise ist natürlich nicht einfach nur »richtiger« als individuell-affektive Erinnerungsarbeit, sondern selbst Produkt einer historisch verortbaren Genese. Die für meine akademische Ausbildung bestimmende Tradition der Sozial- und Kulturgeschichte, die ihre Lehren aus der leichtfertigen Kooptierung der akademischen Disziplin Geschichte während des Dritten Reiches gezogen hatte und sich zumindest seit den unruhigen 1968ern als eine politisch aufmerksame, emanzipatorische Suche nach den Wurzeln totalitärer Strukturen und Machtregimes versteht, hat uns HistorikerInnen gelehrt, individuelle Mikronarrative (unsere eigenen ebenso wie die anderer) im weiteren Bezugsrahmen der sozialen und materiellen Grundlagen von Kultur aufzuspüren und zu verorten. Dies bestimmt durchaus auch den Zugang zu historischen Epochen, die den Wurzeln solcher totalitären Machtregimes – oder auch der Nationalstaaten, in denen sie sich manifestierten – zeitlich voraus gehen. Barocke Raumformen sind hier ein besonders lohnender Untersuchungsgegenstand, denn das Schauspiel der Macht wurde schließlich häufig, und definitiv im Falle des Belvederes, für die Zwecke des Nationalstaats in Anspruch genommen und kann daher als privilegiertes Beispiel angesehen werden, wie die vermeintlich gemeinsamen Bedeutungshorizonte imaginierter Gemeinschaften theatralisch inszeniert werden (im Sinne de Certeaus) und sich so über die Spaltungen zwischen Vergangenheit und Gegenwart ebenso wie die offensichtlicheren sozialen Grenzen hinweg setzen.[2]

Bedeutungen bleiben freilich nicht unhinterfragt. Die Interpretation abweichender Haltungen als verhandelte oder subversive Lesarten im Sinne Stuart Halls oder als Taktiken, kurzfristige Unterbrechungen der Zwänge strategischer Strukturen, im Sinne von de Certeaus Praktiken des Alltagslebens erscheint mir zwar als einigermaßen adäquater Erklärungsrahmen, hat jedoch den Nachteil, die beiden Dimensionen, die mich am meisten interessieren, nicht zu beachten oder zumindest unterzubelichten: die *historische* und die *räumliche* Dimension. Indem ich in der Folge vom Belvedere sozusagen »wegzoome« und barocke räumliche Praktiken ebenso wie ihr Nachleben als *öffentliche Stadträume* ihren urbanen Kontexten und ihrer urbanen Umgebung einschreibe, anstatt sie als etwas anzusehen,

---

2 Reisenleitner, Markus: Wege zum Adel. In: Frühneuzeit-info 1/1 (1990) S. 28–37, hier 32.

Abbildung 1: Das Belvedere während der Ausstellung 2005 (© Markus Reisenleitner, 2005).

was Donald Horne als »große Museen« bezeichnete,[3] hoffe ich, zu einem Verständnis beizutragen, weshalb solche Räume wichtig sind und auf welche alternativen Weisen sie wichtig werden können, speziell in den Diskussionen um die heuristischen und ontologischen Grundlagen eines europäischen Raums, der kulturell definiert wird. Dies soll letztendlich aufzeigen, wie Geschichte als kontextuelle Kulturkritik betrachtet werden kann und welche Beiträge Cultural Studies-Zugänge zu einem Verständnis der Frühen Neuzeit leisten können.

Nation und Macht der Erinnung

Beginnen wir also mit einer Nahansicht. Das Belvedere wird gemeinhin als ein »Meisterwerk« der Barockarchitektur angesehen, und Lucas Hildebrandt in einem Atemzug mit Gian Lorenzo Bernini und Johann Bernhard Fischer von Erlach genannt. Erbaut wurde dieser Palast während einer fortgeschrittenen Phase des ba-

3 Horne, Donald: The Great Museum: The Re-Presentation of History. London 1984.

rocken Baubooms, der in vielen europäischen höfischen Zentren ein Jahrhundert früher begonnen hatte und der die weit reichende Transformation sozialer Beziehungen in großen Teilen Europas, die als Aufstieg des Absolutismus beschrieben wird, begleitete. In den habsburgischen Ländern war das entscheidende Ereignis, das symbolisch und politisch diesen Strukturwandel in eine metonymische Wasserscheide verdichtete (ein Ereignis, das in seiner epischen Wiederholung oft als Vorwand für die Erklärung dient), die Schlacht vom Weißen Berg/Bílá hora 1620, ein zwar nur kurzes militärisches Scharmützel, aber gleichzeitig auch die Kulminierung eines jahrhundertelangen Machtkampfs zwischen dem protestantischen Landadel und den Bestrebungen des Hauses Habsburg, ihre vielfältige Ansammlung ererbter, aufrührerischer und belagerter Länder zu stabilisieren. Der entscheidende militärische Sieg der Habsburger-Loyalisten beschleunigte die bereits ziemlich militante katholische Gegenreformation und löste weitreichende Reformen in der Verwaltung der Länder aus, Reformen, die eine Rationalisierung und Zentralisierung von Staatsmacht rund um das höfische Zentrum Wien verstärkten, was wiederum Wien zum Aufstieg zu einem bedeutenden kulturellen und politischen, jedoch nicht ökonomischen Zentrum des Barocks verhalf.

Soweit der allgemein bekannte historische Rahmen. Betrachten wir als Nächstes die unterschiedlichen Formen, in denen die Geschichte dieser Schlacht geschrieben wurde und geschrieben werden kann. Was für tschechische Historiker die »dunklen Zeiten« auslöste (effektiv den Verlust territorialer Selbstverwaltung des Königreichs Böhmen), wird in der hegemonialen westlichen Tradition häufiger als die Zeit von »Österreichs Aufstieg zur Großmacht« beschrieben. Dies ist die Rhetorik einer Historiographie, deren Gründungsprinzipien im 19. Jahrhundert ihre Zunftgenossen auf Verfassungsfragen und eine Reifizierung des Nationalstaats verpflichteten. Die Bewegung in Richtung absolutistischer Herrschaft während des 17. Jahrhunderts, in der unentrinnbaren Teleologie nationalistischer Geschichtsschreibung als »Modernisierung« beschrieben, konnte leicht als dynastischer, unvollständiger Vorläufer einer quasi-naturhaften politischen Einheit verdinglicht werden. Wie in Frankreich, wo die Bourbonenhöfe angeblich den Nationalstaat konsolidierten, indem die absolutistischen Herrscher die feudale Opposition überwanden,[4] wurde den Habsburgern der Staatsausbau und

4 Duindam, Jeroen Frans Jozef: Vienna and Versailles: The Courts of Europe's Dynastic Rivals, 1550–1780. Cambridge, U.K. u. a. 2003, S. 7.

die Überwindung der Fragmentierung staatlicher Macht während des Feudalzeitalters, in dem viele Rechte und Privilegien in Herrschaften (und nicht beim Staat) aggregiert waren, zu Gute gehalten. Die Tatsache, dass ungleich der französischen Situation kein Nachfolgestaat des Habsburgerreichs im 20. Jahrhundert entstand, hinderte Historiker keineswegs daran, einen Narrativ des Staatsausbaus ähnlich dem französischen Vorbild zu formulieren, ganz im Gegenteil. »Überall wurden die Ideale des nationalen Staatsausbaus von der Interpretation eines dynastischen Europas diktiert«,[5] und erst jüngst startete die »European Science Foundation« ein Projekt anhand dieser Vorgaben, auf der Suche nach den Ursprüngen des modernen europäischen Staats in den absolutistischen Strukturen der Frühen Neuzeit.[6]

Post-1968-SozialhistorikerInnen berufen sich dagegen auf andere, häufig jedoch gleichermaßen totalisierende Konstruktionen, am populärsten wohl Norbert Elias' bemerkenswert umfassendes Rahmenwerk einer Zivilisationstheorie. In seinem großflächigen Narrativ eines Sittenwandels in diesem Zivilisationsprozess – der Wandel von Fremdzwängen zu Selbstzwängen, d. h. von externer Macht zu internalisierten Verhaltensstandards – wählte Elias die Höfe als Bühne, die Adeligen als Schauspieler. »Nur durch seinen Machtverlust konnte der Adel die Zivilisationsregeln in Europa bestimmen. Elias' konzeptuelles Rahmenwerk passte somit hervorragend in der Perspektive der nationalen Geschichtsschreibung. Wiederum lernen wir, dass die Höfe wichtig waren, denn sie trugen zum Aufstieg des modernen Staats bei, indem sie die Macht jenes anderen Atavismus, des Adels, auslöschten.«[7] Dass die Quintessenz der Barockdisziplin in der Begrenzung, Konzentration und Integration von Staatsmacht besteht, hat bereits der Kunsthistoriker Arnold Hauser 1951 angemerkt,[8] und in seinem Gefolge passte die Wiederentdeckung Elias während den 1970ern ausgezeichnet zu den kritischen Zugängen, die auf das Entstehen moderner Kontrollmechanismen fokussiert, eine weiterreichende Diskussion rund um Sozialdisziplinierung und Gou-

---

5 Ebd.

6 Zitiert bei Patrouch, Joseph: Review of Karin J. MacHardy: War, Religion and Court Patronage in Habsburg Austria: The Social and Cultural Dimensions of Political Interaction, 1521–1622. In: HABSBURG, H-Net Reviews August (2004) [http://www.h-net.org/reviews/showrev.cgi?path=2 00351097068077, 8. November 2007].

7 Duindam: Vienna S. 8.

8 Hauser, Arnold: The Social History of Art. Bd. 2. London 1962, S. 178.

vernmentalität, die einen allgemeinen Rahmen für den Erklärungszusammenhang zwischen Staatsmacht, Kultur, Gesellschaft und Religion in der Frühen Neuzeit bildete.

Es scheint hier nicht zielführend, weiter auf die nun bereits ziemlich betagte Debatte über die Berechtigung zentraler Konzepte wie Absolutismus (jüngst als »Koordinierungsstaat«[9] neu benannt) und Sozialdisziplinierung in dieser Zeit einzugehen.[10] Wie so oft in der Geschichte wurde ein unübersichtlichter, komplexer und ungleichmäßiger Prozess vereinfacht, manchmal entstellt, durch die Versuche einer Synthese, einer Generalisierung und einer Abstraktion. Könige und Kaiser waren manchmal schwächlich, die habsburgischen Kassen jedenfalls immer leer, und die Adeligen, deren Briefe in böhmischen, ungarischen und österreichischen Archiven Staub sammeln, haben oft mehr Zeit auf ihren Herrschaften als bei Hof in Wien verbracht, und vertrieben sich die Zeit mit Trivialitäten, Liebesgeschichten und dem Schreiben langatmiger Briefe, aus denen wir überraschend wenig erfahren. Doch dies ist nicht die Geschichte, die die grandiose Barockarchitektur in den wachsenden höfischen Zentren, den Bühnen des Absolutismus *triumphans*, sichtbar in Erinnerung ruft.

Weiters – und nun müssen wir ein wenig mehr auszoomen, um eine andere Perspektive einzufangen – kann der Narrativ des Absolutismus als eine Geschichte der Transformation urbaner Räume dargestellt werden. Leonardo Benevolo versuchte dies in seiner monumentalen Synthese urbaner Stadtgeschichte, die beschreibt, wie »während des Baubooms des späten sechzehnten und frühen siebzehnten Jahrhunderts europäische Herrscher zahlreiche Projekte förderten, die Symmetrie und Regelmäßigkeit in großen Städten einführten, da der Absolutismus perfekte und unhinterfragte Kulissen erforderte. [...] Funktionelle Unordnung wurde hinter strukturellen Fassaden verborgen; alltägliche Ereignisse ver-

9 MacHardy, Karin Jutta: War, Religion and Court Patronage in Habsburg Austria: The Social and Cultural Dimensions of Political Interaction, 1521–1622. Basingstoke, Hampshire u. a. 2003.

10 Zweifelsohne ist der frühneuzeitlichen Staatsausbau aus einer unterschiedlichen Perspektive ebenso auf einer Komplizität und einem Kompromiss mit dem Adel aufgebaut und setzt ein feudalistisches System der Überschussaneignung fort, das sich auf einen Überbau stützt, der außerökonomischen Zwang in den Produktionsbeziehungen aufrechterhält. Die Bedingungen sind auch in den beiden Musterstaaten des Staatsbaus, in Frankreich und in den Habsburgerländern, sehr unterschiedlich, und viele der in den Herrschaften konzentrierten Rechte gehen nur langsam an den Staat über – ein Prozess, der sich bis ins 19. Jh. erstreckt.

loren sich in den riesigen Außen- und Innenräumen. Visueller Anstand stand im bewussten Gegensatz zu diesen Vorgängen und präsentierte ein konventionelles Bild von Königswürde und Prestige, die als exemplarische Modelle Raum und Zeit überdauerten. […] Das Verlangen geometrischer Regelmäßigkeit traf auf ein Netzwerk städtischer Siedlungen, die aus dem Spätmittelalter stammten und nur zum Teil änderungsfähig waren. Es war in den großen, noch nicht urbanisierten Gegenden, wo perspektivische Entwürfe ihre kühnsten Anwendungen erfuhren. Aus diesen Spannungen entstanden die Nervosität und Prominenz ihrer großartigsten Erzeugnisse: die Welt von Versailles, umschlossen von einem künstlichen Horizont, die sorgfältige räumliche Anordnung von Wasser, Parks und Denkmälern unter dem arktischen Himmel von Sankt Petersburg.«[11] In Narrativen wie diesem wurde die symbolische Repräsentation einer kosmologischen Ordnung in der Folge von den Hofadeligen nachgeahmt, und die symbolische Sprache des Herrscherzentrums trug bei zu einem hierarchisch strukturierten, architektonisch artikulierten und durch Gott legitimierten Spektakel von Macht und Disziplin, das jeden Aspekt des Lebens durchdrang, von den ritualisierten Abläufen überschwänglich inszenierter Einzüge, Hochzeiten, Tourniere, Feuerwerke und all der anderen Festivitäten, die jede Unterscheidung zwischen Bühnendarsteller und Publikum einebneten, bis hin zu den tanzartigen Bewegungen und Gesten, die durch das ausgeklügelte semiotische System des höfischen Zeremoniells reguliert wurden.

Der Staat als Bühne: Wie uns Peter Burke überzeugend während der letzten beiden Jahrzehnte anhand zahlreicher Fallstudien gezeigt hat, ist dieses Konzept keineswegs ein Foucault'sches Theorem, sondern den Zeitgenossen von Louis XIV. durchaus vertraut.[12] Wie in Clifford Geertz' Bali des 19. Jahrhunderts diente diese Bühne »der öffentlichen Dramatisierung sozialer Ungleichheit und Standesdünkel. Es handelte sich um einen Theaterstaat, in dem die Könige und Fürsten die Impresarios waren, die Priester die Regisseure, und die Bauern die Statisten, Bühnenarbeiter und Publikum.«[13] Barockarchitektur und frühneuzeitliche dynastische Macht in ihren Erstehungsmomenten des Sozialen zu verorten, kann somit

11 Benevolo, Leonardo: The European City. Making of Europe. Oxford, UK u. a. 1993, S. 30, S. 45, S. 50.

12 Burke, Peter: The Fabrication of Louis XIV. New Haven 1992, S. 7.

13 Geertz, Clifford: Negara: The Theatre State in Nineteenth-Century Bali. Princeton, N.J. 1980, S. 13; zitiert in Burke: Fabrication S. 12.

sicherlich mit dem Widerhall der kulturellen Ausdrucksformen eines Absolutismus, den sich die Nationalstaaten aneigneten, in Zusammenhang gebracht werden. Beispiele sind nicht schwer zu finden, Versailles ist wohl das am häufigsten angeführte, aber wir können ebenso gut an dieser Stelle zum Belvedere zurückkehren.

Der Status des Belvederes als wirkungsmächtiger Ort des Gedächtnisses für einen Nationalstaat, dessen Abstammung und Kontinuität von seinem frühneuzeitlichen Vorgänger mehr als problematisch ist, wurde im Jahr 2005 durch eine Ausstellung mit dem Titel »Das Neue Österreich« neuerlich bestätigt. Der augenscheinliche Bezug zur Vergangenheit war für diese Ausstellung die Unterzeichnung des Staatvertrags 1955, aber dieser feierliche diplomatische Akt genau an diesem Ort ist selbst Manifestation einer viel weiter zurückreichenden Tradition der Aneignung des Gebäudes für die Zwecke des Staatausbaus. Natürlich war Prinz Eugen ein hervorragender Verbündeter der Habsburger in der Stärkung ihrer dynastischen Herrschaft, aber die nachfolgende Geschichte des Belvederes ist möglicherweise noch bedeutsamer. Der Palast ging von den Nachfahren Prinz Eugens an die Habsburger. Die Überführung eines beträchtlichen Teils des habsburgischen Kunstsammlung und die darauf folgenden Öffnung der Galerien für die Allgemeinheit 1781 bedeutete, dass – wie in anderen europäischen Staaten an der Schwelle zur Moderne, die sich solche Galerien leisteten – »die Objekte, die sie enthielten, in der Folge die Funktion annahmen, repräsentative Öffentlichkeit der Königsmacht und für die Königsmacht zu verkörpern. Dies war es, was die königlichen Kunstgalerien sichtbar machten: Sie sprachen ihre Besucher als Subjekte an.«[14] Andere Sammlungen folgten in das Belvedere. Am Ende des 19. Jahrhunderts wurde das Schloss zur Residenz von Erzherzog Franz Ferdinand; 1918 ging es an die neu gegründete Republik. In der Abfolge dieser Ereignisse ist der Übergang vom Absolutismus zur modernen Staatsbildung keine bedeutsame Epochengrenze, sondern vielmehr eine fast unmerkliche Verlagerung der Emphase. Das, was vom Barock nachlebt, wurde zur materiellen Verkörperung der Umrisse der Zusammengehörigkeit einer imaginierten Gemeinschaft, eines Sinns nationaler Geschichte,[15] nun kommofidiziert in »den neuen Freizeitwelten

14 Bennett, Tony: The Birth of the Museum: History, Theory, Politics. London u. a. 1995, S. 36. Tony Bennett behauptet, dass die Republik nun die Nation als Staat manifestiert, und nicht die Nation als das Reich des Königs. Ich bin mir nicht sicher, dass die Unterscheidung in diesem Fall zutrifft, da der Staat auch unter den Bedingungen des Absolutismus das Reich des Königs darstellte.

15 Ebd. S. 136.

Abbildung 2: Das Belvedere während der Ausstellung 2005 (© Markus Reisenleitner, 2005).

des kulturellen Erbes mit ihren Projektionen einer gemeinsamen und geteilten Abstammung, für alle zugänglich zum Preis einer Eintrittskarte oder eines Sonntagsausfluges.«[16]

Manchmal geht jedoch alles schief, und die Bruchlinien der Geschichte werden unübersehbar. Das Belvedere machte Schlagzeilen in den Weltnachrichten, als nach ausgedehnten Prozessen ein Gerichtshof die Republik Österreich verpflichtete, fünf Gemälde Gustav Klimts, die während der »Nazizeit« enteignet worden waren und einige Zeit an prominenter Stelle im Oberen Belvedere ausgestellt waren, an die rechtmäßigen Besitzer rückzustellen. Dass die österreichische Regierung so lange in der Lage war, eine moralisch fragwürdige, diplomatisch peinliche und rechtlich offensichtlich unhaltbare Haltung einzunehmen – eine sehr teuere Haltung darüber hinaus – kann sicherlich mit dem impliziten Verlangen in Verbin-

16 Corner, John/Harvey, Sylvia (Hg.): Enterprise and Heritage: Crosscurrents of National Culture. London u. a. 1991, S. 11.

dung gebracht werden, die symbolische Macht der Sammlungen im Belvedere um jeden Preis aufrecht zu erhalten. Diese Sammlungen waren zu einem wirkungsmächtigen »lieu de mémoire« geworden, mit Gemälden, die als Nationalschätze gelten und eine historische Kontinuität zwischen dem Barockgebäude, den Funken der Moderne während den letzten Tagen der Monarchie und der gegenwärtigen Republik erzwingen – ungeachtet der Ironie, dass die Kunst der Jahrhundertwende sich erst durch eine grundlegende Reevaluierung von Wien als Wiege der Moderne während den frühen 1980er Jahren für diesen hehren Status qualifizierte.

Auch wenn Kunstwerke nicht häufig die Gewalttätigkeit ihrer Herkunft so deutlich offen legen, so ist doch ihre Aneignung für die Imagination der Nation immer ideologisch in ihrer Dekontextualisierung, Verschleierung sozialer Spaltungen, Konstruktion imaginärer historischer Kontinuitäten, Tarnung der materiellen Konkurrenz von Standorten, und im schlimmsten Fall der Erschaffung von Themenwelten. Kritische Stimmen bestehen darauf, dass solche Formen der Aneignung »Landschaften konstruieren und mit Bedeutung füllen. Die konstruierte Landschaft übt Macht aus, indem sie soziale Realitäten naturalisiert und reifiziert.«[17] Der Prozess der Demystifisierung, der die Barockkultur, ihre Wirkungen und ihre Aneignungen auf die vorherrschenden Prozesse sozialen und individuellen Wandels europäischer Gesellschaften der Frühen Neuzeit zurückführt, ist klarerweise eine sehr wichtige Aufgabe und bildet die Grundlage einer Erkenntnis von Prozessen, die die erzwungene politische Kohäsion von Identitätsprojekten konstruieren, die auf offiziellen Gedächtnisorten aufsetzen. Ein emanzipatorischer Zugang zur Kulturgeschichte setzt sich notwendigerweise mit eben diesen Abstammungslinien und Kontinuitäten auseinander und schärft den Sinn für die Notwendigkeit, all diese Prozesse vielfacher und gebrochener Identitätslinien zu dekodieren, die von einem Gedächtnisort in einen kohärenten Interpretationsrahmen eingespannt werden sollen. Nur so kann man Anachronismen vermeiden, oder zumindest die offensichtlichsten. Die Demystifisierung kultureller Prozesse, die die Ungerechtigkeit der Gegenwart und die Gewalttätigkeit der Vergangenheit verschleiern, ist ein wesentliches Element der Geisteswissenschaften sowohl als professioneller Forschungspraxis als auch als einer Pädagogik.

---

17 Horst, Hilje van der: Multicultural Theming: Pacifying, Essentializing and Revanchist Effets. In: Ingram, Susan/Reisenleitner, Markus (Hg.): Placing History: Themed Environments, Urban Consumption and the Public Entertainment Sphere. Wien 2003, S. 175–200, hier S. 176.

Eine solche Interpretationsmethode hat auch Einfluss darauf, wie wir Europas Stadträume in ihren historischen und räumlichen Dimensionen imaginieren – und setzt Grenzen für die Möglichkeiten dieser Imagination. Barocke Urbanität als Resultat bewusst gesetzter Handlungen dynastischer Herrscher und ihres Gefolges darzustellen, perpetuiert eindeutig die intentionale Darstellung eines absolutistischen Systems, das Stadträume als Metapher oder Bühne der Repräsentation territorialen Herrschaftsausbaus benutzte.[18] Es spielt dabei keine Rolle, ob diese Selbstdarstellung ein wenig anachronistisch als Propaganda bezeichnet wird, oder als Glorifizierung.[19] Wesentlicher erscheint, dass ein solcher »Mythenjäger«-Zugang – wie kritisch auch immer gegenüber den Aneignungsformen barocker Räumlichkeit durch nationalstaatliche Projekte – nichtsdestoweniger weiterhin die Geschichte europäischer Stadtlandschaft im Barock als *prästruktuiert von der im Werden begriffenen Nation* auffasst – eine direkte Konsequenz eines heuristischen Kunstgriffs, der letztendlich materielle kulturelle Manifestationen auf ihren Ursprung im »Sozialen« zurückführt, einem Sozialen, das mit einer räumlichen Imagination in einem unausweichlichen Zusammenhang steht, die selbst vom Nationalstaat strukturiert wird. Dies impliziert – und dies ist meiner Ansicht nach jedenfalls ein theoretisches Problem, das die Kulturgeschichte und die Cultural Studies verbindet –, dass Kritiken dieser Bedeutungen ebenfalls auf dem Sozialen gründen müssen. Um die Vorhersagbarkeit eindimensionaler Zugänge, die auf das Soziale fixiert sind, zu vermeiden, sollten wir stattdessen möglicherweise, wie Edward Soja es ausdrückt, »mit der Stadt beginnen«[20] und die Geschichten, die der Stadtraum produziert, näher betrachten. Der Kulturgeograf Steve Pile macht uns darauf aufmerksam, dass »die Stadt keineswegs nur eine Geographie und eine einzige Geschichte hat«,[21] sondern als bewegliches, instabiles Gelände gesehen werden muss, das ununterbrochen im Voranschreiten ihrer vielfältigen und kontigenten Formationen angeordnet und neu angeordnet wird, worin sich urbane Morphologie manifestiert. Das Ergebnis ist eine Maschine, keine Maschine des

18 Burke: Fabrication; Vocelka, Karl: Die Politische Propaganda Kaiser Rudolfs II. (1576–1612). Wien 1981.

19 Zu diesem methodologischen Aspekt vergleiche Burke: Fabrication S. 5.

20 Edward Soja widmet diesem methodologischen Zugang ein ganzes Buch. Soja, Edward W.: Postmetropolis: Critical Studies of Cities and Regions. Oxford 2000.

21 Pile, Steve/Brook, Christopher/Mooney, Gerry (Hg.): Unruly Cities? Order/Disorder. London u. a. 1999, S. VII.

Lebens, sondern eine Maschine der Bedeutungsbildung, die eine endgültige Begrenztheit der Territorialisierung oder eine entscheidende Art des Regierens ausschließt, und genau diese Prozesse muss ein räumlich-historischer Zugang zu Europa berücksichtigen.

Dies bedeutet, einen Keil zu treiben in den fließenden Übergang zwischen der Inszenierung imperialer Macht im Barock und dem urbanen Raum, der metonymisch angeeignet wird, um die Nation in Identitätsprojekten zu repräsentieren (ein in der Tat sehr modernes Verständnis urbaner Morphologie als »Spiegel von Autorität und entschiedener Regierungshandlung«[22]). Und dies nicht etwas deshalb, weil Städte, wie Benevolo behauptet, »diese Region gebären, europäische Zivilisation historisch definierten und weiterhin ihr wichtigstes Merkmal sind«[23] und deshalb irgendwie grundsätzlicher europäisch wären, oder auch nur europäischer als Dynastien oder Nationalstaaten (nach welchen Kriterien wäre dies schließlich vergleichbar?); sondern vielmehr deshalb, weil dies unser Augenmerk auf die räumlichen und historischen Prozesse richten kann, die Europa auf eine Art definieren, die nicht durch das nationalstaatliche Paradigma vorstrukturiert ist. Es sind vielmehr die räumlichen, im Stadtraum weiterhin sichtbaren, wenn auch nicht manifest be-deutenden Verbindungslinien und Routen, die das Belvedere, die höfische Residenz Wien und das Habsburgerreich mit dem europäischen Raum und seinen historischen Definitionen (im Sinne von Abgrenzungen) in Zusammenhang bringen, auf denen eine alternative Sichtweise des Barock gründen könnte.

Kreuzungen und Bedeutungsverhandlungen

Zurück zu unserer Fallstudie. Das Belvedere liegt bekanntlich nicht im mittelalterlichen Zentrum der Stadt, sondern zwischen dem inneren und dem äußeren Ring der Stadtbefestigungen, eine räumliche Gliederung, die nach wie vor die Stadt strukturiert. Dies sind jedoch nicht die einzigen Strukturen, die Bestand haben.

Im weiteren Umfeld des gegenreformatorischen Absolutismus wurden popularkulturelle Praktiken umgeformt, ihre karnevalesken und subversiven Elemente diszipliniert, und ein privilegierter Raum für eine Elitekultur geschaffen, die auf

22 Corbusier, Le: The City of Tomorrow and Its Planning. Urbanisme (1927). London 1947, S. 8.
23 Benevolo: European City S. XV.

Repräsentation und Glorifizierung beruhte, und nicht auf Subversion und den verkehrten Welten von Inversion und Zufall. Es überrascht wenig, dass diese Disziplinierung einen räumlichen Aspekt hat. In Wien wurde diese Unterscheidung und der Wettstreit zwischen Hoch- und Popularkultur überzeugend mit der Dichotomie zwischen Innenstadt und Vorstadt in Verbindung gebracht.[24] Die Lage des Belvederes im Stadtgefüge bildet somit ebenso wie die anderer Barockpaläste buchstäblich und metaphorisch einen Brückenkopf der Hochkultur, eine strategische Lage, die von der Galerie kooptiert werden konnte, um die griechisch-römische Tradition mit der christlichen oder vielmehr katholischen Kosmologie zu artikulieren, auf der barocke Kunst gründete, um so das hochkulturelle Idiom einzuführen, das einerseits allen europäischen Höfen gemein war, andererseits aber zunehmend als nationales Erbe zur Ausbildung eines nationalen Kunstkanons interpretiert werden konnte.[25] Die Lage des Belvedere zwischen Zentrum und Vorstadt enthüllt semantische Spannungen, die von der Bühnenmetapher nur sehr unzulänglich erfasst werden. Diese Lage richtet unser Augenmerk auf diejenigen Auseinandersetzungen und Kämpfe der Vergangenheit, die die Entstehungsgeschichte des Bauwerks charakterisieren, Auseinandersetzungen zwischen Hoch- und Popularkultur, zwischen Repräsentation nach außen und internem Staatsausbau. Wenn wir unsere Aufmerksamkeit darauf richten, können wir die sichtbaren Bruchlinien zwischen den Eliten und dem Volk in den urbanen Auseinandersetzungen ausmachen, in denen sich kulturelle und soziale Stratifizierung mit den räumlichen Internationalitätsansprüchen der Eliten und der lokalen Verankerung des Volkskulturellen überschneidet.

Die möglicherweise deutlichere Bruchlinie enthüllt sich jedoch in der Lage des Schlosses zwischen den beiden Befestigungsgürteln – erinnern diese doch an die feindseligen Auseinandersetzungen mit dem Osmanenreich, deren mythologisches Andenken Wien als Bollwerk eines christlichen Europas gegen den Is-

24 Horak, Roman u. a. (Hg.): Metropole Wien: Texturen der Moderne. Wiener Vorlesungen. Konversatorien und Studien Bd. 9. Wien 2000; Horak, Roman u. a. (Hg.): Stadt. Masse. Raum: Wiener Studien zur Archäologie des Popularen. Kultur-Wissenschaft Bd. 2. Wien 2001; Maderthaner, Wolfgang/Musner, Lutz: Die Anarchie der Vorstadt: Das andere Wien um 1900. Frankfurt/Main u. a. ²2000.

25 Diese Synthese entstand natürlich schon während der Renaissance, doch die barocke Transformation an höfische Zentren verlieh ihr weit höhere Sichtbarkeit.

lam etablierte[26] und auf dessen Beutezügen der Palast des »Türkensiegers« Eugen (eine weitere Fehlleistung popularer historischer Erinnerung, die die historische Differenz zwischen dem Osmanenreich und dem türkischen Nationalstaat einebnet) gebaut war. Die Festungsmauern sind zwar schon lange nicht mehr vorhanden, dennoch bedarf es nicht der Vogelperspektive der modernen Technologie, um die fortbestehende strukturierende Funktion der räumlichen Grenzziehungen um die frühneuzeitliche Stadt im urbanen Gewebe der Gegenwart wieder zu finden – Ring und Gürtel leiten nach wie vor den Verkehrsfluss entlang von Linien, die in der Vergangenheit gezogen worden waren, und setzen so diese räumliche Anordnung auch 150 Jahre nach dem Schleifen der Befestigungen fort.

Blutige historische Auseinandersetzungen mit den Osmanen werden durch die räumlichen Spuren im modernen Stadtgewebe ganz anders erinnert als die historisch zwar nicht minder blutrünstigen, im kulturellen Gedächtnis jedoch diametral entgegen gesetzten Auseinandersetzungen mit Frankreich – einem Frankreich, das nicht wie die Osmanen das Andere des christlichen Abendlands darstellte, sondern ein kulturelles Vorbild, das den architektonischen Wandel Wiens im 16. und 17. Jahrhundert stilistisch bestimmte, das Belvedere eingeschlossen, in dessen weithin sichtbarer Fassade diese Form kultureller Vorbildhaftigkeit und kulturellen Konkurrenzstrebens sich nach wie vor widerspiegelt.

Die Langlebigkeit kultureller Imaginationsformen, die eine gesamt-»europäische« Vergangenheit einerseits (Frankreich) und eine grundlegende kulturelle Differenz andererseits (Osmanenreich) als historisch selbstverständlich und somit ontologisch festschreiben und damit die Errichtung neuer Mauern in der Gegenwart begründen (Türkei), ist nicht nur offensichtlich, sondern auch tagespolitisch höchst relevant. Was hier vor allem interessiert, ist, wie die europäische Geschichte territorialer Konflikte und Expansionen frühneuzeitliche Stadträume fast unauslöschlich als Kontaktzone eines imperialistischen Weltsystems in seinen frühen Phasen kennzeichnete – die Kehrseite des nationalen Staatsausbaus. Wenn Peter Burke fast als Fußnote erwähnt, dass Louis XIV. laut Quellenberichten »aus der ganzen Welt Huldigung erwiesen wurde, einschließlich der Siamesen,

26 Vocelka, Karl: »Du bist die Port und Zir alzeit, Befestigung der Christenheit« – Wien zwischen Grenzfestung und Residenzstadt im späten Mittelalter und in der Frühen Neuzeit. In: Engel, Evamaria/Lambrecht, Karen/Nogossek, Hanna (Hg.): Metropolen im Wandel. Zentralität in Ostmitteleuropa vom Mittelalter zur Neuzeit. Berlin 1995, S. 263–275.

Tonkinesen, Algeriern, Chinesen und Irokesen«,[27] so ist dies eine ganz andere Erzählung als der Narrativ von Konsolidierung, Rationalisierung und dem Voranschreiten einer inneren Ordnung, deren mis-en-scène die barocke Stadt als Bühne ist. »Widerständige Ausdrucksformen vom Ort imperialistischer Intervention wurden lange Zeit in der Metropole ignoriert.«[28] Wie Anthony King in einem anderen Zusammenhang und für eine spätere Epoche zeigte,[29] schreibt sich das Aufeinandertreffen Europas mit der Welt – *el encuentro* – in all seiner Zwiespältigkeit in den europäischen Stadtraum ein.[30]

Prozesse der Einschreibung können freilich auch Prozesse der Auslöschung sein.[31] Was die Alterität der Osmanen gegenüber einem als christlich verstandenen Europa einzementierte und die Expansion der Habsburgerterritorien unterstützte, führte auch zur »Befreiung« Südosteuropas vom »Türkenjoch«. Das Belvedere liegt genau gegenüber vom Südbahnhof, der früher die Hauptstadt der habsburgischen Länder mit ihren zum Teil von Prinz Eugen eingebrachten Peripherien verbindet. Auch der Rennweg, die Verkehrsroute, an die das Belvedere an seinem unteren Ende angrenzt, erinnert an diese Geschichte, wenn sie in mehr als zweifelhaftem Humor als »Beginn des Balkans« bezeichnet wird und diesen damit in der Imagination territorial assimiliert und so die Gewalttätigkeit historischer Auseinandersetzungen, die diese Assimilation ermöglichten, ausradiert, ebenso aber auch die kulturelle und politische Unsichtbarkeit von Wiens größter MigrantInnengruppe aus dem ehemaligen Jugoslawien einleitet.[32] Der Südbahnhof war seit den 1970ern, als in seiner Umgebung praktisch ein Einkaufsdorf jugoslawischer Geschäfte existierte und kroatische Beschilderung den Bahnhof cha-

27 Burke: Fabrication S. 160. Dieses Zitat erscheint heutzutage als Vorwegnahme einer Globalisierung, die Kanada und China verbindet!

28 Pratt, Mary Louise: Imperial Eyes: Travel Writing and Transculturation. London u. a. 1992, S. 2.

29 King, Anthony D.: Global Cities: Post-Imperialism and the Internationalization of London. London u. a. 1990; Ders.: Urbanism, Colonialism, and the World-Economy: Cultural and Spatial Foundations of the World Urban System. London u. a. 1990.

30 Massey, Doreen B./Allen, John/Pile, Steve (Hg.): City Worlds. London u. a. 1999, S. 102.

31 Klein, Norman M.: The History of Forgetting: Los Angeles and the Erasure of Memory. London u. a. 1998.

32 Fischer, Wladimir: An Innovative Historiographic Strategy. Representing Migrants from Southeastern Europe in Vienna. In: König, Mareike/Ohlinger, Reiner (Hg.): Enlarging European Memory: Migration Movements in Historical Perspective. Stuttgart 2006, S. 155–162; Ders.: Migrant Voices in Vienna's Contemporary History. In: Brown, Cynthia/Rogers, Richard G. (Hg.): Historical Urban Studies. Aldershot 2007 (in Druck).

rakterisierte, der zentrale Ankunfts- und Rückkehrknoten von MigrantInnen aus dem ehemaligen Jugoslawien. Auch wenn es heutzutage nur sehr wenige Schilder in Kroatisch oder Serbisch in Wien gibt, sind die Menschen, die damals kamen, nach wie vor in Wien.

James Clifford zeigte, dass »die Währung von Kultur und Identität als performative Handlungen auf ihre Artikulation von Heimat zurückgeführt werden kann, sichere Zonen, wo der Grenzverkehr kontrollierbar ist. Solche Kontrollhandlungen, die ein verbundenes Inneres gegenüber einem Äußeren aufrechterhalten, sind immer taktische Maßnahmen. Kulturelle Handlungen, die Herstellung und Wiederherstellung von Identitäten, finden dem gegenüber in den Kontaktzonen statt, entlang der überwachten und dennoch oft überquerten interkulturellen Grenzen zwischen Nationen, Völkern und Schauplätzen. Stillstand und Reinheit behaupten sich – kreativ und gewaltsam – *gegen die historischen Kräfte der Bewegtheit und der Verunreinigung.*«[33] Die europäische Stadt ist eine wesentliche Kontaktzone, und, dies war mein Argument, die barocke Schicht (aber selbstverständlich nicht nur diese) hat das Potential, ihre historischen und räumlichen Bedeutungen zu mobilisieren. Diese Bedeutungen aufzuspüren und wieder zu finden, ist unverzichtbar für eine Neuimaginierung der Strukturwandlungen europäischer Identitätsräume als über nationalstaatliche Paradigmen und ihre Vorläufer hinausreichende, kontingente und vielfältige Begegnungen, die von Übersetzung und Hybridität gekennzeichnet waren, dabei jedoch auch von einem Verlangen nach Heimat überwacht und gesäubert wurden.

Diese Beschreibungen der barocken Stadt sind ganz offensichtlich weder unvereinbar mit noch im Widerspruch zu einer staatspolitischen Perspektive. Ich würde jedoch darauf bestehen, dass eine Perspektive, die den Städten Priorität einräumt, eben mit der Stadt beginnt, nicht einfach eine postmoderne Geste setzt, die der großen Erzählung nationalstaatlicher Geschichtsschreibung eine kleinere, lokalere, vielleicht beliebigere hinzufügt. Wollen wir nicht einfach die verborgenen oder auch offensichtlichen Sozialstrategien urbaner Morphologie in einer kritischen Geste nachzeichnen, sondern die Mitwirkung des Stadtraums selbst am historischen Prozess ernst nehmen, müssen wir uns das Stadtgewebe als historisch gesättigte Gegenwart vorstellen – ein temporal heterogenes Raumgefüge, in dem

33 Clifford, James: Routes: Travel and Translation in the Late Twentieth Century. Cambridge, MA u. a. 1997, S. 7.

Städte semiotische Reservoire bilden, deren (mit den Worten Scott Lashs) Intensitäten die Tendenz zur Mobilisierung haben. Erinnerungsarbeit erhält so das Potential, eine Zukunft anzuzeigen, indem sie unausgesetzt ermöglicht, die Vergangenheit zu re-imaginieren. »Kritisches Lesen kann, indem es einen artikulierbaren Ort und Zeitpunkt mit Detail anreichert, ihren Objekten eine Parabel der Praxis entnehmen, die sie in *Modelle* mit einer Vergangenheit und einem Potential für die Wiederverwertbarkeit ausstattet, somit dazu inspiriert, ihnen eine Zukunft zu geben«,[34] grübelt Meaghan Morris. Eben das Ephemere des urbanen Präsens, das sich für Ackbar Abbas immer als *déjà disparu* darstellt, ist es, was das Urbane verortet in »Auseinandersetzungen um die Bedeutung und den Wert des Historischen *in* der Gegenwart, wobei der Gegenwart eine zeitliche Tiefe zugeschrieben werden muss.«[35]

Die Mauern des Belvedere erinnern an viel mehr als bloß ein barockes Machtspektakel. Ihre Verortung im Stadtgewebe verbindet sie mit historischen Erfahrungen. Für die Diplomaten Frankreichs, deren Botschaft ums Eck ist, erinnern sie möglicherweise an eine Geschichte der Rivalität zweier Dynastien auf dem Weg zum modernen Nationalstaat, eine Geschichte von Beziehungen, die häufiger kriegerisch als friedlich war, jedoch auf dem gemeinsamen ideologischen Konstrukt einer höfischen Repräsentationskultur aufsetzte. Für die Südslawen, die am oberen Ende der Landschaftsterrasse, entlang des Gürtels in der ehemaligen Vorstadt leben, kann das Bauwerk Erinnerung an eine Geschichte der Kolonisierung, Zwangsassimilierung und kollektiven Unsichtbarmachung wach werden lassen. Für die türkischen MigrantInnen, denen historische Kontingenz und geopolitische und ökonomische Machtgefüge Stellen bei Gebäudereinigungsfirmen und privaten Haushalten in der Gegend bescherte, kann das Belvedere eine Geschichte der Alterität, deren Folgen nach wie vor spürbar sind, vergegenwärtigen. Für die jüdische Bevölkerung, deren Besitz sich an den Wänden der Galerien zu »Meisterwerken österreichischer Kunst« verwandelte, eine Geschichte der Vernichtung und Auslöschung usw.

Cui bono? Wenn wir sozusagen unseren Fokus anpassen, geht es nicht einfach um ein akademisch adäquateres Bild der Vergangenheit – obwohl das sicher auch ein guter Grund ist. Die Art, wie wir das Vergangene imaginieren, hat eine wei-

34 Morris, Meaghan: Too Soon Too Late: History in Popular Culture. Bloomington 1998, S. 3.
35 Ebd.

terreichende Bedeutung. Das semiotische Reservoir des Urbanen als Gedächtnis zurückzuholen, als »Text, der entziffert werden muss, nicht als verloren gegangene Realität, die wieder entdeckt werden muss«,[36] ist ein Akt politischer Intervention, eine Praxis, das Ausgelöschte, Vergessene, Marginalisierte zurück zu holen, um »den stummen Symbolen eine Stimme zu verleihen oder aber, im Falle vertrauter Symbole, eben diese Vertrautheit zu stören und damit in den Status und die Anordnung des Rahmens gegenwärtiger Erinnerungskultur zu *intervenieren*, indem die weniger vertrauten Gedächtnisorte hervorgehoben und die emotionale Anziehungskraft der vertrauten gemäßigt werden.«[37] In diesem Sinne mag die Vergangenheit zwar ein fremdes Land sein, jedoch eines, das einen Besuch – oder mehrere – durchaus lohnt.

Den verschütteten Geschichten zuzuhören ist ein erster Schritt. »Diese Geschichten miteinander zu verbinden, um den Landschaftsraum als Geschichte für jedermann zurück zu holen, der nächste«[38] – und zwar nicht in Form einer Historiographie als politisches Identitätsprojekt, sondern als historisches *détournement*, als Beitrag zu den vielfältigen Stimmen, die die urbanen Erfahrungen in Europa jenseits des Nationalstaats bestimmten. Das Belvedere ist dazu imstande. Versailles ist dazu imstande. Paris ist dazu imstande. Europa ist dazu imstande: Stellen wir uns städtische Kultur als Baustelle vielfältiger Geschichten vor, damit wir uns auch vorstellen können, wie wir, die wir alle Fremde sind, ein Fundament legen können für ein Zusammenleben in einer Stadt, in der zumindest nicht allzu viel Gewalt herrscht.

36 King, Nicola: Autobiography as Cultural Memory: Three Case Studies. In: New Formations 30 (Winter 1996/1997) S. 50–62, hier S. 62.

37 Carrier, Peter: Places, Politics, and the Archiving of Contemporary Mermory. In: Radstone Susannah (Hg.): Memory and Methodology. Oxford 2000, S. 37–57, hier S. 51.

38 Hayden, Dolores: The Power of Place: Urban Landscapes as Public History. Cambridge, MA 1995, S. 245.

Karl Vocelka

Growing up in Vienna

Kindheit und Jugend in Wien

Als ich 1947 in Wien geboren wurde, war diese Stadt zerstört, besetzt und hungrig. Was ich davon an eigener Erinnerung mitbekommen habe, weiß ich nicht, denn das Eigenartige mit Kindheitserinnerungen ist, dass sie ein unentwirrbares Geflecht von eigenen Beobachtungen und Empfindungen und den Erzählungen der Erwachsenen darüber, was man erlebt und empfunden hat, sind, bei dem man nicht genau sagen kann, woher die Bruchstücke der Erinnerung stammen. Als Historiker weiß man natürlich, dass Erinnerung immer ein Konstrukt ist, in dem viele Momente eine Rolle spielen, und wendet diese Skepsis auch auf die eigene Person an. Heute habe ich jedenfalls zweifellos ein breiteres Wissen über diese Zeit der »Trümmerjahre«, über die ich Jahrzehnte nach meiner Kindheit einen Bildband gemacht habe, als damals. Das hat meine Skepsis gegen die starke Betonung der Zeitzeugen noch verstärkt, obwohl diese selbstverständlich Dinge als Erwachsene erlebt haben und damit mehr »Eigenes« beitragen können.

Die Welt, in der ich aufwuchs, war eine enge. Ich lebte zwar in der Großstadt Wien, aber was ich davon zunächst wirklich erlebte, war das »Grätzel«, in dem ich die ersten sieben Jahre meines Lebens verbrachte. Meine Eltern hatten sich ganz in der Nähe unserer Wohnung in der Senefeldergasse in Favoriten (Wien X) kennen gelernt. Sie waren im gleichen Mietshaus in der Ettenreichgasse aufgewachsen, allerdings durch einen Altersunterschied von acht Jahren getrennt, der in der Jugend sehr viel ausmachte. Erst spät und durch eine Reihe von Zufälligkeiten waren sie ein Paar geworden, während des Krieges hatten sie geheiratet. In diesem Haus ihrer Kindheit, drei Straßen weiter, wohnten noch immer meine Großeltern väterlicherseits, meine Großmutter mütterlicherseits hatte nach dem Tod ihres Mannes (des Vaters meiner Mutter) noch einmal geheiratet und war weggezogen. Auch sie war schon wieder Witwe, ihr zweiter Mann wurde von den »Russen« verschleppt und starb.

Dieses »Grätzel« war meine Lebenswelt, die damals noch sehr stark von den Resten der tschechischen Minderheit geprägt war, die dort lebte. In den Geschäften wurde man zuerst mit »Má poklona, má úcta« oder »nazdar« gegrüßt, auf den Straßen sprachen viele Menschen Tschechisch und die alten Frauen, die am Antonsplatz im Park rund um die Kirche saßen und alle Nicht-Anwesenden ausrichteten, wechselten mehrfach im Satz die Sprache. Mein Großvater väterlicherseits war so ein Wiener Tscheche, der als Lehrling aus einem kleinen Ort in Böhmen nach Wien gekommen war, dann hier geheiratet hatte und auch 1918 für Österreich optiert hatte und geblieben war. Seine Frau konnte zuerst kein Wort Tschechisch, er sehr wenig Deutsch, dennoch kamen in kurzer Zeit zwei Kinder zur Welt, mein Vater war der jüngere der beiden Brüder. In den schlechten Jahren der Ersten Republik fuhr meine Großmutter mit den Kindern im Sommer nach Böhmen »aufs Land« und lernte dort, ebenso wie mein Vater und mein Onkel, ein sehr einfaches, aber funktionales Tschechisch. Sie war also integriert in diese bilinguale Frauengruppe, die den Antonsplatz, wo ich als Kind spielte, besiedelt hatte.

Eine meiner deutlicheren Erinnerungen ist, dass ich am Sonntag mit meinem Vater gelegentlich in ein nahes Wirtshaus (ich glaube, der Besitzer hieß Morawetz) ging, wo sich mein Großvater mit anderen Tschechen zum Frühschoppen traf. Dort hörte man kein einziges deutsches Wort, es waren ausschließlich Tschechen, die dort ihr Bier tranken, ihre »držková« (die traditionelle Kuttelflecksuppe) aßen und tschechische Kartenspiele spielten. Ich habe damit ein letztes Restchen dieses »tschechischen Wien« erlebt, das zunehmend verschwunden ist. In diesem oder ähnlichen Lokalen rund um den Reumannplatz sitzen heute, vielleicht ebenso in sich ruhend, die neuen Zuwanderer und spielen z. B. türkische Kartenspiele.

Wien war damals gar nicht bunt, abgesehen von den Tschechen meiner unmittelbaren Umgebung gab es in meiner Kindheit kaum Menschen, die »anders« waren, eine andere Sprache, Kultur, Religion oder gar Hautfarbe hatten. Einige wenige Kinder von amerikanischen Soldaten, die African Americans waren, wirkten wie Farbtupfen, von großen Teilen der Bevölkerung scheel beäugt und mit »Schande« assoziiert. Wieweit da die alten Vorstellungen des Dritten Reiches nachwirkten oder die »Schande«, sich mit der Besatzungsmacht eingelassen zu haben, sei dahingestellt. Viele der Fragen, die erst in den letzten Jahren zum Thema wurden, waren Tabu, etwa die Kinder, deren Väter russische Soldaten waren. Ich lebte ja bis 1955 in der russischen Zone Wiens und die Ablehnung dieser

Besatzungsmacht war durchgängig, vor allem die Frauen wussten schreckliche Geschichten von »den Russen« zu erzählen, deren Hintergrund mir als Kind gar nicht und auch später als Jugendlichem erst langsam klar wurde.

Eng waren auch die Wohnverhältnisse in dem alten Mietshaus, in dem meine Eltern das Glück hatten, eine Wohnung zu haben. Wenn man bedenkt, wie groß die Wohnungsnot war, musste man damit mehr als zufrieden sein. Es war eine Wohnung, die man heute als Substandard bezeichnen würde, damals eben eine normale Wohnung: Zimmer, Küche, Klo und Wasser am Gang; eine »Bassena-Wohnung«, wie man das in Wien nannte. Mit den Typen, die wir dort als Nachbarn hatten, könnte man einen Film oder ein Kabarett über diese Zeit besetzen; vom alten Trunkenbold über die nette alte Tschechin, die mit mir sehr phantasievoll spielte, bis zur pensionierten Frau »Postoberoffizial«, die man im Haus nur den »General« nannte, bevölkerten unterschiedliche, kuriose Typen das Haus.

Die Wohnverhältnisse meines Lebens durchliefen fast alle Möglichkeiten des »Wohnens in Wien«. Als ich sieben Jahre alt war, tauschten wir mit meiner Großmutter Wohnung und zogen in den Friedrich-Engels-Hof, einen alten Gemeindebau der Zwischenkriegszeit in der Brigittenau (Wien XX), den ich als Kind als kleines Paradies erlebte – vor allem im Vergleich mit der Mietwohnung in Favoriten. Später sollte ich in meinem, privat unruhig verlaufenden Leben noch den Wohntypus Eigentumswohnung, Reihenhaus, zentrale Altbauwohnung und Wohnung in einem Haus am Stadtrand mit Garten erleben.

Doch prägend in meiner Kindheit und Jugend (erst nach dem Studium zog ich dort aus) war der Friedrich-Engels-Hof. Das unregelmäßige Vieleck des Baues umschloss einen Hof mit Wiesen, Bäumen und Büschen, der für uns Kinder wie geschaffen war. Wir waren nicht allzu viele Kinder. Da der Hof 1933 erstmals besiedelt wurde, dominierten die älteren Leute, viele davon Kriegerwitwen, die gemeinsam mit dem Ehrfurcht gebietenden Hausmeister ein strenges Regiment mit uns Kindern führten. Dennoch war es ein sehr freies Leben, mein Horizont weitete sich. Leider hatte ich als Kind keine zweite Sprache gelernt, meine zweisprachige Erziehung – Deutsch und Tschechisch – war am Einspruch meiner Großmutter gescheitert. Bis zu unserem Umzug in den Gemeindebau sprach ich nur Hochdeutsch, im Engelshof lernte ich Code-switchen, denn ich erwarb eine ausgezeichnete Kenntnis eines nicht immer sehr feinen Wienerisch als Zweitsprache. Auch sonst lernte ich einiges über das Leben. Meine Schulkollegen in der Volksschule waren teils raue Burschen, nicht gerade intellektuell und ich war der einzige aus dieser Volksschulklasse, der nicht in die Hauptschule ging. Aber der Kontakt mit anderen Kindern war gut für mich, bis dahin hatte ich weitgehend in einer Erwachsenenwelt gelebt. Nur im Urlaub, der ebenfalls sehr traditionell verlief, hatte ich Kinder um mich. Wir fuhren in die Gasen (Steiermark), wo ein Kriegskamerad meines Vaters lebte, der sieben Kinder aller Altersstufen hatte. Der Ort war weitab von allem, ich erinnere mich noch, dass die Kinder auf die Straße liefen und »Auto, Auto!« schrieen, wenn so ein exotisches Gefährt sich in den Ort verirrte. Dort konnte man als Kind frei leben, Beeren und Pilze suchen, auf den Wiesen und in den Wäldern mit den Kindern unserer Freunde spielen. Dort habe ich mit der gleichaltrigen Tochter dieser Familie auch meine erste große Liebe erlebt.

Fernreisen – heutige Kinder erleben dies schon als Säuglinge – gab es nicht, auch nicht bei jenen wenigen meiner Schulkollegen, die aus sehr reichen Familien kamen; man fuhr aufs Land auf Sommerfrische. Meine Familie verbrachte auch viele Sommer in Bregenz, wo mein Vater, der Kontrabassist bei den Wiener Symphonikern war, bei den Festspielen mitwirkte. Von dort machten wir Tagesausflüge nach Deutschland und in die Schweiz, was damals schon fast sensationell war. Mein Vater wurde von vielen Menschen beneidet, weil er viel reiste, er war in vielen europäischen Staaten, im Vorderen Orient, aber auch in Amerika und Japan. Dass diese Konzertreisen kein Honiglecken, sondern eine große Belastung mit mehr Konzerten als Reisetagen waren, sah man natürlich nicht.

Auch in Bregenz veränderte sich mein Horizont und gewann an Weite. Nicht nur die Ausflüge in fremde Städte und Orte (wie die Insel Mainau mit ihrem wunderbaren Garten), sondern auch der höhere Lebensstandard in dieser Gegend sind mir in Erinnerung geblieben. In Deutschland habe ich mit sechs Jahren meine erste Banane gegessen, das erste technische Spielzeug kaufen dürfen und in der Folge viele Erweiterungen meines kulinarischen Horizonts erlebt. Essen (und Kochen) spielt in meinem Leben eine zentrale Rolle, vielleicht sind mir die Veränderungen seit meiner Kindheit daher gerade auf diesem Gebiet besonders bewusst. Aufgewachsen bin ich mit einer sehr traditionellen Wiener Küche, sozusagen in der Schweinernes-Kraut-und-Knödel-Kultur (dem Lieblingsessen meines Vaters). Als Jugendlicher habe ich auch dabei Nuancen entdeckt, die mir vor allem durch die Kochkunst meiner Großmutter mütterlicherseits vermittelt wurden. Diese war nicht nur eine begnadete Köchin, sondern auch insgesamt eine sehr interessante Frau. Leider habe ich den Schlüssel zu vielen ihrer Besonderheiten erst später in meinen ethnologischen, psychologischen und kulturwissenschaftlichen Studien erworben. In einer anderen Kultur wäre sie vielleicht eine Schamanin geworden, sie hat mir als Kind selbst erfundene Märchen erzählt, die voller archetypischer Vorstellungen waren, perfekt nach den rhetorischen Regeln des Märchens konstruiert, von deren Theorie sie sicherlich nie gehört hatte. Sie konnte mit geschlossenen Augen Farben sehen und berichtete sonst noch erstaunliche Dinge, die ich damals nicht einordnen konnte, daher habe ich zu wenig nachgefragt, was mir heute Leid tut.

Aber zurück zum Kochen. Meine Großmutter konnte mit den einfachen Mitteln der Zeit und im Rahmen der traditionellen Küche wunderbare Dinge zaubern. Beim Zusehen habe ich vieles von dem gelernt, was heute noch die Grundlage meiner Küche ist. Auch beim Kochen und Essen war aber alles noch eng. Viele Nahrungsmittel, die uns heute selbstverständlich sind, waren unbekannt. Dabei spreche ich nicht von teuren »exotischen« Delikatessen wie Hummer, Wachteln und Belugakaviar, die ich erst später entdeckte, sondern von Dingen, die man heute in jedem Supermarkt um (relativ) wenig Geld bekommt, wie Kiwis, französischen Ziegenkäse oder Prosciutto crudo. Noch in den 1970er Jahren habe ich von London-Reisen asiatische Spezialitäten mitgebracht, die man heute im Asia-Shop ums Eck in drei Varianten kaufen kann. Wien hat sich erst spät internationalisiert, was auch und gerade auf diesem Gebiet »messbar« ist. Chinarestaurants, heute als »neighbourhood Chinese« in jedem Bezirk mit mehreren Lokalen vorhanden, gab es fast nicht, von japanischem, thailändischem oder afrikanischem Essen zu schweigen. Das erste Mal japanisch habe ich mit einem japanischen Dissertanten meines damaligen Chefs Wandruszka nach dessen Promotion gegessen. Erst später dann haben mich einerseits meine weiten Reisen (verbunden mit kulinarischer Neugier) und das zunehmende Angebot an Geschäften und Restaurants in Wien in diese Weite der Welt-Esskultur eingeführt.

Diese Enge Wiens (und Österreichs) in der Zeit meiner Kindheit und Jugend war auf allen Gebieten zu sehen. Immer wieder gab es allerdings Veränderungen, die mich aus dieser Enge hinausführten oder mir zumindest blitzlichtartig klar machten, dass es da auch noch etwas anderes geben musste.

Eine starke Rolle spielte dabei meine Lieblingsjugendlektüre Karl May. Er führte mich und meine Generation in eine große weite Welt, deren nationalistische, von Vorurteilen belastete Enge im Hintergrund wir nicht merkten. Besonders die Bände, die im Orient spielten und Kara ben Nemsi und Hadschi Halef

Omar als Helden hatten, haben mich langfristig geprägt. Mein Interesse für den Balkan und den Orient, das ich später auch wissenschaftlich nützte, stammt sicherlich aus dieser Zeit. Im Vergleich dazu haben mich Old Shatterhand und Winnetou relativ kalt gelassen, wenn ich auch später viel Zeit in Amerika verbrachte und viele der Landschaften sah, die Karl May beschrieb. Eine sechsbändige Serie aus den Karl May Bänden – Schloss Rodriganda und Fortsetzungen – spielte in aller Welt, besonders häufig in Mexiko vor dem Hintergrund der Auseinandersetzungen zwischen Benito Juarez und dem habsburgischen Kaiser Maximilian. Vermutlich war das meine erste bewusste Begegnung mit dem Fach »Österreichische Geschichte« im weitesten Wortsinn. Dass mein späterer Chef Adam Wandruszka ein großer Maximilian von Mexiko-Verehrer sein würde, konnte ich damals noch nicht wissen. Meine Sympathien galten und gelten im Gegensatz dazu immer Benito Juarez. Als Wandruszka einmal bei einer Pressekonferenz den mexikanischen Botschafter fragte, wann man denn in Mexiko ein Denkmal für Maximilian aufstellen würde, antwortete dieser: »Gleich nachdem man in Wien ein Denkmal für Juarez enthüllt« und gewann damit meine volle Sympathie.

Politisch wurde ich glücklicherweise nicht durch Karl May geprägt, der voller nationaler und antisemitischer Vorurteile ist und den Katholizismus hoch lobt, sondern von meiner Familie. Diese war durch und durch antifaschistisch, was in der Nachkriegszeit keineswegs selbstverständlich war, und sozialdemokratisch. Im Gegensatz zu meinem Großvater väterlicher- und meiner Großmutter mütterlicherseits, die sich auch parteipolitisch engagiert hatten, waren meine Eltern zwar überzeugte Wähler, aber keine Mitglieder der Sozialdemokraten. Meine Großmutter hatte im Widerstand noch nach dem Anschluss 1938 sozialistisches Propagandamaterial verteilt und damit ihr Leben riskierte, meine Eltern dagegen nahmen weder am Maiaufmarsch teil noch hängten sie am Ersten Mai das rote Fähnchen mit Kreis und drei Pfeilen, das Logo der SPÖ, beim Fenster hinaus und fielen damit im Gemeindebau negativ auf.

Vermutlich hing das mit dem Schock der Vergangenheit zusammen. Mein Vater sprach fast nie von der Zeit des Nationalsozialismus oder schwärmte nicht wie viele seiner Generation von seinen Heldentaten im Krieg. Er war strikter Antifaschist, was sich speziell auch auf den Austrofaschismus, den er in seiner Jugend erlebte, bezog, und eines der stillen Opfer dieser Zeit. Mit 26 Jahren schon beim Einmarsch in Polen dabei, verbrachte er seine Jugend bis zum Schluss an der Front. Einige Monate vor Kriegsende bekam er einen Granatsplitter ins Gesicht und verlor ein Auge. Im selben Alter, als ich flott lebte und das Leben in vollen Zügen genoss, saß er in einem Eisloch bei Murmansk und kämpfte auf Befehl eines Wahnsinnigen gegen die Sowjets. Unter dieser Perspektive kann ich mit nichts, was in meinem Leben passierte, unzufrieden sein. Ich gehörte und gehöre zweifellos einer glückhaften Generation an. Dass Politik für diese Generation meines Vaters negativ belastet war, ist kein Wunder. Das heißt nicht, dass wir nicht viel über politische Themen diskutierten, aber ein Engagement in einer politischen Partei war sicherlich ein Tabu für meine Eltern.

Das Lesen war meine Lieblingsbeschäftigung und erweiterte meinen Horizont mehr noch als die Schule. Ich las alles, was mir unterkam. Dabei waren mir Leihbüchereien wie die Wiener Städtische Bücherei sehr hilfreich, denn weder Geld noch Platz in der Wohnung waren dazu angetan, eine eigene Großbibliothek anzulegen. Allein die Kunstbände, die ich in der Oberstufe der Mittelschule eifrig studierte, hätten ein Vermögen gekostet. Eine andere Lektüre drängte sich mir in dieser »Teenagerzeit« ebenfalls auf, die mich nicht mehr losließ: der Kriminalroman. Auch heute noch bin ich ein begeisterter Krimileser!

Im Vergleich zu den Büchern spielten die »neuen« Medien Film und Fernsehen eine geringe Rolle in meiner Kindheit. Sicherlich ging die Familie von Zeit zu Zeit ins Kino, oft kann es nicht gewesen sein. Nur wenige Filme sind mir in Erinnerung (in der ganzen Problematik des Wortes) geblieben. Als Kind musste ich – wie ich aus den Erzählungen meiner Eltern weiß – beim Film *Bambi* das Kino verlassen, weil ich beim Tod von Bambis Mutter so weinte, dass sich die anderen Besucher gestört fühlten. Als ich in der Brigittenau wohnte, gingen wir gelegentlich in ein kleines, heute schon lange nicht mehr existierendes Kino in der Marchfeldstraße. Dort sahen wir Filme wie die *Don Camillo und Peppone* oder *Ich denke oft an Piroschka*, für die ich heute noch nostalgische Gefühle hege. Ein Film war mir in besonderer Erinnerung geblieben, er hieß *Liane, das Mädchen aus dem Urwald*, und war für mich vermutlich die erste Berührung mit Erotik in einer prüden Zeit. Ich habe den Film viele Jahrzehnte später im Wiederholungsprogramm des ORF entdeckt und angeschaut, er war für die 1950er Jahre wirklich sehr gewagt. Wenn ich denke, wie aufgeregt wir noch in der Oberstufe der Mittelschule waren, wenn nackte Busen plötzlich auf den Titelblättern von Zeitungen auftauchten, dann war dieser Film für die damalige sexualfeindliche Zeit wirklich sensationell freizügig. Auch auf diesem Gebiet hat die Enge meiner Kindheit und

Jugend sich erst in den 1970er-Jahren geweitet und einer erotischen und sexuellen Freizügigkeit Platz gemacht, die in meiner Generation auch noch nicht von den Ängsten um die böse Krankheit Aids überschattet waren.

Nach der Volksschule schickten mich meine Eltern in die Mittelschule, wie man damals sagte (heute AHS). Der Schultyp, den sie, beraten von einem »Pädagogen«, wählten, eine Realschule, war zwar völlig falsch für mich, aber ich erlebte damit Schule in einer Form wie wenige in meiner Generation. In der Radetzkyrealschule war ein Mann Direktor geworden, den man als Juden 1938 aus Österreich vertrieben hatte und der wieder nach Österreich zurückkam. In dieser Schule gab es noch einige andere Lehrer, die ein ähnliches Schicksal hatten, und auch einige Schüler in benachbarten Klassen waren jüdischer Herkunft und führten mich früh in eine geistige Welt ein, die mich faszinierte. Vor allem mein langjähriger Lehrer und Klassenvorstand Georg Nuhsbaum beeinflusste mich intellektuell zutiefst. Irgendwie kommt es mir im Rückblick vor, als wäre ich in der Ersten Republik zur Schule gegangen, und auch meine Lektüre – wir sprachen im Deutschunterricht vor allem über Autoren des Fin-de-Siècle – war eine völlig untypische für meine Generation. Auch an diesem Beispiel ist die Vielfalt Wiens zu sehen, »ewig gestrige« Lehrer, von denen einige meiner Altersgenossen erzählen, hatten wir nicht, wenn auch der von mir gehasste Turnlehrer, ein NAPOLA-Schüler, Züge dieser Art aufwies.

Mein Geschichtsunterricht in der Schule war, sechs Jahre lang, sehr langweilig gewesen, er bestand lediglich aus Zahlen, Daten, Fakten sowie Details zu Herrschern und Schlachten. In den letzten beiden Klassen jedoch hatte ich einen sehr lebendigen und guten Unterricht bei einem Wiener Tschechen namens Oswald Zelenka genossen. Bei mir zu Hause war Geschichte kein wirkliches Thema. Musik hingegen sehr wohl, ich war durch den Beruf meines Vaters ständig bei Konzerten, verbrachte viele Abende im Konzerthaus oder im Musikvereinssaal bei Konzerten der Wiener Symphoniker. Ich erlebte fast alle großen Dirigenten und Solisten dieser Zeit live mit (wie man heute sagen würde). Mein Vater erzählte viele Geschichten und Anekdoten von den Proben mit diesen Künstlern, von denen ich die meisten leider vergessen habe. Zu meinem späteren Leidwesen kam ich nie auf die Idee, diese Dinge gleich aufzuschreiben.

Nach der Matura verließ ich leichten Herzens die Schule, die mich mit Turnen, Mathematik, Darstellender Geometrie und Physik gequält hatte, während ich in meiner Freizeit fremde Sprachen lernte, weil mich Sprachen und Literatur wirklich faszinierten. Die Nostalgie vieler, die sich zurücksehnen nach der Schulzeit, ist mir vollkommen unverständlich.

Der Beginn des Studiums – ich begann mit Anglistik und Germanistik und gab Englisch bald auf, weil es mich frustrierte, und wechselte zum Fach Geschichte – war mir Befreiung. Ich war weitgehend Herr meiner Zeit und studierte und lernte das, was ich wollte. Meine damalige Wahrnehmung unterscheidet sich allerdings wesentlich von dem, wie ich es jetzt sehe. Damals war ich begeistert, unkritisch und neugierig, die Öffnung meiner intellektuellen Welt stand im Mittelpunkt meines Enthusiasmus. Aber auch damals sah ich, dass man an der Uni oft nur mit Wasser kocht. Manches im Studium des Faches Geschichte an der Universität Wien war interessant, doch weniges wirklich berauschend.

Meine geistige und emotionale Heimat hatte ich anderswo gefunden: in der Germanistik. Allerdings nicht in der Literaturwissenschaft, die damals nicht gerade zu Begeisterungsstürmen hingerissen hat, sondern in der Sprachwissenschaft, von der ich zunächst gar nicht wusste, dass man »so was« auch studieren muss, um in einer Schule zu unterrichten.

Wenn mich in jener Zeit ein akademischer Lehrer geprägt hat – vom Topos des »verehrten Lehrers« halte ich nicht viel – so war es Eberhard Kranzmayer. Dieser war nicht nur ein großer Wissenschaftler auf dem Gebiet der Dialektologie und der Namenskunde, sondern auch zu seinen Schülern sehr menschlich. Letztere Eigenschaft hat sicher den größten Einfluss auf meine spätere Universitätslaufbahn gehabt und ich habe immer versucht, meinen Studentinnen und Studenten mit jenem Interesse, jener Freundlichkeit und jener Hilfsbereitschaft entgegenzukommen, die mir Kranzmayer während meines Studiums entgegen gebracht hatte. Ob mir das immer gelungen ist, müssen andere beurteilen. Schon im vierten Semester hat mich Kranzmayer (ich war eine Art Lieblingsschüler von ihm) gefragt, ob ich bei ihm dissertieren wolle. So kam ich extrem früh zu einem Dissertationsthema, das ich mir vielleicht später nicht mehr ausgesucht hätte.

Im Fach Geschichte hinterließ am ehesten Alphons Lhotsky auf mich einen Eindruck, da er mit seinen kulturgeschichtlichen, spätmittelalterlichen und frühneuzeitlichen Themen mein Interesse weckte. Lhotsky war allerdings zu diesem Zeitpunkt schon sehr krank und zudem ein Vortragender, dessen Vorlesungen man als junger Student kaum verstand. Um seinen leicht chaotischen Ausführungen leichter folgen zu können, musste man sich in die Epoche, die er behandelte, zunächst eingelesen haben, dann gelang es einem manchmal sogar, sie durchaus zu genießen.

Einige der Professoren, die ich damals als faszinierend in ihren Vorlesungen fand, hatten ihre Faszination vermutlich nur für meine (und meiner Generation) naive Blauäugigkeit, denn fast alle dieser Professoren waren fest in der Ideenwelt des NS-Regimes verwurzelt. Dennoch empfanden wir Otto Höflers »Germanische Altertumskunde« oder auch die lebendigen Vorlesungen des Volkskundlers Richard Wolfram (wohl in kritischer Betrachtung eine der schlimmsten Gestalten der nationalsozialistischen Wissenschaft) als großartig. Kritische Auseinandersetzung spielte zu meiner Studienzeit ebenso wenig eine Rolle wie Theorie. Weder habe ich das Wort Semiotik in der Germanistik gehört, noch war in der Geschichte je von Marx und Engels die Rede. Die Annales-Schule betrieb laut Heinrich Fichtenaus »Einführung in das Studium der Geschichte« Studien zum »Kamel im 13. Jahrhundert«, während Adam Wandruszka später meinte, dass die Biographie Maria Theresias die Menschen mehr interessiere als die »Statistik der Misthaufen in der Bretagne«. Von den Professoren, deren Vorlesungen ich in Geschichte hörte, war neben Lhotsky vor allem Günter Hamann die Zeit wert, die man im Hörsaal verbrachte. Die Tatsache, dass er frei sprach, unterschied ihn schon von den meisten anderen, und seine Vorlesungen über Themen der Entdeckungs- und Kolonialgeschichte waren spannend wie die Karl May-Bände meiner Jugend. Doch auch er war ein Kind seiner Zeit, seine Bewertungen der fremden Welten würden heute keineswegs mehr als *politically correct* durchgehen.

Noch gut erinnere ich mich, dass ich als Student im Anzug mit weißem Hemd und der mir heute so verhassten Krawatte in die Vorlesungen gegangen war, dass ich mich, wie alle anderen auch – die Studenten in Anzug und Krawatte, die Studentinnen in Rock und Bluse –, beim Hereinkommen des Professors ehrfurchtsvoll erhoben habe und wartete, bis der Vortragende jenes Zeichen zum Setzen geben würde, das manche noch eine Generation davor so elegant mit dem Hitler-Gruß zu verbinden verstanden hatten. Kritiklos saß man in den Vorlesungen und ließ die Haar sträubendsten-reaktionären Idiotien über sich ergehen, die man sich ausdenken konnte, Geschichten von guten Kaisern und Päpsten, apologetische Herrschergeschichte also und kulturhistorische Firlefanzen, gemeingermanische Männerbünde und ostgermanische Lehnworte, Volkstänze von den Färör-Inseln und das Lob der »Bürde des weißen Mannes« in seinen Kolonien. War das Wort »Klassenkampf«, war der Name Marx je genannt worden? Ich erinnere mich, dass bei der Einführungsvorlesung in das Fach Geschichte die verstehende Philosophie Wilhelm Diltheys und Oswald Spenglers biologistische Zyklenlehre besonders betont und gelobt wurden, aber Marx? Oder gar Adorno, Horkheimer, Marcuse – all die Leitsterne der 1968er Bewegung – waren ihre Namen wenigstens den Professoren bekannt, zu denen man aufblickte wie zu Göttern, vor denen man sich verneigte wie vor Götzen? Ich bezweifele es heute. Damals war ich wie all die anderen – in Anzug und Krawatte bzw. in Rock und Bluse – so bieder, nicht einmal diese Zweifel zu haben.

Ich hatte während meines Studiums viel von Genealogie, von Ahnenverlust und dem Kanzleiformular karolingischer Königsurkunden gehört, von Wappen und Siegeln, Münzen und Geldzeichen und ihrer genauen Unterteilung in unterschiedlichste Epochen, dagegen niemals von Menschen, ihrem Leiden, ihrem Kampf gegen Unterdrückung und Ausbeutung, ihren Wohnungen und Vergnügungen, ihren Speisen und Sexualpraktiken – und doch, wie fasziniert, wie ungläubig staunend, wie ehrfurchtsvoll dem großartigen Gebäude dieser »Wissenschaft« gegenüber waren wir alle gewesen. Wir alle, die wir gemeinsam in Hörsälen saßen und uns siezten, ebenso steif miteinander umgingen, wenn auch nicht ganz so, wie man es mit den Professoren und Assistenten, die zumindest Halbgötter waren und sich auch so gaben, tat. Niemand wagte die Autorität der Lehrenden anzuzweifeln, niemand quittierte deren Fadesse mit einem Gähnen, niemand brachte deren Hohlheit durch eine spitze Frage zum Platzen wie einen Ballon.

Auch an der Universität, an der ich ja den Rest meines bisherigen Lebens verbrachte und verbringe, habe ich in zwei Welten gelebt, vor den 1970er Jahren war vieles noch so wie vor dem Jahre 1945, wobei hier nicht – wie in meiner Schule – jüdischer Intellekt prägte, sondern nationales bis nationalsozialistisches Erbe. Blicke ich heute zurück, so ist dieser Wandel für mich mindestens so groß wie die Veränderung der Kommunikationstechnik, den meine Generation mitmachte. So wie man sich heute nicht mehr vorstellen kann, dass man dicke Bücher mit der Schreibmaschine geschrieben hat (bei mir war es noch meine Habilitationsschrift), so kann man sich fast nicht vorstellen, wie diese Universität in meiner Studienzeit war.

1968 hat mich spät, aber doch geprägt, die Demokratisierung und Modernisierung aller Lebensbereiche haben mein Denken und meine Lebenswelt verändert. Manchmal ertappe ich mich bei dem Gedanken, zwei Leben gelebt zu haben, denn die Welt meiner Kindheit und Jugend ist heute für die jüngere Generation kaum mehr vorstellbar, so weit weg wie der Dreißigjährige Krieg. Und bei all den negativen Zeichen der Gegenwart, der Bedrohung der Umwelt oder der Schrecklichkeit der politischen Szene muss ich aus einer ganz egozentrischen Perspektive sagen, dass sich meine Welt zum Besseren veränderte. Materiell von der Ärmlichkeit der Nachkriegsjahre zu einem bescheidenen Wohlstand, aber – für mich viel wichtiger – von der Enge einer kleinen Welt in Wien zu der Weite der Gegenwart, die sich in der multikulturellen Umwelt der Stadt ebenso ausdrückt wie in der Tatsache, in einem Europa zu leben, dessen Grenzen nur mehr auf der Landkarte bestehen, und in einer internationalen Geisteswelt, die nicht zuletzt durch den Cyberspace grenzenlos geworden ist.

Abkürzungsverzeichnis

AMP	Archiv des Marktes Perchtoldsdorf, Perchtoldsdorf
AdR	Österreichisches Staatsarchiv, Archiv der Republik, Wien
AVA	Österreichisches Staatsarchiv, Allgemeines Verwaltungsarchiv, Wien
Bd.	Band
BKA	Bundeskanzleramt
Bl.	Blätter
BMfA	Bundesministerium für Äußeres
CA	Codex Austriacus
Cod.	Codex
Dipl.	Diplomarbeit
Diss.	Dissertation
Fasz.	Faszikel
FHB	Folia Historica Bohemica
FHKA	Österreichisches Staatsarchiv, Finanz- und Hofkammerarchiv, Wien
fol.	folio bzw. folium
HA	Herrschaftsarchiv
HHStA	Österreichisches Staatsarchiv, Haus-, Hof- und Staatsarchiv, Wien
HJbLinz	Historisches Jahrbuch der Stadt Linz
HKA	Hofkammerarchiv, Wien
HKR	Hofkriegsrat
Hs.	Handschrift
IAA	International Advertising Association
Jb.	Jahrbuch
JbLkNÖ	Jahrbuch für Landeskunde von Niederösterreich
JbVGStW	Jahrbuch für Geschichte der Stadt Wien
KA	Österreichisches Staatsarchiv, Kriegsarchiv, Wien
KHM	Kunsthistorisches Museum, Wien

Kt.	Karton
LThK	Lexikon für Theologie und Kirche
MAK	Österreichisches Museum für angewandte Kunst/Gegenwartskunst, Wien
MIÖG	Mitteilungen des Instituts für Österreichische Geschichtsforschung
MÖStA	Mitteilungen des Österreichischen Staatsarchivs
ND	Nachdruck
NÖ.	Niederösterreich bzw. niederösterreichisch
NÖLA	Niederösterreichisches Landesarchiv, St. Pölten
OKAR	Oberkammeramtsrechnungen
OÖLA	Oberösterreichisches Landesarchiv, Linz
pag.	pagina
ÖGB	Österreichischer Gewerkschaftsbund
ÖNB	Österreichische Nationalbibliothek, Wien
ÖStA	Österreichisches Staatsarchiv, Wien
ÖZKD	Österreichische Zeitschrift für Kunst und Denkmalpflege
QFIAB	Quellen und Forschungen aus Italienischen Archiven und Bibliotheken
RLK	Roudnická lobkowiczká knihovna
Sch.	Schuber
SOA	Státní oblastní archiv
Sp.	Spalte
StA	Stadtarchiv
StäA	Ständische Akten (NÖLA)
StRP	Staatsratsprotokolle
TLA	Tiroler Landesarchiv, Innsbruck
UH	Unsere Heimat
VdU	Verband der Unabhängigen
WD	Wiener Diarium
WGBll.	Wiener Geschichtsblätter
WStLA	Wiener Stadt- und Landesarchiv, Wien
Zs.	Zeitschrift
ZHF	Zeitschrift für historische Forschung

Verzeichnis der Autorinnen und Autoren

VÁCLAV BŮŽEK, Historický ústav, Filozofická fakulta, Jihočeská univerzita v Českých Budějovicích, Na Mlýnské stoce 35, CZ-370 01 České Budějovice
E-Mail: buzek@ff.jcu.cz

PAULUS EBNER, Neustiftgasse 56/12, A-1070 Wien
E-Mail: paulus.ebner@tuwien.ac.at

HUBERT CHRISTIAN EHALT, Friedrich-Schmidt-Platz 5, 1. Stock, A-1080 Wien (Rathaus)
E-Mail: hubert-christian.ehalt@wien.gv.at

WLADIMIR FISCHER, Ludwig-Boltzmann-Institut für Stadtgeschichtsforschung, Gasometer D/6. Stock, Zimmer 639, Guglgasse 14, A-1110 Wien; Postadresse: Rathaus, A-1082 Wien
E-Mail: wladimir.fischer@univie.ac.at

ANDREA GRIESEBNER, Institut für Geschichte, Dr.-Karl-Lueger-Ring 1, A-1010 Wien
E-Mail: andrea.griesebner@univie.ac.at

SUSANNE HEHENBERGER, Krottenbachstraße 78/19, A-1190 Wien
E-Mail: susanne.hehenberger@univie.ac.at

HANNES LEIDINGER, Institut für Geschichte, Dr.-Karl-Lueger-Ring 1, A-1010 Wien
E-Mail: hannes.leidinger@univie.ac.at

VERENA MORITZ, Hietzinger Kai 125/18, A-1130 Wien
E-Mail: aon.964442118@aon.at

GÉZA PÁLFFY, Ungarische Akademie der Wissenschaften, Institut für Geschichte, Úri utca 53, H-1014 Budapest, Ungarn
E-Mail: rueber@t-online.hu

Jaroslav Pánek, Akademie věd ČR, Národní 3, CZ-117 20 Praha 1
E-Mail: panek@kav.cas.cz

Josef Pauser, Zieglergasse 27/1/5, A-1050 Wien
E-Mail: josef.pauser@univie.ac.at

Friedrich Polleroß, Institut für Kunstgeschichte der Universität Wien, Spitalgasse 2/Hof 9, A-1090 Wien
E-Mail: friedrich.polleross@univie.ac.at

Markus Reisenleitner, European Studies, Division of Humanities, 236 Vanier College, York University, 4700 Keele Street, Toronto ON, Canada M3J 1P3
E-Mail: mrln@yorku.ca

Martin Scheutz, Institut für Österreichische Geschichtsforschung/Institut für Geschichte, Dr.-Karl-Lueger-Ring 1, A-1010 Wien
E-Mail: martin.scheutz@univie.ac.at

Renate Schreiber, Krongasse 14, A-1050 Wien
E-Mail: Renate.Schreiber@gmx.at

Stephan Steiner, Czerningasse 29/2/10, A-1020 Wien
E-Mail: stephan.steiner@chello.at

Barbara Staudinger, Institut für jüdische Geschichte Österreichs, Dr.-Karl-Renner-Promenade 22, A-3100 St. Pölten
E-Mail: barbara.staudinger@injoest.ac.at

Anton Tantner, Rembrandtstraße 37/9, A-1020 Wien
E-Mail: anton.tantner@univie.ac.at

Vlasta Valeš, Gatterederstraße 8/3/10, A-1230 Wien
E-Mail: vales@ovconsulting.com

Karl Vocelka, Institut für Österreichische Geschichtsforschung/Institut für Geschichte, Dr.-Karl-Lueger-Ring 1, A-1010 Wien
E-Mail: karl.vocelka@univie.ac.at

Leonhard Weidinger, Krottenbachstraße 78/19, A-1190 Wien
E-Mail: Leonhard.Weidinger@gmx.net